HISTORICA 한국사

「히스토리카한국사」는 이렇게 구성되어 있습니다.

역사는 시간이라는 날줄과 다양한 분야라는 씨줄이 서로 그물망처럼 얽혀 있는 복합적인 구조물입니다.
「히스토리카한국사」는 각 시대를 4개의 분야로 나누어 구성했습니다.
이 4개의 분야는 각기 독립되어 있지만 서로 유기적으로 연결돼 있기도 합니다.
각 분야를 넘나들며 역사 속으로 여행하다 보면 자신도 모르는 사이 역사를 보는 안목이 자라게 될 것입니다.

시대조망 ● 해당 시대의 정치사적 흐름을 전체적으로 조망할 수 있게 했습니다.
한 분야에만 집중하다가 역사의 흐름을 놓치는 일이 없도록 중심을 잡아줍니다.

집중탐구 ● 하나의 사건을 둘러싸고 서로 상반되는 견해가 격렬하게 논쟁하는 것도 역사책을 읽는 큰 재미입니다.
'시대조망'에서 다루지 않은 특정 주제에 대한 깊이 있는 탐구가 이루어집니다.

생활문화 ● 문화사와 생활사는 역사에 관심 있는 분들이 가장 좋아하는 분야라고 할 수 있습니다.
전문 연구자들의 최신 연구 결과를 생생한 사진 자료와 함께 담아냈습니다.

인물탐구 ● 역사 인물은 늘 우리의 관심을 끕니다.
「히스토리카한국사」에는 한 시대를 풍미한 영웅들의 삶이 담겨 있습니다.

「히스토리카한국사」는 이런 특징이 있습니다.

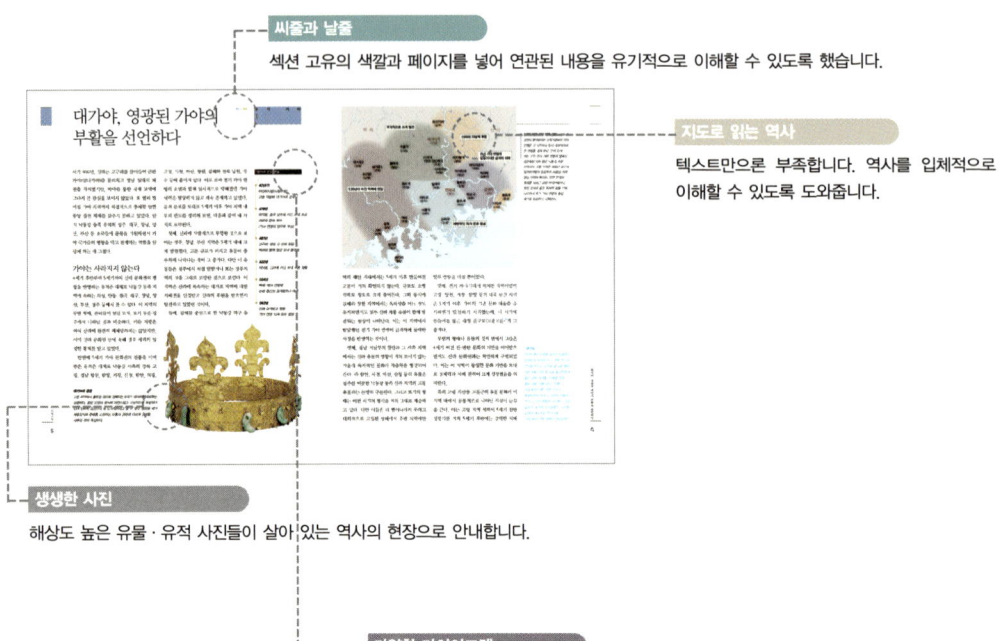

씨줄과 날줄
섹션 고유의 색깔과 페이지를 넣어 연관된 내용을 유기적으로 이해할 수 있도록 했습니다.

지도로 읽는 역사
텍스트만으론 부족합니다. 역사를 입체적으로 이해할 수 있도록 도와줍니다.

생생한 사진
해상도 높은 유물·유적 사진들이 살아 있는 역사의 현장으로 안내합니다.

다양한 다이어그램
시대의 흐름을 느끼며 글을 읽을 수 있는 연표 등 다양한 요소가 담겨 있습니다.

HISTORICA 한국사

신라+가야

히스토리카한국사 편찬위원회 지음
윤선태 책임감수

이끌리오

『히스토리카 한국사』를 펴내며

역사를 쓴다는 것은 단순히 지나간 과거를 돌아보는 것만은 아니다. 그것은 늘 현재의 문제였다. 특히 그 '현재'라는 것이 시대 흐름 속에서 하나의 커다란 전환점일 때 역사 서술의 필요성은 더욱 강해졌음을 우리는 '역사' 속에서 배운다.

고대의 고구려, 백제, 신라 삼국을 보면, 사회 체제가 부족 연합의 단계에서 전제 왕국으로 발돋움하던 시점에서 한결같이 역사를 편찬하는 모습을 볼 수 있다. 즉 백제는 고대 국가 체제가 본격적으로 정비되는 4세기 중반 근초고왕 시기에 『서기』라는 역사책을 편찬한다. 신라도 이보다 시기는 약간 늦게 6세기 중반 진흥왕 시대에 똑같이 고대 국가 체제를 갖추게 되는데 역시 이때 『국사』라는 역사책을 편찬한다. 고구려의 역사책 『유기』가 언제 완성됐는지는 기록에 정확하게 나오지 않지만, 백제와 신라의 경우로 미루어볼 때 고대 국가 체제가 정비되는 4세기 소수림왕 시기일 가능성이 높다. 후에 이성계가 조선을 건국하고 나서 곧바로 『고려사』 편찬을 개시한 것도 단순히 고려의 역사를 기록하기 위해서가 아니라 새로 건국된 조선이라는 나라의 역사적 정당성을 정립하고자 하는 욕구에서 나온 것이라고 봐야 할 것이다.

한편 역사책 편찬은 반드시 국가 체제의 성장기에만 이루어지지 않았다. 오히려 국가 체제 전반이 위기에 봉착했을 때 상황 타개를 위한 방편의 하나로서 선택되기도 했다. 김부식이 『삼국사기』를 쓴 것이 그 대표적 예일 것이다. 고려는 건국 이래 개경을 중심으로 성장한 문벌 귀족들을 토대로 국가가 운영되어 왔으나, 250여 년이 흐른 12세기 중반에 이르면 기득권층이 된 문벌 귀족이 부패하고 이에 반발하는 새로운 세력들이 성장해 나오기 시작한다. 서경을 중심으로 성장한 묘청 일파가 그 대표적인 세력이었다. 이러한 국가적 분열과 위기 상황을 고민하던 왕실은 그 해결책의 하나로 옛 삼국시대의 역사 편찬을 택했고 그 결과로 나온 것이 『삼국사기』였다.

최근의 시대로 눈을 돌려 미시적으로 바라보아도 역사 편찬의 이런 경향은 쉽게 눈에 띈다. 지난 70~80년대에 한국사 연구 붐이 일어 많은 연구자와 연구서들이 배출되었다. 그것은 아마도 해방 이후 누적되어 온 현대 한국 사회의 문제들에 대한 하나의 본능적인 해결 노력이라고 볼 수 있을 것이다.

그렇다면 오늘은 어떤가. 대체로 90년대 중반 이후 한국 사회는 커다란 전환기에 들어선 것으로 보인다. 그것은 이제까지 겪었던 어느 변화와도 달리 전지구적인 차원에서 전개되는 급격한 변화의 한 부분일 것이다. 정신없이 휘몰아치는 소용돌이의 한 가운데서 우리 사회는 극심한 스트레스를 겪고 있다.

『히스토리카 한국사』는 이러한 우리의 시대 상황이 새로운 역사 서술을 요구하고 있다는 판단 아래 편찬된 것이다.

『히스토리카한국사』는 우리 역사를 통사로서 정리하되 분야별로 꼼꼼히 살펴봐야 할 것도 놓치지 않기로 했다. 그것이 바로 「시대조망」 「집중탐구」 「생활문화」 「인물탐구」 4장 체제의 구성인데, 이는 마치 역사를 씨줄과 날줄로 잘 엮어서 들여다보는 것과 같다고 할 수 있다. 그리고 그 내용 서술에서는 어느 한 역사 학자의 시각이 아니라, 현재 학계에서 왕성하게 활동하고 있는 각 분야 중견 학자들을 총동원하는 방식으로 했다. 이럼으로써 독자들은 역사에 대한 다양한 시각을 접하게 되고 그 결과로 우리 역사에 대한 총체적 조망이 가능하게 될 것이다.

또 한 가지 특별하게 언급할 것은 해상도가 높은 유물·유적 사진들을 최대한 활용해 활자와 도판이 잘 어우러지게 편집했다는 점이다. 활자로만 기록된 역사는 역사적 상상력을 자극하기에 부족할 뿐만 아니라, 이미 다양한 비주얼 매체에 익숙해진 우리 신세대 독자들에게 부적합한 편집 방식이라고 보았기 때문이다.

특히 북한의 정부 기관인 조선문화보존사와 공식적인 저작권 계약을 통해 북한이 보유하고 있는 유물·유적 사진들을 수입한 것은 국내에서 처음 있는 일로 매우 뜻깊은 사건이라고 할 수 있다. 앞으로 남북한 역사 교류를 위해서도 좋은 사례가 될 것으로 믿는다.

역사 편찬은 시대정신의 반영일 수밖에 없기 때문에 완성된 역사책이란 있을 수 없다. 아무쪼록 『히스토리카한국사』를 통해 우리 역사에 관한 다양한 토론이 이루어지고 그것이 보다 발전된 우리 역사를 만드는 밑거름이 될 것을 기대한다.

2009년 6월
『히스토리카한국사』 편찬위원회

히스토리카한국사 — 신라+가야
목차

신라+가야

시 대 조 망

집 중 탐 구

개관 — 낙동강 물길과 함께한 신라·가야의 흥망사 · 16

신라의 건국 신화 — 하늘에서 내려온 신이 세운 나라 · 22

가야의 건국 신화 — 황금알에서 태어난 가야의 주인들 · 26

신라·가야의 기원 — 다호리·사라리에 새겨진 권력의 흔적들 · 28

신라의 형성 — 사로에서 신라로 고대 국가의 등장 · 34

전기 가야 — 대외 교역 국가 금관가야의 탄생 · 38

후기 가야 — 대가야, 영광된 가야의 부활을 선언하다 · 46

고구려의 남하와 신라 — 종속 벗고 삼국의 강자로 서다 · 52

안라국과 가야의 위기 — 가야 회생의 마지막 희망, 임나부흥회의 · 58

신라의 팽창과 가야 멸망 — 진흥왕, 삼국통일의 초석을 놓다 · 64

대야성 공방전 — 위기의 신라 복수의 칼날을 겨누다 · 70

귀족파와 왕당파의 대립 — 김춘추와 김유신의 감격시대 · 76

돌궐의 흥망과 한반도 — 삼국의 운명 가른 당과 돌궐의 한판 승부 · 82

나당연합군의 백제 침공 — 신라의 외교력 백제를 멸망시키다 · 86

백강 전투 — 백제 회복운동의 마지막 횃불 · 90

고구려의 멸망과 삼국통일 — 당, 이 땅에서 나가라 · 94

삼국시대와 가야 — 가야 왕국의 잃어버린 천 년을 찾아서 · 100

삼국 역사의 신빙성 — 『삼국사기』 초기 기록 믿을 수 있는가 · 106

김부식과 『삼국사기』 — 고구려 중심의 역사 인식에 도전한 보수 귀족 · 110

『삼국유사』의 진정한 가치 — 가야를 복원한 고대 문화의 보물창고 · 112

포상팔국 전쟁 — 가야의 새 맹주 노린 소국들의 도전 · 116

임나일본부설 — 일본의 한반도 통치 기구는 정말 존재했나 · 118

신라 대형 고분의 기원 — 북방 민족의 유산인가 왕권 강화의 상징인가 · 122

신라 금관의 비밀 — 왕관인가 데드마스크인가 · 130

신라의 벽화 고분 — 신라 땅에 새긴 고구려 문화의 흔적 · 132

신라의 불교 수용 — 새로운 시대에는 새로운 사상으로 · 136

신라의 지방 행정 — 왕권 강화와 함께한 행정구역의 변천 · 142

첨성대의 기능 — 천문대인가, 하늘로 통하는 우주 우물인가 · 146

삼국통일의 의의 — 신라 삼국통일은 과연 반쪽자리였나 · 150

황금의 나라 신라 · 154

생 활 문 화

고대인들과 새 — 새, 영혼의 메신저 · 168

가야 풍습 — 편두, 문신, 발치 즐긴 가야인들 · 172

순장 — 함께 가자, 저세상까지 · 176

신라의 서역 유물 — 지중해와 중앙아시아로 이어진 황금 교역망 · 180

용봉문 환두대도 — 위풍당당 최고의 권위를 드러낸 상징품 · 184

신라와 가야 문화권 — 하나에서 둘로, 둘에서 다시 하나로 · 188

가야토기 — 잃어버린 왕국을 증언하는 화려한 토기들 · 192

신라토기 — 신라토기에서 세력팽창을 읽는다 · 194

토우의 세계 — 흙으로 빚어낸 진솔한 삶과 정서 · 200

천전리 각석 — 바위에 새긴 신라 왕실 가족의 행차 · 208

진흥왕 순수비 — 눈부신 영토 확장 시대의 산 증거 · 214

화랑과 교육 — 청소년은 신라의 미래다 · 218

반가사유상 — 중생을 굽어 살피는 고마운 미륵보살님 · 222

황룡사 9층목탑 — 경주의 아득한 하늘 동아시아의 전설이 되어 · 226

전탑 — 석탑의 나라에 중국식 벽돌 탑이 선 까닭 · 232

의술의 발전 — 전쟁의 참화 속에서 꽃핀 대중 의학 · 236

인 물 탐 구

수로왕과 허황후 — 바다 건너온 신부와 결혼한 가야의 시조 · 244

석탈해 — 신라 왕이 된 슬기로운 대장장이 · 250

석우로 — 살신성인 몸을 던져 왜적을 막아내다 · 254

김무 — 일본 천황을 치료한 신라 최초의 명의 · 258

박제상 — 왜의 신하가 되느니 계림의 개 돼지가 되겠다 · 262

도설지 — 꼭두각시 대가야 왕의 슬픈 운명 · 266

김무력 — 나라는 잃었어도 핏줄은 영원하리라 · 268

이사부와 거칠부 — 신라의 전성시대를 연 환상의 콤비 · 270

우륵 — 조국을 등진 한(恨) 예술로 승화하다 · 274

선덕여왕 — 편견과 맞서 싸운 한국 최초의 여왕 · 276

원광 — 성인으로 추앙받은 다재다능 만능법사 · 282

자장 — 불법과 외교술로 위기의 신라를 구하다 · 286

화랑과 낭도들 — 나라의 명예 드높인 청년 영웅들 · 290

설계두 — 당 태종을 감동시킨 신라의 6두품 귀족 · 296

벽화·안길처·도화랑 — 권력 앞에 바쳐진 신라의 여인들 · 298

설씨녀 — 전시 상황에서 여성으로 산다는 것은 · 302

김춘추 — 신라의 생존을 위해 무열왕가의 미래를 위해 · 304

김유신 — 삼국통일 위업 이룬 전쟁과 외교의 영웅 · 308

인물소사전 · 312

발간사 — 『히스토리카한국사』를 펴내며 · 4

신라 연표 · 10

가야 연표 · 12

찾아보기 · 318

참고 문헌 · 320

사진출처 · 322

신 라 + 가 야

고대 역사의 가장 중요한 두 나라, 철의 왕국 가야와

황금의 나라 신라는 낙동강의 장악 여하에 따라 운명이 갈렸다.

가야 연맹은 지리적 이점과 발달된

제철 기술을 바탕으로 낙동강의 주인이 되었다.

그러나 가야 연맹은 하나의 나라가 아닌

연맹체였기에 큰 힘을 발휘하지 못했고,

국가 체제를 완비한 신라에게 조금씩 무너졌다.

결국 562년 대가야 정복으로 낙동강의 새로운 주인이 된 신라는

이 힘을 바탕으로 삼국을 통일할 수 있었다.

新羅
伽耶

사로에서 신라로

건국 초기 신라는 진한의 여러 소국 가운데 하나에 지나지 않았다. 그러다 2세기경부터 발달된 철기 문화와 활발한 대외 교류·영토 확장 등을 기반으로 진한의 맹주로 거듭나기 시작했고, 4세기를 전후해 지방 통제력을 강화하면서 고대 국가로서 면모를 갖추게 된다. 400년(내물왕 45)에는 고구려 광개토대왕의 지원을 받아 영토를 침공한 백제·왜·가야 연합군을 격퇴하기도 했다.

- BC57 박혁거세 신라 건국
- 57 석탈해왕 즉위(석씨 왕위)
- 102 음즙벌국·실직곡국·압독국 병합
- 261 미추왕 즉위(김씨 왕위)
- 356 내물왕 즉위(김씨 왕위 세습)
- 377 중국 전진에 사신 파견
- 392 고구려와 화친 도모
- 400 백제·왜·가야 침공 고구려 지원받아 격퇴
- 417 고구려 지원받아 눌지왕 즉위
- 458 고구려 묵호자 불교 전래

하늘에서 내려온 신이 세운 나라

신라의 건국 신화에 따르면, 시조 박혁거세는 하늘에서 내려온 신의 아들이었다. 우물에서 태어난 그의 부인 알영 역시 생명을 탄생케 하는 물의 정기를 한 몸에 안고 태어난 신성한 존재였다. 기원전 57년 신라는 이렇게 하늘과 땅, 즉 생산과 풍요를 상징하는 존재들의 결합을 통해 탄생했다. 신라인들은 신성한 힘을 가진 시조와 그 후예들이 자신들을 지켜주고 풍족하게 만들어주리라 믿었다.

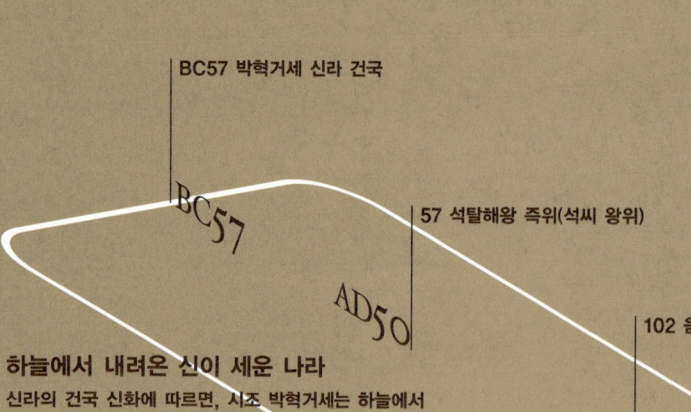

나정 박혁거세가 탄생했다는 곳으로 나정이 있었다고 전해지는 터가 경주 탑동 '오릉'에서 남동쪽으로 약 1km쯤 떨어진 소나무 숲 속에 위치해 있다. 이곳을 발굴한 결과 신라 시대의 팔각형 건물터가 발견되었다.

종속 벗고 삼국의 강자로

5세기 초반까지 신라는 왕위 계승까지 간섭받는 등 사실상 고구려의 영향력 하에 놓인 나라였다. 그러나 417년 눌지왕의 즉위를 계기로 '탈고구려' 움직임을 본격화한다. 그 분수령이 433년 장수왕의 남하에 적극 대응하기 위해 백제와 맺은 나제동맹이었다. 그 후 자비왕·소지왕 대 신라는 막강 고구려군의 침공을 수차례 막아내기도 했다. 이는 6세기 들어 신라가 눈부신 영토 확장 시대를 열어가는 발판이 된다.

신라 금관 신라금관의 세움 장식은 나뭇가지와 사슴뿔 모양을 한 경우가 많다. 금관의 출토 상태와 함께 출토된 다른 유물들을 종합적으로 살펴보면 금관은 왕뿐만 아니라 왕비나 왕족도 사용했음을 알 수 있다. 따라서 금관은 왕의 전유물이라기보다는 왕족들이 자신의 고귀한 신분을 겉으로 드러내기 위해 쓴 위세품이었을 가능성이 높다.

말 탄 무사 토기 금령총에서 출토된 이 토기는 마구일체를 갖춘 말 위에 사람이 타고 있는 모양이다. 안장, 재갈, 고삐, 발걸이 같은 말 제어용 마구뿐만 아니라 말띠 꾸미개, 말띠 드리개, 말방울 등 장식용 마구까지 자세히 묘사되어 있다.

한 눈으로 보는 신라 • 연표

진흥왕, 삼국통일의 초석을 놓다

고구려에 광개토대왕이, 백제에 근초고왕이 있었다면 신라엔 진흥왕이 있었다. 지증왕과 법흥왕 대에 통치 체제를 성공적으로 정비한 신라는 뒤이어 즉위한 진흥왕 대에 최대의 영토를 확보하면서 누구도 무시 못할 강력한 국가로 부상하게 된다. 550년대 초반 고구려·백제를 물리치고 한강 유역을 점령한 진흥왕은 562년엔 대가야를 정복했고, 568년에는 멀리 현 함경남도 안변 지역까지 영토를 확장한다.

당, 이 땅에서 나가라

648년 체결한 나당동맹을 기반으로 두 강대국 백제와 고구려를 차례로 무너뜨리면서 삼국통일을 눈앞에 두는 듯했던 신라. 그러나 800여 년 전 고조선을 멸망시킨 이후 오랜만에 찾아온 절호의 기회를 중국 세력이 그냥 지나칠 리 없었다. 백제와 고구려 옛 땅, 심지어 신라 수도 경주에 당의 도독부가 속속 설치되었다. 동시에 사비성, 매소성, 기벌포 등 전국 곳곳에서 당나라군에 맞선 치열한 전투가 벌어지기 시작했다. 여기엔 백제와 고구려의 유민들도 함께 참여했다.

북한산 순수비 이것은 현재 국립중앙박물관에 보관중인 북한산 순수비로 조선시대 실학자 유득공, 김정희 등이 조사해 진흥왕 순수비임을 확인했다. 표면이 심하게 닳아 많은 글자를 읽어내기 어렵다.

부부총 금귀걸이 봉분이 큰 신라 무덤을 발굴하면 예외 없이 금귀걸이가 출토된다. 신라의 귀걸이에는 신라인의 미감과 최고조에 이른 금속공예 기술이 녹아 있다. 부부총에서 출토된 이 귀걸이는 신라 귀걸이 가운데 가장 정교하고 화려한 모습을 자랑한다.

황룡사 망새 망새는 궁궐이나 절 등 커다란 건물의 용마루 양쪽 끝머리에 얹는 대형 장식 기와로 날짐승의 꼬리 모양과 비슷해 치미라고도 부른다. 이 망새는 금당에 올려졌던 것으로 보이는데, 길이 1.82m의 초대형으로 황룡사의 크기를 짐작하게 해준다.

- 481 고구려·말갈군 침입 격퇴
- 484 모산성 전투에서 고구려 격파
- 503 국호를 '신라'로 확정
- 514 법흥왕 즉위
- 522 율령 반포
- 527 이차돈 순교로 불교 공인
- 532 금관가야 병합
- 562 대가야 병합
- 566 황룡사 건립
- 625 중국 당나라에 사신 파견
- 632 선덕여왕 즉위
- 645 황룡사 9층목탑 완공
- 648 나당동맹 체결
- 654 태종무열왕 즉위
- 660 나당연합군 백제 멸망시킴
- 668 나당연합군 고구려 멸망시킴
- 675 매소성 전투에서 20만 당군 격파
- 676 기벌포 전투 대승, 삼국통일 완성

서역에서 온 유리 용기 유리 용기들은 대부분 로만글라스의 제작 중심지에서 만들어진 것으로 보인다. 그동안 경주의 신라 무덤에서는 약 20여 점 이상의 유리 용기가 출토되었다. 금관을 비롯한 황금 유물과 함께 나와 신라 사회에서 유리그릇이 귀중한 물품으로 대접받고 있었음을 알 수 있다.

국제 무역 국가 금관가야

낙동강 내륙 수로와 중국·일본을 잇는 해상 교역로가 서로 만나는 지점인 경남 김해에 위치한 금관가야는 활발한 대외 교역을 무기로 주변 소국을 통제하며 전기 가야 연맹의 맹주로 떠오른 나라다. 이 지역 지배층 무덤에서 발견된 철제 갑옷과 투구, 마구 등 놀라운 수준의 유물들은 당시의 위세를 확인시켜 준다. 그러나 금관가야는 400년 경쟁국 신라와 손을 잡은 고구려 대군의 침공을 받고 사실상 몰락의 길을 걷는다.

- 42 수로왕 금관가야 건국. 이진아시왕 대가야 건국
- 44 수로왕 왕위에 도전한 신라 탈해를 물리침
- 48 수로왕 아유타국 공주 허황후와 혼인
- 77 황산진 어구에서 신라군에 패배
- 102 수로왕 주변 소국 영역 다툼 중재
- 115 신라와 황산하에서 전투
- 116 신라 1만 군 침입 격퇴
- 199 수로왕 서거
- 201 신라에 화친 요청
- 209 금관가야 신라 지원받아 포상팔국 침공
- 231 감문국 신라에 병합
- 212 포상팔국 신라 공격했으나 패퇴
- 366 탁순국 왕 백제와 왜 외교 중개
- 400 백제·왜와 신라 침공. 고구려 개입으로 패배

우리는 형제의 나라다

가야 건국 신화에 따르면, 가야의 여러 나라 시조들은 모두 하늘에서 내려준 여섯 개의 황금색 알에서 태어났다. 그중 가장 먼저 태어난 사람이 바로 김수로였고, 그는 42년 김해 금관가야(금관국)의 시조가 된다. 대가야의 건국 신화에서도 시조 이진아시왕은 김수로왕과 신성한 피를 이어받은 형제 관계로 그려진다. 그 후 금관가야와 대가야를 중심으로 한 가야 연맹은 우수한 철기 제작 기술과 대외 교역을 바탕으로 이 땅에 화려한 문화를 꽃피우게 된다.

금관가야의 쇠도끼 대성동 고분군에서 출토된 4세기경 유물로, 철광석을 제련해 일정한 형태로 가공한 것이다. 이것은 도끼로 쓰기보다 철기 제작을 위한 중간 소재나 화폐 기능을 했다.

미늘쇠 미늘쇠란 이름은 가시처럼 돋친 날이 있다는 의미에서 붙은 것으로, 주로 제사나 의례에서 깃대 장식으로 사용했던 것으로 보인다.

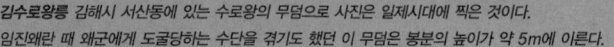

김수로왕릉 김해시 서상동에 있는 수로왕의 무덤으로 사진은 일제시대에 찍은 것이다. 임진왜란 때 왜군에게 도굴당하는 수난을 겪기도 했던 이 무덤은 봉분의 높이가 약 5m에 이른다.

함안 말이산 고분군 이곳은 안라국의 역대 왕들이 묻혀 있는 고분군으로, 남북으로 길게 뻗는 주능선과 서쪽으로 뻗은 여덟 갈래의 작은 능선위에 자리 잡고 있다.

한눈으로 보는 가야 연표

영광된 가야의 부활, 대가야

400년 금관가야가 고구려에 당한 일격은 가야 연맹체에 충격과 공포를 주기에 충분했다. 하지만 경남 고령 지방에서는 발달된 농업 생산력을 기반으로 소리없이 힘을 키워가고 있던 한 나라가 있었다. 바로 대가야(반파국)였다. 5세기 후반, 후기 가야 연맹의 대표자로 올라선 대가야는 삼국 간 전쟁에 적극 개입하는 등 국제 관계에서 당당히 제 목소리를 내면서 가야의 재통합에 앞장선다.

500년 철의 제국의 몰락

6세기 들어 백제와 신라는 가야의 소국들을 때론 무력으로, 때론 압력으로 각개격파하며 야금야금 영토를 넓혀나가고 있었다. 대가야의 재통합 노력과 다양한 외교전, 안라국(아라가야)이 중심이 된 '가야 회생 프로젝트' 임나부흥회의도 별 성과가 없었다. 가야의 운명은 바람 앞의 촛불처럼 흔들렸다. 결국 가야 연맹은 금관가야의 항복(532년)을 시작으로 안라국(560년경), 대가야(562년)가 차례로 멸망하며 역사 속으로 사라진다.

대가야 토기 대가야의 그릇받침으로 토기 표면의 무늬가 다양해, 대가야 토기의 특징을 잘 보여준다.

고령 지산동 32호분 출토 금동관 '出'자형 세움장식으로 화려하게 꾸민 신라금관과는 다르게 단순한 형태로 만든 5세기경의 가야 금동관이다. 가야 문화의 독자성을 보여주는 작품으로 손꼽히고 있다.

파사석탑 허황후릉 옆에 위치해 있는 이 석탑은 수로왕비 허황후가 인도에서 바다를 건너올 때 파도 신의 노여움을 잠재우기 위해 싣고 온 탑이라는 전설이 전해진다.

- 452 금관가야 질지왕 왕후사 건설
- 479 대가야 왕 하지 중국 남제에 사신 보냄
- 522 대가야 신라와 혼인 동맹
- 529 제1차 임나부흥회의

AD500

- 541 제2차 임나부흥회의
- 544 제3차 임나부흥회의
- 560 안라국(아라가야) 신라에 병합
- 562 대가야 신라에 멸망
- 532 금관가야 신라에 항복
- 553 우륵 신라 악사들에게 가야금 전수
- 554 백제·왜와 신라 관산성 공격했으나 대패

AD600

용봉문 환두대도 6세기경 가야 시대의 환두대도로, 칼자루 윗부분에 있는 타원형의 고리 안에 용과 봉황 한 마리가 목을 감고 있는 형상이 잘 표현되어 있다. 손잡이 윗부분과 아랫부분 금장식에 두 마리의 용이 서로 엉켜 하늘로 올라가는 듯한 모습을 부조해 화려함을 더하고 있다.

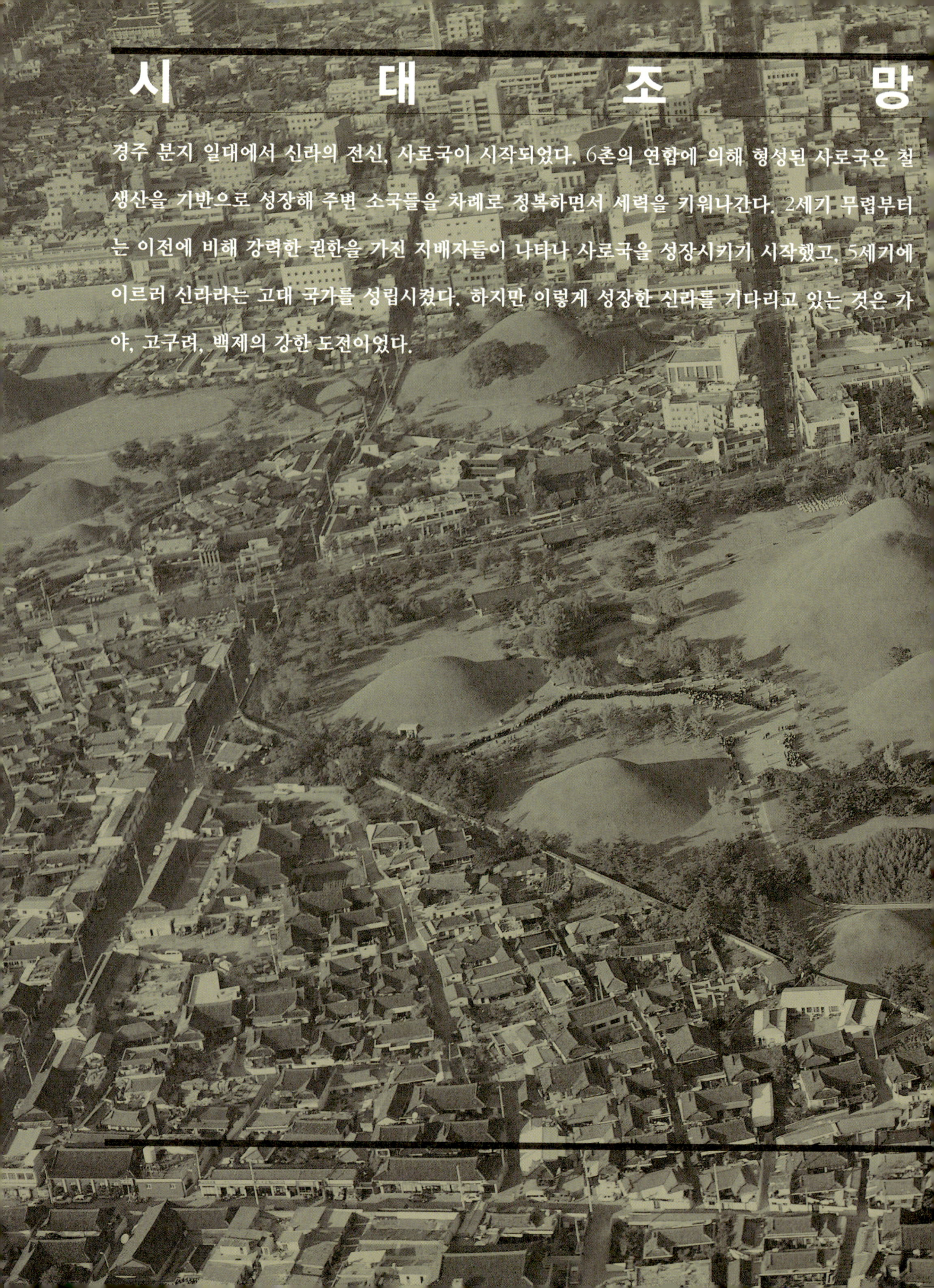

시 대 조 망

경주 분지 일대에서 신라의 전신, 사로국이 시작되었다. 6촌의 연합에 의해 형성된 사로국은 철 생산을 기반으로 성장해 주변 소국들을 차례로 정복하면서 세력을 키워나간다. 2세기 무렵부터는 이전에 비해 강력한 권한을 가진 지배자들이 나타나 사로국을 성장시키기 시작했고, 5세기에 이르러 신라라는 고대 국가를 성립시켰다. 하지만 이렇게 성장한 신라를 기다리고 있는 것은 가야, 고구려, 백제의 강한 도전이었다.

개관—낙동강 물길과 함께한 신라·가야의 흥망사

신라의 건국 신화—하늘에서 내려온 신이 세운 나라

가야의 건국 신화—황금알에서 태어난 가야의 주인들

신라·가야의 기원—다호리·사라리에 새겨진 권력의 흔적들

신라의 형성—사로에서 신라로 고대 국가의 등장

전기 가야—대외 교역 국가 금관가야의 탄생

후기 가야—대가야, 영광된 가야의 부활을 선언하다

고구려의 남하와 신라—종속 벗고 삼국의 강자로 서다

안라국과 가야의 위기—가야 회생의 마지막 희망, 임나부흥회의

신라의 팽창과 가야 멸망—진흥왕, 삼국통일의 초석을 놓다

대야성 공방전—위기의 신라 복수의 칼날을 겨누다

귀족파와 왕당파의 대립—김춘추와 김유신의 감격시대

돌궐의 흥망과 한반도—삼국의 운명 가른 당과 돌궐의 한판 승부

나당연합군의 백제 침공—신라의 외교력 백제를 멸망시키다

백강 전투—백제 회복운동의 마지막 횃불

고구려의 멸망과 삼국통일—당, 이 땅에서 나가라

낙동강 물길과 함께한 신라·가야의 흥망사

가야는 낙동강 유역과 남해안 일대에 있었던 변한의 여러 작은 나라를 가리키는 총칭이다. 낙동강의 본류와 수많은 지류는 이 작은 나라들을 연결시켜 주었고, 이는 가야 문명의 젖줄인 '교역 네트워크'를 탄생시켰다.

3세기 김해의 금관가야는 철이 많이 생산되고, 낙랑·대방군과 일본 열도를 잇는 해상 교역로의 중심에 위치해 있어 가야 연맹을 대표하는 나라로 클 수 있었다.

이러한 교역망을 부러워하며 훔쳐보고 있던 신라는 4세기 이후 낙동강 상류에서부터 가야 세계를 서서히 점령해 나갔고, 마침내 6세기 중반 경북 고령 지역의 대가야를 정복하고 낙동강의 새로운 주인이 되었다. 이처럼 신라와 가야의 역사는 낙동강과 함께하였다.

내륙 수로 교통의 동맥, 낙동강

낙동강은 유역의 범위가 매우 넓다. 태백산맥과 소백산맥에서 흘러내린 수많은 물줄기는 경상도 땅 거의 전체를 굽이굽이 적시며 모여들어 거대한 낙동강을 이룬다.

게다가 낙동강은 물길의 경사도가 극히 완만하다. 태백산지에 가까운 상류 지대를 빠져나오면, 물길의 경사도는 대부분 1만분의 3 이하로 떨어진다. 특히 하류 160km 구간의 경사도는 거의 0에 가깝다. 이로 인해 마지막 경남 밀양 삼랑진에서 양산 물금 사이의 20km 구간은 강물이 잘 흐르지 않아, 댐이 건설되기 전에는 홍수가 자주 났다.

낙동강
낙동강은 본류의 길이만 525km에 달하는, 우리나라에서 제일 긴 강이다. 한반도 전체로도 압록강 다음으로 길다. 총유역 면적은 2만 4,000km²로 이는 남한 전체의 4분의 1, 경상도 면적의 4분의 3에 해당한다. 가히 경상도 전역이 낙동강 권역인 셈이다.

낙동강은 이처럼 물길의 경사도가 완만해서, 안동까지도 쉽게 배로 올라갈 수 있다. 때문에 과거 이 지역에는 물길을 이용한 수로 교통이 발달했고, 곳곳에 배가 드나드는 포구가 형성되었다. 일제 때까지도 큰 화물은 낙동강 물길로 운송되었다.

이처럼 낙동강은 경상도 곳곳을 연결하는 내륙 수로 교통의 동맥이었다. 고대 사회에서 뱃길은 물류 수송의 양과 속도 면에서 가장 중요했고, 자연히 이 지역 나라들의 생존은 낙동강 물길의 장악 여하에 달려 있었다.

가야 연맹의 탄생과 발전

산지로 둘러싸인 평평한 지역인 분지가 곳곳에 발달해 있는 낙동강 상류에서 중류까지는 함창, 안동, 의성, 대구, 영천 등지에 분지성 평야를 기반으로 한 작은 나라들이 탄생했다.

그러나 하류 쪽은 이와 상황이 달랐다. 앞서 언급했지만 남강과 밀양강이 만나는 함안, 삼랑진, 물금 지역 등은 홍수가 매우 잦았고, 낙동강 하구인 김해 지역도 거주와 농경이 가능했던 곳은 산간 골짜기에 작은 규모로 형성된 협소한 곡저평야뿐이었다. 현재의 넓디넓은 김해평야를 떠올리며 이 사실을 믿지 못하는 사람도 있겠지만, 현재 지형은 1900년경에나 완성되었고 그 이전 김해평야의 대부분은 바다였다.

하지만 낙동강 하류는 물길이 극히 완만해 뱃길을 통한 지역 간 교류가 다른 어떤 지역보다도 유리한 곳이었다. 3세기 초 이 지역 작은 나라들을 한데 묶어 '포상팔국', 즉 '포구에 건설된 여덟 개의 나라'로 부른 것도 포구를 통한 물류 장악과 교역에 기반해 국가로

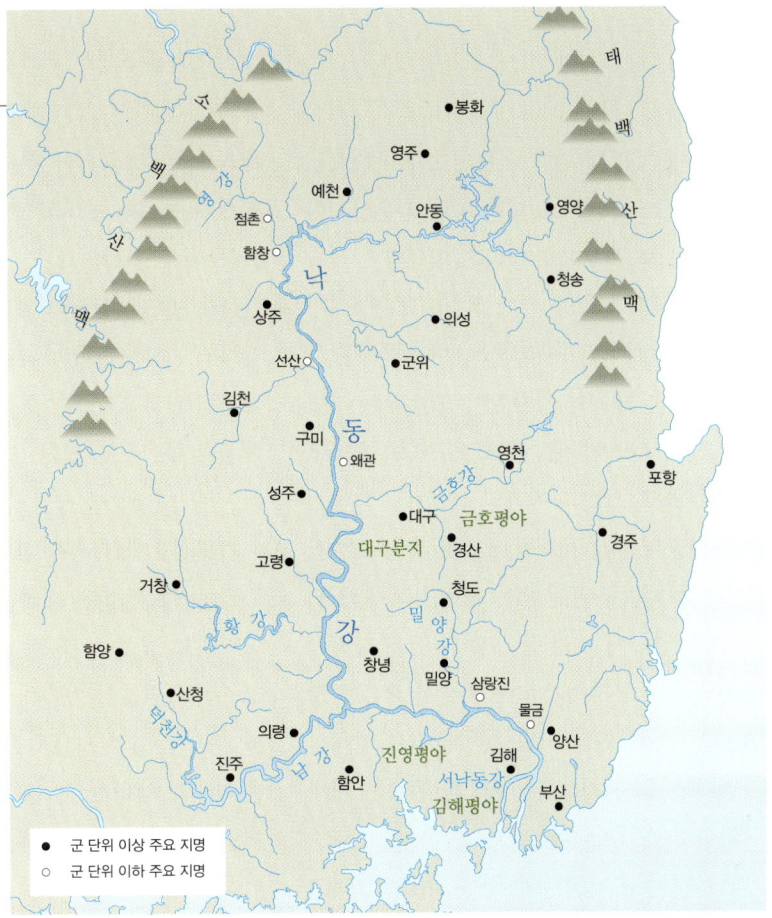

낙동강 유역 주요 지명 강원도 태백산맥에서 발원한 낙동강 본류는 경북 봉화군·안동시·예천군·상주시·구미시·고령군을 지나 경남 지방에 이르러 황강·남강과 합쳐진 뒤 동쪽으로 흘러간다. 이어 하류의 삼랑진 부근에서 밀양강과 만나 남쪽으로 물줄기를 바꾼 낙동강은 김해를 거쳐 부산 서쪽 바다로 빠져나간다. 수륙 교통의 중심지이자 비옥한 평야와 이어진 낙동강 유역은 일찍부터 고대 우리 민족의 삶의 터전으로 자리 잡아왔다. 낙동강이란 이름도 '가락(가야)의 동쪽'이라는 데서 유래되었다는 설이 있다.

성장했음을 잘 말해주고 있다.

따라서 낙동강 하류의 고대 사회는 낙동강 물길과 해상 교역로를 장악하고, 농경보다는 교역 네트워크 구축을 통해 권력 기반을 세워 나간 것으로 보인다. 또한 여덟 개의 작은 나라를 함께 묶어 불렀던 것으로 보아, 이 나라들 사이에는 활발한 인적·물적 교류를 바탕으로 한 '소국 연맹체'가 형성되고 있었다고 짐작된다.

결국 낙동강의 지형과 물길은 포구를 따라 여러 나라가 일어나고, 또 그것이 연결, 통합되면서 소국 연맹체 형성의 동력이 되었다. 금관가야를 중심으로 한 가야 연맹 역시 낙동

○ 낙랑군과 대방군

기원전 108년 고조선을 멸망시킨 중국 한나라는 한반도 땅에 낙랑, 진번, 임둔, 현도 4군(한사군)을 설치했는데, 낙랑군은 현재의 북한 평안남도·황해도 지방에 위치한 군이었다. 대방군 지역 역시 황해도 지방에 설치된 한나라의 군이었지만 애초의 한사군은 아니었다. 원래 진번군에 속한 하나의 현이었는데 곧 낙랑군에 통합되었고, 204년 한나라(후한)의 요동태수 공손강에 의해 대방군으로 개편되었다. 낙랑군과 대방군은 각각 313년, 314년에 고구려에 의해 축출되었다.

강을 중심으로 한 교역 네트워크를 바탕으로 건설됐다. 더욱이 이 교역망은 당시 동아시아의 대외 교역 통로와도 만나고 있었다.

낙동강의 첫 주인, 금관가야

3세기 중국 요동의 강자였던 공손씨는 지금의 황해도 지역에 새로운 행정구역인 대방군을 만들었고, 삼한과 예맥의 성장으로 약해졌던 낙랑군의 지배 체제를 새롭게 강화해 나갔다. 낙랑·대방군은 삼한과 예맥을 비롯해 멀리 일본 열도에 자리 잡은 왜의 작은 나라들까지도 직접 통제하기 위해 활발한 교류를 펼쳤는데, 이로 인해 낙랑·대방군에서 서해안과 남해안을 거쳐 일본 열도에 이르는 대외 교역로가 개척되었다.

금관가야는 낙동강의 내륙 수로, 그리고 중국 군현과 일본 열도를 잇는 해상 교역로가 서로 만나는 현재의 경남 김해에 위치하고 있었다. 그 때문에 대외 교역을 근거로 낙동강 주변의 여러 작은 나라를 통제할 수 있었고, 이를 배경으로 '가야 연맹'의 대표자로 떠올랐다. 현재도 김해의 가야 고분이나 사천 늑도 유적에서는 낙랑·대방군과 일본 쪽 유물들이 자주 출토되고 있는데, 당시의 활발한 대외 교역 상황을 잘 보여준다.

당시 금관가야의 으뜸가는 교역품은 철정, 철부 등 제철 소재였다. 이는 김해 주변에 철광석이 풍부하게 묻혀 있었기 때문이다. 3세기 상황을 전해주는 중국 문헌인 『삼국지』에는 이 제철 소재가 교역에서 마치 화폐처럼 사용되었고, 삼한·예맥의 작은 나라들은 물론 낙랑·대방군에도 공급되었으며, 일본 열도까지 팔려나갔다고 기록되어 있다. 또한 일본 열도에서는 보석인 경옥을 가져왔고, 비단 원료인 누에고치실도 한반도와 일본 열도 곳곳에서 생산되어 낙랑·대방군에 공급되었다.

기원전 1세기 후반 한반도 동남부 끝단 경주평야에는 진한의 소국인 '사로국'이 모습을 드러내고 있었다. 북쪽으로부터 나라를 잃은 고조선 유민들이 이주해 옴에 따라 이 지역에도 철기 문화가 보급되었고, 이를 기초로 작은 나라가 세워진 것이다. 이 '사로국'이 바로 훗날 한반도의 패자가 된 '신라'의 옛날 이름이다.

신라는 이사금(3대 유리왕) 시기부터 주변의 여러 소국과 교류하면서 연맹체를 형성하고, 점차 세력를 확대해 갔던 것으로 추측된다. 이 집단들 중에 울산·감포 세력은 경주평

◎삼국지
한나라가 망하고 위·촉·오 3국이 정립한 시기부터 진이 중국을 통일한 시기(220~280)까지 역사를 기록한 중국 정사로 진나라의 학자 진수(233~297)가 편찬했다. 위나라만을 정통 왕조로 보고 서술해 후대 역사가들의 많은 비판을 받기도 했으나, 그 내용이 매우 근엄하고 간결해 '명저'라는 평가엔 이론이 없다. 이 책의 『위서 동이전』에는 부여·고구려·동옥저·삼한 등에 관한 다양한 기록이 남아 있어 고대 우리 민족 연구에 매우 중요한 자료가 되고 있다.

금관가야의 쇠도끼(철부)
금관가야 최고 지배층의 무덤이 모여 있는 김해 대성동 고분군에서 출토된 4세기경 유물이다. 철광석을 제련해 일정한 형태로 가공한 것으로 원래 명칭은 납작 쇠도끼를 뜻하는 판상철부(板狀鐵斧)이다. 모양을 봤을 땐 도끼와 쓰임새가 같았을 듯하나, 실제는 철기 제작을 위한 중간 소재나 화폐 기능을 했다.

야로 진출해 신라 연맹체의 중심 세력이 되었는데, 이 사실은 '석탈해 신화'에 잘 나타나 있다.

신화에 의하면 석탈해는 금관가야 수로왕과의 싸움에 패해 경주 지역으로 쫓겨나지만, 제철 기술을 바탕으로 기존 세력인 호공을 누르고, 신라 왕의 사위가 된 인물이다. 이를 통해 우리는 사로국 주변의 작은 나라들이 금관가야와 대립하는 가운데 신라 연맹체를 형성했고, 처음에는 가야 연맹의 힘에 눌려 있었음을 알 수 있다. 진한 내 여러 나라의 국경 분쟁에 금관가야의 수로왕이 초빙되고, 그 판결 과정에서 신라 연맹체의 일원인 한기부 사람이 죽음을 맞은 것도 석탈해 신화의 분위기와 일치한다.

그러나 4대 탈해왕(재위 57~80) 이후 석씨 왕계는 신라 연맹체를 정치·군사적으로 더욱 강력하게 결집시켜 낙동강 네트워크를 둘러싸고 가야 연맹과 끊임없는 대결을 펼쳤다. 탈해왕 때의 장수 길문이 황산진(양산)에서 가야를 크게 격파한 것이나 거도가 거칠산국(동래)을 정복한 사실 등이 이를 잘 말해준다.

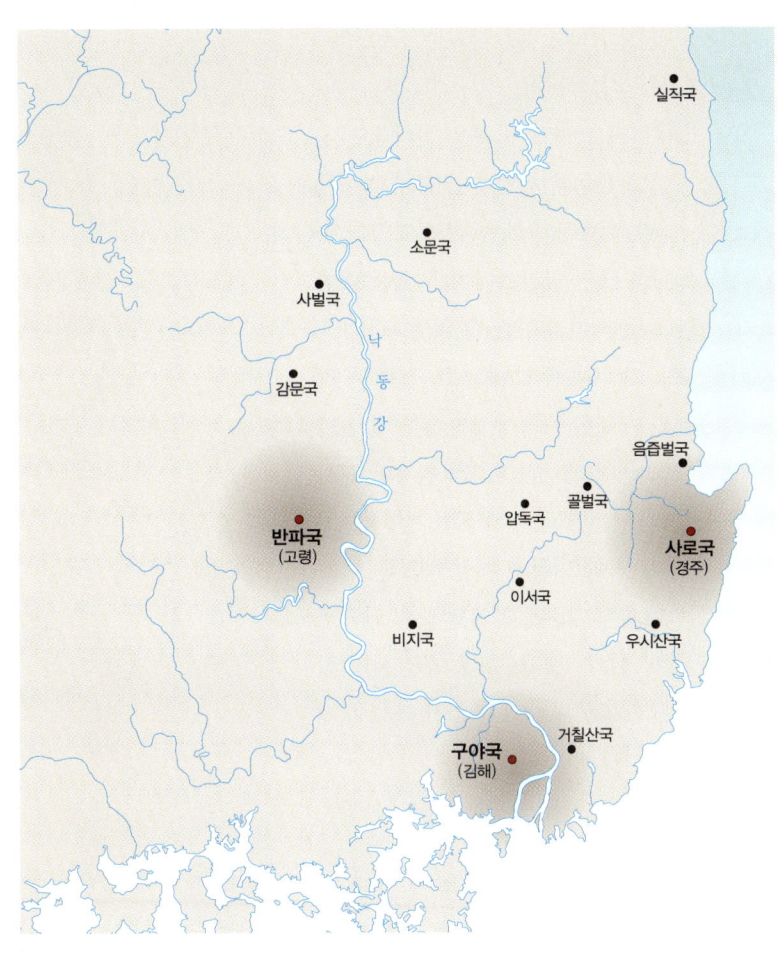

낙동강 주변 고대 소국들의 위치 신라의 전신인 사로국은 기원후 1세기경까지 주변 여러 소국과 별반 다를 게 없는 작은 나라에 불과했다. 한동안 신라는 낙동강 하류 지역에 터를 잡고 교역과 생산을 주도한 김해 금관가야의 힘에도 미치지 못하는 처지였다. 그러나 신라는 2~3세기경부터 거칠산국, 음즙벌국, 압독국, 감문국, 사벌국 등 낙동강 인근 소국을 차례로 복속하며 가야 세력을 위협하는 강자로 올라서게 된다.

가야의 배 모양 토기

신라의 낙동강 유역 진출

529년 탁기탄국 병합
낙동강 중류 진출

↓

532년 금관가야 병합
낙동강 하류 진출

↓

560년 아라가야 병합
낙동강 서부 진출

↓

562년 대가야 병합
낙동강 전 유역 진출

낙랑·대방군의 멸망과 금관가야의 와해

313년 고구려가 낙랑·대방군을 몰아내면서, 신라와 가야의 싸움은 새로운 국면에 접어들게 된다. 낙랑·대방군과 왜의 대외 교역에 중간다리 역할을 했던 금관가야에게 낙랑·대방군의 소멸은 큰 위기가 아닐 수 없었다.

이후 고구려와 백제 간에는 낙랑·대방 지역을 둘러싼 치열한 경쟁이 벌어졌는데, 371년 평양 전투에서 고구려의 고국원왕이 전사하는 등 처음에는 백제가 우위를 점하는 듯 보였다. 이에 가야 연맹과 왜는 새로운 강자로 떠오른 백제에 의존해 과거의 대외 교역로를 되살리게 된다. 백제·가야·왜는 이러한 교류를 이어가기 위해 서로 친밀한 외교 관계를 맺기도 했다.

그러나 광개토대왕이 등장하면서 상황은 다시 역전된다. 고구려의 파상 공격 앞에 백제의 철옹성인 관미성(현 경기도 파주 부근)이 함락되었고, 한성마저 위험에 빠진다. 백제 왕은 영원히 고구려의 노예가 되겠다면서 항복하고 위기를 모면하지만, 곧이어 왜의 군사를 끌어들여 고구려에 설욕을 하려고 했다. 당시 백제의 태자가 왜에 인질로 간 것도 바로 이 때문이었다.

한편 신라는 3세기 이후 가야 연맹에 밀려 낙동강 상류 방면으로 세력을 확대해 갔는데, 이는 동해안을 따라 고구려와 만나는 계기가 된다. 이후 신라는 고구려의 선진 문화를 수용해 내실을 다져나간다. 고구려도 백제·가야·왜의 연합 전선에 균열을 만들기 위해 신라를 적극적으로 돕기 시작한다. 이는 4~5세기 신라 고분 속에 묻힌 고구려계 유물을 통해서도 잘 알 수 있다. 신라는 당시 고구려 문화에 깊이 의존하고 있었다.

신라는 고구려에 정치적으로 예속될 수도 있다는 것을 알고 있었다. 그러나 가야 연맹을 무너뜨리지 않고는 어떠한 발전도 이룰 수 없다고 판단해 고구려의 군사력을 이용하는 위험한 선택까지 하게 된다. 400년 고구려군은 신라 왕경을 포위한 왜병을 전멸시키고 금관가야까지 쳐들어갔다. 금관가야의 생명은 6세기 초반까지 이어지지만 400년 이후 김해 지역에 화려한 부장품이 묻힌 지배층의 무덤이 더 이상 만들어지지 않은 사실로 볼 때,

신라식 금귀걸이
합천 옥전 M6묘에서 출토된 이 금귀걸이는 대가야의 금속공예 기술이 전성기일 때 신라 귀걸이의 영향을 받아 만들어진 것으로 추정된다. 샛장식은 신라의 굵은고리 귀걸이에 주로 사용되는 형식이고, 드림은 대가야적인 산치자열매모양이다. 하지만 이 귀걸이의 샛장식은 신라 귀걸이의 샛장식과 달리 금판을 둥글게 말아서 만든 원통상의 장식이 끼워져 있어 가야 귀걸이의 특징을 잘 보여준다.

당시 금관가야는 가야 연맹의 주도권을 잃어버린 것이 분명하다. 또한 이후 백제 사신이 왜국에 전해줄 교역품을 신라에 빼앗기는 등 백제·가야·왜를 잇는 대외 교역로도 심각한 타격을 입는다.

낙동강의 새로운 주인, 신라

고구려는 중국 북쪽을 장악한 북위와 평화적인 관계를 유지하기 위해 중원을 넘보지 않겠다는 뜻을 담아 427년 평양 천도를 단행한다. 이러한 고구려의 남하 정책에 위기를 느낀 백제와 신라는 동맹을 체결해 대항했다. 그런데 신라로서는 고구려의 남하가 오히려 새로운 도약의 발판이 되었다.

우선 나제동맹은 신라의 왕위 계승 문제까지 간섭했던 고구려의 영향력을 손쉽게 몰아내준 군사적 원군이었다. 둘째로 백제는 고구려를 대신해 선진 문화를 받아들일 수 있는 새로운 문화적 창구가 되었다. 셋째로 고구려의 남하를 효과적으로 막아내고 있던 가운데 백제의 한성이 무너짐으로써 오히려 한반도 남부에서 신라가 전략적으로 유리한 위치에 올라서게 되었다.

실제로 나제동맹 기간 중 신라는 소백산맥을 넘어 약해진 백제의 영토를 야금야금 먹어 들어갔고, 낙동강 상류와 중류를 손쉽게 장악해 하류 지역마저 공격할 수 있는 인적·물적 네트워크를 만들어갔다. 신라는 529년 탁기탄국, 532년 금관가야, 530년대 후반 탁순국을 차례로 무너뜨렸다. 백제는 이런 와중에도 신라의 진격 앞에 속수무책으로, 제대로 대응 한 번 하지 못했다. 이어 560년 아라가야, 562년 대가야 정복으로 신라는 명실상부한 낙동강의 새로운 주인으로 올라섰다. 신라는 이를 밑천으로 백제·고구려마저도 물리치며 7세기 중반 한반도의 최종적인 승자로 우뚝 서게 된다.

윤선태 동국대 교수

나제동맹

고구려의 남하를 견제하기 위해 433년 신라와 백제가 맺은 나제동맹은 필요할 때 서로 구원군을 파견하도록 약속한 군사적 동맹이었다. 이에 455년 신라 눌지왕은 고구려의 침입을 받은 백제를 지원했고, 백제도 464년 위기에 놓인 신라를 도왔다. 백제는 또 481년 신라를 침입한 고구려·말갈 군을 가야군과 함께 격퇴하기도 했다. 그러나 나제동맹은 551년 고구려군을 물리치고 한강 유역을 함께 차지한 후 2년 만에 신라의 갑작스러운 한강 유역 진출로 막을 내리고 말았다.

고구려식 신라 은관

황남대총 남분에서 출토된 이 은관은 일반적인 신라관과는 차이가 있다. 관테와 가운데 세움장식을 한 장의 넓은 은판으로 통째로 오려내어 만든 뒤, 따로 만든 좌우의 세움장식을 은못으로 고정시켰다. 관테와 세움장식의 가장자리를 뒷면에서 두드려낸 외줄의 연속점무늬로 장식했다. 관의 세움장식 가장자리를 새깃털처럼 보이게 만든 기법은 주로 고구려의 관장식에서 보이는 것이다.

하늘에서 내려온 신이 세운 나라

지금보다 훨씬 더 자연에 의지하고 자연과 교감하며 생활했던 원시·고대 인류에게 자연의 힘은 위대한 것이었다. 그 자연의 힘을 자신의 경험과 인식 안에서 모두 다 설명할 수 없었던 인간들은 그 알 수 없는 힘을 신처럼 모셨다.

신은 인간에게 없는 힘을 가진 초자연적 존재였다. 신의 존재와 그 힘은 인간의 삶에 지극히 중요한 영향을 주는 것이었고 그래서 인류는 신의 세계에 가까이 가고자 했다. 신의 의지를 알게 되면 인간의 삶이 더 안정적이고 풍요로워질 수 있다고 믿었기 때문이다.

이를테면 사냥감을 가르쳐주고 비를 내려주고 질병을 그치게 하고 적의 침입을 막아주는 일을 모두 신이 주관한다고 생각했다. 따라서 많은 고대 사회에서 국가를 세우는 것은 신의 힘이 작용한 결과거나, 적어도 신의 자손들이 활동한 결과였다. 신라 역시 마찬가지였다.

박혁거세와 알영의 탄생

신라의 건국 신화에 의하면 신라는 '천자' 곧 하늘의 아들인 혁거세가 이 땅에 내려와 임금이 됨으로써 세워진 나라였다. 이 장면을 『삼국유사』는 다음과 같이 전하고 있다.

옛날 진한에 6촌이 있었는데, 그 촌장들이 사람들을 데리고 알천 언덕 위에 모여 임금을 찾기 위해 의논했다. 그러고는 높은 곳에 올라가 남쪽을 바라보니 양산 밑에 있는 나정이라는 우물가에 이상한 기운이

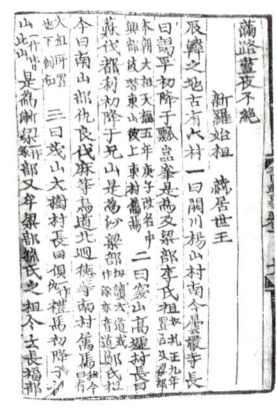

삼국유사 중 박혁거세 신화

나정

나정은 박혁거세가 탄생했다는 곳인데, 나정이 있었다고 전해지는 터가 경주 탑동 '오릉'에서 남동쪽으로 약 1km쯤 떨어진 소나무 숲 속에 위치해 있다. 이곳을 발굴한 결과 신라 시대의 팔각형 건물터가 발견되었다.

번갯불처럼 땅에 비치더니 하얀 말 한 마리가 꿇어앉아 절하는 모습이 보였다. 그래서 그곳을 찾아가 보니 붉은색 알 한 개가 있고, 하얀 말은 사람들을 보고 하늘로 올라갔다. 그 알에서 남자 아이가 나왔다. 이상하게 생각한 사람들이 아이를 동쪽 개울에서 목욕시키자 몸에서 빛이 났다. 아이를 데리고 오는데 새와 짐승들이 따라오고 하늘과 땅이 흔들리며 해와 달이 더욱 밝아졌다. 그리하여 그를 혁거세왕이라 했다. 사람들은 하늘의 아들이 내려오셨다고 기뻐했다.

이처럼 혁거세는 하늘에서 내려온 하늘의 아들로 여겨졌다. 고대에 만주와 한반도 일대에 살았던 사람들은 하늘을 가장 경이롭게 여겨 하늘신을 인간에게 최고로 큰 영향을 주는 신으로 섬겼다. 단군 신화의 환인과 환웅이 바로 그러한 존재였다. 단군은 하늘에서 내려온 환웅의 아들로 그에 의해 고조선이라는 나라가 세워졌다고 한다. 부여나 고구려, 백제의 시조신인 동명◦ 또한 하늘의 자손이었다.

고대 중국과 주변 민족들도 역시 그러했다. 중국의 '천자', 흉노의 '탱리고도선우(탱리는 하늘, 고도는 아들, 선우는 지배자의 호칭)', 선비나 돌궐 등의 '가한(하늘의 아들을 뜻하는 지배자의 호칭)'과 같은 군주의 호칭이 이를 나타낸다. 하늘의 아들이 내려와 세운 나라는 하늘의 보호를 받는 신성한 나라이며, 그 하늘의 아들을 계승한 군주들 또한 신성해 그들의 나라 통치는 위대한 것임을 내세우려 했던 것이다.

그러나 신라인들에게 신은 하나만이 아니었다. 세상 만물에 신이 깃들어 있고, 세상 모든 움직임에 신들의 힘이 작용한다고 생각했다. 신라의 건국 신화는 혁거세의 탄생뿐 아니라 그 부인인 알영의 출현과 둘의 결합이 결국 나라의 건국으로 이어졌다고 전한다.

『삼국유사』에 따르면 혁거세가 탄생한 날 사량리 알영정이라는 우물에서는 머리가 닭처럼 생긴 용 한 마리가 나타났는데 그 왼쪽 갈비에서 여자 아이가 나왔다. 이 아이는 얼굴은 매우 고왔으나 입술은 닭의 부리 같았다. 사람들이 월성 북쪽 개울에 가서 목욕시키니 그 부리가 떨어져 나갔다. 두 아이는 자라 왕과 왕비가 되었고 나라 이름을 서라벌 혹은 사라, 사로라고 했다.

알영은 용과 우물을 통해서 이 세상에 나타났다. 신화에서 용과 우물은 모두 물을 상징한다. 고대 동아시아에서 용은 물을 다스리며 구름을 일으키고 비를 내리게 하는 신화적 동물로 여겨졌다. 우물(또는 샘)은 모든 생명의 근원인 물의 분출을 상징하는 것이다. 결국 알영은 생명을 탄생케 하는 물의 정기를 한 몸에 안고 태어난 신성한 존재였다.

혁거세 역시 나정이라는 우물을 매개로 하늘에서 내려왔다. 고대인들에게 우물은 이렇듯 생명 탄생의 근원이 되는 풍요의 상징이었다. 북쪽 옥저라는 나라의 사람들은 바다 가운데 여인들만 사는 나라가 있는데 그 나라에

용문 암막새

용은 기린, 봉황, 거북과 함께 고대 사회에서 영적인 동물로 숭배받았다. 사진은 상서로운 기운을 내뿜으면서 승천하고 있는 모습을 담은 통일신라시대의 암막새로 매우 사실적으로 표현되어 있다. 주변에는 크고 작은 구름무늬를 배치했다.

◦**동명 설화**

동명은 부여 건국신화의 주인공이다. 이 설화에 따르면, 출생 과정이 신비했던 동명은 활을 잘 쏘았으며 훗날 남쪽으로 내려가 부여라는 나라를 세웠다고 한다. 이 이야기의 기본적인 줄거리는 고구려 주몽 설화와 같다. 주몽 설화에서도 하늘과 땅의 세계를 대표하는 신적인 존재, 즉 해모수와 유화로부터 태어난 주몽이 역시 남쪽으로 내려가 새 나라를 세운다는 식으로 이야기가 전개된다. 주몽이 동명성왕으로 불리게 된 것은 고구려가 부여를 통합하면서 동명 설화가 주몽 설화에 흡수된 결과일 것이다. 주몽(또는 우태)과 소서노의 아들인 온조가 남쪽으로 내려와 나라를 세웠다는 백제 시조 설화의 이야기 구조도 동명 설화와 거의 같다.

는 신령스러운 우물이 있어서 그것을 보기만 하면 아이를 낳을 수 있다고 생각했다. 지금도 해나 달이 떠 있는 우물의 물을 마시면 아이를 낳는다는 속설이 있다.

혁거세와 알영의 결합은 결국 하늘과 물(나아가 물을 내뿜는 땅)의 결합인 것이다. 이 둘의 결합으로 모든 것이 창조되고 풍요롭게 되었다. 그리고 그것은 위대한 나라의 탄생으로 이어졌다.

왕권은 신성하다

고대인들에게 나라의 안녕은 곧 외적의 침입을 물리치고 농사가 잘되는 것을 뜻했다. 혁거세와 알영은 바로 이러한 역할을 해주었다. 이웃나라에서는 혁거세와 알영을 성인이라 여기며 함부로 침입하지 않았다. 또 혁거세와 알영은 농사가 잘돼 풍년이 들게 했다. "혁거세가 왕이 되어 나라를 다스린 지 62년 만에 하늘로 올라가더니 그 뒤 7일 만에 몸이 흩어져 땅에 떨어졌고 왕비도 따라서 죽었다"는 『삼국유사』의 기록은 혁거세와 알영이 나라의 풍요를 책임지는 존재였음을 보여준다.

인류는 농경을 하게 된 이후 곡식의 생장을 보면서 생명의 창조는 곧 죽음의 결과임을 인식하게 되었다. 그래서 고대 이집트에서 몸이 갈갈이 찢어져 흩어졌다가 다시 부활한 오시리스는 식물의 신이자 죽은 인간을 심판하는 사후 세계의 지배자로 여겨졌다. 혁거세도 죽어서 몸이 흩어져 다시 땅에 떨어졌다고 한다. 이는 곡물의 죽음 뒤에 다시 풍요로운 생산이 있는 것처럼 혁거세의 죽음 역시 신라의 안녕과 풍요를 이끌어줄 것으로 생각했던 신

시조 유허비
알영정 옆에 서 있는 시조왕의 내력을 기록한 유허비. 알영정은 경주시 탑동 나정 북쪽에 있는 우물로 박혁거세의 부인 알영이 태어난 곳으로 전해진다.

혁거세와 알영은 실제 인물이었을까

혁거세와 알영은 신라 시조 왕과 왕비의 이름이다. 이 혁거세와 알영이 실제 존재했던 개인의 이름인지, 아니면 신라 사람들이 신성하게 여긴 시조 왕과 왕비의 특성을 사람 이름으로 정해 부른 것인지 확실히 알 수는 없다. 다만, 고대 사회에서 시조 왕은 신화를 통해 설명하는 경우가 많은 것으로 보아 혁거세와 알영도 건국 신화 속에서 신격화된 존재로 그려졌을 가능성이 높다.

한편 혁거세는 박씨, 알영은 김씨라고 한다. 혁거세와 알영이 결합해 신라를 세웠다는 건국 신화는 신라의 여러 집단 중 유력한 두 집단이 나라를 이끌던 역사적 경험이 반영된 것이다. 이들 집단은 후에 박씨와 김씨의 시조가 되었다. 그러나 신라인들은 이들이 어떤 성씨 집단의 시조인가를 그리 중요하게 생각하지 않았다. 박씨, 석씨, 김씨 왕실 모두가 신라시대 내내 혁거세와 알영에게 제사를 드렸다. 이는 혈연관계상의 시조를 넘어선 더 큰 존재였음을 뜻한다.

라인들의 상상력이 발휘된 이야기다.

신라의 건국 신화는 이렇게 혁거세와 알영의 탄생과 그 결합, 그리고 죽음의 이야기로 꾸며져 있다. 이러한 신라인들의 생각은 자신들을 다스릴 군주가 어떠한 존재여야 하는지를 규정지었다. 신라인들은 시조 왕과 그 왕비가 그러하듯이, 그 뒤를 이은 후대의 왕들도 그처럼 신성한 힘을 가지고 그에 걸맞은 역할을 해주기를 바랐다.

신라인들은 임금을 '차차웅'이라고도 했는데, 차차웅은 귀신을 섬기고 제사를 하던 무당을 가리키는 말이었다. 고대 사회에서 무당은 신의 의지와 힘을 알아낼 수 있는 존재였다. 임금을 차차웅이라고 불렀다는 점에서 신라인들이 자신들의 임금을 어떻게 생각했는지를 단적으로 알 수 있다.

그래서 신라의 왕들은 비상한 신통력을 가지고 있으며 기후나 농사의 풍흉을 미리 알고 조절할 수 있다고 믿어졌다. 또 알영이 그러했던 것처럼 왕비들도 신성한 능력을 가지고 있다고 믿었다. 혁거세의 맏아들인 신라 제2대 남해왕의 부인 운제부인도 나중에 운제산의 여신으로 받들어졌는데 가물 때 기도를 드리면 효험이 있었다고 한다.

신성한 혈통을 이어받은 자신들의 군주가 신비한 능력을 가지고 자신들을 보호해 줄 거라는 믿음은 특히 초기 신라 사회에서 강했다. 그러나 주변 집단을 정복하고 그들에 대한 통제력을 강화하면서 지배 체제를 정비했던 5세기 이후, 신라인들이 자신들의 임금을 마립간이라고 불렀던 시기부터 이러한 믿음은 약해지기 시작했다. 이때는 고구려·중국과의 교류도 활발히 전개되어, 보다 넓은 세계에 대한 시야를 갖게 되었다. 이전보다 훨씬 사회가 복잡해졌고, 임금에게도 더 강한 역할이 요구되었다.

임금은 복잡한 사회를 운영하기 위해 더 많은 정치력과 군사력을 가질 필요가 있었다. 이제 사람들을 굴복시키는 데는 신성한 혈통과 능력이 있음을 과시하는 것만으로 충분하지 않았고 현실적인 정치력과 그것을 뒷받침해 줄 무력이나 제도적 장치가 필요함을 깨달았다. 그러자 이전과 같은 신성 왕권 이데올로기는 점차 힘을 잃어갔다.

그러나 신라의 왕이 하늘에서 내려온 신의 뜻에 따라 왕권을 가지게 된다는 사고방식이 하루아침에 없어지지는 않았다. 마립간 시기 이후 왕들이 이전에 비해 더 강한 세속적 권한을 가졌다고 해도 신성에서 출발한 종교적 권위를 완전히 버린 것은 아니었다. 마립간 시기 신라 왕의 무덤으로 여겨지는 경주 황남동 돌무지덧널무덤(적석목곽분)에서 출토된 금관에는 신과 인간을 연결시켜 준다는 사슴과 나무가 장식되어 있다. 마립간이라는 말이 신령과 교류하는 신전의 가장 첫 번째 자리를 차지한 우두머리라는 뜻에서 나왔다는 것도 이러한 사정을 알게 해준다.

나희라 진주산업대 교수

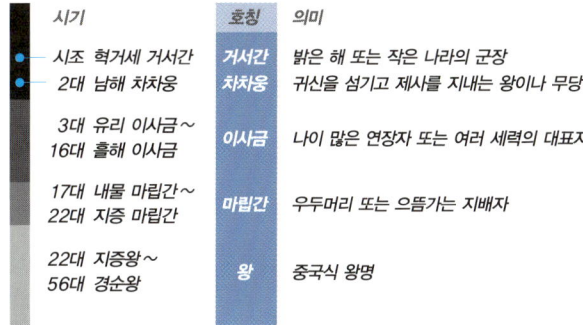

신라 왕 호칭 변화	시기	호칭	의미
	시조 혁거세 거서간	거서간	밝은 해 또는 작은 나라의 군장
	2대 남해 차차웅	차차웅	귀신을 섬기고 제사를 지내는 왕이나 무당
	3대 유리 이사금~16대 흘해 이사금	이사금	나이 많은 연장자 또는 여러 세력의 대표자
	17대 내물 마립간~22대 지증 마립간	마립간	우두머리 또는 으뜸가는 지배자
	22대 지증왕~56대 경순왕	왕	중국식 왕명

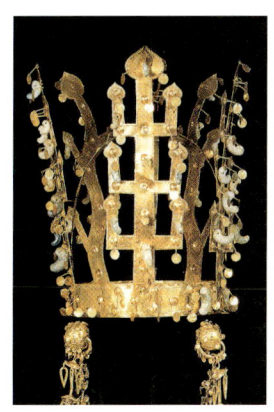

신라 금관
신라 금관의 세움장식은 나뭇가지와 사슴뿔 모양을 한 경우가 많다. 신라 사람들은 이들을 하늘과 연결하는 통로로 생각했을 것으로 추정된다. 그들은 높은 하늘을 향해 길게 길게 뻗어 있는 나무를 통해 하늘로 올라갈 수 있다고 믿었을지 모른다. 안테나처럼 생긴 사슴뿔은 하늘의 뜻을 전해받는 장치로 여겨졌을 것이다. 사르마트족 등 중앙아시아 유목 민족의 제사장들도 머리에 사슴뿔 장식을 하고 의식을 치르곤 했다.

황금알에서 태어난 가야의 주인들

구지봉 전경

김해시 구산동에 있는 해발 200m 높이의 작은 산봉우리로 시조 수로왕의 탄강지이자 가야 문화의 발상지로 역사적 의미가 큰 곳이다. 이곳에서 탄생한 가락국 건국 설화 '구지가(龜旨歌)'도 국문학사에서 중요한 위치를 차지하고 있다. 1908년 세워진 '대가락국 태조왕 탄강지지'란 비석이 있으며, '구지봉석'이라는 글자가 새겨진 고인돌 무덤이 전하고 있다.

가야에서도 나라를 세운 시조 왕의 등장은 신의 강림과 함께 한다. 『삼국유사』에 인용된 『가락국기』라는 책에는 가야 시조 왕의 등장을 다음과 같이 전하고 있다.

천지가 개벽한 뒤로 가야 지방에는 아직 나라가 없고 왕과 신하도 없었는데, 단지 아홉 추장이 각기 백성을 거느리고 농사를 지으며 살았다. 그런데 기원후 42년 3월에 그들이 사는 곳의 북쪽, 구지봉에서 수상한 소리가 들렸다. 이에 아홉 추장과 마을 사람들이 소리가 난 곳에 모였다. 그러자 하늘에서 이런 말이 들려왔다. "하늘이 내게 이곳에 와서 나라를 새로 세우고 임금이 되라 하셨다. 그래서 내려왔노라. 너희가 이곳에서 땅을 파고 흙을 집으면서 '거북아, 거북아, 머리를 내밀어라. 그렇지 않으면 구워 먹겠다' 하고 노래(구지가)를 부르면서 춤을 추면 하늘에서 대왕이 내려올 터이니 기뻐서 뛰게 될 것이다." 아홉 추장과 사람들이 그 말에 따라 노래하고 춤추면서 하늘을 바라보니, 자주색 줄이 하늘로부터 땅에 드리워져 닿았고, 줄 끝을 찾아보니 금으로 만든 상자가 붉은 보자기에 싸여 있었다. 뚜껑을 열어보

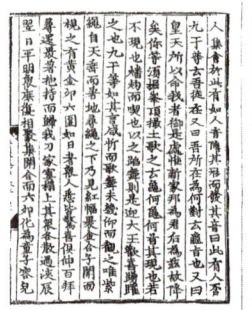

『삼국유사』 중 '가락국기' 부분

가락국기

고려 문종(재위 1046~1083) 때 편찬된 가락국(가야)에 대한 역사서로 완전한 내용은 전하지 않으며, 『삼국유사』에 일부 내용이 실려 있다. 『삼국유사』는 이 책을 금관주지사(김해 지역에 파견된 지방관)를 지낸 문인이 편찬했다고만 밝히고 있어 정확한 저자 이름은 알 수 없다. 『삼국유사』에 인용된 내용은 수로왕의 건국 설화와 허황후와의 혼인 설화, 금관가야 왕들의 가족관계와 재위 기간 등인데, 관련 사료가 부족한 가야사 연구에 매우 중요한 사료라고 할 수 있다.

니 황금색 알 여섯 개가 있었는데 마치 해처럼 둥글었다. 그로부터 12일이 지난 어느 날 아침에 마을 사람들이 다시 모여서 금 상자를 열어 보니 알 여섯 개가 아이로 변해 있었는데, 용모가 뛰어나고 바로 평상에 앉았다. 아이들은 나날이 자라 십수 일이 지나니 키가 9척이 되었다. 그달 보름날에 여섯 알 중에서 가장 먼저 태어난 수로가 왕위에 오르고, 나라 이름을 대가락 혹은 가야국이라고 했으니, 여섯 가야국 중의 하나였다. 알에서 태어난 나머지 다섯 사람도 각각 다섯 가야국으로 돌아가서 왕이 되었다.

가야 연맹을 이룬 여러 나라의 시조 왕은 이렇듯 하늘에서 내려온 알에서 태어났다고 한다. 가야 지역의 사람들 역시 자신들의 나라와 임금이 하늘에 그 근원을 두고 있다고 생각했던 것이다.

하늘에서 내려온 혁거세와 물의 근원을 품고 태어난 알영이 결합해 나라의 풍요로움이 보장된다고 믿었던 신라인들과 마찬가지로 가야인들도 하늘에서 내려온 수로와 바다 저편에서 온 허황후를 결합시켰다. 바다 저편에서 온갖 보물을 가지고 와서 시조와 결합했다는 것은, 탐라국(제주도)의 시조 설화에서 땅에서 솟아난 세 명의 시조가 오곡의 종자를 가지고 바다 저편에서 흘러온 여인들과 결합해 농업 국가 건국의 기초를 마련했다는 이야기와 비슷하다. 바다 저편에 풍요로운 다른 세계가 있다고 믿고 생활했던 고대인들의 세계관이 바탕이 되어 구성된 이야기이다.

수로를 비롯한 가야 왕들의 탄생 이야기에는 제사 의식을 연상시키는 행위가 담겨 있는데, 구지봉에서 펼쳐진 집단 가무와 신의 강림이 그렇다.

대가야의 건국 신화

한편 후기 가야 연맹의 맹주인 대가야국이 있던 고령 지역에는 이와 다른 가야의 시조 신화가 전하고 있다. 조선시대 문헌인 『신증동국여지승람』에 인용된 최치원의 『석이정전』에 의하면, 가야산의 산신인 정견모주가 하늘신인 이비가지에게 마음이 끌려 대가야 왕 뇌질주일과 금관국 왕 뇌질청예 두 사람을 낳았다고 한다. 금관국 왕 뇌질청예는 앞에서 본 수로왕이다.

이는 고구려 주몽의 탄생 신화와 같이 하늘인 아버지와 땅의 주인인 어머니가 결합해 시조 왕을 탄생시켰다는 것으로 하늘에서 스스로 내려와 신성한 여인과 결합해 나라를 세웠다는 신라·금관국 설화와는 좀 다르다.

그러나 하늘을 대표하는 남성과 풍요로운 땅을 대표하는 여성의 결합이 위대한 창조 행위라고 말하고 있는 점에서는 크게 다르지 않다. 다만 풍요의 원천을 산으로 설정하는가 바다로 하는가 하는 점이 다를 뿐이다. 그 풍요의 상징이 여성이라는 점에서는 마찬가지다. 다른 고대인들과 마찬가지로 지고한 하늘의 권위를 차지한 남성과 풍요의 상징인 여성이 결합하는 태초의 위대한 창조 행위가 가야인들의 자부심의 근원이었다.

나희라 진주산업대 교수

⊙ 최치원(857~?)

통일신라 말기의 학자·문장가로 성장하는 6두품 출신 지식인 중 가장 대표적인 인물이었다. 그의 사상은 기본적으로 유학에 바탕을 두고 있었고 스스로 유학자임을 내세웠지만 불교나 노장 사상, 심지어 풍수지리설에도 밝았다. 신라가 망하고 고려가 새로 일어날 것을 미리 예측한 인물로도 유명하다. 저서로는 『계원필경』, 『중산복궤집』, 『석순응전』, 『석이정전』, 『법장화상전』 등이 있다.

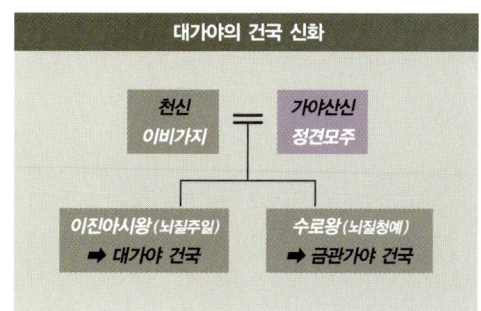

정견모주와 이비가지 사이에서 태어난 두 아들인 뇌질주일과 뇌질청예는 나중에 각각 대가야와 금관가야의 시조가 되었다. 따라서 각각 전기와 후기 가야 연맹을 대표하는 나라인 금관가야와 대가야는 형제의 나라인 셈이다.

다호리·사라리에 새겨진 권력의 흔적들

신라·가야의 기원

1988년 국립중앙박물관 발굴단은 철새 도래지로 유명한 경남 창원의 주남 저수지 근처 논바닥을 조사하고 있었다. 행정구역상으로 창원시 다호리에 속하는 곳이었다. 근처 과수원 일대에 수백 기의 가야 고분이 분포하고 있어서 예전부터 가야 유적지로 알려져 있긴 했지만, 논바닥에까지 유적이 있을 것이라고는 아무도 생각하지 못했다. 그전까지 조사된 고대의 무덤이나 마을은 대개 야트막한 구릉이나 야산에 위치해 있었기 때문이다.

그런데 도굴꾼들은 과수원 일대의 가야 고분을 뒤지다 무덤의 분포 범위가 자꾸자꾸 넓어지면서 아래로 내려가 마침내 논바닥까지 파헤쳤고, 그곳에 가야 시기보다 더 오래되고 진귀한 유물이 엄청나게 묻혀 있는 것을 알게 되었다. 결국 논바닥을 마구 파헤치던 그 도굴꾼들은 경찰에 붙잡히고 말았는데, 그들로부터 압수된 유물의 출처를 캐는 과정에서 다호리에는 과수원만이 아니라 낮은 지대 논바닥에까지 무덤이 분포한다는 사실이 밝혀졌다. 국립중앙박물관의 긴급 발굴 조사는 그렇게 시작되었다.

다호리 출토 성운경
중국 한나라에서 수입된 지름 12.7cm의 청동거울로 별과 구름 모양을 새겼다고 해서 '성운경(星雲鏡)'으로 불린다. 중앙에서 바깥쪽으로 신비스러운 빛이 뿜어져 나오는 듯한 문양을 하고 있다. 이러한 거울은 권위를 상징하거나 잡귀의 접근을 막는 용도로 지배 계층에서 선호했던 물품이다.

창원 다호리 1호묘의 비밀

당시 처음으로 조사된 무덤은 다호리 1호묘였다. 이 무덤은 기원전 1세기경 창원과 김해 일대를 무대로 최고의 권력을 행사하던 족장의 것이었다. 낮고 습한 곳에 위치한 덕분에 목관은 전혀 썩지 않고 2,100년 전의 모습을 생생히 간직하고 있었다.

여기서 발굴된 유물은 모두 국보급이었다.

다호리 1호묘 발굴 당시 모습
구덩이를 파고 들어앉힌 목관은 거대한 통나무를 세로로 쪼개 속을 파서 구유 형태로 만들었다. 이는 같은 시기 한반도 서북부의 널무덤에서 볼 수 있는 판재로 만든 목관과 차이가 있다. 목관 양 측면에는 네 개의 고리 구멍이 나 있는데, 이곳에 굵은 밧줄을 매달아 운반과 안치를 했던 것으로 보인다.

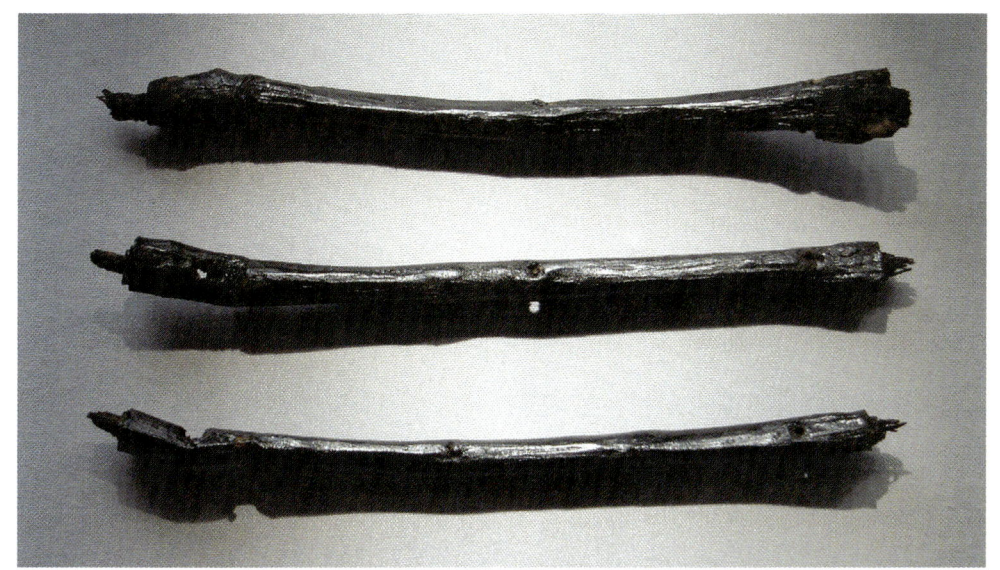

다호리 출토 칠기 붓
다호리 1호묘에서는 옻나무 수액을 사용해 가공·도장한 다양한 칠기 제품이 발견되었다. 그 가운데 칠기 붓은 당시 문자를 읽고 쓸 줄 아는 지식인층이 존재했음을 말해준다.

부장품을 담아놓은 대나무 바구니와 그 속에 있던 청동제 창

 그 후 이 부근에서 총 8차에 걸쳐 70여 기의 무덤이 발굴, 조사되었지만 부장품의 수준 면에서 1호묘를 능가하는 무덤은 없었다.

 사실 이 무덤은 처참하게 도굴된 무덤이다. 도굴꾼들은 목관이 너무 두껍고 단단해 도끼로 찍어도 끄떡이 없자, 전기톱을 이용해 뚜껑을 잘라버리고 내부의 유물을 깡끄리 도굴해 갔다. 목관 바깥에 부장되었던 유물도 모두 도굴된 상태였다. 하지만 그들도 목관 바로 아래 공간에 진짜 보물 상자가 있는 줄은 미처 알지 못했다.

 기원전 1세기경 이 일대에서는 무덤 구덩이를 파면서 바닥의 가운데를 오목하게 파내 그 안에 부장품을 넣는 풍습이 유행했다. 그 위치가 묻힐 시신의 허리 부근에 해당된다고 해서 이를 '요갱'이라 부른다.

 다호리 1호묘에도 목관 아래 요갱에 대나무로 짠 바구니를 묻었는데, 그 안에 막대한 양의 귀중품이 들어 있었다. 대표적인 것만 들자면 화려한 동검과 칠기 칼집, 고리 달린 철제 손칼(환두대도)과 청동제·철제 창, 중국에서 수입한 성운경(청동거울)과 오수전, 다섯 자루의 칠기 붓, 제기의 형태를 한 검은 칠기 등등이다.

 또 요갱의 주위에는 자루에 검은색 옻칠을 한 각종 도끼가 묻혀 있었다. 도굴당해 없어진 유물까지 더한다면 한 사람을 위한 것이라고 하기에는 지나치게 많고 화려한 부장품이었다. 이렇듯 많은 물건을 함께 묻는 장례 풍습을 '후장'이라고 부른다.

 다호리 유적의 조사로 기원전 1세기 변한 사회의 발전 수준에 대한 일반의 인식은 완전히 뒤집히게 되었다. 기원전 108년 고조선이 멸망한 뒤 한반도에는 마한(한강에서 영산강에 이르는 지역), 진한(낙동강 동쪽 지역), 변한(낙동강 서쪽 지역)의 삼한이 성장하고 있었는데, 당시 이들 삼한은 아직 국가 체제를 갖추지 못한 낮은 단계의 사회에 머물러 있었다고 생각해 왔다.

그러나 다호리 1호묘는 이미 당시에 최고급 생산품을 독점한 개인이 존재했다는 사실을 명백하게 보여줬다. 이는 지배 계급과 피지배 계급의 분화가 상당한 정도로 진행됐음을 일러준다.

아울러 철기의 부장량과 기술 수준은 변한 물질 문화의 발전 수준을 한눈에 보여줬는데, 이들을 통해 당시 사회 발전의 원동력이 철의 생산에 있었음을 알 수 있다. 또 무덤이 발견된 창원 다호리가 바닷가 가까이 위치하고 있다는 것은 철의 유통에도 큰 몫을 담당했음을 짐작케 한다. 중국제 화폐인 오수전과 청동거울의 발굴은 이러한 추측을 뒷받침한다.

다호리 출토 청동검과 칼자루 꾸미개
길이 61.6cm의 오른쪽 청동검은 옻칠이 된 검집과 함께 발견되었다. 이 시기 칠기는 중국 한나라 때의 칠기와 많은 차이를 보여 한반도에 독자적인 칠기 문화가 자리 잡고 있었음을 보여준다.

삼한과 주요 소국 위치

진한시대·사로국 주요 유적

사로국 최고 지배자의 무덤으로 추정되는 사라리 유적이 위치한 곳은 현재의 경주 시내에서 서쪽에 해당되는데 영천으로 가는 길목이다. 마찬가지로 초기 신라, 유적인 조양동, 입실리, 죽동리 유적도 모두 시내에서 멀리 떨어진 울산으로 가는 길목에 분포돼 있다. 따라서 3세기 이전 경주에서 힘을 가진 세력들은 현재의 시내가 아닌 주변부, 당시로는 교통의 요충지에 자리 잡고 있었음을 알 수 있다.

어은동 출토 사슴머리 장식과 청동말

구정동 출토 갑옷

입실리 출토 닻 모양 청동방울

구어리 출토 굽다리단지

이 밖에도 다호리 1호묘는 세형 동검이 사라지고 철검이 새로이 등장하는 과정, 동검과 그 부속품의 조립 방법, 칼집의 형태와 구조, 각종 철제 도끼의 사용 방법, 다양한 칠기 그릇의 존재 등 이루 말할 수 없이 많은 새로운 사실을 밝혀주었다. 다호리 1호묘 발굴 이후, 변한의 물질 문화와 발전 수준은 이미 국가 형성의 단계에 들어서 있었다는 주장이 설득력을 얻게 되었다.

보물 쏟아진 사라리 130호묘

다호리 유적이 발견된 지 7년 후, 이번에는 진한의 물질 문화를 생생하게 보여줄 또 하나의 유적이 발견되었다. 경주 사라리 유적이 그것이다.

사실 경주 일대에는 오래전부터 진한의 초기 단계를 설명해 줄 유적이 알려져 있었다. 일제시대에 발견된 영천 어은동 유적과 경주 입실리 유적이 그것이다. 그러나 정식 발굴 조사와는 거리가 먼 우연한 발견이었다. 또

골동품 수집가 이양선 박사가 기증한 유물 중 다량의 귀중한 청동기가 경주 죽동리에서 출토된 사실이 확인되었지만 발굴 조사에 의해 수집된 것은 아니었다.

1970년대 후반부터 1980년대 초반에 걸쳐 경주 조양동 유적이 발굴, 조사된 이후 경주와 그 주변에서는 진한의 유적이 많이 확인되었다. 경주 구정동과 구어리, 울산 다운동과 중산리 유적이 그것이다. 하지만 그중에는 신라 초기, 혹은 사로국 왕의 무덤으로 볼 수 있는 유적은 없었다.

그러다 1995년 마침내 사라리에서 다호리 유적에 버금갈 정도의 놀라운 발견이 이루어진 것이다. 이 유적은 청동기시대에는 마을이 었었고 진한에 들어와서는 널무덤(목관묘)들이 조성된 자리였다. 그리고 4세기 이후에는 덧널무덤(목곽묘), 돌무지덧널무덤(적석목곽분), 돌덧널무덤(석곽묘), 독무덤(옹관묘) 등이 만들어졌지만, 그중에서도 130호라고 이

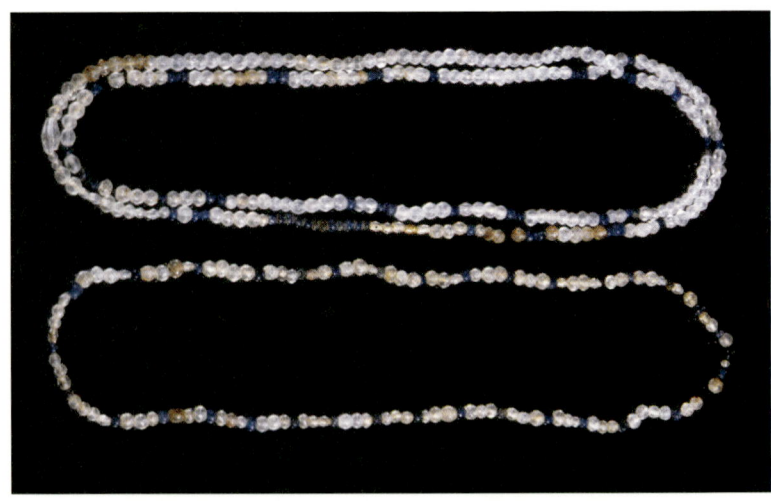

사라리 출토 목걸이 푸른색, 갈색, 투명한 것 등 다양한 종류의 유리구슬로 만들었다.

름 붙인 한 무덤이 단연 눈에 띄었다.

이 무덤은 구조적으로는 널무덤, 시간적으로는 2세기 초, 규모 면에서는 길이 3.32m, 폭 2.3m로서 이 시기 널무덤 중에서는 최대급이었다. 또한 쇠도끼를 비롯한 막대한 양의 철기와 함께 열두 점의 청동팔찌, 호화로운 동검 두 자루, 청동제 손잡이가 달린 철검 한

사라리 130호묘 발굴 당시 모습 길이 3.32m, 폭 2.3m, 깊이 1m의 큰 구덩이를 판 뒤 그 밑 중앙부에 얕은 구덩이, 즉 요갱을 팠다. 그 다음에 목관을 들어앉혔는데, 바닥판 위에 일곱 줄로 총 61점의 넓고 평평한 쇠도끼(판상철부)를 깔아 시신을 모실 자리로 삼았다. 시신은 청동단추로 장식한 옷을 입고 청동제 호랑이 모양 고리 두 개가 부착된 허리띠를 찬 채, 청동팔찌, 반지, 목걸이 등 여러 점의 장신구를 착용한 상태였다. 이 무덤에서는 이외에도 청동거울, 쇠솥, 각종 토기, 동검, 철검, 마구류 등 막대한 양의 유물이 출토되었다.

자루, 반지 열일곱 점 등 막대한 양의 유물이 전혀 도굴되지 않은 채로 발견되어 사로국 단계에 경주 일대를 주름잡던 최고 지배자의 존재를 여실히 보여주고 있었다.

이 최고 지배자를 중심으로 각 세력들은 때로는 경쟁하고 때로는 협력하면서 보다 큰 하나의 세력 단위, 즉 사로국을 형성했다. 그 시점은 기원전 1세기 무렵으로 추정된다. 신라 초기의 역사란 이들 집단이 통합되어 가면서 보다 강력한 권력을 지닌 지배자, 즉 마립간이 출현하는 과정이기도 하다.

결국 사라리 130호묘는 권력이 한곳으로 집중되는 과정 한복판에 있었던 사로국 최고 지배자의 무덤이라고 할 수 있었다. 신라의 옛 이름인 사로국이 사라리와 비슷한 것은 결코 우연이 아닌 것이다.

권오영 한신대 교수

사라리 출토 각종 유물들
위에서부터 차례대로 호랑이 모양 허리띠고리, s자형 말재갈, 철검, 와질 토기다. 허리띠고리는 허리띠 두 끝에 매달아 지금의 '버클'과 같은 역할을 했다. 가죽이나 천으로 만들었을 허리띠는 부식된 채 발견되었다. 길이 46.5cm의 철검은 칼집은 썩어 없어지고 칼집 부속구만 남아 있었는데, 검 부분만 철로 만들고 손잡이와 칼집 부속구는 모두 청동으로 만든 것이다. 와질 토기는 그 모양을 통해 사로국 시대의 토기를 짐작할 수 있다.

사로에서 신라로 고대 국가의 등장

고깔 모양 동기
경주 안계리 유적에서 출토된 초기 철기시대 유물로 고깔 또는 버섯 모양의 머리에 원통형의 곧은 몸체가 달려 있으며, 여기에 도드라진 띠가 둘러져 있다. 정확한 용도는 알 수 없으나, 수레에 사용되는 거마구와 함께 발견된 것으로 보아 수레 부속품으로 추정된다.

신라는 기원전 1세기 무렵에 건국된 것으로 알려져 있지만 처음에는 진한의 여러 작은 나라 가운데 하나에 지나지 않았다. 그러다 기원후 2세기가 되면서 진한의 맹주로 거듭났고, 4세기를 전후해 마침내 소국 대부분을 거느리게 된다. 이후 지방에 대한 통제력을 강화하면서 고대 국가로 발돋움하기 시작한다.

사로국의 기원과 발전

신라의 시초는 사로국이라고 불리던 소국이었다. 이 사로국의 중심지는 현재의 경주 분지 일대이다. 경주 분지의 서쪽을 가로질러 북쪽으로 흐르는 형산강과 그 지류인 북천, 남천 주변에서 청동기 시대의 주거지 여러 곳이 발굴되었고, 또 그 부근에 수많은 고인돌이 흩어져 있는 것이 확인되었다.

경주 분지 주변은 다른 어느 지역보다 초기 철기시대 문화가 꽃피었던 것으로 보인다. 구정동, 입실리, 죽동리, 안계리에서 한국식 청동검 문화 후기~초기 철기시대에 걸친 화려한 유물이 다수 출토되었기 때문이다. 아마도 이러한 세력이 모태가 되어 사로국을 세웠을 것이다.

『삼국유사』에는 사로국을 구성하는 6촌이 등장한다. 알천 양산촌, 돌산 고허촌, 무산 대수촌, 자산 진지촌, 금산 가리촌, 명활산 고야촌이 그것인데, 이 촌의 위치가 정확히 어디인가에 대해서는 논란이 있다. 크게는 6촌의 위치를 현 경상북도 전역으로 넓혀보는 견해와 경주 주변으로 한정지어 보는 견해로 나뉜다. 당시 진한 영역 안에는 여러 작은 나라가 있었고 사로국은 그 가운데 하나였다는 점을 고려한다면 경주 주변에서 찾는 견해가 보다 설득력이 있어 보인다.

사로국은 나름대로 독자적인 세력 기반을 갖추고 있던 6촌 각 촌장의 연합에 의해 형성되었을 것이다. 이후 사로국은 경주 주변의

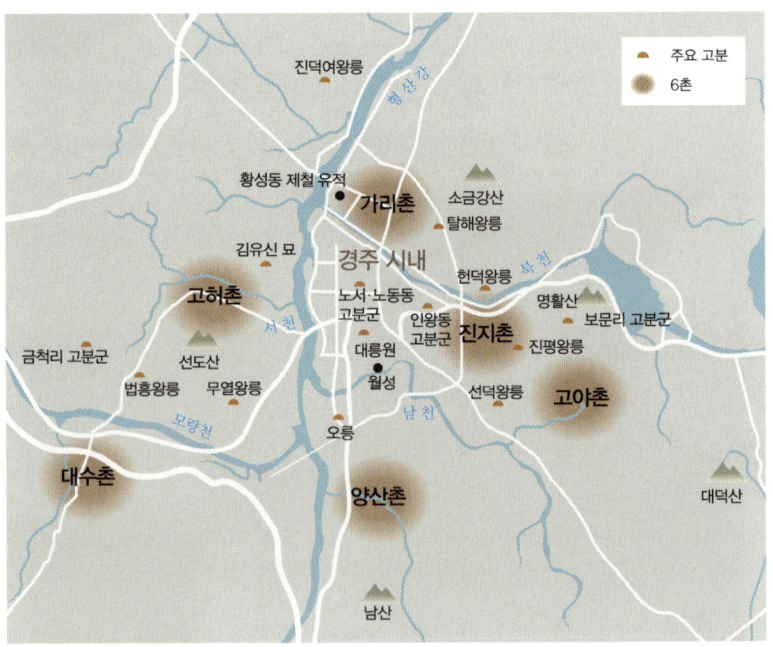

사로 6촌 위치 추정도 신라 창건의 모태가 된 사로국 6촌은 현재의 경주 시내를 둘러싸고 있는 경주 분지 내에 위치해 있었던 것으로 추정된다. 이 중 가장 중심이 된 촌은 고조선 유민들이 정착해 구성한 것으로 전해지는 알천 양산촌으로 남천 이남, 남산 서북쪽 일대를 주무대로 했다. 그 밖에 고야촌은 명활산 남서쪽 보문리 일대에, 진지촌은 월성 동쪽 지역에, 가리촌은 북천 북쪽 소금강산 주변에, 고허촌은 남산 북쪽에, 대수촌은 서천의 지류인 모량천 유역에 자리 잡고 있었던 것으로 보인다.

소국들부터 차례로 정복하면서 차츰 세력을 키워나가 진한 12국의 맹주가 되었다. 이렇게 패권을 장악한 사로국은 280년 무렵 중국의 서진으로 사신을 보내게 된다. 이는 자신이 진한 12국의 맹주라는 사실을 중국 왕조인 서진에 알리고 그 대표성을 인정받기 위한 것이었다.

여러 소국 중 유독 사로국이 발전하게 된 계기에 대해서도 다양한 주장이 있다. 사로국이 있었던 포항이나 울산 지역은 한반도 북부에서 동해안을 따라 내려와 일본으로 이어지는 이른바 동해안 루트의 중간 기착지였다. 또 내륙으로는 경산, 대구를 거쳐 북서쪽으로 이어지는 육로의 기점이기도 했다. 즉 경주 분지는 당시 교통의 요지라는 이점을 갖추고 있었기 때문에 고대 국가로 발돋움할 수 있었다는 것이다.

한편 철 생산이 사로국 성장의 주요한 기반이 되었다고 보는 견해도 있다. 실제 경주 황성동에서 대규모 제철 유적이 발굴되었고 경주 일대 곳곳에서 용광로 유적이 발견됨에 따라 이러한 견해는 더욱 설득력을 얻고 있다.

경주의 철기와 포항, 울산, 경산 등 주변 지역의 철기가 형태나 크기에서 동일하다는 점 또한 주목된다. 아마도 경주에서 제작된 철기 제품이 주변의 진한 소국들에 전해졌을 것으로 보인다. 경제적 이유에서 철기를 수출했을 뿐만 아니라 소국들에 대한 통제 수단으로도 철을 활용했을 것으로 추정된다. 그러나 아직 4세기 이전 시기 왕족의 묘나 궁성 유적이 제대로 조사되지 않아 실물 자료를 통해 사로국의 형성과 발전 과정을 살펴보기는 매우 어려운 실정이다.

그동안 발굴된 이 시기의 무덤 가운데는 경주 외곽인 사라리의 130호분, 조양동 38·60호분 등이 대표적이다. 경주 분지 중심지의 경우 서천변의 황성동 유적에서 2~3세기 때의 널무덤과 덧널무덤이 발굴되었지만 사라리나 조양동의 규모에는 미치지 못하고 있다. 이 때문에 사로국의 중심지를 경주 밖에서 찾는 견해도 있다. 즉 1~3세기 시기의 경주 분지는 하천이 자주 넘쳐흘러서 사람이 살기에 부적당한 공백 지대였다가 4세기 이후 어느 시점부터 대규모 이주가 시작되었다고 보는 것이다.

그러나 최근의 발굴 조사 결과 경주 월성 주변에서 삼한시대 취락의 흔적이 발견되었고, 황성동 유적의 경우 제철 등 생산 시설과 함께 취락과 묘지까지 함께 발굴되었다. 이는 4세기 전 이미 황성동 제철 집단을 거느린 보다 강력한 세력이 경주 분지 안에 존재하고 있었음을 보여준다.

경주 황성동 제철 유적과 출토 유물
경주시 황성동에서는 대규모 철기 제작 과정이 한 장소에서 이루어졌음을 보여주는 유물과 유적이 많이 발견되었다. 왼쪽 사진은 용해로와 쇠도끼 거푸집의 발견 당시 모습으로 거푸집은 쇠를 녹여 원하는 모양으로 만들 때 사용한 것이었다. 맨 아래 사진은 이곳에서 출토된 송풍관으로 용해로에 불을 지필 때 쓴 도구였다.

부산 복천동 10호분 발굴 당시 모습
복천동 고분군은 초기 가야시대부터 6세기 신라의 영향권 아래 놓인 시기까지 오랜 기간에 걸쳐 형성된 무덤떼로 무덤 양식의 변천과 흐름을 한눈에 보여준다. 이 중 10호분은 11호분과 주곽-부곽 관계로 외형이 큰 덧널무덤 형태이다. 이 무덤에서는 우리나라 최초로 실전용 말 얼굴 가리개가 발견되기도 했다.

따라서 『삼국지』의 사로국이나 『삼국사기』의 신라에 관한 문헌 기록으로 볼 때 앞으로 경주 분지 안에서 규모가 더 큰 유적이 확인될 가능성이 매우 높다. 다만 경주 시가지 주변은 오랜 세월이 흐르는 동안 이전 유적을 없애고 새롭게 건설한 경우가 많기 때문에 이미 상당 부분 파괴되었을 가능성도 있다. 하지만 신라 초기의 유적이 매장되어 있을 것으로 추정되는 도당산과 그 주변 산기슭에 대한 조사가 이루어진다면 미지의 상태로 남아 있는 1~3세기 시기 왕들의 무덤이 발굴될지도 모른다.

신라인들만의 덧널무덤

사로국에서 신라로 전환되는 과정은 대규모 주민 이동이 갑작스레 일어난 것이 아니라 차츰차츰 이루어졌을 것으로 보인다. 고고학적인 자료를 중심으로 볼 때 1차적인 변화는 2세기 무렵에 일어났다. 당시 사로국을 비롯한 진한 지역의 무덤 형식은 널무덤과 덧널무덤인데, 대체로 2세기 중후반 무렵 널무덤에서 덧널무덤으로 발전한 것으로 추정된다. 초기의 널무덤 중 규모가 큰 것은 평면이 직사각형 모양을 띤다. 이러한 직사각형 널무덤은 진한과 변한을 가리지 않고 영남 전 지역에서 고르게 나타나고 있다.

그런데 3세기 후반 무렵부터 순장되는 사람이나 부장품을 묻기 위한 별도의 공간인 부곽이 생기고, 주곽과 부곽이 일렬을 이루는 덧널무덤이 나타난다. 이 덧널무덤은 외형이 매우 클 뿐만 아니라 부장 유물의 양이 많고 수준도 높아 당시 지배층의 무덤일 것으로 추정된다. 부산 복천동이나 김해 대성동 고분군에서 그 전형을 볼 수 있으며, 경주 구어리와 경산 임당 고분군에서도 발굴된 바 있다.

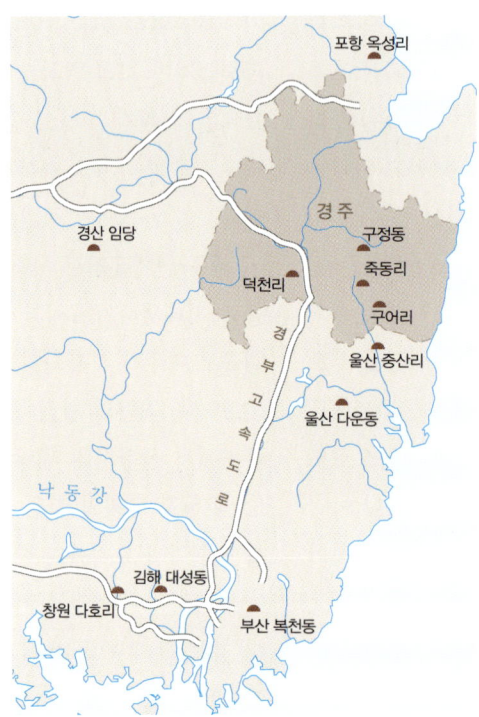

영남 일대 주요 덧널무덤 유적
낙동강 하류 유역의 창원 다호리, 김해 대성동, 부산 복천동 고분군은 초기 가야 지배층의 무덤으로 추정되는 곳으로 다수의 덧널무덤이 분포하고 있다. 특히 이들 무덤에서는 중국계·일본계 유물이 많이 출토되어 당시의 활발한 대외 교류상을 확인시켜 준다. 한편, 경주 구정동을 비롯한 울산, 포항, 경산 등에서는 이들과 다른 형태의 덧널무덤이 나타난다. 이는 경주와 가까운 거리에 있는 주변 지역들이 일찍부터 신라(사로국)의 영향을 받았음을 알 수 있게 한다.

한편, 이와는 달리 부곽이 주곽과 같은 묘실 안에 있고 단지 양자가 벽으로 구분되는 덧널무덤도 있다. 주곽과 부곽이 같은 묘실 안에 있기 때문에 자연히 평면 형태도 매우 길쭉해진다. 이 같은 유형의 무덤은 경주 구정동과 그리 멀지 않은 곳에 위치한 죽동리, 구어리를 비롯해 포항 옥성리, 울산 중산리와 다운동, 경산 임당 등 옛 진한 지역 각지에서 공통적인 모습을 보이며 분포하고 있다.

이러한 무덤 형식이 분포하는 울산, 포항, 경산은 모두 경주와 가까운 거리에 있고 경주의 영향이 일찍부터 미친 곳이다. 즉 분포상으로 보면 이 무덤 형식은 '신라 고유의 것'으로 볼 수 있으며, 이 시기에 신라 문화와 가야 문화가 뚜렷하게 구분되기 시작했다는 것을 알 수 있다.

또한 무덤에서 출토되는 유물 또한 신라 고유의 모습을 띤다. 먼저 고운 진흙으로 만든 오리 모양 토기가 있다. 이 토기와 함께 출토된 유물 중에는 굽다리접시와 뚜껑 있는 굽다리단지가 포함되어 있어 시기는 대체로 3세기로 추정된다. 당시 토기 가운데 특이한 경우에 속하는 오리 모양 토기는 왜 만들었을까? 강력한 지배자의 등장을 상징적으로 표현한 것이거나 오리를 죽은 후 영혼의 인도자로 생각했을 가능성이 있다.

오리 모양 토기
경주 교동에서 출토된 것으로 전해지는 3~4세기경 토기다. 몸통이 비어 있고 등과 꼬리 부분에 구멍이 나 있으며, 아래에는 굽다리가 붙어 있다.

다음으로 고사리무늬 쇠창이 있다. 길이가 실제 사용하기에 부담스러울 정도로 커지고 창날에 고사리 모양 장식을 한 것으로 삼한시대 후기부터 나타나기 시작해 4세기 무렵 무덤에서 집중적으로 출토된다. 이 쇠창은 실제 사용한 것이 아니라 제사용품으로 쓰였을 것으로 추정된다.

신라 이전 진한의 지배층은 중국에서 만든 청동거울이나 청동솥 등을 자신의 신분을 드러내는 물품으로 생각했다. 그러나 신라의 지배층은 화려한 금과 은으로 몸을 치장함으로써 자신의 특별한 지위를 드러내고자 노력했다. 이러한 분위기는 5세기에 그 절정을 이루는데, 그 단초는 4세기부터 보이는 것 같다. 4세기 전반의 장신구는 1~3세기경과 마찬가지로 수정이나 유리옥이 여전히 다수를 차지하지만, 새로이 비취옥이 등장하며 낙동강 동쪽 지역에서만 발견된다.

이러한 발굴 조사를 통해 우리는 2세기 무렵부터 이전에 비해 강력한 권한을 가진 지배자들이 나타나 사로국을 성장시키기 시작했고, 5세기에 이르러 신라라는 고대 국가를 성립시켰다는 것을 확인할 수 있다.

이한상 대전대 교수

경주 구정동 고분군과 고사리무늬 쇠창
신라 초기 무덤인 경주 구정동 고분군은 자연 구릉 위에 무덤을 만들어 구릉 자체를 봉토로 이용한 특이한 경우다. 땅 위에 긴 네모꼴의 구덩이를 파고 덧널을 만든 뒤 그 안에 나무널과 껴묻거리를 넣었다. 고분은 두 기의 매장 공간이 약 1m 간격을 두고 남북으로 합장되어 있어 부부 묘로 추정된다. 아래 사진은 이곳에서 발견된 고사리무늬 쇠창으로 길이가 82.2cm에 이른다.

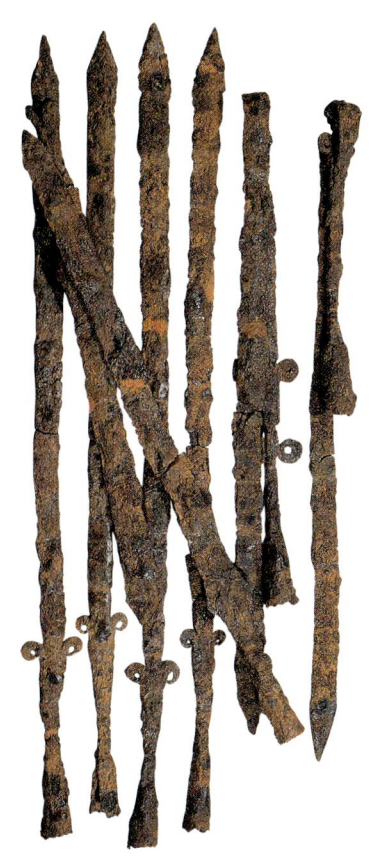

대외 교역 국가 금관가야의 탄생

1990년대 초 경남 김해시 양동리에서는 수십 기에 이르는 고대 무덤이 발굴되었다. 이 가운데 162호 덧널무덤(목곽묘)에서는 토기와 함께 쇠투겁창과 쇠화살촉이 무더기로 나오고, 넓고 평평한 쇠도끼 모양의 덩이쇠가 네 모서리에 각각 열 개씩 놓여 있었다. 또 중국 후한 때의 거울이 유리구슬과 함께 출토되었다.

이 무덤이 만들어진 시기의 김해에는 변한 소국의 하나인 구야국(훗날의 금관국)이 자리 잡고 있었다. 따라서 이 무덤으로 인해 구야국의 지배층은 철제 무기를 갖고 있었고, 부의 상징인 덩이쇠를 무덤에 껴묻을 정도의 경제력을 갖추고 있었다는 사실이 드러났다.

기록상으로도 당시 변한 지역은 철의 특산지로서 주변 여러 집단에 이를 공급했다고 되어 있다. 3세기 전반의 이러한 상황을 중국 정사인 『삼국지』의 「변한전」은 다음과 같이 전한다.

김해 양동리 162호분 발굴 당시 모습
김해시 주촌면에 위치한 양동리 고분군은 기원전 2세기경부터 기원후 5세기경에 걸쳐 형성된 무덤떼로 가야의 형성기부터 발전기까지 상황을 한눈에 보여줄 수 있는 중요한 유적이다.

나라에서 철이 난다. 한과 예, 왜가 모두 와서 철을 가져간다. 무릇 물건을 사고 팔 때 모두 철을 사용하니 중국에서 돈을 쓰는 것과 같다. 또한 이를 낙랑군과 대방군에도 공급한다.

변한에서는 철을 사용해 물건을 사고 팔았고, 그 소유자는 자신의 재력을 과시하고 죽어서도 풍요로운 생활을 누리기 위해 무덤에 껴묻기도 했다. 철이 일종의 화폐 역할을 한 것인데 그만큼 철이 널리 생산되었고 가치의 기준이 될 정도로 규격화되어 있었다.

철 생산과 교역의 중심

변한의 철은 내부 유통 수단뿐 아니라 대외 교역에 활용되었다. 주변에 있던 마한과 예족 집단은 물론이고, 바다 건너 일본 열도, 그리고 황해도·평안남도 지역에 있던 중국 군현으로도 철이 건너갔다. 실제로 충남 서산 대

납작 쇠도끼
김해 양동리 고분군에서 출토된 3세기경 유물로 철기의 중간 소재나 화폐의 용도로 쓰였다. 오늘날의 금괴처럼 규격화된 물품으로 사용된 삼국시대의 덩이쇠(철정)는 바로 이러한 삼한시대 납작 쇠도끼를 기원으로 한다.

환두대도
김해 양동리 고분군에서 출토된 삼한시대 환두대도다. 긴 것의 길이는 67.5cm로 3세기경 제작된 것으로 추정된다. 이는 환두대도 가운데 매우 오래된 축에 속한다.

산면의 덧널무덤과 일본 북큐슈의 후쿠오카 평야에서 발견된 한 유적에서 변한계 덩이쇠가 나왔다. 양동리 고분에서 나온 중국제 거울, 유리구슬 등 외래품도 중국 군현이 철에 대한 대가로 준 것일지도 모른다. 양동리의 다른 무덤에서 나온 세 발 달린 청동제 솥과 왜 계통의 날 폭이 넓은 청동제 창끝(청동투겁창)도 마찬가지다. 변한의 여러 소국 가운데 특히 구야국 유적에서 외래품을 많이 확인할 수 있는 것은 이곳이 대외 교역의 중심지였음을 보여준다.

김해 지역은 지리적으로도 좋은 조건을 갖추고 있었다. 경북 내륙에서 물길이 시작된 낙동강이 흘러내려 바다로 들어가는 하구이면서, 이곳을 통해 서남 해안을 따라가면 마한을 지나 대방군, 낙랑군까지 닿을 수 있고, 대한해협을 건너면 쓰시마(대마도)를 거쳐 일본 열도와 연결된다. 당시 한반도 서북 지역에서 지금의 경남 해안까지 이르는 육상 교통로상에는 여러 정치체와 종족 집단이 자리를 잡아 길을 가로막고 있었으므로, 대외 교섭이나 교역 활동은 해상 혹은 강줄기를 이용한 수상 교통로를 통해 이루어졌다. 서남해안을 중심으로 발견되는 중국 고대 화폐는 이런 사정을 보여준다. 구야국은 내륙 지역의 물자가 모여 외부로 전해지고, 한편에서는 외부의 물자가 들어오는 관문과 같은 역할을 할 수 있는 위치에 있었다.

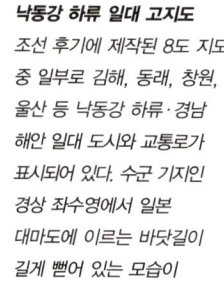

낙동강 하류 일대 고지도
조선 후기에 제작된 8도 지도 중 일부로 김해, 동래, 창원, 울산 등 낙동강 하류·경남 해안 일대 도시와 교통로가 표시되어 있다. 수군 기지인 경상 좌수영에서 일본 대마도에 이르는 바닷길이 길게 뻗어 있는 모습이 눈길을 끈다.

김해 양동리 고분군에서 출토된 2세기경 청동투겁창

중국과의 교류를 보여주는 유물들
왼쪽부터 중국 한나라의 구리거울을 모방해 만든 본뜬 거울, 세 발 달린 청동솥, 금박 유리구슬 목걸이로, 모두 김해 양동리 고분군에서 발견된 2~3세기경 유물이다. 세 발과 두 귀가 달린 청동솥은 고대 중국에서 의례용으로 쓰던 용기였으며, 유리구슬에 금박을 입히고 그 위에 다시 유리를 덧씌운 목걸이는 주로 평양의 낙랑 유적에서 발견되는 것으로 중국을 거쳐 들어온 물품으로 추정된다.

말 띠 드리개
말 띠에 달아 늘어뜨리는 넓적한 장식(행엽)으로 북한 평양시 석암리 고분군에서 발굴된 기원전 1세기경 낙랑의 유물이다. 은으로 도금하고 빨간 구슬을 박아 화려하게 장식한 것이 특징인데, 소유자의 부와 권력을 과시하는 역할을 했다.

이런 환경 때문에 김해와 가까운 창원 지역에서는 지배층들이 일찍감치 대외 교역을 벌이고 있었다. 기원전 1세기경 만들어진 널무덤인 창원 다호리 1호분에서 한나라 때의 청동거울, 오수전(중국 한나라 때 사용한 동전), 청동허리띠, 옥구슬, 칠기, 붓 등이 나온 것이 그 근거이다. 창원 지역을 다스리던 지배층은 낙랑군과 교류를 주도했고 한자도 익혀 초보적인 문서도 작성할 줄 알았던 것이다.

한반도 정세의 구심, 낙랑군

그러나 이 시기에 들어온 중국제 물건들은 교역 활동보다는 낙랑군과 정치적 외교를 펼치는 과정에서 전해진 것일 가능성이 더 높다. 기원전 108년 한나라가 고조선을 멸망시키고 왕검성이 있던 평양 지역을 중심으로 설치한 낙랑군은 중국 중원에서 멀리 떨어진 동방의 나라들을 통제하는 임무를 맡고 있었다. 변한을 포함한 삼한의 여러 소국뿐 아니라 부여, 고구려, 예, 옥저, 왜도 그 대상이었다. 당시 중국은 이들을 '동이'(동쪽의 오랑캐)라고 불렀다. 3세기 초에 대방군이 신설되면서 역할 분담이 이뤄지기도 했지만, 313년 고구려가 낙랑군을 멸망시킬 때까지 그 기능은 기본적으로 유지되었다.

중국 왕조가 동방 세계를 통제하는 방식은 낙랑군이 중원의 황제를 대신해 이 지역 지배자들을 세력의 크기에 따라 왕, 후, 읍군 등으로 임명해 주고 그 대가로 조공을 받는 것이었다. 조공을 바치는 나라는 형식상 중국 황제의 신하가 되었으므로 중국을 침략해서는 안 되고 다른 세력의 조공, 교역을 방해해서도 안 된다. 이를 통해 중국 군현은 동이 여러 집단을 장악, 조종하면서 부족한 물자를 조달

● 동이
중국인들은 중국을 천하의 중심으로 놓고 주변 종족들을 방위별로 구분해 지칭했는데, 동이·서융·남만·북적이 그것이다. 고대 동이족에는 예·맥·한 계통의 우리 민족과 읍루·왜가 속했다. '이(夷)'라는 글자의 어원에 대해선 '대궁(大弓)', 즉 활을 잘 쏘는 것과 관련 지어 설명하는 시각도 있다. 『사기』를 비롯해 『한서』 『후한서』 『삼국지』 등 중국 고대 역사서에는 동이 여러 종족의 풍토·역사 등이 기록되어 있는데 우리 고대사 연구에 중요한 자료로 인정받고 있다.

용무늬 금띠고리
평양 석암리 고분군에서 발굴된 1세기경 낙랑의 유물로 오늘날의 허리띠 버클 구실을 했다. 순금판 위에 세련된 솜씨로 장식된 일곱 마리 용의 등 부분에는 굵은 금알을 붙였고, 그 밖의 부분에는 작은 금알을 붙였다. 그리고 사이 사이 공간에는 꽃잎 모양을 장식하고 푸른색 비취옥을 박아 넣어 화려함을 한껏 더했다. 낙랑 지역 주민들의 금속 공예 기술이 상당히 뛰어났음을 보여주는 대표적 작품이다.

가야의 성장 동력, 금관가야 무역 네트워크

교역은 문명 국가로 성장하는 힘이었다. 그리스 로마, 수메르, 마야 등 우리에게 익숙한 고대 문명은 모두 활발한 교역 활동을 통해 강국으로 올라섰다. 이들 나라는 자신과 주변 나라에서 생산되지 않는 물품을 먼 곳에서 들여올 수 있는 조건과 능력을 갖추고 있었다. 이는 곧 전문적인 사회 조직의 형성과 주변 세력에 대한 영향력 확대를 의미했다. 금관가야는 이런 점에서 축복받은 나라였다. 바다·강·육지로 이어지는 천혜의 교통로상에 위치해 있었고, 농기구나 전쟁 무기를 만드는 데 필수 품목인 철이 넘쳐났기 때문이다.

금관가야는 일찍부터 중국과 연결된 낙랑·대방과는 남해·서해의 해로나 낙동강을 따라 형성된 육로를 이용해, 일본과는 대마도를 경유해 큐슈로 연결되는 항로를 통해 활발한 교류를 펼쳐나갔다. 김해를 비롯한 가야 지역에서 발견되는 중국 등 북방 지역과 일본 쪽 유물들은 당시의 눈부신 교류상을 생생하게 증언해 주고 있다.

중국 길림성 출토 청동솥. 북방 유목민들이 이동하며 사용한 취사도구의 일종이다.

청동세발솥과 청동거울은 중국에서 고대부터 사용해 온 중요한 제기이다.

낙랑 지역 출토 청동세발솥

평양 석암리 출토 청동세발솥

북방계 유물

일본계 유물

일본에서 출토된 방패 꾸미개, 통형 동기, 청동투겁창.

하고 본국의 안정을 꾀할 수 있었다.

또 중국 군현의 힘이 강하게 작용할 때는 동이 여러 집단 내부에 분열, 이탈이 일어나 쉽게 정치적 통합을 이룰 수 없었다. 이를테면 『삼국지』「한전」에는 1세기 초 진한 지역에 있던 염사읍의 지배자가 낙랑군에 귀순한 사실이 기록되어 있다. 중국 군현은 이처럼 귀순하거나 조공을 하러 온 이들에게 관작은 물론 그 지위를 나타내주는 도장, 관복, 관모, 장신구 등의 물품을 내려주었다. 동이 각 부족의 지배자들은 이를 가지고 돌아와 자신의 권위를 과시하고 한편으로 중국의 선진 문물을 받아들이는 통로로 삼았다.

일본 열도에 있던 여러 작은 나라도 한나라에 조공하고 각종 물품을 받았다. 북큐슈 후쿠오카시에서는 '한위노국왕'이라고 적은 금제 도장이 출토되었다. 왜인의 소국 가운데 노국의 수장을 한나라가 왕으로 책봉한다는 뜻이다. 한반도에서 일본 열도로 건너가는 징검다리 역할을 하던 쓰시마에서도 낙랑 토기

북한 낙랑 유적에서 출토된 한나라 동전(오수전)

가 발견되었다. 우리의 경우, 이보다 뒤 시기이긴 하지만 경북 상주에서 출토되었다고 하는 '위솔선한백장' 도장과 포항에서 출토된 '진솔선예백장' 도장도 마찬가지다.

낙랑군, 대방군과 동이족에 속한 여러 지역 집단이 각자 외교를 펼치면서 물자를 교류하던 체제는 2세기 말 이후 서서히 각 집단 사이에 우열의 차이가 생기고 정치적 통합이 이뤄지면서 변화한다. 중국 역사서에 따르면 이때부터 마한과 예가 강성해져 오히려 중국 사람들이 이탈하는 현상이 나타났다. 204년 무렵에는 요동 지역에서 세력을 키우고 있던 공손씨 세력이 낙랑군 남쪽 황해도 지역에 별도로 대방군을 새로 설치했다. 이로써 종래 낙랑군 중심의 통제 체제가 흔들리게 되었다. 교역망도 변화가 불가피했다.

여기에 고구려가 가세해 대방군을 공략하고 242년에는 중국 본토와 낙랑군을 잇는 요충지인 서안평을 공격했다. 이미 옥저를 정복하고 예 지역을 차지한 고구려는 당시 낙랑군이 장악하고 있던 한반도 중·남부 지역과의 교역 통로에 개입하고자 했다.

이를 앞서서 보고만 있을 수 없었던 중국 위나라는 관구검을 보내 고구려를 침공하고

진솔선예백장 도장
중국 한나라 이후 이웃나라 왕에게 수여한 구리 도장으로 경북 포항 영일군에서 출토되었다. 중국 서진(265~316) 때 제작된 것으로 추정되며, 인장면 바닥에는 '진솔선예백장(晉率善穢伯長)' 이라는 글자가 예서체로 음각되어 있다. 정사각형의 인장면 위로는 동물 모양의 손잡이가 달려 있다.

낙랑·대방군 설치와 멸망

● **기원전 108년**
고조선, 한나라에 멸망
한, 고조선 땅에 4군 설치
(낙랑·진번·임둔·현도)

● **기원전 82년**
진번·임둔, 낙랑·현도에 통합

● **기원후 121년**
고구려, 현도군 공격

● **204년**
요동태수 공손강, 대방군 설치

● **242년**
고구려, 요동과 낙랑군의 연결 차단을 위해 압록강 하구의 서안평 공격

● **246년**
마한·백제, 낙랑·대방군 공격
대방태수 전사

● **313년**
고구려, 낙랑군 멸망시킴

● **314년**
고구려, 대방군 멸망시킴

이어 예 지역도 정벌했다. 현재의 경기 북부와 강원도 전역 곳곳에 흩어져 있던 예족 집단은 한반도 서북 지방에서 남동부, 나아가 일본 열도까지 연결되는 교통로에서 중간 지점을 차지하고 있었으므로 이들을 복속시키려는 쟁탈전이 치열했다.

강대국의 틈바구니에서

한편 삼한 지역에서도 중국 군현 세력과 투쟁하는 동시에 주변의 정치체들을 통합하면서 소국들 사이에 명암이 엇갈렸다. 결국 변한의 구야국, 진한의 사로국, 마한의 백제국이 강자로 떠올랐고, 중국 군현과 교섭을 진행하면서 서로 간에도 활발한 교류를 펼쳤다. 변한의 철이 중국 군현뿐 아니라 주변 세력으로도 유통된 것이 좋은 예다.

왜에서도 야마대국이 등장해 기존의 여러 지역 집단을 다스리면서 대외 교섭권을 장악했다. 이제까지 각 정치체가 독자적으로 외교와 교역을 진행하던 체제에서 대표 집단이 그 외 여러 소국의 대외 교섭권을 통제하고 독점하는 체제로 바뀐 것이다. 그리고 중국 군현 세력이 중원과 동이 세계를 연결하던 중개 기능이 약화되면서, 먼 거리를 이동하는 상인들의 교역 활동도 활발해졌다. 이러한 상황에서 김해의 구야국은 지리적 이점과 발달된 제철 기술을 바탕으로 변한 지역의 교역망을 장악할 수 있었다.

야마대국
일본의 혼슈 남부와 큐슈를 통제했던 최초의 정권인 야마토 정권(3세기 말~7세기 중엽)의 중심이 된 나라다. 야마대국의 히미코 여왕은 신권 정치로 30여 개의 소국을 통합하고 대외 교섭을 주도했던 것으로 알려진다. 『삼국지』에 따르면, 히미코 여왕은 239년 소국들을 대표해 중국에 조공을 보내 위나라 황제로부터 왜 왕으로 인정을 받았다고 한다. 야마대국은 이를 기반으로 중국 등과 유리한 조건으로 교역할 수 있었다.

김해 대성동 고분군 전경과 덩이쇠
김해건설공업고등학교와 김해공설운동장 사이의 동서로 뻗은 나지막한 구릉 지대에 있는 무덤떼로 1~5세기에 걸쳐 형성되었다. 구릉 정상부에는 3~4세기경의 대형 무덤이 밀집되어 있는데, 금관가야 최고 전성기의 왕과 그 친족들의 무덤으로 추정된다. 아래 덩이쇠는 이 중에서도 가장 큰 규모를 자랑하는 최고 지배자의 무덤인 대성동 2호분에서 출토된 것으로 이전의 납작 도끼(철부) 형태가 거의 사라졌음을 알 수 있다. 덩이쇠는 이미 정련 과정을 거친 쇠로서 불에 달궈 두드리면 얼마든지 원하는 형태의 도구를 만들 수 있었다.

김해 대성동 39호분 발굴 당시 모습
4세기 후반경 만들어진 이 무덤은 금관가야의 쇠퇴를 이해하는 중요한 단서를 제공한다. 3세기 말 금관가야 전성기 때 만들어진 대형 덧널무덤인 29호분 북쪽에 겹치게 만들어져 29호분을 절반 가까이 파괴했다. 39호분은 29호분에 비해 너비가 좁으며 출토 유물도 다르다. 금관가야의 몰락이 본격화되는 5세기 이후에는 이 지역에 더 이상 지배자급 무덤이 나타나지 않는다.

김해 대성동 39호분에서 출토된 철갑 무사의 목 가리개

4세기에 들어서면 국제 정세가 다시 변화한다. 313년 낙랑군이 고구려에 멸망하고 이어 314년 대방군마저 해체됨으로써 중국과의 교섭 창구가 한반도에서 사라졌다. 이제 그 역할을 고구려와 백제가 맡고자 다투게 되었는데, 그 배경에는 한반도 전역과 일본 열도를 아우르는 교역의 중심축을 차지하려는 경제·문화적 욕구가 자리 잡고 있었다.

이 과정에서 구야국도 성장해 변한 지역 맹주의 지위를 차지한다. 이것이 바로 금관국이며, 금관국을 중심으로 한 연맹체를 금관가야 혹은 전기 가야 연맹이라고 부른다. 금관국 지배층의 무덤들이 모여 있는 김해 대성동 고분군에서는 철제 갑옷과 투구, 마구(재갈, 등자 등 기마용 도구), 청동솥, 바람개비 모양 청동기(방패 꾸미개) 등 이 지역에서 전에 보지 못했던 물품이 출토되었다. 금관국과 연맹을 맺은 독로국°은 낙동강 건너편 동래 지역에 있었는데, 그 지배층의 묘역인 복천동 고분군에서도 비슷한 양상이 나타난다.

○**독로국**
삼한시대 변한 12소국 중 하나로 『삼국지』 「위서 동이전」에 그 이름이 확인된다. 이 책에 "독로국은 왜와 경계를 가까이 하고 있다"고 나와 있는 것으로 보아 변한 가운데 가장 남단에 위치한 소국으로 보인다. 독로국의 위치를 거제도로 보는 시각도 있었으나, 현재는 부산 동래 지역이라는 견해가 일반적이다. '거칠산국'으로도 불리는 독로국은 6세기 초 신라에 완전히 복속된 것으로 추정된다. 현재 동래 지역에는 복천동을 비롯한 오륜대·연산동·반여동 등에 많은 가야 고분군이 산재해 있다.

금관가야의 대외 교류 관련 유물들
모두 김해 대성동 고분군에서 출토된 4~5세기경 유물로 왼쪽부터 차례대로 통형 동기, 방패 꾸미개, 청동솥이다. 이 중 통형 동기와 방패 꾸미개는 일본 지역에서 유사한 형태가 발견되고 있다. 29호분에서 출토된 청동솥은 음식을 조리할 때 사용하는 북방 민족들의 도구로 부여와의 연관성이 주목된다.

철제 갑옷과 투구·마구는 고구려 계통의 물품으로 신라를 거쳐 들어왔다. 청동솥은 내몽고나 부여 계통의 유물로 보기도 하지만 평양에서 출토된 예가 있어 이 역시 고구려를 통해 금관가야에 전해진 듯하다.

백제는 4세기 중엽 근초고왕 대에 크게 성장해, 중국의 동진과 금관가야, 왜를 잇는 해상 교통로의 중심 역할을 맡았다. 그러나 이후 백제와 각축을 벌이던 고구려가 우세해지면서 양상이 달라진다. 즉 고구려는 남진하는 과정에서 신라, 가야 지역으로 나가는 다리와 같은 역할을 하던 강원 영서·영동 지역의 교통로를 장악했는데, 이와 함께 그들의 문물도 남쪽으로 전파된 것이다. 4세기 말 이후부터 5세기 중반까지 한반도와 남만주 지역에서 교역의 주도권은 고구려가 장악했다.

금관가야의 쇠퇴

그러나 금관가야는 고구려보다 백제와 밀접한 관계에 있었고, 특히 왜와의 교역이 금관국 주도로 활발히 이뤄졌다. 고분에서 출토된 유물 가운데 왜 계통 유물이 많은 것은 이런 이유 때문이다. 나아가 가야의 제철 기술과 단단한 토기를 만드는 기술이 가야 사람들의 이주와 함께 일본 열도로 전해졌다. 일본 열도에서 자체적으로 철을 생산하고 '스에키'라는 단단한 토기를 제작하는 데 가야인들의 역할은 절대적이었다.

금관가야는 김해의 금관국이 다른 연맹국들의 대외 교섭권을 도맡아 맹주 역할을 했지만 각 연맹국 내부는 대표자들의 자치적인 운영이 보장되었다. 이러한 연맹 체제를 운영한 배경에는 대외 교역의 효율성을 높이려는 의도도 작용했다. 즉 변한 시기부터 이어져 온 전통적인 소국별 생산·유통 체제를 유지함으로써 다양한 물품을 만들어내고 아울러 경쟁도 이끌어내고자 했던 것이다.

한편 중국 등에서 수입된 물품은 연맹국 지배층에 적절히 분배해 그들을 효과적으로 통제했다. 왕권을 강화하고 연맹 소국을 해체해 중앙 집권적으로 통치하는 것보다, 대외 교역 비중이 큰 나라의 경우에는 교섭 창구만을 맹주국이 장악하는 것이 좀 더 효율적인 지배 방식이었다. 하지만 이것은 중앙 집권적 고대 국가로 성장하는 데 장애가 되기도 했다.

그러나 금관가야가 더 이상 발전할 수 없었던 것은 외부 요인이 결정적이었다. 신라는 4세기 후반부터 독자적인 외교 활동을 전개하고 가야 방면으로도 침투해 들어오기 시작한 것이다. 동래 지역에서 4세기 말 신라계 토기가 발견되는 것이 그 한 증거다. 또한 금관국과 밀접한 관계에 있었던 독로국이 친신라 입장으로 돌아서는 등 금관국과 신라의 경쟁 양상이 빚어지기도 했다.

이러한 국제 정세는 400년, 신라 편이었던 고구려가 5만의 군사를 파견해 금관가야를 정벌하고 그와 교역망으로 연결되어 있던 백제, 왜에 타격을 가함으로써 이후 신라의 일방적인 우세로 기울어지게 되었다. 가야 지역은 고구려의 기습 공격으로 금관국 중심의 연맹체가 해체되었으나, 5세기 후반 고령의 대가야국을 중심으로 한 후기 연맹체가 형성되어 명맥을 이어가게 된다.

김창석 강원대 부교수

부산 복천동 출토 금관
5세기 초반경 유적인 복천동 고분군 10·11호분에서는 신라 금관의 '出'자형 세움장식을 모방한 금관이 출토되었다. 이는 이곳에 자리 잡고 있던 독로국이 당시 사실상 신라에 복속된 상태였거나, 신라의 후원 아래 발전하고 있었음을 보여준다.

● **신라의 불교 전래**
고구려가 신라에 전한 문물 중 대표적인 것이 바로 불교다. 5세기경 고구려의 승려 묵호자는 신라에 불교를 전파하기 위해 일선군(현 경북 선산) 모례라는 사람의 집에 기거하면서 포교 활동에 힘썼다. 묵호자는 이 과정에서 큰 병을 앓고 있던 왕녀를 치료해 주기도 했는데, 이에 신라 왕은 흥륜사를 지어주고 불법을 펴게 했다고 한다. 신라는 527년(법흥왕 14) 이차돈의 순교를 계기로 불교를 국가적으로 공인하게 된다.

대가야, 영광된 가야의 부활을 선언하다

기원후 400년, 신라는 고구려를 끌어들여 금관가야(임나가라)를 물리치고 영남 일대의 패권을 차지했지만, 바다를 통한 국제 교역에 그다지 큰 관심을 보이지 않았다. 또 멀리 떨어진 가야 지역까지 직접적으로 통제할 만한 중앙 집권 체제를 갖추지 못하고 있었다. 단지 낙동강 동쪽 유역의 성주, 대구, 창녕, 양산, 부산 등 소국들에 문물을 지원하면서 가야 국가들의 팽창을 막고 견제하는 역할을 담당케 하는 데 그쳤다.

가야는 사라지지 않는다

4세기 후반부터 5세기까지 신라 문화권의 팽창을 반영하는 유적은 대체로 낙동강 동쪽 지역에 속하는 의성, 안동, 칠곡, 대구, 창녕, 양산, 부산, 성주 등에서 볼 수 있다. 이 지역의 무덤 형태, 관리들이 썼던 모자, 토기 등은 경주에서 나타난 것과 비슷하다. 이들 지방은 아직 신라에 완전히 해체당하지는 않았지만, 이미 신라 문화권 안에 속해 경주 세력의 일정한 통제를 받고 있었다.

반면에 5세기 가야 문화권의 전통을 이어받은 유적은 대체로 낙동강 서쪽의 경북 고령, 경남 합천, 함양, 거창, 산청, 함안, 의령, 고성, 사천, 마산, 창원, 김해와 전북 남원, 장수 등에 흩어져 있다. 이로 보아 전기 가야 연맹의 소멸과 함께 일시적으로 약해졌던 가야 세력은 멸망하지 않고 계속 존재하고 있었다. 유적 분포를 토대로 5세기 이후 가야 지역 내부의 판도를 정리해 보면, 다음과 같이 네 가지로 요약된다.

첫째, 신라에 자발적으로 투항한 것으로 보이는 성주, 창녕, 부산 지역은 5세기 내내 크게 발전했다. 고분 규모가 커지고 유물이 풍부하게 나타나는 것이 그 증거다. 다만 이 유물들은 경주에서 직접 받았거나 또는 경주지역의 것을 그대로 모방한 것으로 보인다. 이 지역은 신라에 복속하는 대가로 지역에 대한 지배권을 인정받고 신라의 후원을 받으면서 발전하고 있었던 것이다.

둘째, 김해를 중심으로 한 낙동강 하구 유

대가야 주요 연표

- **42년(?)**
  이진아시왕(뇌질주일),
  고령 지방에 대가야국 건국

- **479년**
  하지왕, 중국 남조에 사신 보내 조공
  가라국 왕에 제수
  (가야 연맹의 맹주로 부상)

- **481년**
  고구려·말갈 군 신라 침공
  백제와 함께 원군 보내 물리침

- **522년**
  이뇌왕, 신라에 사신 보내 국혼 청함

- **554년**
  백제·왜와 연합해
  신라 관산성 공격했으나 대패

- **562년**
  신라 공격받고 멸망
  가야 연맹 10국 모두 멸망

대가야의 금관
고령 지역에서 출토된 것으로 전해지는 6세기 대가야를 대표하는 금관이다. 풀잎 모양의 장식이 자연스럽고 사실적으로 표현되어 있어 신라의 금관보다 덜 도식적이라고 할 수 있다. 금못을 박아 세움장식과 관테를 고정하는 보통의 금관과 다르게 금실을 사용한 것이 특징이다.

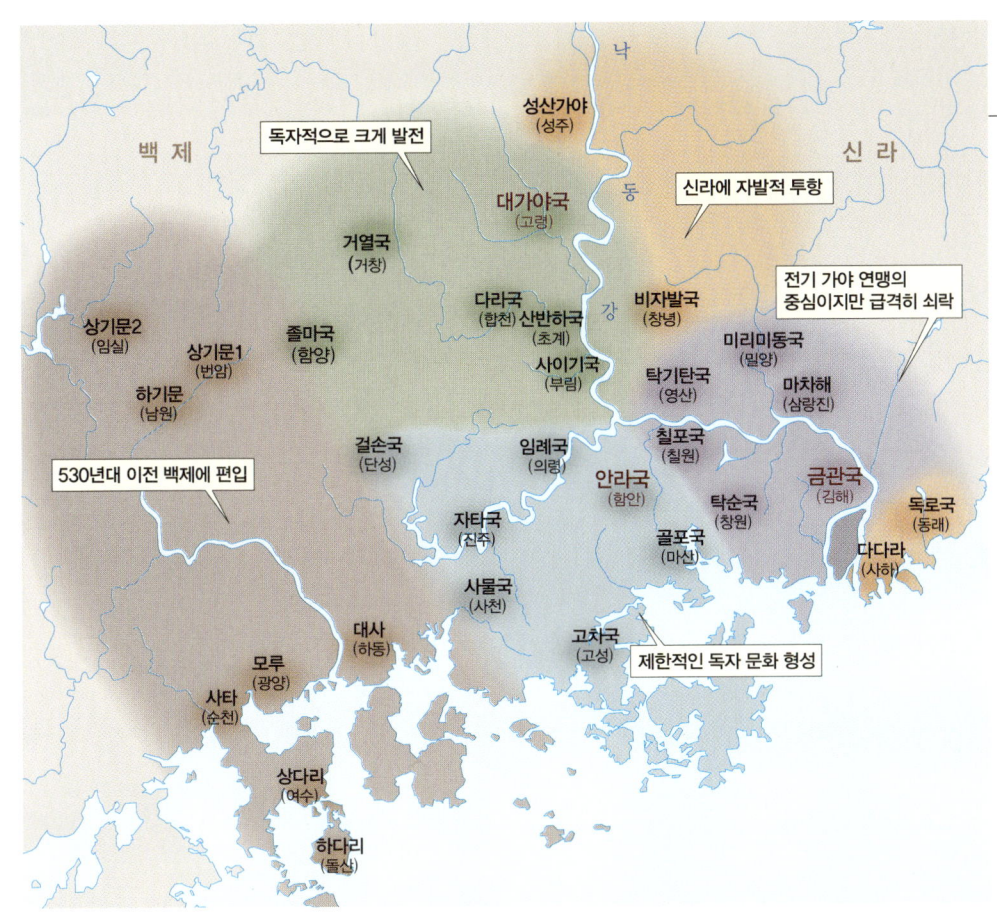

5세기 이후 가야 지역 판도 삼국 간 경쟁이 본격화되는 5세기경부터 가야 연맹은 각 지역마다 정치·문화적으로 큰 변동을 겪게 된다. 먼저 눈에 띄는 곳은 전기 가야 연맹의 맹주인 금관국이 자리 잡은 낙동강 하류 지역이다. 이들 지역은 400년 고구려 광개토대왕의 침공으로 사실상 회복 불능 상태에 빠진다. 반면 전쟁의 포화를 피해간 고령 대가야국이나 함안 안라국 등은 독자적 힘을 키워 나가면서 후기 가야 연맹의 중심 국가로 부상하기 시작한다.

역의 해안 지대에서는 5세기 이후 만들어진 고분이 거의 확인되지 않는다. 규모도 소형 석곽묘 정도로 크게 줄어든다. 그와 동시에 김해와 창원 지역에서는 독자성을 어느 정도 유지하면서도 일부 신라 계통 유물이 함께 발견되는 현상이 나타난다. 이는 이 지역에서 발달했던 전기 가야 연맹이 급격하게 몰락한 사정을 반영하는 것이다.

셋째, 경남 서남부의 함안과 그 서쪽 지역에서는 신라 유물의 영향이 거의 보이지 않는 가운데 독자적인 문화가 차츰차츰 형성되어 간다. 즉 함안, 사천, 마산, 산청 등의 유물은 경주를 비롯한 낙동강 동쪽 신라 지역의 고분 유물과는 분명히 구분된다. 그리고 토기의 형태는 이전 시기의 형식을 거의 그대로 계승하고 있다. 다만 이들은 더 뻗어나가지 못하고 대외적으로 고립된 상태에서 주변 지역에만 일부 영향을 미칠 뿐이었다.

넷째, 전기 가야시대에 뒤처진 지역이었던 고령, 합천, 거창, 함양 등의 내륙 산간 지역은 5세기 이후 가야의 기존 문화 내용을 유지하면서 발전하기 시작했는데, 이 시기에 만들어진 많은 대형 분구묘(고총고분)가 그 증거다.

무덤의 형태나 유물의 성격 면에서 그들은 4세기 이전 진·변한 문화의 기반을 이어받으면서도 신라 문화권과는 확연하게 구별되다. 이는 이 지역이 동일한 문화 기반을 토대로 경제력과 지배 권력이 크게 성장했음을 의미한다.

특히 고령 지산동 고분군의 유물 문화가 이 지역 내에서 공통적으로 나타난 사실이 눈길을 끈다. 이는 고령 지역 세력이 5세기 전반 성장기를 거쳐 5세기 후반에는 강력한 지배

○**분구묘**

무덤의 중심 부분을 덮어서 보호하고 장엄하게 보이게 하기 위해 커다란 언덕을 만드는 것으로 흙으로 쌓은 것은 토총, 작은 돌 등을 불규칙하게 쌓은 것은 적석총, 다듬은 돌로 쌓은 것은 석총이라고 부른다. 계급 발생 이후 대형 무덤이 출현하면서 세계 곳곳에서 만들어졌다. 모양은 원형과 사각형이 가장 많은데, 중국의 진시황릉이 사각형 모양의 대표적인 무덤이며 우리나라의 경우 원형이 대부분이다.

고령 지산동 고분군
5~6세기에 걸쳐 만들어진 대가야 지배층의 무덤떼로 고령군 고령읍 지산리 주산 남쪽 기슭에 위치해 있다. 총 70여 기 가운데 지름이 25m로 비교적 규모가 큰 왕릉급 무덤인 44호분과 45호분에서는 수십 명이 넘는 순장자가 확인되어 당시 지배층의 위상을 여실히 보여주었다. 이곳에서는 금동관, 금제 귀걸이, 목걸이, 환두대도, 갑옷, 말띠드리개 등 다양한 유물이 출토되기도 했다.

권력을 성립시켰음을 보여준다. 그들은 독특한 개성을 지닌 문물들을 자기 세력권 아래 들어온 각지의 지배층에 나눠주며 더욱 먼 곳까지 통합해 나갔다. 고령에서 출토되었다고 하는 가야 금관의 제작 연대는 5세기 말에서 6세기 전반으로 추정되는데, 이는 후기 가야 연맹 맹주국 왕의 권위를 상징한다.

고령 대가야가 성장한 이유

전기 가야 문화의 중심지였던 김해의 주체 세력은 전쟁의 피해를 크게 겪고 이리저리 흩어져 다시 일어날 수 없는 상태에 빠졌으나, 가야라는 이름과 문화는 사라지지 않고 멀리 떨어진 고령 지방에서 다시 태어났다. 고령을 중심으로 가야 연맹이 되살아날 수 있었던 기반은 무엇이었을까.

우선 가야천 유역인 고령, 성주, 합천 일대의 농업 생산성이 매우 높았다. 또한 이 지역은 전쟁의 피해를 입지 않은 상태에서 전기 가야의 토기, 철기 등 선진 문화를 직접 받아들일 수 있었다. 고령 대가야 초기의 토기 문화가 김해, 부산, 창원 등 경남 해안 지대 4세기 말의 토기 문화를 그대로 이어받고 있다는 점에서 이를 확인할 수 있다.

가야산 기슭의 야로 지방(합천군 야로면과 가야면 일대)에 있었던 우수한 철광산도 당시에 개발되었을 가능성이 높다. 실제 고령 지산동 고분군에서는 다른 고분들과 비교해 훨씬 다양하고 많은 철기 유물이 출토되었다. 이처럼 대가야는 비교적 높은 농업 생산성을 유지하고 있다가 우수한 토기 제작 기술과 제철 기술을 갖고 있던 가야 남부 지역의 이주

대가야의 무덤과 토기

경남 합천의 옥전 고분군은 5세기 말 이후 대가야 세력의 확장을 보여주는 유적이다. 이곳에서는 옥전 고분군을 대표하는 무덤인 사진의 M3호분처럼 대가야의 구덩식 돌방무덤과 유사한 형태가 나타난다. 26호분에서 출토된 몸통에 긴 띠를 장식한 원통형 그릇받침 역시 대가야 토기 문화의 특징을 그대로 담고 있다. 이 지역 지배자들이 대가야로부터 하사받아 무덤에 껴묻은 것으로 추정된다.

민 문화를 받아들여 발전의 기반을 마련했다고 볼 수 있다.

고령 지방의 급속한 발전은, 곧바로 가야 지역 전체의 발전을 이끄는 힘이 되었다. 5세기 후반에는 고령 계통의 유물들이 합천, 거창 등 주변 지역을 넘어서서, 김해, 창원, 진주, 산청, 함양과 남원 일대까지 퍼져나갔다. 6세기 전반에는 이러한 흐름이 더욱 강해져 진주, 고성, 함안 지역까지 고령 양식 토기가 확산되었다.

그러면서도 고령 지산동 고분군 유물은 다른 지역에 비해 질과 양의 측면에서 우월하였다. 이는 당시 고령을 중심으로 강력한 연맹체가 존재했다는 증거다. 이러한 점을 역사 문헌 속에서 확인해보자.

5세기 들어 가야 지역을 둘러싼 국제 환경은 다시 변화하기 시작했다. 신라는 눌지왕(재위 417~458)이 즉위한 후 5세기 중엽까지 고구려의 간섭을 벗어나 독자적인 국가 기반을 닦아나가면서 백제와 평화 관계를 맺게 된다. 백제도 내부의 왕위 계승 분쟁을 잠재우고 귀족 연합 체제에서 벗어나 왕권을 강화해 나갔다. 아울러 활발한 대외 관계를 펼치면서 고구려를 국제적으로 고립시키려고 했다.

이에 대해 고구려의 장수왕은 평양으로 수도를 옮긴 뒤 남하 정책을 밀어붙였고, 475년에는 백제를 쳐서 수도 위례성(서울시 송파구)을 함락시켰다. 백제는 어쩔 수 없이 남쪽 웅진(공주)으로 수도를 옮길 수 밖에 없었다. 이때 신라는 그 기회를 틈타 추풍령을 넘어 백제 땅인 삼년산성(현 충북 보은 지역)까지 진출했다.

5세기 후반에 이르러 주변 정세가 이처럼 크게 흔들리자, 위기의식을 느낀 옛 가야 지역의 소국들 사이에 다시 힘을 합치려는 움직임이 나타났다. 『삼국사기』 등의 문헌에 한동안 보이지 않던 '가야'가 이 무렵부터 다시 나

백제의 수도 이전

백제는 모두 두 차례에 걸쳐 수도를 옮겼다. 건국 후 500여 년 동안 터를 잡고 살아온 첫 수도 하남위례성(현 서울 송파구)이 475년 고구려 장수왕에 의해 함락 당하면서 수도를 웅진(공주)으로 옮긴 백제는 동성왕~무령왕 대를 거치면서 국가 재건에 박차를 가하게 된다. 538년 성왕의 주도로 이루어진 사비(부여) 천도는 백제가 고난의 시기를 극복하고 국력을 회복했음을 알리는 하나의 표상이었다. 600년대 들어 무왕이 백제의 수도를 다시 현재의 전북 익산 지역으로 옮겼다는 주장(익산 천도설)도 있으나, 정설로 인정받고 있지는 않다.

타나는 점, 그리고 이 지역 고분군의 규모나 유물의 양이 이때 크게 늘어난 점 등은 이를 반영한다.

가야 지역의 통합을 주도하던 세력은 고령 지산동 고분군을 만든 집단이었다. 이들은 원래 전기 가야 연맹에서는 그다지 세력이 크지 않은 '반파국'이었는데, 4~5세기의 혼란기를 별 탈 없이 넘긴 뒤 5세기 후반 크게 성장해 '대가야'라는 이름으로 옛 가야 연맹의 판도를 되살리고자 했던 것이다.

후기 가야 연맹이라 불러다오

고령 지방에 전해지고 있는 대가야 시조 신화도 당시 이러한 상황에 비춰 다시 해석할 필요가 있다. 즉, 이 신화는 고령 세력이 옛 시조 때부터 수로왕과 형제 관계였다는 점을 밝힘으로써, 자신들이 전기 가야 연맹의 정통성을 이어받았음을 과시한 것이다. 그렇기 때문에 대가야를 중심으로 한 주변 소국들의 연맹체를 4세기 이전의 것과 구별해 '후기 가야 연맹'이라고 부르는 것이다.

중국의 『남제서』 「동남이전 가라국」 편에 의하면, 479년에 가라 왕 하지가 중국 남조에 사신을 보내 조공을 바치니, 남제의 황제가 그에게 '보국장군 본국왕' 직위를 내려주었다고 한다. 이 기록에서 가라 왕 하지는 고령 대가야 왕이라고 보는 것이 맞다. '하지'는 가야금을 만들었다는 가야국 '가실왕'과 이름이 비슷해 같은 사람으로 추측된다.

대가야는 육로를 통해 섬진강 하구의 하동 지방으로 나온 다음, 바닷길로 중국에 오갔을 가능성이 높은데, 그 교통로를 유지하기 위해서는 가야 지역 내부의 위계질서를 분명히 하

후기 가야 연맹 최대 판도 후기 가야 연맹의 최전성기였던 5세기 후반~6세기 초반경 가야의 영토는 북쪽으로는 가야산과 덕유산을 경계로 삼고, 서쪽으로는 만덕산, 내장산, 무등산, 제암산 등으로 이어지는 호남정맥 서쪽 줄기를 경계로 삼아 그 안에 섬진강 수계를 끌어안았다. 남쪽으로는 순천만부터 낙동강 하구의 해안에 닿았고, 동쪽으로는 고령 이남의 낙동강 중·하류를 경계로 삼으면서 낙동강 중류 동쪽의 창녕군 영산면 지방을 포함했다.

고 백제와 고구려의 위협을 극복해야만 했을 것이다. 이러한 어려움을 이겨내고, 가라 왕 하지가 중국 교역을 독자적으로 성공시켜 남제로부터 보국장군이라는 제3품에 해당하는 직위를 받았다는 것은, 가야 지역에 신라나 백제의 눈치를 보지 않는 독립적인 지배 권력이 존재했다는 명백한 증거다.

한편 『삼국사기』 「신라본기」에 따르면, 그 후 가야는 481년에 고구려가 말갈과 함께 신라 호명성 등 7성을 빼앗고 다시 미질부(현 포항시 흥해읍)를 공격한 데 대해, 백제와 함께 구원병을 보내 막았다고 한다. 가야는 이제 국제 관계에서도 하나의 변수로 등장해 고구려의 침략에 신라, 백제와 함께 공동 대처하는 모습을 보이고 있는 것이다.

490년대 들어 신라는 백제 동성왕의 청혼을

○**남제서**
중국 남조의 두 번째 왕조인 남제(479~502)의 역사를 기록한 책으로 양나라(502~557)의 학자 소자현이 썼다. 이 책에는 고구려·백제·가야·왜국의 기원과 풍속, 중국과의 외교 관계 실상을 보여주는 내용이 담겨 있다. 가라 왕 하지가 남제의 왕에게 공물을 바쳤다는 기록은 다음과 같이 서술되어 있다. "널리 헤아려 비로소 등극하니 먼 오랑캐까지 교화가 미치는구나. 가라 왕 하지가 바다 밖에서 방문해 동극 멀리서 폐백을 바쳤다. 가히 보국장군 본국왕에 제수한다."

받아들이고 고구려의 남하 정책에 백제와 공동으로 대응하면서, 다른 한편으로는 백제의 허약함을 틈타 추풍령의 안팎에 성을 쌓으며 영역을 넓히고 있었다. 이러한 가운데 496년 가야는 신라에게 흰 꿩을 보내 호의를 표시했다. 이러한 호의 표시가 백제와의 분쟁 때문이었는지는 알 수 없으나, 어쨌든 대가야 중심의 후기 가야 연맹이 국제 관계에서 '가야국'의 이름 아래 지속적으로 대응해 나가는 모습을 확인할 수 있다.

또한 움식 돌덧널무덤이라는 무덤 형태와 여기에서 나온 토기 등 고고학 자료를 보면, 이미 5세기 전반에 전북 남원 동부와 장수 지방이 고령·합천 지방과 긴밀한 관계를 맺고 있었고, 5세기 후반에는 이들 지역에 고령 대가야의 영향력이 대폭 강화되면서 그 범위도 진안, 남원 서부, 임실 지방까지 퍼졌음을 알 수 있다.

즉, 호남 동부 지역에 존재하던 독립적인 세력은 5세기 들어 고령 등의 가야 지역과 교류하기 시작했고, 5세기 후반에는 고령 대가야에 흡수·통합되었던 것이다. 이는 5세기 들어 신라가 낙동강의 동쪽을 차지해 물길을 이용할 수 없게 되자, 서쪽으로 진출해 섬진강 물길을 확보하려고 노력한 결과였다고 생각된다. 그 시기까지 호남 동부 지역에 미치는 백제의 영향력은 아직 약한 수준이었다.

그러면 후기 가야 연맹의 최대 판도는 어떠했을까? 항상 일정하지 않고 상황에 따라 변하긴 했지만, 그 최대 판도의 범위는 비교적 넓었다.

이를 전기 가야 연맹의 영역과 비교해 보면, 동쪽과 북쪽 경계는 일부 줄어들었고, 서쪽 경계는 약간 늘어난 수준이었다.

김태식 홍익대 교수

고령 지산동 32호분 출토 금동관
판 모양의 솟은 장식을 이마 쪽에 정면 배치하고 정교한 물결무늬와 꽃봉우리형 금동 막대로 장식했다. 나뭇가지나 새, 사슴뿔 모양의 '出'자형 세움장식으로 화려하게 꾸민 신라 금관보다 단순한 형태이긴 하지만, 5세기경 가야 문화의 독자성을 보여주는 또 다른 작품으로 손꼽히고 있다.

대가야 왕들의 흥망성쇠

대가야 왕들의 연대표를 작성할 수 있는 자료는 고려시대에 편찬한 「삼국사기」와 조선시대에 편찬한 「신증동국여지승람」뿐이다.

「삼국사기」에는 "고령군은 본래 대가야국인데, 시조 이진아시왕으로부터 도설지왕까지 모두 16대 520년이었다. (신라의) 진흥대왕이 침공해 멸망시키고 그 땅을 대가야군으로 삼았다"고 기록되어 있다. 여기서 '진흥대왕'이라는 표현으로 보아 이 기록은 신라시대의 공식 기록을 그대로 옮겨 적은 것으로 추정된다. 따라서 왕의 세대수나 연도도 신라의 연도에 맞춰 고쳐 쓴 것으로 보여 믿을 만하지 못하다.

신라 말기 유학자인 최치원이 편찬한 책들을 인용한 「신증동국여지승람」에도 가야와 관련된 내용이 소개되어 있다. 이 책에는 802년 해인사 창건을 주도한 승려 순응과 이정에 대한 전기가 실려 있는데, 여기에 대가야 왕들의 이야기가 나온다.

이정의 전기에는 "가야산신 정견모주와 천신 이비가지 사이에서 대가야 왕 뇌질주일과 금관국 왕 뇌질청예 두 사람이 태어났다. 뇌질주일은 이진아시왕의 별칭이고, 청예는 수로왕의 별칭이다"라고 되어 있다. 또 순응의 전기에는 "대가야국 월광태자는 정견의 10세손이다. 아버지는 이뇌왕인데 신라에 국혼을 청해 이찬 비지배의 딸을 맞아들여 태자를 낳았다. 그러므로 이뇌왕은 뇌질주일의 8세손이다"라고 기록되어 있다.

가야산신 '정견모주'에서 '정견'은 불교 수행 방법인 8정도 가운데 하나이고, 월광태자라는 이름은 석가모니가 전생에 국왕의 아들로 태어났을 때 이름을 그대로 가져온 것이다. 이는 대가야가 6세기 초반에 신라와 결혼 동맹을 맺으면서 불교도 함께 받아들이는 과정에서 붙인 이름이다.

우륵에게 가야금을 만들게 한 가실왕은 시조의 6~7세손으로 5세기 후반 10여 개 나라를 망라하는 후기 가야 연맹을 탄생시킨 사람이다. 그는 479년 중국 남제에 사신을 파견하기도 했다.

이뇌왕은 시조의 8세손으로 신라와 결혼 동맹을 맺은 왕이며, 그와 신라인 왕비 사이에서 월광태자가 태어났다. 훗날 월광태자는 신라의 귀족 사회에 편입되어 활동하다가, 대가야인들의 반발을 누그러뜨리기 위해 대가야 지역으로 파견돼 잠시 신라의 꼭두각시 왕 노릇을 하기도 한다. 그가 바로 대가야 마지막 왕인 도설지왕이다.

종속 벗고
삼국의 강자로 서다

고구려는 313년과 314년 평양과 황해도 지역에 자리 잡고 있던 낙랑·대방군을 잇달아 멸망시킨 것을 계기로 본격적인 남하 정책을 펴기 시작한다. 그 후 광개토대왕의 백제 공격과 신라 지원, 장수왕의 평양 천도(427년), 백제의 수도 한성 함락(475년) 등 큰 사건을 거쳐, 6세기 중엽 신라에 한강 유역을 빼앗길 때까지 한반도 면적의 절반 이상에 큰 영향력을 행사하게 된다.

고구려의 남하 정책은 어디까지나 고구려가 동서남북 사방으로 펼쳤던 팽창 정책 가운데 하나였다. 그러나 광개토대왕릉비나 중원고구려비 등 고구려인이 직접 남긴 비석에 큰 비중으로 기록되어 있는 만큼 상당히 중요한 부분을 차지했다고 할 수 있다. 하지만 고구려의 이러한 정책은 곧 북쪽으로 영토를 넓혀 나가고 있던 신라와 전면적인 충돌을 일으킬 수밖에 없었다.

고구려의 남하와 삼국의 충돌

낙랑군과 대방군이 중국 땅으로 쫓겨난 후 고구려와 백제는 직접 국경을 접하게 되었다. 그동안 대방군을 통해 중국 문물을 수입해 왔던 백제는 고구려의 위협에 긴장할 수밖에 없었다. 4세기경 낙랑·대방 옛 땅을 둘러싸고 고구려와 백제가 충돌을 빚은 것도 고구려에 대한 백제 측의 우려가 근본 원인이었다.

근초고왕, 근구수왕 시기에 크게 성장한 백제는 고구려의 낙랑·대방 지역 지배에 맞서

광개토대왕릉비
414년 장수왕이 아버지 광개토대왕의 공적을 기리기 위해 세운 비석으로 중국 집안시에 위치해 있다. 높이가 6.39m에 이르며, 네 면에 문자의 크기와 간격을 고르게 하기 위한 가로·세로의 선을 긋고 문자를 새겼다. 비문은 고구려 건국 신화, 왕의 계보, 비의 건립 경위를 비롯해 동서남북 사방으로 영토를 확장한 광개토대왕의 눈부신 정복 활동을 연대순으로 정리해 놓고 있다. 사진은 일제시대 때 찍은 것으로 현재는 누각을 씌워 보존하고 있다.

대항한다. 이때 백제는 막강한 공세를 펼쳐 371년 평양까지 쳐들어가 고구려 고국원왕을 죽이기도 했다. 고구려는 이에 앞서 342년 전연의 침입으로 국내성이 함락되고 미천왕의 시신이 약탈당하는 등 치욕적인 사건을 겪은 바 있었다. 고국원왕의 죽음은 그들에게 이러한 과거의 악몽을 되살리게 했을 것이다. 이 사건 이후에도 공방은 되풀이되는데, 이 무렵 국력이 약해진 고구려는 국내 정치를 정비하는 일에 힘을 쏟고 있었다.

이러한 관계에 큰 변화가 온 것은 광개토대왕 시기다. 광개토대왕릉비에 따르면, 고구려는 396년(광개토대왕 6) 백제 58개 성을 빼앗고 한성을 포위했으며, 백제 왕에게 노예·물품을 바치게 하고 왕의 동생과 신하들을 잡아갔다고 한다. 광개토대왕릉비와 『삼국사기』에 보이는 양국의 전투 기록에 약간의 연대차가 있긴 하지만, 이 시기 전투는 거의 고구려의 승리로 끝났으며, 한강 이북의 백제 세력은 크게 후퇴한 것으로 보인다.

한편 고구려–신라 관계는 4세기 후반부터 본격적으로 시작되었다. 신라는 중국의 전진과 조공 관계를 맺게 되었는데 고구려가 중간에서 다리를 놓아주었다. 그리고 4세기 말에는 신라가 고구려에 인질을 보낸다. 이는 신라가 고구려에 종속된 나라였음을 보여준다.

이런 가운데 399년 백제·왜의 공격을 받은 신라가 고구려에 구원을 요청하면서 그 이듬해 고구려의 신라 구원 출정이 이루어졌다. 이때 고구려군이 신라의 왕성까지 들어갔다는 기록으로 보아 고구려군은 현재의 경주 일대까지 이르렀다고 할 수 있다.

이 사건 이후 신라는 고구려에도 조공을 바

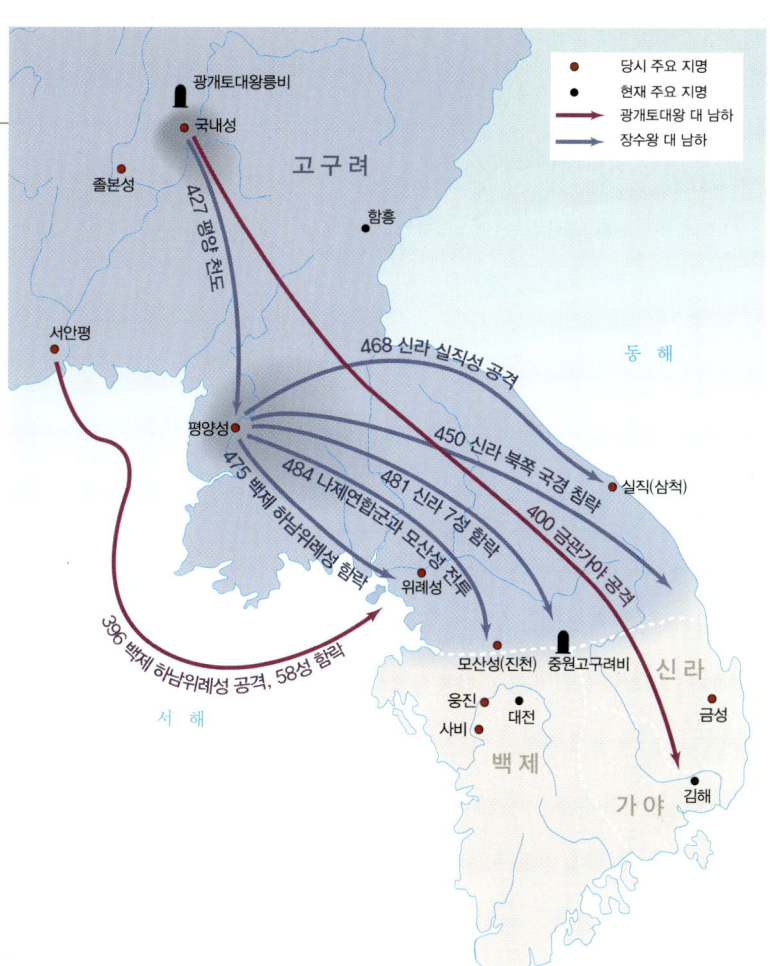

4~5세기 고구려의 남하 고구려의 두 정복 군주 광개토대왕과 장수왕이 이끄는 불패의 군대는 신라·백제·가야 삼국에 공포 그 자체였다. 5세기 중엽 장수왕 대 건립된 중원고구려비에는 고구려가 신라를 사실상 속국으로 삼았음을 알려주는 내용이 새겨져 있으며, 고구려군에 무참한 패배를 당한 백제와 가야는 한동안 나라의 존립을 걱정해야 할 정도로 큰 고난을 겪었다. 이에 군사 동맹을 통해 반격에 나선 신라와 백제는 484년 모산성 전투에서 승리를 거두는 등 서서히 전세 역전의 기회를 잡아나간다.

치게 된다. 그리고 402년에는 고구려에 인질로 가 있던 실성왕이 돌아와 왕에 즉위하기도 했다.

이처럼 광개토대왕 시대 고구려의 남하 정책은 고구려 측의 일방적인 승리가 계속되었다. 광개토대왕에 이어 413년에 즉위한 장수왕 역시 남하 정책을 이어받는다. 그러나 남하를 계속하기보다는 넓어진 영토를 유지하고, 신라에 대해서는 직접 침략보다는 지속적인 내정 간섭 정책을 펴는 수준에 머물렀다. 이 즈음부터 고구려의 간섭에 대한 신라의 저항이 점차 그 모습을 드러내기 시작한다.

◉ 근초고왕 (재위 346~375)
백제 제13대 왕으로 백제의 최전성기를 이룩한 국왕이다. 즉위 후 왕권 강화에 힘썼고, 그 힘을 바탕으로 활발한 정복 활동을 펼쳤다. 북쪽은 물론이고, 남쪽으로도 세를 뻗쳐 마한의 잔여 세력을 복속하고 낙동강 서쪽의 가야 세력에 영향력을 행사하면서 백제 사상 최대 영토를 확보했다. 일본의 한 신궁에 보관되어 있는 '칠지도'는 근초고왕 시기 백제의 힘과 대외 활동상을 전해주는 대표적인 상징물이다.

신라의 저항이 시작되다

고구려는 427년 평양으로 수도를 옮긴다. 이는 대동강 유역의 기름진 평야 지대를 확보하고 기존 국내성(현 중국 집안시)의 귀족 세력을 견제하면서 왕권을 강화하기 위한 목적이었다. 옛 낙랑군 땅인 평양은 다른 지역에 비해 사회적·문화적 기반이 잘 갖춰져 있어 수도 기능을 하기에 매우 적합한 지역이었다. 동시에 이 천도는 백제와 신라에 큰 압력으로 다가왔다.

이 시기 신라의 대응은 어땠을까. 눌지왕의 즉위 과정을 통해 당시의 상황을 추측해 볼 수 있다. 402년에 즉위한 실성왕은 전대 왕인 내물왕의 아들 눌지가 자신의 왕권을 넘볼까 봐 늘 두려웠다. 그래서 고구려 병사들을 이용해 눌지를 죽이려 했으나, 오히려 먼저 고구려와 연결돼 있던 눌지에 의해 살해되고 말았다. 이는 왕위 계승 과정에서 신라 왕실 모두가 고구려의 힘을 이용하려고 할 만큼, 고구려가 신라 내정에 깊숙이 개입돼 있었다는 것을 말해준다.

그러나 새로 왕에 오른 눌지왕의 정책은 전혀 친고구려적인 것이 아니었다. 이를 보여주는 기록으로 귀족 박제상에 관한 일화가 남아 있다. 눌지의 명을 받은 박제상은 고구려에 인질로 잡혀가 있던 눌지의 동생 보해를 고구려 병사들의 추격을 물리치고 신라로 데려왔다. 이는 당시 신라가 고구려에 큰 반감을 갖고 있었음을 짐작케 해준다. 이 사건은 425년 또는 426년에 일어난 것으로 보이는데, 평양 천도(427) 직전이었기 때문에 고구려 측에서는 이에 즉각적인 조치를 취할 여유가 없었던 것으로 생각된다.

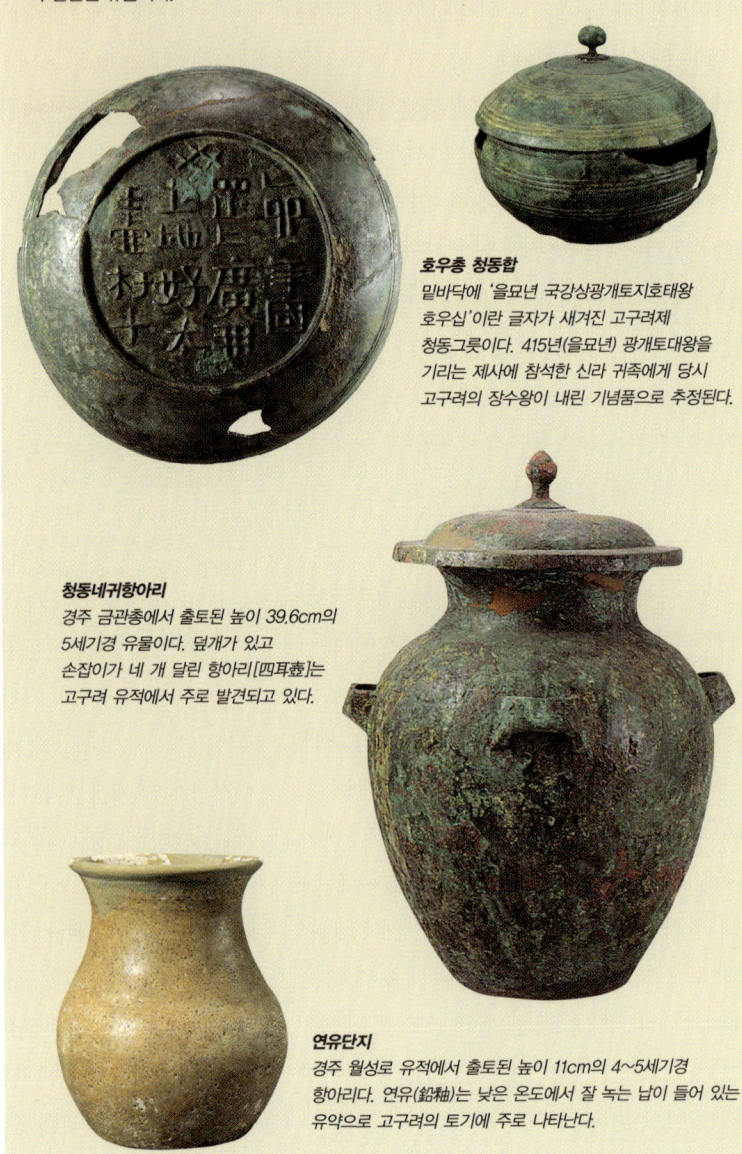

신라 땅에서 발견된 고구려 유물들

광개토대왕릉비문에는 399년 신라의 구원 요청과 관련 다음과 같은 문구가 새겨져 있다. "태왕은 은혜롭고 자애로워 신라 왕의 충성을 가륵히 여겼다."

고구려는 처음부터 신라를 자신에 복속된 변방 세력으로 대했다. 힘에서 밀리는 신라 역시 다른 선택의 여지가 없었다. 이는 자연스럽게 고구려 문물의 전래와 수용으로 이어졌다. 불교가 전해지고, 고구려 무덤 양식과 벽화 고분의 흔적이 신라 땅에 남은 것은 결코 우연이 아니다. 4~5세기경 고구려에서 제작된 물품이 신라의 주요 고분에서 심심치 않게 확인되는 것도 같은 이유다. 경주 호우총의 청동합, 금관총의 청동네귀항아리, 월성로 유적의 연유단지 등은 모두 고구려와 관련된 유물이다.

호우총 청동합
밑바닥에 '을묘년 국강상광개토지호태왕호우십'이란 글자가 새겨진 고구려제 청동그릇이다. 415년(을묘년) 광개토대왕을 기리는 제사에 참석한 신라 귀족에게 당시 고구려의 장수왕이 내린 기념품으로 추정된다.

청동네귀항아리
경주 금관총에서 출토된 높이 39.6cm의 5세기경 유물이다. 덮개가 있고 손잡이가 네 개 달린 항아리[四耳壺]는 고구려 유적에서 주로 발견되고 있다.

연유단지
경주 월성로 유적에서 출토된 높이 11cm의 4~5세기경 항아리다. 연유(鉛釉)는 낮은 온도에서 잘 녹는 납이 들어 있는 유약으로 고구려의 토기에 주로 나타난다.

이러한 신라의 움직임과 궤를 같이해 백제에서도 변화가 나타난다. 백제는 433년과 434년에 신라에 사신을 보내 화친을 꾀했다. 신라는 이를 받아들였고 434년에 백제에 선물을 보낸다. 백제는 약 30년 전에 왜를 시켜 신라를 습격하게 한 나라였다. 과거의 원수인 양국이 협력하게 된 것은 한반도 중남부의 정세를 고려해 고구려에 공동 대응할 필요성 때문이었다. 이 사건은 수십 년 뒤에 본격화될 양국 군사적 협력 관계의 첫 걸음으로 보고 '나제동맹'으로 부르기도 한다.

중원고구려비에 담긴 뜻

1979년 충북 충주시의 한 마을에서 높이 2m 정도 되는 돌기둥에 문자가 새겨져 있다는 제보가 들어왔다. 조사단은 이 돌기둥에서 '태왕'이라는 두 글자를 발견해 처음엔 혹시 신라 순수비가 아닌가 했으나, 결국 '고려'(고구려)라는 두 글자를 판독해 고구려비임을 밝혀냈다. 이것이 바로 중원고구려비다.

중원고구려비는 현재 남아 있는 고구려비 중 광개토대왕릉비에 이어 두 번째이자 남북한을 통틀어 한반도 안에는 하나밖에 없는 고구려비다. 더구나 이 비는 고구려-신라 간의 관계에 대해 매우 중요한 내용을 담고 있다. 비문 내용이 새겨진 연대는 여러 설이 있어 분명하진 않지만, 대체로 449년 즉 5세기 중엽으로 보고 있다.

비문 중 판독 가능한 부분은 크게 두 가지 시기로 나눌 수 있다. 우선 5월에 고구려 태왕(장수왕)과 신라 매금(눌지왕)이 충주 중원경에 와서 의례를 치렀고 이때 태왕이 고구려의 관리들을 비롯한 신라 왕과 신하들에게 의

중원고구려비
국내에 유일하게 남아 있는 고구려 석비로, 장수왕이 남한강 유역 여러 성을 함락한 후 세운 기념비로 추정된다. 높이 2.03m, 너비 55cm에 이르며, 견고한 화강암 네 면에 새긴 글자의 흔적이 뚜렷하게 보인다. 이 비가 서 있는 충북 충주시 입석마을 주변에서는 삼국시대 고분과 기와, 산성, 그리고 고구려시대 금동광배가 발견된 바 있어 석비 건립 당시 삼국의 영역과 시대적 배경을 이해하는 데 많은 참고가 된다.

복을 내려줬다. 그리고 12월에는 신라 안에 주둔하고 있던 고구려 관리가 신라 관리와 함께 우벌성에서 사람을 동원한다. 우벌성은 현재의 경북 영주 일대로 추정된다.

449년 5월에 치러진 의례는 비문에 '수천(守天, 하늘을 지킴)'이라고 표현되어 있는데, 이를 통해 '천하의 중심은 고구려'라는 고구려의 천하관에 따라 의례가 이루어졌음을 알 수 있다. 또 비문에는 신라 매금을 '동이' 즉 '동쪽 오랑캐'라고 표현하는 등 고구려의 우월성이 과시되어 있다.

이렇게 중원고구려비는 고구려의 절대적 우위 관점에서 서술되어 있으나, 실제로 5세기 초 당시의 양국은 더 이상 종속적 상하 관계가 아니었다. 이를 상징하듯 그 다음해인 450년에 실직(현 강원도 삼척)에서 신라인이 고구려 관리를 살해하는 사건이 일어나고, 이후 양국은 잇달아 군사적 충돌을 일으키게 된

고구려의 천하관
중원을 세계의 중심으로 보는 중국의 천하관이 있는 것처럼 고구려인들도 고구려를 중심으로 한 천하관이 있었는데, 414년 세워진 광개토대왕릉비와 5세기 중반 건립된 중원고구려비에 잘 나타나 있다. 신라와 백제, 부여를 고구려 천하에 속한 나라로 묘사하고 있는 광개토대왕릉비의 "대왕의 은혜로운 혜택이 하늘에 미치고, 위엄은 온 사방에 떨쳤다"는 구절은 독자적인 세계를 주장하던 고구려인들의 자부심을 당당하게 드러낸다.

아차산성 성벽
서울시 광진구 아차산 일대에 위치한 산성으로 한강 유역을 둘러싼 삼국의 치열한 전쟁사를 그대로 간직하고 있다. 475년 고구려 장수왕의 백제 한성 함락 당시 개로왕이 바로 이 성 아래에서 죽음을 맞았으며, 590년 잃어버린 한강 땅을 되찾기 위해 출정한 고구려의 온달 장군이 전사한 곳도 여기였다. 성 전체의 길이는 1,125m에 달하며, 성벽의 높이는 평균 10m 정도다.

다. 중원고구려비는 평화로웠던 양국 관계의 마지막 한 장면을 전하고 있는 것이다.

나제동맹의 반격

5세기 후반경부터 신라·백제와 고구려 사이에는 군사적 충돌이 자주 일어나게 된다. 여기에는 고구려와 신라, 고구려와 백제 양국 간의 전투도 있고 고구려에 대해 신라·백제가 연합 전선을 펴는 전투도 있다.

신라와 고구려의 본격적인 군사 충돌은 454년 고구려의 공격으로 시작된다. 그리고 10년 후 신라에 주둔하고 있던 고구려 병사들이 대규모로 살해되는 사건이 일어난다. 일본의 역사 기록에 따르면, 고구려가 신라를 정복할 계획이 있다는 이야기를 고구려인으로부터 엿들은 신라인이 신라 왕에게 보고했고, 왕이 신라 내에 있는 고구려인을 죽이도록 명령해 실행된 것이었다.

이 사건은 464년에 일어난 것으로 보이는데, 이후 양국 간 전투는 468년, 480년에도 계속 일어났으며, 481년에는 고구려군이 신라 영역 내로 깊숙이 쳐들어왔다가 신라·백제·가야 연합군에 크게 패하기도 했다. 이때 신라 영역 내에 머물고 있던 고구려군은 모두 쫓겨난 것으로 보인다.

한편 백제와 고구려의 전투는 455년과 469년에 벌어졌고, 백제는 472년 중국 북위에 사신을 보내 고구려를 함께 공격할 것을 요청하기도 했다. 이는 비록 북위의 거절로 무산되었으나 그 자세한 내용은 고구려에게

호로고루터
경기도 연천군에서 우리나라 최초로 발견된 고구려 평지성터다. 기록에 따르면 이 지역은 전략적으로 매우 중요한 군사 요충지여서 고구려와 신라, 신라와 당 사이에 치열한 전투가 많이 벌어졌다. '호로고루(瓠蘆古壘)'는 오래된 성을 뜻하는 말로 이 성의 건설 연대는 4세기 말경으로 추정되고 있다. 이 성터에서는 고구려시대의 금동불상이 발견되기도 했다.

알려진 것으로 생각되며, 고구려는 다시 백제의 위협을 실감하게 되었다. 그리하여 3년 후인 475년, 고구려는 백제의 수도인 한성을 함락시키고 개로왕을 살해했다.

이후 고구려의 공격은 484년, 491년, 492년에 계속해서 이루어지는데, 이는 모두 신라와 백제가 서로 원군을 보내 물리친다. 491년에는 백제 왕의 혼인 요청을 신라가 받아들이는 등 양국 관계는 더욱 가까워진다.

6세기 전반에는 고구려와 백제 간 전투가 두드러진다. 이 시기 신라는 백제에 원군을 보내는 일 외에는 단독으로 고구려에 맞서지 않았다.

신라가 세운 단양 적성비의 내용을 볼 때, 신라가 영남 지역 이북을 영토로 삼는 것은 540년대 이후다. 이 무렵은 신라의 북진이 두드러지는 시기며, 6세기 중엽에 진흥왕은 한강 유역을 손아귀에 넣고 동시에 백제의 성까지 빼앗는 전과를 올리기도 한다. 이로써 신라와 백제의 군사 동맹은 깨지게 된다.

한편 5세기 전반경부터 고구려는 내분과 북방 민족인 돌궐의 위협으로 남하 정책을 크게 펴지 못해 다시는 한강을 되찾지 못한다. 이후 삼국의 관계는 중국, 왜(일본) 세력까지 끼어들여면서 더욱 복잡한 양상을 띠게 된다.

시노하라 히로카타(篠原啓方) 고려대 연구원

5세기 신라 – 고구려 관계

● **413년**
고구려 장수왕 즉위

● **417년**
신라 눌지왕, 고구려 도움으로 실성왕 죽이고 즉위

● **427년**
고구려 장수왕, 평양 천도

● **433년**
신라 – 백제 동맹(나제동맹) 체결

● **450년**
신라, 실직성에서 사냥 나온 고구려 장수 살해

● **455년**
신라, 고구려 공격받은 백제 구원

● **458년**
신라 자비왕 즉위

● **464년**
백제, 고구려 공격받은 신라 구원

● **468년**
고구려, 1만 말갈군과 함께 신라 실직성 공격

● **481년**
고구려·말갈, 신라 공격
백제·가야가 구원

● **484년**
고구려, 신라 공격
나제연합군, 모산성 전투에서 고구려군 격파

단양 적성비
충북 단양군 성재산 적성산성 내에 위치한 신라 진흥왕 대의 비석이다. 진흥왕이 고구려의 영토인 적성을 점령한 후 민심을 안정시키기 위해 세웠다. 비문에는 신라의 영토 확장에 기여한 사람들에게 상을 내린 사실과 앞으로도 신라에 충성을 다하면 같은 포상을 하겠다는 약속이 담겨 있다. 545년~550년 사이에 건립된 비석으로 추정되고 있다.

가야 회생의 마지막 희망, 임나부흥회의

안라국은 경상남도 함안군에 자리 잡고 있었던 가야의 한 나라였다. 흔히 '아라가야'라고 부르기도 하는데 이는 당시에 불렸던 이름이 아니다.

안라국이 있었던 함안군은 남쪽이 높고 북쪽이 낮은 지형으로 산과 들로 둘러싸여 있는 분지다. 검암천 등의 계천들이 북쪽으로 흘러 남강과 만난다. 남강은 함안군의 북서쪽에서 동북쪽으로 흘러 낙동강에 합쳐진다.

함안군 가야읍에 가면 안라국 사람들이 쌓아 만든 커다란 무덤이 떼 지어 있다. 안라국의 찬란했던 문화를 생생하게 보여주는 유적으로 기원전 1세기경부터 6세기 중반 무렵까지 약 600여 년에 걸쳐 만들어진 것인데, 안라국의 성립, 발전, 멸망 과정을 자세히 전한다. 현재까지 발굴 조사를 통해 안라국은 여러 가야 중에서도 독특한 문화를 가진 독자적인 정치 세력이었음이 밝혀졌다. 또한 고분의 규모와 유물 출토 양상으로 보아 6세기 무렵 안라국은 남부 가야의 중심국으로서, 주변국들은 물론 바다 건너 왜와도 활발한 교류를 펼쳤음을 알 수 있다.

임나부흥회의란 무엇인가

'임나'란 가야를 뜻하는 또 다른 말이다. 처음에는 가야의 어느 한 지역을 부르는 말이었지만, 이후에 한 지역 또는 가야 전체를 임나라고도 했다. '임나부흥회의'란 말 그대로 이미 멸망했거나 쇠퇴해 버린 임나, 즉 가야 지

함안 말이산 고분군

함안군 가야읍에 위치한 말이산 고분군은 행정구역상 구분인 도항리 고분군과 말산리 고분군을 한데 묶어 부르는 이름이다. '말이산'은 '우두머리산'이라는 뜻으로 이곳이 안라국 역대 왕들이 묻혔던 곳임을 증언한다. 고분의 대부분은 남북으로 길게 뻗은 약 2km의 주능선과 서쪽으로 뻗은 여덟 갈래의 작은 능선 위에 자리 잡고 있다. 안라국 왕을 비롯한 최고 지배층의 무덤으로 보이는 50여 기의 대형 고분은 높은 곳에 열을 지어 위치하고, 그 아래로 수 백여 기의 작은 고분이 흩어져 있다.

함안 마갑총 말갑옷 출토 모습

마갑총은 5~6세기경 안라국을 대표하는 무덤으로 말이산 고분군 북쪽 부분에 위치하고 있다. 이 무덤에서는 갑옷, 투구, 환두대도 등 많은 유물이 발굴되었는데, 가장 눈길을 끈 것은 거의 완전한 형태로 보존된 말갑옷이다. 고구려 고분 벽화에서 볼 수 있었던 무장한 말의 모습이 처음으로 확인된 것이다.

있었다.

그러던 중 6세기에 들어서 백제는 나름대로의 전열을 가다듬고 고구려에 대한 반격을 시작한다. 동시에 지금의 전라도 지역에 대한 지배를 확고히 하면서 가야 지역으로도 칼날을 겨눈다. 신라도 5세기 말이 되면 고구려의 영향력에서 벗어나 가야 지역에 대한 진출을 꾀하기 시작한다. 이제 가야는 백제와 신라 양국으로부터 위협을 받는 처지가 된 것이다. 이러한 상황 속에서 이미 신라에 점령당한 가야 지역을 회복하기 위한 회의, 즉 임나부흥회의가 열리게 된다.

529년 임나부흥회의는 안라국에서 열렸다. 이는 안라국이 520~540년대에 가야 남부 제국의 실질적 지도국으로 활약하고 있었기 때문에 가능했다. 이 회의에는 왜, 백제, 신라에서 온 사신들과 안라국왕 등 주요 인물들이 참석했다. 안라국은 이 회의를 위해 '고

역을 되살리기 위해 개최한 회의를 말한다.

720년 일본에서 편찬된 역사책인 『일본서기』에는 529년, 541년, 544년 세 차례에 걸쳐 임나부흥회의가 개최된 사실이 기록되어 있다. 임나부흥회의가 왜 개최되었는지를 이해하기 위해서는 당시의 시대상을 살펴볼 필요가 있다.

미천왕(재위 300~331) 대에 중국의 군현인 낙랑과 대방 지역을 차지한 고구려는 백제와 대립하기 시작한다. 고구려의 남하 정책은 광개토대왕에 이어 장수왕 대까지 이어졌다. 이에 백제와 신라는 고구려의 남하를 저지하기 위한 군사 동맹을 맺었고, 가야도 삼국과 일정한 관계를 맺으면서 왜·중국과 교류를 하는 등 나라를 지키기 위한 노력을 기울이고

○ **일본서기**

『고사기』와 함께 일본에서 가장 오래된 역사서로 신화시대부터 697년까지의 역사를 기록했다. 680년경 덴무천황의 명으로 편찬에 착수해 720년에 완성된 것으로 추정된다. 첫 권은 고대 일본의 신화와 전설을 기록하고 있으며, 후반부에는 황실과 강력한 권력을 휘두른 여러 씨족에 관해 다루고 있다. 또한 이 책에는 고구려·백제·신라 삼국과 가야 등 한반도 여러 나라와의 교류 내용도 담겨 있는데 신공황후가 삼한을 정복했다는 등 터무니없는 부분도 많아 논란이 끊이지 않고 있다.

가 야 주 요 국 가 들 의 명 칭 구 분

현재의 경상도와 전라도 일대에 자리 잡고 있던 고대 국가인 가야는 그 복잡한 구성만큼이나 여러 이름으로 불리고 있다. 이는 가야인들 스스로 자신의 나라에 관해 남긴 기록이 전혀 남아 있지 않기 때문이다.

김해 지방	고령 지방	함안 지방
구야국(가야국) 가락국 금관국(금관가야)	반파국 대가야국 가라국	안야국(안라국) 아라가야

우리는 흔히 전기 가야 연맹의 맹주이자 김해 지방에 자리 잡은 나라를 '금관가야'라고 부르는데, 이는 신라 말에 나타난 이름으로 '가야 연맹체 가운데 금관국' '금관(김해) 지방의 가야 소국' 이라는 뜻을 나타낸다. 문헌 자료에 따르면, 시조 수로왕이 김해 지역에 세운 나라의 이름은 건국 당시엔 구야국(또는 가야국)이었고, 후엔 금관국이었을 가능성이 높다.

후기 가야 연맹을 주도한 고령 지방의 '대가야'는 5세기 후반 이후에 나타난 이름이다. 그러나 다른 나라에서 부르는 이름은 그냥 '가야(가라)'였던 듯하다. 대가야는 가야 연맹 가운데 맹주국임을 나타내는 이름으로, 전기 가야 연맹에서는 김해의 가야국이 '대가야' 또는 '대가락'이라고 자칭했을 수 있다. 고령 세력이 처음 나라를 세울 당시 이름은 '반파국'이었다.

함안 지방의 '아라가야' 역시 신라 말 이후 '아라(阿羅)'라는 이름의 가야 소국'이란 뜻으로 쓰이기 시작한 이름이다. 문헌 자료에 따르면 이 지역의 국가 존속 당시 이름은 '안야국(안라국)'일 가능성이 높다.

당'이라는 높은 건물을 지었다. 때문에 이때 회의를 '안라 고당회의'라고도 부른다. 회의에서 백제 사신은 주최 측으로부터 푸대접을 받았다. 신라는 소극적으로 임하는 태도를 보였다. 이러한 분위기는 가야 지역 진출을 호시탐탐 노리는 백제와 신라, 그리고 그들의 속셈을 알아차리고 있던 가야 등 속마음이 다른 3자가 한자리에 모인 결과였다.

이 회의에 왜왕이 보낸 사신이 등장하긴 하지만, 회의의 주제는 시시각각 압박해 들어오는 신라와 백제에 대해 안라국 중심의 가야가 살 방법을 찾아보자는 것이었다. 구체적으로는 이미 멸망해 버린 남가라국과 탁기탄국의 부흥이었다. 그러나 안라국이 바라던 회의 성과는 이루어지지 못했다.

이런 가운데 백제는 531년에 지금의 진주 지역 근처로 추정되는 걸탁성을 점령한다. 안라국 주변 지역까지 진출해 안라국을 압박하려는 것이었다. 이를 오히려 신라의 압박을 받고 있던 안라국이 백제에 요청한 것으로 보는 시각도 있으나, 그 배경이야 어떻든 백제가 안라국으로 진출한 사실은 분명하다. 신라 또한 가야 지역을 손에 넣기 위한 야욕을 꾸준히 불태우고 있었다.

명분만 강조한 백제 성왕

한편, 위의 안라 고당회의에 대가야, 즉 고령 가라국이 참석하지 않은 사실이 주목된다. 이는 고령 가라국이 차지하고 있던 다사진(현 경남 하동 지역)에 백제가 진출했음에도 안라국이 돕지 않았기 때문으로 보인다. 또는 이 회의가 신라에 반대하는 성격이 있었던 만큼, 고령 대가야는 신라와 맺은 동맹 관계를 이어

함안의 고대 유적 함안의 안라국은 5세기경 주변 세력으로부터 별 타격 없이 독자적인 문화를 발전시켜 나가고 있었다. 안라국 중심지인 함안군 가야읍의 말산리·도항리 고분군(말이산 고분군)을 비롯한 군북면 원북리 고분군 등은 당시의 상황을 전하는 대표적인 유적이다. 그 밖에 사내리, 사도리 유적에서도 이 시기의 유물이 발견된 바 있으며, 산성으로는 가야읍 내에 자리 잡고 있는 성산산성과 봉산산성이 있다.

가기 위해 불참했을 가능성도 있다.

540년대가 되면 안라와 고령 대가야를 중심으로 한 가야 여러 나라의 대표가 백제 성왕과 함께 이미 신라에 점령당한 가야국들의 부흥을 위한 회의를 연다. 회의는 541년 4월에 임나부흥회의를 성사시키기 위한 예비 모임부터 시작한다. 이때 백제 성왕은 임나(가야)의 한기(가야국 우두머리)들을 불러 임나가 되살아나야 한다고 강조한다. 그러나 친신라계 인물들의 방해로 곧바로 회의가 열리지는 못했고, 544년 11월에야 백제의 수도 사비에서 회의가 열리게 된다.

이 회의는 백제 성왕이 주도했지만 백제와 가야 여러 나라에서 온 참가자들은 서로 속셈이 달랐다. 백제는 진정 가야의 부흥을 희망했던 것이 아니었다. 백제는 사비회의 한 달

성왕(재위 523~554)

백제 제26대 왕으로 무령왕의 아들이다. 수도 하남위례성 함락(475년)과 귀족들의 반란 등 내부의 위기를 극복하고 제2전성기를 이루어낸 왕으로 평가받는다. 사비 천도, 불교 중흥, 중앙과 지방 통치 제도 정비, 활발한 정복 활동과 대외 교류 등 많은 업적을 남겼다. 그러나 554년 나제동맹을 깨뜨리고 백제의 한강 유역 영토를 기습 점령한 신라를 응징하기 위해 군사를 일으켰다가, 관산성(현 충북 옥천) 부근에서 비참한 최후를 맞는다. 이 패전의 결과로 백제는 한동안 극심한 내부 분란을 겪어야 했고, 신라를 원수의 나라로 대하며 끝까지 적대적인 정책을 펼치게 된다.

성산산성
함안군 함안면 괴산리와 가야읍 광정리에 걸쳐 있는 둘레 약 1.4km의 돌로 쌓은 산성이다. 정확한 초축 연대는 알 수 없지만, 산 아래 북쪽 낮은 언덕에 같은 시대의 고분군이 많이 자리 잡고 있어 가야시대 성으로 추정되고 있다. 특히 최근 신라와 가야를 둘러싼 6세기 중반경 정치·사회적 변화 등을 이해할 단서가 담긴 총 200여 점의 목간이 출토되어 크게 주목받고 있는 곳이기도 하다.

전에 신라에 사신을 보내 친선 밀약을 맺었다. 이러한 백제의 이율배반적인 행동은 앞으로 있을 고구려와의 전쟁을 위해 신라와 우호 내지는 동맹 관계를 유지하기 위해서였다. 따라서 신라의 가야 지역 진출을 저지하는 데는 소극적일 수밖에 없었다. 이는 성왕이 회의에서 과거 일만 운운하면서 명분만 강조할 뿐 구체적 대안 제시는 하지 않았던 것에서도 드러난다.

안라국을 중심으로 한 가야국들은 이러한 백제의 의도를 이미 읽었는지, 회의에 참가는 했지만 백제 몰래 신라와 통하고 있었다. 아마도 백제와 연합해서는 생존을 보장받지 못할 것이라는 생각 때문이었을 것이다. 각 국이 서로가 서로를 믿지 못하는 분위기였다.

이러한 상황 속에서 백제 성왕은 544년 11월 회의에서 임나부흥을 위한 세 가지 대책을 내놓았다. 그러나 그것은 가야와 왜만 전쟁터에 내세우고 백제 자신은 뒤에서 물자만 대는 등의 소극적 대책이었다. 그러면서도 백제군의 가야 지역 주둔 필요성만은 강조했다. 그리고 안라국에서 활약하고 있던 친신라계 인사들을 내쫓으라고 요구할 뿐이었다.

이에 가야의 회의 참석자들은 안라국왕, 대가야왕과 상의해 보겠다고 하고 물러나 온다. 이러한 과정이 『일본서기』에는 백제 또는 왜의 시각에서 서술되어 있으나, 이를 가야의 입장에서 보면 가야의 독립적인 자주 외교의 모습으로 볼 수도 있다. 그리고 그 핵심 세력은 안라국이었다. 특히 사비회의에 참석한 가야 각국의 대표자 명단을 보면 당시 안라국의 위상을 짐작해 볼 수 있다. 즉, 다른 가야 여러 나라의 경우 한기나 한기의 아들, 또는 상수위(가야의 고위급 관리) 등 한 명만 참가한 데 반해 안라국의 경우 1차 회의 때는 세 명, 2차 회의 때는 두 명이 참가하고 있다.

안라국의 최후

백제 성왕의 주도로 열린 임나부흥회의의 명분은 임나부흥을 위한 회의였지만, 백제의 이익만을 위한 회의였기 때문에 당연히 실패로 돌아갈 수밖에 없었다. 백제와 신라로부터 독립을 보장받지 못한 안라국은 회의

미늘쇠
함안 도항리 3호분에서 출토된 5세기경 철기 유물로 가시처럼 돋친 날이 있다는 의미에서 미늘쇠란 이름이 붙었다. 아래쪽에 긴 자루가 끼워진 채 무덤 주인공 옆에서 출토된 것으로 보아 주로 제사나 의례에서 깃대 장식으로 사용했던 것 같다. 좌우에 나란히 붙어 있는 새 모양의 작은 철판은 가야인들이 하늘과 인간 세계를 잇는 전령사로 새를 숭배했음을 보여준다.

실패 이후 북쪽의 고구려를 통해 새로운 방안을 찾고자 했다.

그러나 안라국이 기대했던 고구려는 548년 독산성 전투에서 신라와 백제 동맹군에 크게 패하고 만다. 이후 안라국은 다시 백제 편에 서게 된다. 그런데 백제 또한 554년 신라와의 관산성 전투에서 성왕이 전사하는 등 힘을 잃어 더 이상 안라국을 비롯한 가야 지역에 영향력을 행사할 수 없었다. 결국 안라국은 신라에 정복당하고 말았다.

안라국이 언제 신라에 정복당했는지와 관련해서는 『삼국사기』에 "법흥왕(재위 514~539)이 크게 병사를 일으켜 아시량국(안라국의 다른 이름)을 멸망시키고 그 땅을 신라의 군으로 삼았다"는 기록이 전하고 있다. 그러나 앞서 본 바와 같이 『일본서기』에는 안라국이 550년대까지 존재하면서 이미 멸망해 버린 가야를 부흥하기 위한 임나부흥회의를 주도했다고 나타나 있다. 아마도 『삼국사기』의 기록은 신라의 안라국 점령에 관해 전해져 오는 이야기가 잘못 실린 것으로 보인다.

『일본서기』 기록에 의하면, 신라는 561년

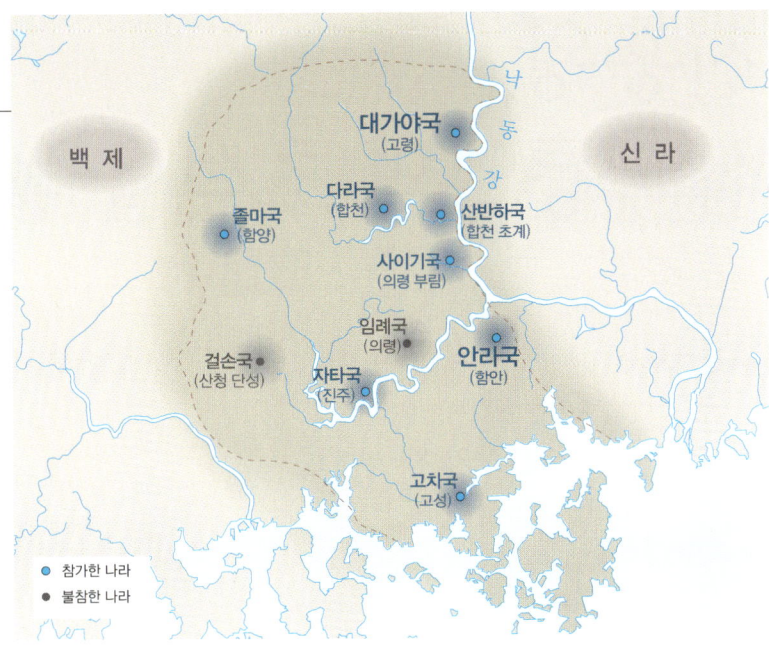

540년대 임나부흥회의 참가국과 불참국 금관국, 탁기탄국 등이 잇따라 멸망하면서 530년대 가야의 영역은 현재의 경남 일부에 불과할 정도로 왜소해져 있었다. 이때 함안의 안라국이 왜국과의 관계를 기반으로 연맹의 중심으로 떠올랐다. 540년대 '가야 회생 프로젝트' 임나부흥회의는 이 안라국과 기존 맹주 대가야국을 중심으로 한 남북 이원 체제 속에서 진행되었다. 당시 남아 있던 10개 소국 중 걸손국과 임례국이 이 회의에 불참한 것이 눈에 띄는데, 각각 대가야국과 안라국의 영향권 아래 놓여 있던 것과 무관치 않아 보인다.

무렵 일본과 우호 관계를 맺고자 했으나 일본 측이 응하지 않아 실패하고, 안라국의 파사산 지역에 일본에 대비하는 성을 쌓게 된다. 이를 통해 이 시기에 이미 신라가 안라국을 지배하고 있었음을 알 수 있다. 안라국은 560년, 아니면 561년에 신라에 점령당한 것으로 보인다.

백승옥 부산박물관 학예연구실장

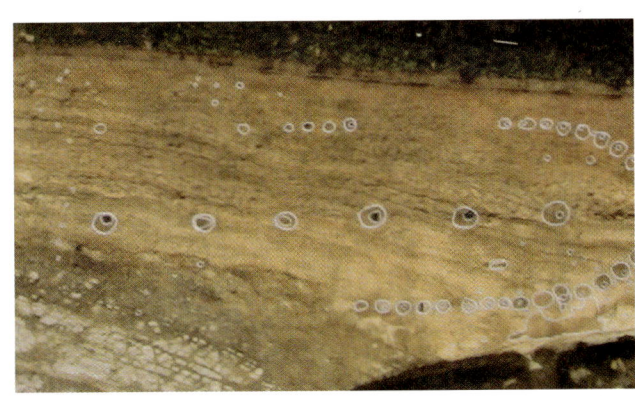

529년 안라 고당회의 추정지
함안군 가야읍 도항리에 위치한 건물 유적지로 크고 작은 나무 기둥을 세웠던 흔적이 남아 있다. 전체 길이가 40여m나 되고 평면 형태가 타원형인 점 등으로 미루어 일상 주거지보다는 의례나 큰 회의 등 특수 용도로 쓰인 공간으로 추정된다. 현재 이 지역은 '당산(堂山)'으로 불리고 있는데, 529년 임나부흥회의 때 지었다는 높은 건물인 '고당(高堂)'과 관련 있을 것으로 보인다. 왼쪽 사진은 2004년 발굴 당시 모습이고, 오른쪽은 현재 공원으로 정비된 모습이다.

진흥왕, 삼국통일의 초석을 놓다

신라는 경주 일원의 자그만 사로국으로 출발해 차츰 주변 소국들을 통합하며 성장했다. 그리고 4세기 후반 무렵이면 경상도 일대를 아우른 국가가 되어 고구려·백제와 맞설 만한 국력을 갖추게 된다.

6세기 이후엔 지배 체제를 정비하면서 국력이 비약적으로 성장했다. 특히 6세기 중반에 한강 유역을 점령한 것은, 신라가 한반도 내의 삼국 간 역학 관계에서 주도권을 쥐는 계기가 되었다.

이후 신라는 중국과 직접 교섭하면서 동아시아 국제 무대에서도 두각을 나타냈다. 이런 이유로 신라의 한강 유역 점유는 삼국통일의 주역이 될 수 있는 발판을 마련한 일이었다고 평가받는다. 삼국이 각축하던 한강 유역을 신라가 차지하게 된 데는, 신라의 주체적 역량을 비롯해 고구려·백제의 내부 사정, 그리고 동아시아의 국제 정세가 두루 맞물려 있었다.

고구려의 위기와 백제의 부흥

5세기 전반부터 신라와 백제는 나제동맹을 통해 필요할 때마다 공동 대응에 나서서 고구려의 남진을 저지해 왔다. 이러한 협력 관계는 6세기 이후까지도 이어졌다. 548년(진흥왕 9) 고구려가 예맥(옛 고조선의 한 부족)과 함께 백제의 독산성(현 경기도 오산)을 공격했을 때, 백제가 구원을 요청하자 신라가 장군 주령을 보내 고구려군을 습격, 크게 승리한 것이 한 예다.

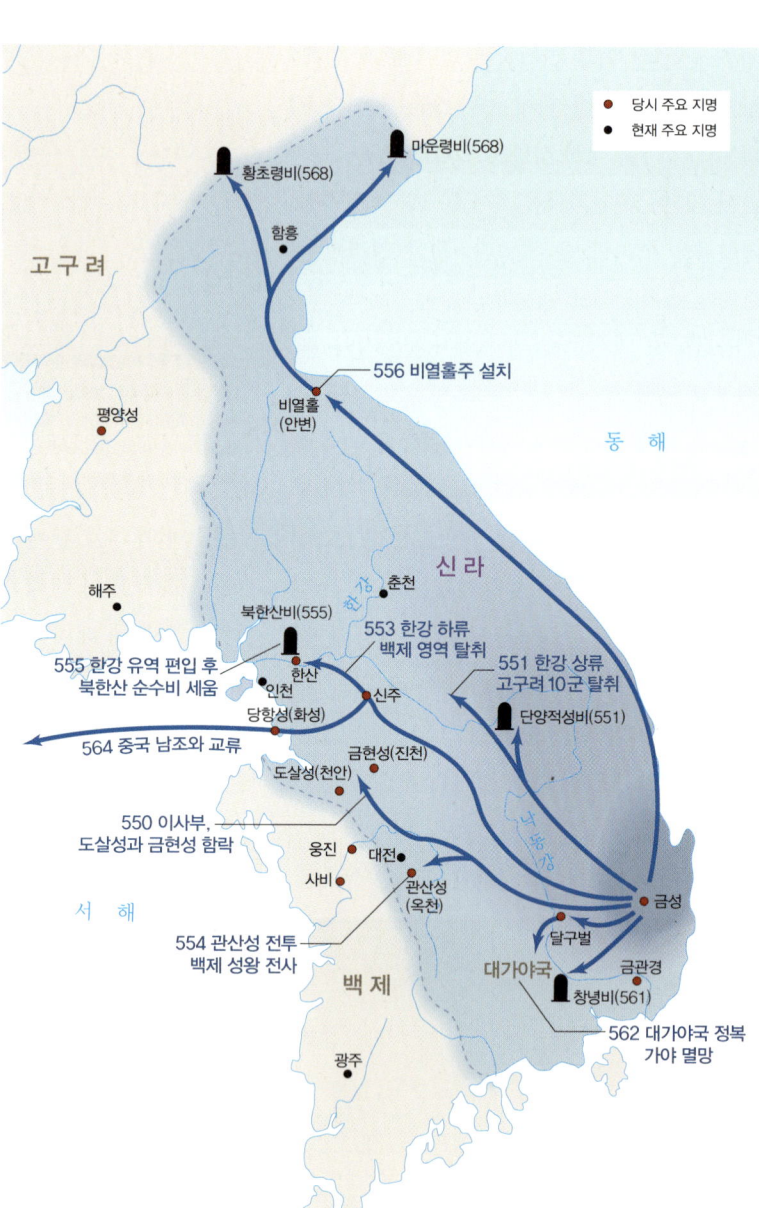

진흥왕의 대외 활동 5세기 말까지 신라는 경주(금성)를 중심으로 현재의 경북 지역과 경남 일부 지역만을 포괄하는 작은 나라에 불과했다. 그러나 진흥왕 대 이르러 고구려·백제 영토 일부와 가야 지역 거의 대부분을 차지하면서 영토를 이전보다 세 배 가까이 확장하게 된다. 특히 550년대 초반 치열한 경쟁 끝에 고구려와 백제를 밀어내고 한강 유역 전체를 장악한 것은 이후 신라가 삼국통일의 주인공이 되는 주요한 기반으로 작용한다.

이렇게 남진이 여의치 않은 상황에서 고구려 내부에서는 큰 정치적 갈등이 일어나고 있었다. 안원왕(재위 531~545) 말년에는 귀족 세력들 사이에 왕위 계승을 둘러싼 대규모 무력 충돌 사건이 발생하기도 했다. 『일본서기』에 따르면, 이때 죽임을 당한 자가 2,000명에 이를 정도로 충격이 큰 사건이었다. 이로 인해 6세기 중반 무렵부터 고구려는 과거와 같은 강성한 국력을 떨치지 못하고 있었다.

한편 475년 개로왕 전사 후 웅진으로 천도한 백제 역시 귀족 세력들의 발호로 국정이 불안한 상태에 있었다. 백제 동성왕은 이 과정에서 고구려의 공격에 대비해 신라와의 협력을 강화하고자 493년 신라 이찬 비지의 딸과 혼인하기도 했다. 그러나 동성왕은 정치의 주도권을 강력히 장악하지 못하고 결국 귀족 백가가 보낸 자객에게 암살되고 말았다. 이후 즉위한 무령왕은 백가를 처단하고 왕권을 안정시키면서 중국의 양나라, 왜국 등과 친선을 강화했다.

무령왕 대에 서서히 국력을 회복한 백제는 고구려와의 전쟁에서도 성과를 거두기 시작했다. 521년 백제는 양나라에 사신을 보내 고구려를 여러 차례 격파했음을 자랑하기도 했다. 이어 즉위한 성왕은 새로운 발전의 기틀을 마련하기 위해 538년 수도를 사비로 옮기고, 중앙 행정 관부와 지방 제도의 정비를 단행했다.

진흥왕의 영토 확장 정책

신라는 6세기 이래 비약적인 발전을 거듭하고 있었다. 지증왕 대에 지방 제도를 정비한 신라는 법흥왕 대에 불교를 공인해 사상적 통

북한산 순수비
신라 진흥왕이 한강 유역을 영토로 편입한 뒤 직접 이 지역을 방문한 것을 기념해 세운 비석이다. 사진은 1972년 8월 16일 훼손이 심각한 점을 고려, 국립중앙박물관으로 옮기는 장면을 찍은 것이다. 건립 연대는 진흥왕 16년 왕이 북한산을 시찰하고 국경을 확정했다는 『삼국사기』의 기록으로 보아 555년으로 추정되나, 560년대 이후 세워졌다는 의견도 있다.

일을 꾀하는 한편, 율령을 반포해 지배 체제 정비에 박차를 가했다. 이를 기반으로 532년(법흥왕 19) 금관가야의 항복을 받음으로써 가야 지역을 둘러싼 백제와의 경쟁에서 우위를 확보하기도 했다. 뒤이어 즉위한 진흥왕 대에는 최대의 영토를 확보하면서 명실공히 강대국으로 부상하기 시작했다.

진흥왕은 일곱 살의 어린 나이에 즉위해 한동안 태후가 섭정을 했는데, 이때는 대외 관계에서 되도록 충돌을 피하는 방향을 택했다. 고구려의 남하에 맞서 백제와 공조하는 정책을 계속 유지했으며, 541년(진흥왕 2)에는 백제가 화친을 청하자 바로 받아들이기도 했다. 그러나 진흥왕의 성장과 함께 국왕 권력이 안정되어 가자 서서히 실리를 추구해 나갔다.

삼국의 고대 국가 완성
고대 국가의 개념과 기준에 대해선 다양한 시각이 있지만, 대개 왕을 중심으로 하는 중앙 집권적인 통일 국가가 자리 잡은 단계를 뜻하며 그 조건으로는 중앙 관등제 구축, 율령의 반포, 국가 종교의 공인 등이 있다. 문헌 기록상 삼국 가운데 가장 먼저 고대 국가로서 틀을 잡은 나라는 백제였다. 제8대 고이왕(재위 234~286)은 중앙 관등제 정비, 율령 반포 등 국가 체제 정비와 왕권 강화에 힘썼다. 고구려의 경우 율령을 반포하고 불교를 공인한 소수림왕(재위 371~384) 대로 보고 있으며, 신라는 그보다 150여 년 후인 법흥왕(재위 514~540) 대에 고대 국가로 자리 잡았다.

관산성 원경
충북 옥천군 군서면에 있던 신라의 성으로 554년 이곳에서 벌어진 전투에서 백제 성왕이 목숨을 잃었다. 신라로서는 새로 점령한 한강 하류 지역과 연결되는 중요한 전략 요충지였다. 정확한 위치는 알 수 없으나, 군서면 월전리와 이곳에서 맞은 편으로 서북방 800m 정도가 떨어져 있는 환산성(고리산성) 부근으로 추정하고 있다.

550년 1월에 백제가 고구려의 도살성(현 경기도 천안 추정)을 쳐서 빼앗고, 다시 고구려가 백제의 금현성(현 충북 진천 추정)을 함락시켰다. 이때 진흥왕은 양국 군대가 피로한 틈을 타서 장군 이사부로 하여금 두 성을 빼앗게 하고, 성을 증축한 다음에 군사 1,000명을 머물러 지키게 했다. 그 직후인 551년에는 연호를 '개국'으로 바꾸었는데, 아마 이 무렵부터 진흥왕의 직접 통치가 시작되었으리라 짐작된다. 이후 신라는 진흥왕의 주도로 활발한 영토 확장에 나서게 된다.

바로 이해에 신라는 거칠부·구진·비태 등 장군 8명을 시켜 백제와 보조를 맞추어 고구려를 공격하게 했다. 백제군이 먼저 한강 하류 지역을 공격했고, 신라군은 상류 지역을 치고 들어갔다. 이때 승승장구한 신라군은 경북과 충북을 잇는 고개인 죽령 이북 고현(현 강원도 철령) 이남의 고구려 10군을 탈취했다.

고구려가 힘없이 당한 이유

일찍이 거칠부는 승려로 떠돌며 고구려 땅에서 혜량법사를 만나 신세 진 적이 있었다. 그런데 백제의 고구려 공격 때 다시 만난 혜량은 거칠부에게 "지금 우리 나라의 정사가 어지러워 망할 날이 얼마 남지 않았으니 신라로 데려가 달라"고 요청했다. 아마 안원왕 말기 귀족들의 세력 다툼으로 인한 여파가 제대로 수습되지 않고 있었기 때문이라 짐작된다. 이렇게 신라로 들어온 혜량은 진흥왕에 의해 국왕의 고문직인 승통에 임명되었고, 신라에서 처음으로 불교 법회인 백좌강회와 팔관회를 열기도 했다.

다른 한편, 고구려가 백제·신라의 공격에 적절히 대응하지 못한 데는 외부 요인도 있었다. 고구려는 550년을 전후해 북방 민족으로부터 위협을 받고 있었다. 이를테면 551년(양원왕 7) 9월 돌궐은 신성(현 중국 요녕성 부근)을 공격해 포위하다가 여의치 않자 백암성(현 중국 요녕성 부근)으로 방향을 바꾸어 공격한 적이 있다. 이때 고구려는 장군 고흘이 1만 명의 군사를 이끌고 가서 돌궐군 2,000여 명을 죽이거나 사로잡는 승리를 거두었다. 그러나 공교롭게도 바로 직후 신라가 고구려의 한강 유역 영토를 치고 들어왔다.

고구려 입장에선 죽령 이북의 영토 상실이 매우 아쉬운 일이었던 듯하다. 뒷날 온달이 "계립령과 죽령 서쪽 지역 우리 땅이 회복되지 않으면 돌아오지 않겠다"고 다짐하고 출전한 곳이 바로 이 지역이었다. 그리고 7세기 중반 백제의 공격에 시달리던 신라가 김춘추를 고구려에 보내 도움을 청했을 때, 보장왕이 요구한 것도 이 지역 영토의 반환이었다.

신라는 여기서 멈추지 않고, 한강 상류를 공략한 2년 뒤인 553년(진흥왕 14) 7월 백제의 동북쪽 변경, 즉 한강 하류 지역을 공격했다. 그리고 여기에 '신주'라는 지방 행정구역을 설치하고, 김유신의 할아버지인 김무력을 군주로 삼았다. 이로써 거의 100년 가까이 유지되던 백제와 신라의 협력 관계는 완전히 끝나게 되었다.

이에 대한 보복으로 이듬해인 554년 7월 백제는 신라의 관산성(현 충북 옥천)을 공격했다. 초기에는 신라의 장수 우덕, 탐지 등이 군사를 이끌고 싸웠으나 전세가 불리했다. 이때 신주 군주 김무력이 군사를 이끌고 나왔는데, 그 휘하의 군사 도도가 기습적으로 백제군을 들이쳐서 성왕을 전사시켰다. 이 전투에서 신라군은 백제의 좌평 네 명을 비롯한 2만 9,600명의 군사를 전멸시키는 전과를 올렸다. 『삼국사기』에는 "한 필의 말도 돌아가지 못했다"고 기록되어 있다.

관산성 전투의 상세한 전후 사정은 『일본서기』에 실려 있다. 기록에 따르면, 처음 성왕의 태자 여창이 신라를 치려 했을 때 원로 대신들은 반대했다고 한다. 그러나 여창은 신라 영토로 진격해 성을 쌓았고, 성왕은 아들이 오랫동안 고생하는 것을 위로하기 위해 50명의 호위군만을 이끌고 직접 길을 나섰다. 이때 이 소식을 들은 신라 쪽에서는 대대적으로 군사를 동원해 길을 막고 백제군을 격파한 뒤에 성왕을 사로잡았다.

신라는 즉시 고도라는 이름의 말먹이꾼에게 성왕의 참수를 명했다. 성왕이 "왕의 머리를 천한 노비에게 맡길 수 없다"고 거부하자, 고도는 "우리 국법에 따르면 맹세를 어기면 국왕이라도 노비의 손에 죽는다"고 응대했다. 결국 성왕은 "구차히 살지 않겠다"며 목을 늘여 베임을 당했다. 『삼국사기』의 도도와 『일본서기』의 고도는 동일인으로 짐작되는데, 지방 출신이기 때문에 신분이 낮은 사람으로 묘사되어 있는 것으로 보인다. 한편 여창(위덕왕, 창왕)은 간신히 신라군의 포위를 뚫고 도망칠 수 있었다.

관산성 전투와 가야의 멸망

국왕의 사망과 함께 패전의 충격은 오랫동안 백제 정계에 영향을 미쳤다. 뒤이어 즉위한 여창은 출가해 승려가 되려고도 했으나 신하들의 만류로 그만두었다. 귀족들은 "원로들의 말을 들었더라면 어찌 여기에 이르렀겠는가. 과오를 뉘우치라"고 요구했을 정도였다. 『일본서기』에는 여창이 성왕이 죽은 지 3년

 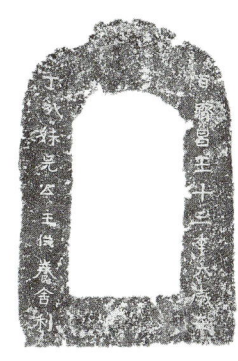

온달(?~590)
고구려 평원왕(재위 559~590) 때의 장군으로 『삼국사기』에 설화의 형태로 일대기가 전한다. '바보 온달'로 불릴 만큼 우스꽝스러운 외모에 가난했지만 평강공주를 만나 위대한 장군이 되었다고 한다. 중국 북조의 요동 침입 때 고구려군의 선봉으로 큰 공을 세우면서 사위로 인정받고 제7위 관등인 '대형'에도 올랐다. 그러나 590년 영양왕 즉위 직후 과거 신라에 빼앗긴 한강 유역 탈환을 위해 출전한 전투에서 화살에 맞아 전사했다. 전사한 장소는 지금의 서울 광진구에 있는 아차산성으로 전해진다.

창왕명 석조사리감
충남 부여 능산리 절터에서 발견된 것으로 567년 백제 성왕의 아들 창왕(위덕왕)이 비명횡사한 아버지의 죽음을 달래기 위해 만들었다고 한다. 발견 당시 내부 사리 장치는 남아 있지 않았으나, 감실 입구 양쪽 면에 열 자씩 글자가 새겨져 있어 제작 배경과 연대 등을 알 수 있었다.

백제 성왕 참수 추정지
신라의 군사 도도가 매복해 있다가 백제 성왕을 사로잡아 참수한 구천(狗川)으로 추정되는 옥천군 군서면 월전리 일대다.

만에 즉위한 것으로 기록되어 있는데, 귀족들의 견제로 승인이 늦어졌을 것으로 짐작된다.

관산성 전투에는 대가야의 군사는 물론, 왜군도 참여했던 것으로 추정된다. 백제가 554년 1월과 2월에 오경박사, 역박사, 의박사 등을 보내면서 왜국에 군사 지원을 요청한 적이 있고, 왜국에서 그해 5월에 약간의 군사를 보냈다는 기록이 『일본서기』에 남아 있기 때문이다. 따라서 패전의 결과로 대가야와 왜도 큰 타격을 받았을 것으로 추정된다.

반면 신라는 한반도 내 역학 관계에서 주도적인 위치를 차지하게 되었다. 승전한 이듬해인 555년(진흥왕 16) 10월에는 진흥왕이 직접 북한산을 방문해 둘러보았다. 그리고 556년에는 동해안을 타고 북상해 비열홀주(현 함경남도 안변)를 설치했고, 557년에는 한강 유역의 신주를 폐지하고 북한산주를 두었다. 한강 유역에 있는 신라의 최전방 기지를 한강 남쪽에서 북쪽으로 단시간에 옮길 만큼 적극적인 행보를 보인 것이다.

또한 561년에는 진흥왕이 직접 창녕에 행차해 군 지휘관을 비롯한 여러 신하를 모아놓고 교시를 내리고 비석을 건립했다. 이는 명맥만 유지하던 대가야에 대한 압박이었다. 대가야가 이러한 신라의 태도에 반발하자 이듬해에 이사부와 화랑 사다함 등을 보내 대가야를 완전히 병합했다. 가야 지역의 완전한 복속 역시 관산성 전투의 승리가 발판이 된 것이었다.

풀리지 않는 의문들

그런데 관산성 전투의 직접적인 계기에 관해서는 풀지 못한 의문이 여전히 남아 있다. 일반적으로는 신라가 백제와의 동맹을 깨고 한강 유역을 탈취한 데 대한 보복으로 시작된 전투로 알려져 있지만, 앞서 소개한 『일본서기』에는 약속을 먼저 어긴 쪽이 백제로 되어 있다.

또한 『삼국사기』에는 신주를 설치한 바로 그해(553년) 10월 진흥왕이 백제 왕녀를 맞아 부인으로 삼았다는 기록이 나온다. 백제가 반격할 여유를 얻기 위해 취한 조치라는 추정도 있지만 설득력이 약하다.

신라가 점령하기 이전의 한강 하류 지역이 어떤 상태에 놓여 있었는가에 대해서도 논란이 이어지고 있다. 475년 백제는 고구려군의 침공으로 개로왕이 살해되고 웅진으로 천도했다. 그러나 『삼국사기』 「백제본기」에는 웅진으로 천도한 뒤에도 동성왕, 무령왕이 한성에 행차하거나, 백제군이 한강 하류 유역으로 짐작되는 지역에서 고구려군과 전투를 벌인 기록이 발견된다. 이 때문에 고구려군이 한성 공격 직후 바로 철수했고, 백제가 여전히 한강 하류 지역을 관장하고 있었다고 보는 시각도 적지 않다.

하일식 연세대 교수

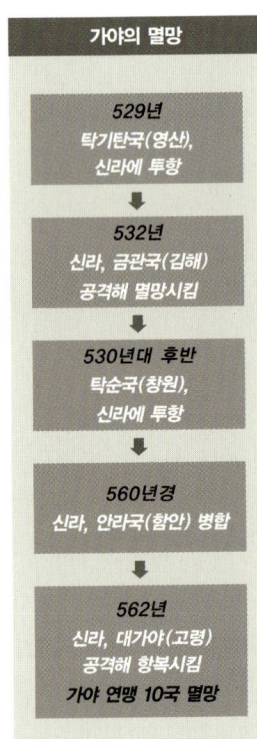

파상공세에 무너진 '철의 제국' 가야

5세기 후반 대가야를 중심으로 재통합된 후기 가야 연맹체는 호남 동부 지역의 소국들을 거느리며 크게 성장해 백제·신라와 대등한 위치에 올라섰다. 그러나 6세기 초에는 백제와의 세력 다툼에 밀려 호남 동부 지역을 상실하고 소백산맥과 낙동강 사이의 영역에 터전을 잡게 되었다. 대가야 이뇌왕은 국제적인 고립에서 벗어나고 낙동강 수상 교통로를 되찾기 위해 522년에 신라 왕실과 결혼 동맹을 맺으며 재기를 모색했으나, 이번에는 신라의 술책에 휘말려 가야 동남부 지역의 탁기탄(영산)이 신라에 투항하는 수난을 겪었다. 이에 안라는 520년대 말에 국제 회의를 개최해 가야 남부 지역을 되살리고자 했으나 그로 인해 가야 연맹은 대가야와 안라 두 세력을 중심으로 분열되기 시작했다.

이를 계기로 신라와 백제는 가야 연맹 남부 지역으로 침략해 들어와, 결국 530년대 전반에 가야 동남부 지역의 금관국이 신라에 의해 멸망당하고, 가야 서남부 지역은 백제군에 의해 한때 구례산수(함안군 칠원)까지 점령당했다. 그리고 530년대 후반부터 백제는 하동 등지에 군령·성주를 파견해 행정구역으로 삼아나갔다. 그러나 도읍을 부여로 옮기는 등 내부 문제 때문에 백제의 대외적인 관심이 흐트러져 있을 때 탁순(창원)이 신라에 투항했고, 신라는 여기서 한걸음 더 나아가 탁순 북쪽의 구례산수에 머물러 있던 백제 군사를 물리쳐 쫓아냈다.

한편 6세기 중엽 신라와 백제는 고구려의 내부 갈등 상황을 감지하고, 함께 북으로 향해 한강 유역을 되찾기 위해 노력하는 중이었다. 그런데 신라는 553년 7월, 백제가 차지한 한강 하류 유역을 기습적으로 빼앗는다. 이에 백제는 왜로부터 1,000명의 군사를 지원받고, 가야에서도 많은 군사를 동원해 554년 7월 3만 명 이상의 백제·가야·왜 연합군으로 신라를 공격하게 된다. 이때 전투가 벌어진 장소는 관산성(현 충북 옥천)이었으나, 사실상 한강 하류 유역과 가야 지역의 주인이 누가 되는가를 다투는 일대 결전이었다. 결국 이 전투에서 백제 성왕이 신라의 복병에게 살해되고 백제·가야·왜 연합군은 무너졌다. 관산성 전투로 가장 큰 타격을 받은 건 백제였으나, 가야 연맹도 상당한 피해를 입었다.

이후 신라는 555년부터 558년에 걸쳐 한강 유역 점령을 마친 뒤, 가야 소국들을 강압 또는 회유를 통해 하나씩 병합하기 시작했다. 그 결과 560년 무렵에 안라국이 먼저 신라에 무너졌다.

한편 대가야는 왜나 백제와의 교역보다는 독자적인 제철 기술과 안정적인 농업에 기반을 두고 친백제 정책을 유지하면서 신라에 맞서고 있었다. 그러던 중 562년 기병 5,000명을 이끌고 기습적으로 쳐들어온 신라 화랑 사다함에 의해 멸망당했다. 당시 대가야의 마지막 왕은 도설지왕이었다. 『삼국사기』에는 "가야가 반란을 일으켰으므로, 왕이 이사부에게 명해 치게 했다"고 되어 있으나, 이는 신라 측의 주장일 뿐 사실과 다르다.

이를 끝으로 마지막 열 개의 가야 연맹국은 대세에 밀려서 거의 동시에 신라에 항복했고 이후 가야는 역사에 다시 등장하지 못한다.

가야는 왜 멸망했는가?

가야의 고분 유적에서는 백제나 신라의 고분에 비해 훨씬 많은 철제 무기나 갑옷 등이 쏟아져 나온다. 그런데 어째서 신라에 맥없이 무너지고 말았을까?

가야의 직접적인 멸망 원인은, 562년 신라 대군의 공격을 방어해내지 못한 데 있다. 대가야의 국력이 그런 형편이 된 것은 어제 오늘 일이 아니었다. 가야의 국제적 지위가 약화된 결정적인 계기는 일찍이 4세기 말~5세

멸망 당시 가야 10국의 위치와 영역 대가야국은 562년 신라 대군의 기습 공격으로 멸망했다. 기록에 따르면, 당시 가야인들은 "뜻밖에 신라 군대가 갑자기 쳐들어와, 너무 놀라서 막을 수가 없었다"고 한다. 안라국은 560년경 이보다 조금 더 먼저 멸망한 것으로 추정된다. 원래 친신라적인 입장에 서 있던 것으로 보아 신라의 강압과 회유에 별 저항 없이 투항을 했을 것이다.

기 초 금관가야의 몰락에 있었다. 대가야는 이를 극복하고 새로운 부흥을 위해 노력했지만, 백제와 신라에 대한 상대적 열세를 만회할 수 없었다. 이후 가야의 역사는 호남 동부 지역의 상실, 결혼 동맹의 실패, 안라 회의 이후의 남북 분열, 사비 회의 이후의 백제 속국화, 관산성 전투의 패배 등 불행의 연속이었다. 이렇게 된 근본 원인은 네 가지로 나누어 볼 수 있다.

첫째, 가야의 고분 가운데 큰 것들은 신라 경주에 있는 대형 고분에 못지않고, 출토된 유물의 양도 오히려 많다. 문제는 이러한 고분의 주인공들, 즉 중심 인물들이 가야 전 지역에 골고루 흩어져 있었다는 데 있다. 서로 힘의 견제와 균형이 이루어졌기 때문에 어느 한 세력이 집중된 힘을 키우기는 어려웠다.

둘째, 가야 지역은 낙동강을 끼고 있어서 경상도 내륙과 통하는 수상 교통이 발달해 있었다. 또 선진 문물의 창구인 한반도 서북부·중부 지역까지 해상 운송 조건이 좋았고, 남쪽으로는 왜와의 교역 창구를 이루고 있었다. 따라서 그 이권을 탐내는 외부 세력이 많았다.

셋째, 5세기 후반 이후 가야는 제철 기술이 왜국에 전해져 이 방면에서 상대적 우월성을 잃은 상태였다. 여기에 가야보다 우월한 백제가 6세기 이후 왜와 직접 교류하면서, 가야의 위상이 흔들리기 시작했다.

그러나 다른 무엇보다도 가야가 백제와 신라에 비해 중앙 집권 체제의 마련이 상대적으로 늦어진 것이 가야 멸망의 결정적인 원인이라고 할 수 있을 것이다. 중앙 집권 체제 구축의 지체는 대외 문제에 대한 효과적인 대응을 어렵게 만들었다.

김태식 홍익대 교수

위기의 신라 복수의 칼날을 겨누다

대야성 공방전

660년 7월 18일 백제를 공격해 의자왕의 항복을 받아낸 신라와 당 연합군은 이어 8월 2일에는 적군의 수도 사비성에서 잔치를 베풀고 장병들을 위로했다. 이때 신라 태종무열왕(김춘추)과 당나라 장수 소정방을 비롯한 여러 장수는 대청마루 위에 앉고, 의자왕과 그의 아들 융은 마루 아래에 앉혀 술을 따르게 했다. 이에 백제의 신하들 중 목메어 울지 않는 사람이 없었다고 한다.

이날 무열왕은 백제로 도망간 모척이라는 신라인을 잡아다가 목을 베어 죽였다. 지난 642년, 그가 검일과 함께 음모를 꾸며 신라의 대야성(현 경남 합천)이 백제에 함락되도록 도왔기 때문이다. 무열왕은 검일도 붙잡아

자신 앞에 꿇어앉히고, "네가 대야성에서 모척과 함께 백제 군사를 끌어들이고, 창고에 불을 질러 성 안에 식량을 모자라게 해 싸움에 지도록 했으니, 이것이 너의 첫 번째 죄목이다. 또 품석 부부를 윽박질러 죽게 했으니, 그것이 너의 두 번째 죄목이다. 그리고 백제와 함께 모국인 신라를 공격했으니, 이것이 너의 세 번째 죄목이다"라고 그의 죄목을 낱낱이 늘어놓은 다음, 두 팔과 두 다리를 찢어 죽이고 시체를 강에 던져버렸다.

백제가 대야성을 함락시킨 642년 당시 대야성 사령관 김품석은 김춘추, 즉 태종무열왕의 사위였다. 김춘추가 백제를 멸망시킨 직후 가장 먼저 한 일은 바로 사위와 딸에 대한 복수였던 것이다.

여제동맹의 신라 압박

대야성의 비극은 이미 6세기 중반 나제동맹이 깨지면서부터 예고된 것이었다. 553년 신라가 백제의 한강 하류 지역을 기습 공격함으로써 나제동맹은 깨지고, 백제 성왕은 554년 관산성 전투에서 신라군에 사로잡혀 살해당

경북 의성에서 출토된 신라의 환두대도

대야성 공방전 경과

7세기 전반
백제·고구려 동맹 체결

642년 7~8월
백제, 신라 전면 공격. 대야성 등 40성 함락

11월
신라 김춘추, 고구려에 구원 요청했으나 실패

643년
백제·고구려, 신라 당항성 점령

644년
신라 김유신, 백제 7성 공격해 대승

648년
신라·당 동맹 체결 김유신, 대야성 공격해 되찾음

합천 대야성 전경
신라가 백제의 침략을 막기 위해 현재의 경남 합천군 매봉산 정상을 중심으로 쌓은 성이다. 대가야국의 영토기도 했던 합천 지방은 신라와 백제의 국경이 서로 맞대고 있어 군사적 중요성이 매우 큰 지역이었다. 이는 642년 신라가 백제 의자왕에게 이곳을 함락당하고 낙동강 동쪽으로 거점을 옮겨야만 했던 사실에서도 확인된다. 성벽의 길이는 300m 정도인데, 대부분 훼손되어 원형은 남아 있지 않다.

당항성
경기도 화성시 서신면 구봉산 위에 자리 잡고 있는 삼국시대 산성으로 원래 백제의 영역이었으나 6세기 진흥왕 때 신라에 복속됐다. 삼국은 이 지역을 점령하기 위해 여러 차례 공방을 벌였는데, 이는 서해를 통해 중국과 교류하는 주요한 항구 역할을 했기 때문이다.

했다. 이를 계기로 신라는 562년에 대가야를 점령하고, 아울러 함경도 방면으로 진출해 영토를 크게 넓힌다.

성왕을 잃은 백제는 한동안 쇠퇴의 기미를 보이다가 곧바로 국력을 회복해 신라에 대한 원한을 갚기 위한 기회를 엿보고 있었다. 한편, 603년(영양왕 14) 장군 고승을 보내 신라의 북한산성을 공격하기도 했던 고구려는 신라를 효과적으로 압박하기 위해 이번에는 백제와의 연합을 적극 모색한다. 백제 역시 신라를 압박하기 위해 고구려와의 연합이 절실한 상황이었다. 7세기 한반도의 정세는 백제와 고구려 두 나라가 힘을 모아 신라를 압박하고, 신라는 중국 세력을 끌어들여 두 나라를 견제하는 양상이었다.

중국에서는 양견(수 문제)이 581년에 수나라를 건국하고, 589년 마침내 남북조를 통일했다. 그 후 문제와 그의 아들 양제는 몇 차례에 걸쳐 고구려를 공격했지만 모두 실패하고, 그 결과 급기야 나라마저 기울고 있었다. 수를 이어 중원을 차지한 당 역시 630년대부터 고구려를 강하게 압박하기 시작했다.

고구려는 수의 등장 이후 중국 세력을 견제하는 동시에 백제와 힘을 모아 신라를 몰아붙이는 '양동 작전'을 쓰고 있었다. 이에 맞서 신라는 수와 당에 사신을 보내 고구려와 백제를 견제해 달라고 요청했다. 실제『삼국사기』등 여러 역사책에는 고구려와 백제 두 나라가 신라를 공격하면 신라는 재빠르게 중국에 사신을 보내 도움을 요청하고, 수와 당은 고구려와 백제에 사신을 보내 신라를 공격하지 말라고 압력을 넣은 사례가 다수 기록돼 있다.

백제에서는 의자왕이 즉위한 후 신라에 대한 공격이 활기를 띠고 있었다. 의자왕은 직접 지방을 돌아다니며 민심을 모은 다음, 642년 7월 신라에 대한 대대적인 공격을 시작했다. 의자왕은 이 과정에서 신라 서쪽 변방에 있는 미후성 등 40여 성을 빼앗는 성과를 올렸다. 나아가 고구려와 함께 당항성을 공격해 신라와 당의 연결 통로를 막기 위한 시도를 한 적도 있었다. 그리고 마침내 그해 8월 의자왕은 윤충 장군에게 대야성을 공격하도록

고구려·수 전쟁
수나라와 고구려의 전쟁은 모두 네 차례에 걸쳐 전개되었다. 598년 (영양왕 9) 선제 공격을 감행한 쪽은 고구려였다. 이에 수 문제는 30만 명을 동원해 고구려 정벌에 나섰으나 별 성과없이 후퇴하고 만다.
수 문제에 이어 왕위를 승계한 수 양제는 612년 113만 대군을 몰아 고구려를 재차 침입한다. 그러나 요동성의 철벽 방어와 을지문덕의 살수대첩으로 참패의 치욕을 맛봐야 했다. 그 후 수나라는 두 차례나 더 고구려를 침공했으나 모두 실패하면서 스스로 멸망의 길로 들어서게 된다.

명령했다.

대야성은 빼앗길 경우 낙동강 서안의 옛 가야 지역을 모두 내줄 수밖에 없는 전략적 요충지였다. 이 때문에 신라는 대가야를 점령한 후인 565년 9월(진흥왕 26) 이 지역을 책임지는 군단사령부를 비사벌(경남 창녕)에서 대야성으로 옮겼던 것이다. 김품석은 642년에 이 중요한 대야성의 사령관으로 파견된 장수였다.

그런데 김품석은 부하인 검일의 부인을 빼앗아 차지한 일이 있었다. 이 일로 검일은 그를 매우 원망했다. 이때 백제로 도망간 신라인인 모척이 몰래 검일을 찾아왔다. 그는 백제군이 곧 대야성을 공격할 테니, 도와달라고 부탁했다. 김품석을 원망하고 있던 검일은 모척의 제의를 받아들였다.

대야성 함락과 신라의 충격

642년(선덕여왕 11) 8월, 윤충 장군이 이끄는 백제 군사 1만 명이 드디어 대야성을 공격했다. 검일은 이때 성 안에서 창고에 불을 질렀고, 창고와 함께 식량이 불타버리자 성 안의 사람들은 두려워서 어찌할 줄 몰랐다.

김품석은 부하가 항복을 권유하자, 순순히 받아들일 수밖에 없었다. 이에 한 부하가 성 위에 올라가 윤충 장군에게 항복하겠다고 소리쳤고, 윤충은 "만약 그렇게 한다면 그대들과 친하게 지내겠다. 결코 맹세를 어기는 일은 없을 것이다"라고 대답했다. 김품석은 윤충의 말을 믿고 성문을 열어 병사들을 먼저 내보냈다. 그러나 백제군은 약속을 어기고 그들을 모두 죽여버렸다.

김품석은 이 소식을 듣고 먼저 부인과 자식을 죽이고 스스로 목숨을 끊었다. 다른 기록에는, 품석이 처자와 함께 항복하자 윤충 장군이 그들을 모두 죽이고 그 머리를 베어 백제의 수도 사비성에 보냈다는 이야기도 있다. 이때 대야성 출신인 죽죽과 용석은 백제군과 끝까지 싸우다가 죽음을 맞았다. 윤충은 대야성을 함락시키고 사로잡은 남녀 1,000명을 백제 서쪽에 나누어 살게 했다. 윤충 장군이 사비성으로 돌아오자, 의자왕은 그의 공로를 격려하며 말 20필과 곡식 1,000섬을 내렸다고 한다.

충신 죽죽 이야기

642년 백제군에 대야성을 포위당한 신라군은 밖으로부터 원군을 기대할 수 없는 상황이었다. 백제 장군 윤충이 항복을 재촉하는 가운데, 사지(제13등) 관등이었던 죽죽(竹竹)은 적의 계략에 넘어가지 말고 끝까지 항전하자고 주장했다. 그러나 사령관 김품석을 비롯한 주요 지휘관들은 이를 받아들이지 않았고, 결국 거짓 꾐에 넘어가 모두 죽음을 맞고 말았다.

이에 죽죽은 남은 병사들을 모아 백제군에 맞섰다. 주변에선 일단 항복하고 후일을 기약하자 권유했지만, 죽죽은 "그 말도 옳지만 아버지가 나를 죽죽이라 이름 지은 것은 추울 때도 시들지 않고 꺾일지언정 굽히지는 말라는 뜻이었다. 어찌 죽음을 겁내 살아 항복하겠느냐"며 끝까지 싸우다 결국 전사했다.

이 이야기를 들은 선덕여왕은 죽죽의 충절과 용맹을 높이 사 급찬(제9등)의 관등을 내렸으며, 그 부인과 자식들에게도 상을 내려 수도 경주로 옮겨 살게 했다.

합천 신라충신죽죽비
죽죽의 충절을 기리고 그 뜻을 후대에 전하기 위해 1525년 당시 합천군수였던 조희인이 세운 기념비로 현 합천군 합천리에 위치해 있다. 비는 받침돌 위에 비석의 몸을 세운 단순한 형태로 '신라충신죽죽지비(新羅忠臣竹竹之碑)'라는 현판이 걸린 비각 안에 서 있다. 위 그림은 비각의 위치를 표시한 1872년 제작된 조선 후기 합천 지방 지도다.

대야성의 상실로 신라는 낙동강 서안의 옛 가야 지역을 모두 백제에 내주고 말았다. 백제는 낙동강을 건너 신라의 수도 경주까지 위협하기 시작했다. 이 무렵 고구려 역시 동북쪽에서 신라를 압박하고 있었다.

『삼국사기』 「신라본기」에 671년 문무왕이 당나라 장수 설인귀에게 보낸 편지가 전하는데, 여기에 문무왕이 "신라가 비열성을 빼앗긴 지 30여 년이 지났다"고 말한 부분이 있다. 이는 642년 무렵 고구려가 의자왕의 신라 공격에 발맞춰 동북방에 위치한 비열성 등 30여 성을 공격해 빼앗았음을 말해준다.

백제의 위협을 받고 있는 상황에서 엎친 데 덮친 격으로 고구려가 신라의 동북 지역을 강하게 밀어붙이고 있었던 것이다. 이때부터 김춘추와 김유신이 신라를 위기에서 구하기 위해 활발하게 움직이기 시작한다.

회생을 위한 김춘추의 외교전

대야성의 상실로 가장 큰 충격을 받은 사람은 김춘추였다. 그의 사위와 딸이 죽고, 그 시신마저도 백제군에 빼앗겼기 때문이다. 김춘추는 대야성 소식을 듣고 기둥에 기대어 서서 하루 종일 눈도 깜박이지 않았고, 물건이나 사람이 앞을 지나가도 알아보지 못했다고 한다. 한참이 지나 정신을 차린 김춘추는 '슬프도다, 대장부가 되어 어찌 백제를 물리치지 못하겠는가!'라고 혼자 중얼거리고는 곧바로 선덕여왕을 찾아갔다. 김춘추는 이때 "제가 고구려에 사신으로 가서 군사를 청해 백제에 원수를 갚고자 합니다"라고 청했고, 왕은 이를 허락했다.

김춘추는 평양으로 달려가 보장왕에게 도움을 요청했다. 보장왕은 연개소문을 보내 김춘추를 접대하게 했는데, 연개소문은 신라가 차지한 한강 유역을 고구려에 되돌려준다면 도와주겠다고 말했다. 김춘추는 이에 "국가의 토지는 신하가 마음대로 하는 것이 아닙니다. 저는 감히 그 명령에 따를 수 없습니다"라고 말하면서 딱 잘라 거절했다.

그러자 보장왕은 그를 감옥에 가두고 처형하려고 했다. 이를 눈치 챈 김춘추는 보장왕에게 자신을 신라에 다시 보내준다면 한강 유역을 고구려에 되돌려주도록 노력하겠다는 거짓말을 하고 가까스로 신라에 돌아올 수 있었다. 김춘추는 이어 일본에 건너가 도움을

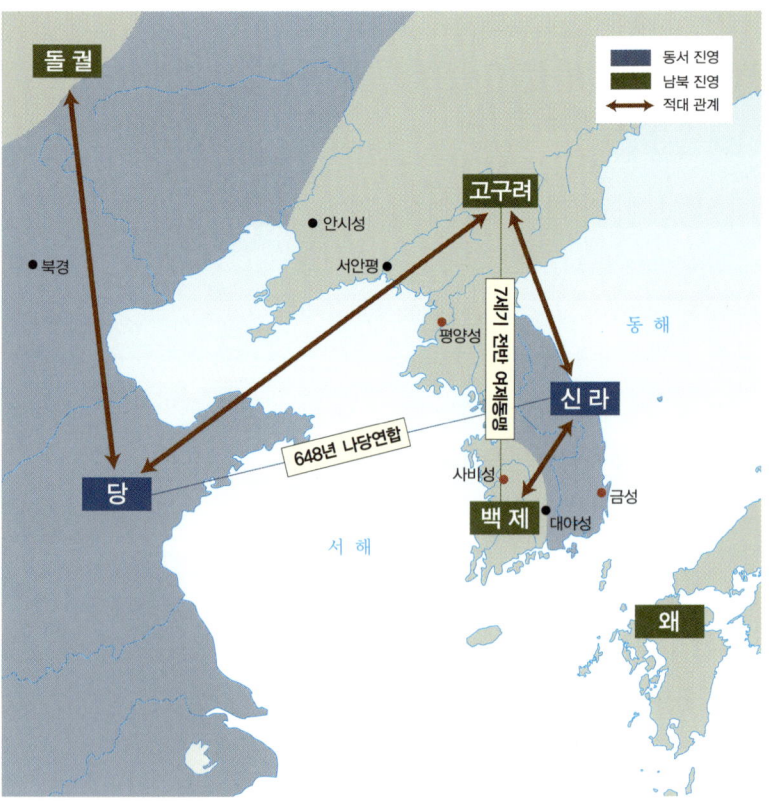

7세기 중엽 이후 삼국의 대외 관계 한반도의 맹주 자리를 차지하기 위한 삼국 간 통일 전쟁은 중국 세력과 유목 민족, 왜국까지 개입하는 국제전 양상을 띠었다. 고구려는 당과 돌궐의 적대 관계를 이용해 당나라의 정벌 야욕을 견제하고 있었으며, 왜국과 전통적인 우호 관계를 유지하고 있던 백제는 고구려와 손을 잡고 신라를 압박한다. 두 나라의 협공으로 위기에 몰린 신라가 이제 살 길은 당나라와 손을 잡는 것뿐이었다. 648년 나당연합의 성사는 이후 삼국의 운명을 최종적으로 결정짓는 중요한 분수령이었다.

요청했다. 그러나 일본 역시 김춘추의 요청을 거절했다. 이제 김춘추가 마지막으로 기댈 수 있는 세력은 중국의 당나라뿐이었다.

당나라는 645년 고구려 원정을 단행했다가 안시성 전투에서 패배의 쓴맛을 본 상태였다. 이에 당 태종○은 고구려를 멸망시키기 위해서는 뒤에서 공격할 수 있는 신라와의 연합이 절실하며, 단기전이 아니라 장기 소모전으로 고구려를 괴롭히는 전략이 필요하다고 생각하고 있었다.

이렇게 당 태종이 전략을 바꾼 시점인 648년에 김춘추가 당의 수도인 장안성을 방문했다. 김춘추는 당 태종을 만나 백제를 정복하려고 하니, 군사를 빌려달라고 부탁했다. 당 태종은 김춘추의 요구를 기꺼이 받아들였다. 나당 연합이 체결된 것이다. 이때 김춘추는 군사 원조에 대한 보답으로 고구려를 멸망시킨 후에 패강(대동강) 이북의 고구려 땅을 당에 내주겠다고 약속했다.

김춘추가 여러 나라를 돌아다니면서 외교적으로 활발하게 활동할 때 군사적으로는 김유신의 활약이 두드러졌다. 대야성을 잃은 뒤 해당 지역의 군단 사령관에 임명된 김유신은 압량(현 경남 경산)에 진을 치고 대 백제전을 진두지휘하고 있었다. 644년(선덕여왕 13) 9월에 김유신은 군사를 거느리고 백제의 가혜성 등 7성을 공격해 크게 이겼고, 이후 여러 전투에서 백제군을 무찔렀다.

통일 물꼬 튼 대야성 공방전

신라가 김유신을 앞세워 대야성을 다시 되찾은 것은 648년 4월이었다. 이때 백제 장수 여덟 명 등 군사 1,000여 명을 사로잡았다. 김유신은 대야성 탈환 직후 백제 장군에게 편지를 보내, "우리의 군주 품석과 그의 아내 김씨의 유골이 너희 나라 옥중에 묻혀 있고, 지금 너희 장수 여덟 명이 나에게 잡혀 엎드려 살려달라고 애원하고 있다. 나는 여우나 표범도 죽을 때는 고향으로 머리를 돌린다는 말을 생각해 차마 죽이지 못하고 있다. 이제 그대가 죽은 두 사람의 뼈를 보내 산 여덟 명의 장수와 바꾸지 않겠는가?"라고 물었다.

백제의 좌평 충상은 의자왕에게 김유신의 제의를 받아들일 것을 권했고, 이에 의자왕은 품석 부부의 유골을 파내 관에 넣어 신라로 보냈다. 약속대로 김유신도 사로잡은 장수들을 백제에 보내주었다. 그리고 김유신의 대야성 탈환을 계기로 모든 상황이 신라에 유리하게 전개되기 시작한다.

전덕재 경주대 교수

당 태종릉과 명문·조각상
중국 산서성에 위치한 당 태종릉 주변에서는 '신라낙랑군왕'이라고 새겨진 명문의 일부(오른쪽 위)와 당시 신하국으로 삼았던 14개국 군주를 묘사한 조각상(왼쪽 아래) 파편이 발견된 바 있다. '신라낙랑군왕'은 당 왕조가 신라 왕을 제후로 책봉하면서 내린 칭호인데, 죽은 태종의 권위를 드러내고자 진덕여왕의 모습을 묘사해 도열시킨 것으로 추정된다.

○ **당 태종(600~649)**
중국 당나라(618~907)의 실질적인 창건자이자 제2대 황제(재위 626~649)로 본명은 이세민이다. 618년 수나라의 몰락 과정에서 아버지 이연을 설득해 군사를 일으키고 나라를 세웠으며, 열한 명의 경쟁자들을 물리치고 천하를 장악했다. 중국의 역대 수많은 제왕 중에서도 그 명성이 높은 정치가이자 뛰어난 군사전략가였던 당 태종에게 일생의 오점이 하나 있다면 바로 645년 고구려와의 전쟁에서 끝내 안시성을 넘지 못하고 패퇴한 것이다.

김춘추와 김유신의 감격시대

명활산성
경주시 동쪽 명활산 정상부에 쌓은 둘레 약 6km의 신라시대 산성으로 405년(실성왕 4) 왜군이 이 성을 공격했다는 『삼국사기』 기록을 보아 그 이전에 건설된 것으로 보인다. 신라 금성을 방어하는 중요한 요충지였으며, 647년(선덕여왕 16) 상대등 비담이 반란을 일으킨 근거지기도 하다. 지금은 대부분의 성벽이 무너져 겨우 몇 군데서만 옛모습을 볼 수 있다.

신라가 삼국 통합을 달성하게 되는 데 핵심적인 역할을 한 두 주역인 김춘추와 김유신이 처음부터 정치의 핵심에 자리 잡고 있었던 것은 아니다. 오히려 처음에는 정치에서 소외돼 있었다. 그러다 점차 시간이 흐르면서 정치의 전면에 떠오르기 시작했고 마침내 정권을 장악하는 데까지 이르렀다.

그들이 집권하게 된 결정적인 계기는 바로 647년 초 상대등 비담이 일으킨 난이었다. 그런 의미에서 비담의 난은 신라사에서 하나의 분수령이 되는 일대 사건이다.

신라는 6세기 즉, 법흥왕(재위 514~540)과 진흥왕(재위 540~576) 시기에 비약적인 발전을 거듭하면서 지리적 요인으로 인한 후진성을 빠르게 극복해 나가고 있었다. 그러나 이때 모든 정치 세력이 신라가 나아갈 방향에 대해 똑같은 입장을 가진 것은 아니었다. 언제나 그러하듯, 현실의 집권 세력과는 또 다른 생각을 가진 집단이 존재했다.

그들은 평소에는 드러나지 않지만 국왕의 힘이 약해지기 시작하면 자기 주장을 점차 겉으로 내보이게 마련이다. 강한 추진력을 지녔던 진흥왕이 죽고 리더십이 약한 진지왕(재위 576~579)이 왕에 오르자 바로 그 조짐이 나타나기 시작했다. 진지왕은 결국 즉위 4년 만인 579년 '정치를 어지럽히고 음란한 짓만 밝혔다'는 이유로 귀족들에 의해 왕위에서 쫓겨나고 만다. 이는 법흥왕과 진흥왕의 카리스마에 밀려나 있던 보수적 귀족들이 왕권의 약화를 틈타 자신들의 주장을 강하게 펼친 결과였다.

아마도 당시 신라 왕궁에는 강력한 왕권을 중심으로 한 국정 운영을 주장하는 세력과 왕보다는 귀족 중심의 원만한 국정 운영을 주장하는 두 세력이 서로 갈등하고 있었던 듯하다. 이는 이제 갓 국왕을 정점으로 한 중앙 집권적인 국가로 발돋움하던 신라에 처음으로 닥친 위기였다.

그러나 진지왕의 뒤를 이어 즉위한 진평왕(재위 579~632)은 비록 귀족들의 추대를 받아 왕위에 오르긴 했어도 오히려 귀족들 간의 갈등과 대립을 적절하게 이용해 세력 균형을 꾀함으로써 정국을 안정적으로 이끌어나갔다. 아울러 나라의 여러 제도를 정비해 체제를 튼튼하게 하면서 장기간 집권했다.

선덕여왕, 대립·타협의 산물

그러나 진평왕이 딸만 셋을 둔 상태에서 적당한 후계자를 찾지 못한 채 말년에 이르게 되자 다음 왕위를 둘러싸고 그동안 숨어 있던 갈등이 다시 터져나오기 시작했다. 특히 진평왕은 왕위를 맏딸 선덕에게 물려주기로 결심했는데, 신라에서는 일찍이 여자가 왕이 된 역사가 없었다. 그래서 진평왕은 왕위는 남녀성에 관계없이 우선 성골 출신이어야 한다며 선덕여왕의 즉위를 정당화하려 했다.

여성의 국왕 즉위가 현실로 나타나려 하자 그에 반대하는 귀족들의 목소리 또한 점차 높아져 갔다. 진평왕의 사망 바로 직전인 재위 53년(631)에 발생한 이찬 칠숙과 아찬 석품

⊙ **이찬 칠숙·아찬 석품의 반역 사건**
문헌상에 기록된 신라사 최초의 반란이다. 신라 진평왕 때의 귀족인 이찬(제2관등) 칠숙과 아찬(제6관등) 석품이 631년 계획했으나 사전에 발각되어 목을 베이는 형을 받았고 그들의 9족도 함께 처형당했다. 이들이 반란을 일으키려 했던 이유는 정확한 기록이 남아 있지 않아 알 수 없으나, 진평왕 대에 추진된 왕권 중심의 지배 체제 강화와 여왕의 즉위에 대한 귀족들의 반발일 것으로 추정되고 있다.

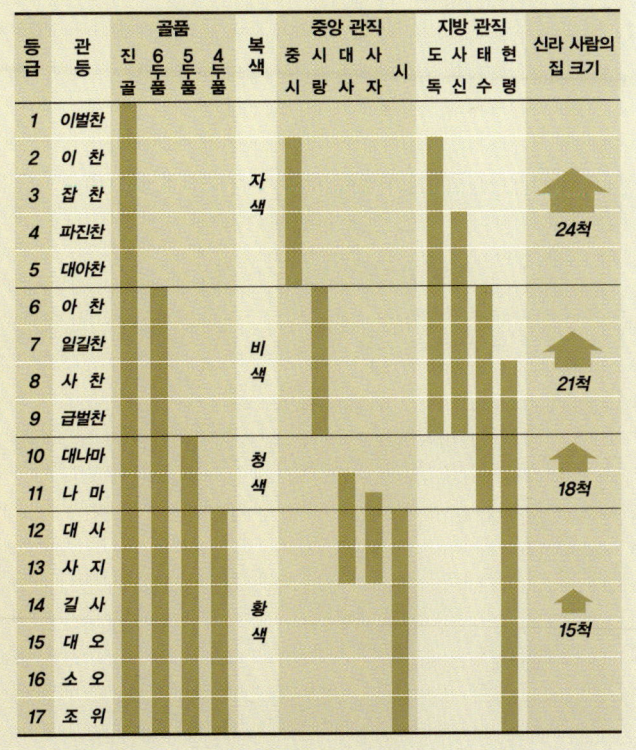

골품 제도와 17 관등

골품 제도는 신라 특유의 신분 제도라고 할 수 있다. 신라는 개인의 혈통에 따라 관직 진출을 비롯해 혼인, 집의 규모, 관복의 색깔 등 사회 생활 전반에 특권을 주거나 제약을 가했다.

골품제는 신라가 형성될 때부터 만들어지기 시작해 6세기 초 법흥왕 때 하나의 제도로 자리 잡았으며, 멸망 전까지 계속 유지되었다. 신분의 구성은 왕족만이 가질 수 있는 신분인 성골과 진골이라는 두 개의 골과 6두품에서 1두품에 이르는 여섯 개의 두품까지 모두 8계급으로 나뉘었다. 이 중에서 성골은 김씨 왕족 가운데서도 왕이 될 수 있는 자격을 가진 최고의 신분이었다. 그러나 654년 진덕여왕을 끝으로 성골의 맥은 끊어진다.

진골도 성골과 마찬가지로 왕족이었지만 왕이 될 자격은 주어지지 않았다. 그러나 성골이 사라지자 태종무열왕(김춘추)부터 왕위에 오를 수 있었다. 이처럼 같은 왕족이면서도 성골과 진골이 구별된 이유는 명확히 밝혀지지 않고 있다.

진골 아래 여섯 개의 두품은 크게 2계급으로 나뉜다. 6두품·5두품·4두품은 관리가 될 수 있는 상위 계급이었고, 그 아래 3두품·2두품·1두품은 관리가 될 수 없는 하위 계급으로 보통 '백성'이라고 불렸다. 나중에는 1두품에서 3두품까지 구분은 사라지게 된다.

골품 제도는 또 신분에 따라 승진할 수 있는 관등을 규정했다. 이를테면 진골은 17관등 중 제일 높은 관등인 이벌찬에 오를 수 있었지만, 6두품은 여섯 번째 관등인 아찬까지만 허용됐다. 사회적 제약 가운데 대표적인 것은 바로 혼인 문제였다. 원칙적으로 같은 신분끼리만 혼인이 허용된 것이다. 마지막 성골인 진덕여왕이 혼인을 안 한 이유도 사실은 왕실 안에서 성골 신분의 남성을 구하지 못했기 때문이라는 설이 있다.

의 반역 사건은 그 실상이 적나라하게 드러난 것이었다.

결국 반란은 진압됐고 선덕여왕이 왕위에 올랐지만 정치적으로 상당히 불안정한 상황이었다. 여왕의 즉위가 가능했던 바탕에는 성골 출신이라는 명분도 있었지만, 실제로는 여왕 즉위를 지지하는 세력과 반대하는 두 세력이 적절히 타협한 결과였다.

선덕여왕의 왕위 계승을 적극 반대하고 나선 세력은 전통적인 귀족들이었다. 이들은 왕권의 강화 자체를 반대하고 화백회의와 같은 회의체를 통한 귀족 중심의 국정 운영을 꿈꾸고 있었다. 이후 반란을 일으키는 상대등 비담은 이 세력의 대표격이었다.

반면 왕권 중심의 집권적 지배 체제를 지향하는 세력은 김춘추와 김유신을 비롯한 일부 귀족들이었다. 두 사람이 전통적인 진골 귀족들과 정치적인 입장을 달리한 것은 나름의 이유가 있었다. 정치적 힘이 약했던 두 사람이 세력을 키우기 위해선 국왕을 중심으로 뭉쳐야 할 필요가 있었던 것이다.

설움 받던 김춘추와 김유신

정통 진골 귀족 출신인 김춘추는 정상적이었다면 그의 아버지와 함께 자신도 왕위에 가장 가까웠을 인물이다. 그러나 그의 할아버지 진지왕이 귀족들에 의해 쫓겨남으로써 왕에 오르기 어려워졌고, 이에 큰 불만을 품고 있었다. 이런 이유로 그는 진골 귀족들과 사이가 안 좋을 수밖에 없었다.

김유신은 금관가야의 마지막 왕인 구형왕의 증손자다. 532년 금관가야가 멸망하면서 구형왕은 신라의 진골 귀족으로 편입되어 왕경 경주로 옮겨서 살았다. 그들은 비록 진골이기는 했으나 신라의 전통적 귀족들로부터는 심한 따돌림을 당하는 신세였다. 이를테면 구형왕의 아들이자 김유신의 할아버지인 무력은 오랫동안 전쟁에 참여하면서 상당한 공

화백회의
진골 귀족 출신으로 구성된 신라의 합의체 회의 기구로 왕위 계승이나 대외 정책 등 국가의 중대한 일을 결정하고 왕실과 귀족 세력 간의 권력을 조절하는 기능을 했다. 만장일치제로 운영되었으며, 진골 귀족 가운데 제2관등인 이찬이 화백회의 의장격인 상대등에 임명되었다. 신라가 사로국 시기 주변 진한 소국들을 병합하면서 정착한 제도로 추정되는데, 삼국통일 이후 전제 왕권이 들어서고 관료 제도가 발전하면서 사실상 유명무실한 기구로 전락하게 된다.

신라 역대 왕들의 궁성이 있던 경주 월성 전경

을 세웠지만 늘 진골 귀족들로부터 경계를 받고 살아야 했다.

또 김유신의 아버지 서현이 진흥왕의 동생인 숙흘종의 딸 만명과 시도한 혼인이 반대에 부딪혔던 것이나, 김유신의 여동생 문희와 김춘추의 혼인이 국왕의 허락을 받고서야 비로소 가능했다는 사실은 그 뒤에도 그런 상황이 계속되었음을 짐작케 한다. 자연히 그들은 보수적 진골 귀족들에게 불만을 가질 수밖에 없었다.

이처럼 김춘추와 김유신 두 세력은 서로 자연스럽게 마음이 통할 수 있는 사이였다. 진평왕 51년(629) 김춘추의 아버지 용춘과 김유신의 아버지 서현은 대장군이 되어 고구려의 낭비성을 공격했다. 이 전투엔 부장군이 된 김유신도 함께 참여하고 있었다. 여기에서 이미 두 세력의 결합을 느낄 수 있다.

김유신은 두 세력의 관계를 굳건히 하기 위해 자신의 동생 문희와 김춘추를 결혼시켰다. 이 일은 선덕여왕 대에 있었던 것으로 기록되어 있지만, 그들 사이에 태어난 법민(문무왕, 626~681)의 나이로 미루어 실제는 진평왕 대에 이루어진 일로 보인다. 진평왕의 후원을 받았던 두 세력은 더욱 굳건히 힘을 모아 선덕여왕의 즉위를 강력하게 추진하는 입장에 설 수 있었다.

선덕여왕의 즉위를 둘러싸고 이른바 지지하는 왕당파와 반대하는 귀족파 사이에 대립이 있긴 했지만, 칠숙과 석품의 반역 사건이 마무리되면서 두 세력은 적당한 선에서 타협했다. 그 타협의 핵심은 선덕여왕이 즉위하는 대신 그동안 빈자리로 남아 있던 상대등직을 귀족파에 양보하는 것이었다.

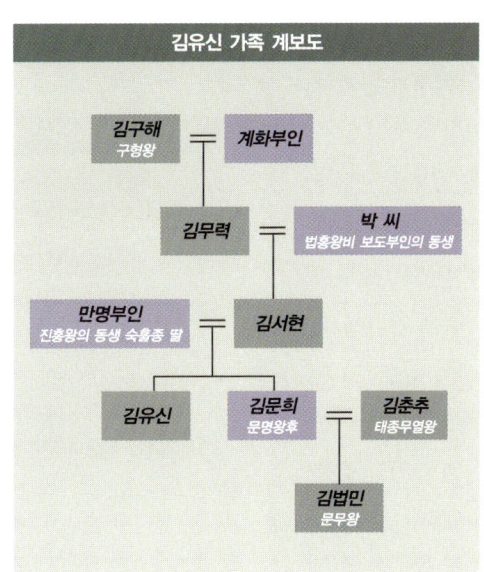

김유신 가족 계보도

일찍이 진평왕 10년(588)에 상대등에 취임한 수을부가 물러난 뒤에는 오랫동안 후임자가 임명되지 않았다. 그런데 선덕여왕이 즉위하면서 그 자리에 을제란 귀족파의 인물을 앉힌 것이다. 사실 상대등은 적절한 왕위 계승권자가 없을 경우 왕위에 오를 가능성이 가장 높은 직책이었다. 왕권파와 귀족파는 이 자리를 통해 적절하게 타협을 이룬 것이었고, 그 결과 선덕여왕이 즉위할 수 있었다.

위기에 놓인 왕당파

이렇게 불안하게나마 유지되던 선덕여왕 대의 견제와 균형 상태가 갑자기 무너지게 된 계기는 642년 백제의 신라 공격과 그에 따른 낙동강 서쪽 지역의 상실이었다. 백제 의자왕은 내부의 불안을 극복하기 위한 수단으로 신라를 공격해 대야성을 비롯한 40여 성을 함락시켰다. 옛 가야의 거의 전체 영역에 해당하는 범위였다.

그런데 이쪽 지역의 최고 책임자가 김춘추의 사위 김품석이었다. 대야성 사령관 김품석

김유신 가족 계보와 구형왕 상상화
「삼국사기」에 따르면 금관가야 마지막 왕인 구형왕은 532년(법흥왕 19) 왕비와 노종, 무덕, 무력 세 아들을 데리고 신라에 항복했는데, 이에 신라는 "이들을 예로 대접하고 왕에게 상등의 벼슬을 주었으며 그들의 본국을 식읍으로 삼게 했다"고 한다. 그로부터 100여 년 후 이들의 후손인 김유신은 갖은 고난을 이겨내고 신라 왕족인 김춘추와 정치적·혈연적 동맹을 맺어 결국 정권을 장악한다. 이어 김유신의 동생 문희와 김춘추 사이에서 난 아들 법민이 신라 제30대 왕인 문무왕에 오름으로써 금관가야 왕족의 혈통은 신라 왕실의 한 핏줄을 이루게 된다.

은 부하의 아내를 빼앗아 정을 통하는 부정 행위를 저질렀을 뿐만 아니라, 백제가 공격해 왔을 때 대야성 출신의 지방민인 죽죽이 끝까지 항전하기를 주장한 데 반해 자신은 구질구질하게 목숨을 지키겠다며 항복해 버리고 말았다. 이는 당시 지배 귀족에 반드시 요구되던 세속오계와 같은 덕목을 단숨에 저버린 수치스런 배신 행위였다. 대야성의 상실 그 자체뿐만 아니라 최고 지배 귀족으로서 보여준 이 같은 치욕스런 행태는 품석의 장인인 김춘추의 위치를 상당히 위태롭게 했다.

이후 김춘추가 적극적인 외교 활동을 추진하고 동료인 김유신이 군사 활동을 활발하게 전개한 것은 이런 위기 상황을 이겨내기 위한 특단의 조치였다. 적대 관계였던 고구려까지 김춘추가 직접 도움을 요청하러 간 것은 그들의 다급한 사정을 잘 보여준다.

644년 말, 당은 고구려 침공을 시작하면서 백제에 미리 사신을 보내 신라를 공격하지 못하도록 견제한 뒤, 신라에는 병력 파견을 요구했다. 신라는 당의 요청을 놓고 논란을 벌였으나 결국 3만(혹은 5만)의 병력을 보내기로 결정을 내렸다. 이때 당의 요구를 들어주자는 쪽에 선 것은 왕당파였다.

그러나 645년 시작된 당의 고구려 침공은 결국 실패로 끝나고 말았다. 신라 군대의 역할이 어떠했는지는 잘 알 수 없으나 어쨌든 패전국이 된 것은 명백한 사실이었다. 게다가 이 틈을 노린 백제가 신라의 서쪽 변경 7성을 공격하는 사건이 있었다. 이로 인해 파병을 주장한 왕당파는 더욱 위기에 몰렸고, 할 수 없이 같은 해 11월 강경 귀족파인 비담에게 상대등직을 양보하지 않을 수 없었다. 이는

귀족파와 왕당파의 대립		
귀족파		**왕당파**
화백회의 등을 통한 귀족 중심의 국정 운영	기본 입장	왕권 강화와 국왕 중심의 통치 체제
상대등 비담	주요 인물	김춘추, 김유신
불교적 정치 이념	정치 이념	유교적 정치 이념
반대	여왕 즉위	지지
반대	당 원군 파견	지지
진지왕 퇴출. 비담의 난	주도한 사건	진덕여왕 옹립. 귀족 반란 진압

곧 비담을 선덕여왕의 뒤를 이은 왕위 계승권자로 인정하겠다는 것과 다름없었다. 당시 선덕여왕은 이미 늙고 병이 들어 앞날을 예측하기 어려운 상황이었기 때문이다.

김춘추, 태종무열왕이 되다

그러나 왕당파는 따로 선덕여왕의 4촌 여동생인 진덕을 다음 왕위 계승자로 생각하고 있었다. 선덕여왕의 후계를 놓고 이제 일촉즉발

무열왕이 직접 들러 군사를 조련했다는 전설이 전해지는 부산 태종대

의 위기감이 감돌았다.

마침내 646년 말, 김춘추가 일본에서 온 사신과 함께 다시 일본으로 건너간 시점을 틈타 상대등 비담은 왕위를 노린 반란을 일으켰다. 선덕여왕은 이미 건강이 극도로 나빠져 임종을 얼마 남겨두지 않은 상태였다. 미리 준비를 해둔 덕분에 명활성에 근거지를 둔 비담 세력이 처음에는 크게 우세했다. 왕궁인 월성이 기습 공격당하는 등 왕당파는 큰 위기에 몰려 있었다. 특히 유성이 월성에 떨어지는 일까지 터지자 왕군의 사기는 이루 말할 수 없이 추락해 있었다. 이에 김유신은 연에 불을 붙여 하늘로 올림으로써 유성이 되돌아가는 것처럼 보이게 해 간신히 위기 상황을 벗어날 수가 있었다.

그렇게 반란이 10여 일 동안 계속되던 가운데 선덕여왕이 갑자기 사망했고, 뒤를 이어 진덕여왕이 왕위에 올랐다. 그러나 이는 김춘추가 왕위에 오르기 위한 중간다리로 형식상의 절차에 지나지 않았다. 비담의 난을 진압한 김춘추와 김유신 두 연합 세력이 사실상 권력을 장악한 셈이었다. 다만 아직 그들에 반대하는 입장을 갖고 있던 진골 귀족의 뿌리가 완전히 제거된 상태는 아니었다. 따라서 그들을 제압하고 김춘추 세력이 지향하던 새로운 정치 체제를 세우기까지는 좀 더 많은 시간이 필요했다.

사실 김춘추를 비롯한 왕당파와 비담을 중심으로 하는 귀족파의 대립은 단지 자신들의 이익만을 위한 것이 아니었다. 서로 정치 지향이 근본적으로 달랐던 것이다. 김춘추는 왕에 오르자마자 중국식 의복을 입고 관을 쓰도록 하는 한편, 당의 연호를 사용하도록 했다.

재매정

경주시 교동에 위치한 김유신의 집터에 있는 우물이다. 645년 거듭된 전쟁을 치르고 김유신이 오랜만에 집에 돌아오고 있을 때 다시 백제군이 쳐들어왔다는 급보를 듣고는, 말에서 내리지도 않은 채 이 우물의 물만 한 잔 마시고 바로 전쟁터로 떠났다는 이야기가 전해진다. 이 모습에 감동한 부하들도 "장군이 저러한테, 우리들만 어찌 가족들과의 이별을 한탄하리요"라며 다시 그의 뒤를 따랐다고 한다.

이는 진흥왕 이후 내부적으로 점차 성숙되어 가던 유교적 왕도 정치°의 이상을 실현하려는 의지를 김춘추 세력이 갖고 있었음을 엿보게 한다. 이러한 사실은 김춘추와 김유신의 이름이 유교식이라는 데서도 짐작할 수 있다.

따라서 이들 왕당파의 정치 지향은 미흡하나마 새로운 유교적 이상 국가의 실현을 내세웠다고 볼 수 있다. 반면 비담 세력은 그 이름이 불교적인 데서 추정되듯이 기존의 불교 사상을 그대로 지키려는 입장을 취했던 것으로 보인다.

그렇다고 김춘추 세력이 불교를 무조건 억압한 것은 결코 아니었다. 종교적으로는 불교를 인정하면서도 정치 이념적으로 새로이 유교를 적극 끌어들여 관료 체제를 정비하려는 입장을 갖고 있었던 것이다. 그 점에서 이전처럼 여전히 불교를 통해 나라를 통치하려던 비담 세력과 근본 지향이 달랐다.

따라서 비담의 난은 단순히 정권 쟁취를 위한 충돌이 아니라 앞으로 다가올 정치 사회에 대한 근본적 방향을 놓고 벌인 한바탕 결전이었다고 할 수 있다. 결국 김춘추 세력이 승리를 거두게 됨에 따라 향후 신라 사회의 개혁 방향은 이미 결정된 것이나 다름이 없었다.

주보돈 경북대 교수

● **왕도 정치**

도덕에 의한 교화를 정치의 기본으로 삼는 동양의 정치 사상으로 '덕치 사상'이라고도 한다. 공자가 틀을 잡고 맹자가 완성한 유교적 정치 사상의 핵심 개념이라 할 수 있으며, 힘에 의한 패권 정치와 대비된다. 일찍부터 유교를 받아들인 우리나라도 이 사상의 영향을 받았다. 삼국시대부터 전통적·불교적 정치 이념을 보완하면서 중앙 집권적 국가 체제의 성립과 발전에 기여했고, 고려시대에 이르러 지배적 정치 이념으로 자리 잡았다.

삼국의 운명 가른 당과 돌궐의 한판 승부

630년, 몽고 지방을 지배하던 유목 민족인 동돌궐이 당에 의해 무너졌다. 이는 예상치 못한 갑작스런 국제 정세의 변화였다. 당나라 이정이 이끄는 10만 군대는 매우 손쉽고 완벽하게 승리를 거두었다.

불과 4년 전만 해도 당 태종이 자세를 낮출 만큼 동돌궐은 강력했다. 동돌궐 건국 초기 당은 물론, 중국 북부의 여러 세력이 모두 동돌궐 가한(돌궐 왕의 호칭. '칸'이라고도 한다)에게 신하의 예로 대했다. 당시 동돌궐의 세력 범위는 동쪽으로는 만주에서 서쪽으로 신강성까지 펼쳐져 있었다.

돌궐이 죽어야 신라가 산다

돌궐의 몰락과 새로운 강자 당의 등장을 눈앞에서 지켜본 고구려는 앞으로 엄청난 파란이 일 것을 직감했다. 우선 동돌궐이 붕괴하자 부족민을 거느린 추장들이 대거 중국으로 흘러들어왔다. 그 규모는 대략 10만 명으로 추정된다. 그들은 당의 대외 전쟁에 동원될 게 뻔했다. 실제 634년 6월과 12월에 있었던 토욕혼 정벌과 638년에 있었던 토번 공격에 돌궐 군대가 동원되었고, 그 이듬해 실크로드의 고창국* 정벌에도 돌궐 기병 수만 명이 참여했다.

당에 항복한 대규모 유목 기병의 침입을 예상한 고구려는 630년부터 천리장성을 쌓기 시작했다. 반면 동돌궐의 몰락과 당의 등장은 고구려와 백제 양국의 계속된 공격을 받으며 외로이 고립돼 있었던 신라에게는 희소식이었다. 신라에 대한 고구려의 공격이 약화되었던 것이다.

하지만 642년경부터 다시 고구려 백제 양국의 공격이 절정을 이루었다. 이 과정에서 신라는 낙동강 서쪽 거의 대부분의 영토를 잃어버렸다. 이렇게 고구려와 백제의 연합 공격이 가능했던 것도 북방 초원 지대의 정세와 관련이 있었다.

그해에 당은 서돌궐을 무너뜨리고 실크로드 경영권을 확보했다. 당 태종 집권 초기까지만 해도 서돌궐은 동쪽으로는 만리장성의 서쪽 끝인 옥문으로부터 서쪽으로는 사산조 페르시아까지, 남쪽으로는 케시미르 고원으로부터 북쪽으로는 알타이 산맥에 이르기까지 광대한 영토를 지배하고 있었다. 하지만 634년경 서돌궐에 내분이 일어나 다시 동서로 갈라졌고, 641년에는 당이 여기에 끼어들어 둘 사이의 갈등을 더욱 부추겼다. 그 이듬해인 642년 서돌궐은 사실상 몰락했다.

이렇게 당이 중원의 서북방 제압에 골몰하는 틈을 타서 고구려는 당과 손잡은 신라를 꺾으려고 했던 것이다. 당이 서북방을 평정

당 태종 초상화

◉토욕혼·토번·고창국
토욕혼은 4세기 중반부터 7세기까지 중국 북서부 지역에 존재했던 나라로 몽골계 유목 민족인 선비족의 일파가 세웠다. 토번은 7세기 초에서 9세기 중반까지 활동한 티베트 왕국 또는 티베트인들에 대한 중국 당나라·송나라 때의 호칭인데, 현재의 네팔과 티베트 일대에 자리 잡고 있었다. 고창국은 5세기 중반 흉노족 출신이 현재의 중국 투루판 분지 일대에 세운 나라로 7세기 당나라에 멸망당할 때까지 지속되었다.

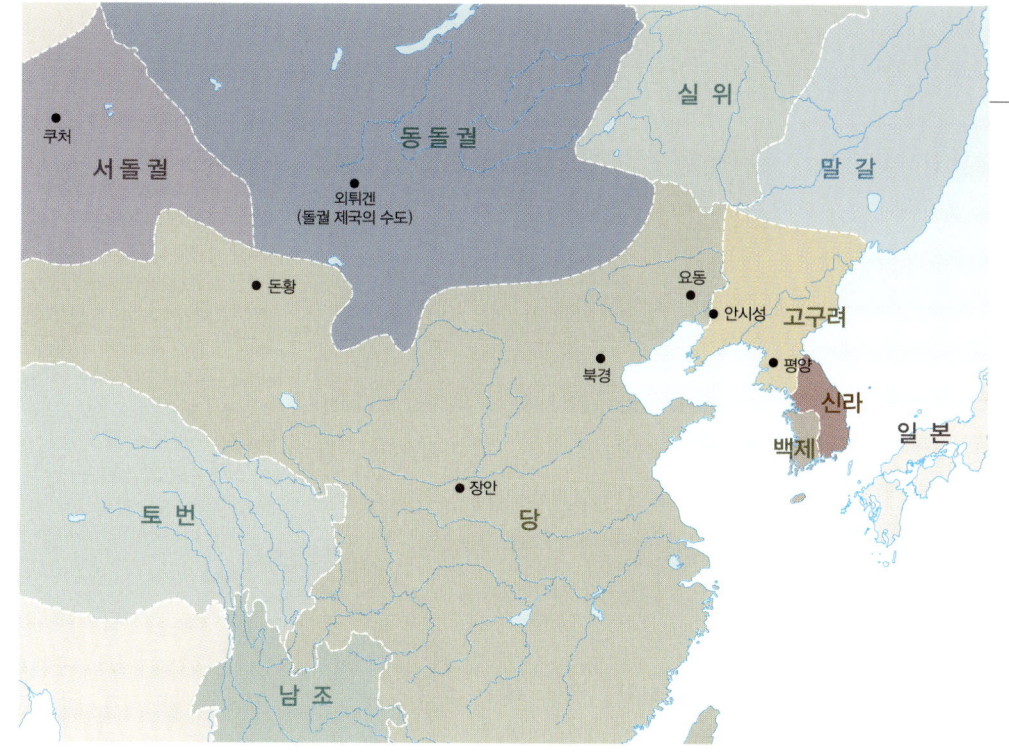

7세기 동아시아 정세 당나라와 갈등·종속 관계를 반복한 북방 초원의 유목 민족 돌궐의 존재는 삼국의 희비를 엇갈리게 할 만큼 한반도 정세에 큰 영향을 끼쳤다. 몽골 고원을 중심으로 활동하다 6세기 말 동서로 분열된 돌궐은 틈만 나면 당나라 국경을 위협했고, 한때는 당 태종을 굴복시킬 정도로 강대했다. 그러나 군사적으로만 강성했을 뿐, 가한의 위치를 둘러싸고 내분이 끊이지 않았던 돌궐은 중국 세력의 이간책에 쉽게 넘어갈 수밖에 없었다. 돌궐의 멸망과 복속은 당나라가 고구려 정벌의 숙원을 풀기 위해 반드시 거쳐야 할 필수 코스였다.

7세기 동북아시아 국제 관계

- **603년**
  - 고구려: 신라 한강 유역 공격
- **607년**
  - 고구려: 돌궐에 사신 파견(수 견제)
- **616년**
  - 백제: 신라 모산성 공격
- **630년**
  - 당: 동돌궐 공격. 동돌궐 몰락
- **642년**
  - 백제: 신라 공격해 대승(대야성 전투)
  - 서돌궐: 내분으로 사실상 해체
- **645년**
  - 당: 고구려 1차 침입(안시성 전투) 설연타 공격에 고구려에서 철수
- **648년**
  - 신라·당: 동맹 체결
- **649년**
  - 서돌궐 세력: 반란. 당 공격
- **653년**
  - 백제: 왜와 국교 재개
- **655년**
  - 고구려·백제: 신라 공격
- **657년**
  - 당: 서돌궐 공격. 서돌궐 몰락

돌궐, 당, 삼국의 정치 게임

고구려의 예측은 3년 후 현실로 나타났다. 645년, 신라가 고구려의 남쪽을 공격하는 사이에 당 태종의 군대는 4월 계모성을 함락시켰고, 5월에는 비사성을 빼앗았다. 요동성을 구원하기 위해 출동한 고구려군은 돌궐 기병에 크게 패했고, 고립된 요동성과 백암성은 결국 당의 공격을 받고 함락되었다. 이어 6월, 당 태종의 군대가 안시성 앞에 도착하자 고구려는 중앙군 15만을 동원해 구원에 나섰으나 당 태종의 유인술에 걸려 참담하게 패하고 말았다.

당시의 전세로 보아 시간이 흐르면서 요동에 있는 여러 성이 당군에 차례로 무너질 것이 분명했다. 이 상황에서 고구려가 희망을 걸 수 있는 곳은 북방에 남은 당의 마지막 적수, 설연타밖에 없었다.

설연타는 630년 동돌궐 붕괴 후 북방 초원 지대에 등장한 또 다른 강자였다. 645년, 고구려의 연개소문은 설연타의 지도자를 매수하기 위해 사신을 파견했다. 7월, 고구려 사신이 초원에 도착할 당시 설연타의 진주가한은 병석에 누워 죽음을 기다리는 처지에 있었다. 8월에 결국 진주가한이 죽자 본부인의 아들인 발작이 첩의 아들 예망을 죽이고 설연타를 장악했다. 그 직후 발작은 북방의 돌궐계 부족 10만을 모아 당을 침공할 준비에 들어갔다.

당시 안시성 앞에 진을 치고 있던 당 태종은 이러한 설연타의 움직임에 군대를 수도 장

안 부근으로 이동시켜야만 했다. 안시성 함락을 눈앞에 두고 철수해야 했던 것이다.

그런데 고구려 사신이 설연타에 도착한 바로 그 시점에 당에 적대적인 새로운 가한이 등장한 것은 과연 우연일까. 연개소문의 설연타에 대한 공작과 발작가한의 쿠데타 성공이 전혀 무관하다고 볼 수는 없을 듯하다. 어쨌든 그해 12월, 설연타의 발작가한은 10만의 대규모 병력을 이끌고 장안의 북부 오르도스를 침공한다.

고구려가 다시 한 번 예상을 뒤엎고 세계 최강의 군대를 막아낸 것이다. 이것이 신라에 주는 충격은 컸다. 앞서 수나라의 고구려 침공 실패와 뒤이은 멸망은 당시 신라인들의 기억에도 너무나 생생하게 남아 있었다. 결국 신라인들은 당 태종에 대한 신뢰를 거둘 수밖에 없었고, 동시에 고구려가 무서운 강적이라는 사실을 새삼 인식하게 되었다.

그 후 신라 내에는 여왕의 폐위를 둘러싼 심각한 내분이 발생하는데, 당이 고구려의 요동 방어선을 무너뜨리는 데 성공했다면 일어나지 않았을 일이었다.

김춘추 세력은 당에 고구려를 공격해 줄 것을 계속 간청했다. 당의 요동 침공은 고구려로부터 신라를 칠 수 있는 힘을 빼앗을 것이기 때문이었다. 그래야 신라는 백제와의 싸움에 집중할 수 있고, 승리를 어느 정도 넘볼 수 있었다. 647년 당이 비교적 적은 규모의 부대로 자주 고구려를 침략해 백성들을 피곤하게 하자는 전략을 세운 것은 이러한 신라의 입장을 반영한 것으로 짐작된다.

647년 3월, 당의 육군과 해군이 작전을 개시했다. 육군은 요하를 건너 5월에 남소성과 목저성의 외곽을 불태우고 돌아갔으며, 7월에는 바다를 건너 고구려 땅에 상륙해 석성을 함락시켰다. 하지만 당군은 적리성 공격에는 성공하지 못한 채 철수했다.

다시 648년에 당의 장군 설만철이 해군 3만 명을 이끌고 바다를 건너 압록강 방면으로 쳐들어왔다. 당군은 6월 압록강 하류의 박작성을 포위했으나 강고한 이 요새는 끝내 함락되지 않았다.

이때 고구려 장군 고문이 오골성, 안시성 등의 군사 3만 명을 이끌고 이 요새를 구원하기 위해 출동했다. 9월까지 양군 사이에 격전이 벌어졌지만, 별 진전없이 팽팽한 상황이 계속되었다. 그러자 당 태종은 다시 30만 대

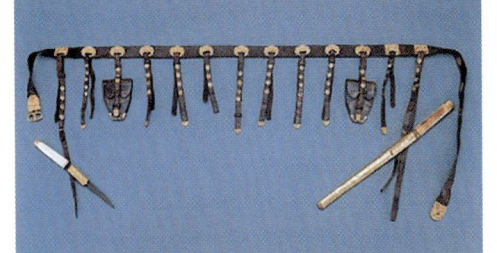

돌궐과 당의 유물들
왼쪽은 중국 내몽골 자치구에서 출토된 돌궐족의 유물로 황금으로 제작한 수렵무늬 장식 허리띠다. 신라의 돌무지덧널무덤에서 발견된 황금 허리띠와 유사하게 각종 장식을 화려하게 붙인 게 특징이다. 금과 은으로 만들어진 당나라 때의 접시는 각종 꽃과 불꽃 외에도 인도 신화에 등장하는 숫염소 무늬를 새겨 넣었는데, 인도 불교 문화의 영향을 보여준다고 할 수 있다.

돌궐과 설연타

돌궐은 6세기 중반부터 약 2세기 동안 몽골 고원에서 중앙아시아에 걸친 지역을 지배한 투르크(터키)계 유목 민족 또는 국가를 말한다. 따라서 중국인들이 붙인 이름인 '돌궐'은 투르크계 민족 중 하나라고 할 수 있는데, 일반적으로 투르크계 민족은 돌궐과 역사적·언어적으로 밀접한 관련이 있는 여러 민족을 통틀어 일컫는 말로 쓰인다. 대표적인 투르크계 민족으로는 터키인들, 우즈베크족, 카자흐족, 아제르바이잔족 등이 있다.

당시 중국인들은 또 돌궐 이외의 투르크계 여러 부족을 '철륵'이라고 불렀다. 645년 당나라를 공격해 고구려를 간접적으로 도운 설연타는 바로 이 철륵 가운데 한 부족이었다. 돌궐은 6세기 말 수·당의 공격으로 동서로 분열되었는데, 동돌궐은 8세기 중반 위구르에, 서돌궐은 7세기 중반 당나라에 복속되었다. 그러나 이들은 몰락 후에도 끊임없이 당에 대항했고, 50여 년 만에 재차 몰락하긴 했지만 한때 나라를 다시 세우기도 했다.

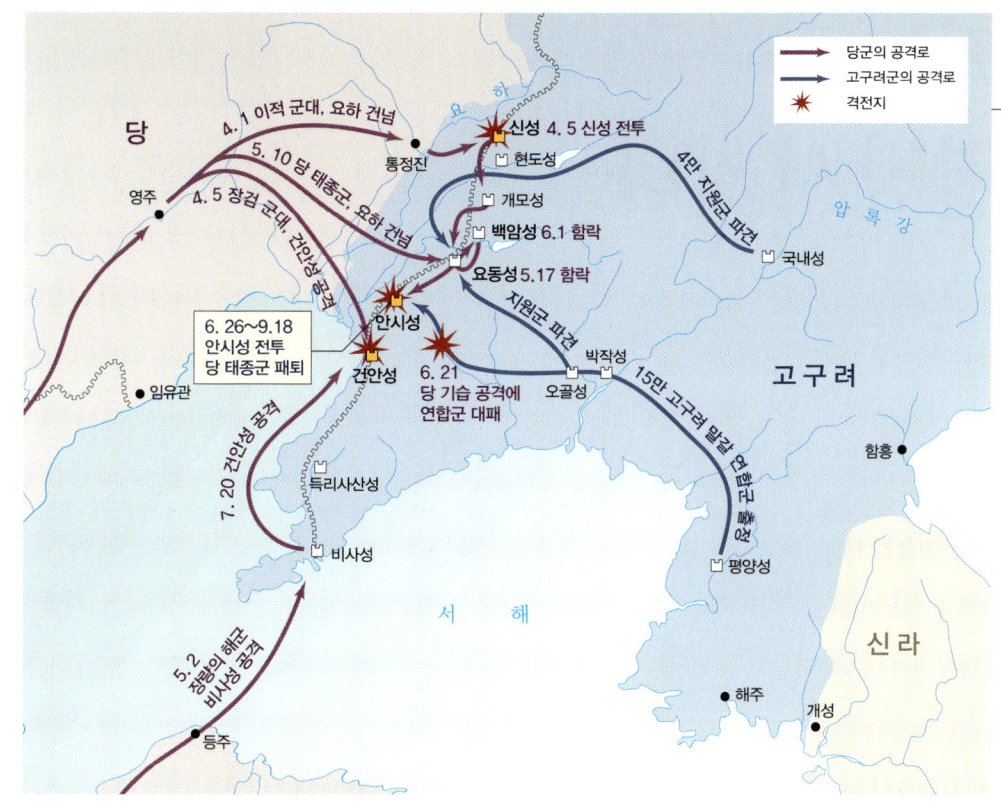

645년 고·당 전쟁의 경과 612년 수나라와 전쟁 때 113만 대군에 맞서 3개월을 버텨내며 승리의 견인차 역할을 했던 요동성을 비롯한 개모성·백암성·비사성 등이 차례로 무너지자 이제 요하 전선에 배치된 고구려의 거점은 안시성과 건안성, 신성밖에 남지 않게 되었다. 이에 고구려는 급히 15만 지원군을 편성해 방어에 나섰지만 안시성 부근에서 당군의 기습 공격을 받고 패퇴하고 만다. 대중국 투쟁 역사상 가장 찬란했던 싸움인 안시성 전투의 신화는 이렇게 최악의 고립무원 상태에서 창조된 것이다.

군을 동원해 고구려를 칠 계획을 세웠다. 하지만 이듬해 4월 태종이 숨을 거두면서 이 계획은 무산되고 말았다.

648년 겨울 김춘추가 당 태종을 설득해 받아낸 당의 한반도 개입 약속은 점차 미궁에 빠져들었다. 이는 당 태종이 사망했기 때문이라기보다 역시 서북방 초원의 정세 변화와 관련 있었다.

당군 발목 잡은 서돌궐

649년, 지난날 당 태종이 서돌궐을 치고 그 곳 통치자로 세워두었던 아사나 하로가 태도를 바꿔 당을 공격하고 나섰던 것이다. 그는 서돌궐 부족들을 한데 모아 스스로 사발라가한이라 부르며 삼시간에 타림 분지와 파미르 고원을 넘어 페르시아와 접하는 지점까지 드넓은 지역을 그의 영향력 아래 두었다. 그리고 당의 국경을 잇따라 공격했다. 당 고종은 어쩔 수 없이 사발라가한을 정벌하기 위해 군대를 일으켜야 했다. 당 고종 즉위 초부터 꾸준히 진행돼 오던 고구려에 대한 공격도 이때 중단되었다.

서돌궐과의 전쟁은 승패 없이 수 년 동안 이어지다가 657년 소정방 군대가 파견되고 나서야 결판이 났다. 그해 소정방은 이식쿨호 근처의 전투에서 서돌궐 군대를 제압했고, 사발라는 타슈켄트로 달아났다.

서돌궐 문제는 당의 한반도 개입에 발목을 잡는 요소 중 하나였음이 분명했다. 당과 서돌궐 사이의 전쟁이 더 길어졌거나 당이 패배했다면 660년 당군의 백제 침공은 불가능했을 것이다. 657년 서돌궐의 몰락으로 북방 초원에는 이제 당을 견제할 수 있는 세력이 남아 있지 않았다. 당의 한반도 전쟁 개입은 시간 문제일 뿐이었다. 소정방이 서돌궐을 제압하지 못했다면, 그가 백제 침공의 선봉장이 될 수도 없었을 것이다.

서영교 중원대 연구원

신라의 외교력 백제를 멸망시키다

나당연합군의 백제 침공

640년대에 당은 여러 차례 고구려를 공격했으나 번번이 실패하고 있었다. 이를 지켜본 백제 의자왕은 당과는 일정한 거리를 두면서 신라를 공격할 기회를 엿보았다. 이러한 백제의 태도는 신라가 더욱 당과 긴밀한 관계를 맺게 되는 원인이 되었다.

백제가 의자왕 3년(643)에 들어와 고구려와 손을 잡고 신라를 계속 공격하자, 신라는 집중적으로 당에 매달리며 군사 원조를 요청하게 된다. 백제와 고구려의 동맹이란 새로운 외교 정세의 변화가 신라와 당의 만남을 가능하게 해준 셈이다.

당과 거리를 둔 백제 의자왕

648년 당은 침략 대상을 고구려에서 백제로 바꾸게 된다. 당 태종이 태도를 바꾼 것은 무엇보다도 대고구려전의 실패 때문일 것이다. 또 백제 의자왕의 자주 외교 정책에 대한 불만도 크게 작용을 했을 것이다.

당시 의자왕의 태도는 분명 의심스러운 데가 있었다. 당이 고구려를 공격했을 때 처음 약속과는 달리 군대 파견을 주저하는 등 소극적인 모습을 보인 것이다. 도리어 백제는 군대를 직접 파견해 당에 협조한 신라를 공격했고, 매년 당에 사신을 보내던 것을 645년 이후 중지하기도 했다. 이에 당에서는 "백제가 두 마음을 가지고 있다"고 생각하고 있었다.

백제가 당을 멀리하며 독자적인 외교를 펼치게 된 가장 큰 이유는 당의 고구려 침입이 실패한 데 있었다. 즉 더 이상 당에 의존할 필요없이 직접 신라를 공격하겠다는 자신감이 생긴 것이다. 더구나 신라는 당 태종의 선덕여

낙화암
700년 왕국의 마지막 전설을 간직한 부여 부소산 남쪽의 낭떠러지 바위다. 660년 나당연합군이 백제 왕성을 시시각각 조여오자 굴욕을 면하기 위해 의자왕의 삼천 궁녀가 이곳에서 몸을 던졌다는 이야기가 전해온다. 일제시대 사진이 풍기는 고적의 분위기가 마치 1,300년 전 역사의 현장으로 우리를 안내하는 듯하다.

왕 폐위 관련 발언이 촉발한 내분으로 매우 어려운 상태에 놓여 있었기 때문에 백제로서는 더없이 좋은 기회였다. 그런데 백제는 600년 이후 신라를 침입할 때마다 당의 방해를 받아 왔다. 따라서 신라 공격에는 당보다는 오히려 당의 공격을 물리친 고구려의 협조를 얻으려고 했던 것이다.

여기에는 의자왕 시대에 이루어진 백제의 성장도 일부 역할을 했다. 당시 의자왕은 강화된 왕권을 바탕으로 내부적으로는 정치적인 안정을 누리고 있었으며, 또한 신라로부터는 대국으로 인식될 정도로 국가의 힘이 커졌다. 이를 바탕으로 당에 대해서도 자신감을 갖게 되었다. 특히 두 나라 사이에는 바다가 가로놓여 있기 때문에 당이 쉽사리 백제를 공격할 수 없으리라고 생각했다. 이는 지난 무왕°(재위 600~641) 시기에 적극적인 대당 외교를 벌인 사실과 비교할 때 태도가 상당히 달라진 것이다.

당의 개입에 사활 건 신라

647년 국왕이 선덕여왕에서 진덕여왕으로 바뀐 신라는 백제와는 달리 꾸준히 당에 사신을 파견하는 등 당에 매우 우호적이었다. 당의 제도를 받아들여 대대적인 정치 개혁을 단행한 것도 당과의 관계를 더욱 끈끈히 하고자 했던 것이다. 당나라도 같은 여왕이지만 진덕여왕에 대해서는 곧바로 책봉을 내리는 등 신라와 밀접한 외교 관계를 가지려고 했다. 여기에는 물론 백제와 당의 외교 관계가 악화된 사정도 영향을 미쳤을 것이다.

648년 당이 이같이 신라와 더욱 가까워지며 백제 공격을 결정하자, 백제는 여기에 반

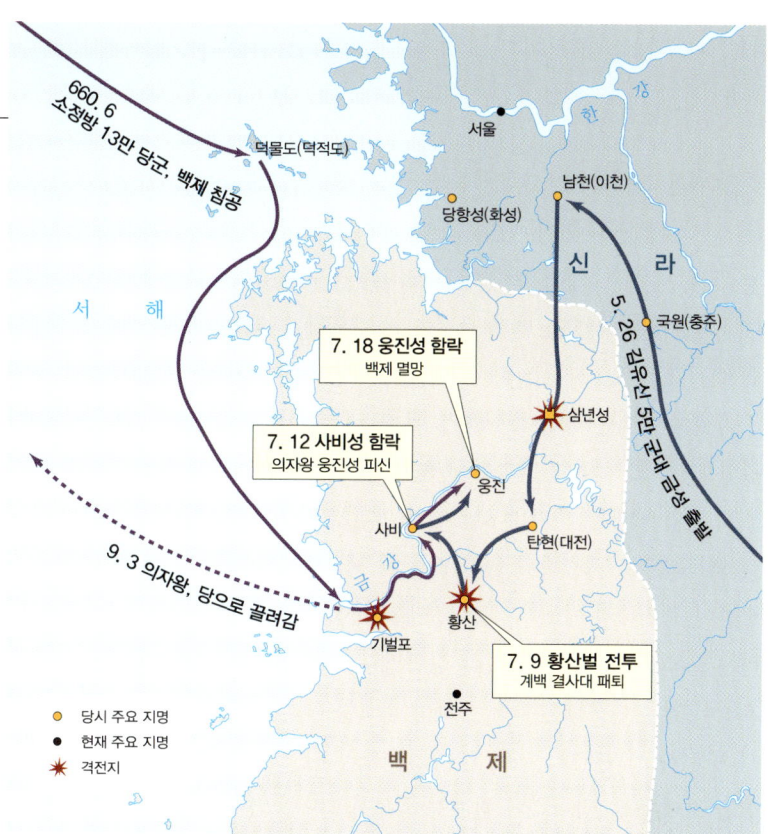

백제의 멸망 660년 산둥반도를 출발해 서해안 덕물도를 거쳐 금강 하구로 밀어닥친 소정방의 13만 백제 정벌군과 금성을 출발해 황산벌로 진격한 김유신의 신라 5만 정예군은 탄현과 기벌포 등 백제의 군사 요충지를 하나씩 장악해 나갔다. 7월 12일 마침내 수도 사비성을 함락했으나, 의자왕은 전날 밤 측근들과 함께 몰래 북쪽의 웅진성으로 피신을 간 상태였다. 그러나 7월 18일 웅진성마저 나당연합군에 무너지면서 사로잡힌 의자왕은 결국 백제 멸망의 참담한 순간을 두 눈으로 지켜본 비운의 마지막 왕이 되고 말았다.

발한다. 백제는 신라를 계속 공격하면서 몇 년 동안 조공을 바치지 않는 등 더욱 당을 멀리하며 마침내 외교 관계를 단절하고 말았다. 그러므로 648년은 삼국 관계에서 외교적으로 매우 중요한 분기점이라고 할 수 있다.

그러나 당은 백제 침공을 곧바로 실행에 옮기지는 않는다. 우선 태종의 사망과 고종의 즉위라는 내부의 정치적 변동이 있었다. 또한 그 무렵 당의 최우선 정책은 여전히 고구려 공격이었다. 이에 신라는 650년 당 고종이 새로 왕에 오르자마자 김춘추의 아들 김법민을 당에 보내 다시 백제 공격을 요청했다.

당은 신라의 의견에 원칙적 동의는 하면서도 그 실행에는 주저했다. 당은 일찍이 643년 신라의 요청에 답했던 것과 마찬가지로 고구

°**무왕(재위 600~641)**
백제 제30대 왕으로 백제 마지막 왕 의자왕의 아버지다. 신라의 선화공주를 얻기 위해 지어 불렀다는 향가인 '서동요'와 연관된 인물로도 유명하다. 귀족 세력의 발호를 견제하면서 왕권을 강화시켰고, 신라와의 전쟁에서 여러 차례 승리하며 영토를 넓혔다. 이를 바탕으로 백제는 중국과의 외교 등 국제 관계에서도 좀 더 적극적인 자세를 취할 수 있었다. 재위 후반기 강화된 왕권의 과시와 귀족 세력의 재편성을 위해 현 전북 익산 지역으로 천도를 추진하기도 했다.

려에 대한 견제를 통해 백제와 고구려의 관계를 먼저 끊으려고 했다. 만일 그것도 잘 안 되면 그때는 거란 등을 끌어들여 고구려를 공격하겠다는 생각이었다. 백제 공격은 그 이후였던 것이다.

백제는 이러한 상황에 어떻게 대응을 하고 있었을까. 당의 태도 변화를 주의 깊게 살펴보고 있던 백제는 의자왕 3년 때와 마찬가지로 외교적으로 해결하려 했던 것 같다. 즉 당고종이 즉위하자 당과의 외교 관계를 개선하려는 노력을 한 것이다. 신라 김법민의 파병 요청이 있은 다음해에 백제는 대당 외교를 다시 펼치기 시작한다. 이후 의자왕은 조공 사신을 보내는 등 당나라와 관계를 회복하고자 했다. 이는 당과 신라의 연결 고리를 끊으려는 백제의 외교 정책에서 나온 것이라고 할 수 있다.

그러나 백제의 이러한 외교적 노력은 별 성과가 없었다. 이미 국제 정세가 달라져 있었다. 648년 이후 시작된 백제와 당의 외교적 갈등은 그렇게 쉽게 풀릴 성질의 것이 아니었다. 그것은 당이 백제와 고구려의 밀접한 관계에 대한 의구심을 끝내 떨쳐버리지 못한 데 주된 원인이 있었다. 결국 이후 백제의 사신 파견은 완전히 끊겨버린다.

의자왕은 이에 정치적 안정을 발판으로 더욱 독자적인 외교 노선을 걸으면서 과감하게 대응하고자 했다. 우선 백제는 의자왕 13년(653)에 왜와 우호 관계를 맺었다. 이미 오래 전부터 교류를 가져온 왜와 이때 새삼스럽게 또 우호 관계를 맺은 것은 왜와의 동맹으로 나당연합에 대항하려는 것이었다.

실제 왜는 비록 백제가 멸망한 뒤이기는 했지만 군대를 파병했다. 또한 백제는 대 고구려 외교 관계를 보다 강화했다. 여기서 한발 더 나아가 고구려·말갈과 연합해 의자왕 15년(655)에 신라를 침공하기도 했다. 이때 백제는 신라의 대당 교섭이 별 성과가 없음을 알고 더욱 치열하게 공격했을 것이다.

백제가 의자왕 15년(655)에 계속해서 고구

660년 백제 멸망 과정

- **3월**
  당, 소정방의 15만 군대로 공격 시작
- **5월**
  신라, 김유신의 5만 군대로 공격 시작
- **6월**
  당 소정방과 신라 태자 김법민 작전회
- **7월 9일**
  백제, 황산벌에서 신라군에 패배
- **7월 13일**
  사비성 함락. 의자왕, 웅진성으로 피난
- **7월 18일**
  웅진성 함락. 의자왕 항복 선언
- **9월**
  의자왕, 당으로 끌려감

정림사지 5층석탑과 대당평백제국비명 탁본
익산 미륵사지 석탑과 함께 2기만 남아 있는 백제시대 석탑으로 충남 부여군 부여읍에 자리 잡고 있다. 이 비의 1층 몸돌에는 660년 백제를 멸망시킨 후 당나라 장수 소정방이 새긴 '백제를 정벌한 기념탑'이란 뜻의 글귀가 있어 멸망 당시의 설움을 그대로 전하고 있다.

려·말갈과 함께 공격을 해오자 신라의 태종무열왕은 당에 사신을 보내 다시 구원을 요청하게 된다. 그러나 신라의 요구에 당은 또다시 별다른 응답을 해주지 않았다. 당은 655년, 656년 연이어 고구려를 공격하고 있었기 때문에 백제를 공격할 여유가 없었다. 당은 당시까지도 고구려 공격을 우선 순위에 두고 있는 상태였다.

내부로부터 무너져내리다

그러나 659년(의자왕 19) 마침내 당은 신라의 요청을 받아들이게 된다. 요구를 받아들인 결정적인 이유는 백제 내부 정세의 변화였다. 사실 백제는 의자왕 15년부터 커다란 변화를 겪고 있었다. 의자왕 시대는 보통 15년을 기점으로 크게 나뉘는데, 그 이전은 강력한 왕권을 바탕으로 정치적인 안정을 누리던 시기였다. 그러나 15년 이후에는 정치를 담당하는 세력이 바뀌게 되며, 아울러 외교 정책도 변화한다. 이들은 백제를 둘러싸고 급변하는 외교 정세에 제대로 대응하지 못했다.

이는 결국 신라의 백제 침공을 부추겼다. 신라로서는 세력을 만회할 절호의 기회였다. 그래서 실제로는 백제의 공격이 거의 중단된 상황인데도 백제가 자꾸 공격해 온다는 구실로 당에 구원병을 요구했던 것이다.

당과 신라가 이같이 발빠르게 움직이고 있는데도 백제는 별다른 대응책을 마련하지 않고 있었다. 세력 교체 이전까지 정치의 중심 인물이었던 좌평 성충°은 의자왕 16년(656)에 "앞으로 반드시 전쟁이 있을 것이니 육로와 수로 양쪽의 대비를 해야 한다"고 의자왕에게 간절하게 요청했다. 그러나 의자왕은 성충의 의견을 무시하며, 고집을 굽히지 않는 그를 오히려 감옥에 가두어버렸다. 이렇게 660년 6월 나당연합군이 쳐들어오기까지 백제는 아무런 대비도 하지 않고 있었다.

나당연합군이 코앞에 들이닥쳤을 때도 백제는 당과 신라 어느 쪽을 먼저 상대하느냐는 문제로 논란을 벌였다. 한쪽에서는 당나라 군사가 멀리서 왔으므로 피로할 것이니 당을 먼저 공격하자는 의견을 내놓았다. 그러나 비교적 합리적이었던 이 의견은 무시되고 신라를 먼저 공격하기로 결정되었다. 이에 계백에게 황산벌에서 신라의 공격을 막게 했지만, 결국 실패로 돌아가고 만다.

위기에 몰린 백제는 당을 설득해 공격을 막아보려고 했지만 이미 돌이킬 수 없는 상황이었다. 백제 멸망을 목표로 한 당은 기벌포 전투에서 승리한 데 이어 소부리벌 전투에서도 압승을 거두면서 마침내 사비 도성을 함락시켰고, 웅진으로 도망갔던 의자왕의 항복을 받았다. 660년 7월 18일의 일이었다.

백제의 멸망은 이후 고구려의 멸망에도 커다란 영향을 미치게 된다.

김수태 충남대 교수

삼충신 영정
백제의 충신들을 기리기 위해 부여 부소산성 입구에 세운 사당인 삼충사에 있다. 오른쪽부터 차례로 계백, 성충, 흥수를 나타낸다. 흥수는 나당연합군이 공격해 오자 백강과 탄현을 지켜 싸워야 한다고 주장했지만 대신들의 반대로 끝내 뜻을 이루지 못했던 인물이다.

°성충(?~656)
백제 말의 충신으로 656년 좌평(제1관등)으로 있을 때 자만과 주색에 빠진 의자왕에게 충언을 하다 투옥돼 죽음을 맞았다. 그는 죽기 직전 의자왕에게 다음과 같은 글을 올렸다. "충신은 죽어서도 임금을 잊지 않는 법이니 한 말씀 올리고 죽겠습니다. 틀림없이 전쟁이 일어날 것입니다. 반드시 강의 상류에서 적을 맞이해야 나라를 지킬 수 있을 것입니다. 육군은 탄현을, 해군은 기벌포 언덕을 넘지 못하게 한 뒤 험하고 좁은 지형에 자리를 잡고 적을 막으면 반드시 이길 것입니다."

백제 회복운동의 마지막 횃불

660년, 백제 의자왕이 항복함으로써 일단 백제 왕조는 멸망했지만 백제인들은 그것을 인정할 수 없었다. 그래서 살아남은 장군들을 중심으로 뭉쳐 나라 회복운동을 벌이기 시작했다. 그 중심 인물은 흑치상지, 복신, 도침 등이었다.

이들은 왜에 머물고 있던 왕자 풍을 데려와 왕위에 앉히는 한편, 고구려, 왜 등과 삼각 동맹을 이뤄 나당연합군에 대항하려고 했다. 그러나 신라와 당 역시 이들을 완전히 제압해 백제 재건의 불씨를 남겨놓지 않겠다는 의지가 확고했다. 결국 이들 두 진영은 663년 9월 백강 전투에서 격돌했고, 여기서 의자왕의 항복에도 끝나지 않았던 역사의 한 막이 내려지게 된다.

주류성 원경
복신·도침 등 나라 회복운동 세력의 중심 근거지였던 주류성은 정확한 위치가 알려지지 않고 있다. 현재는 사진에 나온 전북 부안군 위금암산성이라는 설이 유력하다.

주류성으로 집결하라

백제 회복운동이 시작된 초반, 당나라 장군 유인궤는 복신이 주도하는 백제 부흥군에 힘으로 밀리고 있었다. 그래서 유인궤는 유인원이 이끄는 다른 당군과 병력을 합한 후에 무장을 풀고 병사들에게 휴식 시간을 주었다. 동시에 본국에 추가 병력을 요청했다.

이에 당 고종은 장군 손인사에게 군사 40만을 주어 백제 땅으로 출동시켰다. 여기서 '군사 40만'은 『삼국사기』「신라본기」에 기록된 숫자고, 중국 역사책에는 7,000명으로 적혀 있는데 아마도 이 숫자가 맞는 것으로 보인다. 손인사가 이끄는 당나라 해군은 663년 5월 지금의 덕적도인 덕물도에 배를 댄 후 당나라군 사령부가 위치한 웅진성으로 향하게 되었다.

그런데 마침 백제 회복군 지도부 안에서는 내분이 일어났다. 풍왕이 복신을 살해한 것이다. 그전에 복신은 도침을 죽이고 권력을 손에 넣었는데, 그의 권력이 너무 커지자 이번엔 풍왕이 그를 제거한 것이다. 권력을 강화한 풍왕은 당 증원군이 도착한 사실을 알고 고구려와 왜에 급히 군사적 지원을 요청했다. 그러나 왜군이 도착하기 전 이미 손인사의 당나라 해군은 백제 땅에 상륙해 유인원의 군대와 합세했고, 당군의 사기가 크게 올랐다.

본토에서 보낸 지원군에 힘입은 당군 지도부는 치밀하게 백제 회복군 공격을 준비했다. 이때 당 장군들은 공격 목표를 놓고 토론을

당유인원기공비 탁본
백제 회복운동을 몰락시킨 주역 중 한 명인 당나라 장수 유인원의 공적을 기리기 위해 세운 비석으로 원래 충남 부여군 부소산에 세워져 있었으나 현재는 국립부여박물관에 보관되어 있다. 비문의 내용은 유인원의 가문과 생애 두 부분으로 나뉘어 있으며, 663년경 건립된 것으로 추정된다.

벌였다. 어떤 장군은 바다와 육지를 잇는 요충지인 가림성(부여 성흥산성)을 먼저 치자는 의견을 내놓았다.

그러자 유인궤는 "병법에는 속이 차 있는 곳을 피하고 비어 있는 곳을 친다고 했다. 가림성은 험하고 튼튼해서 공격하면 군사들이 상할 것이요, 지키려면 날짜가 걸릴 것이다. 주류성(현 부안의 위금암산성 추정)은 백제의 소굴로 무리들이 많이 모여 있으니 만약 이곳을 쳐서 꺾게 되면 여러 성이 저절로 항복할 것이다"라고 말했다.

결국 유인궤의 주장대로 백제 회복군의 중심 거점인 주류성이 공격 목표로 결정되었다. 신라군과 당군은 곧 육군과 해군을 동원해 주류성을 공격하기로 약속했다.

약속대로 신라의 김유신 등 장군 28명이 이끄는 육군은 7월 17일 웅진에서 손인사와 유인원의 당군과 합류한 후 육로를 따라 8월 13일에 주류성에 이르렀다. 또 당나라 장군 유인궤와 투항한 의자왕의 아들 부여융 등이 이끄는 당 해군은 군량을 잔뜩 실은 보급 선박을 이끌고 웅진강에서 백강으로 진격한 후 육군과 만나 함께 주류성으로 다가갔다. 신라군과 당나라군은 빠르게 진격해 주류성을 포위했다.

백강을 핏빛으로 물들이다

한편 풍왕은 왜군 선발대 1만 명이 바다를 건너온다는 소식을 듣고, 8월 13일 왜군을 맞으러 주류성을 나와 백촌으로 향했다. 8월 17일 풍왕이 없는 주류성이 신라와 당 육군에 포위된 가운데, 당의 전함 170척이 미리 와서 백촌강, 즉 백강에 진을 치고 있었다. 이때 왜군

금강과 백제 장수
663년 9월 백제 회복운동 세력과 나당연합군 간에 대규모 전투가 벌어진 백강의 위치에 대해선 여전히 논란이 분분하다. 금강 하류 또는 동진강이 가장 유력한 곳으로 꼽히고 있지만, 군산포나 홍성으로 추정하는 견해도 있다. 오른쪽은 백제 옛 영토에서 출토된 유물을 바탕으로 복원한 백제 장수의 모습이다.

선발대를 맞은 풍왕은 그 전함에 올라 왜병 1만 명과 함께 백강 어구 쪽으로 올라가고 있었다.

그 뒤를 따라 왜병 2만 7,000명을 태운 전함 1,000척이 전군·중군·후군의 순서로 백강 바깥에 배를 댔고, 백제군 기병이 강변에서 왜 선박을 호위하고 있었다. 왜군의 상륙을 엄호하기 위해서였다. 이때 신라군 기병은 앞에서 전열을 정비하고 있었고, 그 뒤에는 신라군 보병과 당군이 진을 치고 있는 상황이었다. 육지에서는 신라군 기병과 백제군 기병이 마주보며 대치하고 있었다. 이때 날랜 신라 기병

들이 당나라 군대의 선봉이 되어 사방에서 집요한 공격을 가했고 결국 백제 회복군을 물리쳤다.

이어 8월 27일에는 당나라 해군이 왜군 선발 부대를 격파했다. 그 다음날 당나라 해군은 백강 어귀로 나오다가 백제 회복군을 지원하기 위해 출동한 왜군 선단 본진과 대해전을 벌였다.

8월 28일의 이 해전에서 풍왕과 왜군 장수들은 중대한 실수를 저질렀다. 날씨를 보지 않은 채 "우리가 먼저 공격을 하면 저들은 스스로 물러날 것이다"라고 생각하고는, 대오가 흐트러져 있던 왜의 중군 병력을 이끌고 당나라 군대를 쳤다. 그러나 진용이 굳건한 당나라 군대는 좌우에서 병력을 보내 협공했다. 잠깐 사이였지만 왜군은 전멸했고 대부분 물에 빠져 죽었다. 왜 선박은 바람의 방향을 보지 않았기 때문에 좁은 물길에서 뱃머리와 고물을 돌릴 수 없어 우왕좌왕하다 당한 것이었다.

당나라 해군은 2만 7,000여 명이 동원된 왜군 부대를 순식간에 무너뜨렸다. 왜군이 동원한 1,000척 가운데 400척의 선박이 불타고 말았다. 처절했던 백강 전투의 모습을 『일본서기』는 "연기와 불꽃이 하늘을 붉게 물들이고 바닷물을 붉게 적셨다"라고 전하고 있다. 대외 전쟁에 관해서는 과장도 많고 자신들의 패배를 기록하는 데 인색하기로 유명한 『일본서기』지만 백강 전투의 패배만은 솔직하게 적고 있는 것이다.

이 전투에서 왕족인 부여충승과 부여충지 등은 왜병들을 이끌고 신라에 항복했다. 그러나 신라군은 풍왕은 사로잡지 못했다. 그는 보검 한 자루를 떨어뜨린 채 겨우 몸을 빼 달아나고 말았다. 그의 이후 행적은 의문으로 남아 있는데 『일본서기』에 의하면 고구려로 달아났다고 한다. 그리고 『구당서』「유인궤전」에 의하면 고구려로 들어간 풍왕이 왜로 망명한 아우인 부여용과 서로 연락을 나눴다고 한다.

백강 전투에서 승리한 신라 문무왕은 항복한 왜인들에게 이렇게 말했다. "우리와 너희 나라가 바다를 사이에 두고 있으면서 일찍이 싸운 일이 없을 뿐 아니라 우호를 맺고 화친을 말하는 등 서로 오가며 통했는데, 어찌 오늘에 와서 백제와 악을 같이 하며 우리 나라에 해를 끼치려 하는가? 지금 너희 나라 군졸은 우리 손 안에 있지만 차마 죽이지 못하니, 돌아가서 너희 왕에게 이 사실을 알리도록 해라."

그 후에 군대를 동원해서 항복하지 않은 백

> **구당서**
> 중국 당나라의 건국부터 멸망에 이르는 역사(618~907)를 기록한 역사서로 945년 오대(五代, 당이 망한 후 송이 건국되기 전까지 과도기) 중 한 나라인 진(후진)의 재상 유후의 총괄 아래 여러 학자가 참여해 편찬했다. 원래 이름은 『당서』였지만 송나라 때 편찬된 『신당서』와 구분해 『구당서』로 부른다. '본기' '열전' 등으로 구성된 기전체로 서술되었다. 당나라의 역사 기록은 당 말기에 전란을 거치면서 산실되어 완전하지 못했는데, 여러 방면으로 사료를 찾아 모아 비로소 이 책을 완성했다고 한다.

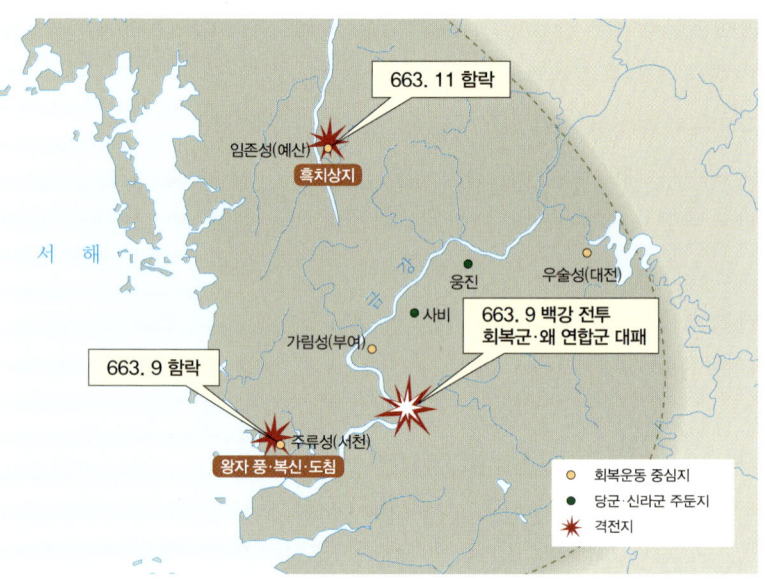

백제 유민의 회복운동 660년 7월 백제 멸망 직후부터 시작된 회복운동은 주류성을 비롯한 임존성, 우술성, 가림성 등을 거점으로 진행되었다. 흑치상지와 복신·도침 등으로 대표되는 이들 세력에 밀려 당군은 사비성과 웅진성에 고립되어 고전을 면치 못했고, 신라 역시 곳곳에서 패전을 거듭했다. 663년 9월 회복군에 3만이 넘는 왜군까지 합세해 나당연합군과 맞붙은 백강 전투는 이런 전세를 단박에 뒤집는 일종의 국제전쟁이었다. 백제 회복운동 세력은 이 전투에서 참패한 뒤 주류성, 임존성이 차례로 함락당하면서 사실상 몰락하고 만다.

임존성 원경
백제 회복운동 세력이 최후까지 항전했던 마지막 거점으로 충남 예산군 대흥면에 위치하고 있다. 봉수산과 그 동쪽으로 900m 정도 떨어져 있는 봉우리를 에워싼 둘레 약 2.5km의 백제시대 최대 규모 산성이다. 고구려의 침입에 대비해 쌓은 것으로 추정되며, 현재도 성문터와 건물터가 남아 있다.

제 회복군의 여러 성을 한꺼번에 공격해 함락시켰다. 그리고 신라군과 당나라군은 8월 17일부터 포위해 고립시켜 놓았던 주류성에 공격을 퍼부었다. 풍왕이 없는 주류성은 결국 9월 7일에 굳건하게 닫혀 있던 성문을 활짝 열었다. 이에 따라 유인궤의 예측대로 백제 회복군의 남은 세력은 기세가 크게 꺾여서 일본 열도로 망명길에 올랐다.

백제 회복군의 최후

이제 마지막으로 남은 백제 회복군 근거지는 임존성(현 충남 예산)이었다. 이곳은 지형이 험하고 성이 견고했으며 식량도 많이 비축되어 있었다. 원래는 흑치상지가 지키고 있었지만 전세가 기울자 그는 항복했고, 당시는 지수신이라는 장수가 지키고 있었다. 신라와 당나라 두 군대는 온 힘을 다해 공격했지만, 역시 별 흔들림이 없었다. 당대의 최고 명장 김유신이 투입되어 한 달 남짓이나 공격했지만 아무런 전과를 거두지 못했다.

신라는 초조해 하지 않을 수 없었고, 병사들은 너무 지쳐서 아예 싸우기조차 꺼리고 있었다. 마침내 문무왕이 11월 4일 직접 나서 설리정(현 충남 서천군)에 이르러 "지금 비록 한 개 성이 함락되지 않았지만 다른 여러 성이 모두 항복했으니 공이 없다고 할 수 없다"면서 장수와 병사들을 위로하고는 경주로 돌아갔다.

이제는 당나라 군대가 임존성 공격을 맡게 되었다. 그러나 이들의 공격 또한 결코 순조롭지 않았다. 이에 당나라 장군 유인궤는 항복한 흑치상지가 공을 세울 기회를 마련해 준다며 그에게 군대를 주어 임존성을 치게 했다. 여기엔 그의 진심을 확인하려는 속셈도 있었다.

흑치상지는 함께 항복한 사타상여와 군대를 이끌고 임존성 공격을 시도했다. 결국 임존성을 잘 아는 흑치상지의 공격으로 성은 함락되었다. 지수신은 부인과 자식을 버리고 풍왕의 뒤를 따라 고구려로 몸을 피했다.

임존성이 함락됨으로써 3년 남짓 계속된 백제 회복운동은 사실상 끝나고 말았다. 664년 3월 마지막 남은 백제 회복군 세력의 사비산성(부여 청마산성) 항전을 끝으로 백제 회복운동의 불씨는 완전히 꺼지게 되었다.

이도학 한국전통문화학교 부교수

흑치상지 묘지명 탁본
1929년 중국 낙양의 망산에서 출토되었다. 흑치상지의 출신과 가족 관계, 어린 시절을 비롯해 백제 회복운동의 전개 과정이 자세히 담겨 있다. 그는 "영민함과 꼿꼿한 기상을 품고 있는 태산과 같은 인물"이었다고 한다.

당, 이 땅에서 나가라

고구려의 멸망과 삼국통일

660년 신라와 당은 힘을 합쳐 백제를 멸망시켰으나, 승리의 축배를 내려놓자마자 백제 땅을 서로 자신의 영토로 만들기 위해 다투는 껄끄러운 사이가 되어버렸다.

당은 일단 자국의 주둔군을 주력으로 하고, 그 밑에 일부 신라군을 배치해 백제 지역을 다스리도록 했다. 그러나 이는 일시적 조치에 불과했고, 장기적으로 이 지역을 통치할 기구로 웅진도독부를 설치하게 된다. 당은 또 663년 웅진도독부 도독에 백제 의자왕의 아들 부여융을 임명해 백제 유민들의 거부감을 누그러뜨리려고 했다.

고구려 침공에 협조한 까닭

그러나 이 조치들은 고구려를 멸망시킨 뒤 대동강 이남을 신라에 주겠다고 한 약속을 깨뜨리는 것이었다. 당의 오만함은 여기서 그치지 않았다. 신라까지도 백제처럼 속국으로 삼을 욕심으로 경주에 계림도독부를 설치하고, 신라 왕을 계림 대도독으로 임명해 마치 당나라의 관리처럼 대우하려 했다. 물론 당의 일방적인 선언에 그쳤을 뿐 신라의 반대에 부딪혀 실행에 옮기지는 못했다. 그러나 신라는 이렇게 당과 각자의 국익을 두고 갈등하는 상황에서도, 고구려를 정벌하는 일에서만큼은 당에 협조를 아끼지 않고 있었다.

우선 당은 신라의 지원을 기다리지 않고 자국의 이익과 정치 군사적 일정에 따라 고구려 침공에 나섰다. 신라군의 맹활약으로 별다른 손실없이 백제를 정복한 당의 소정방 군대는 승리의 여세를 몰아 단독으로 고구려를 침공한 것이다. 그러나 고구려의 완강한 저항에 부닥쳐 군대를 철수해야만 했다. 662년에는 방효태 장군이 다시 공격했으나 사수에서 연개소문에게 크게 패했고, 이어 다시 소정방이 평양성을 포위 공격했으나 때마침 큰 눈이 내리는 바람에 후퇴하고 말았다.

그 후 고구려는 연개소문이 죽고 그의 아들들 사이에서 권력 다툼이 일어났다. 이 과정에서 맏아들인 남생은 당에 투항하기까지 했다. 이에 당은 666년 말, 이적 사령관 중심으로 남생을 고구려 침공의 길잡이로 내세워 대대적인 고구려 침공을 재개했다. 이 전쟁은 668년 나당연합군의 평양성 함락으로 이어져 마침내 고구려는 역사의 뒤안길로 사라지고 만다.

신라는 나당연합군의 백제 침공 직전에도

●사수대첩
662년 고구려의 실권자 연개소문이 3만 별동대를 이끌고 당나라 10만 대군을 사수(蛇水)에서 전멸시킨 전쟁으로 알려져 있다. 평양성을 침공했던 당나라는 연개소문 군대의 기습적인 돌 대포 공격에 참담한 패배를 당했다. 이 전쟁에서 당나라의 지휘관 방효태 장군을 비롯한 그의 아들 열세 명이 모두 죽임을 당했다. 사수의 위치에 대해선 평양 부근의 합장수라는 설, 중국 동북 지방의 송화강 지류라는 설 등이 있다.

평양성 내성 북문
고구려의 왕성인 평양성은 외성, 중성, 내성, 북성으로 이루어져 있는데, 사진은 칠성문으로 불리는 내성 북문의 모습이다. 성문이 곧바로 공격당하지 않도록 성벽을 덧내어 쌓은 옹성 형태다.

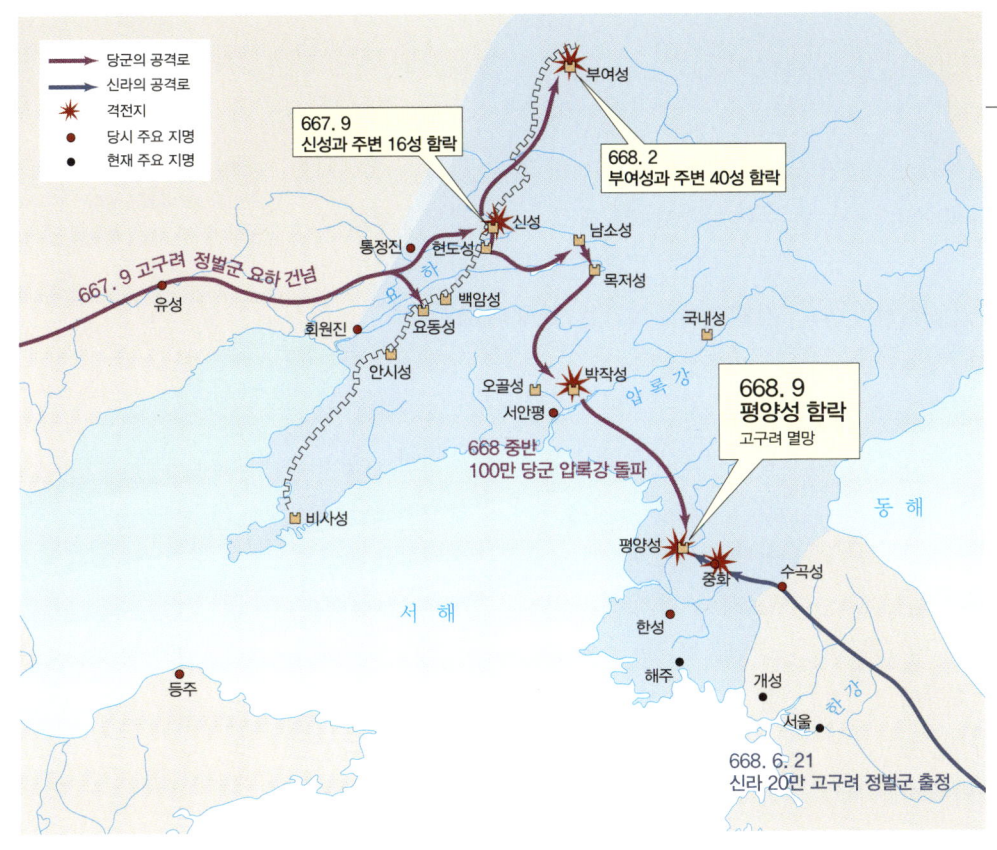

고구려의 멸망 667년 9월부터 시작된 당나라의 고구려 정벌은 서북쪽 군사 요충지인 부여성과 신성 등을 차례로 함락하면서 순조로운 첫 발을 내딛는다. 그 순간 신라는 김유신, 김인문 등이 지휘하는 20만 군대를 출정시켜 수도 평양성으로 진격하고 있었다. 668년 중반경 박작성까지 무너지며 중요한 방어 기반을 모두 잃어버린 고구려는 이제 평양성에서의 최후 항전만 남겨둔 상태였다. 고구려는 668년 9월 결국 평양성을 내주면서 700년 역사에 마침표를 찍는다.

그랬던 것처럼, 666년 사신을 당에 보내 고구려 침공을 정식으로 요청했다. 또한 이미 출동해 있던 당군에 상당한 군사력과 식량을 지원해 주기도 했다. 고구려와 당이 최후의 결전을 벌이고 있던 668년에도 대규모 군사력을 평양성 점령을 위한 전투에 참가시켰다. 왜 신라는 당의 한반도 지배 의도를 알면서도 당의 고구려 침공에 적극 협조했던 것일까?

우선 동맹 약속이 있었다. 동아시아의 강대국인 당이 옛 백제 지역은 물론, 고구려의 운명까지 결정짓고자 침략전을 펼치고 있는 상황에서 비록 어떤 의구심이 있다고 해도 당과의 약속을 저버릴 수는 없었다는 것이다.

신라 입장에서도 고구려는 여전히 위협적인 존재로서 멸망시키고 싶은 상대였다. 비록 백제가 망하긴 했지만 백제 지역은 당이 설치한 웅진도독부가 지배하고 있었다. 따라서 고구려의 힘이 여전한 가운데 웅진도독부가 정치·군사적 역량을 더욱 강화한 상태에서 당군이 물러가게 된다면, 신라는 다시 얼마 전처럼 두 나라의 침략으로 고통받게 될 가능성이 높았다.

또한 신라는 당을 잘 달래서 군사 동맹을 맺을 때의 약속 즉, 대동강 이남을 신라에 넘겨준다는 약속을 이행받고 싶었을지도 모른다. 고구려를 물리쳐 훗날의 걱정거리를 없앤 신라는 당시 평양 이남 지역까지 영토를 넓히려 하고 있었다. 이와 함께 웅진도독부를 중

신라의 투구와 창
경주 월성 동쪽의 동궁터 안에 있던 인공 연못인 안압지에서 출토된 7~8세기경 신라의 무기다. 투구 맨 위에 반구형 덮개가 덮여 있는 게 인상적인데, 두 개의 구멍은 장식을 달았던 곳이다. 오른쪽에 날카로운 날이 튀어나온 큰 창의 경우 통일기 이후에 생겨난 형식이다.

심으로 한 옛 백제 영토를 야금야금 점령하면서 여기에 신라 관리를 임명해 다스리게 하는 실리적인 정책을 펼치고 있었다.

물론 고구려의 멸망에는 당의 군사력이 보다 결정적인 역할을 했고, 그 규모도 신라와는 비교가 안 될 정도로 컸다. 그러나 당 단독의 공격으로 고구려를 멸망시킨다는 것은 당 태종 이후 여러 차례의 공격에서 이미 불가능한 일임이 입증되어 있었다. 이미 그것은 그 이전 수나라 때도 확인된 바 있다.

따라서 668년 수만 명의 신라군이 당군의 공격에 발맞춰 고구려 영토로 침공해 들어간 것은 고구려 멸망에 크나큰 역할을 했다고 볼 수 있다. 만일 신라가 이때 당의 욕심을 문제 삼아 당과의 동맹을 깨고, 오히려 고구려를 도와 당군에 저항하거나 협조를 게을리 했다면 당군은 고구려를 멸망시키지 못했을지도 모른다.

당나라 못지않은 신라의 활약

668년 신라군의 역할이 매우 중요했다는 사실은, 평양성 전투에서 승리하고 돌아온 후 신라에서 행한 대대적 전공 포상®에서도 확인할 수 있다. 신라군이 당군의 진격에 단순히 들러리 역할을 한 것이 아니라, 가장 치열한 싸움이 벌어졌을 평양성의 대문이나 북문, 나아가 성내의 각종 전투에서 앞장서 싸운 부대로서 승리에 결정적인 역할을 했다는 사실이 여기서 확인된다.

신라의 활약은 군용 식량 등 보급품을 제공하는 데서도 두드러졌다. 수나라 때부터 중국 측의 고구려 침공 작전은 모두 너무 길었던 보급로 문제 때문에 좌절을 맛보았다고 해도 지나치지 않다. 이러한 문제점을 신라 측에서 적극 나서서 해결해 줌으로써 당군은 과거 전쟁과는 달리 충분한 물자와 식량을 갖추고 유리한 전쟁을 치를 수 있게 되었다.

이를테면 662년 김유신 등 아홉 명의 장군이 지휘하는 신라의 보급 부대가 고구려를 침공한 당군에 상당량의 군량을 전달한 사실이 『삼국사기』에 기록돼 있다. 당시 신라군은 추위가 매섭던 1월에 고구려군의 저항을 뚫고 얼음길을 통해 2,000량의 수레에 쌀 4,000가마와 벼 2만 2,000여 가마를 실어 당군의 병영에 전달했다. 이때 당군 사령관인 소정방은 군량을 받자마자 철군하고 말았는데, 만일 신라의 군량 보급이 없었다면 당군은 철수조차 못하고 굶어 죽을 지경이었던 것이다.

668년 평양성 점령 후, 당은 자신의 의도대로 평양에 안동도호부를 세우고 고구려의 영토 전체를 당에 편입하려고 했다. 이에 평양 이남의 고구려 영토조차 얻을 수 없음을 알게 된 신라는 당에 적극 대응하는 정책을

® **평양성 전투의 전공 포상**
『삼국사기』에 따르면 신라는 평양성 전투를 지휘한 상층 귀족들은 한데 묶어 상을 내렸고, 중·하급 귀족들에게는 개인별로 포상을 했다고 한다. 이때 각 개인의 구체적인 전투 장소와 내용이 전해지고 있어서 당시 신라군의 역할을 파악하는 데 도움이 된다. 한산주 소감 박경한은 고구려 평양성 사령관 술탈을 죽인 제1공로자로, 흑악령 선극은 평양성 대문 돌파 전투의 제1공로자로, 서당 당주 김둔산은 평양 군영 전투의 제1공로자로 포상을 받았다는 기록 등이 그것이다.

매소성
675년 신라가 당나라 이근행의 20만 대군을 격파하고 육지 전쟁 가운데 최대의 성과를 거둔 지역이다. 이 전투에서 신라는 많은 당나라군을 죽이고, 말 3만 380필과 엄청난 양의 무기를 빼앗았다. 20만이라는 숫자는 『삼국사기』에 나온 것인데, 중국 측 역사서에는 4만 명 정도로 기록되어 있다.

펼치게 된다. 먼저 웅진도독부를 중심으로 한 백제의 옛 영토를 차례로 점령해 나가는 한편, 당에 대항하는 고구려인들을 도와 공동 군사 작전에 나선다.

고구려 다음 상대는 당나라

문무왕 10년(670) 3월, 신라의 사찬 설오유는 고구려의 태대형 고연무와 함께 각각 1만의 군사를 거느리고 압록강을 건너가 당군과 대대적인 전투를 벌이기에 이른다. 고구려를 멸망시키기 위해 당나라 군사까지 끌어들인 신라가 오히려 고구려의 패잔병과 함께 당군과 전투를 벌인 것은 놀라운 일이 아닐 수 없다. 이는 그동안 백제 옛 영토에서 벌여온, 조용하게 실리를 추구하는 영토 확장 정책을 벗어나 당을 상대로 사실상 전쟁을 선포한 것과 다름없었다.

그리고 같은 해 6월에는 당의 관리를 죽이고 도망온 고구려 귀족 검모잠이 고구려의 왕족 안승◦을 왕으로 세우고 신라의 속국이 되겠다고 하자, 신라는 그들을 금마저(전북 익산)에 살게 했다. 안승을 고구려 왕으로 인정하고 그 망명 정부를 신라의 영토 안에 둠으로써, 신라는 이제 고구려를 마치 동생의 나라처럼 다스리는 효과를 얻게 되었다.

고구려와 백제 유민들의 호응을 얻게 된 신라군은 한반도를 자신의 영토로 삼고자 하는 당군과 치열한 전쟁에 들어갔다. 그리하여 마침내 675년 9월 29일, 당의 장군 이근행이 지휘하는 20만 대군이 주둔하던 매소성을 공격해 격퇴하고 3만 380필의 군마를 얻는 대승을 거두었다. 이어 676년, 신라 장군 시득은 기벌포 등지에서 장군 설인귀가 지휘하는

나당 전쟁의 경과 670년부터 시작된 나당 전쟁은 671년 6월 신라가 사비성에서 당군 5,300여 명을 참살하고 백제 전 지역을 차지하면서 신라에 유리한 흐름으로 전개된다. 신라는 673년에도 당나라 군사 2,000여 명을 죽이는 전과를 거뒀지만, 그 직후 평양성 근처에서 패배하며 잠시 주춤한다. 그러다 675년 현재의 경기도 북부 일대인 천성과 칠중성, 매소성에서 잇따라 큰 전투가 벌어지는데, 신라가 압승을 거둔 이들 전투는 사실상 나당 전쟁의 승패를 결정짓는 분수령이었다. 이듬해 11월 신라는 기벌포 앞바다에서 설인귀가 이끄는 수군에 최후의 일격을 날리며 나당 전쟁의 종료를 알린다.

당의 해군과 전투를 펼쳐 4,000여 명을 죽이는 승리를 거두었다.

곳곳에서 크게 패한 당군은 결국 평양에 설치했던 안동도호부를 676년 만주 방면으로 이동시킬 수밖에 없었다. 또 백제 땅에 설치했던 웅진도독부도 실체 없이 이름만 남아 있다가 그마저 소리소문없이 사라지게 되었다. 이렇게 신라는 당군을 한반도 내에서 완전히 쫓아냄으로써 마침내 백제 영토와 평양 이남의 고구려 영토를 통합하는 삼국통일을 이루었다.

김기흥 건국대 교수

◦**안승과 보덕국**
고구려의 왕족인 안승은 보장왕의 서자나 외손자로 전해지지만, 연개소문 동생 연정토의 아들이라는 설도 있다. 670년 고구려 부흥운동의 주축인 검모잠에 의해 한성(현 황해도 재령)에서 왕으로 추대되었지만, 곧 검모잠과 대립해 그를 죽이고 신라에 투항했다. 이에 신라는 674년 안승을 보덕국 왕으로 봉하고 지금의 익산 지역에 살게 했다. 그 후 보덕국은 683년 안승을 경주의 진골 귀족으로 삼아 격리시키면서 완전히 사라졌다.

집중탐구

삼국시대는 정말 삼국만 존재한 것일까? 700년을 누려온 가야 왕국의 역사는 어디로 사라진 것일까? 식민지 시대 일본은 가야를 일본이 지배했다는 '임나일본부설'을 주장했다. 하지만 가야의 유물을 발굴하면서 그 주장은 오류로 밝혀졌다. 고구려, 백제, 신라만이 아닌 가야를 포함한 사국에 대한 바른 인식은 한국 고대사에 대한 올바른 이해의 시작이며, 임나일본부설을 극복할 수 있는 방안이다.

삼국시대와 가야─가야 왕국의 잃어버린 천 년을 찾아서

삼국 역사의 신빙성─『삼국사기』 초기 기록 믿을 수 있는가

김부식과 『삼국사기』─고구려 중심의 역사 인식에 도전한 보수 귀족

『삼국유사』의 진정한 가치─가야를 복원한 고대 문화의 보물창고

포상팔국 전쟁─가야의 새 맹주 노린 소국들의 도전

임나일본부설─일본의 한반도 통치 기구는 정말 존재했나

신라 대형 고분의 기원─북방 민족의 유산인가 왕권 강화의 상징인가

신라 금관의 비밀─왕관인가 데드마스크인가

신라의 벽화 고분─신라 땅에 새긴 고구려 문화의 흔적

신라의 불교 수용─새로운 시대에는 새로운 사상으로

신라의 지방 행정─왕권 강화와 함께한 행정구역의 변천

첨성대의 기능─천문대인가, 하늘로 통하는 우주 우물인가

삼국통일의 의의─신라 삼국통일은 과연 반쪽자리였나

가야 왕국의 잃어버린 천 년을 찾아서

우리가 흔히 쓰는 '삼국시대'라는 용어 속에는 가야가 빠져 있다. 가야 역사는 한국사에서 거의 잊힌 역사였다. 우선 『삼국사기』 등 과거 역사서에는 가야에 대한 기록이 부족하다. 또한 가야의 전·후기 맹주국이 자리 잡았던 김해나 고령에 가봐도 백제와 신라의 수도였던 부여, 경주에 비해 이렇다 할 문화 유적이 남아 있지 않다.

그러나 지금 경주에 남아 있는 신라 유적 대부분은 삼국통일 이후의 것이고, 삼국시대라 불리는 668년 이전 것은 극히 드물다. 삼국시대의 것이라 해도 7세기 무렵에 형성된 것이 대부분이다. 백제 무왕 대의 익산 미륵사지, 말기의 부여 정림사지 5층석탑, 신라 선덕여왕 대의 경주 첨성대와 분황사 모전석탑 등이 그 시기에 속하는 유적이다.

가야는 한반도 전체에 불교 문화가 발전하기 시작하던 6세기 후반 초엽에 멸망해 신라나 백제와 같은 고적을 남기지는 못했다. 하지만 가야 지역엔 가야 소국 왕들의 무덤이 광범위하게 남아 있으며, 무덤 안에서 나오는 부장품들도 같은 시대의 백제나 신라에 못지 않게 풍부하고 수준이 높다. 가야 문화의 이런 저력을 무시한 채 한국 고대사에서 가야사를 배제해도 좋은 것일까?

1,000만 명 이상이 가야 후예

문헌 기록을 보면 가야는 42년부터 562년까지 존속했으며, 『삼국유사』 「왕력」편의 경우

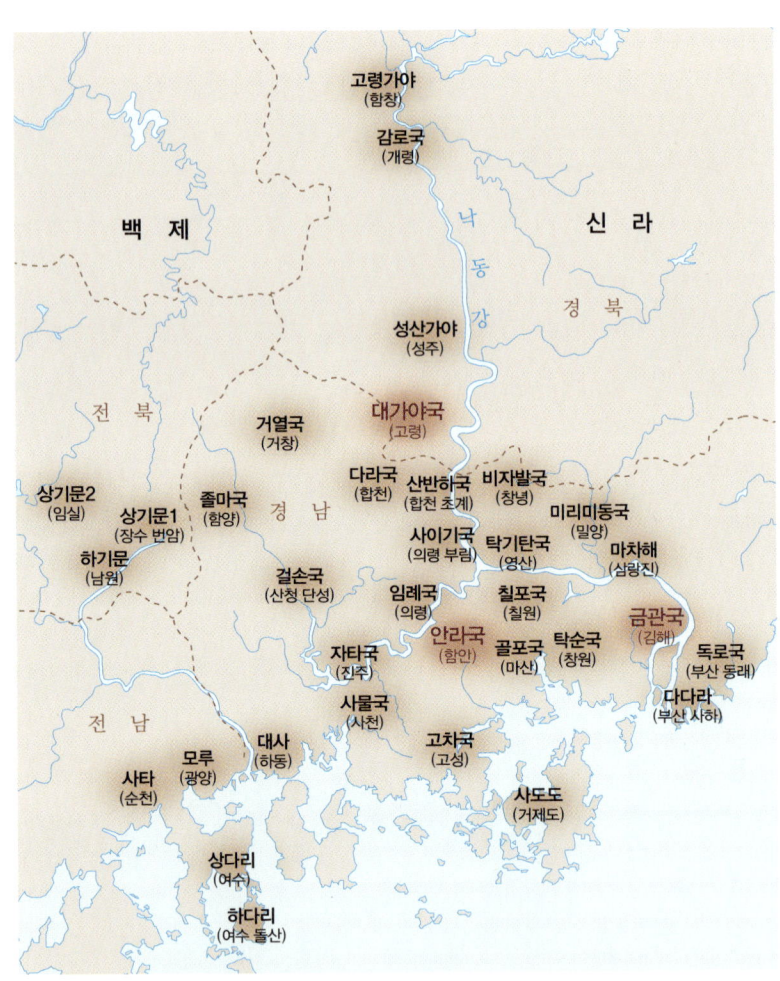

전·후기 가야 연맹 각국 분포도 흔히 알려진 것처럼 가야는 낙동강 서쪽 일부 지역에 자리 잡고 있던 작은 나라가 아니었다. 낙동강 동쪽의 창녕·밀양·부산 등을 포괄하고 경북 고령·성주·개령 지방까지 힘을 뻗친 한반도 남쪽의 강자였다. 또한 후기에는 소백산맥 서쪽으로 진출해 전북 남원·임실과 전남 광양·여수·순천 지방을 연맹의 영역으로 삼기도 했다. 이러한 성장의 밑바탕에는 각각 전·후기 가야 연맹을 이끌며 눈부신 발전을 이룩한 금관국과 대가야국·안라국이 있었다.

고구려, 백제, 신라와 대등하게 가락국을 연표 형식으로 소개해 놓고 있다.

열국시대에 북방의 부여와 고구려는 이미 초보적인 고대 국가를 이루고 있었으나, 남방은 마한 54국, 진한 12국, 변한 12국의 삼한

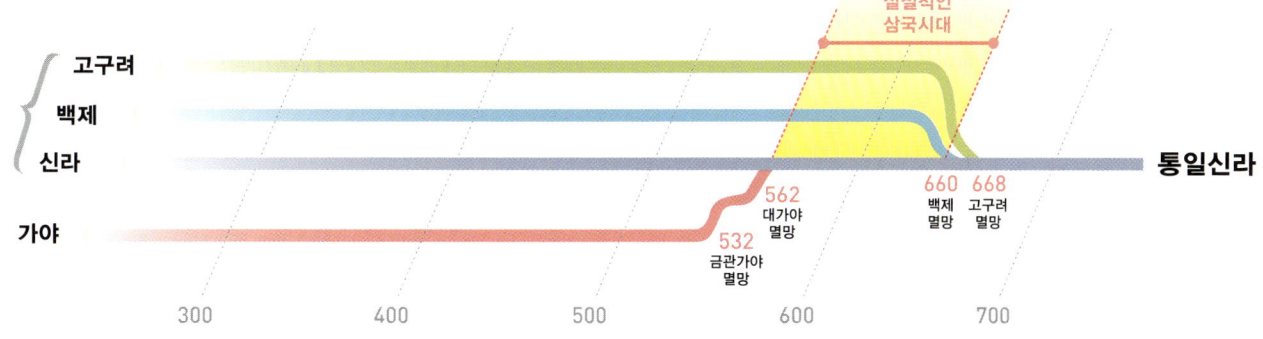

소국들로 분립돼 있었다. 그들 소국 가운데는 백제, 신라, 가야의 원형이 이미 나타나 있었으므로 고구려사, 백제사, 신라사, 가야사를 따로 다루기 위해 해당 역사의 기원과 발전 과정을 살펴보려면 열국시대를 포괄하지 않을 수 없다.

가야의 최대 판도를 살펴보면, 경상 우도와 전라 좌도를 모두 포함하며, 경상 좌도에서도 낙동강변에 가까운 창녕, 밀양, 부산 등을 가야 영역에 포함시킬 수 있다. 현재 5,000만 대한민국 인구 중 약 3분의 1이 가야의 후예란 뜻이다.

가야는 소국 연맹체에 머무른 채 고대 국가를 완성하지 못했으므로 하나의 국가로 취급할 수 없다는 시각도 있다. 그러나 적어도 3세기 이후로 가야 연맹은 고구려, 백제, 신라와 관계를 맺을 때 엄연히 대외적으로 하나의 정치체 역할을 했으며, 일시적으로 고대 국가의 면모를 보여 중국 남제로부터 책봉을 받기도 했다. 가야의 존재를 제외하고는 적어도 3세기부터 6세기까지 300여 년간의 역사를 제대로 구성할 수 없다는 말이다.

고구려, 백제, 신라가 우리나라 영토를 셋으로 나눠 지배하던 시기는 562년부터 660년까지 불과 98년 동안이다. 따라서 '삼국시대'란 용어를 고집하면 그 이전 1,000년 이상의 기간은 우리 역사에서 사라지고 만다. 이는 '통일신라시대'라고 표현하는 순간 발해가 영유하고 있던 대동강 이북에서 만주에 이르는 영토의 기억을 상실하는 것과 마찬가지다.

'삼국시대'란 용어의 기원

삼국시대라는 인식은 고려시대 중기의 정치가 겸 역사가인 김부식이 1145년에 편찬한 『삼국사기』에서 비롯된 것이다. 현존하는 가장 오래된 역사서인 『삼국사기』는 책 이름만 봐도, 고대 역사를 '삼국'으로 정리하는 것이 고려시대 사람들의 기본 인식이었음을 알 수 있다.

그러나 '삼국'에 대한 고려인들의 인식은 사실 신라인들을 계승한 것에 불과했다. 『삼국사기』엔 고구려, 백제, 신라 중 신라의 건국 연대가 가장 빠른 것으로 기록돼 있는데, 이는 최후 승자인 신라인들의 주관적 역사 인식의 결과다. 신라는 백제와 고구려를 멸망시킨 후, 삼한과 삼국을 동일시하며 신라가 삼한을 통일했다고 자랑했다. 신라 말의 최치원은 마한이 고구려가 되고, 진한이 신라, 변한이 백제가 됐다고 주장했는데, 김부식은 『삼국사기』에서 이 최치원의 견해를 따랐다.

삼국시대일까 사국시대일까

그림에서처럼 실질적으로 '삼국시대'라고 말할 수 있는 시기는 대가야가 멸망한 562년부터 백제가 멸망한 660년까지 98년 동안이다.
그 이전 500여 년간은 고구려·백제·신라·가야 네 나라가 때론 외교로, 때론 무력으로 서로 밀고 밀리는 치열한 각축을 벌인 시기였다.

그렇다면 신라인들의 역사 인식과 그를 계승한 고려인들의 인식이 현재에도 옳다고 할 수 있을까? 우선 삼한과 삼국을 동일시하는 것도 문제지만, 우리 민족의 역사인 고조선, 부여, 가야, 발해 등을 무시하는 것은 더 큰 문제다. 고조선을 언급하지 않으면, 기원전 1000년경부터 시작된 우리 민족 문화의 기원을 알 수 없게 된다.

부여와 발해를 논하지 않으면, 우리 민족의 일부를 구성한 예맥족의 역사와 광활한 만주 벌판의 경험, 그리고 고구려의 역사를 완성할 수 없다. 가야를 누락시키면, 경상남도를 중심으로 한 지역 주민들의 기원과 신라의 발전 과정, 그리고 고대 한일 관계를 제대로 설명할 수 없다. 결국 우리나라의 역사를 그르칠 뿐 아니라, 민족 전체의 경험을 시간적·공간적으로 축소시키는 결과를 낳게 될 것이다.

사국시대를 인정한 실학자들

잘못되고 축소된 역사 인식은 민족 전체의 힘을 하나로 모으는 데 장애가 되게 마련이다. 고려 후기 몽고의 침입으로 큰 시련을 겪은 이후, 당시 사상계를 이끌던 일연이 『삼국유사』를 저술해 역사 인식을 확대하고자 한 것도 이런 까닭에서다. 일연은 역사서의 이름을 '삼국의 남은 일들'이란 뜻으로 지었으나, 실제 내용은 삼국의 범위를 뛰어넘는다.

책 속의 「기이」편은 고조선(왕검조선), 위만조선, 마한, 이부(二府), 72국, 낙랑국, 북대방, 남대방, 말갈=발해, 이서국, 5가야, 북부여, 동부여, 고구려, 변한=백제, 진한 등을 망라하고 있고, 장문의 『가락국기』를 거의 그대로 게재했으며, 「왕력」편은 우리 역사를 고구려, 백제, 신라, 가야 네 나라의 연표로 정리했다.

이렇게 확대된 역사 인식의 토대 위에서 우리 민족은 몽고 간섭기를 극복하고 조선을 개국할 수 있었다. 조선 초기의 학자 권근은 『동국사략』에서 백제가 마한의 한 나라였다는 사실을 알고 최치원의 그릇된 삼한 인식을 처음으로 지적했다. 그러나 권근 역시 결국 마한은 백제, 변한은 고구려가 됐다고 봄으로써, 삼한과 삼국을 동일시하는 틀을 벗어나지 못했다.

조선 중기에 임진왜란을 겪은 후 실학자 한백겸은 『동국지리지』에서 '삼국시대'란 논리에 내재된 허점을 발견해냈다. 즉, 우리 동방은 옛날부터 남북으로 갈라져 있어서, 북쪽에서는 단군조선-기자조선-위만조선-한사군

열국시대 각 나라와 중국 군현 위치 '열국시대'란 고조선이 멸망한 기원전 108년 이후부터 314년 중국 군현인 낙랑·대방군이 멸망하기 전까지 시기를 말한다. 이 시기 한반도에는 중앙 집권적 국가 체제를 형성하지 못한 여러 소국이 곳곳에 흩어져 존재했다.

이부
기원전 108년 고조선을 멸망시킨 한나라는 한반도 땅을 통치할 네 개의 행정구역(한사군, 낙랑·진번·임둔·현도)을 설치한다. 그런데 한나라 때 역사서인 『한서』에 따르면, 기원전 82년 한나라는 4군을 낙랑, 현토 2군으로 통합하였다. 그런데 우리의 조상들은 이를 두개의 부(二府)로 잘못 이해하였다. 즉 조선의 옛 땅인 평나(진번)와 현도군 등이 있는 지역을 평주도독부로 삼고, 낙랑·임둔 두 군의 땅에 동부도위부를 둔 것으로 이해했다.

동국사략
조선 초의 학자 권근·이첨 등이 1402년(태종 2) 왕명을 받아 편찬한 역사서로 단군조선부터 삼국시대까지를 다루었다. 단군조선-기자조선-위만조선-한사군-이부-삼한-삼국의 순으로 구성해 『삼국유사』를 이어받은 고대사 체계를 세웠지만, 삼한까지는 간략히 처리해 '삼국사략'이라고도 한다. 삼국 가운데 신라를 중심으로 서술되었고, 엄격한 성리학적 명분론에 입각해 고대 문화를 비판적으로 해석했다.

(漢四郡)-이부-고구려로 전개됐고, 남쪽에서는 마한, 진한, 변한의 삼한이 각각 백제, 신라, 가락으로 계승됐다는 것이다.

한백겸은 지리적 고증을 통해 그동안 잊고 있었던 가야의 존재를 밝히고, 한국 고대 시기에 고구려, 백제, 신라, 가야 4국이 대등하게 병존했음을 논증했다. 한백겸의 이론은 그 후 많은 실학자의 지지를 얻으면서 확산돼 삼국만을 강조하는 인식을 수정해 나갔다.

식민 사관에서 비롯된 선입견

고려 후기 이후 수백 년에 걸쳐, 선조들의 역사 인식이 넓어지고 연구가 심화되면서 신라 중심의 협소한 역사 인식은 수정돼 왔다. 이제 대부분의 역사서는 우리 역사의 연원을 고조선에서부터 찾고 있고, 고구려의 개국 연대를 신라 이전으로 올려보고 있으며, 발해가 개국한 698년 이후의 역사를 '남북국시대'라 일컫고 있다. 그럼에도 가야에 대해서만은 실학자들의 연구 노력을 계승하지 못한 채 '다른 나라들의 통치를 받던 나라' '약한 나라'로 여기고 있다. 가야사에 대한 이러한 선입견은 어디서 나온 것일까?

가야사에 대한 실학자들의 올바른 연구 경향이 왜곡된 것은 일제 강점기를 전후해 우리에게 강요된 식민 사학의 결과다. 19세기 말부터 일제의 역사가들은 『일본서기』에 나오는 신공황후의 삼한 정토 설화를 비롯한 왜곡

● **남북국시대**
남북국시대는 신라의 삼국통일부터 발해 멸망 때까지 시기를 일컫는다. 보통 이 시대를 '통일신라시대'로 부르고 있지만, 고구려 유민들이 세운 발해 역시 한국사의 한 부분이었으므로 발해를 '북국', 통일신라를 '남국'으로 구분해 칭하자는 주장이 존재한다. 남북국시대론을 처음으로 제기한 인물은 조선 정조 때의 문인·역사가인 유득공으로 1784년 편찬한 역사서 『발해고』를 통해서였다. 최근 이 주장은 대체로 수용되는 추세에 있지만, 고려·조선의 발해 계승성 문제 등 반론도 적지 않다.

가야의 발견자, 한백겸

조선 중기의 학자 한백겸(1552~1615)은 『동국지리지』를 통해, 한국 고대사가 고구려, 백제, 신라의 삼국으로만 구성되어 있다고 믿던 시대에 가야의 존재를 알린 사람이다.

호가 '구암'인 한백겸은 판관 한효윤의 아들이다. 한백겸은 선조 때 중부 참봉, 선릉 참봉 등을 역임한 후 1589년 정여립의 모반에 연루돼 형을 살았다. 임진왜란이 일어나자 풀려난 한백겸은 내자시 직장, 청주 목사, 호조 참의 등을 역임했고, 광해군 땐 강원도 안무사를 거쳐 1611년 파주 목사를 지냈다. 한백겸이 그의 마지막 저서 『동국지리지』를 쓰고 사망한 해는 1615년이다. 이후 『동국지리지』는 조선 후기 실학을 여는 단초가 된다.

『동국지리지』는 한 권의 책으로 된 역사지리서인데, 후대의 역사가들에게 매우 큰 영향을 미쳤다. 특히 삼한의 위치에 대해 한강을 경계로 북쪽은 고조선 및 한사군, 남쪽은 삼한의 영토라고 지적함으로써, 이전 최치원이나 권근과 다른 독창적인 학설을 제시했다. 결국 한백겸의 학설이 훗날 정극후, 신경준, 안정복, 정약용 등의 실학자들에게 계승돼 지금까지 정설로 인정받고 있다.

한백겸의 이러한 견해가 가야와 무슨 관련이 있을까 생각할 수도 있지만, 그렇지 않다. 삼한, 곧 마한·진한·변한은 3세기 후반까지 중국 쪽 사료에 보이다가 사라졌다. 삼한은 이후 각각 백제·신라·가야로 발전·번성했다. 그중에서도 가야는 변한 12국 중의 하나인 '구야국'을 토대로 발전한 나라다.

『동국지리지』에서 한백겸은 당시까지 이어진 변한에 대한 시각에 의문을 제기했다. 신라 말기 최치원의 언급으로 고려시대엔 변한이 백제가 됐다고 생각했고, 조선시대엔 권근의 연구로 변한이 고구려로 이어졌다고 생각한 까닭에, 그 후의 역사가들까지 이들의 오류를 답습했다.

한백겸은 변한의 위치가 진한의 남쪽 땅인 경상도 서남 지역이란 사실, 그곳에 세워진 가락국이 후에 신라로 병합됐음을 밝혔다. 그러나 한백겸은 변한이 처음부터 진한에 종속돼 존재하다가 끝내 복속됐다고 생각해, 김해의 금관국과 고령의 가야국을 신라의 위성국인 것처럼 서술했다.

가야를 좀 더 적극적으로 인정하지 못한 것은 문제였지만, 변한의 위치를 바로잡음으로써 가야를 발견하고 조선 후기 사람들에게 가야의 존재를 분명하게 인식시킨 것은 한국 고대사 연구에 지대한 영향을 끼쳤다고 할 수 있다.

경기도 여주에 있는 한백겸 묘와 신도비

된 역사 자료를 토대로 이른바 '임나일본부설'을 주장했다. 369년부터 562년까지 약 200년 동안 고대 왜 왕권이 가야 지역을 정벌해 임나일본부를 설치하고, 백제와 신라를 영향력 아래 두고 남한을 경영했다는 것이다. 일제 시기에 일본이 우리에게 가르친 역사 교과서는 신공황후와 왜 왕권의 위대성을 선전할 뿐이었다.

우리가 국권을 되찾은 이후에도 마찬가지였다. 교과서는 바뀌었지만, 가야사 부분은 거의 삭제되거나 극도로 축소된 채였다. 그동안 일제의 선전에 물들어 우리 자신도 일본의 주장이 사실일지 모른다는 열등감에 빠진 탓이다. 그렇게 가야사를 거론하지 않으면서 50년 넘는 세월이 흘렀다.

그러나 1970년대 이후, 고고학이 발달하면서 가야의 풍부하고 수준 높은 유물들이 발굴되기 시작했다. 이미 일본에서는 황국 사관을 극복하는 차원에서 일본의 고대 문명이 한반도 남부 가야 지역에서 건너간 기마 민족에 의해 건설됐다는 설이 나오고 있었다. 북한에서도 식민 사관을 극복하기 위해 가야를 포함한 삼국의 주민들이 일본 열도에 많은 소국을 건설해 본국과 주종 관계를 맺었다는 설을 만들어냈다. 반면 남한에선 가야가 고대 일본의 지배를 받은 것이 아니라 200년간 백제의 지배를 받았다는 해석이 나오고 있다.

남들도 인정해 주는 가야의 힘을 우리가 의심하고 있는 것이다. 수많은 가야의 유물 가운데 가야가 고대 왜국이나 백제, 또는 신라의 지배를 받은 것으로 추정할 수 있는 근거 자료는 하나도 나오지 않았다. 유물들은 오히려 풍부한 부와 선진적인 제철 기술, 토기 문화 등을 갖춘 가야 문화의 독자적인 성격을 확인시켜 줬을 뿐이다.

'오국시대'는 시기상조

한국 고대 시기의 대부분은 고구려와 백제 2강과 신라와 가야 2약이 서로 뒤엉켜 세력의 균형을 이루며 전개됐다. 가야를 포함한 사국시대에 대한 인식은 한국 고대사를 올바로 이해하는 관건이며, 임나일본부설의 망령을 당당하게 물리칠 수 있는 방안이다.

게다가 5세기 초에 전기 가야가 해체될 땐 수많은 가야 이주민이 일본 열도로 건너가 제철 기술과 단단한 도질 토기인 스에키 제작 기술을 전하기도 했다. 일본의 고대 문명이 싹튼 계기였다. 가야는 비록 완성되지 못하고 멸망한 아쉬운 문명이지만, 한국 고대사의 자랑이며 신라가 훗날 삼국통일을 이룰 수 있게 해준 원동력이었다.

혹자는 부여를 포함해 '오국시대'로 칭해야 한다고 주장하기도 한다. 그러나 부여는 285년 선비족 모용외에 의해 수도가 일시적으로 함락됐고, 346년 『자치통감』에 '백제'로 표현된 세력(고구려 또는 물길)의 공격을 받고 서쪽으로 천도했다가, 선비족 모용황 군대의 침략을 받아 국왕 이하 5만여 명이 포로로 잡혀간 후 거의 몰락했다.

그러므로 오국시대 대부분의 시기는 사국시대라고 해도 과언이 아니다. 조선 후기 실학 전통에서도 부여를 포함한 오국시대의 논리가 거의 이어지지 않았고, 전반적인 연구가 부족하다는 점에서 아직은 시기상조가 아닐까 한다.

김태식 홍익대 교수

> **자치통감**
> 중국 북송의 정치가이자 역사학자인 사마광(1019~1086)이 중국 역사를 연대순으로 정리·서술한 편년체 통사다. 처음엔 사마광 개인이 서술을 시작했으나 나중에 왕명에 따라 본격적인 편찬 작업이 이루어졌다. 1065년부터 1084년까지 20여 년에 걸쳐 만들어졌으며, 중국 주나라 위열왕 때(기원전 403년)부터 960년경까지 1,362년 동안의 역사를 다루었다. 북송의 6대 황제인 신종은 "지난 일을 거울 삼아 통치에 도움이 되도록 한다"는 뜻에서 이 책의 이름을 '자치통감'으로 지었다고 한다.

북방 기마 민족이 일본과 한반도 남쪽을 정복했을까?

일본의 고대 국가를 건설한 주체는 대륙 북방에서 이주해 온 기마 민족이라고 하는 주장이 기마 민족설이다. 1948년 일본의 한 역사학자가 제기한 기마 민족설은 한국에도 영향을 주어 한때 삼국시대 고대 문명의 뿌리를 북방 기마 민족에 두려고 하는 주장이 나오기도 했다.

기마 민족설에서는 일본의 천황족이 된 북방계의 기마 민족이 4~5세기 무렵에 대륙으로부터 한반도를 경유해 일본에 건너왔으며, 이미 정착해 있던 농경 민족인 왜인들을 정복하고 일본 최초의 국가, 즉 야마토 왕조를 세웠다고 본다. 좀 더 구체적으로 4세기 초에 백제와 신라의 세력이 성장하자 이전 변한과 진한을 지배하던 기마 민족 정복 왕인 진왕의 후손이 한반도의 임나(가야)에서 일본의 큐슈로 이주해 왜한 연합 왕국을 세웠다는 것이다. 임나는 그 후 왜 왕의 영토가 되었다고 주장한다.

이러한 기마 민족설은 한국 측의 고대사 연구에도 자극을 주었다. 이를테면 4세기 들어 중국에서 흉노·선비 등 기마 유목 민족의 전면적인 침략으로 5호16국시대가 개막되자 만주에 있던 비류계의 백제가 한반도로 남하해 한강 유역에 정착했으며, 온조계의 백제국을 비롯한 주변 세력을 연맹 형태로 흡수했다는 시각이 있다. 말하자면 '기마 민족 백제 정복설'이라고 할 수 있다.

'기마 민족 신라 정복설'도 있다. 4세기부터 6세기까지 신라 돌무지덧널무덤(적석목곽분)이 기원전 8세기부터 기원전 4세기까지의 북방아시아 목곽분 문화(쿠르간 문화) 전통의 연장선 위에 있다고 보는 것이다. 게다가 기존의 덧널무덤(토광목곽묘)과 돌무지덧널무덤이 구조나 출토 유물에서 단절이 보이는 것은, 북방아시아 목곽분 문화를 가진 기마 민족인 김씨족이 4세기 전반기에 갑작스럽게 경주에 이주한 것을 반영한다고 주장한다.

다른 한편 3세기 후반의 금관가야 유적인 김해 대성동 29호분에서 값진 물품들을 껴묻는 풍습, 주인공을 따르던 사람들을 함께 묻는 순장 풍습, 도기 재질의 토기, 금세공품, 청동솥, 철제 갑옷과 승마용 마구 등 북방 문화 요소가 한꺼번에 나타나는 것을 근거로 부여계의 북방 주민들이 이주해 온 것이라며 '기마 민족 가야 정복설'을 제기하는 사람도 있다.

기마 민족설의 허점

기마 민족설을 처음으로 제기한 일본 학자는 4세기 중엽부터 562년까지 야마토 조정이 한반도 남부에 임나 관청을 설치하고 직할령으로 통치했다는 것을 전제로 해서 기마 민족의 일본 열도 정복설을 전개하고 있다. 그러나 한반도의 정세나 고고학 자료에 대한 지식은 너무도 희박하다. 그는 『일본서기』에 나오는 신화와 일본 고고학 자료, 중국 정세와 고고학 자료에 대한 대략적인 지식을 가지고 그 같은 결론을 내린 것으로 추정된다.

또한 왜한 연합 왕국이 4세기 초부터 300년 이상에 걸쳐 오랫동안 존속했다면, 그동안 가야 지방의 유물과 왜의 유물 성격이 같아야 할 것이나, 실제로는 다르다. 이는 기마 민족설이 제기된 시점인 1948년에는 고려되지 않았던 가야 지역과 북큐슈 지역의 유물에 대한 비교 조사가 이후 상당히 진전을 이룬 결과 드러난 사실이다. 이처럼 성격이 다른 별개의 두 문화를 하나의 정권에 속한 정치체로 인정할 수 있을까?

이제 기마 민족설은 일본에서 더 이상의 흥미를 상실한 것으로 여겨진다. 고대 일본 열도가 5세기에 급격한 발전을 이룬 것은 사실이지만, 외부의 침입자인 기마 민족에 정복되었다고까지 말할 수는 없다는 것이다. 그렇다면 그 '기마 민족'이라고 언급되었던 일본 고대 문명의 개척자들은 누구인가?

4~5세기 일본 열도의 개척과 고대 문명의 발전은 주로 철과 기타 여러 가지 기술을 매개로 한 가야와의 긴밀한 교류에 의해 이루어졌다. 4세기에 가야 지역에는 서북한 지역으로부터 상당한 수준의 기마 문화가 도입되었고, 4세기 후반에 전기 가야의 기술자들이 금관가야 왕권에 의해 일본 열도에 파견되었다.

5세기 후반에는 후기 가야의 기술자들이 대가야 왕권에 의해 일본 열도로 건너갔다. 그러한 지원의 대가로 가야는 일본 열도로부터 왜인 용병을 비롯해 다른 교역품을 받아냈을 것이다. 그리고 더욱 중요한 것은 5세기 초 무렵 전·후기 가야 전환기에 많은 가야 유민이 발생해 기존의 교류 통로를 타고 일본 열도로 대거 이주했다는 사실이다. 즉 가야 주민의 상당수가 원조 기술자 또는 유민의 형태로 4세기 말 이후부터 5세기에 걸쳐 일본 열도로 건너갔고, 그들 중 일부는 천황족을 비롯한 지배층에 편입되기도 했을 것으로 추정된다.

하지만 가야가 일본 열도를 정복했다고 하거나, 또는 그들을 기마 민족이라고 부르는 것은 바람직하지 않다. 가야와 왜 사이의 관계는 상호 이익을 위한 대등한 교류가 근본 동력을 이루고 있었으며, 여기에 한반도, 일본 열도 및 중국의 정세가 광범위하게 얽혀 있었다. 따라서 그들은 한반도로부터 일본 열도에 건너간 기마 정복민이 아니라 가야계 일본 이주민이었던 것이다. 가야를 대신해 백제가 일본 열도와 직접적으로 교류하는 것은 시기적으로 한 단계 늦은 6세기 이후였다.

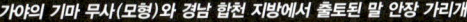

가야의 기마 무사(모형)와 경남 합천 지방에서 출토된 말 안장 가리개

『삼국사기』 초기 기록 믿을 수 있는가

삼국 역사의 신빙성

오늘날까지 전하는 우리 역사서 가운데 가장 오래된 것은 『삼국사기』다. 고려 인종 때인 1145년에 김부식 등이 편찬한 이 책은 신라와 고구려, 백제의 흥망성쇠 과정을 비롯해 그들 나라의 제도나 인물 등에 관한 여러 사실을 담고 있어 우리 고대사를 이해하는 가장 핵심적인 자료라고 할 수 있다.

그러나 이 책의 사료적 가치는 그간 큰 논란의 대상이 되어왔다. 특히 삼국의 초기 역사에 관한 기록의 사실성 여부를 놓고 논쟁이 이어지고 있다. 그 논란은 크게 보면, ① 사실성을 전혀 인정할 수 없다는 입장 ② 특별히 못 믿을 이유가 없으니 사실로 인정해도 된다는 입장 ③ 전적으로 불신하는 것은 문제가 있지만 비합리적인 부분이 있는 게 사실이므로 사료로서 제한적으로 이용해야 한다는 입장으로 나눌 수 있다.

흔히 '불신론'으로 불리는 ①은 주로 일제 식민지 시기 이후 일본인 학자들에 의해 주장되어 온 것이고, '긍정론'이라 할 수 있는 ②는 20세기 후반 역사학계 일부에서 제기된 이래 지금껏 꾸준히 이어져 오고 있다. '수정론'으로 부르는 마지막 ③은 해방 이후 많은 고대사 연구자가 『삼국사기』 초기 기록을 바라보는 기본적인 시각이었다.

앞뒤 안 맞는 연대상의 모순

삼국 초기 역사에 대한 『삼국사기』의 기록은 얼핏 봐도 합리적으로 이해하기 힘든 부분이 많다. 불신론은 바로 이러한 부분을 문제 삼아 초기 기록의 사료적 가치를 아예 인정하지 않으려는 입장이다. 문제가 되는 내용을 요약하면 다음과 같다.

우선, 『삼국사기』 초기 기록에 전하는 왕들의 재위 연대가 논란이 되고 있다. 신라의 경우를 예로 들면, 미추왕은 262년부터 284년까지 재위한 것으로 기록되어 있는데 다른 곳에서는 내물왕(재위 356~402)과 그를 이어 417년까지 왕위에 있었다는 실성왕의 장인으로 나온다.

이는 실성왕의 부인이 되는 미추왕의 딸이, 설사 미추왕이 사망한 해에 출생했다고 하더라도 실성왕이 즉위한 402년에 나이가 무려 119세나 되었다는 말이 된다. 인간의 수명에 대한 일반적 상식을 초월하는 이러한 사례는 결국 초기 기록의 연대를 그대로 믿을 수 없게 만드는 중요한 요인이라 할 수 있다.

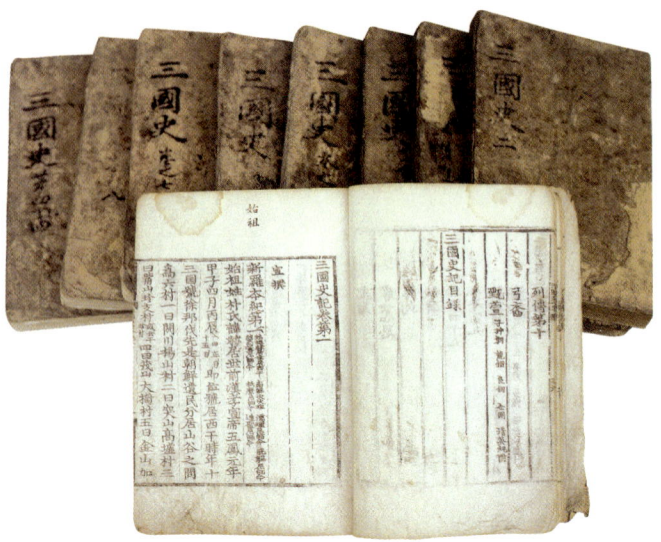

『삼국사기』
『삼국사기』는 세 개의 판본이 전하는데, 사진은 경주시 안강읍 옥산서원 소장품으로 9책 50권으로 된 완질본이다. 1573년(조선 선조 6)에 목판 인쇄된 책이며, 가로 24cm, 세로 31.5cm 크기의 장마다 9행 18자로 짜여져 있다. 고려시대 초간본은 현재 전해지지 않는다.

삼국의 초기 영역에 대한 기록도 불신론을 주장하는 측에서 자주 언급하는 부분이다. 신라의 경우, 제5대 왕인 파사왕 대에 이르러서야 경주와 가까운 울산, 안강 등을 정복하고 영토를 넓혔다고 기록되어 있다. 그러나 같은 책에는 또 그보다 앞선 시기인 제4대 탈해왕 때 이미 신라가 소백산맥을 넘어 충북 보은 등의 지역을 장악하고 있었고, 백제와 전투를 벌였던 것처럼 나와 있다. 아무런 다른 고려 없이 이 기록들을 대한다면, 사실 여부에 당연히 의문을 가질 수밖에 없다.

삼국 초기의 대외 관계 기록에서 보이는 여러 모순도 불신론 측의 단골 메뉴다. 대표적인 사례로는 고구려, 백제, 신라가 모두 초기부터 '말갈'이라는 주변 세력과 갈등을 빚고 여러 형태의 접촉을 한 것처럼 나오고 있다는 점을 들 수 있다. 그러나 실제 말갈은 중국 측 역사서에 6세기 중엽에야 그 이름이 비로소 등장하는 만주 지역의 미개 종족이었다. 이는 곧 삼국이 초기에 아직 나타나지도 않은 유령 종족과 관계를 맺었다는 말이 된다.

신라의 경우도 시조 혁거세부터 제3대 유리왕 시기까지 '낙랑'의 침입을 자주 받은 것처럼 실려 있다. 그러나 낙랑은 한반도 서북부에 자리 잡고 있던 중국 한나라의 군 이름으로 신라가 터 잡은 경주 지역과는 천수백 리 떨어져 있었다. 이런 중국 세력이 과연 어떻게 소백산맥과 같은 지리적 장벽을 뛰어넘어 침략해 올 수 있었을까.

긍정론의 논리와 문제점

긍정론은 이 같은 불신론을 강하게 비판하면서 제기된 것으로, 『삼국사기』 초기 기록을 적극적으로 인정하려는 견해이다. 특히 가장 문제가 되었던 초기 기록의 연도를 포함해, 영역 확장, 대외 관계 기록들의 사실성을 그대로 인정하면서 삼국의 초기 역사를 재구성하고자 했다.

이를테면 1960년대 고고학계에서 제시한 풍납토성°의 축조 연대와 『삼국사기』「백제본기」에 나오는 백제 건국 연대가 서로 일치한다며, 이를 토대로 『삼국사기』에 기록된 백제 초기 왕들의 재위 연대와 그들의 활동상을 믿을 수 있다고 주장한다.

신라의 초기 역사와 관련해서도 반론을 제기한다. 한 예로 신라가 경주 주변의 지역도 다 복속시키지 못했던 시기에 백제와 소백산맥 이북에서 군사적 대결을 벌였다는 기록에 대해 왕족의 하나인 석씨족이 경주로 이동해 가던 과정에서 경험했던 사건이 이미 경주에

◦풍납토성
서울 송파구 풍납동에 있는 초기 백제시대 성곽으로 북서쪽으로 한강을 끼고 약간 동쪽으로 치우친 남북 장타원형의 평지 토성이다. 일제시대 때 대홍수에 떠내려간 서벽까지 포함하면 둘레 3.5km의 거대한 규모였을 것으로 보인다. 막대한 양의 기와와 벽돌을 비롯한 다양한 유적·유물이 출토되면서 백제 지배층의 거주 공간으로 주목받았다. 이런 이유로 최근 몽촌토성이 아닌 풍납토성을 백제의 시조 온조가 나라를 세운 '하남위례성'으로 추정하기도 한다.

「삼국사기」 초기 기록에 대한 시각

	불신론	긍정론
기본 입장	사실성을 전혀 인정하지 않음	사실성을 그대로 인정하면서 삼국 초기 역사 재구성
근거	왕들의 재위 연대가 상식적으로 맞지 않고 삼국의 초기 대외 관계 부분도 모순이 많음	고고학·기후학적 연구 결과 기록과 일치하는 부분이 있으며 '불신론'의 주장처럼 큰 모순점이 없음
문제점	일부 사실관계 문제로 기록 전체를 부정 편찬 당시 상황에 대한 고려가 없음	상식에 벗어나는 여러 사례에 대한 명확한 반박이 없음 일부 근거로 사실성을 전면인정하는 논리적 취약성

정착해 있던 세력의 역사와 후대에 섞이면서 생긴 결과라고 파악한다. 즉 「신라본기」 초기 기록은 어떤 큰 하자나 모순점을 지닌다고 단정할 수 없으며, 신라의 발전 과정을 순리적으로 서술하고 있다고 본다.

그러나 긍정론은 가장 큰 논란이 되고 있는 초기 기록의 연도를 포함해 거의 모든 기록의 사실성을 인정하겠다는 태도 때문에 비판의 대상이 되고 있다. 『삼국사기』 초기 기록은 적어도 연도 부분에서는 불합리한 측면이 분명히 존재한다.

따라서 긍정론을 펼치려면, 무엇보다 불신론에서 지적하는 사례 하나하나를 해명하고 넘어가는 것이 먼저다. 그러나 긍정론은 고고학이나 기후학 쪽의 일부 연구 결과를 끌어와 초기 기록이 믿을 만하다고 주장하고 있다. 이런 점에서 긍정론은 그 논리적 기반이 매우 취약하다고 말할 수밖에 없다.

일부 문제로 전체 부정

『삼국사기』의 초기 기록 전체를 신뢰하지 않는 불신론 역시 문제다. 초기 기록이 사료로서 많은 문제가 있는 건 사실이지만, 불신론 입장대로라면 『삼국사기』를 근거로 삼국의 초기 역사를 구성한다는 것은 아예 불가능한 일이 되어버린다. 이는 매우 중대한 문제가 아닐 수 없다.

우리가 잊지 말아야 할 것은, 『삼국사기』 초기 기록에 실려 있는 개개의 사실이 12세기에 이 책이 편찬될 당시 김부식 등에 의해 처음으로 만들어진 것은 아니라는 점이다. 김부식 등은 자신들이 갖고 있던 옛 기록과 고려 초기에 편찬된 이른바 『구삼국사』® 등

옥산서원
경주시 안강읍 옥산리에 있는 서원으로 『삼국사기』를 소장하고 있는 곳 중 하나다. 조선시대 성리학자인 이언적을 기리기 위해 1572년 처음 세워졌고, 이듬해 선조로부터 '옥산'이라는 이름을 받아 사액서원(국가의 공인을 받은 서원)이 되었다.

을 참고해 『삼국사기』 초기 기록을 정리해 나갔다.

물론 그 과정에서 편찬자들의 오해로 일부 사실과 어긋나는 내용이 기록됐을 가능성이 있다. 또한 자신들의 역사관에 의해 이전부터 내려오던 사료들 가운데 어느 것은 취하고 어느 것은 버림으로써 상당량의 기록이 빠졌을 수도 있다. 하지만 전체적으로 보아 그들은 없었던 사실을 조작해서 집어넣거나 사실을 왜곡해 책을 만든 것은 결코 아니었다. 문제는 『삼국사기』 편찬 때 자료로 사용된 옛 기록이 어떤 성격이었고, 거기에 실린 기록들은 어떤 과정을 거쳐 수집되었는가이다.

삼국이 자신의 역사를 처음 정리한 시기는 대략 4~6세기에 걸쳐 있다. 고구려의 경우는 확실하지 않지만, 백제는 4세기 후반 근초고왕 시기에, 신라는 6세기 중엽 진흥왕 시기에 최초의 역사서 편찬이 이루어졌다. 이 시기는 삼국이 각기 고대 국가로 자리 잡은 시점으로부터 상당한 시간이 흐른 뒤였다. 기록을 만들지 않았던 시기의 역사를 후대에 정리하는 과정에서는 많은 착오가 생기는 게 보통이다. 편찬 당시의 정치적 입장이나 기타의

⊙ 구삼국사
고려시대 초기에 편찬된 삼국시대에 관한 역사책으로 현재 전하지는 않는다. 원래 명칭은 '삼국사'였을 것으로 보이며 김부식의 『삼국사기』가 나온 이후 이름이 바뀐 듯하다. 고구려를 중심으로 서술한 것으로 추정되는데, 이는 초기 고려가 고구려를 계승한 국가임을 내세웠기 때문이다. 이 책은 『삼국사기』 편찬 시 주요 자료로도 이용되었던 것 같다. 이러한 사실은 고구려 주몽 설화의 내용이 『삼국사기』의 「동명왕본기」를 약간 줄인 것이라는 점에서 확인된다.

사정에 따라 그동안 전해져 내려온 각종 설화들이 윤색이나 과장, 왜곡을 거쳐 기록되기도 했을 것이다.

그렇다고 하더라도, 사건의 뼈대까지 완전히 조작해 국가의 공식 역사책에 실었으리라 추측하는 것은 지나치다. 조상이 겪은 일들은 여러 대를 거치면서 수많은 후손에 의해 기억되고 전승되었을 것이다. 따라서 그 공유된 지식의 기본 틀을 파괴하는 날조는 이루어지기 어렵다고 보는 게 합리적이다.『삼국사기』초기 기록에 보이는 일부 의문점을 빌미로 초기 기록 전체가 후대의 조작이나 날조에 의한 것이라고 치부하며 불신하려는 태도는 침소봉대의 오류를 범하는 것이라 하지 않을 수 없다.

극단에 치우치지 않는 해석

수정론은 이러한 불신론과 긍정론 양자의 문제점들을 해결하고, 보다 엄격한 사료 비판과 합리적인 사료 해석을 통해 삼국의 초기 역사를 복원하려는 입장이라고 할 수 있다.

수정론은 무엇보다도 불신론에서 가장 핵심적인 논거로 내세웠던 초기 기록의 연도상 문제점을 해결하려고 한 것이 주목된다. 신라의 경우, 연도에 착오가 있는 것이 곧 관련 사실 자체를 부정할 근거가 될 수는 없으며, 『삼국사기』「신라본기」초기 기록의 연도는 실제보다 대폭 위로 올려잡은 것이 분명하므로 가능한 모든 방법을 이용해 구체적인 인상 폭을 확인한 뒤 실제에 맞게 조정해야 한다고 주장한다. 이 견해는 점차 설득력을 얻어가는 추세이다.

「신라본기」와「백제본기」초기 기록에 보이는 '말갈'과 '낙랑'에 대해서도 본디 그 실체는 각각 '예맥'과 '진한'인데, 후대에 여러 차례 역사서가 편찬되는 과정에서 편찬자의 오해로 인해 그들과는 전혀 관계가 없는 다른 세력의 명칭으로 바뀌어 기록되었음을 규명하기도 했다.

이처럼 수정론은 그동안 불신론에 의해 사료적 가치를 의심받아 온『삼국사기』초기 기록에 대해 다양한 시각을 동원해 합리적인 이해의 방향을 모색해 왔다고 볼 수 있다. 그 결과 충분하지는 않지만 삼국 초기 역사의 전체적인 흐름을 어느 정도 복원해낼 수 있게 되었다.

앞으로도 이러한 노력이 계속될 때, 삼국의 초기 역사에 대한 새로운 지식과 방법론이 발굴될 것이다. 그것은 곧 삼국시대 전체 역사의 흐름을 제대로 파악할 수 있는 기초가 될 것이다.

강종훈 대구가톨릭대 교수

『삼국사기』와 『삼국지』

『삼국사기』초기 기록을 적극적으로 인정하는 긍정론 측에서는 그동안 한국 고대사의 연대 문제와 관련해 비교 자료로서 많이 활용해 왔던 중국 역사서인『삼국지』의 사료적 가치를 상대적으로 폄하하는 경향이 있다. 3세기 후반 편찬된『삼국지』의「위서 동이전」에는 부여, 고구려, 동옥저, 마한·진한·변한(삼한), 왜 등 고대 동방 민족에 대한 기록이 담겨 있다.

『삼국사기』와『삼국지』가 내용상에서 충돌이 일어났을 때 우리는 양자의 사료적 가치를 면밀하게 비교할 수밖에 없다. 이를테면『삼국사기』에는 백제와 신라가 이미 1세기경부터 한반도 중남부의 양대 세력으로 성장한 것처럼 기록되어 있지만,『삼국지』에는 아직 마한과 진한의 일개 소국에 불과한 것처럼 서술되어 있다.

이 경우 당대의 자료에 기반한『삼국지』가 더 높은 평가를 받게 되는 건 당연한 일이다.『삼국지』가 중국 정통 왕조로 서술한 위나라는 3세기 전반에 당시 공손씨 정권이 장악하고 있던 낙랑·대방 지역을 탈취하고 그를 통해 한반도 남부와 일본 열도 등 여러 세력과 활발한 교류를 벌이고 있었다. 이런 상황에서『삼국지』의 편찬자가 이 시기 존재했던 한반도 중남부 주요 교역 국가들에 대해 기록하지 않고, 그보다 앞선 시기의 세력 판도를 굳이 적어놓을 이유는 없을 것이다.

물론『삼국지』도 한계가 있을 수 있다. 하지만 적어도 어떤 나라가 한반도 중남부에 존재했고 그 가운데서도 어떤 나라가 유력한 세력인지에 관한 서술은 당시의 정보에 기반한 것이라고 보는 게 합리적이다.

김부식과 『삼국사기』

고구려 중심의 역사 인식에 도전한 보수 귀족

김부식은 현재 남아 전하는 우리나라 역사서 가운데 가장 오래된 책인 『삼국사기』를 편찬한 인물이다. 그는 고려 문종 25년(1075)에 태어나 1151년에 사망하기까지, 이른바 '문벌 귀족'을 대표하는 인물로서 국내외에 이름을 크게 떨쳤다.

김부식이 활동하던 시기는 고려의 문벌 귀족 사회가 안정기를 지나 점차 자체의 문제점을 드러내면서 혼란의 조짐이 싹트던 때였다. 왕실 외척인 이자겸이 일으킨 반란(1126)과 서경 천도를 주장하면서 개경의 문벌 귀족들이 독점하던 정치 권력을 빼앗고자 한 묘청 일파의 난(1135)은 당시 사회가 안고 있던 문제를 극명하게 드러낸 사건이었다.

김부식은 이 두 사건을 몸소 겪으면서 체제 유지를 우선시하는 보수적인 성향을 강하게 드러냈다. 특히 묘청의 난 때는 그 자신이 토벌군의 사령관이 되어, 기존 사회의 틀을 깨뜨리려고 하는 세력들을 진압했다. 『삼국사기』는 김부식이 묘청의 난을 진압한 후 새로이 편찬한 삼국의 역사책으로, 그의 역사관과 현실 인식이 그대로 반영되어 있다.

『삼국사기』를 편찬한 이유

김부식은 경주 김씨이다. 『고려사』 열전에 따르면 그의 조상은 신라의 왕족이었다고 하는데, 그의 손자인 김군수가 쓴 시에 '무열왕손'이라는 구절이 들어 있는 것으로 보아 태종무열왕 김춘추의 후손으로 생각된다.

김부식은 뛰어난 문장가로 이름을 날렸다. 아울러 그는 유교 경전에도 해박한 지식을 갖고 있었으며, 중국의 역사도 종횡으로 꿰뚫고 있었다. 1123년 송나라 사신단의 일원으로 고려를 다녀간 서긍은 『고려도경』이라는 책에서 김부식을 특별히 소개하면서, "두루 배운 바가 많고 지식이 뛰어나며, 글을 잘 짓고 고금의 일에 밝아 선비들이 마음으로 따르고 있다. 그를 능가할 자가 없다"고 적기도 했다. 한마디로 그는 고려를 대표하는 최고의 지식인이었다고 할 수 있다.

보수 성향의 귀족인 김부식은 대외 정책 면에서도 강경한 노선보다는 온건한 입장을 취했다. 당시 북쪽에서는 여진족이 일어나 금나라를 세우고 기존의 강대국 요나라를 멸망시키는 한편, 중원의 송나라마저 양자강 남쪽으로 밀어내면서 동아시아의 최강국으로 떠오르고 있었다. 금나라는 고려에 대해선 군주와 신하 관계로 자신들을 섬길 것을 강요했는데, 김부식은 전쟁을 피하기 위해서는 굴욕을 감수하고서라도 그 요구를 받아들여야 한다는 입장이었다. 군사력이 약한 고려가 금나라와 정면 대결하는 것은 무리라고 판단했던 것이다. 그것은 나름대로 현실성이 있는 판단이었지만, 대신들 사이에 많은 논란을 불러 일으켰다.

김부식을 비롯한 문벌 귀족에 도전하던 서경파는 고려에 굴욕을 안긴 금나라를 군사적으로 정벌할 것을 주장했다. 그들은 풍수도참설에 입각해 땅 기운이 이미 죽은 개경을 떠나 서경으로 수도를 옮기면 나라의 운명이 융성해질 것이라고 왕을 설득하고, 아울러 왕을 황제로 부르고 독자적인 연호를 사용해 나라의 위상을 드높이자고 주장하기도 했다.

김부식은 이에 단호하게 반대 입장을 밝혔다. 유학자인 그로서는 풍수도참설과 같은 비합리적인 사고 체계를 도저히 받아들일 수 없었으며, 서경파의 금국 정벌론이 결국 국가의 안전을 크게 위협할 것으로 생각했다. 그는 앞장서 서경파의 천도 주장을 반박했고, 결국 그 시도를 무산시켰다.

그의 눈에는 서경파가 현실 파괴를 도모하는 불온한 세력으로 비쳤다. 그리고 다시는 그 같은 세력이 준동할 수 없도록 해야 한다는 일종의 사명감이 불타올랐다. 힘 없는 나라가 힘센 나라에 사대 외교를 벌이는 것은 당연하다는 인식을 지배층 전체에 확산시킬 필요가 있었다. 그는 자신의 생각이 옳다는 것을 역사를 통해 입증하고자 했으니, 그것이 곧 『삼국사기』의 편찬이었다.

『삼국사기』는 삼국의 역사를 기록한 최초의 책이 아니

다. 이미 고려 초에 『삼국사』라는 역사서가 편찬된 바 있었고, 그것은 김부식이 활동하던 당시까지 이전 왕조들의 역사를 정리한 고려 왕조의 공식적인 역사책으로 인정받고 있었다.

『삼국사기』와 구별하기 위해 흔히 『구삼국사』라고 부르는 이 책에 대해 김부식은 많은 불만을 갖고 있었던 것으로 보인다. 현재는 책이 전하지 않아 그 구체적 내용을 파악할 수는 없으나, 이규보가 지은 「동명왕편」 등에 실려 있는 일부 내용을 통해 볼 때 『구삼국사』는 고구려를 중심으로 삼국의 역사를 정리한 책이었음이 분명하다.

고려 왕조 자체가 고구려를 계승한다는 의식을 갖고 출발했기에 이것은 너무나도 당연한 결과였지만, 신라 왕실의 혈통을 이어받은 김부식으로서는 이 책의 역사 인식 체계가 마음에 들지 않았다. 그에게 고구려는 사대의 대상인 중국에 무모하게 맞서 싸우다가 결국 멸망한 나라로, 결코 역사에서 모범이 될 수 없는 존재였던 것이다. 게다가 자신의 정적인 서경파가 과거 고구려의 수도였던 곳을 지역 기반으로 삼고, 고구려 계승 의식을 강하게 표방했다는 것도 그를 크게 자극했다.

신라를 정통 국가로 부각시키다

그는 국왕 인종의 동의를 얻어 삼국의 역사를 재구성하는 작업에 착수했다. 삼국 중 고구려를 두 번째 순위로 밀어내는 대신 신라를 첫 순위로 올리고, 기존의 『구삼국사』에서 비중 있게 다루지 않았던 신라 인물들을 대거 열전에 포함시켰다. 특히 자신의 집안에 내려오던 자료를 포함해 새로운 자료들을 발굴하고, 이를 토대로 7세기 삼국통일 전쟁 과정을 신라 중심으로 자세하게 서술했다. 삼국통일을 완성한 신라의 문무왕은 유일하게 두 권에 걸쳐 그 업적이 기록되었으며, 김유신의 경우 총 열 권 분량의 열전에서 앞부분의 세 권을 차지할 정도로 비중 있게 다루어졌다.

김부식이 이 과정에서 반복해서 강조한 것은 '어느 나라가 중국에 대해 사대를 성실하게 잘 했느냐'였다. 그는 고구려와 백제의 역사를 총평하는 부분에서 큰 나라를 잘 섬기지 않고 그 명령을 따르지 않아서 멸망을 자초했다고 비난한 반면, 신라에 대해서는 지성으로 사대를 잘 했기에 삼국을 통일할 수 있었다고 칭찬했다. 아울러 현종 이후 고려의 왕들이 실질적으로 신라 왕실의 혈통을 이어받고 있음을 강조해, 그간의 고구려 계승 의식이 허상에 불과함을 지적했다.

흔히 김부식과 『삼국사기』에 대한 비판은 '사대성'에 집중된다. 그것은 분명 타당한 비판이다. 김부식은 자신의 정치적 신념이었던 사대주의를 전파할 목적으로 『삼국사기』를 편찬했으며, 과거 역사에서 그 시대에 가장 충실했던 나라이자 혈통적으로 자신의 뿌리를 이루는 나라인 신라를 정통 국가로 부각시키고자 했다.

이러한 그의 현실 인식과 역사관이 과연 올바른 것이었는지에 대한 판단은 개인마다 다를 수밖에 없다. 그러나 한 가지 확실한 사실은 그의 사고방식이 당시 고려인들의 마음을 하나로 묶을 수 있는 것은 결코 아니었다는 점이다. 그는 자신이 속한 문벌 귀족 사회의 안정을 최우선 목표로 삼았고, 정치적 견해나 지역적 기반이 다른 집단에 대해서는 '포용'과 '일치'보다는 '배타'와 '구별'의 태도로 일관했다.

그보다 나중에 편찬된 『삼국유사』나 『제왕운기』 등에서 보이는, 민족 구성원 전체의 통합을 이끌어낼 수 있는 한 차원 높은 역사 인식은 기대하기 어려웠다. 고려 사회가 그런 인식에 도달하기까지는 무신정권 시기의 극심한 지역 갈등과 수십 년에 걸친 몽고의 침략이라는 안팎의 시련이 필요했다.

그가 지은 『삼국사기』가 이전의 역사서에 비해 합리주의에 토대를 둔 한 단계 진보한 역사서임은 부인할 수 없다. 그러나 그가 특정 정치 세력과 특정 지역을 옹호하거나 배척할 의도를 갖고 있었다면, 그와 『삼국사기』가 후세 역사가들의 끈질긴 비난에서 벗어나기는 어려울 것이다.

강종훈 대구가톨릭대 교수

김부식 주요 연보

- **1075년** 김근의 셋째 아들로 출생
- **1096년** 과거 급제
- **1116년** 송나라에 사신으로 감
- **1126년** 어사대부·추밀원 부사(정3품)에 임명
- **1132년** 중서시랑 평장사(정2품)에 임명
- **1135년** 묘청의 난 진압 주도
- **1145년** 『삼국사기』 편찬
- **1151년** 사망
- **1153년** 중서령(정1품)에 추증

김부식 영정

가야를 복원한
고대 문화의 보물창고

「삼국유사」의 진정한 가치

젊은 날을 수행으로 보내고 만년에는 온 나라의 사표인 국사가 된 보각국사 일연은 승려들과 백성들이 다투어 공경하고 사모했던 선승이었다. 그러나 오늘날 우리들에게는 고승보다는 『삼국유사』를 저술한 역사가의 모습이 많이 남아 있다.

일연은 아홉 살 때 어린 나이로 고향 경산을 떠나 불교에 귀의한 후 여러 곳을 다니며 수행하고 교화했다. 일연은 이처럼 출가 수행자였지만 일찍부터 역사에 대한 관심이 남달랐던 것 같다. 그의 여행을 자료 수집을 위한 현지 답사라고 말하기는 어렵지만, 유물·유적에 대한 관찰이 남달랐고, 역사가로서 치열한 노력과 열정을 보여주었다.

『삼국유사』에는 일연이 직접 목격했던 유물·유적에 대한 관찰기와 현지에서 찾아낸 고문서 등의 사료, 그리고 각지에 전해지던 설화 등이 많다. 따라서 『삼국유사』가 일연의 평생 정진의 소산이란 평은 과장이 아니다. 물론 이 책은 70대 만년에 운문사와 인각사 등지에서 집필된 것이다.

왜 『삼국유사』를 썼을까

꿈속에서라도 세속에는 가지 않겠다던 승려 일연은 무엇 때문에 세속의 역사에 관심을 가지게 된 것일까? 아마도 그것은 고려 사회의 위기의식으로부터 비롯되었을 것이다.

일연이 살았던 13세기 고려 사회는 참으로 암울했다. 안으로는 100년 무신정권의 횡포로 찌들고, 밖으로는 야만 몽고의 침략과 간섭이 거듭된 시련의 시대였다.

고종 18년(1231)부터 시작된 몽고의 침략은 1258년까지 무려 6차에 걸쳐 약 30년 동안이나 계속되었다. 온 나라가 야만의 침략에 모진 수난을 당했다. 개경으로 환도한 이후에도 80여 년 동안 원의 간섭에 모진 시련을 겪어야 했다. 두 차례에 걸친 일본 정벌에 동원되어 수많은 사람이 목숨을 잃었고, 모진 채찍 아래서 전함을 만들었으며, 고이 키운 딸을 야만의 손아귀에 빼앗기고 통곡하기도 했다.

이처럼 13세기 고려 사회는 폭압과 침략으로 강산이 유린되고 슬픈 사람들의 가슴은 나날이 멍들고 있었다. 한마디로 위기의 시대였다. 야만 몽고의 말발굽 아래에 짓밟힌 민족의 자존심은 오랜 문화 전통을 자랑하던 민족의 수치였고 시련이었다. 일연은 이러한 현실

◉ **무신정권**
고려 중기 약 100여 년 동안 무인들이 집권해 이끌었던 정치 체제를 말한다. 1170년(의종 24) 정중부·이의방·이고 등이 왕(의종)과 문신들을 대량으로 살육한 뒤부터 시작되었으며 경대승 – 이의민 – 최충헌 같은 실권자를 거쳐 1270년(원종 11)까지 이어졌다. 집권 문신 세력들의 부패와 타락, 무신에 대한 차별이 반란의 원인이 된 것으로 추정된다. 역사적 의미에 대해선 문벌 귀족 세력의 붕괴와 신분제의 동요 등 고려 사회 변동의 주요한 분수령이 되었다는 평가, 정치 지배 세력의 단순한 교체였을 뿐이라는 시각 등 다양한 견해가 있다.

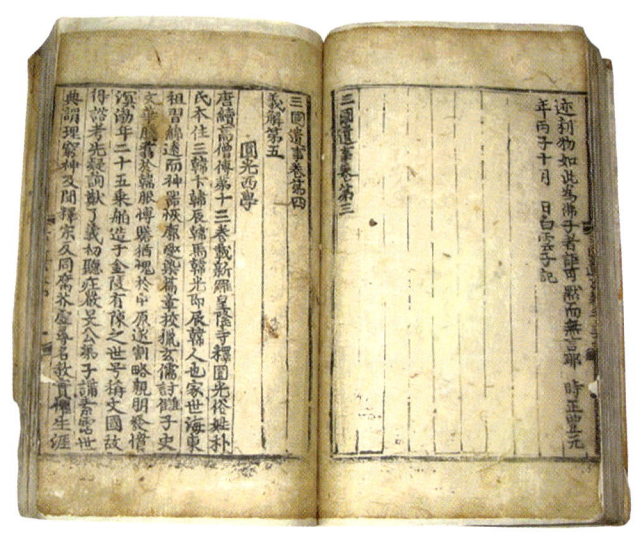

서울대 규장각 소장본 『삼국유사』

인각사와 심초석
일연이 『삼국유사』를 저술한 곳으로 알려진 경북 군위군 화산에 있는 절이다. 2006년 극락전 주변에서 대형 목탑의 중앙 기둥을 받치는 심초석이 발견되어 관심을 모으기도 했다.

의 고통을 견디면서, 과거의 역사와 미래의 희망을 『삼국유사』 속에 담고자 했던 것이다.

일연의 시야는 역사 기록뿐만 아니라 설화, 시가 등으로도 열려 있었다. 그는 또 귀족과 백성들의 삶을 차별하지 않았으며, 거지와 노비도 따뜻한 눈으로 보았다. 불교와 원시 종교도, 선종과 교종도 구별하지 않았다. 그는 역사적인 삶도, 문학적인 상상력도, 종교적이고 철학적인 인생의 해석도 함께 녹였다. 그리하여 『삼국유사』에는 문학과 역사와 철학이 함께 어우러져 있는 것이다.

중요한 것은 의미 있는 삶이었을 뿐이다. 『삼국유사』에는 많은 설화를 수록했는데, 삶과 존재에 대한 깊은 통찰을 담고 있는 경우가 적지 않다. 우리들의 삶에서 무엇이 더 소중하고 의미 있는 것인지를 일깨워준다.

『삼국유사』는 고려 충렬왕 7년(1281)경에 편찬을 시작해 인각사에서 탈고했다. 일연의 직함에 '인각사 주지'가 포함될 수 있던 시기는 그의 나이 79세가 되던 1285년부터 84세로 세상을 떠난 1289년까지이다. 따라서 『삼국유사』 저술은 1289년 전까지 이어졌다고 할 수 있다.

민족 문화 탐구의 길잡이

5권 9편으로 구성된 『삼국유사』의 형식은 정사인 『삼국사기』는 물론, 불교 역사서인 『해동고승전』과는 다른 특징이 있다. 『삼국유사』는 삼국의 역사 전반을 서술하지도 않았고, 삼국의 불교사 전체를 포괄하지도 못했다. 저자의 관심을 끈 자료들을 선택적으로 수집, 분류한 자유로운 형식의 역사서다.

이 책의 내용에는 불교사 기록이 많지만 그렇다고 전체를 불교 역사서로 보기는 어렵고, 또 많은 설화를 수록하고 있다고 해서 설화집으로 보기도 어렵다. 이 책은 저자가 책의 이

『삼국유사』의 구성(5권 9편)

권	구분	편	주요 내용
1~2권	역사적 사실에 대한 정리	왕력	삼국·가락국·후고구려·후백제 등의 간략한 연표
		기이	고조선부터 후삼국까지의 단편적인 역사 서술
3~5권	불교와 관련된 사실·설화	흥법	삼국의 불교 수용과 그 융성에 관한 내용
		탑상	탑과 불상에 관한 사실
		의해	원광·자장 등 신라의 고승들에 대한 전기
		신주	불교적 기이한 일들에 대한 이야기
		감통	부처와 영적 감응을 이룬 일반 신도들 이야기
		피은	세속을 떠나 은둔하며 수행하는 승려들의 생활과 사상
		효선	뛰어난 효행과 선행을 다룬 미담

름에서 밝히고 있듯이, 기록에서 빠졌거나 자세히 드러나지 않은 것을 정리한 삼국의 유사(遺事)인 것이다.

고려 후기 문헌에 『삼국유사』가 인용된 예는 단 한 번 확인되지만, 조선 초 이후에는 여러 곳에서 자주 인용되었다. 부정적인 평가에도 불구하고 이 책은 조선시대에 적지 않은 영향을 주었다. 『삼국유사』가 학문적 관심의 대상이 되고, 한국 고대사 연구의 기본 자료로 적극 활용되기 시작한 것은 대략 20세기 초였다.

『삼국유사』의 현재적 의미는 그 어느 역사서보다도 더 중요하다. 오늘날 『삼국유사』는 우리 민족의 고대 역사, 지리, 문학, 종교, 언어, 민속, 미술, 신화 등에 대한 원천적인 자료를 전해주는 보고로 평가되고 있다. 특히 책에 담긴 수많은 신화와 전설, 그리고 14수의 향가는 우리 고대 문학 연구에 없어서는 안 될 귀중한 자료가 되고 있다.

이 책은 또 한국 고대 미술의 주류인 불교 미술에 관한 자료를 제공하고 있는데, 탑과 불상, 건축 등에 관한 많은 정보를 소개한 「탑상」편의 가치는 여기서 빛난다.

이처럼 『삼국유사』는 민족 문화의 연원을 탐구하는 이들에게 무궁한 길잡이다. 암울한 13세기를 살면서도 절망하지 않고 기록을 남겨 오늘에 전해준 일연의 노력은 세월이 흐를수록 빛나고 있는 것이다.

가야사 담은 거의 유일한 책

가야에 대한 현존 기록은 너무나 적다. 그러나 『삼국유사』에는 「가락국기」, 「왕력」편 중의 '가락국'역, '5가야'조, '금관성 파사석탑'조 등 가야에 관한 기록이 전하고 있다. 『삼국사기』에서 누락시킨 부분을 보완하려 했던 일연의 의도가 반영된 결과로 이해된다.

일연은 고려 문종 때 금관주(현 경남 김해) 지사였던 문인이 편찬한 『가락국기』를 간추려서 『삼국유사』에 수록했다. 이 책을 편찬한 문인이 김양감ᵒ이라는 주장도 있지만, 확실한 것은 아니다. 문종 31년에 편찬된 이 책은 신화와 사전(史傳, 역사에 전해진 기록) 두 부분으로 되어 있고, 끝에는 4자 50구로 된 가락국의 건국 서사시를 덧붙였다.

신화 부분에는 수로왕의 건국 설화, 허황후와의 혼인 설화, 수로왕릉의 보존에 관련된 이야기, 신라에 병합된 이후 고려 왕조에 이르기까지 김해 지방의 연혁 등이 소개되어 있다. 그리고 사전 부분에는 제2대 거등왕부터 제10대 구형왕까지 일들이 실려 있다. 비록 『삼국유사』에 인용되어 전하지만, 가야사를

인각사에 있는 보각국사 일연 영정

ᵒ **김양감**
고려 중기의 문신으로 문종·선종 대에 여러 관직을 지냈으며, 당시 최고의 권세를 누렸던 이자겸과 인척이면서도 끝까지 그에게 아부하지 않은 것으로 유명하다. 1074년 중국 송나라에 사신으로 가서 거란 왕조인 요나라의 이목을 피하기 위해 양국 간 왕래 항로의 정박지를 기존 등주에서 명주로 변경한다는 합의를 이끌어내고 돌아오기도 했다. 고려 문종 때 편찬된 가락국(가야)에 대한 역사서인 『가락국기』의 저자가 그라는 설도 있으나 확실치는 않다.

다른 문헌이 거의 없는 현실에서 귀중한 자료가 아닐 수 없다.

한편 『삼국유사』「가락국기」와「왕력」편 중 가락국 왕력은 『개황록』도 인용했다고 한다. 『개황록』은 가야에 대한 역사서임에는 의심이 없지만, 저자와 편찬 시기를 전혀 알 수 없다. 『개황록』이라는 책 이름에 대해서는 개황 연간(581~600, 중국 수나라 문제의 통치기)에 만들어진 때문이라는 견해도 있고, 수로왕의 개국, 즉 황조의 개국을 기록한 때문이라는 견해도 있다. 가락국 왕력과 「가락국기」 사이에는 왕들의 재위 연수, 왕명의 표기 등 서로 다른 내용도 보인다.

파사석탑, 인도에서 온 것일까

『삼국유사』 '5가야'조에는 아라가야·고령가야·대가야·성산가야·소가야 등의 5가야, 그리고 고려 태조 23년(940)에 5가야 이름의 개정 사실 등에 대해서 서술했다. '금관성 파사석탑'조의 기록에 따르면, 인도 아유타국의 공주 허황후가 48년 김해에 도착해 수로왕의 황후가 되었고, 이때 배에 탑을 하나 싣고 왔다고 한다. 바로 그것이 금산성(현 경남 김해)에 있던 절인 호계사의 파사석탑이었다.

험난한 항해에 안전을 기원하며 불상이나 경전 등을 배에 싣고 다녔던 사례가 있음을 감안하면, 사실일 가능성이 없지 않다. 일찍이 파사석탑을 직접 살펴본 일연도 탑의 재료가 우리나라에 있는 돌이 아니라고 했다. 최근에도 돌의 비중과 석질, 색깔이 인도 특유의 것이라는 주장이 제기되고 있다.

그러나 일연은 파사석탑이 인도에서 왔을 가능성을 인정하면서도 당시에는 사람들이

파사석탑
김해시 구산동 허황후릉 옆에 위치해 있으며, 수로왕비 허황후가 인도에서 머나먼 바다를 건너올 때 파신(파도의 신)의 노여움을 잠재우기 위해 싣고 온 탑이라는 전설이 전해진다. 원래 호계사에 있었으나 절이 없어지면서 조선시대에 현재의 자리로 옮겨졌다.

불교를 믿지 않았다며, 질지왕 2년(452)에 왕후사를 세웠다는 『가락국기』의 기록에 주목했다. 수로왕의 8대손인 금관가야 질지왕이 과거 수로왕과 허황후가 결혼한 자리에 왕후사라는 절을 세우고, 시조모 허황후의 명복을 빌었다는 내용이었다.

또한 「가락국기」에는 수로왕이 도읍을 정하면서 가히 16나한(현실 세상에서 정법을 지키는 16명의 불제자)이 머물 땅이라고 했다는 기록이 있고, '어산불영'조는 수로왕이 부처님을 청해 설법하게 함으로써 사람들에게 해를 입히는 사나운 용과 악귀의 재해로부터 벗어날 수 있었다는 설화를 전한다. 아마도 이 설화는 가야가 불교와 관계가 깊은 나라라는 점을 강조하기 위해서 훗날 더해진 것으로 보인다.

김상현 동국대 교수

가야의 새 맹주 노린 소국들의 도전

포상팔국이란 '해안 또는 강가의 나루터에 있는 여덟 나라'라는 뜻인데, 그 나라 이름과 위치를 자세히 알 수는 없다. 다만 여덟 나라 중에서 보라국(위치 미상), 고자국(고성), 사물국(사천), 골포국(마산), 칠포국(칠원) 다섯 나라는 확인된다. 따라서 포상팔국은 대체로 경남 마산 서쪽의 해안 지대에 흩어져 있던 나라라고 할 수 있다.

『삼국사기』에 따르면, 이 전쟁은 201년 가야국(또는 아라국)이 신라 나해왕에게 사신을 보내 화친을 청하는 것으로부터 시작된다. 그로부터 8년 후인 209년, 보라국, 고자국, 사물국 등 포상팔국은 가야국(또는 아라국) 공격을 개시한다. 이에 가야국(또는 아라국)은 신라에 구원을 요청하고, 신라 나해왕은 군대를 보내 포상팔국의 장군들을 죽이고 포로 6,000명을 구출한다. 3년 후인 212년, 이번엔 골포, 칠포, 고사포 등 세 나라가 신라 갈화성(울산)을 직접 공격했는데, 나해왕은 친히 군대를 거느리고 가 이를 물리친다. 가야는 그 보답으로 신라에 왕자를 보내 볼모를 삼게 했다.

가야국인가 아라국인가

여기서 우선 문제가 되는 것은 이 사건이 일어난 시기가 과연 맞느냐 하는 점이다.

사실 3세기 전반 한반도 남쪽에 진한 12국과 변한 12국이 있었다는 중국 『삼국지』의 기록이나 가야와 신라의 발전 정도 등에 비추어 볼 때, 이 시기에 포상팔국 전쟁과 같은 사건이 있었다고 보기는 어렵다. 즉, 『삼국사기』의 기록이 일정한 사실을 근거로 작성된 것이라고 해도, 그 연도는 잘못되었다는 것이다.

그렇다면 포상팔국 전쟁은 언제 일어난 것일까? 3세기 초에서 4세기 말 사이 한반도 정세에서 가장 큰 변화는 낙랑군(313년)과 대방군(314년)이 차례로 멸망한 것이었다. 이는 한반도 남부에서 낙랑과의 원거리 무역을 통해 발전하던 김해 가야국에도 충격을 주었을 것이다. 그 충격으로 가야 연맹 안에 내

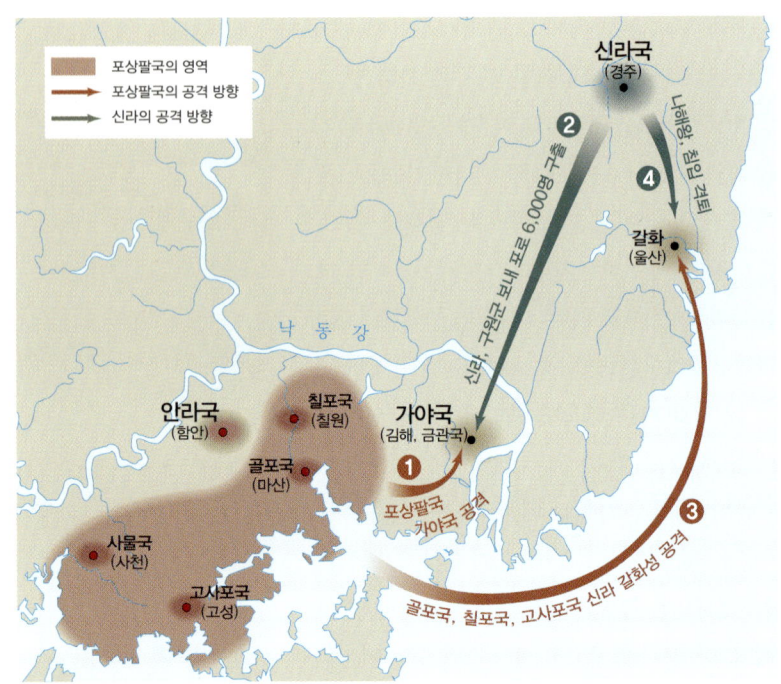

포상팔국 전쟁의 경과 포상팔국이 김해의 가야국과 신라국을 잇따라 공격한 구체적인 이유에 대해선 논란이 분분하다. 일각에선 발달된 철기 문화를 바탕으로 연맹의 중심 국가로 올라선 가야국이 철의 생산·공급·교역을 독점하려 하자 주변 소국들이 이에 반발해 전쟁을 일으켰다고 보기도 한다. 포상팔국의 2차 공격지인 갈화성(울산)이 신라의 중요한 해상 교통로이기도 하지만 양질의 자철광 산지인 점이 이를 뒷받침한다. 후기 가야 연맹의 맹주인 함안의 안라국은 포상팔국을 뒤에서 조종·지원한 배후국으로 추정되는 나라다.

분이 일어나 서로 충돌이 발생했을 가능성은 충분히 있다.

다른 한편으로 포상팔국의 전쟁 대상국에 대해서도 논란이 있다. 크게 김해의 가야국(금관국)으로 보는 설과 함안의 아라국(안라국)으로 보는 설로 나뉜다.

그러나 두 견해 모두 추정에 근거한 것일 뿐 결정적인 기록이 있는 것은 아니다. 그런데 고고학적 유물의 분포로 볼 때, 포상팔국 중에 위치 확인이 가능한 지역인 마산, 칠원, 고성, 사천 등은 토기 문화권상에서 마산 서쪽에 속하고, 4세기 아라국의 옛 터로 추정되는 함안 지방에서도 그들과 같은 형식의 원통 모양 굽다리접시가 출토되고 있다.

반면에 전기 가야의 문화 중심지였던 김해, 부산, 창원 지방에서는 아가리가 밖으로 넓게 젖혀지고 뚫린 구멍이 없는 굽다리접시가 출토되고 있다.

따라서 포상팔국이 연합해 같은 문화권에 속하는 함안의 안라국을 공격했다기보다는, 다른 문화권에 속하면서 세력이 큰 김해의 가야국을 쳤다고 보는 것이 합리적일 것이다.

낙랑군 멸망과 변화의 파도

이 두 차례의 전쟁은 주로 김해나 울산과 같은 해안의 거점을 둘러싸고 일어났으며, 그 주변 남해안 지역의 소국들과 동해 남부 해안의 신라가 참여했다. 따라서 포상팔국 전쟁은 3세기 무렵까지 낙랑·대방에서 변한의 맹주인 김해의 가야국으로 이어진 해상 수송로가 낙랑·대방의 몰락으로 붕괴되자, 가야의 지도력을 인정하지 않으려는 주변 해안 소국들이 저항한 것으로 볼 수 있다.

이에 김해의 가야국은 그 해상로의 배후에 있던 낙동강 중·상류의 소국들이나 동해 남부의 소국 등을 규합해 대응했을 것이고, 신라도 그 배후 세력 중 하나였을 가능성이 높다. 김해 대성동 고분군의 유적 규모로 보아, 4세기 무렵 가야는 신라와 거의 대등한 세력이었다. 즉, 가야국은 신라와 교류하면서 가야 연맹 내 다른 소국들보다 높은 위치에 있었다. 낙동강 입구를 통과해야 하는 고령이나 밀양 등 낙동강 연변에 위치한 소국들은, 이처럼 여전히 건재한 김해 세력과의 친밀한 관계를 쉽사리 포기할 수 없었을 것이다.

4세기 전반 낙랑으로부터 연결되는 일방적인 문화 전파 루트가 사라지자, 한반도 남부의 각 세력들은 서로 이리저리 연합해 지역 안에서 자생적인 문화권을 형성하게 되었다. 그것은 결국 포상팔국 전쟁과 가야 연맹의 동서 분열로 이어졌다.

김태식 홍익대 교수

굽다리접시
함안 지방에서 출토된 위 사진의 굽다리접시는 굽다리 부분이 원통형 모양을 하고 있고 이곳에 아주 작은 사각형 구멍이 열지어 뚫려 있음을 알 수 있다. 반면 아래 김해 지방에서 출토된 굽다리접시는 '八'자형 모양으로 구멍이 없다. 이는 4세기경 이들 두 지역이 서로 다른 문화권에 속해 있었음을 말해준다.

포상팔국 전쟁과 물계자

물계자는 신라 10대 나해왕 때 인물이다. 기록에 따르면, 그는 두 차례의 국가적 전쟁(포상팔국 전쟁)에서 큰 공을 세웠으나 포상을 받지 못했다.

첫 번째 전쟁은 최고 지휘관인 왕자 날음에게 미움을 산 탓이었고, 두 번째 전쟁은 직접 출정한 나해왕에게 아무도 물계자의 공을 말해주지 않았기 때문이었다. 그러자 물계자는 "신하된 도리는 위험을 보면 목숨을 바치고 어려움을 만나면 몸을 돌보지 않는 것인데, 그러지 못했다고 소문이 났으니 무슨 면목이 있겠는가?" 하고는 가야금을 들고 산에 들어가 나오지 않았다고 한다.

물계자는 매우 용맹한 전사였으나 남들에게 인정받지 못한 사람이었던 것으로 보인다. 첫 전쟁에서 그는 지휘관 날음의 명령을 따르지 않았거나 혹은 너무 큰 공을 세워 날음에게 시기를 받았던 듯하다. 그래서 한 친구는 왕에게 직접 무공을 아뢰라고 충고했지만 물계자는 때를 기다린다며 왕 앞에 서지 않았다. 두 번째 전쟁에선 나해왕이 직접 출정한 전투였음에도 포상 대상에 들지 못했다. 이때 왕은 그의 활약을 직접 보지 못했고, 다른 이들도 이 사실을 왕에게 말하지 않았다. 아마도 날음의 눈치를 봤기 때문일 것이다.

날음은 기록에 왕손, 왕자, 태자 등으로 나오는데, 아마도 나해왕의 큰 아들이자 태자였을 것이다. 따라서 이미 날음에게 미움을 산 물계자를 위해 아무도 감히 나서서 대변할 수가 없었다. 이에 물계자는 자신의 충성이 부족했음을 탓하며 은둔 생활로 들어갔다고 전해지지만, 실은 날음이 주도하는 세상에서 더 이상 자신이 설 곳이 없음을 알고 좌절했다고 보는 것이 자연스럽다.

일본의 한반도 통치 기구는 정말 존재했나

임나일본부설

흔히 한국과 일본 두 나라의 관계를 두고 '가깝고도 먼 나라'로 표현한다. 지리적으로는 가까우나 오랜 옛날부터 서로 숱한 갈등과 대결의 역사를 반복해 왔기 때문이다.

그 갈등의 한 가운데 이른바 '임나일본부설'이 자리 잡고 있다. 임나일본부설은 단순히 하나의 학설로만 보기는 어렵다. 일제 강점기 때 일본 정부에 소속된 학자들이 조직적으로 연구해 체계를 잡았고, 오늘날까지 일본 역사 교과서에 버젓이 실려 있는, 어찌 보면 일본 역사학계의 공식적인 입장이라고 볼 수 있다.

임나일본부란 무엇인가

임나일본부설이 무엇인지 이해하기 위해서는 이 용어의 의미부터 살펴볼 필요가 있다. 먼저 '임나(任那)'는 일본의 역사책 『일본서기』에 가장 많이 등장하고, 중국의 역사책인 『한원』이나 『통전』 『송서』에도 나타나며, 우리의 『삼국사기』와 광개토대왕릉비, 진경대사 탑비에 기록되어 있다. 이 기록들을 살펴보면 임나는 대체로 가야와 같은 의미거나 한반도 남부 지역을 뭉뚱그려 부르는 이름이었다.

'일본부'는 일본의 관청으로 해석되어 왔다. 일제 강점기 이래 오랫동안 일본 학계에서는 '부(府)'를 출장소 내지 출장 기관이란 뜻으로 보고, 일본부를 한반도 남부 지방을 지배한 통치 기구로 이해했다.

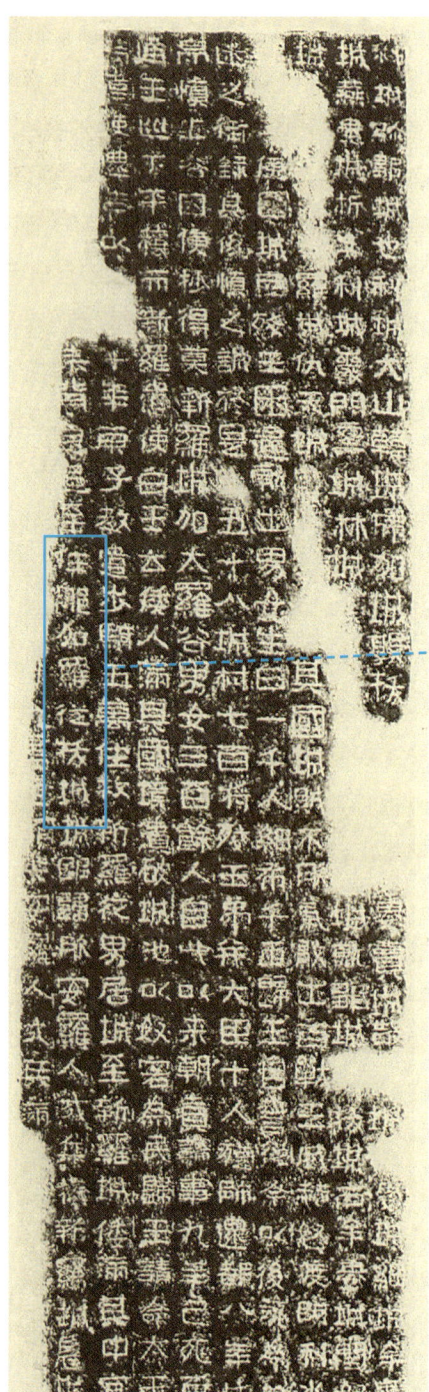

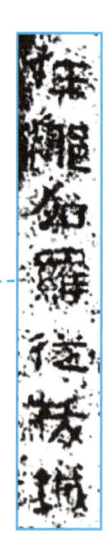

광개토대왕릉비문 중 '임나가라'
중국 길림성 집안시에 위치해 있는 광개토대왕릉비의 비문 가운데 400년 고구려가 가야와 왜를 공격한 일을 기록해 놓은 부분이다. 고구려군이 임나가라(任那加羅)의 종발성(從拔城)에 이르자 성이 곧 항복했다는 사실이 새겨져 있다. 여기서 '임나가라'는 전기 가야 연맹의 맹주 김해의 금관가야를 뜻한다.

임나일본부설은 '남선경영론'으로도 불린다. 1720년 완성된 『대일본사』에서 그 최초의 모습을 확인할 수 있는데, 이 책에는 "신공황후 때 삼한과 가라(가야)를 평정해 임나일본부를 두고 통제했다"는 기록이 나온다.

에도시대°(1603~1867) 학자들은 이 기록을 근거로 '조선경영설'을 만들어냈다. 이것이 일본이 천황 주권 국가를 표방하던 20세기 초에 '남선경영론'으로 바뀌었고, 1949년 스에마츠 야스카즈란 학자가 쓴 『임나흥망사』란 책에서 그 틀이 완성됐다.

이 책에서 그는 야마토 정권의 신공황후가 섭정 49년(369)에 가야 지역을 정벌해 임나일본부를 두었고, 이후 약 200여 년 동안 한반도 남부 지방을 통치하다 흠명천황 23년(562)에 신라에 멸망당했다고 주장했다.

그러나 1970년대 이후 일본 학계에서는 임나일본부의 성격을 여전히 '왜의 군사 침략과 지배 기구'로 보는 시각도 있지만, 임나일본부가 존재했던 시기를 줄이거나 지배 범위를 좁혀 보려는 경향을 보이고 있다. 또한 군사적 지배라는 성격은 배제하고 교역이나 외교의 측면을 강조하기도 한다.

이들은 『일본서기』에 나오는 임나일본부 관련 기록이 실제로는 통치나 군사적 역할에 대한 내용을 전혀 담고 있지 않다는 점에 주목한다. 아울러 『일본서기』에 기록된 '부(府)'라는 용어는 그 원형이 '미코토모치'(어사지, 御事持)인데, 미코토모치의 실체가 사신임을 확인해냄으로써 임나일본부란 임나에 파견된 왜의 사신들이라고 인식하게 되었다.

국내 학계도 외교 사절이라는 견해에 대체로 동의하는 편인데, 특히 최근 제기된 '안라왜신관설(安羅倭臣館說)'이 주목된다. 이 설

°**에도시대**
도쿠가와 이에야스(1543~1616)가 1603년 세운 막부(일본을 실질적으로 통치한 세습적 군사 독재인 쇼군의 정부) 체제 이후 국내적인 평화와 안정, 경제적 번영을 이룩한 일본 봉건시대의 마지막 시대를 일컫는다. '도쿠가와시대'라고도 부르며 1867년 정권을 천황에 반환하기 전까지 250여 년 동안 이어졌다. 이 시기 일본은 엄격한 신분 사회로 운영되어 인구 5~6%의 무사 계급이 80% 이상의 농민과 공상인을 지배하는 구조였지만, 막부의 지원 아래 농업 생산성이 향상되고 상업과 제조업이 눈부신 성장을 거두기도 했다.

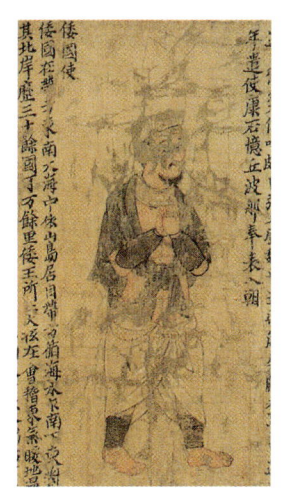

전방후원분과 일본 사신
전방후원분은 앞쪽이 네모나고 뒤쪽이 둥근 일본 특유의 무덤 양식으로 사진은 전남 함평에서 발견된 신덕 고분 전경이다. 일본 내에서는 이를 근거로 고대 일본의 한반도 지배를 기정사실화하는 시각도 있다. 오른쪽은 6세기 양나라 때 당시 중국에 온 여러 나라 사신을 그린 그림책인 『양직공도』 중 일본 사신 모습이다.

무녀 하니와와 손잡이 독
왼쪽은 일본 군마현의 한 고분에서 출토된 하니와(토용)로 손을 앞으로 내민 무녀의 모습을 묘사했다. 하니와란 죽은 이를 기리기 위해 무덤 주위에 만든 흙 인형을 말하는데, 일본 고분시대(3~7세기)에 주로 제작됐으며 우리나라에서도 여러 종류의 하니와가 발굴되고 있다. 오른쪽은 부산 복천동 고분군에서 출토된 일본계 토기로 일본에서는 이를 '하지키(토사기, 土師器)'라고 한다. 하니와와 하지키는 모두 임나일본부설의 한 근거가 되고 있다.

에 따르면, 임나일본부란 530년대 후반에 백제가 자기 영향권 아래에 있던 안라(아라가야)에 친백제 왜인 관료를 파견해 설치한 기구였다. 이 설에서는 임나일본부가 외형상으로는 왜의 사절이 머무르는 기관이지만, 실제로는 백제가 왜와의 교역로를 확보하고 신라와의 마찰을 피하면서 가야 지역을 감시하기 위해 일시적으로 세운 기구였다고 본다.

가야를 알면 진실이 보인다

소위 임나일본부설은 이제 학문적으로는 이미 설득력을 잃었다. 그럼에도 우리는 각종 언론 매체를 통해 임나일본부설이란 용어를 종종 듣게 된다. 그것은 일본 정부가 역사 교과서의 왜곡을 바로잡지 않는 등 과거 역사를 반성하지 않는 사회적 분위기를 타고, 일본 내 극우 세력이 기회 있을 때마다 침략주의적인 목소리를 내기 때문이다.

그러나 이에 대한 감정적인 대응보다는 가야사나 고대의 한일 관계사에 대한 관심을 더 가질 필요가 있다. 이를테면 한반도 남부 지방에서 왜의 유물이 발굴되는가 하면, 일본의 긴끼나 큐슈 지방 등에서는 백제나 가야의 유물이 출토된다. 이 두 나라의 유물을 넓은 시각으로 살펴보면 언젠가 임나일본부의 성격이 명확하게 드러날 것이다.

가야사에 대한 정확한 지식도 중요하다. 가야는 삼한의 소국에서 시작해 각 나라가 저마다 발전을 했는데, 4세기 무렵까지는 김해 세력이, 5~6세기에는 고령 세력이 각각 맹주의 지위에 있었다. 그리고 가야는 신라나 백제와는 달리 중앙 집권 국가에는 미치지 못한 채 연맹체 수준에서 느슨한 유대 관계를 맺고 있었다. 그러나 5세기 후반 이후 대가야 전성기에는 연맹을 넘어 국가 단계로까지 발전했음이 확인되고 있다.

이처럼 가야사의 전개 과정이 제대로 밝혀지면 당시 국제 관계가 어느 한쪽의 일방적인 강제로 이루어지지 않았으며, 다양한 상호 작용 속에서 진행됐음을 알 수 있다.

이한상 대전대 교수

임나일본부는 백제 군사령부?

과거 국내에서는 임나일본부를 백제의 군사령부로 해석하는 시각이 있었다. 즉, 4세기 중엽 백제를 강대국의 반열에 올려놓은 근초고왕(재위 346~375)이 가야국들을 정벌해 백제 영역 내에 편입시킨 후 6세기 중엽까지 이 지역을 통치했고, 임나일본부란 백제가 당시 가야에 파견한 군사령부였다는 것이다. 결국 『일본서기』의 임나 관계 기록의 주체가 왜가 아니라 백제라는 주장으로, 임나일본부를 그 뿌리서부터 부정하는 입장이었다.

그러나 최근의 고고학적 조사 결과에 따르면, 5~6세기경 가야국들은 결코 백제의 지배를 받지 않았으며 독자적인 성격이 상당히 강했음이 확인되고 있다. 가야가 왜, 신라, 백제뿐만 아니라 중국 남제에까지 사신을 보내 교류했다는 문헌상의 기록도 이러한 사실을 뒷받침한다. 때문에 이른바 '백제 군사령부설'은 더 이상 받아들여지지 않고 있는 상태다.

한반도 출토 일본 유물, 임나일본부설 증거일까?

일제 강점기 때 한반도 각지에서는 수많은 유적이 발굴되었다. 발굴 주체는 조선총독부. 그들은 신라와 가야 유적에서 왜 계통의 문물을 찾아내고자 혼신의 노력을 기울였다. 그 이유는 고대 왜의 야마토 왕실이 한반도 남부 지방을 지배했다는 소위 '남선경영론(임나일본부설)'을 증명하기 위해서였다. 그러나 기대와는 달리 왜 계통 문물은 거의 출토되지 않았다.

1945년 해방 이후엔 우리 고고학자의 손으로 간간이 왜 계통의 문물이 출토되었다. 하지만 이 역시 수량이 워낙 적어 큰 관심을 끌지는 못했다. 그러던 중 1990년대를 전후해 왜 계통 문물의 발굴 수량이 늘어나고 심지어는 왜의 독특한 묘 형식인 전방후원분의 존재가 속속 확인되기 시작했다. 이를 어떻게 해석해야 할까?

동남해안과 영산강 유역에 집중

그동안 삼국시대 유적에서 출토된 왜 계통 문물 발굴지를 정리해 보면 부산·김해를 중심으로 한 동남해안과 해남·광주·함평 등 영산강 유역에 집중되어 있다. 이 중 동남해안의 경우 유물이 중심을 이루고 있는 데 비해, 영산강 유역은 전방후원분이라고 하는 무덤을 비롯한 원통형 토기나 나무장식 등 장례용품 일부까지 발굴되었다.

신라와 가야 무덤에서는 3~4세기경 일본에서 제작된 물품이 출토된 바 있다. 경주 월성로 고분군의 4세기 무렵 소형 무덤에서 출토된 돌팔찌와 적갈색 연질토기인 '하지키'가 그것이다. 이와 달리 가야의 경우는 대형 고분에서 집중적으로 나타났는데, 김해 대성동 2호분과 13호분에서는 나무 방패에 장식하는 바람개비 모양 청동장식이 발굴되었다. 무덤 속에 나무 방패를 껴묻는 것은 삼국시대의 일반적인 풍습이 아니라 일본적인 장례 의식이다.

5~6세기경 왜 계통 유물로는 회청색 토기인 스에키가 대표적이다. 출토 지역은 앞 시기에 비해 더욱 넓어지는데, 합천의 봉계리 고분이나 고성 송학동 고분 등 가야 무덤뿐만 아니라, 청주 신봉동 고분군, 서울 몽촌토성, 공주 정지산 제사 유적, 부안 죽막동 제사 유적 등 한성과 웅진 시기 백제 유적에서도 발굴되었다.

최근 들어서는 해남·광주·함평 등 영산강 유역과 그 주변 해안에서 전방후원분이 여러 기 발견되었다. 이 무덤은 앞쪽이 네모나고, 뒤쪽이 둥근 열쇠구멍 형태를 지니고 있어 우리나라 삼국시대 무덤과는 판이하게 다르다.

함평 신덕 고분의 경우 굴식 돌방은 일본 키타큐슈형이었고, 일본 무덤처럼 분묘 주위에 하니와와 비슷한 원통형 토기나 목제품을 세워 둔 예가 확인되었다.

이 무덤의 배경과 주인공에 대해 한일 양국에서는 다양한 견해를 내놓고 있다. 만들어진 시기는 6세기 전반기로 보고 있는데, 당시는 웅진 시기 후반으로 접어든 백제가 영산강 유역과 가야 지역으로 영역을 확장하는 시점에 해당한다.

무덤의 주인공은 왜인으로 보는 견해가 많다. 교역을 위해 이 지역에 온 왜인으로 보거나, 백제가 자신의 지배 아래에 있던 왜인을 이곳에 이주시킨 결과로 보기도 하며, 중앙에서 파견된 관리로 보는 견해도 있다. 토착인으로 보는 주장 가운데는, 백제의 남하에 저항하던 토착 세력이 왜와의 관계를 의도적으로 표현하기 위해 전방후원분을 크게 건축했다는 설이 가장 주목된다.

정치적 의도 배제하고 객관적 시각으로

일본 학계에서는 일제 강점기 이래 소위 '임나일본부설'의 틀 속에서 한반도 남부 지방의 왜 계통 문물을 해석하고 있다. 즉, 4~6세기경 왜의 야마토 왕실이 한반도 남부 지방을 지배했으며 왜 계통 문물은 그 과정에서 남은 역사적 흔적이라고 보는 것이다.

그러나 일본 각지에서는 한반도 내 왜 계통 문물보다 훨씬 많은 한반도 계통 문물이 출토되고 있다. 그 가운데는 유물과 묘는 물론이고 취락까지도 있다. 그렇다면 이는 한반도 국가의 일본 지배 흔적일까? 일본인들은 이를 '물 건너온 사람들'이 남긴 흔적이라며, 그들은 왜 왕을 위해 봉사하다가 차츰 왜인으로 동화되었다고 주장한다. 철저하게 자국 중심의 해석이다.

이에 비해 국내 학계에서는 상호 교류의 산물로 보는 견해가 많다. 백제의 경우 기록에도 남아 있듯 선진 문물을 일본에 전해주었고 왜 왕실과 매우 밀접한 관계를 유지하고 있었기 때문에 백제 지역에서 왜 계통 문물이 출토되는 것은 매우 자연스러운 현상이라는 것이다.

가야의 경우도 마찬가지이다. 광개토대왕릉비문의 기록에서 알 수 있듯 5세기를 전후한 시기 국제 관계는 고구려·신라 한 축과, 백제·가야·왜의 다른 한 축이 대립하고 있었다. 따라서 가야와 왜는 함께 전쟁을 수행하는 동맹국이었으므로 금관가야의 왕족 묘역인 김해 대성동 고분군에 왜의 최고급 장례용품이 매장된 것을 두고 임나일본부설과 관련 짓는 것은 무리일 수밖에 없다.

한반도에서 출토된 왜 계통 유물과 유적을 해석할 때는 현재의 정치적 의도가 반영된 시각을 경계하고, 당대의 역사적 상황 속에서 보다 객관적 시각을 가지려고 노력해야 할 것이다.

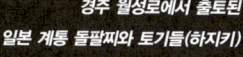
경주 월성로에서 출토된 일본 계통 돌팔찌와 토기들(하지키)

신라 대형 고분의 기원

북방 민족의 유산인가
왕권 강화의 상징인가

『삼국사기』에 신라는 박혁거세가 기원전 57년에 건국한 후 1~2세기경 지금의 경북 모든 지역과 경남 일부 지역을 무력으로 정복함으로써 영토를 확장했다고 기록되어 있다. 그러나 3세기 중엽 편찬된 중국 역사책 『삼국지』에는 신라가 진한 내 12국 가운데 하나의 작은 나라에 불과한 것처럼 표현돼 있다.

과연 어느 쪽이 사실일까? 이 두 역사책 가운데 어느 기록을 사실로 인정하느냐에 따라 신라 건국 시기가 언제고, 또 건국 주체 세력이 누구인지 차이가 나게 된다. 현재 우리나라 고고학 연구자들 사이에서는 『삼국지』의 기록을 더욱 신뢰하는 분위기다.

사로국의 탄생과 기반

신라가 건국되었다고 하는 기원전 1세기 무렵은 초기 철기시대로 불리고 있다. 여전히 청동기 문화가 지배적이긴 했지만, 철기가 새로운 생활 도구로 사용되기 시작한 데 주목한 것이다. 경주 일대에 철기 문화가 도입되는 계기 가운데 중요한 것은 기원전 108년 고조선 멸망에 따른 유민들의 이주였다.

그런데 당시 경주 분지 곳곳에는 여러 취락이 흩어져 있었다. 그것은 경주 모든 지역에 분포되어 있는 고인돌을 통해 알 수 있다. 이들 토착 세력과 고조선 유민이 결합해 사로국이 탄생했고 차츰 진한 소국의 맹주로 성장했을 것이다.

초기 철기시대에 이은 1~3세기를 원삼국시대 또는 삼한시대라고 부른다. 이 시대는 철기의 생산이 본격화되고 무기와 농기구, 각종 공구류의 철기화가 진행되면서 사회가 크게 발전하는 시기다. 경주 황성동 제철 유적이 상징하듯 경주는 이 시기 철기 문화의 중심지 가운데 하나였음이 분명하다. 그것은 신라 왕 탈해(재위 57~80)가 "나는 본디 대장장이였다"고 말했던 사실에서도 잘 드러난다. 사로국 성장의 발판에는 발달한 제철 기술이 있었던 것이다.

이런 가운데 경주 시내에서 천마총과 황남대총 등 초대형 무덤이 발견되면서 신라의 건국 주체 세력에 대한 새로운 견해가 제시되었다. 바로 김씨 왕조 교체설이다. 즉, 박씨와

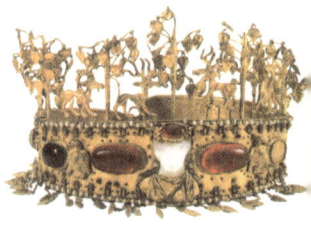

사르마트 금관
기원전 4세기경부터 남러시아를 중심으로 활약한 북방 유목 민족인 사르마트족의 금관이다. 나무와 사슴 등 금관에 표현된 문양 요소가 신라 금관의 세움장식과 통하는 지점이 있다.

석씨 중심으로 운영되던 사로국을 4세기경 기마 민족인 시베리아 유목민들이 정복하고 김씨 왕조를 세웠으며, 그들이 남긴 무덤이 바로 천마총, 황남대총과 같은 돌무지덧널무덤(적석목곽분)이라는 주장이다. 이러한 주장은 이른바 '기마 민족 정복 왕조설'의 하나라고 할 수 있다.

이 견해를 제시한 사람들은 경주의 돌무지덧널무덤은 스키타이족® 등 유목 민족의 묘지 형태인 쿠르간(Kurgan)과 비슷하며, 모두 황금 유물이 출토되었으므로 둘 사이에는 밀접한 관계가 있다고 강조한다.

물론 묘지 형태는 매우 비슷하다. 그러나 스키타이족의 주 활동 시기는 기원전 8~4세기이므로 신라 고분과 시기상 너무 멀리 떨어져 있고, 무덤 속에 묻힌 황금 문화 역시 뛰어넘을 수 없는 차이가 있다. 스키타이의 황금 문화는 신라와 달리 디자인이나 제작 기법이 그리스풍이기 때문이다.

돌무지덧널무덤의 기원을 고구려와 관련짓는 시각도 있다. 원래 고구려의 전형적인 돌무지무덤(적석총)이었는데, 후대에 그 위에 흙을 쌓아 올렸다(봉토)는 것이다. 그러나 천마총과 황남대총의 발굴 조사 결과 돌쌓기와 흙덮기 작업이 동시에 진행됐음이 밝혀졌다.

현재 가장 설득력을 얻고 있는 견해는 기존의 덧널무덤(목곽묘)에 고구려의 무덤 양식이 결합되어 돌무지덧널무덤이 창조되었다는 설이다. 초기 형태인 황남동 109호분 3·4곽이나 황오리 14호분 1곽의 경우 주곽과 부곽이 일(日)자형으로 배치되어 있는 지하식 구조를 갖추고 있는데, 이는 이전 시기 덧널무덤의 구조와 일치한다는 것이다. 또한 내부에서 출토되는 신라 토기는 형태와 종류에서 단절이 없는 연속성을 보이고 있다고 한다.

이 견해는 신라 묘 형식의 자체 발전 과정

⊙ **스키타이족**
기원전 8세기경부터 기원전 4세기 사이에 러시아 남부 초원 지대에서 활약한 최초의 기마 유목 민족으로 강력한 제국을 형성해 5세기 이상 유지했다. 원래 이란인에 속한 이들은 놀라운 전투력과 말타기 솜씨로 다른 부족들의 공포의 대상이 되었다. 이들은 지배층의 무덤에 수많은 황금 유물과 귀중품을 남겨 문화적으로도 주목을 받았다. 스키타이 문화는 전국시대의 중국을 거쳐 한국과 일본에도 영향을 끼친 것으로 추정되고 있다.

경주 대릉원 전경
경주시 황남동에 자리 잡고 있는 신라시대 지배층의 무덤군이다. 황남대총, 천마총, 미추왕릉 등 대형 무덤 23기가 총 면적 12만 5,400여 평의 땅에 모여 있다. 대릉원이란 이름은 "미추왕을 대릉(大陵)에서 장사 지냈다"는 『삼국사기』의 기록에서 따온 것이다. 금관을 비롯한 각종 금제 장신구와 천마도, 유리용기, 토기 등 국보급의 귀중한 유물이 쏟아진 신라 문화의 보고기도 하다.

을 중시하면서 외래 무덤의 일부 요소를 주체적으로 받아들였다고 본 점이 특징이다. 나아가 무덤 속 금속 유물의 계보를 고구려에서 찾아볼 수 있다고 주장했는데, 이는 최근의 조사에서 사실로 증명되고 있다.

왜 장대한 무덤을 만들었을까

그렇다면 신라인들은 왜 그토록 큰 무덤을 만들었고, 그 안에 수많은 부장품을 넣었던 것일까?

돌무지덧널무덤이란 구덩이를 파거나 땅 위에 목곽을 설치하고 그 안에 시신과 부장품을 넣은 다음, 윗부분과 옆 둘레에 돌을 쌓고 그 위에 다시 흙을 덮어 봉분을 크게 만든 것이다. 이러한 무덤은 우선 규모가 장대하므로 건축에 수많은 노동력과 자금이 필요했을 것이다.

특히 이미 발굴된 황남대총 북분의 경우 하루에 200명의 장정을 동원해 매일 공사를 하더라도 6개월 이상의 시일이 필요했을 것으로 추정된다. 따라서 경주 시내의 그 많은 무덤, 특히 봉분은 없어졌으나 지하에 매장되어 있는 수천 기 이상의 무덤을 만드는 데는 천문학적인 인적·물적 비용이 들어갔을 것이다.

시대나 지역에 상관없이 모든 인간은 자신이 살고 있는 삶이 영원하기를 바란다. 하지만 인생의 유한성을 점차 깨달아가면서 사후 세계에 깊은 관심을 갖게 된다. 현실의 삶이 저 세상에서도 그대로 이어지기를 바라는 것이다.

높은 지위와 풍요로운 경제력을 지녔던 신라의 왕족과 그 측근들도 마찬가지였다. 그래서 그들은 영원한 안식처인 무덤을 크게 만들고, 저 세상에서 사용할 수만 점의 물건을 새로이 제작해 무덤 속에 함께 묻었던 것이다.

이러한 풍습의 이면에는 새로이 권력을 계승한 국왕의 의지도 반영되어 있었던 것 같다. 국왕은 자신의 왕위 계승을 정당화하고, 권위를 강화하기 위해 앞서 간 왕의 무덤을 더욱 화려하게 치장했을 것이다.

그렇다면 큰 무덤을 만들고 수많은 보화를 함께 묻었던 이 시대가 신라의 왕권이 가장 강했던 때일까? 그렇지는 않다. 당시 신라 왕은 마립간으로 불렸는데 이는 여러 간(干, 족장 또는 지배자) 중 우두머리란 의미다. 당시의 신라 왕은 절대적인 권력자라기보다는 왕족 가운데 상대적으로 높은 지위에 있었던 존재였을 것이다.

경주 시내에 군집을 이루고 있는 돌무지덧널무덤은 율령이나 유교적 이데올로기를 기반으로 한 절대 왕권이 성립되기 직전 단계의 신라 왕과 왕족의 위치를 보여주는 상징적 기념물이다.

이한상 대전대 교수

황남대총 남분 출토 가슴걸이
목 부분만 장식하는 목걸이와 달리 가슴과 배, 등에까지 늘어뜨려 장식하는 것으로 경주의 왕릉급 대형 돌무지무덤에서만 출토되고 있다. 무덤 주인공의 사회적 신분과 권위를 상징하는 물품으로 추정된다. 금구슬과 곡옥 등으로 가슴 쪽에 중심 장식을 드리우고, 그 뒤 등 쪽에 조금 작은 크기의 구슬로 이루어진 두 가닥의 길쭉한 장식을 목도리를 늘어뜨리듯 이어붙였다.

신라 왕족들의 사후 안식처, 돌무지덧널무덤의 세계

돌무지덧널무덤(적석목곽분)은 무덤의 구조나 규모, 출토 유물의 양과 질에서 앞 시기 무덤 형식인 덧널무덤(목곽묘)과 뚜렷한 차이를 보인다.

우선 구조를 보면 덧널무덤처럼 지하에 구덩이를 파고 상자형 나무 덧널(목곽)을 따로 짜 넣은 것은 같지만, 그 주위와 위를 돌로 덮은 다음 다시 바깥을 흙으로 씌운 점이 다르다.

덧널 속에는 시신을 안치한 널(관)과 널 주위를 두른 석단(石壇), 그리고 껴묻거리 상자가 들어간다. 그 다음 사람 머리만한 크기의 둥글둥글한 강돌로 덧널을 덮고, 이 돌무지 바깥에 다시 점토를 두껍게 발라 물이 스며드는 것을 방지한다. 그리고 이 위에 또다시 흙을 덮어 거대한 산 모양의 봉분을 만든다. 봉분은 보통 하나만 있는 게 기본(천마총)이지만, 합장 의도에 따라 두 개 이상의 봉분을 연결해 놓는 경우(황남대총)도 있다.

돌무지덧널무덤은 대개 엄청난 규모를 자랑한다. 경주에서 가장 큰 고분인 황남대총의 경우 지름이 무려 동서 80m, 남북 120m에 달하며, 높이도 22.2m(남분), 23m(북분)에 이른다.

이러한 무덤 형식의 갑작스러운 출현에 대해선 다양한 해석이 제기되고 있다. 스키타이족 등 북방 기마 민족의 돌무지덧널무덤 형식(쿠르간)을 이어받았다는 설, 고구려의 돌무지무덤(적석총)에 영향을 받았다는 설 등이 그것이다.

돌무지덧널무덤은 이후 신라가 고대 국가로 자리를 잡는 6세기 중반경에 이르면 돌방무덤으로 대체된다. 돌방무덤은 돌을 쌓아 출입구가 있는 방을 만드는 형식으로 중국·고구려의 영향을 받은 것이었다.

일제시대 때 황남대총 전경

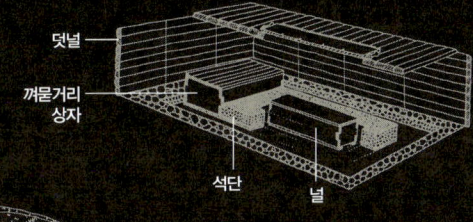

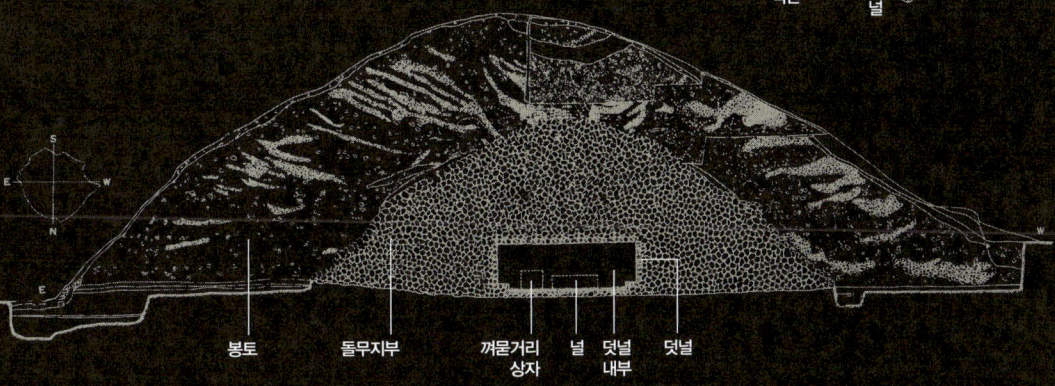

쿠르간 러시아 시베리아 서부의 알타이 문화 유적인 파지리크에서는 신라의 돌무지덧널무덤과 유사한 구조의 무덤이 발견되고 있다. 이 무덤은 네모 모양의 구덩이 바닥에 널이 담긴 통나무 덧널을 만들고 이 구덩이를 돌멩이로 가득 채워 돌무지를 만든 다음, 그 위를 빙 둘러 돌을 쌓고 둘레돌 바깥이 완전히 덮이도록 다시 돌을 쌓은 구조다.

돌무지무덤(적석총) 시신을 넣은 돌널 위를 흙으로 덮지 않고 돌만으로 쌓아올린 무덤으로 고구려 제20대 장수왕의 무덤으로 추정되는 중국 집안시 장군총, 백제 지배층의 무덤인 서울 석촌동 고분군이 대표적이다. 초기에는 기단 없이 돌을 둥글게 덮어 만들었으나, 4세기경부터는 잘 다듬어진 석재를 이용해 여러 단을 계단식으로 쌓아 올린 피라미드 형태의 고분이 등장하게 된다.

하늘에서 바라본 경주 대릉원 일대 고분군
경주 시내 황남동에 위치한 대릉원은 고분이 모두 평지에 자리 잡고 있는 신라시대만의 독특한 무덤군으로 총면적 41만 4,500제곱미터에 이른다. 대릉원이란 이름은 "미추왕을 대릉에 장사지냈다"는 「삼국사기」의 기록에서 딴 것으로, 무덤을 발굴 조사할 때 신라 문화의 정수를 보여주는 금관, 천마도, 유리잔 및 각종 토기 등 당시의 생활상을 엿볼 수 있는 귀중한 유물이 출토된 문화재의 보고다.

천마총

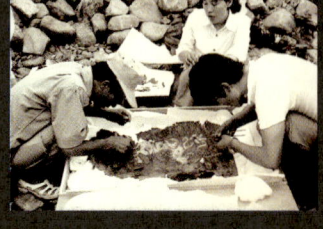

◀▲ 천마도와 출토 당시 수습 장면

경주시 황남동 대릉원 내 서북쪽에 위치해 있다. 밑 지름 47m, 높이 12.7m의 거대한 봉토로 덮인 왕릉급 돌무지덧널무덤으로 마구 장비에 그린 장식화인 '천마도(국보 제207호)'가 출토되어 천마총이란 이름을 얻었다. 5세기 말~6세기 초 사이에 만들어진 것으로 추정된다. 덧널 내부에 강돌과 잔자갈로 석단을 올리고 석단 내부에 길이 2.15m, 너비 80cm 정도의 널(목관)을 동서 방향으로 안치했다. 널 내부에는 화려한 금관과 목걸이, 금제 허리띠, 금·은제 팔찌, 봉황문 환두대도 등을 착용한 무덤 주인공이 머리를 동쪽으로 향한 채 반듯이 누워 있었다.

◀ 천마총 유물 출토 모습
아름다운 금관과 금관모, 새날개모양 관식, 금허리띠, 금동신발 등이 피장자가 착용한 그대로 출토되었다.

문화재의 보고, 경주 고분군

천년의 문화 유적 도시 경주는 죽은 이들의 꿈이 묻힌 대형 고분과 함께 그 역사를 이어왔다.
100년을 넘긴 발굴 조사를 통해 쏟아져 나온 수많은 유물들은 찬란한 신라의 문화를 보여주었고 경주를 '지붕 없는 박물관'으로 불리게 하였다.
경주 시내에 대형봉분을 갖추고 남아 있는 고분은 약 100여 기 정도지만 봉분만 무너지거나 건물이나 도로 밑에 존재하는 무덤까지 합치면 수천 기에 달할 것으로 추정된다.
현재까지 조사된 무덤보다 조사되지 않은 무덤이 더 많아 이후에도 수많은 문화재가 발굴될 것으로 보인다.

◀ 일제시대 때 경주 시내 고분군의 모습

황남대총

경주 시내 고분 중 최대 규모인 황남대총은 5세기경의 돌무지덧널무덤으로 남북 길이 120m, 동서 80m, 높이 23m에 이른다. 두 개의 무덤이 연결된 특이한 구조로, 남분을 먼저 만들고 북분을 남분에 잇대어 만들었는데 북분 시신의 은제 허리띠 장식에 새겨진 '부인대(夫人帶)'란 글자로 보아 부부인 두 사람을 각각 남분과 북분에 묻은 것으로 추정된다. 유골을 조사한 결과 남분의 시신은 60세 전후의 남자로 밝혀졌으며 그 옆에 20대 전후의 여자순장자가 신라고분 최초로 발견되기도 했다. 북분에서는 금관, 금제 드리개, 금팔찌, 금반지 등 신라 고분 중 가장 많은 금제 장신구 유물이 출토되었으며 그 외에 서역과의 교류를 짐작할 수 있는 유리그릇을 비롯해 남·북분 총 5만 9,000여 점에 이르는 많은 유물들이 출토되었다.

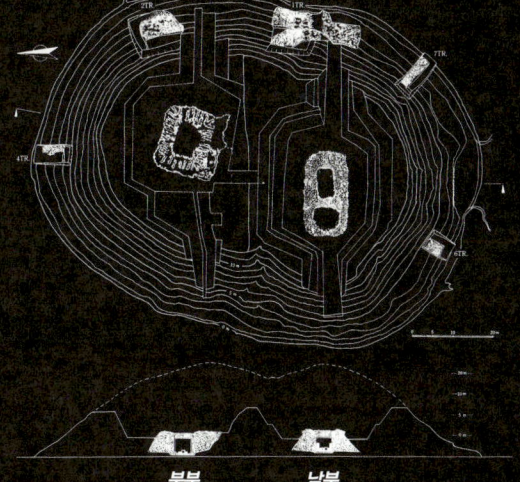

북분 　 남분

▲ 황남대총 목곽 배치
먼저 축조된 남분에만 설치된 별개의 부곽에서 많은 양의 유물이 발견되어, 후기로 가면서 무덤의 규모가 축소되었음을 짐작할 수 있다.

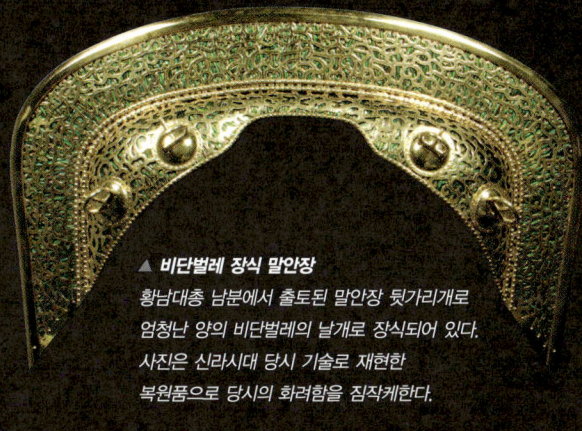

▲ 비단벌레 장식 말안장
황남대총 남분에서 출토된 말안장 뒷가리개로 엄청난 양의 비단벌레의 날개로 장식되어 있다. 사진은 신라시대 당시 기술로 재현한 복원품으로 당시의 화려함을 짐작케한다.

▶ 대릉원 사적 제40호. 경주를 대표하는 고분군으로 23기의 고분이 자리잡고 있으며 '황남리 고분군'으로도 불린다. 남아 있는 고분 외에 무덤 자리들이 수없이 많았으나 봉분이 있는 무덤 위주로 공원화하여 지금의 모습이 되었다. 신라시대 무덤 내부를 볼 수 있는 천마총과 황남대총, 미추왕릉 등이 대릉원의 대표 고분이다.

▶ 노서리 고분군 노서동 넓은 평지에 크고 작은 고분 10여 기가 있다. 130호 고분을 비롯하여 1921년 우연히 금관이 출토되어 세상사람들을 놀라게 한 금관총, 1926년 스웨덴의 황태자가 발굴조사에 참여하여 금관이 출토된 서봉총, 1946년 고구려 광개토대왕의 이름이 새겨진 청동 그릇이 발견되어 연대 추정에 도움을 준 호우총, 그밖에 은령총, 쌍상총, 마총 등이 있다. 사적 제39호.

▶ 노동리 고분군 중앙에 나 있는 도로를 경계로 노서리 고분군과 나뉘어지며, 고분 1기와 고분터 2기가 있다. 북쪽의 무덤은 밑둘레 250m, 직경 82m, 높이 22m로 '봉황대'라고도 부르며, 남쪽에는 1924년에 발굴조사한 금령총 터와 식리총 터가 있는데 이곳에서 금관과 기마인 물상을 포함한 많은 유물이 출토되었다. 사적 제38호.

신라 금관의 비밀

왕관인가 데드마스크인가

1924년 금령총 발굴 현장

금관이라 하면 먼저 눈부신 황금빛 이미지가 떠오르며, 주렁주렁 매달린 비취색 곡옥(장식용 구슬)에서 신비로운 느낌이 물씬 배어나기도 한다. 그리고 아마도 대다수 사람들은 신라의 왕이 머리에 실제로 썼던 왕관이라고 생각할 것이다.

그러나 최근에는 신라 금관을 왕관으로 단정하기 어렵다는 시각이 제기되고 있다. 금관이 장례용품, 즉 일종의 데드마스크와 같은 용도로 사용되었을 것이라는 주장이 그것이다.

금관은 왕의 전유물인가?

신라 전성기 때의 왕릉은 엄청난 크기로 위용을 자랑했다. 그러나 국력이 차츰 기울면서 왕릉도 덩달아 왜소해지기 시작했고, 끝내 신라가 멸망한 뒤에는 1,000년도 훨씬 넘는 긴 세월 동안 사람들의 무관심 속에 방치되어 있었다. 그러다 다시 빛을 보게 된 것은, 1921년 9월 경주시 노서리 봉황대 주변 민가 뒤뜰의 고분(금관총)에서 발견된 한 유물 때문이었다. 아무도 상상하지 못했던 금빛 찬란한 금관이 처음으로 발견된 것이다.

이후 경주 시내 곳곳에 흩어져 있는 큼지막한 신라 무덤을 파면 금관이 나온다는 사실이 알려졌고, 1924년 금령총, 1926년 서봉총에서도 잇따라 금관이 출토되었다. 일제시대에 발굴된 이들 금관 세 점은 신라 고고학 연구에 한줄기 빛과도 같았다.

1971년 충남 공주 송산리 고분군에서 우연히 발견된 무령왕릉은 1921년 금관총 발굴 이상으로 왕릉에 대한 관심을 높이는 계기가 되었다. 곧이어 경주 개발 과정에서 정부 차원의 지시에 따라 천마총과 황남대총이 발굴되었고, 그 속에서 다시 두 점의 금관이 출토되었다.

경주 시내의 큰 무덤에는 일제시대 때 부여된 일련번호가 있는데, 모두 155기에 번호가 붙여졌다. 그중 지금까지 발굴된 무덤은 약 5분의 1 정도이다. 일부만 발굴되었음에도 이미 다섯 점의 금관이 나온 셈이니, 무덤 전체가 조사된다면 금관은 틀림없이 훨씬 더 많이 출토될 것이다.

지금까지 금관이 출토된 무덤은 5세기 후반부터 6세기 전반까지 약 100여 년이라는 짧은 기간 사이에 건축된 것이다. 이 시기 신라 왕은 마립간 시기 왕들인 눌지왕, 자비왕, 소지왕, 지증왕 네 명에 불과하다. 그러나 현재까지 출토된 금관은 이들 왕 숫자보다도 많다. 그렇다면 왕 이외 다른 사람의 무덤에도 금관을 함께 묻었다는 이야기가 된다.

한결같은 금관 출토 모습

경주 시가지에 밀집된 대형 무덤 내부에서는 각종 금제 장신구가 출토되었다. 그중 금귀걸이나 반지, 팔찌는 왕족뿐만 아니라 귀족도 소유할 수 있었던 것으로 보인다. 그러나 금관이나 금제 허리띠는 왕과 그 친족만이 제한적으로 소유했을 것이다.

그간 완전한 모습으로 발굴된 금령총, 서봉총, 천마총, 황남대총 북분의 금관은 모두 시신의 머리 쪽에 있었다. 이 때문에 언뜻 금관은 무덤 주인공의 머리에 씌워 부장한 것처럼 보인다. 그러나 자세히 관찰하면 특이한 모습을 확인할 수 있다.

금령총에서는 금관을 비롯한 금제 장신구 한 벌이 출토되었다. 금관은 관테 위에 장식된 다섯 개의 세움장식 끝이 모여 마치 고깔 모양을 하고 있다. 그런데 관테 하단부와 목걸이·가슴걸이의 윗부분이 서로 연결돼 있는 게 특이하다. 즉, 금관이 시신의 어깨 부위까지 내려와 있었던 것이다.

서봉총은 출토 당시 조사 보고서가 발간되지 않아 정확한 상태는 알 수 없지만, 사진 자료와 조사자의 목격담을 종합해 보면 금령총의 경우와 비슷한 것으로 보인다. 천마총은 봉토에서 목관 내부에 이르기까지 체계적인 발굴 조사가 이루어져 금관에 관한 정보를 분명하게 알 수 있었다. 금관의 출토 모습은 역시 금령총, 서봉총과 마찬가지로 고깔 모양을 하고 있었고, 관테가 시신 어깨 부위까지 내려와 있었다. '出'자형 세움장식을 갖춘 금관 가운데 가장 최근에 발굴된 황남대총 북분의 금관도 다른 금관과 비슷한 모습이었다.

이 같은 출토 모습으로부터 추정할 수 있는 것은, 금관은 시신의 이마 위에 씌워준 것이 아니라 머리 전체를 감쌌다는 사실이다. 이와 관련해 관테 양끝에 상하로 두 개씩 뚫려 있는 구멍이 주목된다. 이 구멍은 못이나 금속제 장식으로 고정되어 있지 않은데, 아마도 원래는 가죽이나 직물로 만든 끈으로 묶었을 것으로 보인다. 시신을 염하는 과정에서 얼굴 전면에 펼쳐진 금관을 오므린 다음, 뒷면에서 끈으로 관테를 묶고 다시 윗부분으로 솟아 있는 세움장식을 모아 고깔 모양으로 묶었던 것은 아닐까.

아름답지만 매우 허술한

금관은 화려한 겉모습과는 달리 매우 약하게 만들어져 있고 지나치게 장식이 많아 실용품으로 사용하기 어렵다.

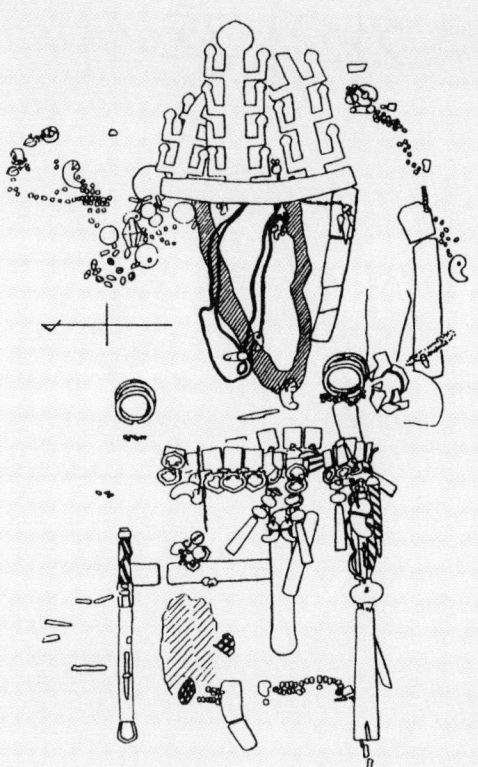

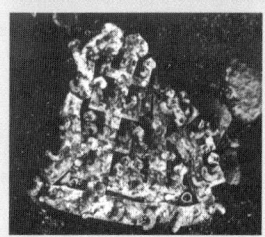

특히 금관의 세움장식은 두께가 일정한 얇은 금판을 길죽하게 오려서 만들었는데, 그중에서도 천마총의 금관은 위로 올라가면서 거의 가늘어지지 않고 관테도 두 개의 금못만으로 고정하고 있어 매우 약한 구조를 하고 있다. 실제로 조금만 움직여도 세움장식이 꺾여 내려앉을 정도로 약하다.

더구나 금관의 제작 기법을 살펴보면 난이도가 높은 기술은 사용되지 않았으며, 끝마무리가 매끄럽지 못해 정말 평소에 사용된 물품일까 의심이 든다. 이 때문에 한 일본인 학자는 금관을 장례용품이라고 주장하기도 했다.

이러한 지적은 기본적으로 타당해 보인다. 특히 금관총 금관은 조형적인 아름다움이 물씬 느껴지긴 하지만, 무성의하다는 느낌이 들 정도로 끝마무리가 제대로 되어 있지 않은 부분이 많다. 신라의 왕이나 왕족이 생전에 사용한 물품이라면, 이 금관이 과연 제작 후 검사 과정을 통과할 수 있었을까 하는 의문마저 든다. 금관의 출토 모습과 이러한 제작 기법상의 문제 등으로 인해 금관이 일상용품이 아닌 장례용품이었을 것이라는 견해가 더욱 설득력을 얻어가고 있다.

이한상 대전대 교수

금관 출토 상태
왼쪽은 금령총의 금관 출토 상태를 그린 도면이고, 오른쪽은 위에서부터 차례로 황남대총 북분·서봉총·금령총·천마총 발굴 당시 금관 출토 모습을 사진에 담은 것이다. 관테 위 세움장식의 끝이 모아져 있는 모습이 확인된다. 또한 관테 아랫부분과 목걸이·가슴걸이의 윗부분이 서로 겹쳐져 금관이 무덤 주인공 어깨 부위까지 내려와 있었던 사실이 도면에서 드러난다.

신라의 벽화 고분

신라 땅에 새긴 고구려 문화의 흔적

신라나 가야 사람들은 지위 높은 사람이 죽었을 때 생전에 쓰던 물건과 함께 부리던 사람까지 죽여 무덤에 넣어주었다. 이와는 달리 고구려 사람들은 물건이나 사람을 넣지 않는 대신 무덤의 네 벽과 천장에 아름답고 화려한 그림을 그렸다. '고분 벽화'가 바로 그것이다.

이 벽화는 너무나 사실적이어서 고구려 사람들의 삶을 오늘날까지 생생히 전해주고 있다. 처음에는 주인공이 누렸을 생전의 생활을 그대로 묘사하다가 차츰 청룡, 백호, 주작, 현무 등 사신도를 그리게 된다.

그런데 신라와 고구려의 접경 지역인 경북 영주시 순흥면에서 두 기의 벽화 고분이 발굴되자 이 무덤의 주인공이 고구려 사람인지를 놓고 뜨거운 논쟁이 벌어지고 있다.

영남 지방 최초의 벽화 고분

1971년 이화여자대학교 박물관은 순흥면 태장리에서 벽화 고분을 발견했다. 무덤의 구조는 전형적인 굴식 돌방무덤이었다. 이것은 영남 지방에서 최초로 발견된 삼국시대 벽화 고분이었다. 높은 관심 속에 발굴 조사를 한 결과, 널길은 왼쪽으로 치우쳐 있고 널방 안에는 높은 주검받침(시신을 관에 넣지 않고 직접 안치해 두던 밑받침)이 마련되어 있었다.

깬 돌을 안쪽으로 조금씩 기울이며 쌓아 올렸고 천장에는 큰 판석 두 장을 올려 마무리했다. 무덤의 네 벽에는 모두 회를 바르고 그림을 그렸던 흔적이 남아 있으나, 대부분 벗겨졌고 널길의 천장과 돌 문짝에서만 인물상과 연꽃무늬가 남아 있었다. 벽면 두세 곳에는 쇠못이 박혀 있었는데, 아마도 널방 안에 장막을 고정하기 위해 박았던 것 같다.

널길은 전체 길이가 2.6m이고 널방과 널길 사이에 돌 문짝을 달았다. 문짝의 중간에는 청동제 고리를 달았던 구멍이 남아 있고 바깥 면에는 채색화가 그려져 있었으며, 오른쪽 상단 가까이에서 시작해 '을묘년어숙지술간(乙卯年於宿知述干)'이라는 여덟 글자가 새겨져 있고 글자에는 붉은 칠이 남아 있었다.

이 무덤이 만들어진 을묘년이 기원후 몇 년인가에 대해서는 두 가지 견해가 있다. 벽화의 내용을 고구려 고분 벽화와 비교하여 535년으로 보거나, 석실의 구조를 신라 통일기 석실과 비교해 595년으로 보는 주장이 그것이다. 이 중 595년설이 더 많이 받아들여지고 있다.

1985년 대구대학교 박물관은 어숙술간묘에서 동쪽으로 약 300m 떨어진 순흥면 읍내리 비봉산 남쪽 비탈면에서 새로운 벽화 고분을 발굴했다. 무덤의 구조는 어숙술간묘와 비슷한 굴식 돌방무덤이었다.

돌방의 네 벽은 거칠게 다듬은 사각형의 깬 돌을 옆으로 뉘어 쌓았는데 위로 올라가면서 안쪽으로 조금씩 기울였다. 벽면과 천장에는 회를 발랐고 네 벽에 벽화를 그렸다. 동벽에는 큰 산과 새를, 북벽에는 산과 새를 비롯해 연꽃과 구름 무늬를 그렸다.

순흥 읍내리 벽화 고분 속으로

경북 영주시에 위치한 순흥 읍내리 고분의 벽화들은 삼국시대의 회화 양식은 물론, 당시의 종교관과 내세관, 고구려와의 문화 교류를 이해하는 데 매우 중요한 자료가 되고 있다.

1 고분모형관 전경 남북으로 약간 긴 타원형 모양의 무덤으로 널방과 이 방에서 입구를 연결하는 널길로 이루어졌다. 높이는 약 4m에 이르며 봉토의 지름은 14m이다.

2 입구 모사도 널길 양 벽에는 무시무시한 얼굴을 한 역사(力士)가 그려져 있다. 모두 무덤 바깥쪽으로 뛰어나가는 모습을 하고 있는데, 시신을 수호하는 의미가 담긴 것으로 추정된다.

3 '기미중(己未中)' 명문 모사도 남벽에 그려져 있는 그림으로 "기미중 묘상인명(己未中墓像人名)"으로 읽힌다. 여기서 '기미'는 고분의 설치 연대로 추정되며, '묘상인'은 무덤 주인공의 이름을 뜻하는 것으로 보인다. 명문 오른쪽에는 꼬리가 둘 달린 물고기 형태의 깃발이 매달려 휘날리고 있는 삼지창이 있다.

4 연꽃 모사도 상당히 사실적이고 세련된 느낌을 주는 북벽의 그림이다. 도안화된 문양이 아니라 자연에 피어 있는 연꽃을 풍경화식으로 그려놓았다. 이러한 연꽃 모습은 고구려 후기 고분 벽화에도 나타나는데, 불교의 영향을 받은 것으로 보인다.

5 널길 서벽의 역사(力士) 모사도 서벽과 무덤 입구에 걸쳐서 그려져 있는 그림이다. 크게 벌린 입 안으로 날카로운 송곳니가 있는 험상궂은 인물이 웃통을 벗은 채 양손에 뱀을 휘감고 뛰는 모습이다. 머리에는 버선 모양으로 된 특이한 모자를 썼고, 머리는 길게 땋아 늘어뜨렸다.

어숙술간묘 연꽃과 여인의 모습

어숙술간묘는 원래 무덤 전체에 채색 벽화가 그려져 있었으나 자연적·인위적으로 손상되어 현재는 거의 알아볼 수가 없는 상태다. 천장에 위치한 대형 연꽃 그림은 지름 55cm 정도의 크기로 붉은색 중심으로 표현한 것이 특징이다. 돌 문짝 바깥쪽에 그려진 여인은 하반신만 비교적 선명한데, 푸른색과 흰색으로 된 주름치마를 입고 있다. 이 문짝 안쪽의 명문으로 인해 '술간' 관직에 있던 '어숙'이라는 사람의 무덤임이 밝혀졌다.

 서벽에는 기와집과 버드나무를, 남벽에는 깃발을 든 인물 등과 함께 '기미중(己未中)'으로 시작하는 붓글씨를 썼다. 주검받침에도 불꽃무늬 혹은 산악무늬로 보이는 무늬가 그려져 있다. 벽화를 그린 시점은 아마도 나중에 추가 매장할 때였을 것으로 보고 있다.

 주검받침 위에는 세 사람분의 뼈가 있었으며 40대 이상의 남성 한 명과 20대 여성 두 명이었다. 널길 서북 모서리 쪽에 돌로 쌓은 단이 있는데 제단인 듯하다. 하지만 이를 보조 주검받침으로 보는 견해도 있다. 널길 끝부분에 문지방석과 문짝이 있는데 문지방석은 동서벽 사이에 끼워 넣고 아래쪽에 잡석을 쌓아올려 보강했다. 돌문짝은 어숙묘와 달리 여닫는 손잡이가 없고 회나 벽화의 흔적도 없다.

 이 무덤의 연대에 대해서도 여러 견해가 있다. 서체로 보아 기미년을 419년으로 보는 견해가 있고 벽화의 내용을 분석하거나 석실의 구조를 검토해 539년으로 보기도 한다. 그런데 순흥면 읍내리 고분군의 전체 무덤을 종합적으로 검토해 보면 굴식 돌방무덤은 앞트기식 돌방무덤보다 늦은 시기에 쌓은 것이 확실하기 때문에[o] 그 연대는 6세기에서도 늦은 시기로 보아야 한다는 견해도 있어 539년 설도 재검토의 여지가 있다.

고구려 벽화와 닮은꼴

어숙술간묘 벽화에서 주목되는 그림은 연꽃과 여인의 모습이다. 연꽃은 붉은색으로 가장자리를 그린 후 다시 꽃잎 끝을 검은 선으로 덧그렸는데, 전체적으로 붉은 색조를 띤다. 이와 비슷한 연꽃은 고구려 고분 벽화에서도 가끔 보이는데 통구 12호분, 연화총, 장천리 1호분과 2호분, 쌍영총, 내리 1호분 등 5세기~6세기 전반의 벽화 고분에서 확인된다. 그러나 고구려의 연꽃은 꽃잎이 여섯 장이나 여덟 장이어서 일곱 장인 어숙술간묘 연꽃과 차이가 있다.

 널길과 널방 사이에 위치한 돌 문짝에는 두 명의 여인이 그려져 있다. 표면에 얇게 백회를 바른 다음 붉은색, 푸른색, 노란색, 흰색의

[o] 앞트기식·굴식 무덤

앞트기식 무덤(횡구식 고분)은 먼저 세 벽을 쌓고 천장돌을 덮은 다음, 한쪽으로 시신을 넣고 밖에서 벽을 막아 만든 무덤으로 경북 안동의 조탑동 고분, 대구 비산동 34호분 등이 대표적이다. 이 무덤은 영남지방에서 신라와 가야 초기 묘제로 성행했는데, 부부 합장 등 추가장이 이루어지고 고구려·백제의 굴식 돌방무덤의 영향을 받으면서 널방 벽 한쪽에 외부로 통하는 출입구를 설치한 굴식 무덤으로 점차 바뀌어간다. 무덤의 형식은 별도의 시설 없이 구덩이를 파고 시신을 묻은 무덤인 구덩식 무덤–앞트기식 무덤–굴식 무덤으로 발전해 왔다고 할 수 있다.

안료를 사용해 그림을 그렸는데 그림은 문짝 전면에 걸쳐 크게 그렸다. 고구려 고분 벽화에서 두 명 이상의 여인이 외출하는 듯한 모습으로 그려진 무덤은 안악 2호분이나 수산리 고분이다. 그런데 고구려 고분 벽화에서 여인상은 모두 널방 벽에 그려져 있지만 어숙술간묘의 경우 문짝에 그려져 있어 차이를 보인다.

읍내리 벽화 고분 역시 벽화는 백회를 먼저 바른 다음 그렸는데, 붉은 색으로 윤곽을 그리고 붉은색, 노란색, 흰색 안료로 색을 입혔다. 그림은 널방 네 벽과 널길 좌우 벽 및 주검받침의 서측면에서 발견되었다. 서벽에는 커다란 나무를 가운데 배치하고 그 윗쪽에 여인의 얼굴을 그려놓았으며, 나무 아래로는 집의 흔적이 남아 있어 생활상을 묘사한 것 같다.

이 두 무덤의 벽화는 그림 위치나 세부 표현 방식에서 일부 다른 점도 있지만, 기본적으로는 생활 풍속을 그린 고구려 벽화 고분들의 영향을 짙게 받은 것으로 볼 수밖에 없다.

주인공은 고구려 사람일까?

신라의 수도인 경주를 비롯해 지방에서조차 벽화가 그려진 무덤이 알려진 바 없었기 때문에 이들 무덤을 '고구려적인 것'으로 이해하는 견해가 다수다. 무덤의 주인공이 고구려 사람이 아니더라도 적어도 고구려에서 신라로 귀화한 사람일 것 같다고도 한다. 최근에는 한 걸음 더 나아가 광개토대왕 때 고구려가 죽령을 넘어 순흥 지역을 지배했고 그곳에 주둔해 있던 고구려 사람들이 남긴 것이라는 견해까지 제기되었다.

그러나 삼국시대 죽령 일대를 둘러싸고 고구려와 신라가 쟁탈전을 벌인 것은 사실이지만, 『삼국사기』나 단양 적성비의 내용을 보면 5세기 무렵 신라와 고구려의 경계는 죽령이었으므로, 고구려군이 그 이남의 순흥 지역을 지배했다고 보기는 어렵다.

또한 읍내리의 무덤 속에 생활 풍속도가 그려질 당시 고구려의 무덤에서는 이런 그림이 사라지고 사신도가 그려지고 있었다는 점, 돌방무덤의 구조가 경주에 있는 신라 무덤과 같다는 점을 고려할 필요가 있다.

아울러 벽화 고분 주변의 무덤을 발굴해 본 결과, 그 속에서 경주의 귀족들이나 사용할 수 있는 금귀걸이 등 진귀한 물품이 다수 출토되었기 때문에 벽화 고분이 만들어지기 이전부터 신라 사람들이 이곳에 살고 있었음이 분명하다. 따라서 이 벽화 고분들의 주인공이 누구인가 하는 문제에 대한 해답은 좀 더 많은 자료가 발견될 때까지 기다려야 할 것으로 보인다.

이한상 대전대 교수

연꽃화생

중국 집안시 장천 1호분의 예불도 내에 있는 그림으로 하나의 연꽃에서 부부가 함께 다시 태어나는 모습을 묘사했다. '연꽃화생'은 생명과 빛의 상징인 연꽃과 초현실적인 탄생법을 가리키는 화생(化生)을 결합시킨 불교의 개념인데, 무덤 주인공 부부의 인연이 극락 세계에서도 끝없이 이어지기를 바라는 소망이 담겨 있다.

고구려 수산리 고분 여자 주인공

북한 남포직할시 강서구역에 위치한 수산리 벽화 고분에는 다양한 인물 풍속 그림이 그려져 있다. 옆 그림은 붉은 연지를 찍은 풍만한 얼굴의 묘주 부인이 시종들을 데리고 기예단의 곡예를 구경하는 장면을 묘사한 것이다. 적당한 신체 비례를 유지하며 우아한 자태를 뽐내고 있다.

새로운 시대에는 새로운 사상으로

신라에서 불교가 공인된 법흥왕 대는 『삼국유사』의 시기 구분에 따르면 '상고기'(박혁거세~지증왕)에서 '중고기'(법흥왕~진덕여왕)로 넘어가는 변화의 시기였다. '중고기'는 이전 시기와 달리 '법흥왕'(불법을 일으킨 왕)처럼 불교식으로 왕명을 표현하던 '불교식 왕명 시대'였다.

왕명은 당시 정치 체제의 성격을 말해주는 상징성을 지니고 있었다. 따라서 불교 공인은 신라의 변화 흐름과 관련된 정치적 결단이었다고 생각된다.

기존의 학자들은 불교 수용을 주도한 사람들로 왕과 진골 귀족을 꼽았다. 그들이 당시의 신분 질서를 그대로 유지하기 위해 불교를 끌어들였다는 것이었다. 인과응보를 강조하는 불교의 윤회 사상에 큰 관심을 가지고 있던 지배 계층은 이 사상을 통해 자신들의 특권을 과거 좋은 일을 많이 한 결과로 설명할 수 있었다. 또한 학자들은 이전부터 강조돼 온 왕권의 신성함을 '왕즉불'(왕은 곧 부처) 사상으로 계속 이어갔다고 보았다.

불교 수용을 주도한 세 사람

그러나 불교 사상 속에는, 비록 현실에선 교단 내에서만 이루어지긴 했지만, 기존 지배 질서와 충돌되는 부분이 있다. 불교는 사람은 모두 평등하다는 사상과 나랏일에 많은 사람들의 뜻이 반영되어야 한다는 사회계약설, 공화제 정치 원리를 지향하였다. 기존 학자들의 연구는 이러한 불교 사상의 선진적인 측면과 당시 정치 체제가 어떤 관련이 있었는지 거의 검토하지 않았다. 신라 불교 공인의 정치·사회적 성격을 올바르게 이해하기 위해선 불교 수용을 주도한 사람들을 왕과 진골 귀족 등

천전리 각석의 '성법흥대왕'
신라 왕족들의 생활상을 전해주는 유적인 울산시 울주군 천전리 각석에는 '성법흥대왕(聖法興大王)'이라는 표현이 새겨져 있다. 법흥왕 재위 535년에 여러 승려들이 이 지역에 들른 사실을 기록한 내용 중 일부인데, 이 표현을 통해 법흥왕 대에 이미 불교식 왕명을 썼으며 승려들로부터 '성스러운 대왕'으로 불릴 만큼 왕의 권위가 높았음을 확인할 수 있다.

삼국유사와 삼국사기의 신라사 시기 구분

신선암 마애보살반가상
경주 남산 칠불암 뒤쪽 높은 절벽 위에 새겨져 있는 통일신라 후기의 보살상이다. 그 위치 때문에 마치 보살이 구름 위의 세계에 앉아 중생들을 내려다보는 듯한 모습으로 보인다. 두 눈을 지그시 감은 채 깊은 생각에 잠긴 얼굴을 하고 있으며, 가슴까지 들어올린 왼손은 설법을 하는 모습을 표현하고 있다.

당시 지배 세력에 한정했던 연구 태도를 반성해야만 한다.

불교전래 설화에 따르면, 오히려 신라에 불교가 처음 전해졌을 때 진골 귀족은 불교 공인을 강하게 반대한 사람들로 나온다. 설화 속에서 불교 수용을 적극 주도한 인물은 세 명이다. 첫 번째는 고구려의 승려들을 집에 모셔놓고 불교 확산의 기반을 만들어준 일선군(현 경북 선산) 사람 모례다. 두 번째는 법흥왕의 측근으로서 '사인'이라는 직책에 있었던 이차돈이었다. 그는 불교 수용 반대 세력이었던 귀족과의 정치적 갈등 과정에서 순교한 인물로 잘 알려져 있다. 세 번째는 귀족들의 격렬한 반대를 무릅쓰고 불교를 공인한 법흥왕이다.

만일 이들이 불교를 믿고 또 공인하려 한 것이 단지 불교에 대한 개인적 믿음에서 비롯된 것이라면, 불교 공인의 역사적 맥락을 이해하는 건 더 이상 가능하지 않다. 객관적인 판단을 위해서는 개개인의 심리적 상태가 아니라 그들이 놓여 있던 정치·사회적 상황 속에서 증명해 나가야만 한다.

4세기 신라는 중앙 지배자 공동체인 6부가 신라 각 지역을 관리하고 있었다. 6부는 왕권의 통제 아래 있긴 했지만, 자치적 성격을 지니고 있었다. 그러나 5세기 이후 강해진 신라의 왕권은 6부를 배제하고 지방을 직접 장악해 나갔다. 더욱이 6세기 지증왕 대에는 각

석조 미륵삼존불상
경주 남산 북봉인 장창골의 한 석실에 있던 것으로 좌우 보살의 천진난만한 미소 때문에 '애기부처'로 불리기도 한다. 7세기 중엽의 작품으로 추정되며, 단단한 화강암에 부드러움과 온화함을 새기는 신라 특유의 양식을 하고 있다. 두 다리를 대좌에 늘어뜨리고 의자에 걸터앉은 본존의 모습은 다른 불상에선 찾아볼 수 없는 아주 특이한 경우다.

지역에 지방관을 파견하는 등 중앙 집권적 군현제가 본격 시작된다. 이처럼 신라 왕권의 성장 속에서 6부의 권력과 읍·촌락 족장 세력의 지배 기반이 무너졌고, 이로 인해 왕권과 6부의 귀족, 그리고 각 읍·촌락 사이에 갈등이 벌어졌다. 이는 신라 전체의 사회 불안으로 이어졌다.

우선 6부나 각 지방 읍·촌락 사회에는 계층 간 갈등이 깊어져, 경제적 지위가 높아진 '호민층'이 기존 족장 세력과 대립했다. 신라 왕권은 이들 호민층에게 하급 관직 및 관등을 주는 '외위제'를 통해 국가 질서 내로 끌어들였다. 이는 호민층을 새로운 정치 체제의 기반으로 보고 정치적 문을 활짝 연 것으로 이해할 수 있다. 이를 통해 5~6세기 신라 왕권은 각 부의 세력 기반인 읍·촌락 사회를 독립시켜 지방은 '촌', 중앙 6부는 '리'로 장악할 수 있었다.

또한 신라 왕권은 기존 6부의 지배층과도 손을 잡고 이들에게 정치·경제적 특권을 줬는데, 이들은 골품제와 관료제를 통해 진골 또는 두품 신분의 귀족 관리가 되었다. 이 과정에서 새로운 질서를 받아들이지 못하는 6부의 지배층은 힘을 잃어갔다. 그 결과 6부 중에서도 양부·사량부가 왕을 중심으로 힘을 모아 최고 지배층이 되었다.

고구려를 통해 전해지다

이러한 정치 체제의 변화는 법흥왕 대의 관료제에서 구체적으로 확인된다. 법흥왕 대에는 각 부의 우두머리에게도 17등 관등이 내려지는 등 모든 부가 관료제 내에 속하게 된다. 새로이 흡수된 하급 관리층은 왕권을 뒷받침하는 한문 소양을 갖춘 문인들이었으며, 이들은

◉외위제
'외위'는 신라시대에 지방민들에게 주던 관등을 뜻한다. 반면 왕경에 사는 이들을 대상으로는 '경위'라는 관등이 주어졌다. 외위제가 제도적으로 자리 잡은 시기는 6세기 초반 지증왕·법흥왕 대로 추정되고 있다. 외위는 11관등으로 나뉘었으며 지방민들 사이의 신분제로 기능했다. 신라 중앙 정부는 지방의 유력자들에게 외위를 수여해 회유하는 동시에 이들을 통해 지방을 효율적으로 통치할 수 있었다. 그 후 외위제는 군현제로 대표되는 지방 통치 체제의 정비와 지방민들의 지위 향상 등으로 문무왕대에 외위를 경위로 대치하는 규정을 정함으로써 사라졌다.

중앙 집권적인 세금 제도를 만들기 위해 지방관으로 파견되었다.

법흥왕 대에 하급 관리층과 '외위제'는 이전에 통치 대상에 지나지 않았던 6부 및 촌락의 호민들이 비록 낮은 직급이었지만 정치의 주체로 올라섰음을 의미한다. 이를 통해 일반 백성의 성장과 국가가 그들을 바라보는 시각의 변화를 읽을 수 있다.

이 같은 상황을 염두에 두면서 앞서 언급한 불교 수용을 적극 주도한 인물들의 면면을 살펴보도록 하자. 일선군 사람 모례는 법흥왕 대의 변화 속에 새롭게 등장한 지방인, 좀 더 분명히 말하면 '호민층'이라고 할 수 있다. 그리고 법흥왕의 측근인 이차돈은 하급 관리층을, 끝으로 법흥왕은 강력해진 새로운 왕권을 상징하는 것으로 보인다.

이들 세 부류는 당시 가장 급격한 변화를 몸소 느꼈던 사람들이었다. 따라서 불교전래 설화에는 이 시기를 대표하는 사회 세력들의 이야기가 녹아들어있다고 생각된다.

신라에 불교가 전해진 것은 고구려 · 백제와의 대외 교류를 통해서였다. 이 두 나라는 신라보다 150년 이상 빨리 불교를 받아들였다. 설화에도 신라에 불교를 전해준 사람은 고구려 승려로 되어 있다. 눌지왕 때 고구려에서 온 승려인 묵호자는 모례의 도움으로 불교 전파의 기반을 마련한다. 이후 묵호자는 공주의 병을 고쳐 눌지왕과 만나게 된다.

모례가 살던 현재의 경북 선산 지역은 소백산맥 남쪽에 위치한 신라의 북쪽 경계의 핵심 지역으로, 고구려 문화가 신라로 전해지는 길목에 자리 잡고 있다. 실제 이와 가까운 경북 영주시 순흥 지역에서 고구려 문화에 영향을 받은 벽화 고분 두 기가 발견되기도 했다. 이러한 정황으로 볼 때 모례와 고구려 승려의 만남은 충분히 가능성이 있는 이야기다.

또한 선산 지역은 그 북쪽 의성에 '아시촌' 소경이라는 신라 제2의 수도가 있었고, 5세기 이후 농업의 발전에 기초한 상업이 발달한 곳이었다. 낙동강 해상 교통로의 중심지인 양산 지역에도 불교 승려를 따르는 호민층이 존

경주시 효현동에 있는 법흥왕릉

고대 국가의 틀을 완성한 법흥왕

신라 제23대 법흥왕(재위 514~540)은 아버지 지증왕의 개혁 정책을 이어받아 신라가 중앙 집권적인 고대 국가 체제로 자리를 잡는 데 큰 역할을 한 인물이다.

우선 법흥왕은 517년 최초의 중앙 관부로 '병부'를 설치한다. 이는 왕이 직접 군사권을 장악함으로써 왕권을 강화하기 위한 시도로 이해되고 있다.

520년에는 율령을 반포하고 백관 공복을 제정해 공직 질서를 확립하고자 했다. 당시 율령의 구체적인 내용은 전해지지 않고 있는데, 17관등과 골품 제도 등에 관한 규정이 담겨 있었을 것으로 추정된다.

귀족회의의 의장으로서 '상대등'의 등장도 법흥왕 대에 이루어졌다. 신라의 최고 관직인 상대등은 왕권이 점차 강화되면서 왕 밑에서 귀족들을 장악할 새로운 관직의 필요성 때문에 설치된 것이었다.

527년에는 이차돈의 순교를 계기로 불교를 국가 종교로 공식 승인하게 된다. 그 후 불교는 신라 통치 체제의 이념적 기반이 되어 왕실과 매우 밀접한 관계에 놓이게 되었다.

법흥왕은 영토 확장 정책에도 적극적이었다. 대표적인 업적이 532년 금관가야를 합병한 것인데, 이는 신라가 낙동강의 교통 요지인 김해를 발판으로 가야의 여러 나라를 정복하는 시발점이 되었다.

재했다. 이처럼 상업 발달 지역을 따라 불교가 널리 전파되고 있었다. 설화에서도 전하는 것처럼, 결국 불교는 상업이 가장 활발했던 수도 경주에까지 전해졌다. 그리고 소지왕 대 이후 불교를 믿는 사람은 계속 늘어났다. 이들은 자신을 '사'(士)라고 부르면서 불교를 숭배하고 불교 승려들로부터 선진 문화를 받아들였다.

새 정치 주체의 사상적 흡수

신라에 전해진 불교는 유학을 비롯한 중국의 선진 사상과 문화가 상당히 녹아들어 가 있었다. 당시 중국에서는 불교 경전을 번역하는 일이 활발히 진행되었는데, 중국인의 입맛에 맞게 중국의 문화와 사상을 기준으로 쉽게 정리하는 일이었다. 때문에 불교 승려들은 자연히 중국의 문화와 사상에 대한 지식을 갖출 수밖에 없었다. 이런 이유로 신라에 처음으로 불교 신앙이 생겼을 때 어느 것이 불교 원래의 것이고 어느 것이 중국 사상이 반영된 것인지 구분하기 어려웠다.

신라인들이 한문을 해독하거나 중국의 선진 문화를 이해하기 위해서는 불교 승려들의 가르침이 많이 필요했을 것이다. 당시 이러한 지식을 갖춘 인물이 그리 많지 않았다는 점에서 불교 승려들은 최고의 지식인 그룹이라고 할 수 있었다. 이 시기 국가의 요구를 받들고자 했던 호민층은 최고 지식인인 이들 승려로부터 중국의 선진 문화를 배울 수 있었을 것이며, 이 과정을 통해 불교에 대한 이해도 점점 깊이를 더해 갔을 것이다. 불교 승려 원광과 그로부터 세속오계를 배운 젊은 화랑도인 귀산, 추항의 관계는 이들과 불교와의 관계를

순교자 이차돈 이야기

소나무로 만든 요람에 한 갓난아이가 누워 있었다. 아버지는 향나무를 깎아 향로에 뿌리고, 요람의 머리맡에서 아이의 건강을 비는 불경을 낭송했다. 아버지로부터 불심을 물려받은 이차돈이 506년 신라 왕경 경주에서 탄생할 때 풍경은 이러했을 것이다. 이 아이는 훗날 불교의 국가적 공인을 위해 순교자의 길을 걷게 된다.

이차돈은 10살이 조금 넘은 어린 나이에 왕궁의 하급 관직인 '사인'이 된다. 법흥왕을 가까이서 모시는 자리였다. 이차돈은 불법에 대한 갈증을 느끼고 있던 왕을 마음 깊이 존경했다. 528년 어느 날 왕이 걱정 어린 얼굴을 하고 있는 것을 보았다. 왕은 사찰을 짓기 위해 명령을 내렸으나 귀족들의 소극적인 자세로 공사가 미뤄지고 있었다.

당시 불교는 신라 사회 저변에 서서히 퍼져나가고 있었다. 법흥왕의 불교 공인과 사찰 건립 목적은 분명했다. 부처에 대한 신앙을 통해 민심을 한데 모으고, 이로써 반대 귀족 세력들을 자신에게 복종시키기 위해서였다.

22세의 젊은 이차돈은 순수한 종교적 열정에 사로잡혀 있었다. 그는 자신이 희생하더라도 불교 공인을 위해 고민하는 국왕에게 도움이 되고 싶었다. 어느 날 법흥왕은 회의를 소집했다. 왕과 귀족들 사이에 사찰 건립을 둘러싼 논란이 오갔다. 이 와중에 왕의 사인에 불과한 이차돈이 끼어들었다.

"지금 잘못된 말씀을 하고 계십니다. 불교의 진리가 심오하다고 하니, 믿고 따르지 않을 수 없습니다."

하지만 이는 아무리 옳은 말을 했더라도 위 아래를 무시하는 하극상이었다. 왕은 곧 이차돈을 참수하겠다는 결정을 내렸다. 처형장에서 이차돈은 생의 마지막 말을 남겼다.

"나는 불법을 위해 죽음을 당하는 것입니다. 부처님께서 만약 신령스러움이 있다면 반드시 이상한 일이 생길 것입니다."

이차돈은 자신의 머리를 통나무 모루 위에 올렸다. 사형 집행인이 그의 목을 내리쳤다. 그때 머리가 잘린 이차돈의 몸속에서 피가 솟구쳤는데, 놀랍게도 붉은색이 아니라 아주 밝은 우유빛이었다.

『삼국유사』는 당시의 상황을 이렇게 묘사하고 있다. "하늘은 사방이 어두워지고 빛이 사라졌다. 땅이 진동하고 비가 뚝뚝 떨어졌다. 법흥왕의 눈물이 옷을 적셨다." 이 기적은 온 신라 사회에 퍼졌고 불법도 힘을 가지게 되었다. 이차돈의 순교는 불교가 신라 사회의 중심 사상으로 자리를 잡는 데 크나큰 역할을 했다.

서영교 충남대 연구원

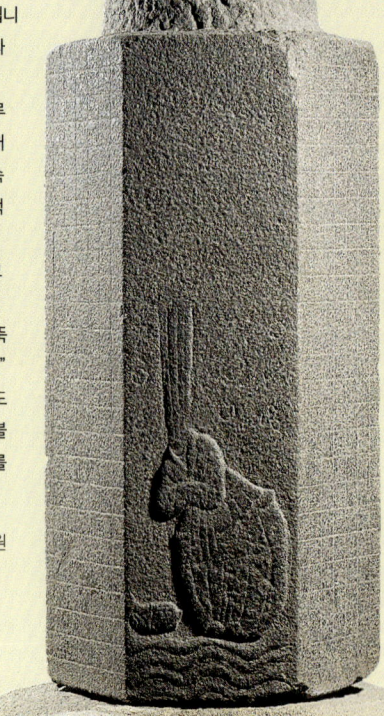

땅이 진동하고
꽃비가 내리는 가운데 잘린 목에서
우유빛 피가 솟아오르는
장면을 묘사한 이차돈 순교비
(통일신라시대 건립)

이해하는 데 많은 도움이 된다.

당시 불교는 유학을 비롯한 중국의 선진 문물을 전하는 역할만 한 것이 아니었다. 세속오계와 같이 올바른 삶의 자세를 사람들에게 제시한다는 것은 불교가 사회윤리나 행동 전반에 영향력을 미치고 있었음을 말해준다.

새로운 지배 체제는 새롭게 성장하는 부류들의 정치적 요구를 관료제를 통해 흡수했다. 이것이 이전에 통치 대상이었던 호민층들을 정치적으로 인정해준 것이라면, 6부의 질서를 무너뜨리면서 세운 새로운 정치 질서를 뒷받침할 종교 사상에 대한 고민도 이러한 방향으로 이루어졌을 것이다.

'진흥왕 순수비'에는 왕이 조상신인 '하늘'로부터 권력을 넘겨받았다는 내용과 함께 "왕이 덕을 갖춰야 한다"는 새로운 관념이 등장한다. 이러한 시각은 비록 유교 경전을 인용하고는 있지만 순수비의 글을 지은 불교 승려의 정치 사상을 진흥왕이 받아들여 나타난 것이 분명하다. 중국에서도 후조의 불도징이나 전진의 도안 같은 승려가 유교 경전의 표현을 빌려 불교의 교리를 설명한 바 있다.

왕이나 국가에 대한 불교의 관점에는 자유롭고 평등한 개인들의 합의 속에 나라가 세워진다는 사회계약설적인 측면이 담겨 있다. 인도 아쇼카왕 집권 시에 불교 승려들은 이러한 도덕적 정치론을 왕에게 불어넣었고, 이는 왕권은 신으로부터 주어진 것이라는 기존의 왕권신수설과 결합했다. 마찬가지로 불교 쪽도 왕권신수설을 받아들여 불법을 지키고 퍼뜨리는 이상적인 왕인 '전륜성왕'이 만들어진다. 이는 불교가 현실의 왕권을 인정하면서 도덕적 윤리관을 불어넣는 방식으로, 서로

흥륜사 이름 새긴 수키와

흥륜사는 포교승 아도가 창건하였다고 한다. 창건 당시에는 초가의 절이었으나 이차돈의 순교로 신라가 불교를 공인한 후 진흥왕 5년(544)에 왕찰로 중창되었다. 그후 신라 역대 국왕이 불교를 신봉하여 법등이 고려 시대까지 이어져 금당, 탑, 중문, 강당 등이 있었다고 한다. 위 사진은 최근 절터로 추정해온 경주공고의 구내 배수로 공사 도중 출토된 기와 유물이다. '흥(興)'자가 새겨진 이 수키와의 발굴로 인해 이곳이 흥륜사 터일 가능성이 높아졌다.

인정하고 서로 의지했기 때문이다.

승려들의 이러한 사상은 신라에서 새롭게 정치적으로 인정받기 시작한 계층과 공감대를 이룰 수 있었다. 신라는 제도적으로는 관료제의 개편으로, 사상적으로는 불교의 공인으로 이 새로운 계층을 국가 질서 내에 끌어들여 나라의 안정을 꾀하고자 했던 것이다.

윤선태 동국대 교수

◉**전륜성왕**

수레바퀴(불법)를 어디로나 굴릴 수 있는 통치자란 뜻의 전륜성왕은 고대 인도에서 무력이 아닌 정의와 도덕으로 세계를 통일·지배하는 이상적인 제왕을 의미했다. 속세에서 석가모니와 같은 존엄을 지닌 존재로 여겨진 전륜성왕 개념은 왕권의 강화와 호국 불교 사상을 드높이는 데 큰 역할을 했다.

신라의 지방 행정

왕권 강화와 함께한 행정구역의 변천

우리에게 대단히 친숙하게 느껴지는 '촌(村)'이라는 용어는 '마을'과 함께 지금까지도 널리 쓰이고 있다. 촌은 현재 공식 지방 행정 단위는 아니지만 흔히 어떤 행위가 공동으로 이루어지는 영역을 의미하는 단어로 사용된다. 이를테면 농사를 생업으로 하는 지역을 가리켜 '농촌', 절 아래 형성돼 있는 마을을 '사하촌'이라고 한다.

촌이란 말이 한국사에서 처음 기록으로 등장한 것은 신라의 건국 시조 박혁거세 설화 속에 나오는 6촌장 이야기를 통해서지만, 그 연대와 사실을 그대로 믿고 따를 수는 없다. 촌이란 말이 처음 쓰인 중국에서조차 제일 먼저 기록된 것은 후한 말, 즉 삼국시대 초인 3세기 무렵의 일이기 때문이다.

한국 고대사에서 촌이라는 단어가 믿을 만한 사례로 뚜렷하게 확인되는 것은 414년에 건립된 광개토대왕릉비다. 따라서 고구려에서는 아무리 늦춰 잡아도 5세기 초에는 촌이라는 용어가 널리 쓰이고 있었다. 아마도 4세기 어느 무렵에 이미 촌이란 용어가 받아들여져 널리 쓰이게 된 것이 아닌가 싶다.

신라의 경우 고구려와 4세기 전반부터 접촉하기 시작한 것으로 미루어 비교적 이른 시기에 이 용어가 수입되었을 가능성이 크다. 이 무렵을 전후해 백제와 가야에서도 역시 사용되었으므로 촌은 한국 고대사에서 공통적으로 널리 쓰인 말이라고 할 수 있다.

그러나 외래의 제도나 문물을 받아들일 때 흔히 그러하듯이, 받아들이는 측의 처지에 따라 각기 다르게 변형되기도 한다. 말하자면 촌은 모든 나라가 동일한 개념으로 사용한 것이 아니라 형편에 따라 다양한 개념으로 받아들인 것 같다.

신라의 경우, 당연히 고구려로부터 받아들였을 테지만 쓰임새는 뚜렷하게 차이가 났다. 고구려에서는 촌이 자연발생적으로 형성된 자연 취락을 가리키는 개념으로 사용되었지만, 신라에서는 그렇지 않았던 것이다.

이사금에서 마립간으로

신라라는 나라 이름이 등장하고 또 사회의 모습이 이전과는 질적으로 다른 모습을 갖추게

대구 무술명 오작비
대구에서 발견된 신라시대 화강암 비석으로 오(塢: 저수지나 제방)를 쌓는 데 관여한 책임자들의 이름과 출신, 작업 기간 등이 기록되어 있다. '무술년(戊戌年)'에 제작되었다고 새겨져 있는데, 578년(진지왕 3)으로 추정되고 있다. '영동리촌' '부작촌' '진득소리촌' 등 당시 여러 촌락의 이름이 등장해 촌의 성격 연구에 중요한 자료가 되고 있다.

되는 것은 4세기의 일이다. 그 이전 사로국은 진한 연맹에 소속된 여러 나라 가운데 하나에 지나지 않았다.

4세기에 들어와 중국 북방의 5호 세력이 중원으로 진출하고 그와 동시에 고구려 또한 대동강 유역으로 남하하면서 동아시아에는 대변동이 일어났다. 그 파장이 마침내 남쪽 삼한 일대까지 미쳐서 진한 내부에서는 유력한 세력을 중심으로 정치적 통합 운동이 진행되었고, 그 과정에서 새로이 사로국을 중심으로 신라가 성립된다. 이러한 변화는 '우두머리'를 가리키는 용어의 변화도 가져왔다. 사로국에서는 나이가 많은 수장을 가리켜 '이사금'이라고 불렀으나 신라에서는 그 대신 '마립간'이라는 용어를 쓴 것이다.

국가 체제를 갖춘 신라가 등장했다고는 하나 아직 지배 체제가 모두 그에 맞게 갖추어진 상태는 아니었다. 중앙 권력은 아직 약했고 새로이 편입된 지역에 대해서 왕이 직접 지방관을 파견하지도 못하는 실정이었다. 신라 영역으로 편입된 지역은 단지 대외적 교섭 활동이나 군사 동원에서만 일정하게 중앙의 통제를 받았을 뿐, 사회의 근본은 크게 달라지지 않았다.

따라서 지방의 토착 세력은 예로부터 갖고 있던 기반을 중앙 정부로부터 거의 그대로 승인받았다. 다만 공납 등 중앙에 일정한 세금을 내는 방식으로 중앙의 지배를 받았다. 즉, 중앙 권력은 새로 복속한 지방을 간접 지배 방식으로 운영한 것이다.

그렇다고 그들을 마냥 예전의 상태로 방치한 것은 아니었다. 일정한 틀을 갖춰 그 안에 편입하려고 했다. 이를테면 지방의 수장은 전에는 지방마다 각기 부르는 이름이 있었으나 이후에는 일률적으로 '간(干)'이라는 칭호로 불렸다. 왕을 가리키는 마립간이라는 칭호는 그 '간 중의 우두머리'라는 뜻이었다.

간이 다스리는 일정한 지역이 촌이었다. 그것은 5세기 초반에 중앙 정치에 참여한 지방 세력의 이름 중에 수주촌간, 일리촌간, 이이촌간 등이 기록에 등장하는 것으로도 알 수 있다.

자연촌에서 행정촌으로

광개토대왕릉비문에는 촌과 함께 '성(城)'이 등장하는데 성의 숫자가 적은 것으로 보아 촌은 성에 예속된 하위 단위였다. 말하자면 촌은 성에 예속된 가장 기초적인 행정 단위였다. 즉 앞서 말했듯 고구려에서 촌은 자연 취락을 뜻했고, 그것을 10여 개 합친 단위를 묶어서 성이란 정치적, 군사적 거점을 이루게

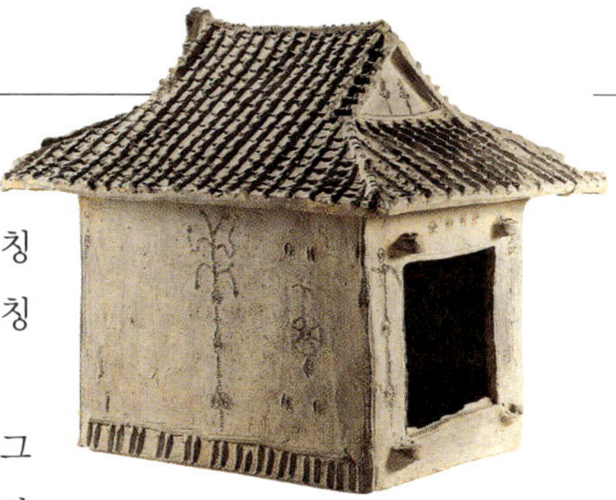

경주 북군동에서 출토된 집 모양 뼈그릇

不拒而遣之又十一年王子高句麗亦欲得未
斯欣之兄卜好爲質大王又遣之及訥祇王即
位思得辯士往迎之聞水酒村干伐寶靺一利
村干仇里迺利伊村干波老三人有賢智召問
曰吾弟二人質於倭麗二國多年不還兄弟之
故思念不能自止願使生還若之何而可三人
同對曰臣等聞歃良州干堤上剛勇而有謀可
得以解殿下之憂於是徵堤上使前告三臣之
言而請行堤上對曰臣雖愚不肖敢不唯命祇
承遂以聘禮入高句麗語王曰臣聞交鄰國之

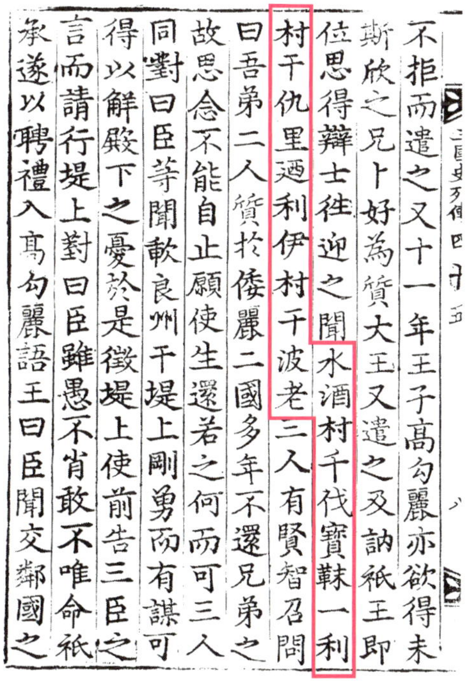

『삼국사기』 박제상 열전 중 한 대목
신라 충신 박제상(363~419)의 일대기를 다룬 『삼국사기』 열전 중 일부다. 수주촌간 벌모말, 일리촌간 구리내, 이이촌간 파로 세 사람이 눌지왕의 동생들을 구출해 올 적임자로 박제상을 추천하는 내용이다. '촌간'은 각 촌을 다스리는 촌주를 뜻한다.

했다. 이처럼 촌은 국가에서 지방관을 보내 직접 통치한 행정 단위는 아니었다. 신라가 고구려로부터 촌 제도를 받아들였을 때도 기본적으로 그런 성격이었을 것이다.

그러다 지방 제도를 정비하면서 점차 간이 지배하는 하나의 단위를 촌이라고 부르게 되었다. 같은 촌이라도 세력이 큰 촌과 작은 촌 사이에 점점 격차가 생기고 결국 촌은 두 가지 의미로 사용되기 시작했다.

즉 촌은 본래 자연 취락을 가리켰지만, 그 가운데 세력이 큰 자가 거주하는 촌에 간이란 칭호가 붙으면서 정치 중심지 역할을 하는 촌이 생겨나게 되었다. 이후 촌락에 대한 지배가 강화되면서 간 가운데 일부가 국가로부터 '촌주'로 임명되자 그런 현상이 한층 두드러졌다. 이로 인해 신라에서는 이미 5세기에 촌이 두 가지 성격으로 나뉘었던 것이다.

같은 촌에도 등급이 있었다

이러한 체제에 다시 변화가 일어난 것은 5세기 말에 이르러서였다. 이때 왕의 명령을 집행하는 지방관 도사가 처음으로 지방에 파견되었는데 그 거점이 바로 촌이었다. 비슷한 시기에 외적의 침입에 대비해 각 군사 요충지에 성을 쌓는 작업이 활발하게 진행되었고, 이를 위해 주민을 조직적으로 동원하면서 점차 중앙이 지방을 직접 통치하게 되었다. 즉, 여러 성 가운데 단순히 방어적인 목적이 아니라 행정 중심지 역할을 할 만한 성이 선정되고 그곳에 도사가 파견되었던 것이다.

이후 지방 통치가 확대되고 체계화됨에 따라 지방관이 파견되는 성과 촌의 수도 점차 늘어나게 되었다. 그 가운데 정치적, 군사적

명활산성 작성비

경주시 보문동 명활산성 성벽터에서 발견된 비석으로 551년 명활산성 건설에 참여한 지방관과 촌주, 실무자의 이름을 비롯해 공사 내용, 기간 등이 새겨져 있다. 신라 금석문 가운데 '군(郡)'이라는 표현이 최초로 등장하는 비석이어서 지방 통치 제도 정비에 관한 귀중한 자료로 평가받고 있다.

으로 한층 중요한 곳에는 고위급의 지방관으로서 군주와 당주가 파견되었다.

말하자면 같은 성과 촌이라도 각기 등급이 다른 군주, 당주, 도사가 파견되는 곳으로 차등화되었던 것이다. 이들이 각기 주(州), 군(郡), 성촌(城村)이었다. 이처럼 5, 6세기 무렵에는 성과 촌이 동등하게 하나의 행정 단위로서 기능하기도 했다. 그래서 도사가 파견된 곳을 편의상 '행정 성촌'이라 부른다.

뒷날 7세기 통일신라시대에 이르면 행정 성촌을 '현(縣)'으로 바꾸고 상하 관계를 명확히 하는 새로운 조직 체계를 갖춰 중앙 집권적 지배 체제에 맞는 지방 통치 제도의 정비가 이루어지게 된다.

주보돈 경북대 교수

모든 촌이 행정 성촌이었을까?

6세기 촌락 운영의 실태를 일부 보여주는 경주 남산 신성비에는 확실히 지방관이 파견된 행정 성촌이 다수 보인다. 이들 성촌은 모두 도사나 그에 버금가는 지방관이 파견된 행정 단위가 틀림없다.

그러나 당시 존재한 모든 성촌이 그 같은 성격이었는가에 대해서는 의문이 든다. 무수하게 축성된 다수의 성이 모두 지방관이 상주하는 행정 단위로 기능한 것이 아님은 명백하기 때문이다. 그 가운데 일부에만 지방관이 파견되어 행정 단위로서 기능했다.

문제는 촌의 경우다. 초기 촌은 분명히 자연 취락이었다. 그런데 이후 지방관이 파견되면서 모든 촌이 행정 성촌으로 전환했는가에 대해선 논란이 있다.

크게 두 견해로 엇갈리는데, 첫째는 당시의 모든 촌이 행정 단위로 기능했다는 것이다. 이 견해는 기록에 남아 있는 당시의 모든 촌을 같은 성격의 행정 성촌으로 본다.

둘째는 행정 성촌 아래 다시 원래의 자연촌이 있었고, 이 역시 촌으로 불렸다는 견해다. 따라서 이름만으로는 행정 성촌과 자연촌을 구별 짓기 어렵다는 것이다.

전자는 촌이 단지 행정 성촌의 의미만으로 사용되었다고 본다면, 후자는 그 하위의 단계도 역시 촌으로 불렸다고 보는 점에서 크게 다르다.

이러한 논란을 잠재운 것은 1994년 추가로 발견된 경주 남산 신성비 제9비(591)였다. 이 비는 오늘날 경북 영풍 지역으로 추정되는 급벌군에 속한 이동성이 남산 신성 건설 공사에 길이 6보(성인 남자 여섯 걸음에 달하는 길이)를 담당했다는 사실을 기록하고 있다.

특히 주목을 받은 것은 주민 동원의 중심인 이동성에 여러 개의 딸린 촌들의 이름이 나오는데, 그 가운데 이동촌도 있다는 점이다. 이를 통해 이동성은 여러 개의 촌으로 구성되어 있고 이동촌이 그 중심이라는 것, 그리고 이동성이란 행정 단위 이름은 이동촌에서 비롯되었다는 사실을 확인할 수 있게 되었다. 아울러 행정 성촌 아래 또 자연촌이 존재했다는 사실도 확인되었다.

이후 당시 자연촌의 존재를 입증할 수 있는 새로운 사례가 경남 함안의 성산산성에서 출토된 목간에서 나왔다. 성산산성은 1991년부터 아홉 차례에 걸쳐 발굴되었는데 동문 입구 습지에서 160여 점에 달하는 목간이 출토되었다.

560년 무렵에 작성된 것으로 짐작되는 목간의 용도는 아직 확인할 수 없지만 급벌성, 감문성, 진성, 구리벌, 고타, 추문 등 지금까지 다른 비문이나 문헌을 통해 이미 알려진 지명들이 등장한다.

이들은 대체로 경북 북부와 서부 일대에 추정되는 지역들이다. 따라서 이 성산산성 건설에 특정 지역의 주민들이 동원되었다는 사실을 확인할 수가 있다.

여기서 자연촌 문제와 관련해 주목되는 것은 위의 지명들 아래 다시 그에 속한 촌들이 나타나 있다는 사실이다. 이는 행정적인 거점의 밑에 다시 촌이 존재했음을 명백히 보여주는 사례였다. 이로써 자연촌 유무를 둘러싼 논의는 사실상 일단락되었다.

남산 신성비 제9비 탁본
591년 신라가 경주 남산에 성을 쌓은 뒤 이를 기념해 건립한 비석 중 하나다. 지금까지 총 열 개가 확인되었는데, 사진은 1994년 발견된 아홉 번째 비석의 탁본이다. 신라시대 촌의 성격을 이해할 수 있는 중요한 실마리가 되었다.

함안 성산산성 출토 목간
경남 함안군 가야읍 조남산 정상부에 있는 성산산성은 지명, 인명, 신라 관등명, 신분명 등 신라의 지방 통치 실태와 당시의 사회적 변화를 파악할 수 있는 160여 점의 목간이 출토되어 주목을 받은 곳이다. 목간에 새겨진 지명 중에는 왼쪽 사진의 '급벌성(及伐城)'처럼 다른 비문과 문헌을 통해 이미 알려진 것도 등장한다.

첨성대의 기능

천문대인가, 하늘로 통하는 우주 우물인가

경주 첨성대 전경
경주시 인왕동 반월성과 대릉원 사이에 자리 잡고 있는 첨성대는 받침대 역할을 하는 기단부 위에 술병 모양의 원통부를 올리고, 맨 위에 '井'자형의 정상부를 얹은 모습을 하고 있다. 높이는 9.17m에 이르며, 땅에 닿아 있는 2단의 기단석 위에 부채꼴 모양의 돌 27단을 원통부에 쌓아 올렸다. 제13~15단에 걸쳐 남동쪽으로 난 창을 중심으로 아래쪽에 흙과 잔돌이 채워져 있고 위쪽은 정상까지 속이 비어 있어 출입 시 이곳이 중간 바닥 구실을 했음을 알 수 있다.

국보 31호인 첨성대는 동양에서 가장 오래된 천문 관측대로 널리 알려져 있다. 그러나 신라 선덕여왕(재위 632~647) 대에 만들어진 이 첨성대의 기능이 과연 천문대였는지에 대해선 여전히 논란이 많다.

매우 독특하게 생긴 첨성대를 보면 누구나 의문을 가질 만하다. 올라가기도 힘들게 만들어진 저 첨성대 위에서 실제 어떻게 하늘의 별들을 관측했던 것일까?

상설과 비상설 관측대설

천문 관측대설은 오래 전부터 널리 받아들여지고 있는 견해로 각종 서적에도 대체로 이 관점에서 설명되어 있다. '첨성대'라는 이름의 뜻이 '하늘을 보는 대'라고 할 수 있고, 이미 고려시대의 문인 안축이 첨성대를 천문대로 알고 지은 시가 있다. 또 조선시대에 편찬한 인문지리서인 『동국여지승람』에도 첨성대를 오르내리며 하늘을 관찰했다는 내용이 있다. 따라서 명확한 반대 증거가 없는 한 천문 관측대설이 정설일 수밖에 없다는 주장이다.

이 설은 다시 상설 관측대설과 비상설 관측대설로 나누어진다. 상설 관측대설은 첨성대 위에 혼천의 등 천문 관측 기기를 설치하고,

전문 관리들이 늘 관측에 임했을 것이라고 보는 견해이다. 일부에선 관측 기기를 설치하지 않고 맨눈으로 하늘을 관찰했을 가능성도 생각한다. 물리학자인 남천우는 첨성대에 직접 올라가 보고 첨성대가 최소한의 조건 이상을 갖춘 상설 관측대임을 주장했다.

비상설 관측대설은 규표설이라고 할 수도 있는데, 첨성대가 해 그림자의 길이를 재는 기구인 규표라는 견해이다. 이를 통해 춘분·추분과 하지·동지를 알았고, 춘분과 추분에는 남향으로 뚫린 중간 창을 통해 햇빛이 첨성대의 밑바닥까지 이르렀다고 한다. 그리고 천장 지점에서 시행하는 전문적인 기구에 의한 천문 관측은 필요한 경우 보완적으로 이루어졌다고 주장한다.

상설 관측대설에는 몇 가지 문제점이 있다. 몸통부 12단 위에 설치한 중간 창문 쪽에 사다리를 이용해 밖에서 올라다닌 흔적, 즉 패인 홈이 있어서 관리들이 상시 출입했을 가능성은 입증된 편이다.

그러나 **몸통부**의 내부 벽 **구조**는 돌기처럼 튀어 나온 부분이 많아 오르내림이 편치 않다. 더구나 혼천의 등이 설치되었을 것이라고 주장되는 첨성대 천장 부분의 바닥 면은, 절반만 돌판이 깔려 있고 나머지 반은 열려 있어서 사람이 올라가는 구멍 통로로 쓰이게 되어 있다. 이 구멍을 통해 천장 바닥면 2분의 1 크기의 돌 판으로 올라가는 것이다. 올라간 다음 구멍 부분을 위에 따로 놓아두었던 나무 판자 등으로 바닥 면을 완전하게 막은 후 관측 작업을 했다고 할 수 있다.

이에 대해 천장 바닥 부분의 넓이(220× 220cm)가 관측 작업을 하기에는 비좁다는 주장이 제기되기도 한다. 실제로 돌판과 출입구 위에 덧놓은 판자로 된 불안정한 바닥 면에 혼천의 등을 상시 설치하기에는 부적합한 면이 있다. 그리고 무엇보다도 첨성대가 설치된 이후, 첨성대에서 혼천의 등을 통해 관측한 구체적인 천문 관측 내용이 기록에 거의 없다는 점도 문제로 지적된다. 첨성대 설치 이후 천문 기록이 크게 늘어나기는 하지만, 대부분 첨성대 설치 이전에 있었던 맨눈 관측 방법으로도 충분히 알 수 있는 것들이다.

비상설 관측대설에도 난점이 없지 않다. 혼천의 등을 상시적으로 설치해 두지 않고 특별한 경우에만 들어올려 설치했다면 역시 사람이 오르내리며 관측하기에는 어려움이 있었을 것 같다. 그리고 규표로서 이용하는 것이 주목적이었다면 굳이 독특한 모양으로 만들 이유가 있었을까 하는 의문이 든다. 규표였다면 관측을 정밀하게 하기 위해 구조를 보다 단순화해 만들었을 것이다.

또한 비상설 관측대설에서는 중간 몸통부 12단까지 채워진 흙 등을 오랜 세월을 통해 자연히 퇴적된 것으로 보면서, 본래는 그 속이 비어 있었다고 주장한다. 그래서 춘분·추분에는 창을 통해 바닥 면까지 햇빛이 미치게 되었다고 한다. 그러나 12단까지

신라인들의 천문 관측
경주 신라역사과학관에 있는 모형 사진으로 첨성대를 활용한 신라인들의 천문 관측 활동을 묘사했다. 옛 기록에 "사람이 가운데를 통해 올라가게 되어 있다"고 전하는데, 바깥쪽 중간 창에 사다리를 놓아 안으로 들어간 후, 흙과 잔돌 등으로 채워진 중간 바닥 면을 딛고 내부 사다리를 이용해 천장 지점으로 올라간 것으로 보인다.

에는 흙뿐만이 아니라 작은 돌 등도 섞여 있으며, 빗물의 배수를 고려하면서 몸통부를 보다 튼튼히 하려는 목적으로 처음부터 채워넣은 것으로 밝혀졌다. 그래서 중간 창 바깥에 사다리를 대고 중간 바닥 면까지 올라갔던 것이다.

수학자인 김용운은 첨성대는 중국 고대의 천문학·수학 책인 『주비산경』에 나오는 상징적 건축물이라는 견해를 제시한 바 있다. 『주비산경』은 "하늘은 둥글고 땅은 네모나다"는 중국 고대의 천문학적 관념에 기초해 수학의 원리를 풀어나가는 책으로서, 고구려·백제·신라에도 전해져 영향을 미치고 있었다. 상징 건축물설은 그러던 중 선덕여왕 시기에 어떤 정치적 의도로 이 상징물을 지었다고 본다.

그러나 첨성대가 어떤 정치적 의도로 만들어졌고, 또 어떤 정치적 역할을 한 것인지 분명한 게 아무것도 없다. 선덕여왕이 말년에 지은 황룡사 9층목탑의 경우 여왕의 존재와 능력에 대한 안팎의 우려에 대응해 여왕의 권위를 드높이려고 지은 것이었다. 따라서 첨성대 역시 이러한 의도에서 지은 것이라고 볼 수도 있을 것이다. 하지만 이를 인정한다 하더라도, 선덕여왕이 굳이 『주비산경』에 나오는 천문학과 수학 원리를 상징하는 탑을 쌓을 이유가 있었을까.

역사학자 이용범은 첨성대가 별에게 제사를 지내는 종교적 제단이었다는 견해를 내놓았다. 그는 첨성대가 천문 관측대로서 적합한 구조를 갖고 있지 않다며 천장 부분에 종교적 상징물을 설치해 숭배했다고 주장했다. 또한 첨성대의 구조는 불교의 우주관을 담은 신성한 산인 수미산 모양을 표현했을 가능성이 있

다고 한다. 아울러 김유신의 집터로 전해지는 곳에 있는 우물인 재매정과 그 모양이 비슷하다는 점을 지적하기도 했다.

그러나 이 설은 문헌에 기록된 첨성대의 천문 관측대로서 기능을 부정하기에는 여전히 부족한 면이 있다. 또한 신라 왕궁터에 인접해 있는 첨성대가 수미산 모양을 모방하고 그 위에 종교적 숭배물이 있었다고 한다면, 당연히 국가적 제사의 대상이 되어 이에 관한 기록이나 유물 등이 더 있을 법한데 실제는 그렇지 못하다. 이 설은 문화와 종교에 관한 풍부한 지식을 기반으로 많은 시사점을 주었으나, 아직은 아이디어 수준에 머물고 있다.

여왕의 꿈 담긴 '우주 우물' 설

선덕여왕 시대의 정치와 문화를 배경 지식으로 첨성대가 어떤 필요에서 만들어졌는지에 주목해, 천신을 독실하게 신앙하던 선덕여왕이 천신이 계신 하늘과 자신이 머물고 있는 땅을 연결하는 통로로서 첨성대를 만들었다는 시각도 있다.

신라의 시조 박혁거세와 왕비 알영이 탄생한 곳이 우물인 것은 신라인들이 전통적으로

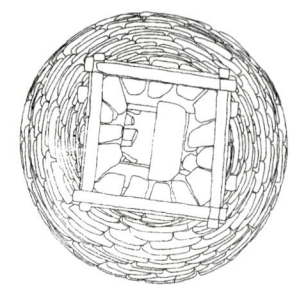

첨성대를 위에서 내려다본 모습
상단부의 '井'자 형태와 원통형 몸체는 첨성대가 흔히 볼 수 있는 우물의 모습과 매우 닮았음을 확인시켜 준다. 실제 현존하는 신라시대 우물인 박혁거세의 탄생지 나정과 김유신 집에 위치한 재매정 등은 모두 지하 부분 우물 속이 원통형이고, 지표 위로 나온 입구가 '井'자형을 하고 있다.

일제시대 때 첨성대 전경

우물을 지하 세계와 지상 세계를 연결하는 통로로 보았기 때문이라고 한다. 이 맥락에서 보면 지상에 쌓아 올린 우물은 땅과 하늘을 연결하는 통로가 되는데, 첨성대가 바로 그중 하나였다는 것이다. 이는 마치 무속 신앙에서 나무를 이 세상과 하늘 세계를 연결해 주는 매개체로 보는 것과 비슷하다. 무속 신앙에선 그 나무를 '세계목' 또는 '우주목'이라고 부르는데, 그렇다면 첨성대는 '우주 우물'이 되는 셈이다.

우주 우물설에서는 신라의 왕실이 전통적으로 천신, 즉 제석신을 숭배해 천주사라는 사당을 궁궐 내에 두었고, 선덕여왕의 아버지인 진평왕이 그곳에서 경건하게 예배를 드렸다는 사실에 주목한다. 여자라는 이유로 국내외의 논란이 되고 있던 선덕여왕도 첨성대를 통해 제석신이 내려오기를 기원하고, 죽은 뒤에는 자신이 왕자로 다시 태어나기를 기도했다는 것이다.

일반적으로 첨성대 돌단의 층수는 고대 동양의 별자리 수와 같은 28단으로 본다. 기단부 2단은 제외하고, 천장부 2단을 1단으로 계산해 여기에 몸통부 27단을 더한 수치다. 그러나 우주 우물설에서는 이 수치에 의문을 제기한다. 첨성대의 모든 돌단의 층수 31단과 그 아래를 바치고 있는 땅의 세계 1단 그리고 첨성대 위에 펼쳐진 제석신이 계신 하늘 세계 1단을 합쳐 모두 33단의 도리천 세계가 펼쳐지고 있다는 것이다.

제석신이 주신인 도리천은 33천으로도 불리는 하늘 세계인데 당시 신라인들의 우주관이기도 했다. 실제로 선덕여왕은 죽으면 도리천에 묻어달라고 유언할 만큼 그곳에 태어나기를 갈망했다. 33천은 수미산 꼭대기에 있는데 이 산 중턱에는 해와 달과 별이 돌고 있다고 한다. 때문에 신라의 관리 등이 첨성대에 올라가 주로 눈으로 간단한 관측 기구를 통해 항성이나 혜성 등 각종 천체를 관찰했을 것이라고 보았다.

첨성대가 과연 어떤 기능을 했는가에 대한 논란은 여전히 현재진행형이다. 다만, 어느 수준의 천문 관측이 이루어졌는지 문제는 별도로 했을 때, 어쨌든 첨성대가 천문 관측대로 사용된 건 사실이라는 데 모두가 동의하고 있다. 당시는 과학적이고 전문적인 관측만 이루어지지 않았다. 천체의 이상을 단순하게 눈으로 관측하거나, 심지어 점성술을 펼치기도 했다. 첨성대 위에서도 마찬가지였을 것이다. 고대 천문학은 정치나 농사 등과 연결되어 주술적인 면을 강하게 갖고 있었다.

6~7세기 신라 사회의 정치, 종교에 대한 인식을 한층 더 깊이 한다면 미궁에 빠져 있는 첨성대의 실체 규명에 한 걸음 더 다가갈 수 있을 것이다.

김기흥 건국대 교수

수미산도

수미산은 불교의 우주관에서 세계의 중심에 있다고 하는 상상의 산을 뜻한다. 사진은 19세기 일본에서 수미산을 표현한 그림으로 그 모습이 첨성대와 매우 유사함을 알 수 있다. 이 수미산 꼭대기에는 불교의 27천(天) 가운데 하나인 도리천이 위치하는데, 모양은 사각형을 이루고 네 모서리에는 각각 봉우리가 있으며 중앙에는 '선견천'이라는 궁전이 있다. 선견천 안에는 도리천의 왕인 제석천이 머무르면서 사방의 신들을 지배한다고 한다.

삼국통일의 의의

신라 삼국통일은 과연 반쪽짜리였나

여러 갈래의 조그만 물길이 합쳐져 강을 이루고 그들이 다시 모여 호수나 바다가 되듯이 우리 민족사의 성장과 전개 과정도 그와 비슷하다. 각지에 흩어져 정치체를 형성한 소규모 집단들이 이합집산을 거듭해 가면서 점차 몇 개의 큰 규모 집단으로 통합되고, 마침내 하나의 거대 세력인 민족 국가를 성립하는 과정을 거친 것이다.

한국사의 흐름에서 민족의 실체가 구체적으로 드러난 것은 바로 신라에 의해 삼국이 통일되면서였다. 그 직전까지는 여러 정치 세력이 통합·정리되어 크게 고구려, 백제, 신라 셋으로 분립된 상태였다. 이들 가운데 지리적인 요인으로 가장 뒤늦게 발전한 신라는 선진국이었던 고구려와 백제를 따라잡고 결국 통합을 이루어낸다. 역사가들은 신라의 이러한 삼국통일을 높이 평가해서 그 전 시기와 구별해 '통일신라'라는 이름을 붙이고 있다.

그러나 삼국통일의 의미와 그 의의에 대한 평가는 오래전부터 적지 않은 논란을 불러일으켜 왔다. 비판적 관점은 크게 보아 두 가지로 나눠진다.

두 가지 비판적 관점

첫째, 고구려의 유민들이 발해라는 국가를 새로이 세웠기 때문에 신라를 통일 국가로 부르

문무대왕릉
당나라군을 몰아내고 삼국통일을 완성한 신라 문무왕(재위 661~681)의 무덤으로 경주시 양북면 해변에서 200m 떨어진 바다에 위치하고 있다. 용이 되어 동해로 침입하는 왜구를 막겠다는 왕의 유언에 따라 만들어졌다. 수면 아래 길이 3.7m, 폭 2m의 넓적한 거북 모양 돌이 덮여 있는데 이 안에 왕의 유골이 묻혔을 것으로 추정된다.

기 곤란하다는 문제제기이다. 이들은 조선 후기 실학자인 유득공이 『발해고』에서 주창한 것처럼 이 시기를 남북국시대, 혹은 중국사에 비추어 남북조시대로 불러야 한다고 주장한다. 이 과정에서 통일신라라는 용어에 대한 대안으로 '대신라' 또는 '후기 신라'라는 개념을 만들어 그 전과 구별해 사용하려는 시각도 제기되었다. 이들은 고려에 의한 후삼국 통일을 비로소 하나의 민족 국가가 성립된 시점으로 간주해 크게 평가하려 한다.

둘째, 신라가 삼국을 통합해 가는 과정에서 당이라는 외세를 끌어들인 데 대한 비판이다. 이 견해는 삼국의 통합 전쟁을 마치 민족 내전인 것처럼 간주하고 있으며, 따라서 신라가 외세인 당의 도움을 받아 고구려와 백제를 멸망시킨 것을 대단히 부정적 시각에서 접근한다. 때문에 신라가 삼국을 통합하기까지 큰 역할을 했던 두 주역인 김춘추와 김유신에 대해서도 극단적이라고 할 수 있을 정도로 낮게 평가한다. 심지어 외세를 적극적으로 끌어들여 동족 국가를 멸망시킨 민족의 반역자라고 부르기도 한다.

이와 달리 외세와 싸워 승리한 사례나 인물에 대해서는 매우 높게 평가한다. 이를테면 645년 이후 세 차례에 걸쳐 당과의 항쟁을 승리로 이끈 고구려 연개소문의 경우, 국왕을 살해하고 독재 체제를 만들어 고구려를 몰락시킨 책임 등 국내의 문제는 일단 젖혀두고 외세에 대한 투쟁만을 중심으로 높이 평가해 극명한 대조를 보인다.

하나의 역사적인 사건과 사실을 놓고 이처럼 평가가 크게 엇갈리는 것은 그리 흔한 사례가 아니다. 물론 이는 삼국통일 자체가 우리 역사에서 차지하는 위상에서 비롯된 바가 없지 않지만, 문제는 우리의 현실 상황과 맞물린 문제의식이 역사 해석에 가미, 투영되어 있다는 점이다.

이를테면 김유신과 김춘추를 부정적으로 평가한 대표적 인물 단재 신채호 경우, 당시 일제의 식민 지배라는 암울한 현실이 분명히 그로 하여금 외세를 기준으로 역사를 바라보게 했을 것이다. 다른 한편 오늘날 남북 분단과 강대국의 간섭이 가져온 현실적인 이해관계 역시 그러한 역사 해석에 큰 영향을 끼쳤을 것이다.

사실 역사학은 당면한 현실을 떠나서 존립하기가 어려운 학문이다. 때문에 이 같은 시각의 존재는 일단 당연하게 받아들일 수밖에 없다. 하지만 어떤 평가든 그에 앞서 실제 사실 관계 여부가 명백하게 가려져야 한다. 사실 규명에 앞서 어떤 정치적인 목적이나 선입견을 바탕으로 결론을 내리는 것은 역사학의 본령과 존립 자체를 뒤흔드는 지극히 위험한 발상이다.

신라에겐 고구려·백제도 외세

신라의 삼국통일 역시 당시로 되돌아가 냉정하게 사실을 확인하는 작업이 선행되어야 한다. 당시 신라 입장에서 보면 고구려나 백제도 당과 마찬가지로 외세의 하나일 따름이었다. 원래 하나였던 민족 국가가 분열된 것이라면 민족 내부 문제로 보았을 것이나 당시 현실은 그렇지 않았다. 오늘날 한국사 속에서 삼국 모두를 동등한 민족 국가로 다루더라도 이는 오로지 결과론에서 비롯된 해석에 지나지 않는다. 당시 각자 입장에선 모든 다른 나

◦**유득공과 『발해고』**
조선 영조·정조 때의 실학자인 유득공(1749~1807)은 시문에 뛰어났으며 역사 방면에도 의미 있는 저서를 남겼다. 특히 그는 『발해고』란 역사서를 통해 "고려시대 역사가들이 통일신라를 남조로, 발해를 북조로 하는 국사 체계를 세우지 않았던 것이 영원히 옛 땅을 되찾는 명분을 잃게 했다"고 주장하는 등 중국 중심의 세계관을 벗어난 민족 주체의식 확립을 강조했다. 또한 우리 민족이 세운 21개 도읍지의 역사적 자취를 43편의 시로 읊은 『이십일도회고시』에서도 그의 이러한 역사 의식이 잘 드러나 있다.

◦**신채호 (1880~1936)**
조선 말기·일제 강점기의 역사가이자 독립운동가로 '역사는 아(我)와 비아(非我)의 투쟁 기록'이라는 명제로 대표되는 민족 사관을 제시해 한국 근대 사학의 기초를 세웠다. 『황성신문』 등에 민족 영웅전과 역사 논문을 발표하며 민족의식을 드높이는 데 힘썼고, 아나키즘 운동에 참여해 일제와 비타협적인 투쟁을 펼치기도 했다.

라가 외세였다.

신라가 오랜 접촉을 통해 언어와 문화 등의 측면에서 고구려와 백제에 당나라와는 다른 동류의식을 가졌을 수는 있다. 그러나 오늘날 일반적으로 생각하는, 모두 같은 뿌리에서 출발했다는 동족의식까지 가진 상황은 아니었다. 그들은 서로 대립하고 갈등하며 상대방을 굴복시키려는 생각만을 갖고 있었다. 따라서 삼국 간의 통일 전쟁을 민족의 내전으로 바라보는 시각 자체가 당시의 실상과는 크게 어긋난다고 할 수 있다.

당시는 하나의 민족, 하나의 민족 국가가 완성된 것이 아니라 겨우 형성되어 가는 과정에 있었다. 때문에 국가의 존립이 걸린 절체절명의 현실 앞에 당을 끌어들여 최후의 승자가 된 것은 비난받아 마땅한 성질의 것이 아니다. 오히려 외교전의 승리면서, 동시에 오래도록 국제 관계의 동향을 꼼꼼히 파악해 안목을 닦아온 결과였다고 풀이하는 것이 옳을 수 있다.

오늘날 우리가 단군의 자손으로서 단일민족이라고 생각하는 관념은 어디까지나 고려 후기에 원나라의 간섭과 지배를 받으면서 만들어진 인식일 뿐이다. 삼국시대 각국의 지배층들은 각자 자신들의 뿌리를 하늘과 연결시키는 천손의식 혹은 선민의식을 강하게 지니고 있었다. 결국 단일민족 의식을 삼국 시기까지 소급해 적용하는 것은 사실과는 동떨어진 역사 해석이 아닐 수 없다.

신라의 민족 통합 노력

신라는 통일 전쟁을 거치면서 고구려와 백제의 유민을 포섭하려고 상당한 노력을 기울이

통일신라 9주 5소경과 10정 위치 신라는 삼국통일 이후인 685년(신문왕 5) 전국에 9주와 5소경을 설치해 확대된 영토를 효과적으로 통치하고자 했다. 여기서 '소경(小京)'은 말 그대로 '작은 서울'을 의미하는데, 고구려·백제·가야 옛 땅에 설치되어 유민들의 통합과 지방 문화의 중심으로 기능했다. 또한 9주에는 각각 하나의 '정(停)'을 두어 군사적 업무를 담당케 했다. 다만 한주는 다른 주보다 범위가 넓고 발해와 국경을 바로 맞대고 있는 등 군사적 중요성 때문에 두 개의 정이 설치되어 모두 10정이 되었다.

기도 했다. 고구려 왕족 출신인 안승을 받아들여 보덕국을 세워주거나 백제 유민에게 관등을 내리면서 신라의 지배층으로 끌어들이려고 시도한 것이 그 예다. 물론 이는 그들을 활용해 당과 대적하려는 특정한 정치적 목적에서 비롯된 것이었지만, 적어도 외형적으로는 민족 융합책의 일환이었다. 그리고 마침내 성공을 거둠으로써 결과적으로 큰 효과를 보았다.

이후에도 신라는 고구려와 백제 유민 융합 정책을 계속 이어가지 않으면 안 되었다. 내부의 안정을 발판으로 한 중앙 집권적인 통일 국가 건설을 위한 것이었지만, 한편으로는 당의 위협이나 일본의 동향도 적잖이 영향을 미쳤다. 예컨대 전국에 9주의 행정구역을 설치하면서 신라, 백제, 고구려 영역에 공히 세 개씩을 의도적으로 안배한다든지, 5소경을 옛 백제에 두 개, 고구려에 두 개를 각각 둔 조치도 그런 목적이었다.

가야 지역에 금관소경을 설치한 것도 마찬가지였다. 이는 통일의 수훈갑인 김유신 세력을 우대하고, 가야계까지도 아울러 포섭하겠다는 의지를 드러낸 것이었다. 통일기에 중앙 군사 제도의 핵심으로 떠오른 9서당°에 고구려와 백제 유민을 편성한 것도 그랬다.

이 과정에서 표방된 지배 이념이 바로 '일통삼한(一統三韓)'이었다. 원래 삼국 가운데 고구려는 삼한과 직접적인 관계가 전혀 없음에도 7세기 어느 무렵부터 삼한과 삼국을 연결지어 보려는 의식이 생겨났고, 통일 이후에는 그것이 정치적인 목적에서 의도적으로 강조되었다. 아마도 이 과정을 통해 삼국 전부가 원래는 한(韓)이라는 하나의 뿌리에서 비롯되었다는 의식이 정착된 것으로 보인다.

남북국시대와 통일신라시대

699년 고구려의 옛 영토에서 발해가 건국되기 전까지는 오직 신라라는 단일민족 국가만이 존재했다. 7세기 후반 일정한 기간 동안 신라만이 한반도 내 유일한 국가였던 것은 틀림없는 사실이다. 그렇다면 당시를 '통일신라시대'라고 불러도 그리 어긋나지는 않는다.

이후 고구려를 계승한 발해가 새로이 성립되면서 새 국면이 조성되었다. 그렇다면 발해와 신라가 공존하는 8세기 이후는 '통일신라와 발해' 시대로 부르는 것이 적절할지도 모른다. 이 시기를 '남북국시대'라고 부르기도 하는데 이는 지나치게 당시를 신라와 발해의 대립 구도로 보이게 하는 단점이 있다. 좀 더 시간을 두고 토론해야 할 문제이다.

신라의 통일은 여러 측면에서 완전한 것은 아니었다. 특히 고구려 영토의 상당 부분을 상실했을 뿐만 아니라 멸망한 국가들의 유민들이 당과 일본으로 이탈해 갔다는 점에서 그러하다. 그러나 당시 세계 제국 당나라가 한반도 전체를 지배하려는 의도를 가지고 있었다는 사실에 비추어볼 때, 그 정도 영역만이라도 신라가 확보·유지한 것은 충분히 평가되어야 할 부분이라고 생각된다.

주보돈 경북대 교수

° 9서당
통일신라시대의 핵심 중앙 군사 조직으로 왕경에 주둔하며 왕권을 뒷받침하는 친위 군단 역할을 했다. 삼국 통일기부터 통합이라는 명분을 살리기 위해 백제와 고구려 유민, 말갈족까지 포괄해 조직했으며, 세 개의 신라인 부대, 세 개의 고구려인 부대, 두 개의 백제인 부대, 한 개의 말갈인 부대로 편성되었다. 신라는 이를 통해 각국의 주민들을 포섭하려는 의도도 있었던 것으로 보이는데, 9주를 설치하면서 신라 땅과 고구려 옛 땅, 백제 옛 땅에 각각 3주를 두었던 것과 같은 맥락이라고 할 수 있다.

삼국통일 전쟁은 동아시아 국제전

삼국 사이의 전쟁은 각국의 정치 체제 규모가 커지던 4세기부터 일어나기 시작했다. 그러다 통일 전쟁이라고 할 수 있는 수준까지 전쟁 양상이 발전된 것은 642년에 이르러서였다. 사실상 이 시점을 삼국통일 전쟁의 출발점으로 잡을 수 있다.

이 시기 삼국은 각기 내부적으로 극심한 정치적 혼란을 겪고 있었고, 그것을 해결하는 방안으로 전쟁을 선택했다. 전쟁을 먼저 촉발한 나라는 백제였다. 백제는 의자왕이 즉위하면서 귀족들 사이의 내분으로 궁정 쿠데타가 발생했다. 이에 의자왕은 내부 문제를 해소하는 방안으로 신라를 공격하는 방법을 선택했다.

신라도 내부적으로 잠재된 귀족 간의 대립과 갈등으로 정쟁이 노골적으로 표출되기 직전의 상황이었다. 642년 백제에 낙동강 서쪽 옛 가야 지역을 빼앗긴 사태(대야성 전투)는 이를 폭발시키는 직접적인 계기로 작용했다. 신라는 이런 대내외적인 위기 상황을 벗어나기 위해 활발한 군사 외교 활동을 벌여야만 했다. 신라는 이 과정에서 당과 고구려, 심지어는 일본의 문까지 두드렸다. 전쟁의 양상은 이제 동아시아 국제전으로 번질 조짐을 보이기 시작했다. 고구려 역시 642년 연개소문이 쿠데타를 통해 집권하면서 내부 정세가 상당히 불안한 상태였다.

이처럼 삼국통일 전쟁은 단순한 민족 내전의 성격이 아니었다. 당뿐만 아니라 일본까지도 가세한 동아시아 국제전의 성격을 가지고 있었다.

서봉총 금관
총 길이 30.7cm의 5세기경 금관으로 황남대총 북분과 금관총 금관처럼 세 개의 나뭇가지 모양 장식과 두 개의 사슴뿔 모양 장식을 달았다. 하지만 내면에 길쭉한 금판을 십자형으로 교차시켜 모자 모양을 만든 후, 그 꼭대기에 세 가닥의 나뭇가지와 봉황을 장식한 것은 서봉총 금관만의 특징이다. 관테의 상하 가장자리에 연속점무늬와 물결무늬를 표현했으며, 관 좌우에는 굵은 고리에 사슬 모양과 펜촉 모양 장식이 붙은 드리개를 매달았다.

황금의 나라 신라

신라는 삼국 가운데 가장 화려한 금속 공예 문화를 꽃피운 나라였다. 8세기경 편찬된 『일본서기』에 '눈부신 금은 채색의 나라' 혹은 '금은의 나라'로 묘사됐을 정도였다. 또한 12세기 경 아랍인 알이드리시는 『천애횡단 갈망자의 산책』이란 저서에서 이전의 답사기를 인용해 "신라에는 금이 너무나 흔하다"고 기록한 바 있다. 외국인들의 눈에 비친 신라의 황금빛 이미지가 실제 어떠했을지는 현재 남아 전하는 황금 유물들을 통해 그대로 알 수 있다. 특히 황남대총, 천마총 등 왕릉급 무덤 속에서 매우 많은 금 세공품이 출토되었는데, 이는 많은 물건을 무덤에 껴묻는 풍습과 도굴이 어려운 신라 고유의 돌무지덧널무덤 구조 때문이다. 신라 황금 문화의 최전성기는 이들 무덤이 조영된 5세기에서 6세기 전반까지 약 150여 년 동안 지속되었다고 할 수 있다.

이한상 대전대 교수

천마총 금관
신라 금관 중 가장 화려한 모습을
자랑한다. 넓은 관테와 세 개의
나뭇가지 모양 장식, 두 개의 사슴뿔
모양 장식 전면에 곱은옥과 달개가
가득히 달려 있다. 서봉총 금관과
마찬가지로 관테 가장자리에 두 줄의
연속점무늬와 물결무늬가 표현되어
있는데, 이 무늬 사이사이에 둥근무늬가
배치되어 있는 게 특징이다.
세움 장식의 가장자리에도
두 줄의 연속점무늬가 새겨져 있다.
총 길이 32.5cm 크기로 6세기경
제작된 금관으로 추정된다.

지금까지 신라의 왕릉급 무덤에서 출토된 금관은 모두 여섯 점이다. 이 가운데 경주 교동 금관을 제외한 황남대총 북분·금관총·서봉총·금령총·천마총 금관은 서로 비슷한 모양을 하고 있다. 금관 제일 아래쪽에 둥근 테를 둘렀고, 그 위로는 나뭇가지와 사슴뿔 모양의 장식을 세워서 덧붙였다. 이러한 장식은 당시 중앙아시아의 유목 민족인 사르마트족의 금관에 나타난 것과 마찬가지로 자작나무와 사슴을 상징적으로 표현한 것으로 추정된다. 금관의 출토 상태와 함께 출토된 다른 유물들을 종합적으로 살펴보면 금관은 왕뿐만 아니라 왕비나 왕족도 사용했다. 따라서 금관은 왕의 전유물이라기보다는 왕족들이 자신의 고귀한 신분을 겉으로 드러내기 위해 쓴 위세품이었을 가능성이 높다.

신라인들은 머리에 깃털이나 날개 모양의 장식을 즐겨 달았던 것으로 보인다. 신라의 왕릉급 무덤에서는 고깔 모양의 관모와 새 날개 모양의 장식(관식)이 출토된 바 있다. 그런데 관모를 보면 크기가 매우 작고 너비가 너무 좁아 모자처럼 머리에 쓰기에는 도저히 불가능하다. 그렇다면 신라 고위층들은 어떻게 이 모자를 썼을까? 중국 당나라 때 만들어진 장회태자 묘 벽화에 묘사된 인물 중에는 신라인으로 추정되는 사신이 있다. 이 그림에서 사신은 관식을 꽂은 관모를 정수리 부분에 얹고, 모자 테두리 양쪽에 길쭉한 끈을 드리워 턱 밑에서 묶은 모습이다. 신라인들의 관모 착용법도 이와 비슷했을 것이다.

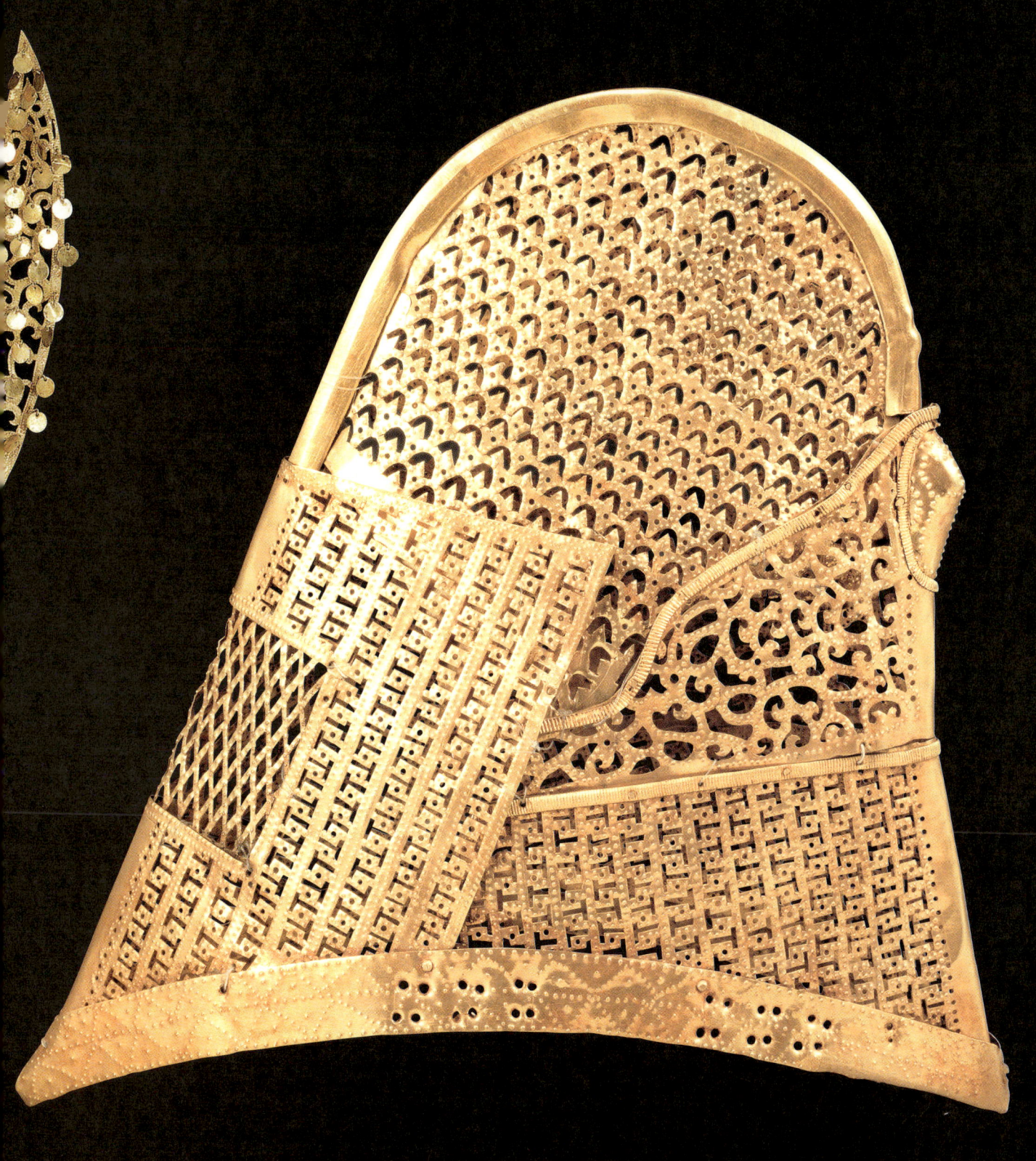

천마총 금관식과 금관모
400여 개가 넘는 둥근 달개가 달려 있는 천마총 출토 금관식(왼쪽 아래)은 새가 힘차게 날갯짓하는 모습을 연상시킨다. 내부에는 복잡한 무늬가 새겨져 있는데, 당초줄기 모양과 비슷하다. 새 날개 모양 금관식과 달리 날개 형태가 나비 모양인 금관식(왼쪽 위)은 얇은 금판을 오려 만든 것으로 역시 150여 개의 둥근 달개가 달려 있다.
화려한 모습을 자랑하는 금관모(오른쪽)에는 T자, 마름모꼴, 반고리 모양 등 다양한 무늬가 정교하게 새겨져 있다. 무늬를 넣지 않은 공간에는 직선 또는 곡선으로 점무늬를 찍어 장식했고, 금판이 연결되는 부분은 두툼한 금테를 두른 후 금실로 연결했다.

경주 지역의 큰 신라 무덤을 발굴하면 예외 없이 금귀걸이가 출토된다. 전 세계를 통틀어 경주만큼 금귀걸이가 많이 나오는 곳도 없다. 신라의 귀걸이에는 신라인의 미감과 최고조에 이른 금속 공예 기술이 녹아 있다. 황오리 14호분이나 황남대총 남분에서는 비교적 작고 간결한 귀걸이가 출토된 반면, 금관총·서봉총·천마총에서는 이들보다 복잡하고 화려하며 길쭉한 귀걸이가 나왔다. 간단한 모양에서 점차 복잡한 모양으로 변화된 것으로 보인다. 귀걸이는 귓볼에 닿는 고리의 굵기에 따라 굵은 고리 귀걸이와 가는 고리 귀걸이로 구분한다. 귀걸이는 또 시대 흐름에 따라 다양한 형태가 제작되었다. 신라의 지배층은 남녀 모두 그들이 속한 사회적 지위를 밖으로 드러내기 위해 귀걸이를 달았던 것 같다. 다시 말해 신분이나 지위가 다름을 시각적으로 구별 짓고자 귀걸이나 금관 등 금빛 찬란한 장신구를 만들어 착용했던 것이다.

부부총 금귀걸이
경주시 보문동에 위치한 부부총에서 출토된 6세기 중엽경 굵은 고리 금귀걸이로 신라의 귀걸이 가운데 가장 정교하고 화려한 모습을 자랑한다. 지름이 3.5cm에 달하는 중심 고리에 수백 개의 금 알갱이로 거북등무늬와 세잎무늬 등을 아름답게 표현했고, 그 아래 작은 고리에 하트 모양 달개 37개나 매달았다. 달개의 테두리와 중앙에 촘촘하게 박아놓은 금 알갱이가 더욱 화려한 느낌을 준다.

황오동100번지 2호분 금귀걸이
6세기경 제작된 것으로 속이 비어 있는 구체에 금알갱이와 돌을 띠를 붙여 장식했다. 드림은 저울추와 비슷한 모양이다.

창녕 계성 금귀걸이
보문리 부부총 금귀걸이와 함께 6세기 중엽을 대표하는 금귀걸이로 중심 고리를 굵고 매끈하게 만든 게 특징이다. 하트 모양 달개의 오목한 면과 맨 아래 펜촉 모양 드림에 남색 유리를 칠보처럼 장식해 놓았다.

금관총 금귀걸이
5세기경 제작된 것으로 하나의 중심 고리에 두 줄의 귀걸이가 달려 있는 독특한 모습을 하고 있다. 형태로 보아 드리개로 사용되었을 가능성도 있다.

금령총 금귀걸이
금령총에서는 여러 점의 금귀걸이가 출토되었는데, 그중 가장 눈길을 끈 것은 가는 고리 금귀걸이다. 크고 작은 세 개의 오목한 하트 모양 장식을 매달았고, 중간의 작은 고리에는 푸른색 유리옥을 끼웠다.

목걸이와 가슴걸이, 반지도 신라의 대표적인 황금 유물이다. 경주의 큰 무덤에서는 보통 남색 유리구슬을 엮어 만든 목걸이가 많이 출토되며, 금사슬과 금구슬을 엮어 만든 것도 간혹 섞여 있다. 황남대총 남분과 북분, 천마총에 묻힌 주인공 가슴 부근에서는 수천 개의 유리구슬과 금판을 이어 만든 화려한 가슴걸이가 발견된 바 있다. 특히 황남대총 남분과 천마총 출토품을 보면 가슴걸이가 두 겹으로 겹쳐 있다. 신라의 반지는 6세기경 제작된 것들이 가장 화려한 모습을 뽐낸다. 반지 윗부분은 마름모꼴이나 꽃잎 모양으로 넓게 만들었으며, 그 표면에는 금판을 붙여 돌기를 만들거나 수십 개의 금 알갱이를 촘촘이 붙이고 남색 또는 녹색 유리구슬을 끼워 넣기도 했다.

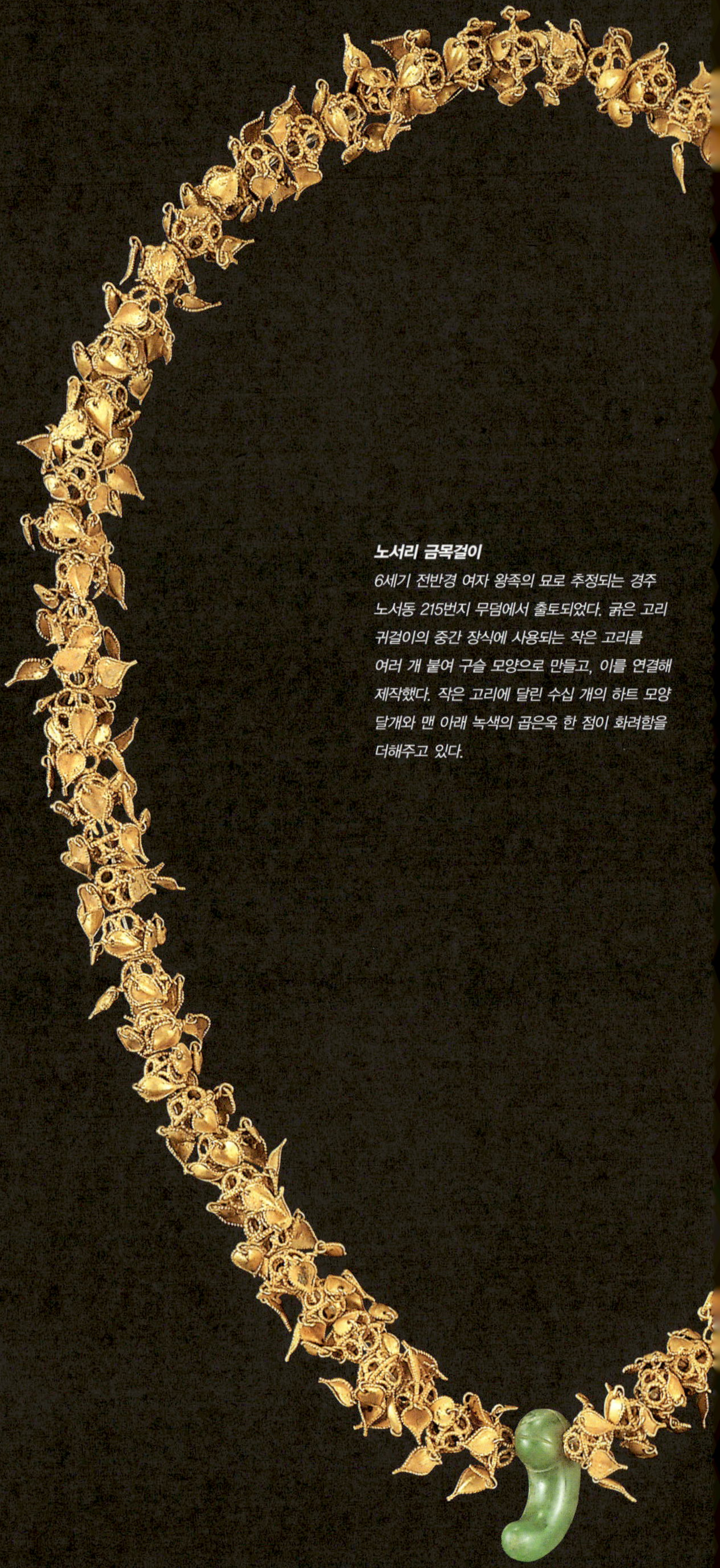

노서리 금목걸이

6세기 전반경 여자 왕족의 묘로 추정되는 경주 노서동 215번지 무덤에서 출토되었다. 굵은 고리 귀걸이의 중간 장식에 사용되는 작은 고리를 여러 개 붙여 구슬 모양으로 만들고, 이를 연결해 제작했다. 작은 고리에 달린 수십 개의 하트 모양 달개와 맨 아래 녹색의 곱은옥 한 점이 화려함을 더해주고 있다.

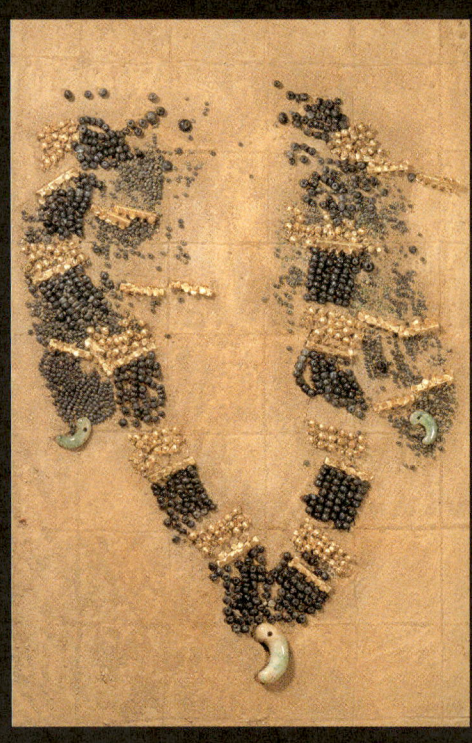

천마총 가슴걸이

가슴 쪽에 중심 장식을 드리우고, 등 뒤쪽에 목도리를 늘어뜨린 듯 두 가닥의 길쭉한 장식을 드리워 만들었다. 굵은 구슬을 엮어 만든 것이 가슴 쪽 장식이며, 등 뒤쪽 장식은 이보다 작고 가는 구슬을 사용했다. 가슴 쪽에는 남색의 유리구슬과 금·은 구슬이 일정한 간격으로 여섯 줄로 엮여 있는데, 그 사이엔 금으로 된 네모기둥 모양의 장식이 끼워져 있다. 맨 아래쪽에는 비교적 큰 녹색의 곱은옥을 매달았다.

금관총 금반지
5세기경 고분인 경주 금관총 출토 금반지 가운데 가장 화려한 것들이다. 윗면을 마름모꼴로 조금 넓게 만들었으며, 표면에는 일직선으로 촘촘하게 장식을 붙였다.

천마총 금반지
천마총의 주인공은 총 10개의 금반지를 끼고 있었다. 모두 별다른 장식이 없는 매우 간단한 모양으로 윗면은 마름모꼴이며, 상하로 미약한 돌기만이 표현되어 있다.

노서리 금반지
반지 윗면에 끝이 뾰족한 네 잎을 가진 꽃을 장식했다. 꽃 속에는 원래 유리구슬이 끼워져 있었을 것으로 추정된다.

황남대총 남분 금반지
황남대총 남분에서 출토된 반지 18점은 모두 이상하게도 주인공 손이 아니라 유물을 별도로 묻은 공간에서 발견되었다. 마름모꼴 윗면에 금 알갱이를 꽃잎 모양으로 붙여 장식했으며, 그 사이에 남색 작은 유리구슬을 끼워 넣었다. 이 반지는 현재까지 알려진 신라 금 알갱이가 부착된 세공품 가운데 가장 오래된 것으로 추정되는 유물이다.

신라 왕릉급 무덤의 주인공 허리춤에서는 황금빛 스커트를 연상시키는 금제 허리띠와 여기에 달린 드리개가 출토된다. 드리개의 모양으로는 약통, 물고기, 숫돌, 쪽집개, 곡옥, 손칼 등이 있다. 허리띠에 어떤 물건을 주렁주렁 매단 모습은 북방 유목 민족의 생활 풍습과 관련이 있을 것으로 추정된다. 유목민들은 손칼이나 약통 등 평소에 자주 사용하는 물건을 항상 몸에 지니고 다녀야 했다. 숫돌과 쪽집게는 철기를 만들 때 사용하는 도구며, 곡옥은 생명을, 물고기는 식량 또는 다산을 상징하는 것으로 보인다. 허리띠 드리개에는 당시 왕이나 제사장이 맡아 처리해야 했던 많은 일이 상징적으로 표현되어 있다고 할 수 있다. 신라 팔찌의 외형은 고구려의 것과 유사하다. 주로 아무런 장식 없이 돌기만 표현하거나 표면의 돌기에 유리를 끼워 장식하곤 했다.

노서리 금팔찌

단면이 방형을 이루는 전형적인 6세기경 팔찌로 지름이 8.3cm에 달해 꽤 큰 편이다. 세 마리의 용이 서로 꼬리를 물고 있는 용무늬를 표면에 새겨 매우 역동적인 느낌을 준다.

천마총 금팔찌

지름 7.65cm 크기의 6세기경 금팔찌로 금판을 둥글게 말아 속이 비도록 만들고 작은 돌기를 장식했다. 외견상 화려해 보이면서도 무겁지 않도록 배려한 것 같다.

황남대총 북분 금허리띠
길이 120cm 크기의 5세기경 유물로 한 개의 띠고리, 28매의 띠 장식, 13줄의 띠 드리개 등으로 구성되어 있다. 좌우가 대칭을 이루는 띠 장식에는 간략화된 세잎무늬가 표현되어 있으며, 손칼, 물고기, 곱은옥, 쌍용 등이 띠 드리개 끝 장식으로 사용되었다. 세 개의 곱은옥 가운데 두 개는 금으로, 나머지 하나는 머리 부분만 금으로 씌운 경옥으로 만들었다. 띠 드리개 중 유독 한 줄만 크고 긴 것이 눈에 띄는데, 단면이 평평한 방형판과 타원형판을 교대로 엮어서 이었다.

서봉총 금팔찌
지름 7.2cm 크기의 5세기경 금팔찌로 속이 찬 금봉을 구부려 붙인 뒤 표면에 촘촘하게 장식을 새겼다.

황남대총 남분 금동신발
현전하는 신라 금동신발 가운데 가장 오래된 5세기경 유물이다. 바닥판과 발등을 감싸는 부분, 발뒤축을 감싸는 부분, 바닥판 등을 모두 3매의 금동판으로 접합해 만들었다. 신발의 표면에는 '凸'자 모양의 무늬를 맞새김 기법으로 표현했으며, 바닥면과 표면 전면에 둥근 달개를 매달아 화려하게 장식했다.

신라인들은 매우 크고 화려한 금동신발을 무덤에 껴묻었다. 이런 신발을 신고 걸어 다니려면 발에 두터운 버선을 신거나 신발 속 빈 공간을 천 등으로 따로 채워 넣어야 한다. 굳이 이렇게까지 해서 신발을 신어야 할 필요가 있었을까? 또한 금동신발은 조금만 걸어도 금방 찌그러들 것 같은 매우 약한 구조를 하고 있으며, 바닥에 달개나 화려한 무늬 등이 장식되어 있는 경우도 있다. 따라서 금동신발은 실생활용이 아니라 이승을 떠난 사람을 위해 특별히 제작된 물품일 가능성이 높다. 신라인들은 현세의 삶이 내세까지 그대로 이어진다고 생각했고, 그 때문에 무덤 속에 수만 점의 유물을 함께 묻거나 살아 있는 사람을 순장했다. 곱게 만들어 부장한 금빛 찬란한 신발에는 저승에서도 편히 살기를 바라는 마음이 담겨 있다고 할 수 있다.

금관총 금동신발
길이 30.5cm 크기의 5세기경 금동신발로 바닥판에 마치 스파이크처럼 연꽃 모양 장식을 붙인 게 특징이다. 다른 금동신발과 마찬가지로 신발 크기가 보통 사람의 발보다 매우 커서 실생활용품이 아니라 의례용으로 추정된다.

식리총 금동신발

경주시 노동동에 위치한 돌무지덧널무덤인 식리총에서 발견된 5세기경 금동신발로 두껍게 도금한 3매의 얇은 금동판으로 만들었다.
신라 금동신발 중 가장 화려한 모습을 자랑하는데, 연속구슬무늬, 불꽃무늬, 거북무늬, 연꽃무늬가 일정한 규칙에 따라 표현되어 있다.
거북등무늬 안에는 귀신과 새 무늬를 번갈아 배치하고, 새, 기린, 날개 달린 물고기, 사람 얼굴을 한 새(가릉빈가) 등을 담아냈다.
제작지와 관련해선 중국 남조 남제의 영향을 받아 제작된 것으로 보는 견해와 국내 자체 제작이라는 견해가 맞서고 있다.

생 활 문 화

4세기 말에서 5세기치 초까지 신라와 가야는 낙동강을 중심으로 나뉘어졌다고 하지만 명확하게 구분하기는 힘들다. 발굴되는 무덤이나 토기 양식이 비슷해 학자들 사이에서도 의견이 분분하다. 그러나 신라가 낙동강 동쪽에 대한 정치적 통제권을 강화하면서 두 문화권은 확연하게 구별되고, 6세기 중반 가야를 통합하면서 가야 문화권은 신라 문화권으로 흡수·통일된다.

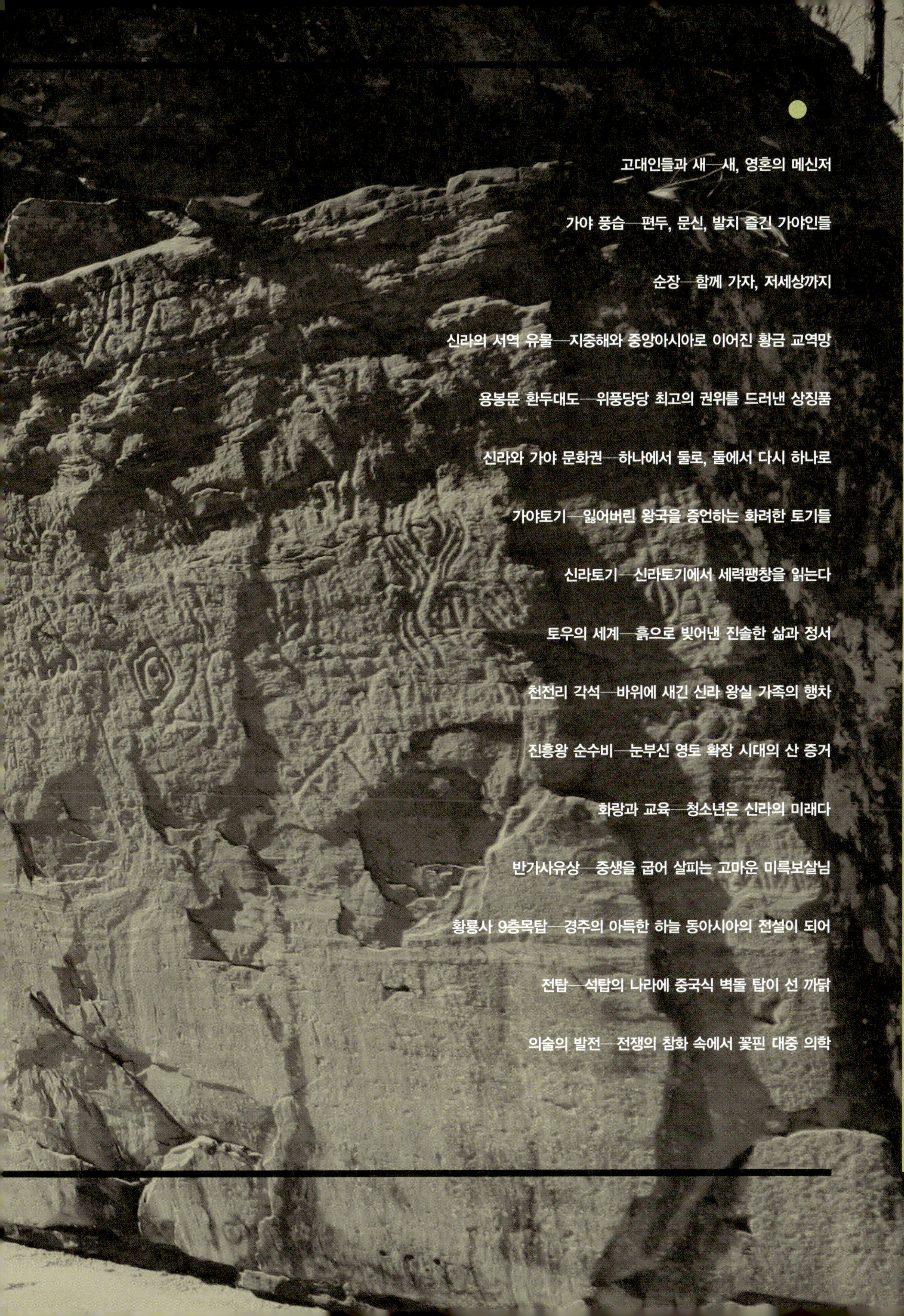

고대인들과 새─새, 영혼의 메신저

가야 풍습─편두, 문신, 발치 즐긴 가야인들

순장─함께 가자, 저세상까지

신라의 서역 유물─지중해와 중앙아시아로 이어진 황금 교역망

용봉문 환두대도─위풍당당 최고의 권위를 드러낸 상징품

신라와 가야 문화권─하나에서 둘로, 둘에서 다시 하나로

가야토기─잃어버린 왕국을 증언하는 화려한 토기들

신라토기─신라토기에서 세력팽창을 읽는다

토우의 세계─흙으로 빚어낸 진솔한 삶과 정서

천전리 각석─바위에 새긴 신라 왕실 가족의 행차

진흥왕 순수비─눈부신 영토 확장 시대의 산 증거

화랑과 교육─청소년은 신라의 미래다

반가사유상─중생을 굽어 살피는 고마운 미륵보살님

황룡사 9층목탑─경주의 아득한 하늘 동아시아의 전설이 되어

전탑─석탑의 나라에 중국식 벽돌 탑이 선 까닭

의술의 발전─전쟁의 참화 속에서 꽃핀 대중 의학

새, 영혼의 메신저

고대인들은 곡물이 발아해 성장하려면 곡물의 영혼, 즉 곡령이 와야 한다고 믿었다. 그런데 곡령은 농업과 생명을 주관하는 곡물신, 혹은 땅이면서 어머니인 지모신이 보내는 것이다. 고대인들은 그것이 바로 새라고 믿었다.

농업과 생명 주관하는 곡물신

새는 그 자체로 곡령이기도 하고 때로는 곡물신의 메신저기도 했다. 고려시대 문인인 이규보○의 장편 서사시 「동명왕편」에 의하면 북부여를 급히 떠나느라 어머니의 선물을 가져오지 못한 주몽에게 어머니 유화는 비둘기 두 마리를 보내 보리씨를 전해준다. 이때의 주몽은 고구려라는 새로운 국가의 건국 시조임과 동시에 고구려의 농업과 모든 생물의 번식을 책임지는 농업신의 위상을 지니고 있었다. 결국 비둘기는 곡물신의 메신저 역할을 한 것이다.

이런 까닭에 새는 농경의례에서 중요한 역할을 했다. 특히 한 해의 농사가 시작되는 봄의 곡령 맞이 의례에서는 새가 주인공이었다.

○ **이규보 (1168~1241)**
당대를 풍미한 시인이자 명문장가로 이름을 날렸다. 고려 희종·고종 대에 걸쳐 여러 관직을 지내며 관료로서 명예를 함께 누리기도 했다. 우리 민족에 커다란 자부심을 갖고 있었던 그는 몽골 등 외적의 침입에 맞서 단호한 항거 정신을 강조했다. 작품집으로는 「동국이상국집」 「백운소설」 등이 있는데, 고구려의 시조 주몽의 전설을 장편 서사시로 노래한 「동명왕편」은 「동국이상국집」 제3권에 실려 전한다.

농경문 청동기
대전에서 출토되었다고 전해지는 농경문 청동기에는 매우 특징적인 무늬가 새겨져 있다. 고리가 달린 면에는 나뭇가지에 앉아 있는 세 마리의 새가, 반대 면에는 봄부터 가을에 걸친 농경의 과정이 묘사되어 있다. 그중 봄에 해당되는 부분에는 고랑과 이랑을 갖춘 밭에서 벌거벗은 남성이 커다란 따비(농기구의 일종)를 들고 흙을 갈아엎는 모습이 있는데, 이 남자의 머리에는 새 깃털이 꽂혀 있다. 이 한 점의 유물만으로도 청동기시대 사람들이 농업과 새가 밀접한 관련을 맺고 있다고 생각했음을 알 수 있다.

현재까지도 우리 민속에 남아 있는 솟대 신앙도 이와 관련이 있다. 솟대 신앙의 역사는 매우 오래되어서 한반도에서는 기원을 전후한 시기의 광주 신창동 유적에서 나무로 만든 새가 발견된 적이 있다. 이웃 일본에서도 야요이시대* 마을 유적에서 나무로 만든 새가 자주 발견되는데 이 유물의 고향을 한반도, 그 의미는 농경의례로 보는 견해가 정설이다.

알에서 태어난 건국 시조들

새는 곡령임과 동시에 조상신으로도 인식되었다. 이를 증명하는 단적인 예가 난생 설화이다. 우리나라 고대 국가의 건국 시조는 예외 없이 알에서 태어나고 있다. 그리고 알을 낳는 동물은 조류, 어류, 양서류, 파충류가 있는데, 건국 신화에서는 모두 조류가 알을 낳는다.

주몽의 어머니 유화는 북부여 금와왕이 강에서 처음 발견했을 때 입이 석 자나 되어 말을 못했는데, 입을 자르자 말을 했다고 한다. 결국 유화는 부리를 가진 물새였던 셈이다.

신라의 건국 시조 혁거세의 부인은 알영이다. 이 여인은 입술이 닭의 부리처럼 생겼고, 닭처럼 생긴 용이 낳았다고 한다. 결국 알영은 닭의 혈통을 이은 셈이다. 혁거세의 다른 이름은 알지이고 김씨 왕실의 시조가 되는 인물 역시 알지다. 알지의 '알'은 卵(난)을 의미하고, '지'는 어린아이를 뜻한다. 현재도 송아지, 강아지, 망아지, 병아리 등의 단어가 사용되고 있다. 김알지는 시림(始林)이란 곳에서 태어났는데 이 숲은 구림(鳩林), 계림(鷄林)으로도 불렸다. 따라서 비둘기(鳩)나 닭(鷄)은 시조와 동일한 뜻으로 사용된 셈이다.

그런데 알지는 나뭇가지에 걸려 있는 황금 궤짝에 들어 있었고 나무 아래에는 흰 닭이 울고 있었다고 한다. 영락없이 닭장에 들어 있는 알의 형태다. 석씨의 시조인 탈해가 알의 형태로 항아리에 담긴 채 바다를 건너올 때 까치의 보호를 받았다는 이야기 역시 난생과 관련된다. 이렇듯 건국의 시조들은 예외 없이 알에서 태어나고 있으므로 모두 새의 후손인 셈이다.

솟대

마을의 안녕과 풍년을 보장하는 신앙물의 하나로 보통 나무나 돌로 만든 새를 장대나 돌기둥 위에 앉혀 마을 입구에 세운다. 일반적으로 새는 오리를 나타내지만 일부 지방에서는 까마귀나 기러기를 상징하기도 한다. 우리나라에서는 청동기시대부터 시작되었으며, 만주·몽골·시베리아·일본 등 여러 지역에서 유사한 신앙이 확인되고 있다.

● 야요이시대

기원전 4세기 무렵부터 기원후 3세기 중반에 이르는 일본의 선사시대로 금속 주조 기술과 벼농사 등이 시작되고 발전한 시기다. '야요이'라는 명칭은 1884년 이 시대 문화의 유물이 처음 발견된 도쿄의 한 지명에서 유래했다. 이때 일본에는 농업 기술 등 중국과 한반도의 새로운 지식과 기술이 많이 유입되었을 뿐만 아니라, 신앙과 풍속도 전해져 고대 일본 문화의 원형을 이루었다. 야요이 문화는 일본 남부의 규슈에서 시작되어 북동쪽 간토평야로 퍼져나간 것으로 보인다.

알에는 또 다른 의미도 있는데 태양을 닮았다는 것이다. 고대의 지배 계급들은 자신의 조상이 원래는 하늘에 살다가 땅으로 내려왔다고 주장했다. 이른바 '천신족'이란 것이다. 단군 신화에 나오는 환인의 서자인 환웅이 하늘에서 내려왔다는 이야기도 여기에 속한다. 그러나 천신족임을 주장해도 하늘은 너무도 넓고 황량해 구체적이지 못했다. 그래서 대신 태양의 자손임을 주장하기 시작한 것이다. 태양의 자손인 만큼 태양을 닮아야 하니 동그란 모습으로 태어나야 했다. 이런 까닭에 난생 설화는 태양, 즉 하늘의 후손임을 주장하는 지배 계급들에게 널리 받아들여졌다.

새무늬 청동기
경남 고성 동외동의 한 제사 유적에서 출토된 4세기 가야시대 유물이다. 정교하게 표현된 가운데 큰 새 두 마리를 중심으로 고사리무늬, 톱니무늬, 점열무늬가 새겨져 있으며, 위쪽 좌우에 구멍이 뚫려 있는 것으로 보아 어딘가에 매달아 사용했던 것으로 보인다. 당시 변한·가야 사회에서도 새가 특별한 의미를 지녔음을 알 수 있다.

태양을 상징하는 새

그렇다면 태양과 새의 관계는 어떠할까? 고대인들은 태양에 다리가 셋 달린 까마귀(삼족오)가 산다고 생각했다. 삼족오 신앙은 고대 북중국과 고구려에 널리 퍼져 있었는데 고구려 고분 벽화에서 구체적으로 볼 수 있다. 신라의 경우도 태양을 상징하는 부부의 이름이 연오랑, 세오녀인 것을 볼 때 태양과 까마귀를 동일시하는 인식이 있었음을 알 수 있다.

한편으로는 닭이 태양을 상징하는 새라고 믿기도 했다. 닭에 대한 신앙은 쌀농사가 발달한 남중국과 동남아시아에 넓게 퍼져 있었는데 신라도 이 범주에 들어간다. 닭을 태양의 상징으로 여기게 된 계기는 닭이 울면 어둠이 지고 태양이 뜨는 자연현상 때문이다.

난생 설화의 인식 체계에서는 태양=조상=새(까마귀, 닭)의 등식이 자리 잡고 있다.

이런 까닭에 인도에서는 신라 사람들이 닭신을 받들어 존경해 그 깃털을 꽂아 장식한다고 기록하기도 했다.

새의 깃털을 머리에 꽂는 것은 새처럼 분장한 것으로 장식의 일종이다. 새의 깃털을 꽂음으로써 보통 사람이 아닌 존귀한 자, 때로는 각종 제의를 주관하는 사람이 될 수 있었다. 고구려에서는 두 개의 새 깃털을 꽂고 금은으로 장식한 모자, 즉 소골에 대한 이야기가 문헌 기록과 고분 벽화에 골고루 등장하고 있다. 고고학적 발굴 과정에서는 새 깃털을 형상화한 금속제 장식을 꽂은 모자가 발견되기도 했다.

새는 영혼의 운반자기도 하다. 변한에서는 장례 때 새의 깃털을 함께 묻었는데, 그 의미는 죽은 자의 영혼을 저승으로 운반하기 위함

삼족오를 표현한 고구려 해뚫음무늬 금동장식 세부

새 깃털을 형상화한 고구려의 모자 소골(개마총 벽화)

이었다. 비슷한 시기 일본의 한 무덤에서는 왼쪽 가슴에 새를 품은 노인의 시신이 발견된 적도 있다. 진한과 변한의 무덤에서는 오리를 닮은 토기를 부장하는 경우도 많았다. 마한 지역에서도 마찬가지였다. 이런 유물들은 비록 실물은 아니지만 영혼의 운반자로서 새의 속성을 잘 보여준다.

영혼의 운반자 또는 봉사자

죽은 자의 영혼이 새로 변한다는 이야기는 일본에도 퍼져 있다. 야마토다케루노미코토란 전설상의 인물은 죽은 후 장례를 치를 때 백조로 변해 날아갔다고 한다. 삶과 죽음, 이승과 저승을 마음대로 오갈 수 있는 존재는 날아다니는 새밖에 없었던 것이다.

어느 일본인 소장가가 가지고 있는 신라 토기 중에는 목과 어깨에 걸쳐 2남 2녀의 사람을 예리한 도구로 표현한 것이 있는데 몸통은 사람이고 얼굴은 새다. 이들은 모종의 장송의례를 거행하고 있는 것으로 보인다.

고대인들은 사람이 죽으면 땅에 묻기 전에 빈소를 만들고 최후의 예를 다했는데 이것을 빈장이라고 한다. 빈장에는 시신을 돌보는 사람들이 필요하게 마련이다. 고대 일본의 역사서인 『고사기』와 『일본서기』에는 빈장의 풍경이 사실적으로 묘사되어 있고, 봉사자의 구체적인 역할이 나열되어 있다. 그런데 재미있는 것은 봉사자 모두가 여러 종류의 새로 표현되어 있다는 점이다. 아마도 새 모양으로 꾸미고 의례를 담당했던 것 같다. 신라 토기에 표현된 새 얼굴 남녀를 빈장의 봉사자로 보는 이유가 여기에 있다.

결국 고대인들에게 새는 곡령이자 시조였고, 죽은 자의 영혼, 혹은 그 영혼의 운반자이자 죽은 자에게 봉사하는 존재로 인식되었다. 이처럼 고대인들의 신앙과 신화에서 중요한 역할을 차지하는 새를 통해 우리는 고대인의 정신세계에 접근할 수 있다.

울산에서 출토된 진한의 오리 모양 토기

권오영 한신대 교수

연오랑과 세오녀 이야기

연오랑 세오녀 설화는 동해 바닷가에 살던 연오랑 세오녀 부부가 일본으로 건너가자 신라의 태양과 달이 빛을 잃었다가 세오녀가 짠 비단으로 제사를 지내고 다시 빛을 회복했다는 내용의 설화다. 『삼국유사』에 수록되어 전한다.

157년(아달라왕 4) 어느 날 연오랑은 미역을 따러 바닷가에 나갔다. 그때 갑자기 연오랑이 올라섰던 바위(혹은 물고기)가 움직여 일본 땅으로 건너갔다. 연오를

연오랑 세오녀를 모신 포항 일월사당

본 사람들은 그를 비상한 인물로 여겨 왕으로 삼았다. 남편을 찾아나선 세오녀는 남편이 벗어놓은 신을 발견하고 그 바위에 올랐는데, 바위가 또 세오녀를 일본으로 실어갔다. 왕이 된 연오랑을 만난 세오녀는 왕비가 되었다.

이때 신라에서는 해와 달이 빛을 잃는 괴이한 일이 일어났다. 놀란 왕에게 한 신하는 해와 달의 정기가 일본으로 건너가버렸기 때문이라고 아뢰었다. 이에 왕은 사신을 보내 연오랑과 세오녀에게 돌아와 달라고 요청했다.

그러나 연오랑은 하늘의 뜻이라 돌아갈 수는 없다며, 대신 세오녀가 짠 비단을 가지고 돌아가 하늘에 제사를 지내라고 했다. 연오랑 말대로 제사를 지냈더니 다시 해와 달이 빛을 찾았다. 이때부터 신라에서는 제사를 지낸 곳을 영일현(현 포항시 영일만)이라고 불렀다.

연오랑 세오녀 설화는 우리나라의 태양신 관련 신화로는 유일한 것이며, 일본의 태양 신화인 '천일창 설화'의 주인공 천일창도 연오랑이라는 설이 있다. 연오(延烏)는 '태양을 맞이한다(迎日, 영일)' 또는 '태양 속의 까마귀(陽烏, 양오)'에서 유래한 이름으로, 세오(細烏)는 쇠오(금까마귀) 즉, 금오(金烏, 태양의 다른 이름)에서 변형된 이름으로 해석되고 있다.

가야 풍습

편두, 문신, 발치 즐긴 가야인들

현대인들, 특히 여성들은 대개 화장을 한다. 일부 사람들은 몸에 문신을 하거나 심지어 피어싱을 하기도 한다. 모두가 자신만의 멋을 연출해 개성을 뽐내려는 욕망에서 비롯된 행위이다. 그런데 이렇게 자기 몸을 치장하는 풍습은 고대인들에게도 있었다. 별다른 몸치장 수단이 없었던 시대였기 때문에 오히려 과격하게 몸치장을 하는 경우가 많았다고 볼 수 있다.

가야 지방에서는 우리가 좀처럼 상상할 수 없는 특이한 몸치장 풍습이 있었던 것으로 전해진다. 머리 모양을 변형시키는 편두, 몸에 무늬를 새기는 문신, 이를 뽑는 발치 등이 그것이다.

인위적 두개골 변형 – 편두

편두란 인위적인 두개골 변형 방식의 하나이다. 이마를 납작하게 눌러서 턱과 정수리의 길이가 짧아지며 얼굴은 뒤로 경사지게 되는 것이다. 여성의 발을 인위적으로 변형시키는 중국의 전족˚과 비슷한 경우다.

태어난 지 얼마 되지 않은 어린아이들은 두개골이 말랑말랑해 후천적인 환경에 의해 그 형태가 변할 수 있다. 이러한 점을 이용해 오랜 시간에 걸쳐 두개골을 변형시켰던 것으로 보인다. 하지만 이 과정은 극심한 고통을 유발하면서 때로는 사망하는 경우도 적지 않았을 것이다. 이렇듯 위험하고 야만적인 풍습이 가야 지역에서 행해졌다.

3세기 중반경의 사실을 기록한 중국의 『삼국지』는 진한, 즉 현재의 경상도 중 낙동강 동쪽에 해당되는 곳에서 편두 풍습이 널리 퍼져 있었음을 전하고 있다. 그 방법은 아이가 태어나면 돌로 눌러서 머리를 평평하게 하는 것이었다.

김해의 예안리 고분군에서는 실제 편두 인골이 발견됨으로써 그 구체적 실상을 알 수 있게 되었다. 보통 한반도의 토양은 산성이 강해 인골이나 유기물질이 쉽게 썩어버리기 때문에 고대의 인골이 그대로 남아 있는 경우는 매우 드물다. 하지만 예안리 일대는 강변의 모래로 인해 산성이 약해져서 많은 인골이 남을 수 있었다.

˚ **전족**
여자의 발을 인위적으로 작게 하기 위해 헝겊으로 묶는 중국의 풍습으로 송나라(960~1279) 때부터 시작되었다고 한다. 여성의 정절을 지키고, 미적 효과를 누리기 위해 행한 것으로 알려져 있다. 전족을 하면 뼈가 가늘어지면서 여성의 몸 전체가 섬세하게 되는 효과가 있었다고 한다. 그러나 제대로 서거나 걷지도 못할 만큼 여성들의 고통은 이루 말할 수 없었다. 명나라 때 특히 성행했으나 청나라 때 금지령이 내려졌다. 그러나 한동안 잘 지켜지지 않다가 청 말기에 이르러 민간에서 폐지 운동이 일어나 지금은 완전히 사라졌다.

김해 예안리 99호분 발굴 당시 모습
수십 구의 완전한 인체 유골이 나와 관심을 모은 김해시 대동면 예안리 고분군 가운데 99호분은 편두 인골이 발견된 무덤 중 하나다. 1976년부터 다섯 차례에 걸쳐 총 200여 기의 무덤이 조사되었으며, 무덤 형태와 다양한 출토 유물에서 가야 초기부터 후기까지 오랜 기간에 걸쳐 이루어진 유적임이 확인되었다.

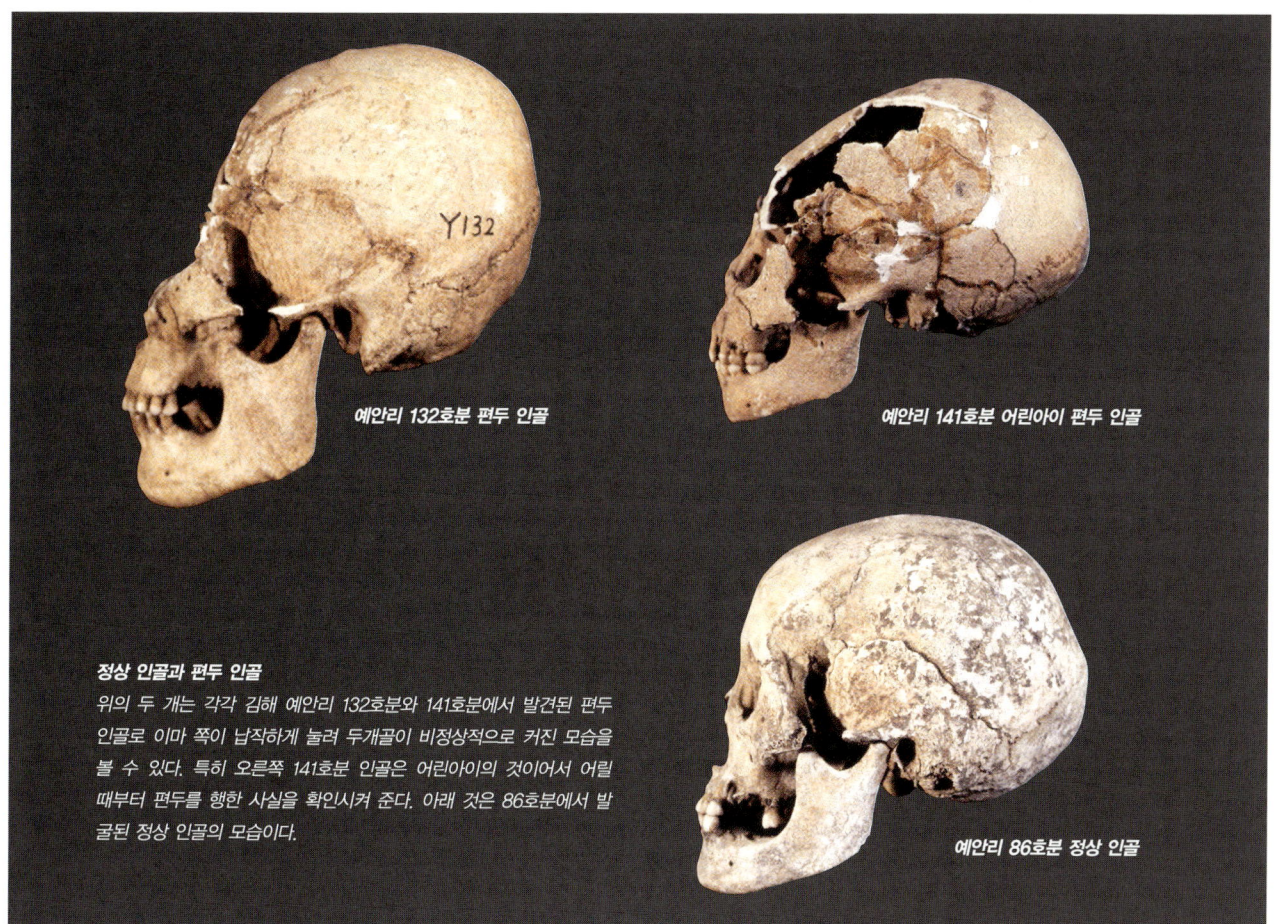

정상 인골과 편두 인골
위의 두 개는 각각 김해 예안리 132호분와 141호분에서 발견된 편두 인골로 이마 쪽을 납작하게 눌러 두개골이 비정상적으로 커진 모습을 볼 수 있다. 특히 오른쪽 141호분 인골은 어린아이의 것이어서 어릴 때부터 편두를 행한 사실을 확인시켜 준다. 아래 것은 86호분에서 발굴된 정상 인골의 모습이다.

조사에 따르면, 편두 인골은 모두 여성의 것이며 전체 여성 인골의 30% 정도라고 한다. 그런데 김해는 진한이 아니라 변한에 속하는 곳이다. 그렇다면 편두는 진한 지역에서만 행해진 것이 아니라 변한에서도 유행했던 것으로 보인다. 다만 모든 사람이 한 것이 아니라 여성 가운데서도 일부 계층만 이러한 풍습을 지켰다.

문제는 30%의 정체다. 무언가 사회적 처지가 특수한 여성들이었을 것으로 보이는데 구체적인 것은 알 수 없다. 종교의례를 행하는 무당들이라고 하기에는 수치가 너무 많다. 아주 부유하거나 아주 가난한 사람들이었다고 하기에는 무덤의 규모나 구조, 그리고 부장품 면에서 어울리지 않는다. 더구나 남성들에게서 편두가 전혀 보이지 않는 점도 이해할 수 없다. 전원 여성이란 점을 고려하면 현재의 우리가 이해할 수 없는 독특한 미의식이 자리 잡고 있었을지도 모른다.

집단의 소속감 표현 – 문신

문신은 피부에 영구적인 무늬를 새기는 것으로 편두와는 경우가 다르다. 『삼국지』에 의하면 왜와 가까운 진한 사람들은 남녀 불문하고 모두 문신을 한다고 했다. 이 이상의 기록은 없지만 다행히 왜인들의 문신에 대한 기록이 있으므로 참고할 수 있다.

남자들은 어른, 아이 가리지 않고 모두 문신을 한다. 왜인들은 잠수해 물고기와 조개를 잘 잡는데 문신을 함으로써 큰 물고기나 바다 짐승을 피할 수 있다. 나중에는 점차 장식용이 되었다. 집단마다 차이가 있어서 왼쪽에 하거나 오른쪽에 하고, 혹은 크거나 작은데, 신분의 높고 낮음에 따른 것이다.

5~6세기 이후부터는 직접 문신을 확인할 수 있는 예가 많다. 무덤에 함께 묻는 흙인형인 하니와 중 사람의 형상을 표현한 것에는 얼굴에 문신한 경우가 적지 않다. 따라서 고대 일본에서 문신이 유행한 것은 분명한 사실이다.

『삼국지』의 기록을 그대로 받아들여, 문신의 시작이 어로 작업과 관련되었다 하더라도 결국은 집단의 구분과 소속감이라는 측면, 그리고 신분적 차이의 반영이 본질이라고 할 수 있다. 이러한 사실은 지금도 마찬가지이다. 현대인들에게 문신은 크게 두 가지의 의미를 지니고 있을 것이다. 하나는 문신을 통해 자신만의 멋을 추구하는 것이다. 다른 하나는 내가 어떤 집단에 속해 있다는 소속감을 불러일으켜서 구성원 사이에 동류의식을 높이는 것이다. 이 중 뒤의 것이 고대인의 문신과 통하는 셈이다.

고고학적 발굴 조사를 통해 문신의 흔적을 확인하기란 매우 어렵다. 산성 토양으로 인해 인골도 남지 않을 지경인데 피부가 남는 경우는 더욱 없기 때문이다. 시베리아 지역에서는 장기간에 걸쳐 무덤 내부에 스며든 물이 얼어버리면서 시신의 피부가 완벽한 형태로 발견되는 경우가 있는데 팔뚝에 사슴 문신을 한 것이 남녀 각기 한 건씩 확인된 바 있다. 편두에 관한 기록이 결국은 고고학적 실물로 증명된 것처럼 우리나라에서도 언젠가는 문신한 피부가 발굴될지도 모르는 일이다.

생니를 뽑는 고통 – 발치

발치란 이를 뽑는다는 뜻이지만 여기서는 충치를 뽑는 것이 아니라 멀쩡한 이를 뽑는 행위를 말한다. 의술이 발달하지 않은 옛날에 이를 뽑는 행위는 격심한 통증과 출혈, 그리고 감염으로 인한 죽음까지도 감수해야 하는 위험한 일이었다. 조선시대의 『배비장전』이란 소설에는 짝사랑하는 기생의 꾐에 넘어가 멀쩡한 이를 뽑는 어리석은 사내의 이야기가 나오는데 아마도 이러한 풍습을 배경에 깔고 있었을 것이다.

김해 예안리에서 출토된 인골 중에는 발치의 흔적이 여럿 보이고 때로는 이의 끝 부분을 일부러 갈아서 닳게 만든 예도 보인다. 예안리 고분군이 유례가 드물게 인골의 보존 상태가 좋은 유적이란 점을 감안하면, 인골이 남아 있지 않은 대부분의 무덤에도 발치한 인

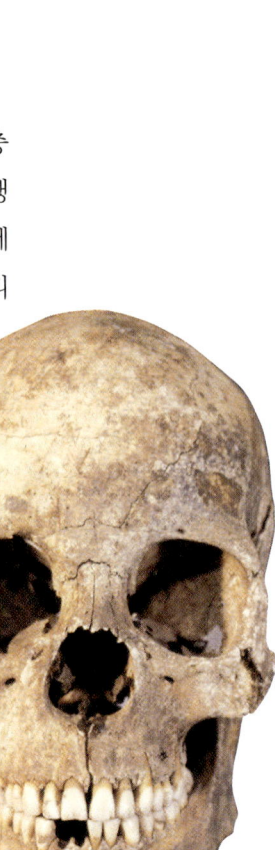

문신을 새긴 하니와
일본 나라현에서 출토된 6세기 초반경 하니와로 원래 이름은 '방패를 들고 있는 인물'이다. 머리만 남았지만 몸통에 머리를 끼워 넣는 형태로 되어 있다. 얼굴에 화살촉 문양의 문신을 한 게 특징이다.

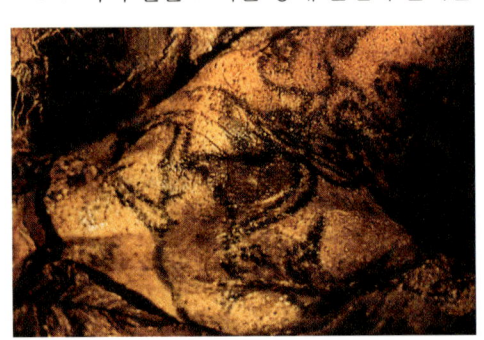

파지리크 얼음 공주 문신
1993년 러시아 시베리아 서부의 파지리크 고분군에서 발견된 한 미라의 문신으로 팔과 손가락에 환상적인 동물을 새겨놓았다. 고고학자들은 무덤 주인공을 여자 제사장(일명 '얼음 공주')으로 추정했는데, 그 이유는 화려하고 정교하게 그려진 이 문신 때문이었다.

김해 예안리 129호분에서 발견된 발치 인골

골이 안치되어 있었을 가능성이 매우 높다.

한편 뽑힌 치아가 발견되는 경우도 있다. 예안리 유적에서 가까운 김해 대성동 57호분은 무덤의 주인공이 묻힌 으뜸덧널(주곽)과 부장품을 넣은 딸린덧널(부곽)로 구성된 무덤인데 이 중 딸린덧널에서 세 개의 치아가 발견되었다.

보통 이럴 경우에는 순장된 자의 이로 볼 수도 있으나, 이 무덤 내부에는 유물이 꽉 들어차 있어서 순장당한 사람이 안치될 공간이 전혀 없다. 그래서 치아를 일부러 뽑아서 넣은 것이 아닐까 추정하고 있다. 예안리의 발치 인골에서 확인되었던 이 뽑는 풍습의 실제 예가 대성동 고분군에서 확인된 셈이다.

이 치아는 무덤 주인공이 아닌 다른 사람들, 이를테면 가까운 친척들의 것으로 추정된다. 죽은 자를 매장할 때 가까운 친척들이 자신의 치아를 일부러 뽑아 무덤에 넣는 풍습을 '복상발치'라고 한다. 자신의 신체 일부를 훼손해 무덤에 넣음으로써 함께 저승 세계로 가지 못하는 것에 대한 미안함과 아쉬움을 조금이나마 달래려고 생겨난 풍습일 것이다.

치아가 아니라 신체의 다른 부위를 훼손하는 경우도 많은데 이러한 행위를 '할체'라고 한다. 동남아시아의 어떤 부족은 친척이 사망할 때마다 손가락을 하나씩 잘라서 무덤에 넣어주는 풍습을 지금도 유지하고 있는데, 이 때문에 열 손가락이 몽땅 없어진 할머니도 있다.

발치는 장례만이 아니라 혼인이나 중요 의식을 치를 때, 또는 집단의 결속을 다지기 위해 여러 이유로 행해졌을 것으로 추정된다.

편두나 발치와 같은 고대의 풍습이 오늘날 우리의 시각으로 보기에 잔인하고 엽기적이라고 해서 이를 야만적인 풍습으로 보는 것은 옳지 못하다. 아마도 조선시대 양반들이 오늘날 젊은 여성들이 배꼽을 내놓고 다니는 것을 보았다면 놀라서 기절했을지도 모른다. 이렇듯 모든 문화는 그 시대의 사회가 요구하는 것을 반영한다. 따라서 우리는 오늘날의 가치관을 기준으로 과거를 판단해선 안 된다. 과거 풍습의 밑바탕에 어떠한 사회적 요구가 깔려 있었는지를 이해하는 것이 중요하다.

권오영 한신대 교수

문신의 역사

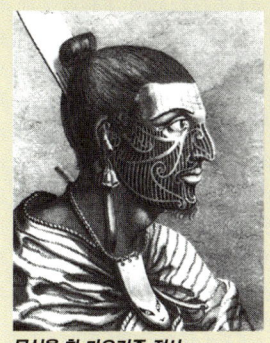

문신을 한 마오리족 전사

문신의 역사는 대략 5000년 전부터 시작되었다. 알프스 산맥에서는 다양한 무늬의 문신을 새긴 기원전 3300여 년경의 사냥꾼 시체가 얼어붙은 채 발견된 적이 있고, 기원전 2000년경 죽은 것으로 추정되는 이집트의 미라에서도 문신이 발견되었다. 또한 그리스인, 게르만인을 비롯한 페루 인디오(잉카 제국), 아메리카 인디언, 시베리아인, 에스키모인, 일본인 등도 아주 오래 전부터 문신을 했다.

이들은 주로 지위·신분·소속을 나타내거나 장식을 위해 문신을 했던 것으로 보인다. 그러나 고대 로마인들은 도망을 막기 위해 죄수와 노예들에게 문신을 새기기도 했다. 이때부터 서양에서는 문신이 금기시되기 시작했다. 고대 중국에서도 몸에 흠집을 내는 형벌이 있었고, 이 형을 받은 사람은 평생 죽는 것보다 못한 삶을 살아가야 했다. 중국에서 문신은 범죄의 상징이었던 셈이다.

문신의 방법에는 여러 가지가 있는데, 뉴질랜드 마오리족의 문신 유형인 '모코'는 조그만 뼈로 만든 바늘로 피부를 찔러 여러 가지 복잡한 곡선형의 도안을 그리고, 색소를 홈에 넣어 얼굴에 문신을 하는 방법이다. 일본에서는 나무 손잡이가 달린 바늘을 이용해 대단히 정교하고 다채로운 문신을 그렸다. 북극 지방에 살고 있는 부족과 에스키모인들, 그리고 시베리아의 몇몇 민족은 색소를 묻힌 실을 바늘에 꿰고 이것을 피부 속으로 찔러 당겨서 모양을 새겼다.

유럽인들은 신대륙 발견 과정에서 아메리카 인디언과 폴리네시아인들을 접촉하게 되면서 문신을 알게 되었다. 미국에서는 1891년 전기 문신 기구가 처음으로 특허를 얻었다. 이후 미국은 다양한 문신 도안을 소개하며 문신 문화에 큰 영향력을 가진 나라가 되었다.

문신이 현대의 패션 코드로 등장한 것은 록밴드를 필두로 스포츠·연예 스타들에게 퍼지기 시작한 1990년대다. 한 조사에 따르면 미국인 네 명 중 한 명이 문신을 했을 정도다. 우리나라의 경우 '조직폭력배'가 연상되는 등 여전히 많은 사람에게 혐오의 대상이긴 하지만, 개인의 자유와 개성을 표현하는 하나의 '예술'로 봐야 한다는 주장도 만만치 않다.

우리나라도 아주 오래 전부터 문신을 해온 나라 중 하나다. 중국 역사서인 『삼국지』에는 진한 사람들이 문신을 즐긴 것으로 기록되어 있다. 고려와 조선 시대에는 도둑이나 도망한 노비의 얼굴에 글자를 새겨 형벌용으로 문신을 했다. 또한 사랑을 확인하는 수단으로도 쓰여 사랑하는 사람의 이름을 피부에 새겨 넣은 경우도 있었고, 전염병의 예방과 치료의 수단으로 문신을 하기도 했다.

함께 가자, 저세상까지

순장이란 죽은 사람을 위해 다른 사람을 강제로 죽여서 함께 묻는 장례 풍습이다. 인간의 인간에 대한 지배 질서가 매우 엄격하고 아직 개인의 인격이 소중하다는 관념이 미약하던 고대 사회에서나 있을 만한 일이다. 사회가 발전함에 따라 이러한 풍습은 참혹하고 잔인하게 여겨져 점차 자취를 감추었고, 현대 사회에는 거의 남아 있지 않다. 하지만 고대 사회에서는 순장의 풍습이 널리 퍼져 있었는데 이집트를 비롯한 서아시아, 중앙아시아, 그리고 중국에서도 순장이 행해졌다.

고대 중앙아시아의 유목 민족인 스키타이 족은 족장이 죽으면 귀족 청년들을 수십 명 골라서 목 졸라 죽이고 역시 죽인 말의 등에 앉힌 후, 나무를 뾰족하게 깎아 청년의 목 뒷덜미로부터 척추를 거쳐 말의 등과 배를 관통시킨다. 인간과 말을 꼬치처럼 꿰어서 말을 탄 자세를 만드는 것인데 이렇게 만든 인간과 말의 시체는 무덤 주인공의 주위에 빙 둘러 배치된다. 살아생전 족장에게 충성을 바친 것처럼 죽어서도 족장을 지키라는 의미다.

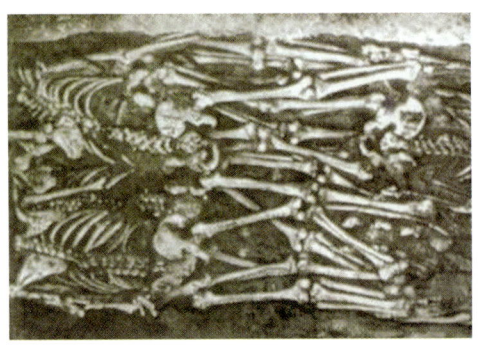
3,000년 전 중국 상나라 때 무덤에서 발견된 순장 유골

중국에서는 상나라와 주나라 때 많은 사람을 순장했다. 그러나 춘추전국시대를 거치면서 점차 줄기 시작해 한나라 대에 들어와서 마침내 공식적으로 금지된다. 상나라 때의 순장은 그 규모가 매우 커서 수백 명씩 순장을 했는데 대개 전쟁 포로가 그 대상이었다.

수백 명을 순장하다

우리나라에서는 부여에서 순장을 실시했다. 중국의 역사책인 『삼국지』를 보면 "사람을 죽여서 순장하는데 많은 경우는 100단위로 헤아린다"라고 되어 있다. 짧은 기록이지만 중요한 사실을 알 수 있다. 우선 순장의 방법이 산 채로 무덤에 넣는 것이 아니라 죽인 후 넣는다는 점이다. 또한 많은 경우 100을 단위로, 즉 100, 200, 300 하는 식으로 헤아린다는 것을 볼 때 순장의 규모가 매우 컸음을 알 수 있다. 하지만 이를 증명할 고고학적 자료는 아직 발견되지 않고 있다.

고조선의 경우는 오래전부터 요동반도의 강상묘와 누상묘가 순장묘라는 주장이 제기되어 왔다. 하지만 이 무덤들은 순장묘라고 보기 어렵다. 순장으로 인정되려면 동시성, 강제성, 종속성이란 세 가지의 조건을 만족시켜야 하지만 강상묘와 누상묘는 이 조건들을 충족시키지 못하기 때문이다.

동시성이란 의미는 무덤의 주인공을 매장할 때 순장이 함께 이루어져야 한다는 것이다. 1년, 10년, 혹은 수십 년이 흐른 후 사람

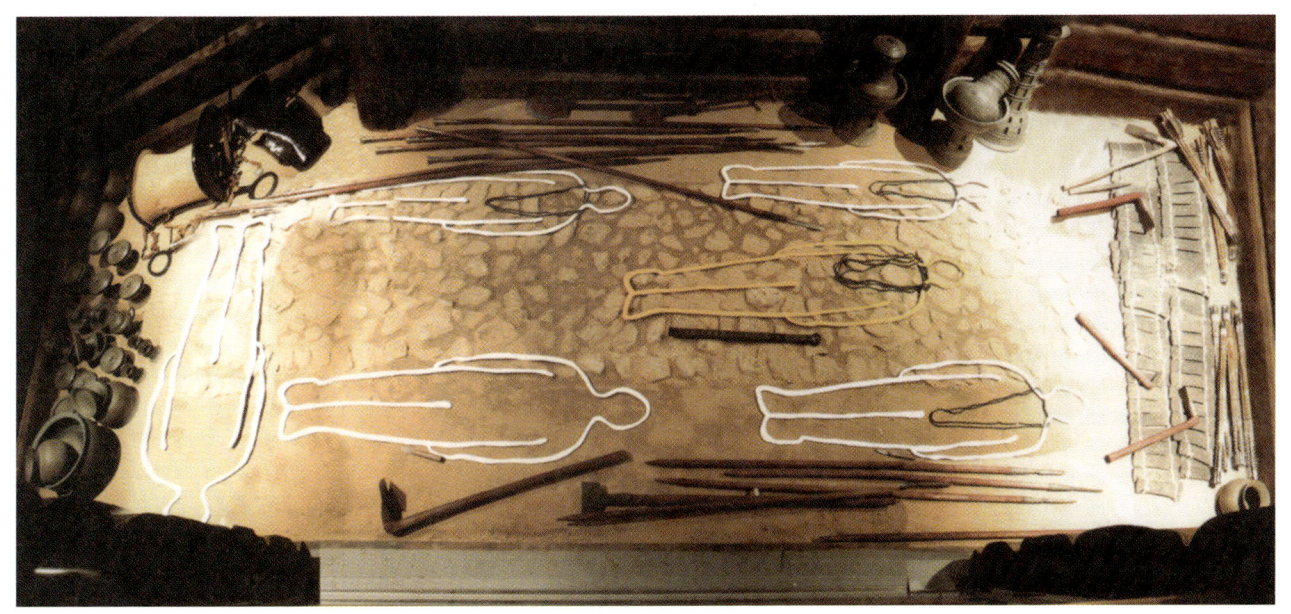

금관가야의 순장
김해 대성동 1호분의 시신 배치 상태 등을 복원한 모형이다. 무덤 주인공(노란색) 주변을 빙 둘러 다섯 명의 순장자를 함께 묻었음을 확인할 수 있다. 이 무덤은 무덤 속에 관을 넣는 묘실을 나무로 따로 짜 만드는 덧널무덤(목곽묘)으로, 죽은 자를 위해 많은 물품을 부장한 것이 특징이다.

을 죽여서 묻을 경우에는 순장이 아니라 사람 몸을 제물로 바치는 제사로 보아야 한다. 강제성이란 순장당하는 사람이 죽을 의사가 없어야 한다는 것이다. 죽은 자를 그리워하며 스스로 목숨을 끊는 행위는 순장과 구분된다. 마지막으로 종속성이란 의미는 무덤 주인공과 순장당하는 사람의 관계가 주종 혹은 상하 관계여야 한다는 것이다.

그렇다고 고조선 사회에서 순장이 없었다고 볼 수는 없다. 부여의 경우처럼 가능성은 매우 높은데 아직 그 증거를 잡지 못하고 있을 뿐이다.

고구려에서도 순장의 흔적이 확인된 바가 없다. 다만 스스로 목숨을 끊는 경우는 있었다. 고구려 제11대 동천왕(재위 227~248)이 죽었을 때 왕을 모시던 사람들이 애통해하며 무덤 주변에서 목숨을 끊자 새 왕이 이를 금지했다는 기록이 남아 있다. 하지만 이러한 행위는 순장과는 엄연히 다르다.

백제의 경우도 아직 순장이 행해졌다는 근거가 나타나지 않고 있다.

신라와 가야의 순장 흔적

반면 신라와 가야 지역에서는 순장이 널리 퍼져 있었다. 신라의 왕과 왕족이 묻혀 있는 경주의 돌무지덧널무덤(적석목곽분)에서는 많은 순장 사례가 밝혀졌다. 남편의 무덤과 부인의 무덤을 각각 따로 만든 황남대총은 위에서 보았을 때 표주박처럼 연결시킨 형태인데, 남편이 묻혀 있는 남분에서는 무덤 주인을 위해 순장당한 젊은 여인의 인골이 발견되었다.

신라에서는 경주만이 아니라 지방에서도 순장 풍습이 유행했다. 경산의 임당동 고분군, 대구 내당동·비산동 고분군, 화원 성산 고분, 영덕 괴시동 고분, 성주 성산동 고분군, 의성 탑리 고분군 등이 대표적인 예다. 이들 무덤은 모두 지방 최고 세력가의 무덤인데 그 구조는 덧널(목곽), 돌덧널(석곽), 돌무지덧널(적석목곽) 등 다양하지만 모두 한 번 매장이

대가야 순장 무덤 모형과 순장곽 배치도
왼쪽 사진은 경북 고령 지산동 44호분 발굴 당시 상태를 담은 모형의 일부로 남쪽 방향에 있던 딸린덧널 옆에 순장된 사람을 확인할 수 있다. 44호분은 으뜸덧널(주곽)과 딸린덧널을 둘러싸고 부챗살 모양과 원주형으로 32개의 순장곽을 설치한 형태인데, 이 안에 최소한 30여 명이 넘는 사람이 순장됐을 것으로 추정된다. 32개 순장곽의 배치 상태는 오른쪽 그림과 같다.

끝나면 추가로 매장할 수 없다는 공통점이 있다. 따라서 무덤 안에서 여러 명의 인골이 발견되면 그것은 1인의 주인공과 여러 명의 순장자일 가능성이 높은 것이다.

반면 추가 매장이 가능한 앞트기식(횡구식)이나 굴식(횡혈식) 무덤에서는 여러 명의 뼈가 나오더라도 순장일 가능성과 추가 매장일 가능성이 모두 있기 때문에 그 판별이 쉽지 않다. 그럼에도 불구하고 경남 양산 부부총과 창녕 교동 고분군의 무덤들은 순장묘일 가능성이 높다.

이렇게 보면 신라는 중앙과 지방에서 모두 순장이 유행한 셈이다. 그 시기는 4세기부터 6세기까지인데 전성기는 무덤의 규모가 가장 커지고 부장품도 많아지는 5세기다. 『삼국사기』에 의하면 지증왕 3년(502) 법으로 순장을 금지했다고 하는데 과연 6세기 이후부터 현저하게 줄어들기 시작한다.

가야에서는 금관가야, 아라가야, 대가야 지역에서 순장이 확인되었다. 금관가야에서는 3세기 말에 만들어진 대성동 29호분에서부터 순장이 시작되어 4세기에 널리 유행한 것으로 보인다. 순장당하는 사람의 수는 왕릉의 경우 5~6명, 그 다음 신분자의 무덤은 2~5명 정도여서 무덤 주인공의 사회적 신분에 따라 순장자의 수도 달랐음을 알 수 있다. 5세기 이후 것으로는 부산의 동래 복천동 고분에서 순장의 흔적이 발견되었는데 전체적으로 그 숫자는 약간 줄고 있다.

순장당하는 사람들이 위치한 곳은 무덤 주인공이 묻혀 있는 으뜸덧널(주곽)인 경우도 있고 딸린덧널(부곽)인 경우도 있다. 성별로는 여성이 많고 연령별로는 성인이 많다. 장신구를 착용한 여성들의 경우는 신분이 낮은 첩이나 시녀로 추정되고, 딸린덧널에 있는 남성들은 칼을 지니고 있어서 주인공을 지키던 하급 무사로 보인다.

아라가야의 왕족들이 묻혀 있는 함안의 말

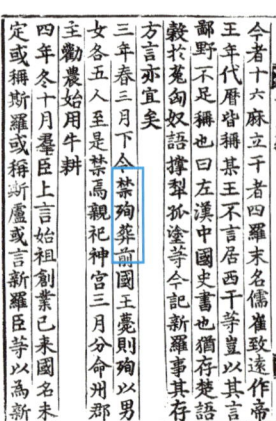

신라 지증왕의 순장 금지 사실을 기록한 삼국사기

산리 고분군에서도 순장묘가 확인되었다. 시기적으로 5세기 후반에서 6세기 전반에 해당되는 초대형 돌덧널무덤(석곽묘)에서 순장의 흔적이 보이는데 주인공과 함께 4~6명이 묻혀 있는 형태이다. 성별로는 여성이 남성보다 많아 금관가야와 동일하다.

대가야의 왕릉은 고령 지산동 고분군이다. 이곳에서도 많은 순장묘가 발견되었는데 44호분과 45호분이 대표적이다. 44호분은 주인공이 묻힌 돌덧널의 긴 벽 쪽과 짧은 벽 쪽에 각기 하나씩의 딸린덧널을 배치한 후, 이 세 개의 덧널을 중심으로 32개의 작은 돌덧널을 배치한 특이한 구조다. 이 덧널에 수십 명의 사람을 순장했던 것이다. 45호분도 유사한 구조인데 순장당한 사람의 수가 약간 적을 뿐이다. 이 무덤들이 만들어진 시기는 5세기 후반부터 6세기 전반에 걸쳐 있는데 이 시기는 대가야 전성기에 해당된다.

여기서 주목되는 점은 순장당한 사람들이 착용하고 있던 장신구의 수준이 매우 높다는 사실이다. 이는 이들이 노동에 동원된 노예나 전쟁 포로가 아니라 살아생전 왕을 가까이에서 모시던 측근이나 첩들이었음을 보여준다.

순장 대신 토용으로

신라와 가야 모두 6세기 이후에는 순장이 소멸되기 시작한다. 이는 무덤을 크게 만들고 그 안에 많은 양의 물건을 아낌없이 넣는 방식에서 작고 소박하게 만드는 방식으로 전환하는 커다란 흐름의 한 부분이기도 하다. 시일이 지난 후 추가로 시신을 매장할 수 있는 굴식(횡혈식) 무덤을 도입한 것도 이러한 배경에서 이루어졌다.

이러한 묘 형태와 장례 의식의 변화는 불교가 도입되면서 새로운 사상이 널리 받아들여지고, 그에 따라 저승 세계에 대한 인식도 변화한 데서 비롯된 것이다. 게다가 6세기 이후 한반도의 각 나라들은 나라의 운명을 건 무한 경쟁을 전개하면서, 치열한 전쟁의 시대로 들어서게 되었다. 귀중한 인적 자원을 무덤에 넣기보다는 전쟁이나 생산, 성곽이나 저수지 쌓기 등의 토목 공사에 동원하는 것이 유리하다고 판단했을 것이다.

이런 이유로 인해 순장은 소멸되고 그 대신 사람의 형태를 갖춘 인형, 즉 토용이 무덤 속에 들어가게 된다. 통일신라 시기에 해당되는 경주의 용강동 고분이나 황성동 고분이 대표적인 예다.

권오영 한신대 교수

경주 용강동 고분군에서 출토된 신라 토용

지중해와 중앙아시아로 이어진 황금 교역망

신라 고분은 1,500년 전의 타임캡슐이다. 그 속에는 신라인들이 생전에 썼던 물품과 사후 세계에서 사용하기를 바라며 시신과 함께 매장한 수많은 물건이 가득하다. 아울러 중국, 고구려, 왜 등 주변 나라뿐만 아니라 멀리 서역⁰에서 들여온 물건도 여러 점 포함되어 있다. 신라인이 무덤 속에 묻은 몇 점의 외래 유물을 통해, 우리는 그 옛날 신라인들이 펼쳤을 대외 교류의 양상을 짐작해 볼 수 있는 단서를 확보하게 됐다.

화려함과 세련미의 극치

'황금의 나라'라는 이미지에 걸맞게 신라 고분에서는 황금 장식품이 다량 출토됐다. 대부분 신라에서 제작한 것이지만, 그 가운데는 저 멀리 서역에서 들여온 것도 있다. 왕비의 무덤으로 추정되는 황남대총 북분에서 출토된 금팔찌와 계림로 14호분에서 출토된 장식 보검도 그에 속한다.

여러 점의 팔찌가 출토된 황남대총 북분에서 눈길을 끈 것은 무덤 주인공의 왼팔 부위에 있던 옥을 박아 넣은 금팔찌였다.

신라를 비롯한 삼국시대의 팔찌는 고리가 가늘고 단면이 둥글거나 네모난 것이 많다. 그런데 이 팔찌는 넓고 길쭉한 금판에 가는 선과 금 알갱이를 붙이고, 터키석 등 보석을 끼워 넣어 장식했다. 팔찌의 몸체도 금판 두 장으로 만들었다. 즉, 금구슬과 보석이 끼워진 판의 뒤쪽에 금판 한 장을 덧대고 위와 아래로 둥글게 감아 씌웠다. 이러한 기법은 이란 등 서역의 팔찌에서 유래를 찾을 수 있다.

계림로 고분군은 1973년 경주 미추왕릉 지구 정화 사업 과정에서 긴급 조사됐다. 그 중 14호분은 길이 3.5m, 너비 1.2m 크기의 작은 무덤이지만, 금귀걸이를 비롯한 황금 유물이 다량 출토됐다. 출토품 가운데 가장 주목받은 유물은 장식 보검이다. 칼 몸은 대부분 부식됐지만, 금으로 만든 칼집과 손잡이는 멀쩡했다. 표면에 금실로 윤곽을 만들고, 그 속에 맑고 검붉은 보석인 홍마노와 유리질을 녹여 넣어 장식했다. 장식 중간과 외곽에 금 알갱이를 붙여 넣어 화려함을 더했다.

계림로 보검과 매우 유사한 의장을 지닌 칼의 실물로는 러시아 에르미타주 박물관에 보관 중인 보로보예 출토품이 있으며, 5세기경 제작된 것으로 추정하고 있다. 실물은 아니지만 쿠처의 키질 석굴 제69굴 입구 천장에 그

⊙ 서역

중국인들이 중국 서쪽 지역의 여러 나라를 부르던 호칭이다. 한나라 때 역사서인 『한서』에 처음 등장하는 것으로 보아 한대 이후부터 사용된 용어로 보인다. 좁은 의미에서는 중앙아시아 남동쪽의 파미르 고원 동쪽 지역만을 가리키지만, 넓게는 아시아 중·서부, 인도 반도, 유럽 동부와 아프리카 북부까지 광대한 지역을 아우른다. 좁은 의미의 서역은 해운 교통이 발달하기 전 동서 교류의 주요 통로였기 때문에 중국 역대 왕조는 이들 지역을 무력으로 제압하면서 교역로를 장악해 왔다.

금팔찌
경주 황남대총 북분에서 출토된 5세기 후반 경 유물로 다채색 기법을 이용해 황금판에 녹색의 터키석과 회색·흑색 보석, 붉은색의 안료를 장식했다. 팔찌의 양끝엔 금판을 둥글게 말아 덧대고 못을 박아 고정했는데, 이 마감 기법은 신라를 비롯한 동아시아의 금속 공예품에선 찾아보기 어려운 것이다.

상감 유리구슬 목걸이와 그 세부

5~6세기경 서역 혹은 지중해 부근에서 제작된 것으로 추정되는 목걸이로 경주 미추왕릉 C지구 4호분에서 발견되었다. 유리구슬에는 파란 바탕에 하얀 얼굴과 매력적인 빨간 입술을 가진 네 명의 사람이 모자이크 기법으로 표현돼 있는데, 푸른 눈에 눈썹이 곡선을 이루며 좌우가 붙어 있는 것이 특징이다. 이렇게 정교한 사람 문양 사이에 그려져 있는 새와 구름도 눈길을 끈다. 작은 유리구슬에 이처럼 섬세한 그림을 상감하는 실력은 유리 공예의 정수를 보여주는 것이 아닐 수 없다.

장식 보검

경주 미추왕릉 지구 계림로 14호분에서 출토된 장식 보검은 5~6세기경 중앙아시아, 서아시아 등에서 유행한 형식을 띠고 있다. 실제 서역 유적인 중국 신장웨이우얼 자치구 쿠처의 키질 석굴 벽화에는 같은 모양의 보검을 찬 한 사내가 그려져 있기도 하다. 둥근 모양, 나뭇잎 모양, 인동무늬 등을 일정한 패턴으로 새기고, 벨트에 걸 수 있도록 측면에 P자 모양과 반원 모양의 돌출부 두 개를 만들어놓은 게 특징이다.

서역에서 온 유리 용기
맨 왼쪽부터 차례로 경주 서봉총·천마총·안계리 유적·황남대총에서 출토된 것으로 형태는 잔과 사발이며, 끈붙임무늬, 그물무늬, 원형무늬, 거북등무늬, 컷트무늬 등이 사용되었다. 이러한 무늬는 당시 페르시아나 로마 쪽에서 주로 쓰던 것이어서 서역에서 전해졌을 가능성을 더욱 높여준다.

려진 사람의 허리춤에도 유사한 보검이 묘사되어 있다. 보검의 제작지로는 이란 혹은 중앙아시아로 추정하는 견해가 많다.

한편, 경주의 돌무지덧널무덤에선 수많은 유리 제품이 출토됐는데, 이 가운데는 서역에서 제작된 것이 여러 점 섞여 있었다. 상감유리구슬과 '로만 글라스(Roman glass)'로 불리는 로마에서 제작된 유리그릇이 대표적이다.

1973년 미추왕릉의 C지구 4호분에선 매우 이색적인 유리구슬이 출토됐다.

이 유리구슬이 서역에서 왔다는 사실엔 틀림이 없다. 그런데 이를 확대 해석해 "거울에 표현된 인물은 로마 문화권의 한 지역을 통치하던 왕과 그 가족일 가능성이 크고, 그 왕이 자신의 가족 얼굴을 새겨 신라 왕에게 선물했을 것"이란 주장이 한 일본인 학자로부터 제기된 바 있다. 그러나 이 주장이 설득력을 얻으려면 유리구슬이 신라의 왕릉이나 그에 준하는 무덤에서 출토되어야만 한다. 미추왕릉 C지구 4호분은 작은 무덤이었으며, 함께 나온 유물 역시 신라의 것 일색이었다. 오히려 유리구슬을 문물 교류의 산물로 보는 것이 자연스러울 것이다.

유리 용기는 소다회, 규사가 주성분인 소다유리 계통이며 속이 빈 대롱에 녹은 유리를 묻혀 입으로 불어서 성형하는 대롱불기법이 사용됐다. 대부분 로만 글라스의 제작 중심지에서 만들어진 것으로 보이며, 구체적으로는 시리아-팔레스타인의 특정 지역이 될 것이다. 유사한 용기의 지역 분포로 보면, 중앙아시아의 스텝 지대를 거쳐 신라로 전해졌을 것으로 추정된다.

그간 경주의 신라 무덤에서는 약 20여 점이상의 유리 용기가 출토됐다. 대부분 왕족의 묘역에서 금관을 비롯한 황금 유물과 함께 나왔다. 신라 사회에서 유리그릇이 최고로 귀중한 물품으로 대접받고 있었음을 알 수 있는 대목이다.

특히 주목을 끄는 유리 용기는 황남대총 남분의 새 머리 모양을 한 유리병이다. 이런 유형의 용기는 동부 지중해 연안 지역에서 광범위하게 제작된 것으로 추정된다. 신라 고분에서 출토되는 유리 용기의 대다수는 로만 글라스 후기 작품으로, 유

새 머리 모양을 한 유리병
경주 황남대총 남분에서 출토된 5세기경 유물로 손잡이에 금실을 감아 수리한 흔적이 있어 매우 귀한 물품이었음을 알 수 있다. 연록색을 띤 이 유리병은 고대 그리스에서 유행한 항아리 형식인 '오이노코에(oinochoe)' 병의 일종으로 보인다. 새의 부리처럼 생긴 아가리 아래에 한 줄, 목에 열한 줄의 푸른색 유리줄을 돌려 장식했으며, 계란형 몸통 아래쪽에는 굽을 붙였다.

서역인의 모습을 한 신라 문관 토용

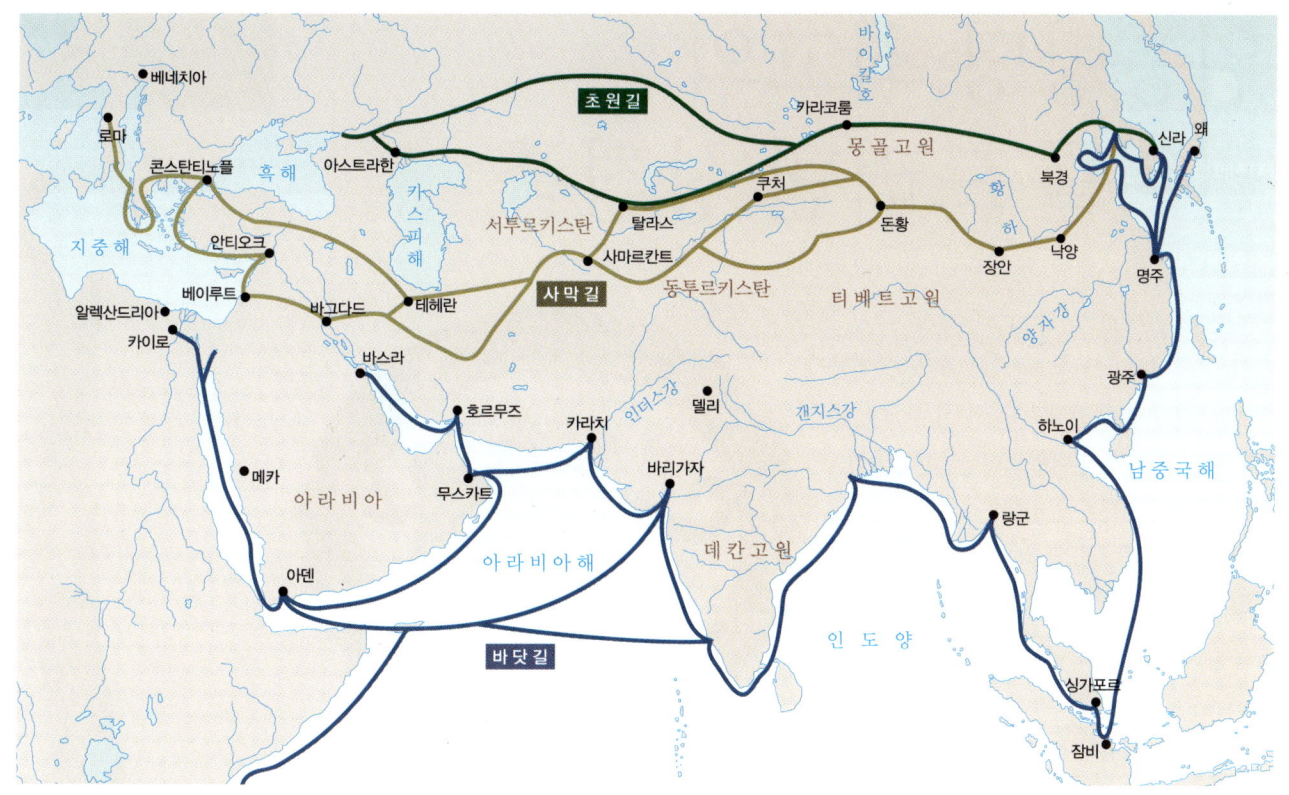

신라의 서역 유물 유입 경로 유럽과 서아시아·중앙아시아의 물품이 신라로 유입된 경로는 크게 비단길과 바닷길 두 개로 나눌 수 있다. 여기서 비단길은 로마에서 안티오크-사마르칸트-돈황-장안을 거치는 사막길과 북부 초원 지대를 지나는 초원길로 다시 나뉜다. 이렇게 중국으로 건너온 물품들은 고구려를 통하거나, 아니면 직접 신라로 전해졌다. 바닷길은 북아프리카 알렉산드리아를 출발해 아라비아해와 인도양, 남중국해 등을 통과한 뒤 한반도와 왜국에 이르는 길을 말한다.

사 용기의 분포 상황과 제작 기법으로 볼 때 지중해 연안 지역에서 제작된 것으로 보인다.

어떤 경로로 전해졌을까

서역계 유물이 어떤 경로로 건너와 머나먼 신라의 무덤에까지 묻혔을까 하는 의문은 아직도 분명하게 풀리지 않은 상황이다.

아랍의 문헌에 신라와 아랍 간의 교섭 기록이 있는 것으로 볼 때, 적어도 통일신라시대에는 인적 교류가 있었음이 분명하다. 당나라 문화가 확산되는 통일 시기 돌방무덤에서 서역인상 토용이 출토되고, 괘릉이나 흥덕왕릉 밖 석인상에서 서역인의 모습이 확인되는 것도 그 근거 중 하나다.

다만 통일기보다 앞선 5~6세기대 무덤에서 출토된 일부 서역계 유물이 여전히 미궁 속이다. 서역인이 직접 가져온 것으로 보기도 하나, 아직 구체적인 증거는 나오지 않고 있다. 위진남북조시대◉ 중국을 통해 유입된 물품으로 해석하는 견해도 있다. 서역의 유리그릇이 신라 고분에서 많이 출토되긴 하지만, 북연의 풍소불묘나 왜의 신택천총 126호분에서도 출토되는 까닭이다.

한나라 때부터 중국 낙양과 장안 등지에는 각국에서 몰려온 수많은 서역인이 거주하고 있었다. 당시 장안에 살던 서역인의 수는 거의 1만 가구가 넘었다고 한다. 자연히 중국으로 서역 문물이 대거 들어왔고, 이는 고구려나 신라로도 전해졌을 것이다.

신라에서는 무덤 안에 여러 물품을 함께 묻는 풍습이 있었으므로, 다른 나라의 무덤에 비해 로만 글라스 등의 유물이 많이 남아 있는 것으로 보인다.

이한상 대전대 교수

◉**위진남북조시대**
중국의 후한이 멸망한 후 수나라의 문제가 진을 멸망시키고 중국을 다시 통일하기 전까지(221~589) 시대를 일컫는다. 정치·사상 등 여러 측면에서 혼란을 겪은 정치적 분열 시기였지만 문화적으로는 다양하면서도 통일성을 보여준 특이한 성격을 지닌 시대다. 위진남북조시대는 위·촉·오 중심의 삼국시대, 서진의 통일시대, 동진과 5호16국 시대, 남북조시대로 다시 세분되기도 한다. 589년 수의 통일로 남북조시대가 끝나면서 중국은 수-당-송-원-명-청으로 이어지는 통일 왕조 시대를 열게 된다.

위풍당당 최고의
권위를 드러낸 상징품

우리 역사에서 금속으로 만든 무기는 청동기 시대에 처음으로 등장했다. 당시 대표적인 무기는 청동제 단검이었으며 이것이 삼한 시대에는 철검으로 발전했다.

최근의 발굴 조사에 따르면, 대개 삼한 시대 후기가 되면서 남한 각지의 대형 무덤 속에서 단검보다 2~3배나 길이가 긴 대도가 출현한다. 이 대도의 손잡이 끝에는 둥근 고리가 장식되어 있어 이를 '환두대도'라고 부른다.

5세기를 전후한 시기가 되면 삼국시대 각국에서 초대형 왕릉이 만들어진다. 그 무덤 속에는 금관을 비롯해 주인공의 생전 지위를 보여주는 각종 유물을 껴묻었는데 그 가운데 환두대도 역시 포함된다. 이 시기의 환두대도는 금과 은으로 장식되었고 용이나 봉황 무늬가 새겨지기도 했다. 이것이 바로 '용봉문 환두대도'다. 이러한 환두대도는 실제 전투에서 사용되었다기보다는, 소유자의 사회적 지위를 상징적으로 보여주는 일종의 위세품이었다.

우리나라의 대표적인 용봉문 환두대도는 백제 무령왕릉과 가야, 신라의 왕릉급 무덤에서 출토된 바 있다.

이보다 정교할 수는 없다

1971년 충남 공주에서 우연히 발굴된 백제 왕릉 속에는 왕과 왕비의 유물이 섞여 있었다. 무덤 입구를 향해 머리를 두고 안장된 두 사람 가운데 오른쪽(북쪽) 유해에서 환두대도 한 점이 발견되었다. 무덤 널길에서 발견된 지석에 새겨진 글을 해석한 결과 이 무덤의 주인공은 백제 제25대 무령왕 부부임이 밝혀졌다. 그러나 지석에는 어느 쪽에 묻힌 자가 왕인지는 기록되어 있지 않았

무령왕릉 용봉문 환두대도
칼 손잡이 끝에 표현된 용 한 마리가 그 조각이 너무나 정교해 마치 살아서 꿈틀대는 듯하다. 최고의 권위를 드러내는 상징인 용은 청동으로 정밀하게 주조한 다음 도금해 만든 것이다. 그 아래로는 금판 위에 은으로 만든 네 마리의 봉황을 겹쳐 장식해 화려한 봉황의 형상을 더욱 뚜렷하게 보이도록 배려했다. 손잡이 중심부에는 새김눈(刻目文)이 장식된 금실과 은실이 빽빽하게 감겨 있으며, 나무 칼집의 표면에는 옻칠이 되어 있다. 길이 82cm 크기로, 6세기경 물품으로 추정된다.

다. 이때 왕의 위치를 결정적으로 알려준 유물이 바로 환두대도였다.

제작 기법으로 보면 동아시아의 대도 가운데 이보다 정교한 예를 찾아보기 어렵다. 그 때문에 많은 연구자가 이 대도의 제작 장소를 중국으로 보고 있다. 무령왕이 중국 남조 양나라 무제로부터 '영동대장군'이라는 칭호를 받으면서 하사받은 장식 대도라는 것이다.

그러나 아직 중국에서는 환두대도가 출토된 예가 적으며, 낙양에서 출토된 것으로 알려진 미국 메트로폴리탄 박물관 소장품 가운데서도 이와 비슷하거나 이보다 빼어난 환두대도가 없다.

오히려 최근 충남 천안의 용원리 고분군에서는 무령왕릉보다 앞선 시기의 봉황무늬 대도 두 점이 발굴되었다. 무령왕릉에서 출토된 수많은 금속 공예품에서 살펴볼 수 있듯이 이 시기 백제의 공예 기술은 삼국 가운데 가장 빼어났으며 이미 완숙의 경지에 올라 있었다. 따라서 무령왕의 환두대도 역시 백제에서 만들어졌을 가능성이 높다고 판단된다.

이러한 백제의 수준 높은 공예 기술은 백제와 정치적으로 밀접한 관계에 놓여 있었던 대가야로 전해졌고, 다시 신라로도 일부 파급되었다.

가야와 신라로 전파되다

4세기 후반 무렵 한반도 남부 지방의 정세는 백제·가야·왜와 고구려·신라 양축이 극한 대립 관계를 이루고 있었다. 390년대에 접어들면서 군사적인 충돌이 자주 일어났고 특히 400년에 일어난 전쟁은 국제전의 성격을 지녔다. 이 전쟁에서 백제·가야·왜의 연합군이 신라의 수도 경주를 포위하고 압박을 가하자, 고구려의 광개토대왕은 5만의 군사를 파견해 신라를 구원했다. 가야는 전쟁의 패배로 큰 타격을 입었던 것으로 보인다.

패전의 상처가 아물고 주변국과의 관계가 개선되는 5세기 중엽이 되면 가야의 무덤에서도 용봉문 환두대도가 다수 출토된다. 이 무렵 고령의 대가야 세력은 가야 연맹체를 주도하는 맹주로서 지위를 확고히 다지게 되며, 이러한 성장에 기반해 급기야 479년 대가야

가야의 용봉문 환두대도
경남 창녕 교동 고분군에서 출토된 길이 83cm의 6세기경 가야시대 환두대도다. 칼자루 윗부분에 타원형 고리가 있고, 그 안에 용과 봉황 한 마리가 목을 감고 있는 형상이 사실적으로 표현되었다. 손잡이 윗부분과 아랫부분 금장식에 두 마리의 용이 서로 엉겨 하늘로 올라가는 듯한 모습을 부조해 화려함을 더하고 있다.

왕 하지는 중국 남제에 사신을 보내 '보국장군 본국왕'이라는 칭호를 받기에 이른다.

가야의 최상급 대도였던 용봉문 환두대도는 가야의 중심지인 고령과 합천에서 집중적으로 출토된다. 백제 무령왕릉 대도와 마찬가지로 가야의 환두대도도 제작지가 어딘지를 둘러싸고 논란이 있다. 즉 가야의 왕릉급 무덤에서 출토되는 정교한 환두대도 역시 당시 가야의 금속 공예 기술로는 만들어내기 어려웠을 것이라고 추정하면서, 중국 남제나 백제 등 선진 지역에서 완제품이 수입된 것으로 보는 견해가 있는 것이다.

그러나 가야의 대도는 둥근 고리 속에 용이나 봉황 장식을 별도로 만들어 끼워넣었음에 비해 백제의 대도는 둥근 고리와 용 혹은 봉황 장식을 함께 주조해 만들었다는 점에서 차이가 있다. 나아가 대가야의 용봉문 환두대도 중에는 용과 봉황이 서로 목을 교차하고 있는 특이한 도안이 있는데, 이런 방식은 아직 백제나 중국에서 발견되지 않았기 때문에 '가야적인 무늬'라고 부를 수 있다. 따라서 대가야권에서 자체적으로 용봉문 환두대도를 제작했을 가능성도 크다고 하겠다.

한편, 5세기 무렵의 신라는 백제나 가야와는 다른 독특한 환두대도 문화를 가지고 있었다. 이를테면 둥근 고리 세 개가 마치 세잎 클로버 모양으로 배치된 '삼루 환두대도'와 위가 둥글고 아래가 네모진 고리 속에 세 가닥의 잎을 표현한 '삼엽문 환두대도'가 크게 유행했다.

그러던 중 5세기 말 이후 백제나 대가야로부터 용봉문 환두대도 문화가 흘러들어온다. 이때부터 신라의 왕이나 왕족은 기존의 환두

봉황문 환두대도와 용봉문 환두대도
대가야 유적지인 경남 합천 옥전 고분군에서 발견된 5세기경 환두대도다. 한 마리의 봉황만이 묘사된 왼쪽 환두대도는 길이가 83cm로 보통 환두대도와 다를 바 없지만, 오른쪽 것은 길이가 1.13m에 달해 환두대도 중 가장 긴 편에 속한다. 용과 봉황이 서로 목을 감고 있는 형태의 환두대도는 가야 지역에서만 발견되고 있다.

신라의 환두대도
왼쪽의 삼루 환두대도는 경주 황남대총 남분에서, 인동초잎을 형상화한 오른쪽의 삼엽문 환두대도는 경산 임당 고분군에서 발견되었다. 모두 5세기경 환두대도로 추정된다. 신라의 환두대도는 손잡이 부분을 넓은 금판이나 은판으로 감싸고 여기에 물고기 비늘무늬를 촘촘하게 새긴 것이 특징이다. 두 칼의 아래쪽에 또 다른 신라 고유의 특징인 새끼칼의 모습도 보인다.

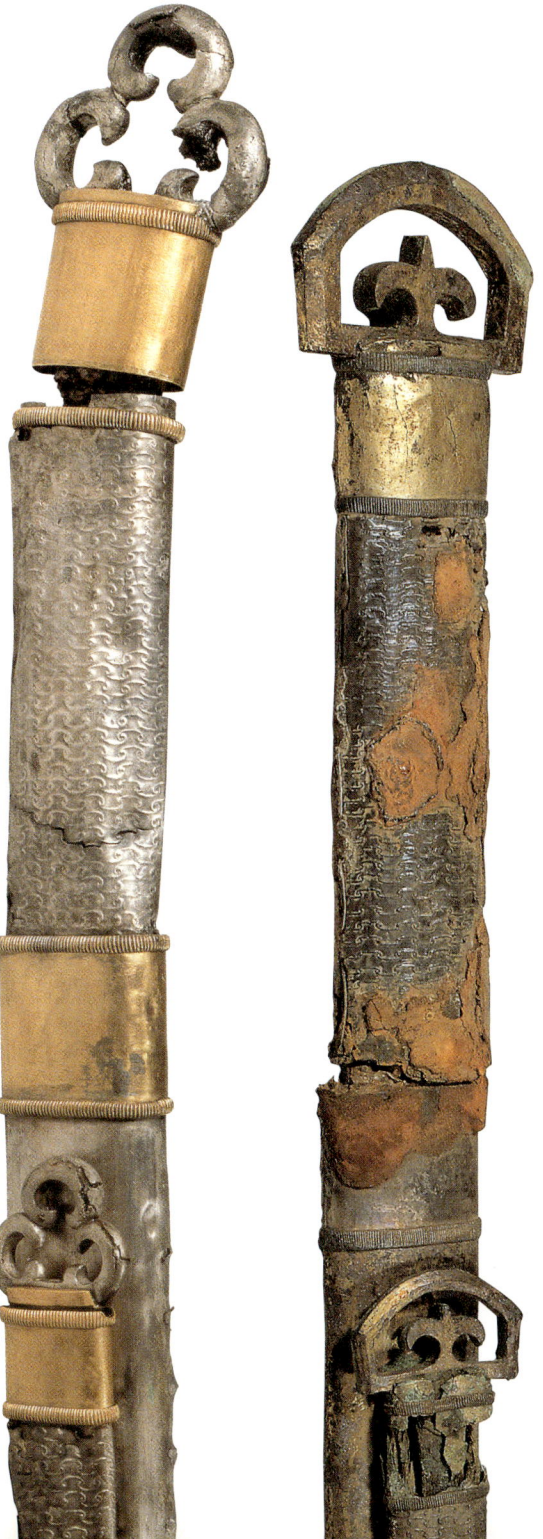

대도를 대신해 용봉문 환두대도를 더욱 선호하게 되어 이를 최상의 장식 대도로 쳤다. 대표적인 예가 바로 경주 천마총 환두대도다.

그런데 이 대도의 경우 고리 내 장식은 한 마리의 봉황이며 큰칼의 칼집에 조그만 새끼칼이 달려 있다. 큰칼에 새끼칼을 다는 것은 백제나 가야 지역에서는 볼 수 없는 신라 특유의 제작 기법이다.

최고 지배층만이 소유

용봉문 환두대도는 일정한 원칙 아래 무덤 속에 껴묻었던 듯하다. 발굴 조사 결과 용봉문 환두대도는 대부분 무덤에 묻힌 주인공의 허리춤에서 출토되었는데, 그 전형은 백제 무령왕릉이나 신라 천마총에서 찾아볼 수 있다.

이 두 무덤의 주인공은 모두 왼쪽 허리춤에 용봉문 환두대도를 차고 있었다. 그것은 무덤 속의 다른 어떤 물품보다도 이 대도가 주인공의 생전 지위를 잘 보여주는 매우 중요한 물품이었기 때문일 것이다.

이상에서 살펴본 것처럼 백제, 가야, 신라에서 유행한 용봉문 환두대도 문화의 출발점은 백제였으며, 정치적으로 밀접한 관계에 있던 가야로 전파되었고 다시 신라로 파급되었음을 알 수 있다. 이 대도는 사회 지배층만이 소유할 수 있는 최고 권위의 상징이었다.

이한상 대전대 교수

천마총 봉황문 환두대도
신라에 용봉문 환두대도 문화가 들어온 것은 5세기 말 이후다. 6세기경 제작된 것으로 추정되는 경주 천마총의 환두대도는 백제나 가야의 환두대도에 비해 화려함이 덜하다. 칼집과 칼자루는 나무로 만들어 그 위에 얇은 금동을 입혔으며, 칼집 옆에 구멍이 난 네모 형태의 꼭지를 달아 끈으로 맬 수 있도록 했다. 한쪽에 따로 칼집을 만들어 새끼칼을 붙여놓았다.

하나에서 둘로, 둘에서 다시 하나로

한국 고고학계의 오랜 숙제 가운데 하나는 고고학 자료를 통해 신라와 가야의 영역을 어떻게 나눌 수 있는가 하는 점이다. 신라와 가야 문화권을 구분할 때 중요한 기준이 되는 것은 무덤과 토기다.

영남 지역에는 기원전 3~2세기부터 기원후 2세기 중·후반까지 널무덤이, 2세기 중·후반부터는 덧널무덤이 만들어졌다. 3세기 후반부터 딸린덧널이 생기고 으뜸덧널과 딸린덧널이 일렬을 이루는 덧널무덤이 출현하면서 무덤 구덩이 평면 형태에서 약간의 차이가 나기 시작한다.

하지만 4세기 전·중반까지 영남 지역은 널무덤과 덧널무덤을 공통적으로 사용하고 있었으며 낮은 온도에서 구워 기와처럼 무른 질을 가진 와질토기도 똑같이 출토되었다. 따라서 낙동강을 경계로 한 신라와 가야 지역의 무덤과 토기는 양식 면에서 별 차이가 없기 때문에 이 시기에 신라와 가야 문화권이 명확하게 나누어졌다고 보기는 어렵다. 하지만 당시 낙동강 동안 지역의 소국들은 대체로 신라(사로국)의 통제를 받았고, 서안 지역에 위치한 가야의 소국들은 구야국(금관가야)의 통제를 받고 있었다.

한편 4세기 중·후반부터 경주 지역에서는 평지에 대형의 돌무지덧널무덤이, 경주 이외의 영남 지역에서는 산 정상부나 구릉지에 구덩식 돌덧널무덤이 만들어지기 시작했다. 이에 대해 돌무지덧널무덤을 만든 경주 지역만을 신라로, 돌덧널무덤을 쌓은 그 외의 지역들을 가야로 보는 견해도 있었으나 인정되지 않고 있다.

신라와 가야 문화권의 분화

널무덤과 덧널무덤을 대표하는 와질토기는 5세기 정도부터 도질토기 또는 회청색 경질토기로 교체되며, 4세기 말~5세기 초에는 낙동강을 경계로 동안 양식의 토기(신라식 토기)와 서안 양식의 토기(가야식 토기)로 나누어진다.

또한 금동관의 형식이 출(出)자형 세움장식으로 단일화되어가는 현상을 통해서도 신라 문화권의 변화를 확인할 수 있다.

낙동강의 지배를 통해본 문화권

5세기 전까지 당시 영남 지역의 정세를 살펴보면 신라와 가야 문화권이 구분되기 시작한 이유를 보다 쉽게 이해할 수 있다.

중국의 역사책 『삼국지』 「위서 동이전」에 따르면, 초기 낙동강 동쪽의 영남 지역에는 진한 12국이, 서안 지역에는 변한 12국이 있었다. 그러다 탈해왕(재위 57~80) 시기부터 사로국이 우시산국(울산), 거칠산국(부산 동래구 일대) 등의 주변 진한 소국들을 정벌했다고 『삼국사기』는 전하고 있다. 이 중 일부 소국은 사로국에 반기를 들었다가 다시 정복당해 재복속되기도 했는데, 이는 이사금 시기 낙동강 동안 지역의 소국들에 대한 신라의 통제가 안정적이지 못했음을 반영한다.

한편 『삼국사기』에는 신라가 이사금 시기에 낙동강 하류의 수로 교통 요지인 황산진을 차지했고, 부산시 부산진구 당감동 지역에 대증산성을 쌓았다고 기록되어 있다. 신라가 4세기 중·후반, 즉 마립간 시기 이전에 낙동강을 통한 수로 교통을 장악해 그 동쪽에 위치한 여러 소국을 확실하게 통제했음을 시사해 주는 자료다.

낙동강 서쪽의 김해에 위치한 구야국(금관국)은 우수한 제철 기술을 기반으로 한나라의 군현과 왜 등과의 중계 무역을 통해 두각을 나타냈다. 3세기 전반 이전 구야국은 변한 지역의 여러 소국을 압도하고 전기 가야연맹을 형성했으며, 황산진을 놓고 싸우는 등 낙동강 하류 지역의 지배를 둘러싸고 신라와 치열한 접전을 벌였다. 그 후 신라는 포상팔국 전쟁(3세기 말~4세기 초)을 계기로 가야(금관가야)를 압도하고 낙동강 하류 지역을 확실하게 장악할 수 있었다.

5세기 이전에 축조된 부산 복천동 11호분과 경북 성주군 벽진면 가암동, 의성군 탑리 고분에서는 비(非)출자형 세움장식 금동관이 출토되었는데 이는 당시까지 낙동강 동안 지역의 여러 소국에 대한 신라의 통제가 비교적 느슨했던 현실을 반영한다.

그런데 5세기경부터는 경주의 돌무지덧널무덤과 낙동강 동안 지역의 무덤에서 출자형 세움장식 금관과 금동관이 여럿 출토되었다. 이러한 사실은 당시에 신라 왕과 지방 소국의 지배자 사이에 긴밀한 정치적 유대 관계가 있었고, 소국 지배자들이 신라 왕의 강력한 통제를 받았음을 의미한다.

이렇게 4세기 말~5세기 초부터 토기나 금동관 등의 양식이 공통성을 띠는 경주와 낙동강 동안 영남 지역은 포괄적으로 신라 문화권으로 규정할 수 있다. 반면 서로 공통적인 요소를 보이는 토기들이 출토된 고령이나 함안, 합천, 사천, 고성 등 낙동강 서안 지역지역은 크게 가야 문화권으로 구분할 수 있다.

가야 병합과 문화권의 통합

5세기 후반에서 6세기 전반에 걸쳐서 낙동강 동안의 대형 무덤들은 앞트기식 돌방무덤으로 바뀐다. 또한 6세기 전반경 경주 지역의 고분 양식은 돌무지덧널무덤에서 굴식 돌방무덤으로 변화했으며, 이는 신라가 낙동강 동안에 위치한 소국이나 읍락들을 군, 촌 등의 지방 행정단위로 편제하면서 널리 전파되었다.

그리고 6세기 중반 진흥왕이 가야 지역을 병합하면서 고령을 비롯한 가야 지역의 묘제도 모두 신라계의 굴식 돌방무덤으로 대체되

공통 양식의 시기

와질토기
낮은 온도에서 구워 기와처럼 무른 재질을 가진 '와질토기'들은 영남 지역 전역에서 공통적으로 발굴된다. 왼쪽부터 창원 다호리, 부산 노포동, 경주 조양동, 경주 구어리 등에서 발굴됐다. 보기에도 좀 더 복잡해진 신선로모양토기는 3~4세기대의 특징을 잘 보여준다.

신라·가야 문화권 분화의 시기

4세기 말~5세기 초에 접어들면서 낙동강을 경계로 구분되는 신라식 토기와 가야식 토기의 양식적인 특징은 굽다리접시와 목항아리에서 잘 드러난다. 신라식 토기의 굽다리에는 2단 굽구멍이 위아래 엇갈리게 배열되어 있고, 그릇과 뚜껑이 반구형에 가까운 형태이지만 가야식은 굽다리의 굽구멍이 위아래 한 줄로 배열되어 있고, 그릇과 뚜껑이 모두 접시모양으로 납작한 편이다. 신라식 목항아리는 목과 어깨의 접착부가 각을 이루고 조그만 다리가 붙는 경우가 많은 데 비해, 가야식은 목과 어깨가 부드러운 곡선으로 연결되고 별도의 그릇받침에 올려진다. 가야 토기는 양식상으로 공통성을 띠고 있지만, 세부적인 면에서는 지역마다 개성을 갖고 있다.

가야식 토기 / 신라식 토기

었다. 신라가 영남 지역을 국가의 직접적인 통치 영역으로 편제하면서 고분의 양식이 굴식 돌방무덤으로 단일화되는 경향을 보인 것이다.

토기의 양식도 비슷한 경향을 보였다. 3세기 말 또는 4세기 초에 일어난 포상팔국 전쟁과 400년 고구려 광개토대왕의 남진 이후 신라의 금관가야 지역 진출은 더욱 두드러졌다. 김해 지역의 5세기 고분에서 출토된 토기와 경주 지역에 출토된 토기가 서로 비슷한 것은 김해 지역이 정치·문화적으로 신라의 압도적 영향 하에 놓였음을 반영하는 증거이다.

한편 금관가야의 쇠퇴 이후 한동안 지리멸렬했던 가야 세력은 5세기 후반에 대가야를 중심으로 다시 가야연맹체를 형성했다. 대가야는 신라와 백제가 고구려의 남진 대응에 전력하는 틈을 타서 소백산맥을 넘어 전북의 남원과 임실, 그리고 낙동강을 넘어 경남 삼랑진과 밀양에 진출했다.

낙동강 서안의 영남 지역과 호남 동부 지방 일부에 5세기경 가야식 토기가 공통적으로 분포하는데, 이 범위는 대가야가 정치적으로 영향을 미친 범위와 대략 일치한다. 그러나 대가야, 아라가야, 소가야를 각각 대표하는 고령, 함안, 고성 지역의 토기를 서로 비교하면, 양식 측면에서 서로 다른 정도가 낙동강 동안의 여러 지역 차이에 비해 훨씬 크다. 당시 가야 소국에 대한 대가야의 정치적 통제력이 낙동강 동안 소국들에 대한 신라의 통제력보다 더 미약했음을 반영한 것이다.

6세기 중반 진흥왕 때에 이르러 신라는 낙동강을 건너 가야 지역을 병합했을 뿐만 아니

용인 보정리 신라고분 낙동강을 건너 가야를 병합한 진흥왕이 한강 유역으로 진출한 직후 만들어진 것으로 보이는 무덤이다. 극심한 도굴로 출토 유물이 많지는 않으나 신라식 토기들이 발굴되어 당시 신라 문화권의 확산을 보여준다.

라, 한강 유역과 함경도 지역까지 진출했다.

이런 이유로 고령과 함안 등의 가야 지역은 물론 한강 유역, 함경도 지역의 고분에서는 전형적인 신라식 토기들이 출토되고 있다.

가야 지역이 모두 신라의 영역으로 편입되면서 묘제뿐만 아니라 토기 역시 신라식으로 흡수·동화된 것이다. 그 결과 6세기 중반 영남 전역은 무덤과 토기 양식 측면에서 하나의 문화권을 형성하게 되었다.

4세기 말 또는 5세기 초까지는 신라 문화권과 가야 문화권의 구분이 뚜렷하지 않았으나 신라가 낙동강 동안 지역에 대한 정치적 통제를 강화하면서 두 문화권이 확연하게 구별되었고, 6세기 중반 신라가 가야 지역을 모두 직접적인 통치 영역으로 편제함에 따라 가야 문화권은 신라 문화권으로 흡수·통일되기에 이르렀던 것이다.

전덕재 경주대 교수

역사 연구의 중요한 열쇠, 무덤

영남 지역 공통 양식의 시기에 성행했던 널무덤과 덧널무덤 외에도 고대 사회에는 고인돌(지석묘), 돌널무덤, 돌돌림무덤, 독무덤(옹관묘) 등 다양한 무덤 양식들이 있었다. 무덤 양식은 일반적으로 그 형태와 재료 등에 따라 여러가지로 구분된다.

널무덤과 덧널무덤

- **널무덤**(목관묘) : 구덩이를 파고 그 내부에 시신을 안치한 목관을 매장하는 형태다. 목관 안에는 시신과 몸에 부착되는 간단한 장신구 만을 묻고 유물은 주로 목관 밖의 보강토나 목관 아래의 요갱 내에 부장된다.
- **덧널무덤**(목곽묘) : 구덩이를 파고 널을 넣은 덧널시설이 이루어진 무덤으로 구덩이 내부에 시신과 부장유물을 포괄하는 곽을 짜 넣은 것이다. 묘의 크기는 주인공의 사회적신분에 따라 다양하고 삼국시대전기 즉 4세기 대가 되면 대형화되거나 별도의 부곽이 마련되기도 한다.
- 여기에서 '관'이란 시신만 들어가는 것이고 '곽'이란 시신과 부장품이 함께 들어가는 것을 말하는데, 곽의 내부에는 관이 있는 경우도 있지만 그렇지 않은 경우도 있다.

복잡해지는 무덤 양식

초기삼국시대 가야에서는 구덩식 돌덧널무덤(수혈식석곽묘), 신라에서는 돌무지덧널무덤(적석목곽분), 고구려에서는 돌무지무덤(적석총)과 굴식 돌방무덤(횡혈식석실분), 백제에서는 굴식 돌방무덤이 주로 사용되었다. 점점 복잡해지는 무덤 양식의 종류는 보통 다음의 기준으로 나눠진다.

구덩식		널무덤
앞트기식	**+**	덧널무덤
굴식		돌널무덤
		돌덧널무덤
		돌방무덤

돌무지무덤
돌무지덧널무덤

▶ 시신을 묻는 방법에 따라

- **구덩식**(수혈식) : 무덤을 만드는 방법 중 위에서 밑으로 주검을 넣도록 되어 있는 형식. 무덤의 원초적 방식.
- **앞트기식**(횡구식) : 세 벽만을 쌓고 나머지 한쪽 벽으로 출입한 후 마지막으로 밖에서 벽을 쌓아 막는 무덤 방식.
- **굴식**(횡혈식) : 주검을 묻기 위해 지면과 수평으로 판 널길을 통해 널방으로 들어가는 출입로가 있는 형태로 추가장도 가능하게 하였다. 널방(현실, 묘실)이란 무덤 속의 주검이 안치되어 있는 방을, 널길이란 무덤의 입구에서 널방에 이르는 통로를 말한다.

▶ 시신이 묻히는 시설이나 재료에 따라

- **널무덤**(목관묘) 또는 **덧널무덤**(목곽묘)
- **돌널무덤**(석관묘) : 깬돌이나 판돌을 잇대어 널을 만들어 사용한 무덤형식으로 주로 청동기시대에 사용되었다.
- **돌덧널무덤**(석곽묘) : 깬돌 또는 판돌을 섞어 쌓은 널길 없는 무덤.
- **돌방무덤**(석실묘) : 널길이 딸린, 돌로 쌓아 만든 무덤.

▶ 그 외 봉분에 따라

- **돌무지무덤**(적석묘) : 봉분을 흙으로 덮지 않고 돌만으로 쌓아올린 무덤.
- **돌무지덧널무덤**(적석목곽분) : 덧널 위를 사람머리 크기의 냇돌로 덮어 쌓은 봉토무덤으로 신라의 대표적인 무덤 형식.

덧널무덤 이렇게 만들어졌다

땅을 파고 바닥면을 고르게 정리한다.

판재나 통나무로 덧널(목곽)을 만든다.

덧널과 구덩이 사이를 흙이나 돌로 채워 튼튼하게 한 뒤 덩이쇠, 토기, 철기, 장신구 등의 부장품을 넣는다.

덧널 안에 시신을 안치한 후 뚜껑을 덮는다.

뚜껑 위에 흙을 쌓아 봉분을 만들고 봉분 위나 주변에서 제사 의식을 지낸다.

잃어버린 왕국을 증언하는 화려한 토기들

흔히 가야를 일러 '잃어버린 왕국'이라 부른다. 6세기경 신라에 멸망당한 후 오랜 세월 잊혀졌다가 최근 새로이 인식되고 있는 가야. 그 가야의 역사와 문화적인 특징을 잘 보여주는 유물이 바로 '가야토기'다.

가야는 신라와 더불어 철의 나라로 불렸다. 동아시아 각국에서 가야의 철을 구하러 왔음이 역사기록에 남아 있다. 철광석을 녹일 수 있는 기술력은 도자기만큼이나 단단한 '도질토기'의 제작을 가능하게 했다. 그런데 가야토기는 지역마다 그 형태나 제작기법이 다르다. 그것은 가야가 신라나 백제와는 달리 하나의 단일 국가체로 통합되지 못하고 여러 소국으로 분립되어 있었기 때문이다.

중국의 『삼국지』「위서동이전」에 의하면 변한에는 12개의 소국이 있었다고 한다. 그런데 그 동안의 발굴조사 결과 이 시기의 토기문화는 변한 전 지역이 같았음이 확인되었다. 이른바 와질토기로 불리는 이 토기는 창원 다호리, 김해 양동리와 대성동, 함안 도항리, 고령 반운리 유적에서 주로 출토되었다.

이 토기는 낮은 온도에서 구워졌고 그릇의 종류 또한 단순하다. 이 토기문화는 기본적으로는 흑도장경호와 점토대토기 등 청동기시대 후기의 대표적인 토기를 계승하고 있으나, 사용된 흙이 곱고 토기를 빚을 때 회전력을 이용하였으며 밀폐된 가마에서 구웠다는 것은 중국 한 나라의 영향을 받은 것이다.

와질토기는 대개 3세기의 어느 시점이 되면 도질토기로 바뀐다. 도질토기란 섭씨 1,000도에 가까운 높은 온도에서 구워낸 단단한 토기를 가리킨다. 초기의 도질토기는 그릇의 형태나 종류가 와질토기만큼이나 단순하며 가야 전지역, 더 나아가 신라에서까지 비슷한 토기들이 분포하고 있다.

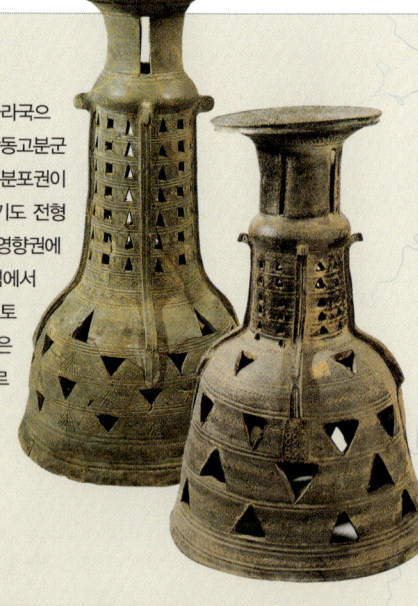

대가야 토기
후기가야의 맹주는 고령의 대가야인데 가라국으로도 불렸다. 왕족의 묘역은 고령의 지산동고분군이며, 가야 소국의 토기문화 가운데 가장 분포권이 넓다. 고령에 인접한 합천이나 함양의 토기도 전형적인 대가야 토기이며, 한때 대가야의 영향권에 편입되었던 남원이나 장수 등 섬진강유역에서도 대가야 토기문화가 발견된다. 대가야 토기는 표면의 무늬가 다양하며 색도 밝은 점이 특징이다. 굽다리접시는 시간이 흐르면서 굽다리의 높이가 낮아지는 변화를 보인다.

소가야 토기
『삼국유사』에는 경남 고성에 소가야가 존재했다는 기록이 있는데 당대에 고자국, 고차국 등으로 불렸다. 고성의 송학동 고분군이 중심묘역이며 내산리 고분군도 고위 지배층의 고분군이다. 4세기 이전의 문화는 제대로 밝혀져 있지 않지만 대체로 함안 아라가야의 토기문화와 비슷했던 것으로 보이며, 5세기를 전후하여 소가야 특유의 토기문화가 발달한다. 굽다리접시는 굽다리가 매우 짧고 삼각형 뚫음창이 길쭉하게 뚫려 있다. 목긴 항아리는 입술이 급격히 밖으로 벌어지는 형태이고, 그릇받침의 경우 다리가 상하로 길쭉한 점이 특징이다. 소가야 토기문화는 해상교통의 요지인 고성반도를 중심으로 하여 사천, 진주, 산청이 주요 분포권이다.

5세기를 전후하여 가야 특유의 토기 양식이 등장하는데 각 소국별로도 토기에 일정한 특색이 드러난다. 물론 모든 가야 소국이 특색 있는 토기문화를 꽃피우는 것은 아니며 김해의 금관가야, 함안의 아라가야, 고령의 대가야, 고성의 소가야 지역에서 그 양상이 뚜렷하다.

이중 대가야의 경우 토기문화의 분포가 가장 넓어 이를 대가야의 영역확장과 관련지어 해석하기도 한다. 이러한 가야토기는 가야와 밀접한 관계를 유지하던 왜나 백제의 일부지역에서도 완제품이 발굴되기도 한다.

이 같은 가야 소국들의 토기문화는 5세기를 전후하여 그 특색이 드러난 후 약 1세기 이상 지속되었지만 6세기 전반 이후 신라의 급격한 팽창으로 각국이 차례로 멸망의 비운을 맞이하면서 종말을 맞게 된다. 이후 신라 영역에 편입되면서 가야토기는 없어지고 신라 토기문화권의 일부로 흡수되었다.

이한상 대전대 교수

가야 소국들의 특색있는 토기문화

대가야 토기권 (고령)
아라가야 토기권 (함안)
금관가야 토기권 (김해)
소가야 토기권 (고성)

금관가야 토기

금관가야는 삼한 소국 가운데 변진구야국이 발전한 나라로, 4세기 무렵이 전성기였으며 다른 어느 지역보다도 빼어난 토기문화를 보여준다. 금관가야의 왕족 묘역인 김해 대성동고분군을 비롯하여 양동리와 예안리 고분군에서 이 지역의 특징적인 토기가 다량 출토되었다. 그중 금관가야적인 특색이 뚜렷한 토기는 굽다리접시와 화로모양토기를 들 수 있다. 굽다리접시는 입술부분이 밖으로 급격히 꺾이고 굽다리에 구멍이 뚫리지 않는 점이 특징이다. 이와 함께 유행한 화로모양토기에는 손잡이가 달려 있는 것이 특징이다. 이러한 토기는 김해에 주로 분포되어 있지만 부산의 복천동이나 화명동 고분군, 창원의 도계동 고분군에서도 출토되었다.

아라가야 토기

아라가야는 안라국이라고도 하며 함안에 중심을 둔 가야 소국이다. 말이산 정상과 비탈면에 중심고분군이 있는데 그 중에는 아주 큰 것도 있다. 함안을 중심으로 분포돼 있는 굽다리접시는 다리의 형태가 원통형이고 삼각형이나 사각형 무늬가 장식되어 있다. 5세기 무렵 굽다리접시의 굽다리에는 불꽃모양의 뚫음무늬가 장식되어 있다. 아라가야는 금관가야와는 달리 5, 6세기에도 세력이 꾸준히 유지되었고 멸망할 때까지 매우 독자적인 토기문화를 꽃피웠다.

신라토기에서 세력팽창을 읽는다

흔히 토기를 '흙과 불의 예술품'이라고 한다. 흙과 불을 어떻게 조절하느냐에 따라 다양한 색깔과 강도의 토기가 태어나기 때문이다. 우리 역사상에 존재하는 수많은 토기 가운데 신라토기를 최고로 꼽는 이들이 많은데 그것은 신라토기에 스며 있는 신라장인들의 예술혼 때문일 것이다.

신라 초기의 토기

1970년대 후반까지만 해도 어디까지를 신라토기라고 불러야 할지 모호했다. 다만 일제강점기 이래 경주 시내의 고분에서 출토되는 토기를 신라토기라 부르며, 그 토기만이 신라토기인 것처럼 인식해왔다. 그러던 중 1977년 경주 조양동에서 새로운 모양의 토기가 우연히 발견되고 1980년대 초반까지 이 유적이 발굴되면서 그 동안 알려지지 않았던 양식의 토기가 실체를 드러내게 된다. 기와의 재질과 비슷하여 '와질토기'라고 이름 붙여진 이것이 바로 신라 초기의 토기다.

중국 한 나라 토기의 영향을 받은 이 토기는 만드는 과정에서 물레나 회전판을 사용하고 밀폐된 가마에서 구웠으며, 사용한 시기는 전·후기로 나눌 정도로 단계적으로 발전하였음이 밝혀졌다. 이 시기의 토기는 5~6세기대 토기에 비하여 그릇의 종류가 단순하고 토기질이 매우 무른 점이 특징이다. 전기의 토기는 소뿔모양 손잡이가 달린 항아리와 복주머니모양의 작은 단지가 대표적이며, 후기의 토기는 뚜껑과 받침을 갖춘 항아리와 화로모양의 그릇받침이 대표적이다. 이 토기문화는 경주를 비롯한 낙동강 동쪽 지역을 중심으로 오늘날의 영남지역 전체에서 공통적으로 발굴된다. 따라서 진한과 변한 시기의 토기문화를 이어받은 것으로 본다.

4세기를 전후하여 새로운 토기가 제작된다. 즉, 와질토기에 비하여 보다 높은 온도에서 구워낸 이 토기를 '도질토기'라고 부른다. 와질토기 후기에 보이던 화로모양 그릇받침, 굽다리접시, 몸체가 둥근 항아리 등이 주요 기종을 이룬다. 그러나 그릇의 형태가 단순하고 영남지방 전역에 걸쳐 비슷

말 무늬 토기
말은 신라의 건국신화에 등장할 뿐만 아니라 천마도와 각종 토우, 토용 등에도 다양하게 표현되고 있다. 5~6세기경 유물로 보이는 굽다리목항아리의 어깨 부분에는 다섯 마리의 말이 역동적으로 표현되어 있다.

어디까지가 신라토기인가

역사적으로 보면 신라토기란 신라가 건국된 기원전 1세기부터 신라가 멸망한 기원후 10세기 초까지 약 1,000년 동안 존재한 토기를 말한다. 그러나 『삼국사기』 초기기록을 믿지 않는 연구자들은 신라의 건국년도를 『삼국사기』 기록보다 늦추어 잡는 등 신라사의 시발점을 정하기는 쉽지 않다. 또한 4세기의 어느 시점까지 영남 전 지역의 토기가 공통된 양식을 보이므로 신라토기와 가야토기가 구분되는 것은 4세기 후반에 이르러서이며, 5~6세기대의 토기에서 신라토기의 특징이 가장 잘 드러난다. 즉 신라토기의 시간적 범위는 4세기 후반부터 10세기 초까지다.

공간적 범위에서 보면, 오랫동안 학계에서는 신라토기를 연구하면서 경주지역 고분 출토품에 한정하고 그 외 지방 토기는 가야토기의 범주에 넣는 경향이 있었다. 그러나 최근에는 신라의 정치적 영역권 내에 존재했던 모든 지역의 토기를 신라토기로 규정하고 있다. 경주토기는 신라토기 가운데 중심적인 지위에서 양식변화를 선도했으며 지방의 토기는 이를 받아들이면서 발전했다.

한 형태를 띠어 가야토기와 구별되는 신라적인 토기문화는 아직 나타나지 않았다.

신라 고유 토기의 등장

5세기를 전후하여 낙동강을 경계로 그 동쪽 지역에서는 신라양식이, 서쪽 지역에서는 가야양식의 토기문화가 성립된다. 이 두 양식 안에는 다시 몇 개씩의 지역적인 특색을 지닌 소양식이 존재하는데, 신라의 경우 현재의 시나 군 정도의 규모에서 지역색을 지닌 토기문화가 나타난다. 대표적인 예는 창녕, 성주, 의성 등이며 대구, 현풍, 상주, 안동 지역의 토기 역시 약간의 지역색을 띤다.

신라토기의 특징은 경주에서 만들어진 토기에 잘 표현되어 있는데 지방에서 제작된 토기와는 비교되지 않을 정도의 능숙한 솜씨로 만들어졌다. 특히 황남대총 남분 출토품에서 볼 수 있듯이 토기전면에 걸쳐 화려한 무늬가 수놓아져 있고 마치 기계로 찍어낸 듯 일정한 두께와 높이, 무늬를 지니고 있다. 이는 대량의 토기수요에 맞추어 집단적으로 작업하였기에 가능한 기술력이다.

이 시기 무덤에 껴묻은 토기는 일정한 종류가 있는데 굽다리접시, 목짧은 항아리, 목긴 항아리, 뚜껑접시, 적갈색 연질의 작은 단지는 거의 빠지지 않으며 대형 고분의 경우 대부분 굽다리접시 모양이나 원통 모양의 그릇받침이 출토된다. 경주에서 그 동안 확인된 토기 가마터로는 경주분지 서쪽의 망성리 요지, 동쪽의 물천리 요지가 대표적이다. 특히 물천리를 비롯한 천북면 일대는 대규모의 토기와 기와 가마터가 집중되어 있다.

이 시기의 토기 가운데는 각종 동물을 본떠 만든 토기, 토우가 달린 토기 등 특색 있는 것들이 있다. 미추왕릉 지구에서 출토된 서수형 토기와 금령총에서 출토된 배모양토기 및 기마인물형토기, 계림로에서 출토된 토우장식 항아리가 대표적이다.

이에 비하여 신라의 지방인 동해안, 동남해안, 낙동강 동쪽과 소백산맥 이남의 경북지역의 경우 토기의 양상이 이와 조금 다르다. 경주의 토기양식을 모방하여 지방에서 제작한 토기로 여겨진다. 경주에서 멀리 떨어질수록 지역적 특징은 강해지는 경향을 보인다.

통일 양식의 확산

6세기 중엽 이후 경주 시내와 지방 각지에 만들어지던 대형고분이 차츰 사라지고 무덤의 내부구조도 굴식 돌방무덤으로 통일되어 간다. 하나의 무덤을 만들어 여러 사람을 묻는 '가족장'이 유행하게 되며 무덤 속에 넣어 주는 유물의 종류나 수도 급격히 줄어든다. 이 시기의 무덤에서 보편적으로 출토되는 토기는 다리가 매우 짧아진 굽다리접시와 입술끝이 'ㄴ'자 모양으로 각진 토기다. 이 시기에 이르러 신라영역 전체의 토기가 비슷한 양식을 공유하는 이른바 '통일 양식'의 토기문화가 넓게 확산된다. 또한 7세기에는 갖가지 무늬가 새겨진 도장을 이용한 도장무늬 즉 인화문토기가 유행하였다.

도장무늬단지

도장무늬 토기는 토기 표면에 무늬판을 눌러 찍어서 무늬를 넣은 것으로, 통일신라시대 전반기에 유행했다. 이 단지는 10cm크기의 작은 단지로, 몸통 전체와 목부분에 도장무늬가 빼곡하게 채워져 있다.

이한상 대전대 교수

▼ 서수형 토기
북처럼 둥글고 납작한 몸통에 머리와 꼬리는 용의 모습을 한 독특한 형태의 토기다. 몸통 끝 부분에 깔대기가 있으며, 목과 배의 연결 부분에 비스듬히 뻗은 출수구가 있다. 일상생활에서 사용되기보다 제사를 지낼 때와 같이 특별한 경우에 사용된 것으로 보인다. 경주 미추왕릉지구 출토. 5~6세기경. 보물 636호. 높이 14cm.

조상이 남긴 여러 유물 중에서 수량이 가장 풍부하고 유행에 민감하여 시대나 문화의 변화를 읽어내는 좋은 자료가 되는 것이 바로 토기다. 토기는 그 형태나 재질, 새겨진 무늬나 글자 등 수많은 실마리를 안고 고고학의 중심에 놓여 있다.
인물이나 동물, 특정한 물건 등을 모방해 만든 상형토기는 죽은 이의 안식과 영혼의 승천 등 사후세계에 대한 기원을 담은 제의가 끝난 뒤 주검과 함께 매장된 것으로 보인다. 이 가운데는 실제 그릇으로 사용가능한 것도 있지만 물체의 모양만을 본떠 만든 의례용 토기도 있다. 상형토기는 일상생활에서 많이 보는 것들을 생략이나 과장의 수법을 이용해 효과적으로 묘사하고 있어 당시 생활상이나 사회상을 짐작케 하는 중요한 유물이다.

토기, 세상을 본뜨다

▲ 말모양 토기
이 토기는 말을 저 세상의 영혼을 운반해주는 신마(神馬)로 보아 장송의례에 사용하려 만든 것으로 짐작할 수 있다. 5세기경. 높이 12.6cm.

◀▼ 오리모양 토기들
당시 사람들은 새가 죽은 자의 영혼을 저승으로 날라다 준다고 생각하며 무덤 안에 새의 깃털을 넣거나 오리모양 토기 등을 함께 묻었다고 한다.
위쪽의 얼굴없는 오리모양 토기는 경주 사라리에서 출토된 4세기경 토기고, 정확한 출토지를 알 수 없는 아래 토기는 5세기경 토기다. 높이 11cm(아래 왼쪽).

▶ **사슴장식 토기**
높이 15.7cm의 가야 토기로, 항아리 목 부분에 사슴 두 마리가 앞을 향해 서 있다. 사슴 모양의 토우가 부착된 토기로는 처음 발견되었다.

토기에 새겨진 글과 무늬

▲ **하부사리리 토기**
1986년 합천댐수몰지구 저포리 고분군에서 출토된 목짧은 항아리의 입술부분에는 '하부사리리(下部思利利)'라는 글자가 새겨져 있어, 당시 가야인이 한자를 사용했으며 대가야가 최소 상부와 하부의 행정조직을 갖춘 부(部)체제의 영역국가 초기단계로 성장했음을 엿볼 수 있다. 높이 22cm. 부산대학교박물관 소장.

▼ **대왕명 토기**
6세기 무렵의 것으로 짐작되는 목긴 항아리는 뚜껑과 몸통에 '대왕(大王)'이라는 글자가 새겨져 있어, 이 시기 대가야에 대왕이라는 칭호가 존재했음을 알 수 있다.
높이 16.8cm,
뚜껑 지름 10.8cm.
충남대학교박물관 소장.

▶ **뿔잔**
부산 복천동에서 발굴된 가야 토기로, 말의 등위에 뿔모양의 잔을 붙여 만든 것이다. 말모양의 뿔잔은 낙동강유역의 가야 지역에서 많이 발견되는데, 말에 대한 사상을 배경으로 제작된 것으로 볼 수 있다. 보물 598호. 높이 24.4cm.

▶ **무늬장식뚜껑 토기**
함안 윤외리에서 발굴된 높이 7cm, 지름 16.7cm의 4세기경 토기로 뚜껑의 다채로운 무늬가 어떤 상징을 담고 있을 듯 궁금증을 자아낸다.

▲ **기마인물 토기**
경주 금령총에서 출토된 한 쌍의 토기 중 하나로 인물의 모자 모양으로 봐서 낮은 계급으로 보인다. 오른손에 자루가 달린 방울을 들고 있는데, 말을 타고 가면서 방울을 흔드는 것은 일종의 의식으로 보인다. 국보 91호. 높이 21.6cm, 길이 26.3cm.

▶ **고사리무늬장식 수레바퀴모양 토기**
의령 대의면에서 발굴된 5세기경 유물로
높이 18.5cm, 길이 24cm의 가야 토기다.
보물 637호.

▶ **수레바퀴모양 토기**
수레바퀴모양의 토기는 가야의
무덤에서 자주 발견된다.
일반적으로 쓰지 않고 제사 등의
의례 때 사용한 것으로 보인다.
높이 16.1cm.

▶ **짚신모양 토기**
경주 지역에서 출토된 5세기경 토기로, 굽다리
위에 짚신을 얹고 짚신 속에
다시 입이 큰 잔을 올려놓은 모양이다.
이 짚신모양을 보면 신라 사람들이
신었던 짚신이 근래까지 사용된
것과 크게 다르지 않음을 알 수 있다.
높이 12.5cm.

▶ **신발모양 토기**
4~5세기경 가야에서 당시 사용하던
가죽 신발을 모방해 만든 흙신으로,
달리 유례가 없는 독특한 모양의 토기다.
신발의 크기나 세부 형태, 장식등이 매우 사실적이며,
당시 생활사를 살펴볼 수 있는 진귀한 자료로
가치가 높다. 보물 556호, 길이 23.5cm.
호암미술관 소장.

◀ **화덕모양 토기**
불에 닿는 화덕과 항아리, 시루를 차례로
쌓은 듯한 이 토기는 5세기경의 것으로
정확한 출토지는 알 수 없다.
높이 17.5cm.

▲ **삼각구멍무늬 잔과 분리 모습**
경남 합천에서 발굴된 가야 토기로 컵 모양의 잔과
삼각구멍무늬가 새겨진 둥근 형태의 겉을 따로 만든 것이다.
자그마한 정삼각형과 역삼각형 구멍이 규칙적으로
배열된 것이 인상적이다. 높이 16.8cm.

◀ **다락창고모양 토기**
창원 다호리에서 출토된 것으로, 집의 바닥이 높게 설치된 다락집 모양이다. 지붕과 출입문이 사실적으로 표현되어 있어 삼국시대 가옥 구조를 이해하는 데 도움이 된다. 높이 28cm.

▲ **나룻배모양 토기**
4~5세기경 가야의 토기로, 배의 바닥이 얕고 편평하여 내륙의 강에서 사용되던 나룻배의 형태를 모방한 것으로 보인다. 형태미도 좋지만 당시 강 나룻배의 구조를 구체적으로 알려주는 중요한 자료기도 하다. 높이 9.1cm, 길이 27.9cm. 보물 555호. 호암미술관 소장.

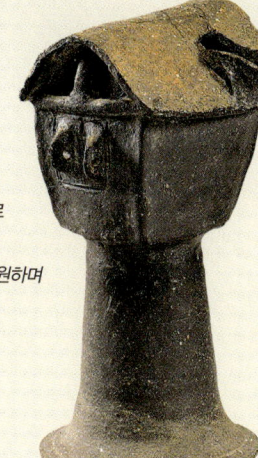

▶ **집모양 토기**
경주 사라리 유적에서 출토된 4세기경 토기로 죽은 뒤에도 현세처럼 편안하게 지내기를 기원하며 만든 것으로 보인다. 높이 20.3cm.

◀ **창고모양 토기**
지붕 꼭대기에 고양이 한마리가 귀를 쫑긋 세운 채 아래를 내려다보고 있다. 대구 현풍에서 출토된 이 토기는 5세기경의 것으로 삼국시대 창고의 구조를 볼 수 있는 중요한 자료. 높이 12.5cm.

▲ **배모양 토기**
경주 금령총에서 출토된 높이 9.8cm의 토기로, 높은 잔 받침 모양의 대를 붙인 배모양을 하고 있다. 벌거벗은 남자가 앉아 노를 젓고 있다.

생생한 역사 복원의 일등공신, 토기

◀ **배모양 토기를 근거로 복원한 가야의 배**
가야의 배는 현재까지 그 실물이 발굴된 적은 없지만, 가야 시대 배를 본떠 만든 배모양 토기가 여러 점 남아 있어 구조와 형태 등을 짐작할 수 있다. 위는 호림박물관 소장 배모양 토기를 10배 확대한 모형이고, 아래는 이를 근거로 당시의 항해술 등을 함께 고려하여 제작한 모형전시물이다.

◀ **아궁이모양 토기를 근거로 복원한 모형**
김해 봉황대 등에서 출토된 아궁이모양 토기와 항아리, 시루 등을 바탕으로 복원한 것인데, 일부 생활토기에는 음식물이 타서 붙은 흔적도 남아 있다.

▲ **가야인들의 생활 창고, 고상 가옥**
김해시 봉황동유적의 고상 가옥은 부근 주거·교역지 흔적과 가야 시대 집모양 토기 등을 근거로 복원되어 전시되고 있다. 난방은 잘 되지 않지만 짐승과 습기, 침수로부터 상대적으로 안전하기 때문에 창고용으로 쓰인 것으로 보이는데, 당시 곳곳에서 온 배들이 정박한 지역에 집중 분포되어 있는 것으로 보아 대외 교역용 창고 시설이었을 가능성이 높다.

토 우 의 세 계

흙으로 빚어낸
진솔한 삶과 정서

토우(土偶)란 흙을 빚어 구워서 사람이나 동물 형상을 만든 것을 말한다. 가야 고분에서 나온 동물 모양의 토우가 있지만 수가 아주 적고, 현재까지 알려진 350여 점의 토우는 5~6세기의 신라 고분에서 나온 것이 대부분이다. 이들 토우 가운데는 사람을 형상화한 것이 매우 많다.

신라 토우가 처음 발견된 것은 1926년이었다. 일본인들이 경주역의 기관차 차고 공사를 위해 황남동 일대의 흙을 파내는 과정에서 땅 밑의 작은 돌덧널무덤들이 파괴되자, 그 속에서 많은 토우가 나왔던 것이다. 이렇게 수습된 토우들은 정확한 출토 위치와 상태를 알 수 없었다. 그리고 극소수의 일본인 학자들만 알고 있는 상태에서 오랜 시간을 창고 속에서 보냈다.

이후 1970년대에 한국 연구자들이 신라 토우에 관심을 가졌지만 그 일부를 연구하고 소개하는 데 머물렀다. 신라 토우의 다양한 모습이 전모를 드러내 일반인들에게까지 공개되었던 것은 국립경주박물관에서 '신라 토우' 특별 전시회를 열었던 1997년 이후였다.

이렇게 관심을 기울인 기간이 짧은 만큼 아직 연구가 충분치 않고, 따라서 토우를 만든 의도나 토우가 지닌 상징성에 대해서도 해석이 분분하다. 다만, 신라 토우가 관념적인 천상의 세계를 표현한 것이 아니라 신라인의 생활과 정서를 진솔하게 드러내고 있는 사실적인 자료라는 데는 이견이 없다.

죽음에 대한 삼국시대 사람들의 생각은 현대인과 달랐다. 그들에게 죽음 이후의 세계란 현세와 차원을 달리하는 어떤 것이 아니라 현실의 연장이었다. 그래서 무덤 내부를 화려하게 꾸미거나 무기와 장신구, 토기 등의 많은 부장품을 함께 묻었던 것이다.

성행위의 쾌락을 솔직하게

무덤에서 나온 많은 토기는 음식물을 담았던 흔적이 있으므로 제사를 지낸 뒤에 시신과 함께 매장된 것으로 짐작한다. 이런 물건들을 만들고 껴묻는 장례 절차는 엄숙하게 치러졌을 것이다. 그러나 토우는 이런 엄숙함과 전혀 분위기가 다를 뿐 아니라, 현대인에게조차 당혹스런 느낌을 주는 장면을 묘사한 경우가 많다.

토우는 토기 주위에 부착된 것(부착되었다가 떨어진 것을 포함)이 있는가 하면, 단독으로

각종 토우가 부착된 토기들
신라인들은 주로 굽다리접시의 뚜껑이나 항아리의 어깨 부위에 다양한 토우를 장식했다. 장식에는 사람의 모습뿐만 아니라 거북이, 개구리, 오리, 물고기 등 여러 동물이 등장한다. 이러한 장식의 의미는 확실치는 않으나, 다산과 풍요를 기원하는 주술적 기능이나 어떤 신앙과 관련이 있을 것으로 추정된다.

토우 장식 항아리

경주 계림로 30호분에서 출토된 것으로 가야금을 타는 사람, 개구리의 뒷다리를 물고 있는 뱀 등을 비롯해 성교하는 남녀를 묘사한 토우가 항아리의 목과 어깨 부분을 빙 돌아가며 부착되어 있다. 이 가운데 섹스 토우는 성기가 과장되게 표현된 남자가 서 있고, 그 앞에 엎드린 여자가 엉덩이를 치켜들고 있는 모습이다. 남자의 머리 부분이 손상되어 없어진 것이 아쉽지만, 뒤를 살짝 돌아보는 여자의 입과 눈까지 세밀하게 표현되어 있다. 투박하고 단순하면서도 순간을 포착한 사진처럼 생동감이 살아 있는 게 특징이다.

성교 중인 남녀를 표현한 토우
성행위의 모습이 매우 사실적으로 묘사된 토우들로 모두 경주 황남동에서 출토되었다. 왼쪽 두 사진은 한 토우의 옆모습과 뒷모습을 담아낸 것인데, 남자의 성기가 과장되게 표현되어 있음을 알 수 있다. 맨 오른쪽 토우는 여자의 머리가 납작하게 눌려져 있어 마치 '편두'를 연상시키기도 한다.

로 만들어 묻은 것도 있다. 그리고 사람을 형상화한 것이 있는가 하면, 여러 가지 동물을 형상화한 것도 있다.

사람을 형상화한 것 중에서 가장 눈길을 끄는 것은 이른바 '섹스 토우'라고 부르는, 남녀의 성교 장면을 묘사한 토우들이다. 황남동 일대에서 나온 것들 중에는 남녀가 부둥켜안고 성교 중인 모습을 한 토우가 여럿 된다. 그 중에는 누운 여자의 젖가슴이 표현된 것, 남자의 불알이 적나라하게 묘사된 것도 있다.

1980년대까지는 이런 섹스 토우에 대해 '풍요와 다산'을 기원하는 주술적인 차원에서 만들어진 것으로 해석해 왔다. 비교적 점잖은 해석이었던 만큼 충분한 설명은 되지 못했다. 그러나 근래에는 성교의 쾌락을 솔직하게 표현한 것이라는 해석이 나오고 있다. 섹스 토우에 대한 해석도, 성에 대한 우리 사회의 태도가 변화하는 과정과 맥락을 같이하면서 바뀌어온 것이다. 그동안 많은 섹스 토우가 박물관 진열장으로 나오지 못했던 것도, 성과 관련된 문제를 드러내어 이야기하기 꺼려 했던 과거 우리 사회의 분위기와 무관하지 않을 것이다.

한편 성교 장면을 직접 묘사한 것은 아니지만, 남자나 여자의 성기를 과장되게 표현한 토우도 많다. 과장된 성기는 생산력과 재생력에 대한 기원을 담고 있는 것이며, 섹스 토우는 성의 결합을 통해 새로운 탄생을 기원하는 의미가 있으리라 추정하기도 한다. 어떻든 신라인들이 성행위의 쾌락을 솔직하게 드러낸 것이 이들 토우임은 부정하기 어렵다.

고대인의 주술적인 사고방식도 고려해야 하겠지만, 성을 대하는 태도가 개방적이었던 때가 고대 사회라는 점을 무시해서는 안된다. 과거에는 단순히 배에 탄 사람이란 뜻의 '승선 인물'로만 이름 붙였던 토우도 자세히 들여다보면 남자가 누워서 자위행위를 하는 모습을 형상화한 것임을 알 수 있다.

일상의 삶이 죽음 이후에도

물론 이런 섹스 토우들이 결코 신라 토우의 전부가 아니라는 점을 강조해 둘 필요가 있다. 많은 토우 중 성교 장면은 열 점 남짓이고, 성기를 과장되게 표현한 것이 그보다 좀 수가 많은 정도이다. 계림로 30호분의 토우 장식 항아리에서도 보듯이, 섹스 토우는 여러 가지 동물이나 악기를 연주하는 토우들 가운데 한 요소일 뿐인 것이다. 그러나 이 항아리에 붙어 있는 갖가지 토우가 각기 독립된

승선 인물 토우
배를 타고 누운 인물이 위쪽을 향한 채 오른손으로 성기를 잡고 있는 모습이 보인다. 역시 성기가 크게 과장된 것을 확인할 수 있다. 경주 황남동에서 출토되었다.

비파를 연주하는 인물 토우

의미를 갖는지, 아니면 전체적으로 연관된 스토리를 구성하는지, 그 어느 쪽이든 간에 무엇을 상징하는지는 조금씩 의견이 달라서 어느 한쪽으로 단정하기가 어렵다.

토기에 붙어 있는 것이든 독립된 것이든, 사람을 묘사한 토우도 무척 다양하다. 화살통을 등에 지고 멧돼지를 향해 화살을 쏘는 사람, 등짐을 지고 나르는 사람, 비파를 연주하는 사람, 시신을 앞에 두고 슬퍼하는 사람, 절을 하는 사람, 춤추는 사람, 무릎을 꿇고 두 손을 앞으로 모은 남자 등 여러 종류가 있다. 엎드려 슬퍼하거나, 악기를 연주하고 춤추는 모습은 장례를 치를 때의 의식 절차를 보여주는 것이 아닐까 추정한다. 그리고 멧돼지를 잡아 네 다리를 묶어서 말에 실은 토우, 멧돼지에게 활을 쏘는 토우 등은 신라인의 일상에서 사냥이 제법 중요한 비중을 차지했음을 뜻한다.

신라인들이 흔히 접하던 동물들을 단독으로 형상화한 것도 많다. 동물 토우 중에는 개가 가장 많고, 그 다음으로는 멧돼지가 많다. 그리고 안장을 얹은 말, 토끼, 두더지, 사슴, 호랑이, 맹꽁이, 자라, 올빼미, 망둥어 등이 있다. 형상을 단순화해 거칠게 빚어 만든 것이기는 하지만, 신라인의 일상에서 친숙한 동물들이다. 이런 토우들을 무덤에 껴묻은 것은, 현실의 삶이 죽음 이후에도 이어지기를 기원하는 마음에서가 아니었을까 짐작된다.

한편 현실 세계에 존재하지 않는 상상의 동물인 용을 표현한 경우도 있다. 또, 동물 토우들 가운데는 한반도에 서식하지 않는 것도 있어서 흥미를 더한다. 물소, 원숭이, 개미핥기 등 아열대 기후의 동남아시아에 서식하는 동물이 보인다. 그러나 5~6세기 신라인들이 어떤 경로로 이런 동물들을 알게 되었고, 또 어떤 의도로 이들을 형상화했을까 하는 점은 의문으로 남아 있다.

이렇게 보면 신라 토우는 당시 신라인의 일상적인 생활과 정서를 표현한 것에서부터, 일상에서 흔히 접하기 어려운 외국의 동물을 포함해 상상의 동물까지 폭넓게 담고 있는 셈이다.

또 다른 한편, 무덤 주인공이 사후에도 생전과 같은 생활을 누린다는 관념으로 순장을 행하던 시대가 오래전에 끝난 뒤에, 상징적 차원에서 순장을 대신하려는 의도로 만들어진 토용(土俑)이 있다. 통일신라 유적인 경주 용강동 고분에서는 많은 인물상이 출토되었는데, 중국적인 복장을 하고 신하가 임금을 만날 때 예를 갖추기 위해 두손에 모아 쥐던 패인 홀(笏)을 든 인물을 비롯해, 서역인의 모습을 한 무인상, 여러 가지 표정을 하고 있는 여인상이 있었다. 전체적으로 보면, 무덤 주인공이 살아 있을 때 그를 보좌하고 시중들던 사람들을 형상화한 것이라 짐작된다. 따라서 현실의 모습을 반영하고 있다는 점에서 보면, 통일신라 시대의 토용도 삼국시대의 토우와 공통점이 있다고 할 수 있다.

하일식 연세대 교수

절하는 인물 토우
엎드려 절하는 모습을 표현한 토우로 경주 황남동에서 출토되었다. 뚜렷한 이목구비와 머리를 묶어 오른쪽으로 튼 모습, 허리띠를 두른 것이 인상적이다.

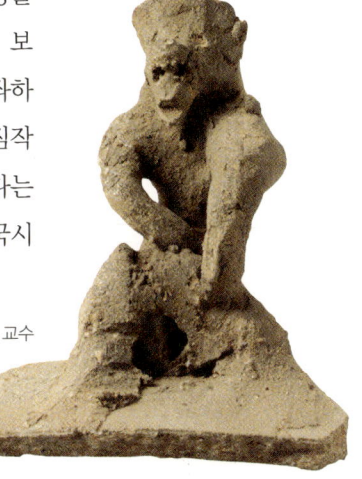

대장 원숭이 토우
경주 황남동에서 출토된 것으로 머리에 커다란 관 모양의 털을 가진 원숭이의 작은 눈과 입이 정확하게 표현되어 있는 것이 특징이다. 허리는 잘록하게 표현되었고, 길다란 팔은 다리 위에 올려져 있다.

신라인들의 일상 엿보기

신라인들이 빚어낸 익살스럽고 천진난만한 토우들을 보고 있노라면, 옛날 옛적 사람들도 우리와 똑같았구나 하는 생각을 절로 하게 된다. 이는 문헌이나 유물, 고적을 통해 느낄 수 있는 감정과는 다르다. 대부분의 토우에는 신라인들의 일상생활이 표현되어 있다. 그들은 멧돼지 등 동물 사냥과 부역으로 생계를 이어갔고, 가야금이나 피리를 불며 여흥을 즐겼다. 어머니가 아이들에게 절하는 법을 가르치는 모습, 한 여인이 고통스러운 표정을 지으며 아이를 낳는 모습, 지게에 무거운 짐을 실어 나르는 사내의 모습은 오늘날의 풍속을 담은 것이라 해도 전혀 이상할 게 없다. 만일 토우가 없었다면 이러한 1,500여 년 전 사람들의 생생한 생활상을 상상이나 할 수 있었을까? 더욱이 신라 토우에는 중국이나 불교 등 외래의 요소가 전혀 발견되지 않는다. 신라 토우는 우리 민족 고유의 삶을, 순수하게 우리식으로 표현한 한국 미술 문화의 원형이다.

절하는 엄마와 아이들
마치 어머니가 아이들에게 절하는 방법을 가르치고 있는 듯하다. 왼쪽 큰 인물은 묶은 머리를 오른쪽으로 틀고 허리띠를 두르고 있는 모습이다. 경주 황남동 출토되었다.

무릎 꿇고 손을 모아
무릎을 꿇은 채 양팔을 앞으로 해 손을 맞잡은 모습이 기도를 연상시킨다. 뭔가 슬픈 일이 있는 듯 얼굴 표정이 우울해 보인다.

환하게 웃는 노인
상투를 틀고 아래턱에 수염이 있는 노인이 환하게 웃음 짓고 있다. 귀가 크게 묘사된 것이 인상적이다. 경주 황남동에서 출토되었다.

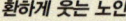

멧돼지 사냥
화살통을 등에 멘 사냥꾼이 멧돼지를 향해 활시위를 당기고 있다. 인물은 단순하게 만들었지만 화살통과 활이 사실적으로 표현된 게 특징이다. 사냥꾼 오른쪽에 시종의 모습이 살짝 보인다. 굽다리접시 위에 붙어 있는 토우이다.

악기를 연주하는 사람들
왼쪽은 가야금 연주자를, 오른쪽은 피리 부는 사람을 나타낸다. 무슨 이유에선지 모두 성기가 크게 강조되었다. 왼쪽 토우의 경우, 가야금을 연주하는 인물은 보통 여성으로 표현된다는 점에서 특이하다. 경주 황남동에서 출토되었다.

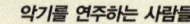

성기를 드러낸 남성들
남성들이 성기를 드러낸 채 다양한 자세를 취하고 있다. 귀와 코가 과장되게 표현된 인물, 머리에 가면이나 모자를 쓴 듯한 모습 등이 보인다. 성기가 유난히도 크게 표현된 맨 왼쪽 남성은 허리띠를 두르고 있다.

출산 중인 여인들
성기, 눈, 입 등이 크게 벌어져 있는 오른쪽 여인의 뱃속에서 곧 아이가 태어날 것만 같다. 왼쪽 여인은 성기가 벌어진 채 배를 어루만지고 있는 것으로 보아 출산이 임박한 듯하다. 모두 경주 황남동에서 출토되었다.

여자와 남자
왼쪽은 여자, 오른쪽은 남자를 나타낸다. 손을 가슴 쪽에 모으고 있는 왼쪽 여자는 허리 밑 부분이 사라졌지만 서 있는 모습으로 추정된다. 성기가 과장되게 표현된 오른쪽 남자는 머리를 양쪽으로 땋은 모습이다.

짐을 나르는 사람들
큰 항아리가 올려진 지게를 지고 서 있는 모습, 머리 위에 인 짐을 왼손으로 잡고 서 있는 여성의 모습 등이 묘사되었다. 맨 오른쪽 사람은 두 팔과 가슴에 둥그런 큰 보따리를 안은 채 허리를 비틀어 몸을 일으키고 있는 중이다. 모두 경주 황남동에서 출토되었다.

동물토우의 세계 속으로

신라인들은 고인을 떠나보내며 무덤 속에 '작은 동물원'을 만들어주었다. 개, 소, 돼지, 말, 토끼 등 우리에게 친근한 동물부터 개미핥기, 큰 가시 두더지, 물소, 타조 같은 한반도에선 찾아볼 수 없는 동물까지 아프리카 야생 공원이 부럽지 않다. 토우는 신라인들의 생생한 삶의 모습이 녹아 있는 작품이다. 먹이나 농사 도구, 운송 수단으로 쓰인 마을 주변의 가축들도 신라인들의 일상에서 중요한 부분을 차지하고 있었을 것이다. 또한 물고기, 게, 자라, 거북이 등 바다 동물은 어로 생활과 관련이 있다. 뱀과 개구리의 경우는 죽은 자의 영생을 기원하는 의미가 담겨 있는 것으로 보인다. 일찍부터 이들 동물은 다산과 풍요, 새로운 생명을 상징했다. 동남아시아, 아프리카에서나 볼 수 있는 동물들은 여전히 미스터리로 남아 있다. 배를 타고 먼 여행을 다녀온 사람이 있었던 걸까. 혹 신라에 진짜 국립동물원이 있어서 서역으로부터 여러 동물을 수입해왔던 건 아닐까.

맹꽁이
길이 4.3cm

개
길이 8.2cm

토끼
높이 2.2cm

두더지
길이 8.4cm

말뚝 망둥어
길이 4.1cm

소
길이 12.5cm

개미핥기
길이 3.7cm

개와 멧돼지
길이 4.3cm, 5.5cm

올빼미
길이 4.4cm

게
길이 4.4cm (위)

큰 가시 두더지
길이 9.8cm

잉어
길이 5.5cm

타조
길이 8.6cm

거북이
길이 6.1cm

용
길이 6.7cm

불가사리
길이 4.9cm

물개
길이 8.1cm

물소
길이 5.3cm

말
높이 17.5cm

뱀과 개구리
토기 높이 11cm

바위에 새긴 신라 왕실 가족의 행차

현재 전하는 옛 비석 등에 적힌 문자 기록은 대부분 국가 차원에서 작성된 공적인 기록이다. 그런데 울산 천전리에 있는 바위에 새겨진 글은 드물게도 신라의 왕족과 귀족, 청년, 승려들의 사적인 기록을 담고 있다. 1970년에 동국대학교 조사단에서 발견한 이 유적은 울산 대곡천에 있다. 현재의 행정구역으로는 울산광역시 울주군 두동면 천전리 산 207-3번지며, 국보 147호로 지정되었고 정식 이름은 '울주 천전리 각석'이다.

가까운 곳에는 공룡 발자국 유적이 있다. 이곳을 비스듬히 바라보는 계곡 반대쪽에 높이 2.7m, 너비 9.5m 가량 되는 넓고 평평한 바위가 있고, 여기에 빼곡하게 그림과 글이 새겨져 있다. 위쪽에는 청동기시대 사람들이 새긴 동심원을 포함한 기하학무늬와 사슴 같은 동물 및 사람 얼굴 등이 있다. 신라시대 사람들이 새겨놓은 여러 가지 문장과 그림은 바로 이들 암각화 아래쪽에 위치한다. 대체로 6세기 무렵에서 신라 말기까지 오랜 기간에 걸쳐 새겨진 것으로 추정된다.

왕실 내부 사정 세세하게 기록

이들 가운데 가장 주목을 많이 받는 것은, 바위 한 가운데서 조금 오른쪽으로 치우친 곳에 새긴 두 가지 기록이다. 여러 문장 가운데 가장 분량이 많은 편이고 흥미로운 내용을 담고 있다. 표면을 잘 갈아서 글을 새겼는데, 서로 연관된 내용을 담고 있다. 시간상으로 앞선 것(원명)과 뒤의 것(추명)이 분명히 구분된다.

문장은 이두로 작성되어 있는 데다 글자가 떨어져 나간 부분이 있다. 또 학자들마다 다르게 읽는 글자도 있어서 자세한 내용을 파악할 때 의견이 일치되지 않는다. 비교적 많은 동의를 얻고 있는 해석에 따라 내용을 간단히 소개하면 다음과 같다.

시간적으로 앞선 원명은 525년(법흥왕 12)에 사훼부 갈문왕을 비롯한 신라의 왕실 가족

천전리 각석 원명과 추명
신라 왕실 가족의 서석곡 행차 사실을 담은 천전리 각석 명문 가운데 오른쪽의 원명은 525년(법흥왕 12)에, 왼쪽 추명은 539년(법흥왕 26)에 새겨진 것이다. 천전리 각석 하단부 중앙에서 약간 오른쪽으로 치우친 곳에 위치하고 있으며, 바위의 면을 파서 곱게 다듬고 가장자리에 테두리를 둘러 구획을 정한 후 글자를 새겼다. '원명(原銘)'은 명문 자료 가운데 가장 중심적인 위치를 차지하고 가장 먼저 작성되었기 때문에 붙여진 이름이고, '추명(追銘)'은 내용과 위치로 보아 원명과 연속된 자료임을 의미한다.

들이 이곳을 찾았을 때 쓴 것이다. 이곳이 오래된 골짜기지만 아직 이름이 없어서 '서석곡'이라고 이름을 지었다는 것, 어사추여랑 등이 함께 왔다는 것과, 음식을 준비했던 사람들의 이름, 문장을 지은 사람의 이름 등을 적었다.

시간적으로 뒤의 것인 추명은 그로부터 14년 뒤인 539년(법흥왕 26)에 왕실 가족들이 이 바위를 다시 찾아왔을 때 새긴 것이다. 이 내용을 통해 앞서 기록된 갈문왕의 이름이 '사부지'임을 알 수 있는데, 그가 바로 법흥왕의 동생이면서 진흥왕의 아버지기도 한 입종 갈문왕이었던 것으로 생각된다. 또 울진 봉평비(524)에 나오는 사훼부 소속의 사부지 갈문왕과도 같은 인물이다. 그런데 이 문장을 새길 당시에 사부지는 물론, 어사추여랑도 이미

천전리 각석 전경
태화강 물줄기인 내곡천 중류의 기슭에 위치해 있다. 연한 갈색 셰일(퇴적암)로 된 바위의 크기는 너비 9.5m, 높이 2.7m에 이른다. 아래·위 2단으로 오랜 시기에 걸쳐 만들어진 다양한 내용이 서로 다른 기법으로 표현되어 있으며, 전체적으로 조각이 가득하다.

사망한 상태였다.

539년의 행차를 주도한 것은 사부지 갈문왕의 부인 지몰시혜였다. 죽은 남편 사부지를 그리워해 그의 흔적이 남은 이곳을 찾았던 것인데, 이때 지몰시혜의 어머니인 부걸지비, 사부지의 아들인 심맥부가 동행했다. 여기서 지몰시혜는 법흥왕의 딸이면서 진흥왕의 어머니인 지소부인인 것으로 추정된다. 신라 왕족들은 근친혼을 할 때가 많았고, 지소부인은 삼촌과 혼인한 사람이었다. 그리고 부걸지비는 문헌 기록에서 법흥왕의 왕비로 나오는 보도부인으로 추정되며, 심맥부는 뒤에 진흥왕이 된 인물이다.

진흥왕은 540년, 일곱 살에 왕위에 올랐으므로 이 문장이 새겨질 당시 여섯 살의 나이로 행차를 따라왔던 셈이 된다. 법흥왕이 아들이 없이 죽어 왕위가 동생인 사부지에게 돌아갈 수도 있었지만, 그 또한 이미 죽었기 때문에 사부지의 아들 심맥부가 즉위해 진흥왕이 되었다.

그러나 나이가 너무 어려서 지소부인, 즉 각석에 나오는 지몰시혜가 한동안 섭정을 했다. 이렇게 문헌에 나오는 내용과 비교하면서 바위에 새겨진 문장을 살펴보면, 법흥왕에서 진흥왕에 이르는 시기 신라 왕실의 내부 사정을 제법 상세하게 알 수 있는 것이다.

또 비록 사적인 기록이라고 하지만, 이를 통해 신라 정치사의 한 측면을 알 수도 있다. 각석에는 부걸지비를 무즉지 태왕비라고 표현했는데, 무즉지는 법흥왕의 이름이다.

524년 세워진 울진 봉평비에서는 법흥왕을 무즉지 매금왕(마립간과 같은 뜻)이라고 했는데, 15년 뒤의 바위 문장에서는 '태왕'이라고 표기하고 있는 것이다. 이를 통해 6세기 전반기에 불교의 공인, 상대등의 설치 등을 거치며 신라 국왕의 정치적 지위가 점차 격상

서석곡 항공 사진
서석곡이 위치한 대곡천 중류 지역은 울산과 경주를 잇는 길목에 해당돼, 울산·언양 일대의 풍부한 생산물이 경주로 운반되는 교통로로 많이 이용되었다. 이곳 주변에는 강가의 좁은 계곡을 따라 자연 바위벽이 가파르게 서 있는 곳이 많으며, 3km 가량 하류 쪽의 대곡리 (반구대) 암각화가 있기도 하다.

되어가는 과정을 엿볼 수 있다.

원명과 마찬가지로 여기에도 함께 따라온 사람들의 이름이 열거되어 있다. 왕실 가족들을 포함해 음식물을 담당한 사람 몇 명의 이름을 새겼는데, 다듬어놓은 바위면이 모자라서 아주 작은 글씨로 촘촘히 새긴 까닭에 판독에 어려움이 있다. 그중 진육지 파진간지(제4등)는 15년 전의 봉평비에는 거벌간지(제9등)로 나오며, 14년 전 각석(원명)에서는 사간지(제8등)로 나와서 한 개인의 관등이 순차적으로 승진하는 과정을 보여주기도 한다.

생생한 일상생활을 그림으로

천전리 각석에 새겨진 문장들은 그 밖에도 다양하다.

'호세' '정광랑' 등과 같이 이름만 새긴 것이 20여 개 되고, '언제 누가 누구와 함께 왔다'는 내용을 짧게 적은 것이 대여섯 개 이상 된다. 가장 긴 것은 전체가 19행 가량 되어 앞서 원명과 추명에 버금가는 분량이지만, 작은 글씨에 손상된 곳이 많아서 내용을 파악하기가 어렵다. 이들 중에는 비록 단편적인 내용이지만 당시의 사회상을 아는 데 도움이 되는 문장이 들어 있어 귀중한 자료로 취급되는 경우도 있다.

535년(법흥왕 22)에 두 명의 승려가 거지벌촌(현 경북 언양) 사람들과 함께 와서 바위 글을 보았다는 내용을 적은 것에는 '을묘년 8월 4일 성법흥대왕 때'라고 날짜를 적어놓았다. 이는 불교를 공인한 법흥왕이 살아 있을 때부터 승려들에 의해 '성스러운 대왕'으로 불릴 만큼 높이 받들어지고 있었음을 알려준다. 신라 국왕의 정치적 지위가 높아지고, 뒤이어

법흥왕비가 서석곡에 간 까닭은?

법흥왕의 왕비 보도부인은 아이를 낳지 못하는 불구는 아니었지만 왕위를 이을 아들은 낳지 못했다. 그로 인해 시어머니인 지증왕비 연제부인으로부터 눈총을 받았고, 법흥왕의 보위를 이을 자는 시동생인 입종으로 정해졌다. 그러자 법흥왕비는 자신의 딸을 입종 갈문왕에게 시집을 보내 외손자를 얻었다. 심맥부가 바로 그였다. 입종 다음 보위를 이을 왕태자나마 자신의 피가 흐르는 사람이기를 원했던 것이다.

그런데 문제가 생겼다. 537년 왕위 계승의 유력한 후보자인 입종이 형 법흥왕보다 먼저 죽은 것이다. 당시 심맥부는 겨우 다섯 살이었다. 어쩌면 다음 왕위를 법흥왕비와 피 한방울 섞이지 않은 다른 사람이 가져갈지도 몰랐다. 법흥왕비는 깊은 시름에 잠겼다. 남편인 법흥왕은 후계자를 정할 수 있는 권리가 없었다. 왕위 계승에 관한 공식적인 결정권은 귀족회의인 화백이 가지고 있었다.

심맥부도 왕위 계승 자격은 충분했다. 하지만 갓 젖을 뗀 다섯 살 아이가 왕이 되어 할 수 있는 일이 무엇이 있을까. 심맥부가 너무 어려 왕위 계승에 적합하지 않다는 여론이 퍼져나갔다. "다섯 살 먹은 어리고 연약한 아이가 왕이 집전하는 각종 의례를 감당할 수 있겠는가." 당시의 신라 영토가 지금의 경상도 일대 정도라고 해도 이 지역을 다스리기 위해서는 국왕이 직접 해야 할 일이 적지 않았다. 그가 하늘의 권한을 위임받은 대리인이라는 믿음을 백성들이 가지지 않으면 국왕은 그 지위를 유지할 수 없었다.

더구나 궁 안에는 입종의 죽음이란 결과에 개인적인 이해가 얽힌 왕족이 살고 있었다. 법흥왕의 또 다른 동생인 진종이 바로 그였다. 진종은 형 입종이 죽었다는 소식에 슬픔에 잠겼지만, 본능적으로 자신이 왕좌를 차지할 수도 있는 기회가 왔음을 직감했다.

진흥왕, 마침내 왕위에 오르다

일이 순리대로 진행된다면 진종이 왕위 계승을 할 가능성이 높았다. 법흥왕비는 가만히 앉아 있을 수 없었다. 어떻게든 현재 자신의 위치를 이용해 일을 꾸며야 했다. 그녀가 539년 7월 3일 아침, 입종 갈문왕을 추모한다는 명분 아래 미망인 지소부인과 심맥부를 데리고 서석곡에 행차한 것은 바로 그 때문이 아니었을까?

심맥부를 왕위 계승자로 부각시키기 위한 연출이 거행되었을 것이다. 법흥왕비는 화려한 치장을 한 수레를 타고 있는 당당한 심맥부의 모습을 만백성들에게 보여 다음 왕위 계승자는 바로 그라는 이미지를 심어주려고 했을 것이다. 신라의 왕족들은 종종 그들의 화려한 면모를 백성들에게 보여줄 필요가 있었다. 그렇게 하지 않으면 왕실을 잘 따르지 않기 때문이었다.

결국 심맥부 진흥왕은 이러한 보도부인의 노력에 힘입어 540년 일곱 살의 어린 나이에 왕위에 오를 수 있었다.

서영교 중원대 연구원

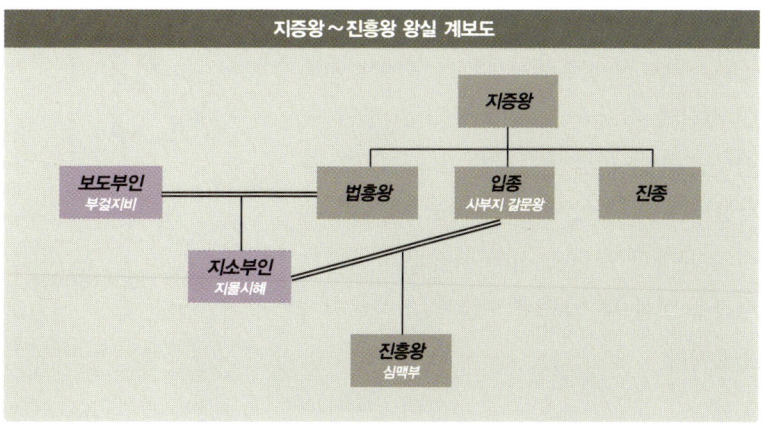

지증왕 ~ 진흥왕 왕실 계보도

진흥왕 이후 '불교식 왕 이름 시대'가 열리는 과정을 더듬어보는 데 중요한 자료가 되는 것이다.

가느다란 선으로 새겨진 그림과 짝을 이루어 당시의 생활상을 생생하게 엿볼 수 있는 문장도 있다. 바위 중앙부에서 왼쪽으로 치우친 곳의 바닥에 가까운 부분에는 "계해년 2월 8일 사훼부의 □릉지 소사(제13등)가 그 부인과 함께 놀러와서 쓰다"라는 문장 아래 그림이 그려져 있다. 양산을 받쳐 들고 말을 탄 주인공은 바지를 입었고, 그 뒤에도 말을 탄 사람들이 보인다. 그 사이사이에는 시종으로 보이는 인물들이 걸어가고 있다.

인물을 그린 그림은 이외에도 많다. 제일 큰 인물은 원명 왼쪽에 그려졌는데, 나중에 추명을 새겨 넣으면서 상반신이 지워져 바지를 입은 하반신과 신발만 남았다. 안타깝게도 6세기 신라인의 모습을 온전히 볼 수 있는 기회가 사라진 것이다. 그 밖에 용이나 뱀, 새, 돛대를 달고 있는 배 그림도 있고, 사람의 모습을 그려 넣은 것도 여럿 된다.

천전리 각석은 남은 글자의 상태가 나빠서 정확하게 판독하기 어려운 문장이 많다. 그리고 비교적 내용이 풍부한 문장의 경우에도 여러 가지 해석이 나와 의견이 일치하지 않는다. 장소 자체에 대해서도 왕실에서 중요한 제사를 거행하던 곳이라든가, 화랑이 수련하던 곳 등 다양한 주장이 있다. 이러한 자잘한 해석의 차이에도 불구하고, 천전리 각석의 문장과 그림은 신라 사람들의 생활과 생각을 엿볼 수 있는 귀중한 역사 자료임이 분명하다.

하일식 연세대 교수

바위 위의 역사 캔버스, 천전리 각석

천전리 각석은 상단부와 하단부로 나뉘는데, 주로 선사시대의 그림이 있는 상부에는 기하학무늬, 동물, 인물 등이 표현되어 있다. 이 중 가장 많이 나타나고, 또한 가장 다양한 변화를 보여주는 무늬는 마름모꼴이다. 동물 그림은 주로 왼쪽에 몰려 있는데, 사슴이 주를 이루며 호랑이, 물고기 등도 있다. 인물 그림은 서 있는 모습과 얼굴만 표현된 것 두 종류로 구분된다. 하부는 선을 그어 새긴 그림과 한자로 된 명문으로 크게 나뉜다. 삼국시대부터 통일신라시대에 걸쳐 오랜 기간 동안 만들어진 것으로 보인다.

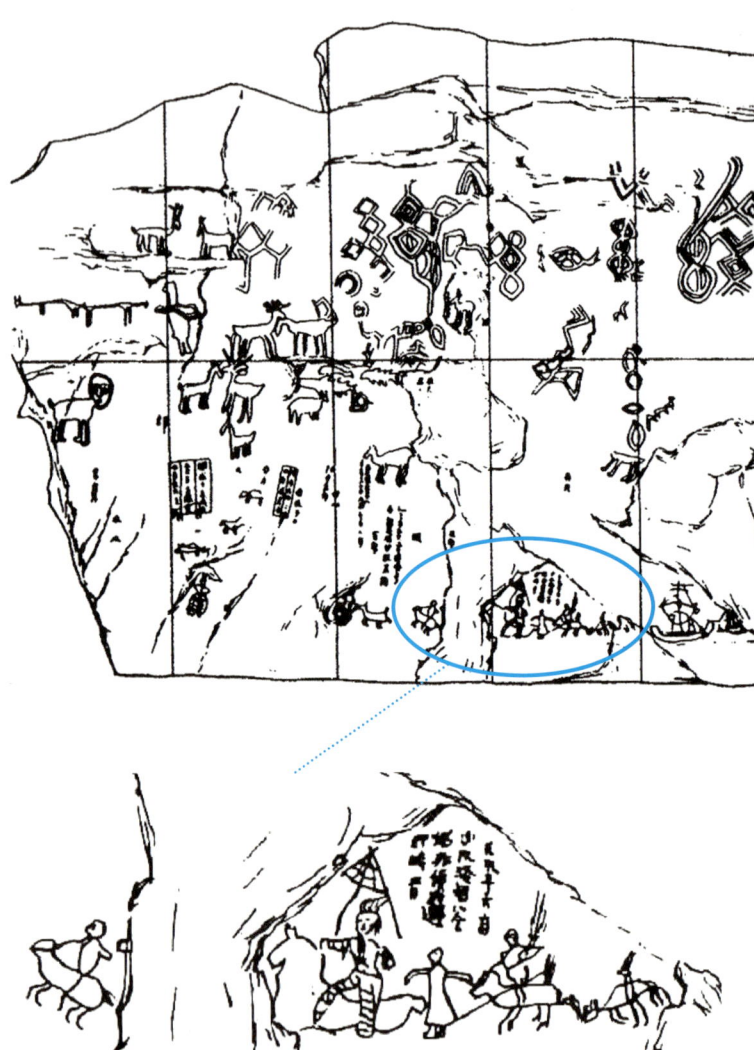

계해명 명문과 행렬 그림
543년(진흥왕 4) 또는 603년(진평왕 25) 새겨진 것으로 보이는 계해명 명문에는 한 귀족이 이곳에 놀러왔던 사실이 기록되어 있다. 이 문장 아래에는 양산을 받쳐든 말 탄 주인공이 행차하는 모습이 그려져 있는데, 주인공 앞부분의 그림은 떨어져나간 상태다. 주인공의 눈·코·입을 점을 찍어 표현하고, 얼굴 윤곽을 마름모꼴 모양으로 처리한 것이 인상적이다.

   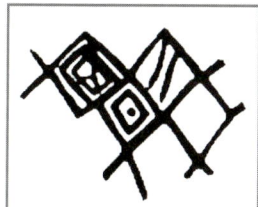

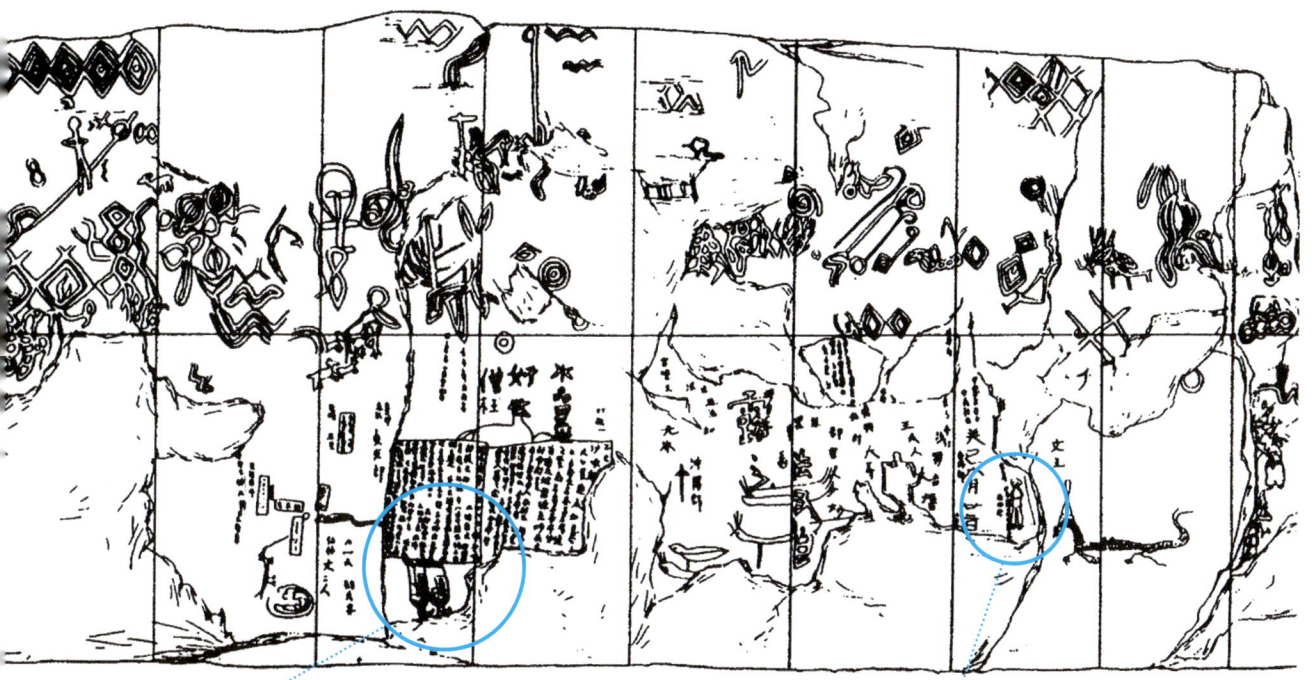

하반신만 남은 인물
천전리 각석에 묘사된 인물 중 가장 크고 사실적으로 보이는 것이지만 아쉽게도 추명을 새기면서 상반신이 지워졌다. 하체 길이만 22.5cm로 꽤 크게 표현되었으며, 경주 금령총에서 출토된 말탄 무사 토기나 토우처럼 통바지에 격자문이 그려져 있다.

허리띠를 맨 남자
천전리 각석 하단부에 새겨진 높이 28cm의 남자 그림으로 바지를 입고 드리개를 매단 허리띠를 차고 있는 모습이다.

눈부신 영토 확장 시대의 산 증거

64 진흥왕 순수비

임금이 나라 안 영토를 두루 돌아다니면서 하늘과 땅, 산과 강에 제사를 지내고, 제후나 지방관으로부터 현지 사정을 보고받는 것을 '순수(巡狩)'라 한다. 중국 고대의 제도와 예법을 정리해 놓은 『예기』에는 5년에 한 번씩 2월(음력)에는 동쪽, 5월에는 남쪽, 8월에는 서쪽, 11월에는 북쪽으로 순수를 해야 한다고 했다. 그러나 이는 이상적인 이야기일 뿐, 실제로 임금의 지방 행차가 자주 이루어지기는 어려웠다. 많은 수행원과 군사를 움직이기가 쉽지 않았기 때문이다.

중국을 통일한 진시황은 자주 지방을 다니면서 산천에 제사 지내고, 그것을 기념해 새긴 돌을 여러 곳에 남긴 대표적인 군주였다. 그리고 한나라 무제를 비롯해 그 이후의 황제들도 가끔 지방을 돌아다니며 제사를 지내고 권위를 과시한 기록이 있다. 고대 한국에서도 국왕이 직접 지방 시찰에 나선 기록이 더러 있지만, 순수 때 세운 비석이 현지에 실물로 남아 있는 경우는 신라 진흥왕이 유일하다. 흔히 창녕비, 북한산비, 황초령비, 마운령비 이 네 개의 비석을 꼽는다.

황초령비와 마운령비

진흥왕은 540년에 일곱 살의 어린 나이로 왕위에 올라 어머니가 대신 통치하는 기간을 10년 남짓 거쳤다. 그러다 551년(진흥왕 12)에 '개국'이라는 연호를 쓰기 시작했는데, 이때부터 직접 나랏일을 챙겼으리라 짐작된다. 진흥왕 재위 기간 동안 신라는 곳곳에서 활발한 군사 활동을 펼치면서 최대의 영토를 확보했고, 국왕이 새 영토를 직접 돌아보며 주민들을 위로하기도 했다.

진흥왕이 영토의 최북단, 북쪽으로 가장 먼 곳까지 찾아가서 세운 것이 황초령비와 마운령비이다. 『삼국사기』에는 556년(진흥왕 17) 함경남도 안변에 '비열홀주'라는 행정구역을 설치하고 사찬 성종을 군주로 삼았다는 기록이 남아 있는데, 이 두 비석을 통해 568년(진흥왕 29) 당시 신라의 영토가 안변으로부터 훨씬 북쪽인 마운령까지 뻗어 있었음을 확인할 수 있다.

일제 강점기 일본인 학자들은 고려시대 장군인 윤관의 여진 정벌* 때 정당성을 강조하

● 윤관의 여진 정벌
윤관(?~1111)은 고려 숙종과 예종 대에 여러 관직을 지낸 명신이자 명장이다. 1104년(숙종 9) 고려의 동북쪽 영토를 침입한 북방 여진족에 대한 첫 번째 정벌은 많은 사상자를 남기고 실패했다. 그 후 '별무반'을 창설, 군대를 양성한 윤관은 1107년(예종 2) 총사령관이 되어 다시 여진 정벌에 나서 여진족을 섬멸하고 9성을 쌓았다. 이로 인해 삶의 터전을 잃게 된 여진족들은 무력 항쟁을 지속하는 한편, 적극적인 교섭에 나서 9성을 돌려줄 것을 요청했다. 이에 고려는 자손 대대로 조공을 바친다는 조건으로 9성에서 철수했다.

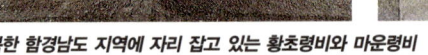
북한 함경남도 지역에 자리 잡고 있는 황초령비와 마운령비

기 위해 황초령비를 북쪽으로 옮겼다고 추정하기도 했지만, 이보다 더 북쪽인 마운령에서 또 하나의 순수비가 발견됨으로써 설득력을 잃어버렸다.

황초령비는 이미 17세기부터 그 존재가 알려졌으나 세 조각으로 부서져 이리저리 파묻히는 수난을 겪다가 1835년에 두 조각을 다시 찾아냈다. 그때 조선의 함경도 관찰사 윤정현이 함흥군 하기천면 황초령 아래 중령진으로 옮겨 비각을 세우고 지명을 진흥리로 바꾸었다. 나머지 한 조각은 1931년에 발견되어 합쳐졌다. 원래 비석의 높이가 약 1.51m, 부서지고 남은 앞면의 높이가 약 1.3m, 너비가 약 50cm 정도인데, 현재 북한 함흥역사박물관에 옮겨 보관하고 있다.

마운령비는 원래 함경남도 이원군 동면 운시산 위에 있던 것이 조금 아래쪽으로 옮겨 세워져 현지인들에게 '남이장군비'로 불리고 있었다. 그러던 중 1929년 역사학자 최남선이 현지 조사를 통해 진흥왕 순수비임을 밝혀냈다. 비의 높이는 약 1.46m, 너비는 약 44.2cm 정도인데, 역시 현재 함흥역사박물관에 보관되어 있다. 마운령비는 황초령비와 비문의 내용은 물론, 왕을 따라나선 인물도 거의 비슷해 파손이 심한 황초령비의 내용을 파악하는 데 도움이 된다.

두 비문의 내용은 크게 세 부분으로 나뉜다. 첫머리는 "태창 원년에 진흥태왕이 순수에 나서 영토를 살피며 새긴다"로 시작한다. 태창 원년은 568년(진흥왕 29)에 해당한다.

다음에는 순수의 의미와 이유 등이 기록되어 있다. "제왕이 연호를 세움에는 자기 자신을 닦아 백성을 편안하게 해야 한다"는 왕도

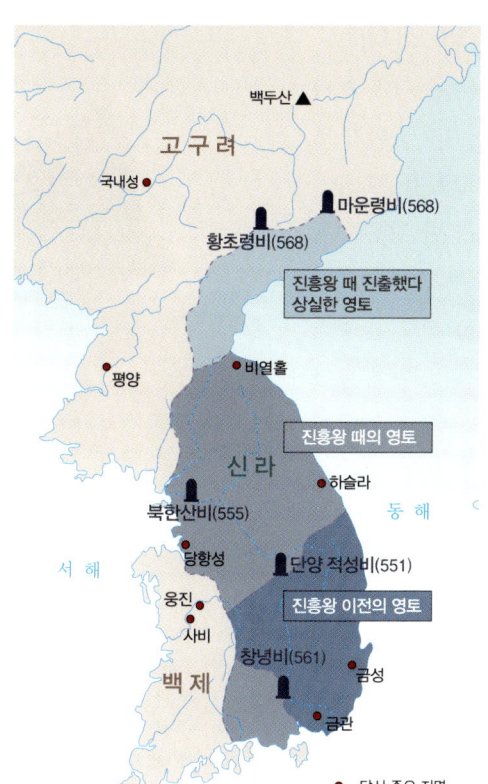

진흥왕 대 영토 확장
진흥왕(재위 540~576) 대의 영토 확장 범위를 전하는 비석은 총 다섯 개로 이 중 확실하게 순수비로 분류될 수 있는 것은 북한산비와 황초령비, 마운령비 세 개다. 여기서 북한산비는 한강 유역 진출을 상징하며, 황초령비와 마운령비는 당시 고구려의 영토였던 현 함경남도 일대까지 진흥왕의 영향력이 뻗어 있었음을 증명한다. 나머지 단양 적성비와 창녕비는 왕이 직접 순찰하고 민심을 살핀 뒤 세운 것이 아니라 영토 편입을 기념해 세운 척경비로 구분되고 있다.

정치의 표방, 진흥왕이 하늘의 은혜를 입어서 곳곳으로 영토를 넓히고 백성과 토지를 얻었다는 자부심, 이전 백성과 새 백성 할 것 없이 어루만졌지만 아직 왕의 은혜가 미치지 못하는 곳이 있어 영토를 순수하고 민심을 위로한다는 내용 등이 그것이다. 또 적에 맞서 용감하게 잘 싸워서 나라에 충성해 공을 세운 사람들에게는 벼슬과 상을 내리겠다고 선언한 부분도 있다.

마지막 부분은 진흥왕을 수행한 신하들의 명단을 적은 '수가인명'이다. 여기에는 승려 두 명과 고위 관리인 여러 명의 대등, 그리고 국왕을 가까이서 모시는 신하 등과 함께 점치는 사람·약사 같은 자잘한 임무를 맡은 사람들까지 기록해 놓아 국왕의 행렬을 따라나선 다양한 구성원을 엿볼 수 있다.

북한산 순수비의 건립 연대

북한산비는 무학대사비, 몰자비(글자가 새겨져 있지 않은 비석) 등으로 알려져 있다가 조선시대 실학자인 김정희가 1816년(순조 16) 조사해 진흥왕 순수비임을 확인한 경우이다. 크기는 앞의 두 비석보다 좀 더 커서 높이가 약 1.55m, 너비가 약 71.5cm 정도다. 부러진 윗부분을 다시 붙이긴 했으나 심하게 닳아 없어져 많은 글자를 읽어내기 어렵다. 또 지붕돌을 꽂았던 흔적이 있으나 아직 찾지 못했다.

북한산비는 "진흥태왕과 중신들이 순수ㅁㅁ할 때 기록한다"로 시작되나 연도가 들어간 부분을 알아볼 수가 없다. 다음 내용도 마멸이 심한데, 삼국 간 전쟁에 관한 언급과 함께 신라 왕이 이 지역을 확보해 순수한다는 내용으로 추정된다. 이는 황초령비·마운령비와 조금 다른 부분이다. 하지만 나라에 충성한 사람에게 벼슬과 상을 내릴 것이라고 선언한 문장만은 똑같다.

또한 뒷부분에 "한성을 지나는 길에… 석굴에 살고 있는 도인을 보고…"라는 문구 등 실제 현지에서 겪은 일이 포함된 것이 눈길을 끈다. 왕을 수행한 사람들의 이름은 극히 일부를 제외하고 잘 알 수 없다.

『삼국사기』에는 신라가 568년 10월에 지방 행정구역인 북한산주를 폐지하고 남천주를 설치했다는 기록이 있다. 그런데 북한산비에 '남천군주'가 새겨져 있어서 남천주 설치 이후, 즉 황초령비·마운령비와 비슷한 시기에 세웠다고 보는 의견이 많다.

그러나 『삼국사기』에는 또 555년(진흥왕 16) 10월에 진흥왕이 북한산을 순수하고 돌아온 뒤 거쳤던 고을들의 세금을 1년간 면제하고 죄수를 사면하도록 했다는 기록이 있다. 6세기 신라에는 상황에 따라 '주'를 설치하고 폐지하는 일이 자주 있었다. 때문에 북한산 순수비가 568년경이 아니라 555년에 세웠을 가능성도 여전히 높다. 한편 세금을 면제해 준 것은, 음식을 대고 도로를 닦는 등 국왕

현재 국립중앙박물관에 보관 중인 북한산 순수비

창녕비 전경
561년 진흥왕이 경남 창녕 지역에 건립한 비석으로 원래 창녕읍 목마산성 서쪽에 기슭에 있었으나 현재는 창녕읍 교상리로 옮겨 비각 안에 보존하고 있다. 높이가 1.62m, 너비가 1.74m에 이르며 화강암 자연석 앞면을 평평하게 다듬어 글자를 새기고, 비면의 둘레에 선으로 윤곽을 새겼다. 영토 확장 사실을 알리는 동시에, 대가야를 비롯한 가야 세력을 간접적으로 압박하는 의미가 있었던 것으로 보인다. 가야 연맹은 이 비가 세워진 이듬해(562년) 역사 속으로 사라졌다.

의 대규모 행차에 현지 주민이 수고를 한 데 대한 보상으로 생각된다.

북한산비와 황초령비·마운령비는 새로 확보한 영토 주민을 대하는 신라 최고 지배층의 태도 변화도 잘 보여준다. 신라 지배층은 이들 주민을 '노인(奴人)' 등 특수한 지위로 대우하는 경우가 있었다. 그러나 6세기 중반 순수비가 세워진 시점에는 새 주민과 옛 영토의 주민으로만 구분될 뿐이다. 국가에 충성을 바치고 공을 세우면 '외위'라는 관등과 상을 주겠다고 약속한 것도, 새 주민을 완전히 '신라 국민'으로 대우하겠다는 의지의 표현이었다.

창녕비도 순수비인가

한편, 창녕비는 나머지 세 비석과 성격이 조금 다르다. 창녕비의 첫머리에서는 '신사년'(561)이라는 연도를 확인할 수 있다. 마멸이 심해 읽지 못하는 글자가 많지만, 앞부분에 진흥왕이 어려서 왕위에 올라 신하들에게 나랏일을 맡겼다는 내용이 보인다. 그리고 다음 부분에는 토지와 산림에 대한 규정을 비롯해 대등과 군주, 도사와 촌주 등 여러 관직의 역할에 대한 내용이 새겨진 것으로 짐작된다. 이 점에서 다른 세 비석과 내용에 큰 차이가 난다.

또, 사람 이름을 나열한 부분에는 왕의 가족에게 내리던 칭호인 갈문왕과 함께 여러 종류의 대등, 새 영토를 확보하고 지키는 최고 군지휘관인 사방군주°, 지방 행정구역인 상주와 하주를 담당하는 사대등, 창녕 지역 출신으로 지방 행정을 보좌하는 촌주 등이 새겨져 있다.

이렇게 세 비석과 내용이 다르고, 수가인명

신라의 '노인(奴人)'은 무엇을 뜻할까

'남미지'라는 지역에서 발생한 화재의 처리와 사후 조치 등이 담긴 경북 울진군의 봉평비(524년)와 경남 함안의 성산산성에서 무더기로 출토된 목간(560년경)에는 '노인(奴人)'이라는 표현이 새겨져 있다.

이 표현은 6세기 신라가 새로 영토로 편입한 변방의 주민들을 국가의 공민들과 차별했음을 보여주는 자료로 해석되고 있다. 봉평비가 발견된 울진의 경우 고구려와 신라의 접경 지역으로 옛 고구려 주민이 신라 영역 내에 편입됐을 가능성이 높고, 함안 역시 560년경 신라에 병합된 안라국(아라가야)의 중심지였다.

그러나 노인이 사람이나 집단을 뜻하는 것인지, 특정 촌락을 의미하는 것인지에 대해선 논란이 있다. 즉, '노(奴)'를 노비로 해석해 새로 정복한 지역 주민들을 집단적, 강제적으로 재편한 노비나 노예적인 존재로 보는 견해가 있는 반면, 6부로 대표되는 신라 중앙과 대비해 차별적으로 만든 특수 지방 촌락이라는 입장도 있다.

노인이 고려시대에 광범위하게 제도화된 예속민 집단인 '부곡'의 원류라는 주장도 제기되고 있다. 향·소·부곡과 마찬가지로 국가에 바칠 공물 등을 생산하는 특수 행정 촌락이었다는 것이다.

이처럼 다양한 시각이 있지만, 노인에 예속적이고 차별적인 성격이 있었던 것만은 분명해 보인다. 노인은 6세기 신라 지방 통치 제도의 구체적인 실상을 전해주는 중요한 자료다.

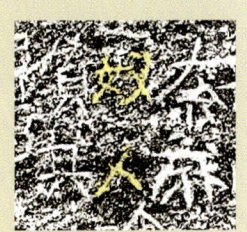

이 아니라 당시 신라의 주요 관직 이름을 나열했으며 '순수'라는 표현도 보이지 않아 창녕비는 순수비로 보기 어렵다. 학교 교과서에서는 순수비로 설명하고 있지만, 많은 학자가 '군지휘관 전체 회의'와 같은 모임이 끝난 후 세운 것으로 추정하고 있다.

진흥왕 순수비는 신라의 국력이 눈부시게 커가던 시대에, 국왕이 직접 영토 확장과 주민 확보에 앞장서 활동하던 모습을 보여주는 기념물이다. 또한 영토 확장의 범위와 새 주민들에 대한 변화된 태도를 확인시켜 주는 구체적인 기록이라고 할 수 있다.

하일식 연세대 교수

° **사방군주**
'군주(軍主)'란 6~7세기 신라에서 전국의 주요 전략 거점 지역에 파견한 군사령관의 호칭이다. 최초의 군주는 505년(지증왕 6) 실직주(삼척) 군주에 임명된 이사부였다. 이어 진흥왕 시대에도 신라는 전략상 중요한 네 지역에 군대를 주둔시키고 군주를 보내 지키게 했는데, 이 군주들을 통틀어 사방군주라고 불렀다. 이 네 지역의 구체적 위치는 진흥왕 창녕 척경비에 새겨져 있다. 비자벌(경남 창녕), 한성(서울), 비리성(비열홀주, 함남 안변), 감문(경북 김천)이 그것이다.

청소년은 신라의 미래다

원화와 화랑은 신라 진흥왕 때 공식화되어 국가적으로 크게 활약한 청소년 수련 조직인 화랑도의 우두머리를 가리키는 이름이다. 화랑은 '꽃과 같은 소년'이란 뜻으로 소년을 아름답게 화장시켜 무리를 이끌게 한 데서 유래했다. 이에 비해 원화는 화랑도 초기에 잠시 있었던 남모와 준정이라는 두 여성 우두머리만을 일컫는다. 뒤의 소년 화랑과 구분해 '원래의 화랑'이라는 뜻을 가진 듯하다.

대개의 원시·고대 사회에서는 자연발생적이거나 공식화된 청소년 집단이 있어왔다고 여겨지는데 한국에서도 마찬가지였던 것 같다. 고구려의 경당이나 신라의 화랑도는 그러한 청소년 집단을 제도화한 것으로 볼 수 있다.

국가 필요에 의한 동원

이미 존재했을 청소년 집단을 6세기 중엽 진흥왕 때 왜 국가적 조직으로 편성했을까? 이는 당시 신라 사회의 발전 상황, 특히 한강 유역까지 차지하게 된 비약적이며 적극적인 영토 확장과 관련되어 있다.

앞서 4세기 중반, 이사금 시대에서 마립간 시대로 넘어가는 과도기에는 신라의 각 촌이나 부 등 전통적인 공동체의 독자성이 국가 조직이 강화됨에 따라 쇠퇴하고 있었다. 철제 농기구를 널리 쓰면서 농업 생산력이 증대하자 수확된 생산물을 많이 차지한 자와 그렇지 못한 자 사이에 빈부 격차가 생겼다. 여기에 고구려의 남하로 원하든 원하지 않든 국제적 경쟁 관계에 뛰어들게 되었다. 이러한 분위기에서 국가 체제는 더욱 강화될 필요가 있었다.

6세기 초 지증왕 대에는 국가에 의한 군현 제도가 전국적으로 실시되었다. 이런 과정은 기존 마을 단위의 청소년 조직도 와해시켰다. 국가는 이런 청소년들을 충성스럽고 유능한 인재로 교육하기 위한 대책이 필요했을 것이다. 더구나 이때 국가는 갑자기 늘어난 영토를 효과적으로 통치하고 외적으로부터 방어하기 위해 능력 있는 관리와 용감한 군인을 많이 양성해야 했다.

말 탄 무사 토기
경주시 노동동 금령총에서 출토된 것으로 마구 일체를 갖춘 말 위에 사람이 타고 있는 형상이다. 안장, 재갈, 고삐, 발걸이 같은 말 제어용 마구뿐 아니라 말 띠 꾸미개, 말 띠 드리개, 말 방울 등 장식용 마구까지 아주 자세하게 묘사되어 있는 게 특징이다. 머리에 쓴 호화로운 고깔 모양 관모로 보아 신분이 높은 무사의 모습임을 알 수 있다. 무사의 뒷면 말 등 위에 등잔형 주입구가, 말의 앞가슴에 긴 귀때가 달려 있어 주입구로 액체를 부으면 속이 빈 말의 배를 통해 귀때로 나오게 되어 있다.

고구려 무용총 벽화의 활 쏘는 사람

이 경우 당연히 학교 조직을 갖추고 교육한다면 매우 효과적일 수 있을 것이다. 고구려는 이미 경당이나 태학을 두고 한학 교양을 중심으로 교육해 국가 운영에 효과를 보고 있었다. 백제 역시 한학을 일본에 전할 정도였고 '박사'의 직책이 있었던 것으로 보아 학교 조직이 있었을 가능성이 크다.

그러나 중국 양나라의 역사를 다룬 책인 『양서』에 따르면, 양에서는 신라를 '문자를 모르는' 단계로 보았을 만큼 신라의 학문 수준은 크게 낮았다. 이러한 조건에서 진흥왕 대의 넓어진 영토로 인해 갑자기 많은 관리와 무관이 필요하게 된 것이다.

학교를 운영하기 위해서는 학교 건물은 물론, 학생과 유능한 교사들이 필요하다. 당장 많은 인재를 길러내고 싶지만, 대외적 교류가 뒤늦게 시작되어 한학에 대한 기본적 이해조차 매우 뒤처진 상태에서 일시적으로 많은 유능한 교사를 두는 것은 불가능한 일이었다.

이런 현실에서 어떤 대책이 있을 수 있을까? 『삼국사기』나 『삼국유사』가 전하는 대로, 신라 조정은 의롭고 충성심을 갖춘 인물을 뽑아 쓰기 위해 전통적 청소년 수련 조직인 화랑도를 국가적으로 후원, 단체 수련 과정을 거쳐 인재를 찾아내고자 했다.

이 사업은 초기에는 두 원화의 시기와 질투로 실패로 끝나고 말았지만, 몇 해 뒤 진흥왕이 나라를 흥하게 하려면 먼저 풍월도를 일으켜야 한다고 생각해 다시 지시를 내려 남자 화랑을 두게 했다고 한다. 따라서 당시 신라에서는 한학 위주의 학교 교육보다는 전통적인 청소년 수련 조직을 활용해 당면한 인재 양성을 시도한 것을 알 수 있다.

심신단련에서 문학 소양까지

화랑도의 수련 내용을 보면 당시로서는 매우 효과적인 인재 양성 방법이었음을 알 수 있다. 화랑과 그를 따르는 낭도들은 단체로 명승지를 탐방, 유람하면서 시와 노래를 나누며 산천에서 몸과 마음을 단련했다. 오늘날에도 지식 위주의 공적 학교 교육 대신 자연친화적인 대안 교육의 의미가 주목되고 있는데, 화랑도의 청소년들 역시 산천을 거닐며 자연과 친구들을 통해 지혜와 인간적 덕목을 배우고 길렀던 것이다.

산천에서 행하는 수련 중에는 무술 연마나

백제의 박사

박사는 각 분야의 전문가에게 내려진 직책으로 본래 중국의 진나라 때 처음 만들어졌다. 『삼국사기』에는 백제 근초고왕(재위 346~375) 때 박사 고흥이 『서기』라는 역사서를 편찬한 것으로 되어 있는데, 백제에 박사라는 관직이 존재했음을 알려 주는 기록이다. 이 밖에 오경박사·의박사·약박사 등 유학·의학·역학에 뛰어난 사람들에게도 박사 관직이 주어졌다. 또한 고구려와 신라에서도 '태학박사' '산학박사' '의학박사' 등을 두고 학생들을 교육했다는 기록이 남아 있다.

신라 청소년들의 강렬한 맹세, 임신서기석

'임신(壬申)'년에 두 신라 청년이 다짐한 내용을 새긴 비석으로 경주시 현곡면 석장사터 근처에서 발견되었다. 길이 약 30cm, 윗부분 너비 약 12.5cm 크기로 아래로 갈수록 좁아지는 형태를 하고 있다. 내용은 다음과 같다.

임신년 6월 16일 두 사람이 함께 맹세하고 기록한다. 지금부터 3년 이후에 충성의 도[忠道]를 지니고 지키며 과실이 없기를 맹세한다. 만약 이를 어기면 하늘로부터 큰 벌을 얻을 것을 맹세한다. 만약 나라가 불안하고 세상이 크게 어지러워져도 모름지기 실행할 것을 맹세한다. 또 따로 지난 신미년 7월 22일에 크게 맹세하기를 시(詩經)·상서(尙書)·예(禮記)·전(春秋左傳)을 차례로 3년 동안 습득할 것을 맹세한다.

이 비문에 보이는 임신년이 정확히 언제인지에 대해선 논란이 있는데, 화랑도의 근본 정신인 충성의 실천을 맹세한 점 등으로 미루어 화랑도가 번성했던 552년(진흥왕 13) 또는 612년(진평왕 34)으로 추정된다. 신라 융성기 청소년들의 강렬한 충성심과, 그와 관련된 유학 수용의 욕구 등을 엿볼 수 있는 귀중한 자료로 평가받고 있다.

사냥, 군사 연습이 자연스럽게 들어갔으며, 그 과정에서 두터워진 동지애는 뒤에 국가의 부름을 받고 전장에 나가서도 죽음을 함께 나눌 수 있는 강한 전우애로 승화되었다.

당시 고구려와 백제의 도발 앞에 크게 위협을 받고 있던 신라는 이런 화랑도의 소년 무사단적인 특성을 최대한 활용해 군사력에 큰 도움을 얻었다. 김유신을 비롯한 죽지, 관창, 원술 등 화랑 출신들은 대외 전쟁에서 혁혁한 공로를 세움은 물론, 삼국통일의 군사적 버팀목이 되었다.

화랑도들은 장차 자신들이 무관뿐 아니라 국가의 정치가나 행정 관리로서 일해야 한다는 것을 잘 알고 있었기 때문에 선생을 찾아 나서거나 아니면 구성원들끼리 힘을 모아 한학의 소양을 연마했다. 원광법사를 찾아가 세속오계를 배운 귀산과 추항은 물론, 3년 내에 『시경』, 『상서』, 『예기』 등을 온전히 독파하겠다고 돌에 새겨 굳게 약속을 한 '임신서기석'의 소년들을 보면 당시 화랑도 청소년들의 학구열을 알 수 있다.

화랑이나 그 낭도는 대개 15세에서 18세 정도의 연령이었다. 한 화랑도의 구성원은 많게는 1,000여 명에 이르는 경우도 있었는데, 진골 귀족 출신으로서 낭도들로부터 신망을 크게 얻은 자가 화랑이 되었다. 그들은 수도에 사는 소년들로 신분은 진골부터 하위 귀족까지 다양했는데, 보통 신분을 넘어서 단합을 이루었기 때문에 신라 사회의 통합력을 높이는 기능도 했다.

화랑도에는 승려가 자문 교사로서 청소년들의 학문과 인격을 지도하는 일을 했다. 융천사의 '혜성가', 월명사의 '도솔가'◦ 등 이들 승려가 지은 향가가 『삼국유사』에 전해지고 있다.

삼국통일 이룬 힘의 근원

이같이 화랑도는 자연에서 놀고 노래하고 춤추면서 신체를 단련하는 전통적 풍월도의 수련 방식에, 당시 국가 종교가 되어가던 불교 요소를 결합해 신앙적 조직으로서 성격도 갖추었다. 화랑은 불교에서 미래에 올 부처로 기다림의 대상인 미륵으로 여겨졌고, 낭도들도 미륵을 따르는 추종자로서 자신들이 신라의 미래를 짊어지고 있다는 자부심이 강했다.

고구려·백제와의 전쟁이 이어지는 6~7세기에 화랑도의 구성원들은 그 누구보다 애국적이며 진취적이었다. 이들은 당장은 물론, 특히 미래에 나라의 기둥이 될 인재들로 여겨져 국가적으로 크게 성원해 주었고 자신들도 자긍심이 대단했다.

그러나 통일이 되고 태평한 시대가 장기간 찾아오면서 화랑도는 무사단적인 성격이 크게 약화되기 시작한다. 아울러 국학◦이 설치되고 당나라 유학이 널리 유행하면서 학교 교육을 대신할 입장이 되지도 못했다.

결국 화랑도는 수도의 귀족과 부유한 소년들의 사교 단체로 변질되어 갔다. 금강산 등으로 가는 단체 유람은 말 그대로 풍류를 즐기는 사교 행사의 성격을 갖게 되었고, 때로는 귀족 정치 세력과 연결되어 정치 싸움에 말려들기도 했다.

고려시대로 접어들면 화랑은 곱게 단장해 팔관회 행사에서 춤을 추는 양반 출신 소년을 가리키는 말로 변화되는데, 그만큼 본래의 사회적 기능을 잃었음을 보여준다.

김기흥 건국대 교수

◦ 혜성가와 도솔가

혜성가는 신라 진평왕(재위 579~632) 때 승려 융천사가 지은 10구체 향가로 '혜성가'를 부름으로써 혜성의 변괴를 없애고 왜병의 침략을 막았다는 내용을 담고 있다. 향가에 주술적인 힘이 있다고 신성시하던 당시의 풍습을 엿볼 수 있는데, 이는 760년(경덕왕 19) 승려 월명사가 지은 도솔가 역시 마찬가지다. 도솔가는 어느 날 두 해가 함께 나타나서 10여 일 동안 사라지지 않자 이 괴변을 없애기 위해 지어 부른 것으로 전해진다. 여기서 두 해 중 하나는 현재의 왕에 도전해 사회적 혼란을 일으킬 세력을 의미한다.

◦ 국학

삼국통일 이후인 682년(신문왕 2)에 설치된 신라의 교육 기관이다. 오늘날의 국립 대학에 해당된다. 규모가 커진 국가의 지배 체제를 안정적으로 운영하고 유교적 정치 이념을 널리 확산시키기 위한 목적으로 세워졌다. 국학의 설치로 골품제가 아닌 학문적 기준에 따른 관직 진출이 일부나마 가능해진 것은 중요한 의미를 지닌다고 할 수 있다. 이는 7세기 중반 김춘추·김유신 세력의 집권 이후 진골 중심의 귀족 연합 정치가 아닌 전제 왕권을 중심으로 한 정치 체제가 구축된 것과 관련이 있다.

화랑세기 논쟁

1989년 2월 중순, 전국 주요 언론 매체는 놀랄 만한 기사 하나를 보도했다. 약 1,300년 전에 신라의 학자 김대문이 지었다는 『화랑세기』 필사본(원본 등을 보고 베껴 쓴 책)이 부산의 한 가정 집에서 발견되었다는 것이다. 고려시대 김부식이 『삼국사기』를 편찬할 때 참고한 이후 어느 누구도 본 적이 없는 김대문의 『화랑세기』가 느닷없이 세상에 출현한 것은 역사학계의 일대 사건이었다. 그런데 몇 년 후 같은 제목의 책이 청주에서 또다시 발견되어, 역사가들을 더욱 황당하게 만들었다.

이들 자료의 발견 직후, 전문가들은 두 종류의 『화랑세기』를 면밀히 검토하고 상호 관계를 추적했다. 그 결과 이들 『화랑세기』는 모두 충북 청원군에 살던 박창화라는 인물이 일제시대에 필사한 것이며, 부산에서 발견된 것(발췌본)은 청주에 있던 필사본(모본)의 핵심 부분만을 뽑아 요약했다는 사실을 확인했다.

그러나 이 책의 내용에 대해서는 그 구성이 워낙 정교하고 치밀해 진짜인지 가짜인지 쉽게 판단할 수 없었다. 이에 학자들은 이 책의 진위에 대해 각기 다른 견해를 내놓았는데, 어떤 사람들은 필사본 『화랑세기』를 가짜라고 하고, 또 어떤 사람들은 진본을 필사한 책이라고 주장했다.

박창화는 진본을 보았는가

필사본 『화랑세기』가 어떤 과정을 거쳐 현재 우리 앞에 나타나게 되었는가는 이 자료의 진위 여부를 판별할 수 있는 핵심적인 문제다.

이 문제에 각별한 관심을 가지고 검토한 역사학자 노태돈에 의하면, 필사본 『화랑세기』는 박창화가 일본 왕실 도서관에서 근무할 때 신라 화랑에 대한 자기 나름의 이해에 근거해 과거를 자기 안목으로 재현해 보려는 창작 욕구에 의해 쓴 가짜 작품이고, 부산에서 발견된 발췌본은 귀국 후 완성도를 높이기 위한 작업의 결과였다고 주장했다. 그러면서도 그는 박창화가 예로부터 전해져온 어떤 자료를 참조해 집필했을 일말의 가능성은 열어두었다.

반면 역사학자 이종욱은 일제시대에 박창화가 왕실 도서관에 근무할 때 일본 어디엔가 있던 김대문의 『화랑세기』를 직접 보고 베껴두었다가 후에 정리한 것이 현재의 필사본 『화랑세기』라며 가짜설을 전면 반박했다. 그러면서 박창화가 보았을 원본 『화랑세기』가 왕실 도서관을 포함한 일본 어느 곳에 현재도 남아 있을지 모른다는 묘한 여운을 남겼다.

자료의 전승 과정뿐만 아니라, 이 자료가 담고 있는 내용이 과연 사료로서 신빙성이 있는가 하는 것도 중요한 쟁점이다. 필사본 『화랑세기』에는 위화랑부터 신공에 이르기까지 32명의 풍월주(화랑) 전기가 실려 있다. 그런데 그 내용은 종전에 일반적으로 가지고 있던 화랑에 대한 생각, 곧 '애국 청년 무사단'의 이미지를 여지없이 무너뜨렸다. 화랑을 비롯한 남녀 간의 파격적인 사랑, 왕실의 권력 암투와 그 이면에 있던 여성들, 신라인의 부부 관계와 가족 이야기들이 이 책을 가득 채우고 있었던 것이다. 특히 마복자, 사함, 세함 등이 보여준 상상을 뛰어넘는 문란한 성 풍속과 현대의 군사 조직을 연상케 하는 화랑도 조직 등은 과연 이 책이 신라의 진정한 사회상을 담고 있는 것인지 의문을 증폭시켰다.

고려시대와 근대의 용어가 버젓이

필사본에 나타난 용어와 인물들을 둘러싼 논쟁도 만만치 않았다. 불신론자들은 '궁주(宮主, 왕녀의 한 칭호)' '전군(殿君, 왕이나 태후의 아들)' 등과 같은 고려시대 이후의 용어와 심지어 '모계(母系, 어머니 쪽의 핏줄 계통)'

박창화와 화랑세기 필사본

『화랑세기』 필사자로 갑자기 유명해진 박창화(1889~1962)는 일제시대 일본 왕실 도서관에서 조선 관련 고문헌을 정리했고, 잡다한 야사를 저술·편집한 사람 정도로 그간 알려져 있었다. 그러나 지난 2003년, 과거 그가 쓴 고대 한국사 관련 논문이 소개되면서 상당한 수준의 전문 역사가였다는 평가가 일기 시작했다. 이렇게 이전까지 알지 못했던 그의 새로운 면모가 드러남으로써 『화랑세기』 필사본를 둘러싼 진위 논쟁은 또 다른 국면을 맞고 있는 상황이다.

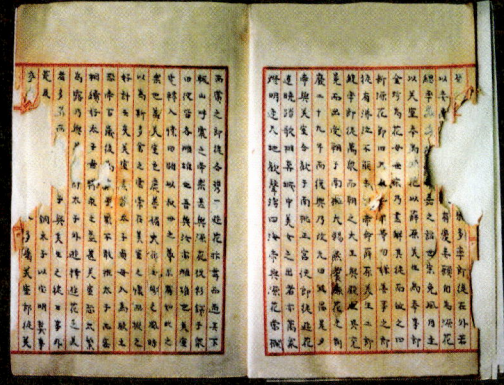

와 같은 근대적인 용어가 사용된 점을 들어 이 자료를 박창화의 위작이라고 주장했다.

그리고 이 자료에 등장하는 전체 240여 명의 인물 가운데 단 한 사람도 신라시대 금석문(금속이나 돌로 만든 각종 유적·유물에 새겨진 글자)에서 독자적으로 확인되지 않는 점을 들어, 많은 사람이 가공의 인물이고 나아가 그 내용이 허구라고 했다. 반면 신빙론자들은 필사본 『화랑세기』에 등장하는 인물이 신라시대 금석문에 나타나지 않는 것은 서로 표기 방식이 달랐기 때문이라고 했다.

사실 필사본 『화랑세기』는 사료로서 문제가 많은 자료다. 우선 필사와 전승 과정이 명확하지 않고, 이른바 모본과 발췌본 사이의 관계가 불투명하다. 최근에 발굴, 소개된 박창화의 신라사 관련 논문에서 알 수 있듯이, 그는 사료의 중요성을 누구보다도 깊이 인식하던 전문 역사가였다. 그럼에도 현존하는 두 종류의 『화랑세기』를 대조해 보면, 박창화는 여러 곳에서 마치 자신의 원고를 퇴고하듯 내용을 수정 혹은 가필했다.

이런 점에서 현존 『화랑세기』는 필사자 자신의 창작품이거나 사료적 가치가 거의 없는 어떤 자료를 베껴 만든 것으로밖에 볼 수 없다. 게다가 필사본 『화랑세기』의 내용에는 신라인들의 진솔한 기록인 당시의 금석문에 나타난 사회상이 거의 반영되어 있지 않을뿐더러 심지어 상반되는 내용까지 다수 포함하고 있다. 이는 필사본 『화랑세기』가 안고 있는 치명적인 약점이다.

아직 이 자료의 진위 논쟁은 끝나지 않았다. 따라서 현재로서는 그 결과를 기다려볼 수밖에 없다. 그럼에도 일부에서는 성급하게 이 자료를 활용해 신라사를 다시 쓰려고 시도하고 있다. 엄정한 사실에 근거해 역사를 서술해야 하는 역사가에게 그러한 행위는 결코 바람직하지 않다.

권덕영 부산외국어대 교수

중생을 굽어 살피는
고마운 미륵보살님

우리나라를 대표하는 불교조각은 무엇보다 석굴암과 반가사유상이 첫손 꼽힌다. 석굴암은 이동이 불가능한 유적이기 때문에 해외에서 한국미술 특별전이라도 열릴 경우에 반드시 전시되는 조각은 아무래도 반가사유상이다. 그중에서도 걸작 중의 걸작으로 알려진 국보 제78호와 제83호 반가사유상 두 점은 번갈아가며 해외에서 전시될 만큼 우리 조각을 대표한다.

이들은 오른쪽 발을 반대편 무릎 위에 올려놓고 의자에 앉은 듯한 모습을 하고 있다. 오른손 손가락을 살짝 뺨에 대고 무언가 생각을 하고 있는 것처럼 보인다. 이렇게 한쪽 발만 반대편 다리에 올려놓은 자세를 반만 결가부좌했다고 해서 반가부좌, 혹은 반가좌라고 한다. 사유상은 고개를 살짝 숙인 채 생각에 잠긴 듯해서 붙여진 이름이다.

바로 이런 자세 때문에 반가사유상은 프랑스 조각가 로댕의 '생각하는 사람'과 비교되기도 한다. 그러나 '생각하는 사람'이 주먹 쥔 손으로 턱을 받치고 보다 깊게 고뇌하는 모습이라면 손가락을 뺨에 가볍게 갖다댄 우리나라의 반가사유상은 고요히 명상하는 분위기를 보여준다.

또한 로댕의 작품과 반가사유상은 제작 시기와 기법, 아이디어, 미의식의 차이도 있지만 무엇보다도 두 조각상의 성격과 기능이 처음부터 다르다는 것을 알아야 한다. 로댕의 '생각하는 사람'은 지옥문이라는 커다란 문에 올려진 조각으로 자신의 발 아래 펼쳐진 지옥의 광경을 내려다보며 인간과 세상에 대해 비관적인 고민을 하고 있다. 이와 달리 반가사유상은 뭇사람들의 기도와 기원을 들을 수 있도록 사원에 모셔진 예배 대상이다. 보다 엄숙하고 경건한 분위기가 드러나는 것이 당연하다.

그렇다고 우리나라의 반가사유상들이 엄숙하게만 보이는 것도 아니다. 오히려 밝은 인상에서 경쾌한 느낌을 주기까지 한다. 도대체 우리의 반가사유상은 어떤 존재이며, 어떻게 만들어졌기에 이런 시각적 특성을 보이는 것일까?

미륵보살 신앙을 표현

우리나라에서 언제부터 반가사유상이 조각되었는지는 분명치 않다. 현재 남아 있는 30여 점의 반가사유상을 보면 늦어도 6세기 중엽부터는 만들어졌을 것이다. 다른 조각에 비하면 독립된 반가사유상이 상대적으로 적은 중국에 비해 우리나라에서는 제법 많이 만들어진 편이다. 이는 삼국시대 이래 우리나라에서 반가사유상에 관한 특별한 신앙이 있었음을 말해준다.

서산 마애삼존불 중 반가사유상
충남 서산시 운산면 가야산 절벽에 새겨져 있는 백제시대 불상으로 중앙의 보살입상(본존상) 왼쪽에 자리 잡고 있다. 만면에 미소를 띤 둥글고 살찐 얼굴과 왼손으로 발목을 잡고 오른쪽 손가락으로 턱을 받치고 있는 모습에서 세련된 조각 솜씨를 확인할 수 있다.

금동미륵반가상
평양 평천리에서 출토된 6세기 후반경 고구려의 반가상이다. 반가상은 주로 백제와 신라에서만 찾아볼 수 있었는데, 이 유물로 고구려의 예를 확인할 수 있게 되었다. 팔과 손이 떨어져 나가 정확한 모습은 알 수 없지만, 오른쪽 팔꿈치를 오른쪽 무릎에 대고 있어 반가사유상처럼 손으로 턱을 괴고 생각에 잠겨 있는 모습이었을 것으로 추정된다.

금동미륵보살반가사유상
완벽한 조형성과 철학적·종교적 깊이를 지닌 최고의 걸작품으로 평가받고 있는 대표적인 반가사유상들이다. 각각 국보 제78호(왼쪽)와 국보 제83호(오른쪽)로 지정되어 있으며, 우리나라 금동불 가운데는 상당히 큰 크기(높이 90.9cm, 82.9cm)를 하고 있다. 단순하면서도 균형 잡힌 신체 표현과 자연스러우면서도 입체적이고 아름답게 처리된 옷 주름, 분명하게 조각된 눈·코·입 등은 정교한 주조 기술을 보여준다. 분명한 것은 아니나 모두 신라에서 만든 작품으로 추정되는데, 국보 제78호는 6세기 중엽 이후, 국보 제83호는 이보다 좀 늦은 7세기 초반경에 제작된 것으로 보인다.

금동반가사유상과 송화산 석조 미륵반가사유상
왼쪽의 금동반가사유상들은 모두 신라시대 것으로 각각 높이 14.1cm, 9.2cm의 작은 크기를 하고 있다. 우리나라에서는 삼국시대 말기(6~7세기)와 통일신라시대 초기에 걸쳐 반가사유상의 형식이 완성되어 많은 작품이 전해지고 있다. 오른쪽 아래는 경주 송화산 김유신 묘 근처에서 발견된 높이 1.25m의 대형 석조품이다. 머리와 양팔이 사라졌지만, 상체가 앞으로 기울어져 있는 모습과 오른쪽 다리의 자세에서 반가사유상임을 확인할 수 있다.

중국의 반가사유상은 종종 출가 이전의 싯다르카 태자로 만들어졌다. 그러나 우리나라의 반가사유상은 몇 가지 이유에서 싯다르타 태자로 볼 수 없다. 말과 시종이 함께 묘사된 것이 없고 반가사유상만 단독으로 조각되었으며, 서산 마애삼존불처럼 다른 불상이나 보살상과 함께 조각되었기 때문이다.

우리나라에서는 오히려 석가모니나 싯다르타 태자보다는 미륵보살이라는 견해가 설득력 있게 받아들여지고 있다. 미륵은 역사상 실존했던 인물인 석가모니와 달리 먼 미래에 이 땅에 내려와 중생들을 구제하려는 다짐을 하고 현재는 도솔천이라는 가상의 하늘 세계에서 수행하는 미래불이다. 즉, 현재는 보살이지만 먼 미래에 부처가 되기로 약속을 받은 존재다.

중국에서 미륵상은 의자에 앉아 두 다리를 아래로 내린 모양이거나, 혹은 아래로 내린 다리를 'X'자로 교차시킨 것처럼 만들었다. 중국에서도 단독의 반가사유상이 미륵이었는지는 명확하지 않지만, 우리나라에서는 미륵보살로 신앙되었을 가능성이 높다.

『삼국유사』는 삼국시대에 미륵 신앙이 매우 유행했음을 전해준다. 백제 무왕이 익산에 미륵사를 짓게 된 창건 설화가 실려 있으며, 신라에서도 흥륜사의 승려 진자가 미륵이 화랑으로 신라 땅에 나타나기를 기원했다는 이야기가 실려 있다. 특히 젊은 귀족 청년 집단인 화랑을 미륵의 화신으로 생각했다거나, 김유신이 화랑이었을 때 그를 따르던 무리를 용화향도°라고 불렀다는 사실은 미륵 신앙이 신라에서 사회적으로 장려되었음을 말해준다. 그런데 삼국에서 널리 신앙되었을 미륵이 어떤 조각상이었는지가 명확하지 않기 때문에 30여 점에 이르는 반가사유상을 미륵보살로 추정하게 된 것이다.

이 같은 추정에는 일본의 야추우사라는 절의 반가사유상에 새겨진 "666년에 미륵상을 만들었다"는 글이 중요한 역할을 했다. 일본의 초기 불교 미술이 우리나라의 영향을 크게 받았다는 점을 고려하면, 반가사유상에 관한 인식 역시 삼국시대 우리나라에서 건너갔을 가능성이 큰 것이다.

삼국의 반가사유상

고구려, 백제, 신라 삼국 모두 반가사유상을 만들었는데, 고구려를 대표하는 것은 평양 평천리에서 출토되었다는 금동반가사유상이다.

°**용화향도**
화랑 시절 김유신을 따랐던 낭도 집단의 이름으로 불교의 미륵 신앙과 관련이 있다. '용화'는 미륵이 후세에 인간 세계에 태어나 용화수 아래에서 인연이 있는 사람들에게 세 번 설법을 행한다는 데서 유래한 말이다. '향도'는 불교를 신앙하는 집단을 의미한다. 즉 용화향도는 미륵을 좇는 무리들이란 뜻으로, 김유신이 미륵과 같이 높이 추앙받는 존재였음을 말해준다.

비록 오른손이 파괴되었고 표면은 상한 곳이 많은 작은 조각상이지만, 앉아 있는 자세와 얼굴 표정 등은 국보 제83호 반가사유상과 매우 닮았다. 백제의 반가사유상 중에서는 서산 마애삼존불이 눈에 띈다. 자연 암벽 위에 낮은 부조로 조각되었기는 하지만 사색을 하면서도 표정이 밝아 친근감을 주는 반가상이다. 작은 크기의 금동상들은 삼국 중 어디에서 제작되었는지 판단하기 어려운 것이 많다.

고구려나 백제와 달리 신라 지역에서 발견된 반가사유상 가운데에는 화강암으로 만들어진 대형 석조상도 있다. 경주 송화산과 경북 봉화에서 발견된 석조 반가사유상들은 머리가 없거나 상체가 아예 없기도 하지만 하반신만도 1.6m에 이르는 대형 조각이다. 이는 신라에서 다양한 반가상이 만들어지고 예배의 대상이 되었음을 잘 보여준다.

특히 봉화의 반가상은 옷 주름 처리와 다리의 입체감 등이 국보 제83호 반가사유상과 유사하다. 그래서 83호 반가상이 신라에서 조각되었으리라는 추정의 근거가 되기도 한다. 또 김유신이 화랑 시절 수련을 했다는 경주 단석산 신선사의 마애불 중에도 아주 얕게 부조된 반가상이 있다. 이 역시 신라 화랑도와 반가상, 미륵 신앙이 서로 연관이 있다는 점을 보여준다.

제작지는 논쟁 중

국보 제78호나 제83호 반가상은 보는 이를 감탄케 하고 깊은 명상의 세계로 인도하지만 동시에 논쟁을 불러일으키기도 한다. 이 아름다운 조각이 어느 나라에서 만든 것인지는 여전히 논란거리다. 요즘에는 화랑도와 연결된 미륵 신앙이 특히 신라에서 융성했다는 점 때문에 두 상 모두 신라에서 제작되었으리라는 추정이 받아들여지는 분위기다.

국보 제83호 반가상과 비슷한 특징을 지닌 일본 중요문화재 제1호 코류사 목조 반가사유상이 신라에서 전해진 것이라는 연구도 이 같은 추정을 뒷받침하고 있다. 국적 문제는 쉽게 결론이 나기 어려운 문제긴 하지만 분명한 것은 78호 반가상이 83호보다 좀 더 먼저 만들어졌다는 것이다. 제작 시기는 다르지만 뛰어난 주조 기술과 세련된 조각 솜씨는 이들이 우리나라 미술의 대표작으로 손색없는 걸작임을 잘 보여주고 있다.

강희정 서울대 강사

반가사유상의 기원

반가사유상의 기원은 인도에 있다고 한다. 고대 인도에서 반가 자세로 앉아 있는 여러 종류의 조각이 만들어졌고, 이들이 전해져 중국이나 우리나라에도 반가사유상이 등장했다고 볼 수 있다.

그러나 반가사유상의 내용, 즉 반가상의 의미와 상징까지 그대로 전해진 것은 아니다. 인도에서는 보살상이나 마왕, 어느 쪽이나 특별한 구분없이 반가상으로 만들어진 경우가 있으나, 중국으로 들어오면서 반가상은 특정한 존재로 점차 고정되었다.

중국에서 처음 반가사유상이 만들어졌을 때는 우리나라의 반가사유상처럼 독립된 조각상만 있었던 것이 아니다. 상당수가 뒷면이 배경에 붙어 있는 부조로 만들어졌고, 흔히 말과 사람이 같이 조각되었다. 말과 사람은 각각 석가모니의 애마 칸타카와 시종 찬타카라고 한다. 그러면 반가사유상은 자연스럽게 석가모니가 된다.

그런데 이때의 석가모니는 수행을 하러 떠난 상태로 아직 깨달음을 얻기 전인 싯다르타 태자에 해당한다. 깨달음을 얻은 후에야 석가모니가 되는 것이며 원래 왕자였을 때의 이름은 싯다르타이기 때문이다.

정반왕의 아들 싯다르타는 인간들의 고통이 어디서 오며 어떻게 구원받을 수 있는가를 고뇌하다 성을 떠나 수행자의 길을 걷기로 결심한다. 그는 말을 타고 성에서 멀리 떨어진 곳까지 간 뒤 시종 찬타카에게 자신의 옷과 머리카락을 주며 이별을 고한다. 이때 말은 태자와의 이별을 슬퍼하면서 앞다리를 꿇고 앉아 머리를 조아리고, 시종 또한 슬픔에 겨워 인사를 나눈다. 바로 이 장면을 묘사한 것이 중국의 부조상이다. 중국의 반가사유상에는 '태자사유상'이라는 이름이 붙어 있기도 한데, 초기의 반가사유상은 태자를 표현한 것임을 알 수 있다.

그 후 얼마 지나지 않아 중국에서는 칸타카, 찬타카가 없어진 채 반가사유상이 단독으로 조각되었다. 이렇게 어떤 사건을 암시하는 상징이 사라짐에 따라 단독으로 제작된 반가사유상을 싯다르타 태자로 볼 이유도 사라진다. 중국에서 우리나라로 전해질 당시 반가사유상은 이미 싯다르타 태자의 생애를 떠올릴 만한 어떠한 상징도 없는 상태였을 것이다.

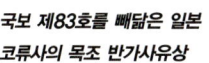

국보 제83호를 빼닮은 일본 코류사의 목조 반가사유상

경주의 아득한 하늘 동아시아의 전설이 되어

황룡사터 항공 사진

황룡사는 1976년부터 7년 동안의 발굴을 통해 동서 288m, 남북 281m, 총 면적 2만여 평에 이르는 대규모 사찰이었음이 밝혀졌다. 현재 경주시 구황동에 그 터가 자리 잡고 있는데, 사진에서 보듯이 목탑과 양 옆에 위치한 종루·경루, 세 개의 금당, 강당 등의 자리가 뚜렷이 확인된다.

『삼국사기』에는 921년 고려 태조 왕건이 신라 사신 김률에게 다음과 같은 이야기를 물었다는 기록이 있다.

"내 듣건대 신라에는 세 가지 보물이 있다고 하는데, 이른바 장륙존상과 9층탑 그리고 성대가 그것이라고 하오. 장륙존상과 9층탑은 아직도 있다고 하는데, 성대는 지금도 있는지 모르겠구려."

태조 왕건이 말한 신라의 삼보는 만들어진 시점부터 신라 멸망 순간까지 국가와 왕권의 상징물이었다. 이 중 579년(진평왕 1) 하늘에서 내렸다고 하는 허리띠(천사옥대)인 성대는 신라 왕이 직접 착용했던 것으로 생각된다. 의복을 입을 때 사용하는 허리띠는 신분 질서를 직접적으로 표현하는 상징물이었는데, 성대는 그 가운데 최상위에 속하는 보물이었다.

나머지 신라의 두 보물인 장륙존상과 9층탑은 모두 황룡사라는 사찰과 관련되어 있다. 따라서 황룡사 역시 신라의 왕권을 상징하는 건물이었다고 할 수 있다.

황룡사 창건과 관련해선, 진흥왕 14년(553) 월성의 동쪽에 새 궁궐을 지으려고 했

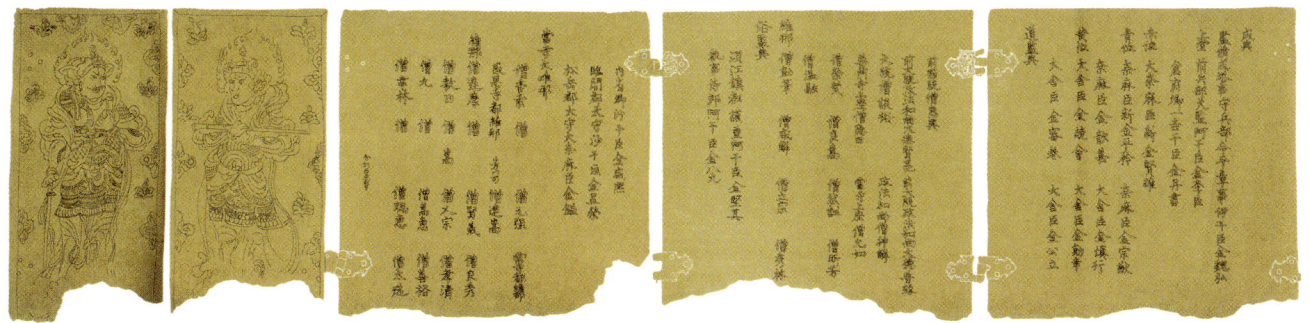

지만 그 자리에 황룡이 나타나 절을 짓게 되었다는 설화가 전한다. 문헌에 따르면 황룡사를 세우기 시작한 지 17년 만에 1차 공사가 끝났고, 진흥왕 30년(569)에 주위의 담장이 완성되었다고 한다. 그 후 진흥왕 35년(574)에 이르러 장륙존상이라는 불상이 완성되었고, 이와 함께 가람 배치 구조의 변경도 완료되었다.

황룡사 9층목탑이 착공된 해는 선덕여왕 때인 643년(선덕여왕 2)이었다. 자장율사의 권유로 시작된 일이었는데, 이 목탑이 완공되는 데는 2년의 시간이 필요했다. 이처럼 황룡사는 4대 왕 93년이라는 긴긴 세월에 걸쳐 완성된 신라 최대의 사찰이었다.

9층목탑에 담긴 뜻

한편 『삼국유사』에는 9층목탑의 조성과 관련해 다음과 같은 설화가 전해지고 있다. 당나라에 유학을 가 있던 자장은 어느 날 한 연못을 지나다 신처럼 보이는 사람으로부터 이런 이야기를 들었다.

"황룡사의 호법룡(護法龍)은 나의 큰아들로 그 절을 보호하고 있으니, 절에 돌아가 9층탑을 세우면 근심이 없고 태평할 것이다."

이에 자장은 귀국 후 선덕여왕에게 9층탑을 만들어야 한다고 권했고, 선덕여왕은 신료들과 회의를 거쳐 탑을 완성했다고 한다. 탑을 9층으로 한 것은 일본·중화·오월·탁라·응유·말갈·단국·여적·예맥이 아홉 개 이웃 나라의 침략을 막기 위함이었다고 한다.

그러나 그 후 황룡사 9층목탑은 그 아득한 높이 때문에 끊임없이 수난을 겪는다. 여러 차례 벼락을 맞고 지진 등으로 기울어져 몇 번에 걸쳐 수리하거나 재건하게 된다.

황룡사는 신라 멸망 후에도 여전히 국가의 중요한 사찰로 남아 있었으나 1238년(고려 고종 25) 몽고군의 침입으로 목탑을 비롯한 주요 전각이 불타버렸다. 그에 따라 지금의 목탑 자리에는 초석(주춧돌)과 심초석(기둥의 중심이 되는 주춧돌)만이 남아 있다.

그럼에도 황룡사가 당시의 왕권을 설명할 때 빠짐없이 언급되는 것은 앞서 살펴본 것처럼 삼국시대에 창건되어 몽고 침입에 불타 소실될 때까지 내력을 담은 다양한 문헌 자료가 현재도 전해 내려오고 있기 때문이다. 또한 1976년부터 1983년까지 집중적으로 이루어진 황룡사터 전역에 대한 발굴 조사를 통해 거대한 규모의 유적과 수많은 유물이 확인되기도 했다.

찰주본기
신라 경문왕 13년(873) 황룡사 9층목탑을 고쳐 지으면서 목탑의 중심 기둥인 찰주 밑에 봉안한 금동제 사리함 내에 있던 탑에 관한 기록이다. 탑의 건립 배경과 수리 연혁, 건설 관리자·기술자의 이름 등이 총 930여 자의 명문으로 된 금동판 다섯 장에 새겨져 있다.

● **9층이 상징하는 나라**
황룡사 9층목탑은 1층부터 9층까지 신라에 인접한 아홉 개의 국가, 즉 일본·중화·오월·탁라·응유·말갈·단국·여적·예맥을 각각 상징한다. 여기서 1층 일본은 왜국, 2층 중화는 중국 전체를 의미하며, 3층 오월은 오와 월, 4층 탁라는 지금의 제주도인 탐라국을 뜻한다. 5층의 응유는 백제 또는 중국의 한 지역 세력으로 추정되고 있다. 그 외 6층 말갈은 말갈족, 7층 단국은 거란족, 9층 예맥은 고구려를 가리킨다. 8층의 여적은 여진족을 뜻한다고 알려져 있으나, 여진족은 10세기 이후 등장한 명칭이기 때문에 시점상 논란이 있다.

황룡사 9층목탑터와 탑의 중심을 지탱해주던 심초석

발굴 조사 결과 황룡사는 신라 특유의 '1탑 3금당'식 가람 배치를 하고 있었던 것으로 확인되었다. 목탑의 경우 탑의 내부 기단을 보완하는 기단이 2중으로 되어 있는 3중 기단 형태며, 탑 기단의 전면에 세 곳, 후면과 서면에 각 한 곳의 계단이 있었던 것으로 밝혀졌다. 또한 정면과 측면 모두 일곱 칸씩인 사각 평면식으로 전체 기단이 동서 29.5m, 남북 29.1m, 면적 858m²에 이르는 규모로 추정되었다. 목탑 건물 그 자체로만 보면, 황룡사 9층목탑은 한 변의 길이가 22.2m, 높이가 82m나 되는 거대한 탑이었다.

백제의 장인이 만들었다?

보통 황룡사 9층목탑은 기록에 전하는 전북 익산의 백제 미륵사지 목탑과 비교되기도 한다. 문헌에는 신라에서 백제의 장인 아비지°를 초청해 탑을 완성했다고 기록되어 있다. 이 아비지는 미륵사 목탑을 조영한 기술자로 알려진 인물이다. 또한 발굴을 통해 금당과 탑의 기단 건설법이 이전과 차이가 있음을 확인했는데, 이를 백제의 영향으로 보기도 한다. 즉, 신라에서는 당시까지 그렇게 높은 목탑을 건립한 경험이 없었기 때문에 백제 장인의 도움을 받을 수밖에 없었다는 것이다.

그런데 황룡사엔 9층목탑만 있던 것이 아니었다. 현재까지 한국에서 알려진 금당 중 가장 큰 규모인 정면 아홉 칸의 황룡사 금당은 일본의 고대 궁성 유적인 후지와라궁(일본 나라현에 소재)의 대관대사 금당과 규모가 거의 같다. 그리고 왕과 부처를 동일시하는 '왕즉불' 의식으로 유명한 중국 북위시대(386~534) 낙양의 영녕사에 있던 금당과도 같은 규모를 자랑한다. 때문에 황룡사 가람은 북위 영녕사를 모방해 만든 것으로 보기도 한다.

마찬가지로 황룡사 9층목탑도 6세기 초 북위 영태후에 의해 조성된 영녕사 9층목탑과 비교가 된다. 낙양 지역의 사찰 등에 관한 547년경 기록인 『낙양가람기』에는 영녕사 9층목탑을 높이 130여m가 넘는 대규모 탑으로 묘사하고 있다. 이는 황룡사 목탑보다 무려 50여m나 더 높은 것이다.

⊙ **아비지(?~?)**
백제의 건축 기술자로 신라에 파견되어 황룡사 9층목탑을 완성했다고 한다. 황룡사 9층목탑 '찰주본기'에 따르면 그가 장인 200여 명을 이끌고 약 2년 동안 작업해 645년 완공한 것으로 되어 있다. 『삼국유사』에는 아비지와 관련된 목탑 창건 설화가 전하는데, 처음 찰주를 세우던 날 아비지는 꿈에서 백제가 망하는 것을 보고 걱정스러워 일손을 놓았다. 그러자 홀연히 땅이 진동하고 어두워지더니 한 노승과 장사가 금당문에서 나와 그 기둥을 세우고는 어디론가 사라져 보이지 않았다. 이에 아비지는 후회하면서 목탑을 완성했다고 한다.

최근 이루어진 영녕사 목탑터에 대한 발굴 조사를 통해서도 그 규모의 차이를 확인할 수 있다. 조사에 따르면 목탑 평면의 한 변이 무려 36.8m에 이른다고 한다. 황룡사 목탑 기단의 한 변이 29.5m인 것과 비교하면 엄청난 길이가 아닐 수 없다. 그렇다면 이 차이를 어떻게 이해해야 할까? 크기로만 본다면 영녕사에 비해 황룡사의 격이 상대적으로 떨어져 보이기 때문이다.

불교와 왕권의 결합

일반적으로 동아시아 사찰의 가람은 탑에서 금당 중심으로 변화한 것으로 알려져 있다. 이러한 시각에서 본다면, 영녕사의 경우 탑이 가람의 거의 중심에 있는 것으로 보아 아직 탑 중심 가람의 면모가 많이 남아 있는 것으로 생각할 수 있다. 반면 황룡사는 탑과 금당이 균형을 잡고 위치해 있다.

한편 영녕사 목탑은 비록 사방 아홉 칸의 평면 구조를 하고 있지만, 그 중심부에는 탑 내부의 세 번째 줄에 있는 기둥부터 견고한 흙벽돌로 만든 보강 구조물이 있다. 이러한 구조물의 각 면은 20m로 다섯 칸을 차지하며, 그 높이는 탑의 5층 이상까지 이른 것으로 보인다. 반면 황룡사 목탑의 경우 이러한 내부 보강 없이 단지 목재만으로 거대한 중량을 지탱했다. 당시 건축 기술 수준이 얼마나 뛰어났는지 확인할 수 있는 대목이다.

황룡사의 가람은 일본 후지와라경의 대관대사에도 영향을 미친 것으로 추정된다. 대관대사는 천무천황(재위 672~686)·문무천황(재위 697~707) 시대의 왕권과 밀접한 관련이 있는 사찰로 잘 알려져 있다. 그러나 대관

대사는 금당은 가람의 거의 중심에 위치하고 있는 반면 탑은 바로 전면의 중심지가 아닌 동쪽에 위치하고 있다. 목탑의 규모 역시 사방의 한 변이 15m에 불과해 황룡사에 미치지 못한다.

동아시아 사찰의 가람 변천 과정은 시대가 흐를수록 가람 내 목탑의 중요도가 점차 떨어진 것으로 이해될 수 있다. 이에 따라 영녕사, 황룡사, 대관대사의 목탑에도 규모의 차이가 생겼을 것이다. 따라서 사방 아홉 칸의 영녕사 목탑, 사방 일곱 칸의 황룡사 목탑 그리고 사방 다섯 칸의 대관대사 목탑의 규모 차이는 가람의 격 차이라기보다는 가람 배치 구조의 시대 흐름을 반영하는 것으로 볼 수 있다.

황룡사 9층목탑은 중국과 일본의 이 두 탑과 함께 당시 불교와 왕권의 밀접한 관계를 보여주는 상징물이었다.

양정석 수원대 조교수

중국 응현 9층목탑
중국 산서성 응현에 있는 목탑으로 겉모양은 5층이나 각 층 사이에 또 다른 층이 하나씩 숨어 있는 독특한 형태이다. 높이 67.31m, 1층 지름 30.27m, 총 무게 743만 3371의 세계 최대 목탑이며, 황룡사 9층목탑처럼 쇠못 하나 쓰지 않고 순수하게 목재로만 만들어졌다. 때문에 황룡사 목탑 복원 시 참고할 대상으로 인정되고 있기도 하다. 원래 명칭은 불궁사 석가탑(佛宮寺釋迦塔)으로 1056년 요나라 때 건립되었다.

금동약사불입상
황룡사 목탑터 동쪽에서 출토된 유물로 화재에 불탄 듯 도금이 없어져 있고, 목부분도 파손되어 고개가 뒤로 젖혀진 상태다.

불멸의 신비, 황룡사

가람

황룡사는 중문과 탑·금당·강당이 중심 선상에 자리 잡고, 중앙 금당의 좌우에 동·서 금당이 위치한 1탑 3금당식의 독특한 구조를 하고 있다. 중문을 통해 경내에 들어서면 먼저 중앙의 9층목탑과 양 옆에 있는 종루와 경루가 보인다. 종루는 말 그대로 종을 달아놓은 누각이고 경루는 불교 경전을 보관한 누각을 말하는데, 『삼국유사』에 따르면 황룡사의 종은 무려 49만 7,000근의 구리를 녹여 만든 것이라고 한다. 이는 현재 우리나라에 남아 있는 가장 큰 종인 성덕대왕 신종의 네 배 규모다. 목탑 뒤에는 세 개의 금당이 배치되어 있으며, 동·서 금당 양쪽에 중문과 이어진 회랑이 둘러쳐져 있다. 그리고 금당 뒤에는 강당과 승려들의 생활 공간인 승방이 자리한다.

100명의 고승을 모셔놓고 왕과 왕족들까지 친히 나가 설법을 들었던 '신라 호국 불교의 대가람' 황룡사에 현재 남아 있는 건물은 없다. 발굴로 확인된 현 불국사의 여덟 배에 이르는 웅장한 경내 규모와 숱한 시련 속에서도 굳건히 제자리를 지킨 중문·탑·금당 등 주요 건물의 초석, 그리고 4만여 점에 이르는 다양한 유물로 당시의 찬란했던 위용을 상상할 수 있을 뿐이다.

고려시대의 한 시인은 황룡사 9층목탑에 오른 뒤 그 느낌을 이렇게 노래한 바 있다. "일만 강과 일천의 산이 한눈에 트이네. 굽어보니 동도의 수없이 많은 집들, 벌집과 개미집처럼 아득히 보이네."

동쪽으로는 토함산 줄기가 보이고, 남쪽으로 남산이 부드럽게 굽이치는 서라벌의 중심에 위치한 황룡사. 신라인들에게 황룡사는 부처님이 직접 다녀간 신성한 땅이었고, 삼국통일을 이룩한 위대한 신라의 자부심이었다.

① 중문
② 9층목탑
③ 종루(또는 경루)
④ 경루(또른 종루)
⑤ 중금당
⑥ 동금당
⑦ 서금당
⑧ 동회랑
⑨ 서회랑
⑩ 강당
⑪ 승방
⑫ 승방

▲ 황룡사 가람 배치 평면도

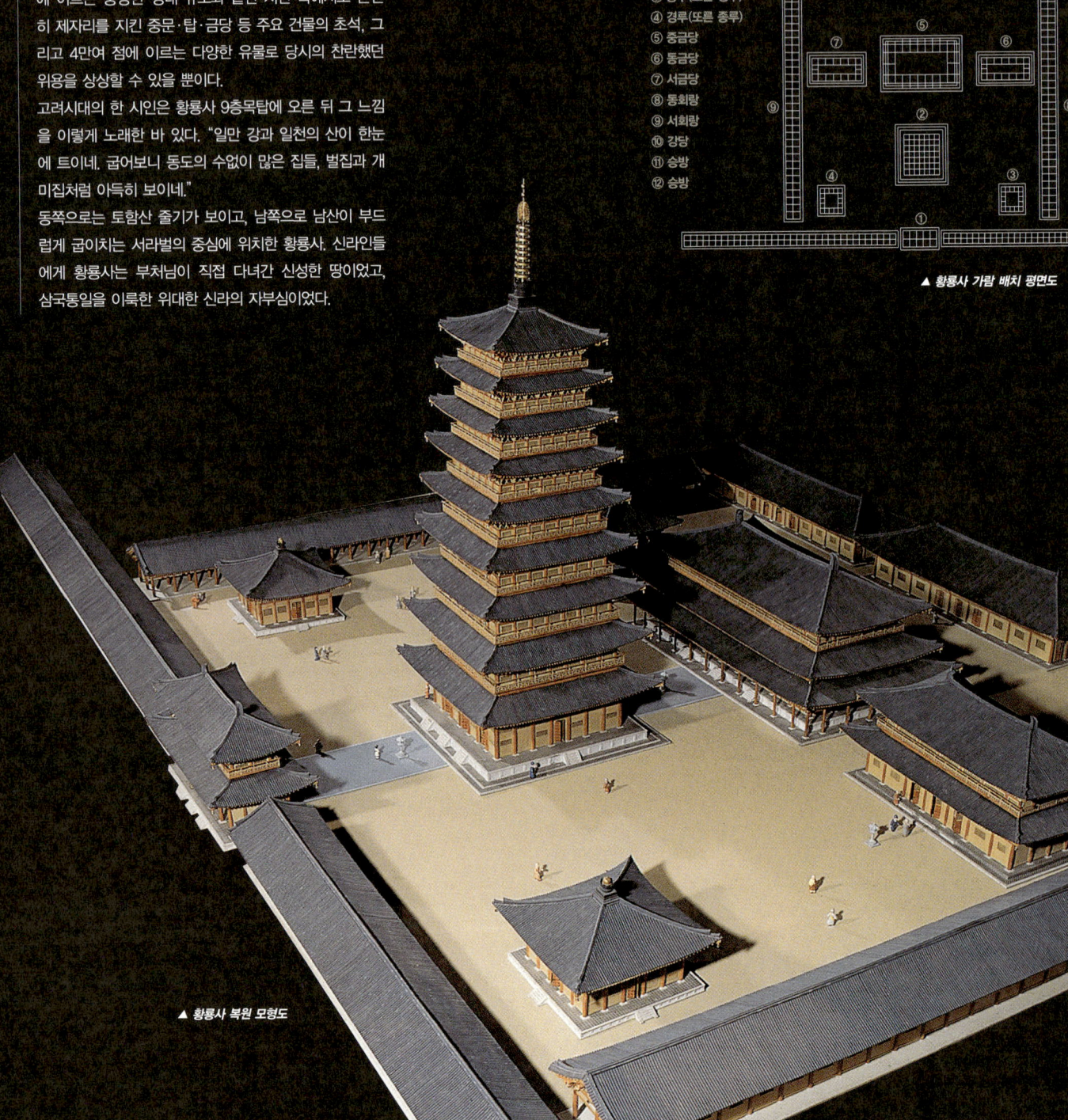

▲ 황룡사 복원 모형도

지진구

지진구(地鎭具)란 건물을 새로이 짓거나 수리할 때 화재와 같은 큰 재앙을 막기 위해 땅 속에 묻는 물건들을 말한다. 당시엔 금·은·수정·진주·호박·유리·마노 등 불교에서 말하는 일곱 가지 보배(七寶)와 거울, 칼이 땅의 기운을 억누르고 사악한 귀신을 쫓는 데 효과가 있다고 보았다. 황룡사에서는 목탑터와 서금당터에서 청동거울, 금동판불, 사리기, 유리구슬, 각종 칼 등이 발견되었다.

▶ 청동거울
목탑터 출토, 지름 16.5cm

▲ 금동판불
서금당터 출토, 높이 7.0cm

◀ 사리기
목탑처 출토, 은합 높이 12cm

기와

황룡사터에서는 약 3만여 점의 기와가 발견되었다. 이 기와들은 삼국시대부터 고려시대에 걸쳐 긴 기간 동안 제작·사용된 것으로 다른 유적지에서는 찾아볼 수 없는 새로운 유형도 상당수에 이른다. 수막새의 경우 수키와 끝에 붙은 원형의 막새에 주로 연꽃이나 보상화 무늬가 장식되어 있는데, 때로는 도깨비나 화조 무늬 등이 새겨지기도 했다. 또한 황룡사에서는 다른 유적지에서 나온 기와보다 크기가 큰 것이 많이 발견되어 지난날의 웅장했던 규모를 짐작케 하고 있다.

◀ 연꽃무늬 수막새
지름 16.8cm

▶ 도깨비무늬 수막새
지름 17.9cm

망새

망새는 궁궐이나 절 등 커다란 건물의 용마루 양쪽 끝머리에 얹는 대형 장식 기와를 말하는데, 건물을 높아 보이게 해 권위와 위엄을 드러내는 데 효과적이었다. 매와 같은 날짐승의 꼬리 모양과 비슷해 '치미'라고도 부른다. 황룡사 금당에 올려졌던 것으로 보이는 길이 1.82m의 초대형 망새는 워낙 커서 통째로 구워내지 못하고 아래·위 두쪽으로 나누어 만들었다. 세 면에는 연꽃무늬와 사람 얼굴이 표현된 원형 판들을 따로 끼워 넣어 장식했는데, 남자 얼굴에 수염이 있어 여자와 쉽게 구별된다. 남자와 여자를 엇갈리게 배치한 것은 음양의 조화를 상징하는 것으로 추정된다.

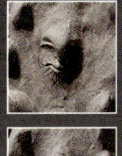

▲ 연꽃무늬 사래기와
목탑터 서편 출토, 높이 45.8cm

전탑

석탑의 나라에 중국식 벽돌 탑이 선 까닭

안동은 유적 답사를 좋아하는 사람들에게 무한한 흥미와 더불어 신비감마저 갖게 하는 곳이다. 우리나라에 불과 5기만 남아 있는 전탑(塼塔) 중에 안동에 있는 것이 3기나 되기 때문이다. 3기의 전탑은 곧 신세동 7층전탑, 동부동 5층전탑, 조탑동 5층전탑을 말하는데, 안동의 전탑을 제외하면 나머지는 대구 송림사 5층전탑과 여주 신륵사 전탑밖에 없다. 이러한 까닭에, 보통 중국을 '전탑의 나라', 일본을 '목탑의 나라', 우리나라를 '석탑의 나라'로 부르지만 안동만은 우리들 머릿속에 '전탑의 나라'로 각인되어 있는 듯하다.

이 같은 전탑의 안동 지역 집중 현상에 대해 '우리나라의 전탑은 안동에서 발생했다' '중국 전탑을 본 승려나 당나라에서 온 장인이 안동에 세웠다' '안동에는 석탑을 세울 양질의 화강암이 드물다' 등 여러 추측이 있었지만, 아직 누구나 인정할 만큼 명쾌한 해석은 나오지 않고 있는 상태다.

전탑이란 무엇인가

그러면 이제부터 전탑의 특수성, 발생 시기, 분포, 우리나라 탑에서 전탑의 비중 등에 대하여 살펴보자.

삼국시대에 불교가 전래된 뒤 한반도 각지에 세워졌던 수많은 불교 사원의 중심 조형물은 불상을 봉안하던 당과 탑이었다. 예배 대상이었던 이들 불당과 불탑은 온갖 정성과 비용, 그리고 기술과 신앙심이 모아져서 조성되었음은 물론이다.

그러나 불교가 국교의 지위에 있었던 삼국~고려 시대에 건립된 거의 모든 사찰은 창건 당시의 모습을 지니고 있지 않고, 화재 등으로 지상에서 사라져 버린 것이 대부분이다.

안동 동부동 5층전탑
현재 경북 안동시 운흥동 안동역 구내에 위치해 있는 통일신라시대 전탑이다. 사진은 일제시대 때 찍은 것으로 몸체의 벽돌이 듬성듬성 빠져 있고 지붕 위의 기와가 흐트러져 있는 등 당시 상당히 훼손된 상태였음을 보여준다. 무늬 없는 벽돌로 쌓았으며, 1층과 3층에 불상을 모시는 감실을 설치한 게 특징이다.

이 경우에 절터에 남는 것은 기둥을 세웠던 주춧돌을 비롯해 지붕 위에 올렸던 기와, 그리고 불에 타지 않은 석탑·석불 등 석조 유물뿐이라 해도 과언이 아니다.

그렇다면 벽돌을 구워서 만든 전탑은 자연재해나 화재에 어느 정도 버틸 수 있었으며, 어떤 특징을 가지고 있을까?

첫째, 벽돌 하나하나의 크기는 대개 두께가 5~10cm이고 한변의 길이가 25~40cm에 불과하지만, 이를 쌓으면 높이 약 80m(중국 섬서성 숭문탑)에 이르는 거대한 탑을 세울 수 있다.

둘째, 벽돌은 여러 가지 모양으로 제작될 수 있기 때문에 다양한 형태의 탑을 조성할 수 있다.

셋째, 전탑은 화재를 만났을 때 목탑보다는 내구성이 조금 높은 편이지만, 지진이나 큰 비에 매우 약하다.

넷째, 전탑이 무너지게 되면 사람들이 벽돌을 가져가기 때문에 나중에는 탑이 있었던 자리조차 알아내기 어렵게 된다.

다섯째, 전탑은 벽돌로 쌓아 올리는 것이기 때문에 지붕의 처마를 마냥 바깥으로 돌출시키기는 어렵다. 즉 목탑보다는 처마 부분이 훨씬 짧다.

안동 전탑들이 살아남은 이유

안동에 남아 있는 전탑들은 이제까지 알려진 바에 따르면 대개 8세기에 조성된 것들이다. 그렇다면 우리나라에서 처음으로 전탑이 건립된 것은 언제쯤일까? 이제까지는 돌을 벽돌 모양으로 다듬어 쌓아 올린 모전석탑인 경주 분황사탑(634년)이 전탑보다 빨리 건립된

중국 갈석산 전탑
중국 하북성 갈석산 주변에 있는 요·금시대 8각 13층전탑으로 목조 건축물 양식을 하고 있다. 인도에서 시작된 전탑은 불교의 전파와 함께 중국에도 전해져 523년 북위시대 때 건립된 숭악사 12각 15층전탑 등 여러 전탑이 아직도 남아 있다. 중국인들은 탑뿐 아니라 지상 건조물, 지하의 무덤 건설에도 벽돌을 즐겨 사용했다.

것으로 알려져 왔다. 그렇지만 수입된 문물의 경우 그 원형보다 응용된 것이 먼저 세워졌다는 견해는 납득하기 어렵다.

우리나라의 전탑과 관련해 빼놓을 수 없는 인물은 양지 스님◦이다. 『삼국유사』에 따르면 양지 스님은 선덕여왕(재위 632~647) 때부터 사천왕사가 완공된 문무왕 19년(679) 사이에 활약했던 거장이다. "그가 일찍이 석장사에 전탑을 세웠다"고 하므로, 우리나라 최초의 전탑은 늦어도 7세기 전반이나 그 이전에 모습을 나타냈다.

그리고 실제로 경주 지역(울산 포함)에는 지상에 서 있는 것은 없지만, 현재까지 일곱 곳이나 되는 전탑터가 알려져 있다. 또한 이들 전탑터에서는 범자무늬, 불상무늬, 탑상무늬, 당초무늬, 연꽃무늬 등 다양한 무늬의 벽돌이 출토되고 있어 경주의 전탑들이 매우 장엄했음을 증명해 주고 있다.

이처럼 신라의 전탑은 경주에서 발생했는데, 남아 있는 전탑은 왜 안동 지역에 집중되어 있는 걸까. 이 의문에 대한 설명은 그다지 복잡하지 않다. 경주의 전탑은 신라 멸망 이

◦**양지 스님**
『삼국유사』에 나오는 전설적 인물로, 선덕여왕~문무왕 대에 걸쳐 활동한 것으로 추정되는 고승이자 조각가·서예가이다. 여러 방면에서 예술적 능력이 탁월해 감히 비길 사람이 없었다고 한다. 조각은 주로 진흙으로 만드는 소조에 뛰어났다고 하는데, 작품으로는 영묘사의 장륙삼존상과 천왕상, 천왕상 탑 아래의 팔부신장상, 법림사의 주불삼존과 좌우 금강신 등이 유명하다. 또 그가 살던 경주 석장사에는 벽돌에 불상과 작은 탑을 새겨 모셨다고 한다. 서예 작품으로는 영묘사와 법림사 현판을 쓴 것으로 전해진다.

후 수리되지 않았지만, 안동의 전탑들은 조선시대에 들어서도 꾸준히 수리되어 왔으며 이에 대한 기록은 안동의 『영가지』에 잘 남아 있다. 유교를 국시로 삼았던 조선시대에 불교 유적인 전탑을 대대적으로 수리했다는 것은 매우 이례적인 일로, 그러한 노력이 있었기에 안동의 전탑들은 오늘날까지 그 모습을 전하고 있는 것이다.

신라 멸망 후 수리된 것 드물어

원래 전탑이었던 청도 운문사 작압전은 1494년과 1642년에 수리된 기록이 있는데, 이는 불과 148년 만에 다시 고쳐졌음을 말해준다. 또한 모전석탑인 정암사 수마노탑의 경우 1666년·1778년·1874년에 수리되었으며, 그 기간 역시 112년·96년 정도로 짧아 우리의 짐작보다는 훨씬 자주 수리되었다는 것을 말해주고 있다. 이처럼 전탑이란 아무리 길게 잡아도 200년에 한 차례 이상 수리하지 않으면 곧 무너지게 되는 것이다.

우리나라의 전탑이나 그 터는 있는 곳에 따라 크게 경주권·대구권·안동권·중부권·기타 등으로 나누어볼 수 있다. 경주권의 일곱 곳은 모두 전탑터거나 탑전이지만, 다양한 벽돌이 출토되기 때문에 전탑의 역사나 쌓는 방법 등을 연구하는 데 좋은 자료가 되고 있다. 덕동 전탑터에서는 범자무늬 벽돌이 나오는데, 이는 우리나라에서 유일한 예다.

그 밖에 경주권의 인왕동 전탑터·석장사 전탑터·울산 농소 전탑터와 삼랑사터에서는 불상무늬가 새겨진 벽돌이 발견되었다. 특히 농소 전탑터에서는 건물무늬 벽돌과 함께 채색된 탑상무늬 벽돌이 출토되어 많은 사람을 놀라게 하기도 했다. 모량리 절터와 진현동 절터에서도 연꽃무늬와 꽃무늬 벽돌이 각각 출토된 바 있다. 이 중 모량리 전탑터의 연꽃무늬 벽돌 중에는 그 끝이 삼각형인 것이 있는데, 이는 전탑의 지붕 아래쪽에 사용된 것이다.

◦영가지
조선 중기의 학자 권기가 1608년 (선조 4) 편찬한 경북 안동의 읍지(지방지)로 안동의 지도와 함께 지명, 풍속, 유적, 주요 인물 등이 소개되어 있다. '영가'는 안동의 고려 때 이름이다. 권기가 스승인 유성룡의 뜻을 받아 편찬하기 시작했고, 당시 안동 지방을 대표한 유림들이 두루 참여했다. 또한 그전에 읍지를 여러 차례 편찬한 바 있는 학자인 정구가 당시 안동부사로 부임해 적극적인 후원을 아끼지 않았다. 이 덕분에 다른 어느 읍지보다도 내용이 충실하고 구체적이어서 지방사 연구의 중요한 자료로 평가받고 있다.

칠곡 송림사 5층전탑
경북 칠곡군 동명면 송림사 대웅전 앞에 위치한 통일신라시대 전탑이다. 2층 이상부터 옥신 높이가 거의 줄어들지 않아 전체적으로 높아 보이면서도, 옥신을 덮고 있는 지붕이 넓어 안정적이고 온화한 느낌을 준다. 상감청자합 등 이곳에서 발견된 유물의 연대 등을 보아 고려·조선 시대에 걸쳐 몇 차례 보수가 있었던 것으로 추정된다.

대구권에는 유명한 송림사 5층전탑이 현재까지 남아 있다. 이 탑의 2층 지붕에서는 녹색 유리제 사리병, 나뭇가지 모양 금구 등 사리장엄구가 나왔다. 청도 불영사 전탑은 무너져버리고 남은 탑재를 모아 쌓아놓은 것인데, 벽돌 무늬가 경주권의 울산 농소 전탑터의 그것과 거의 같다. 통일신라시대인 865년에 건립된 운문사 전탑은 지금은 단층 목조 건물로 바뀐 채 작압전으로 불리고 있다. 그 밖에 경남 창녕에도 전탑이 있었다는 사실을 말해주는 탁본 자료가 남아 있으나, 현재까지 그 터가 어디에 있는지 찾지 못하고 있다.

기록에 전해지는 전탑의 흔적

앞서 쓴 것처럼 안동권에는 현재 3기의 전탑이 남아 있다. 그중 신세동 전탑은 높이 17m로 우리나라의 전탑 중 가장 큰 규모를 자랑한다. 동부동 5층전탑은 아랫부분까지 개축된 것으로 보이며, 1층 감실 좌우에 인왕상이 새겨진 조탑동 5층전탑은 당초무늬가 찍힌 벽돌이 사용되었다.

그 밖에도 안동 지역에는 금계동·임하사터·옥산사터에 전탑이 있었으며, 현재 그 장소를 알 수 없는 채로 기록에만 남아 있는 영주 무신탑이 있었다. 이 중 임하사터에서 나온 3면 연꽃무늬 벽돌은 임하사 전탑의 어느 부분이 돌출되어 나와 있었음을 증명하는 소중한 자료다.

중부권에는 여주 신륵사에 반원꽃무늬 벽돌로 건립된 고려시대의 전탑이 있다. 안양사에도 매우 화려하고 장엄한 전탑이 있었다는데 지금까지 그 터는 확인되지 않았다. 한편 함경남도 갑산 백탑동에도 전탑이 있었다는 기록이 남아 있으나 아직 구체적인 조사는 이루어지지 않고 있다.

이제까지 살펴본 바와 같이 현재 우리가 대할 수 있는 전탑 관련 자료는 문헌에만 나오는 전탑까지 포함해도 22건에 불과하다. 이처럼 전탑과 목탑은 우리나라의 탑 역사에서 주된 위치를 차지하지는 못했다. 그렇지만 삼국시대, 특히 신라에 불교가 전래되기 시작한 이후 조성된 전탑의 수를 놓고 볼 때 이를 극소수라고 말하기는 어려우며, 그 후 탑의 주류를 이룬 석탑 조형에 크나큰 영향을 끼친 것도 명백한 사실이다. 또한 전탑은 일단 무너지고 나면 그 터조차 확인하기 어렵다는 점을 감안할 때 앞으로 더 많은 전탑터가 발견될 가능성이 아주 높다.

박홍국 위덕대 박물관장

여주 신륵사 전탑
경기도 여주군 북내면 신륵사에 있는 유일한 고려시대 전탑이다. 이 탑은 보통 '다층전탑'으로 불리는데, 2단의 기단에 다시 3단의 계단을 쌓은 후 몸체를 6층 또는 7층까지 올린 애매한 구조를 하고 있기 때문이다. 처음 세워진 이후 여러 차례 수리되는 과정에서 전체 형태가 많이 달라진 것으로 추정된다.

전쟁의 참화 속에서 꽃핀 대중 의학

역사상 전쟁과 의학은 어떠한 상관관계가 있었을까? 승리를 위해 전투 시 적군의 목숨을 한 명이라도 더 없애려고 하는 것이 전쟁의 속성이며, 인간의 목숨을 구하려는 것이 의학의 미덕이라고 할 때, 전쟁과 의학은 별 관계가 없어 보인다. 그러나 그 대상이 적군이 아니라 아군이라면? 지휘부에서는 한 명의 병사라도 더 구하려고 할 것이다.

전쟁에 참여하는 병사들은 주로 건장한 청년들이다. 이들은 교전 중 순식간에 부상을 당하거나 사망하기 때문에, 의료인은 평소 차마 사용하지 못하던 의학적 치료 방법을 과감하게 구사할 기회를 얻는다. 새로운 의학 기법은 이런 과정을 통해 탄생되기도 한다.

한편 전쟁 시기에는 수천에서 수십만 명에 이르는 병사가 야외에서 밀집 대형으로 집단 생활을 한다. 때문에 각종 전염병이 기승을 부려 전투도 하기 전에 수많은 사상자가 나타나곤 한다. 특히 타국에서 전쟁을 치를 경우, 그 지역 풍토병으로 고생하기도 한다. 여기에 제대로 대처하지 못하면 싸워보기도 전에 패배하는 상황이 벌어진다.

아이러니하게도 이처럼 전쟁은 의학이 발전하는 계기가 되었다.

당군에 의약품 제공한 신라

한국 고대사에서도 이러한 양상을 찾아볼 수 있으니, 7세기 중엽 신라 통일 전쟁기가 그것이다. 통일 전쟁 초기 신라는 연합군이었던 당군에 의복과 식량, 의약품 등 각종 군수 물자를 제공할 의무가 있었으므로, 신라군이 당에 어떠한 약재를 공급했는지 살펴보면, 당시 군사 의학의 면모를 짐작해 볼 수 있을 것이다.

김유신이 이끄는 신라군은 662년 고구려군과 평양에서 대치 중이던 소정방군에 다양한 군수품을 제공했다. 당시 해로를 통해 대동강으로 진입한 소정방군은 요동의 육로를 통해 북쪽에서 내려오기로 한 돌궐의 용병 계필하력 군대와 협공하기로 했다. 그러나 이들이 추위를 핑계로 퇴각해 버리고 뒤이어 온 방효태의 부대도 고구려군에 전멸당하자 소정방군은 고립무원의 처지에 빠지게 되었다. 7개월 동안 평양성 근처에 진을 치고 있던 소정방군은 군량이 보급되지 않으면 몰살될 위기였다. 당나라 고종은 이에 신라 문무왕에게 계속 군량 수송을 재촉했다.

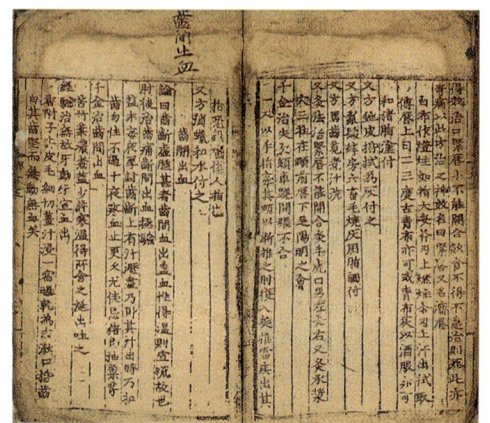

조선시대의 의학서 향약제생집성방

고대의 화살촉

삼국시대 전쟁에서 화살은 적에게 치명상을 입힐 수 있는 중요한 공격 무기였다. 특히 그 피해의 정도는 화살 끝에 달린 촉의 크기와 모양에 좌우됐는데, 좀 더 큰 타격을 입히고자 도끼형, 송곳형, 골촉형, 사두형 등 다양한 형태로 만들어졌다. 사진은 경상도 일대에 출토된 화살촉으로 가야의 무사들이 사용했던 것으로 보인다.

『삼국사기』에는 문무왕이 웅진에 주둔하고 있는 당나라 장수 설인귀에게 보낸 외교 문서 '답설인귀서'의 내용이 실려 있는데, 당시 폭설과 혹한으로 인한 참상을 "궂은 비가 몇 달 동안 계속 내리고, 풍설은 지극히 추워 사람과 말이 얼어 죽었으며, 운송 중인 군량을 채 전달하지도 못했는데 당군은 귀환하려 했다. 신라의 병마도 양식이 다해 회군할 때, 병사들이 굶주리고 추워서 손발에 동상이 걸리고 길에서 죽은 자가 이루 헤아릴 수가 없었다"고 묘사하고 있다. 천신만고 끝에 김유신 군이 당군에 전달한 보급품은 다양했다. 식량을 제외하고, 은 5,700푼, 가는 베 30필, 그리고 머리카락과 우황이었다. 아마도 소소한 물품들은 기재되지 않았을 것이다. 이 가운데 머리카락과 우황은 약재로 사용되었다.

우황은 놀란 것을 치료하거나 열과 심한 통증을 가라앉히는 데 주로 사용했기에, 군사의학에서 필수 약품이었다. 그러나 머리카락은 생소하다. 머리카락이 약재로 사용된 연원은 오래되었다. 기원전 168년경에 조성된 것으로 추정되는 중국 장사 지방의 마왕퇴 3호분에서 출토된 한나라 때의 의학서『오십이병방』에는 대략 248종의 약물이 나오는데, 그중에는 머리카락도 기재되어 있다.

동상 치료제, 머리카락

머리카락을 약물로 사용하는 처방은 다양했는데, 우선 동상 치료제로 사용되었다. 고려시대 의학서인『향약혜민방』의 처방에는 두

삼국시대의 전투
삼국시대 치열했던 전투 현장을 상상해 만든 모형으로 백제군사박물관에 전시되어 있다. 고위급 장수와 달리 갑옷과 투구도 제대로 갖추지 못한 채 적진을 뚫어야 했던 일반 병사들은 적의 화살 등에 무방비로 노출되어 더 큰 상처를 입을 수밖에 없었다.

1,500년 전 머리카락
안라국 중심지인 경남 함안 성산산성에서 출토된 우리나라에서 가장 오래된 머리카락이다. 정성스레 땋은 모양을 하고 있으며, 성산산성이 500년대에 건설된 것으로 보아 최대 1,500여 년 전의 것으로 추정되고 있다.

발과 오동나무 기름, 즉 동유를 이용해 동상을 치료한다고 나와 있다. 이러한 처방은 겨울철 전투로 동상의 피해를 입는 병사들에게 유용했을 것이다.

또한 머리카락은 성병 치료제로 이용되었으며, 기침이나 대소변 불통, 적백리와 같은 이질이나 장티푸스로 인한 설사 증상과 종기를 치료하는 데도 사용했다.

이외에도 머리카락은 무좀, 옴, 악창을 치료하는 고약을 만드는 약재로 이용되었다. 이 고약은 6세기경 편찬된 중국 의학서인 『유연자방』에 제조법이 나와 있으므로, 신라의 통일 전쟁에서도 사용되었을 것이다. 무좀이나 옴과 같은 피부병은 청결한 생활을 할 수 없는 교전 중의 군사들에게 생기기 쉬운 질병이다. 만약 전군에 이러한 악성 피부병이 돌게 되면 행군 속도에 막대한 지장이 초래될 수도 있으므로, 군의에게는 중요한 질병 중의 하나였을 것이다. 따라서 미리 많은 양을 준비할 수 있는 머리카락을 이용한 고약은 유용했다고 할 수 있다.

이처럼 머리카락은 군대 내에서 발생하는 주요 질병의 치료제로서 기능했던 것이다. 군사 의학에서 가장 문제되었던 질병은 식중독이나 장티푸스·이질과 같은 음식물을 통해 옮는 각종 전염병, 무좀이나 옴 그리고 종기 등과 같은 피부병, 그리고 성병과 겨울철의 동상 등이 있는데, 머리카락은 이 모든 질병에 효능을 가진 것으로 묘사되고 있다. 물론 머리카락에 다른 약재를 다양하게 첨가했지만, 이처럼 손쉽게 구할 수 있는 사람의 머리카락을 약재로 사용하는 치료법은 바로 군사 의학의 산물이었다고 할 수 있다.

그런데 왜 당군의 머리카락을 사용하지 신라군이 어렵게 이를 가져갔을까? 이는 아마도 약효가 가장 좋다는 어린아이의 머리카락이었기 때문일 것이다.

피가 많이 날 땐 자석 가루를

고대 전쟁에서는 병장기로 인한 금창을 치료하는 법이 매우 중요했는데, 당시에는 자석 가루가 치료제로써 중요하게 사용되었다. 자석은 쇠붙이에 상해 내장이 나왔거나 출혈이 심한 경우, 그리고 이로 인해 생긴 열 등 여러 증상에 약재로 사용되었다. 전쟁에서 우수한 지혈제와 진통 해열제의 중요성은 굳이 말할 필요도 없을 것이다. 쇠붙이에 상해서 창자가 나온 것을 들어가게 하려면, 쇳가루 분말을 창자에 뿌린 다음 자석 가루를 하루 일곱 번 먹으면 된다고 했다.

이처럼 자석은 군사 의학에서 중요한 약재였다. 문무왕 9년(669) 봄 1월에는 당나라가

안악 3호분 대행렬도 중 일부

황해도 안악군에 위치한 고구려 벽화 고분인 안악 3호분 대행렬도에는 군사들의 행진 모습이 묘사되어 있다. 여기에는 칼, 창, 활 외에도 커다란 도끼를 메고 행진하는 도수 부대가 나온다. 당시의 외상은 이처럼 화살에 맞거나 칼과 창에 찔리고 도끼에 찍힌 것이 대부분이었을 것이다.

신라 승려 법안을 파견해 천자의 명령이라며 자석을 구했으며, 4개월 뒤 신라는 당나라에 자석을 제공했다. 당시 당나라는 한반도뿐만이 아니라 토번과도 전쟁을 했기 때문에 군수 의약품이 많이 필요했다. 신라와 연합 작전을 펼치면서 당군은 신라산 자석의 약효가 우수하다는 것을 알고 이를 요구했을 것이다.

15세기 조선에서 편찬된 『향약집성방』에는 다양한 금창 치료법이 수록되어 있는데, 그 가운데는 말발굽이나 말고삐, 활줄 등을 태운 가루를 술이나 여뀌즙, 쪽즙 등에 타서 먹는 처방이 있다. 이들은 전쟁 시 주변에서 쉽게 구할 수 있는 것으로, 군사 의학에서 유사시에 사용했던 처방이 후대에 남아 있는 경우라고 하겠다.

7세기 중엽 신라의 통일 전쟁에서 사용되었을 처방은 당나라 때 편찬된 『병부수집방』이라는 의학서에서 짐작해볼 수 있다. 현재는 사라진 책이지만, 군대에서 위급한 상황이 발생했을 때 손쉽게 사용할 수 있는 처방을 기록한 것으로 당나라 군대를 총괄했던 병부에서 만들어 예하 부대에 보급했던 것으로 보인다. 이는 당 군의에게 가장 중요한 처방서였을 것이고, 따라서 신라도 그 영향을 많이 받았을 것이다. 『향약집성방』에는 『병부수집방』의 일부 내용이 남아 있어 당시 사용되었던 군사 의학의 형태를 추적해볼 수 있다. 그 내용을 정리해보면 다음과 같다.

소아과도 있었던 이유는

첫째, 약물 한 가지를 쓰는 단방류 위주의 처방이 대부분이었다. 민간에서처럼 다양한 약재를 복잡한 방식으로 조제하는 것은 군사

약재를 가루로 빻거나 즙을 내는 기구인 약연(조선 후기)

의학에서 바람직하지 않았다.

둘째, 전시 상황에서 쉽게 구할 수 있는 약물들이 주로 사용되었다. 소의 오줌이나 말의 똥과 이빨, 그리고 참대나무 기름, 식초, 달걀, 좁쌀 등 대부분 손쉽고 간편한 처방이 치료의 주류였다. 전쟁 시 군부대와 같이 이동하는 가축들의 분비물과 그 신체 일부까지 약물로 사용했던 것이다. 사람의 머리카락을 이용한 다양한 치료법이 발달했던 것도 마찬가지 이유였다.

셋째, 다량의 약을 미리 조제해 둘 수 있는 가루약이나 알약이 주로 쓰였다. 일반적으로 동양 전통 의학에서는 탕제가 그 주류이다. 그러나 노동력과 시간이 많이 소요되고 보관이 어려운 탕제는 전시 상황에서 적합하지 않았다.

넷째, 전염병 예방 조치가 발달했던 것으로 보인다. 전염병의 유행은 전투 중인 군대에 치명적인 결과, 즉 패배를 가져온다. 따라서 미리 환약으로 조제해 군사들에게 복용하게 함으로써, 유행성 전염병을 막고자 했던 것을 알 수 있다. 질병이 발생하기 전 미리 약을 복용케 함으로써 병사들에게 심리적인 안정감을 주려는 의도도 있었던 것으로 보인다.

다섯째, 약물이 필요 없는 침이나 뜸이 유용하게 쓰였다. 간단한 도구만을 사용하는 침과 뜸은 군사 의학의 중요한 부분이었을 것이다. 문무왕 12년(672) 9월, 신라는 당나라에 침 400매를 보냈다. 이는 신라 침의 우수성이 중국에 알려져 있었으며, 통일 전쟁기에 침과 뜸이 많이 사용되었다는 것을 말해준다.

여섯째, 점령지 또는 주둔지의 민심 안정에도 이용되었던 것으로 보인다. 『병부수집방』에 소아과 치료법이 기재된 것은 하나의 의학

『향약집성방』에 인용된 『병부수집방』의 처방 내용

병의 증상	처방
중풍으로 이를 악물고 벌리지 못할 때	참대기름 1되를 따뜻하게 해서 먹는다
돌림병을 막기 위해 속을 조리해야 할 때	대황, 탱자, 흰솔뿌리혹, 메함박꽃뿌리, 생치나물뿌리 등을 가루 내어 엿으로 반죽해 알약을 만들고 한 번에 20알씩 잠잘 무렵에 생강 달인 물과 함께 먹는다
수종병으로 초기 증상이 위급할 때	검은 소의 오줌을 한 번에 1홉씩 마신다. 수종으로 오줌이 잘 나오지 않을 때는 누런 소의 오줌을 1되 마시되 소금을 먹지 않는다
가슴앓이로 오랫동안 참을 수 없이 아플 때	달래를 센 식초에 달여 먹되 소금을 넣지 않고 단번에 배부르도록 먹는다
가슴 속이 메스꺼우면서 자주 토할 때	생지황즙 3홉을 타서 단번에 먹으면 반드시 낫는다
구역질과 딸꾹질이 날 때	환자의 입과 코를 막아서 숨이 막히게 했다가 천천히 코로 숨을 내쉬게 하면 곧 멎는다. 멎지 않으면 다시 한 번 하면 반드시 멎는다
눈이 갑자기 충혈되고 아플 때	구기자즙을 눈에 넣으면 잘 낫는다
아직 곪지 않은 등에 난 종기와 열이 나는 종기	물에 적신 종이를 붙여보면 먼저 마르는 곳이 있는데, 이것은 열기가 위로 몰려 곪으려고 하는 곳이다. 여기에 바로 뜸을 뜨는 것이 좋다. 아프면 아프지 않을 때까지 뜨고 가려우면 아플 때까지 뜬다
부스럼이 오랫동안 낫지 않고 아프고 가려우면서 터질 때	말똥과 말 이빨을 문드러지게 갈아 2~3회 붙이면 낫는다
어린이가 기침을 하면서 몹시 숨차고 콧물 흘릴 때	참대기름 1홉을 하루에 3~5회씩 어린이의 나이에 맞게 먹인다
어린이가 화상을 입었을 때	오수유를 술에 달여 씻어주면 효과가 있다

서로서 다양한 과목을 총체적으로 정리했다는 의미로 볼 수 있을 것이다.

그러나 당나라 병부에서 군사들을 위해 수집한 처방전에 소아 치료법까지 기재된 것을 보면 또 다른 이유가 있었던 것 같다. 아마도 군대가 머물게 되는 점령지나 주둔지의 민심을 무마하기 위해서라고 생각된다. 군대가 장기간 주둔하거나 새로운 지역을 점령하면, 그 지역의 민간인들과 접촉하지 않을 수 없다. 이때 주민들과의 관계를 우호적으로 전환시키기 위한 방법으로, 민간의 아픈 아이를 치료해 주는 것만큼 좋은 건 없었을 것이다.

대중의학 발전에 기여하다

이처럼 군사 의학이 대상으로 삼았던 계층은 귀족을 포함한 고급 군관과 일반 병사뿐만 아니라, 민간인도 있었음을 알 수 있다. 고급 약재를 사용하는 치료법은 고급 군관을 위한 것이었고, 간단한 처방은 일반 병사와 민간인을 대상으로 개발되었을 것이다.

통일 전쟁기 신라가 당군에 전달한 약재를 보건대, 신라의 군사 의학도 상당한 수준이었던 것으로 보인다. 나당연합군으로 전쟁을 수행하는 과정에서 신라군과 당군의 의학은 상호 영향을 주고받았다. 통일 전쟁을 통해 신라산 침과 인삼·우황 등 각종 약재의 우수성이 당에 소개되었고, 이후 신라의 주요 대당 수출품이 되었다. 또한 신라는 한반도에 진주한 당나라 군대에 각종 의약품을 제공하면서 당시 동아시아 최고 수준을 자랑하던 당의 의학 체계와 의료 체계를 접하게 되었다.

신라는 나당전쟁이 끝난 후, 이러한 성과를 바탕으로 최초의 국립의과대학인 '의학'을 설

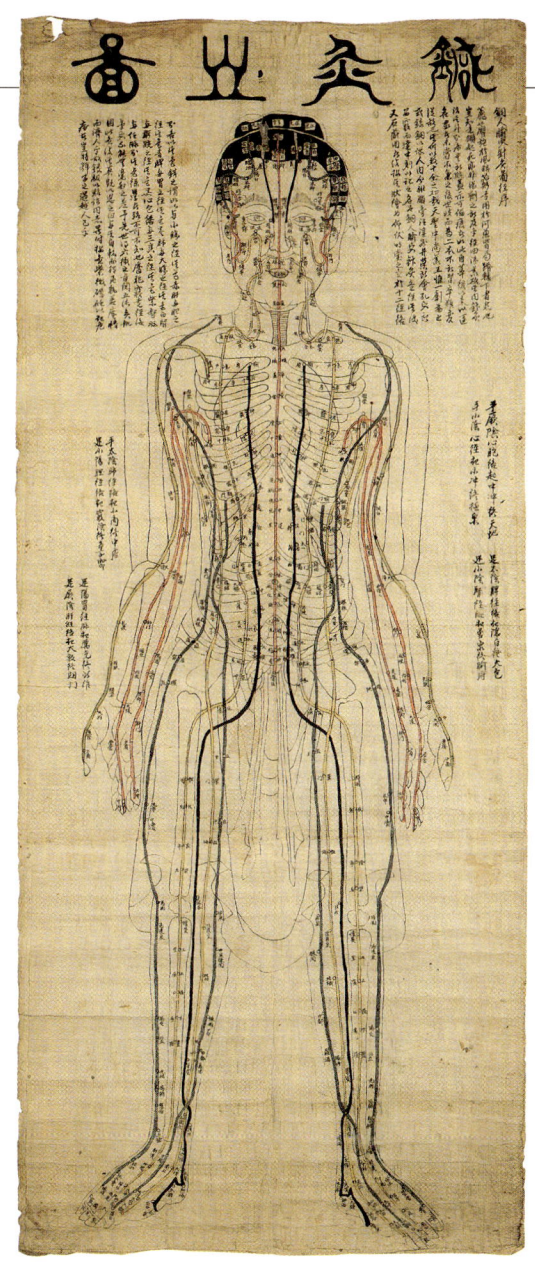

침을 놓거나 뜸을 뜨는 자리를 표시한 조선시대 경락도

립해(692년) 신라 의학을 이끌어갈 의료 관료를 배출하는 산실로 만들기도 했다. 전쟁이라는 비상 상황에서 배출된 의료 인력들이 토대가 되었던 것이다.

통일 전쟁기 신라 군사 의학이 갖는 진정한 의의는 신라 의학, 특히 일반인을 대상으로 하는 대중 의학이 발전하는 계기가 되었다는 점에서 찾을 수 있다.

이현숙 이화여대 연구원

인 물 탐 구

역사에 남는 이름을 남기는 사람이 항상 위대한 왕만은 아니다. 몸을 던져 왜적을 막아낸 석우로부터 일본 천황을 치료한 신라의 명의 김무, 패망한 조국의 한을 예술로 승화시켜 가야금의 명맥을 이어 간 우륵, 죽음으로 당 태종을 감동시킨 설계두까지 역사에는 크고 작은 영웅들이 많았다. 또한 벽화, 안길처, 도화랑, 설씨녀는 신라 여성들의 삶이 순탄치만은 않았다는 것을 보여 주기도 한다.

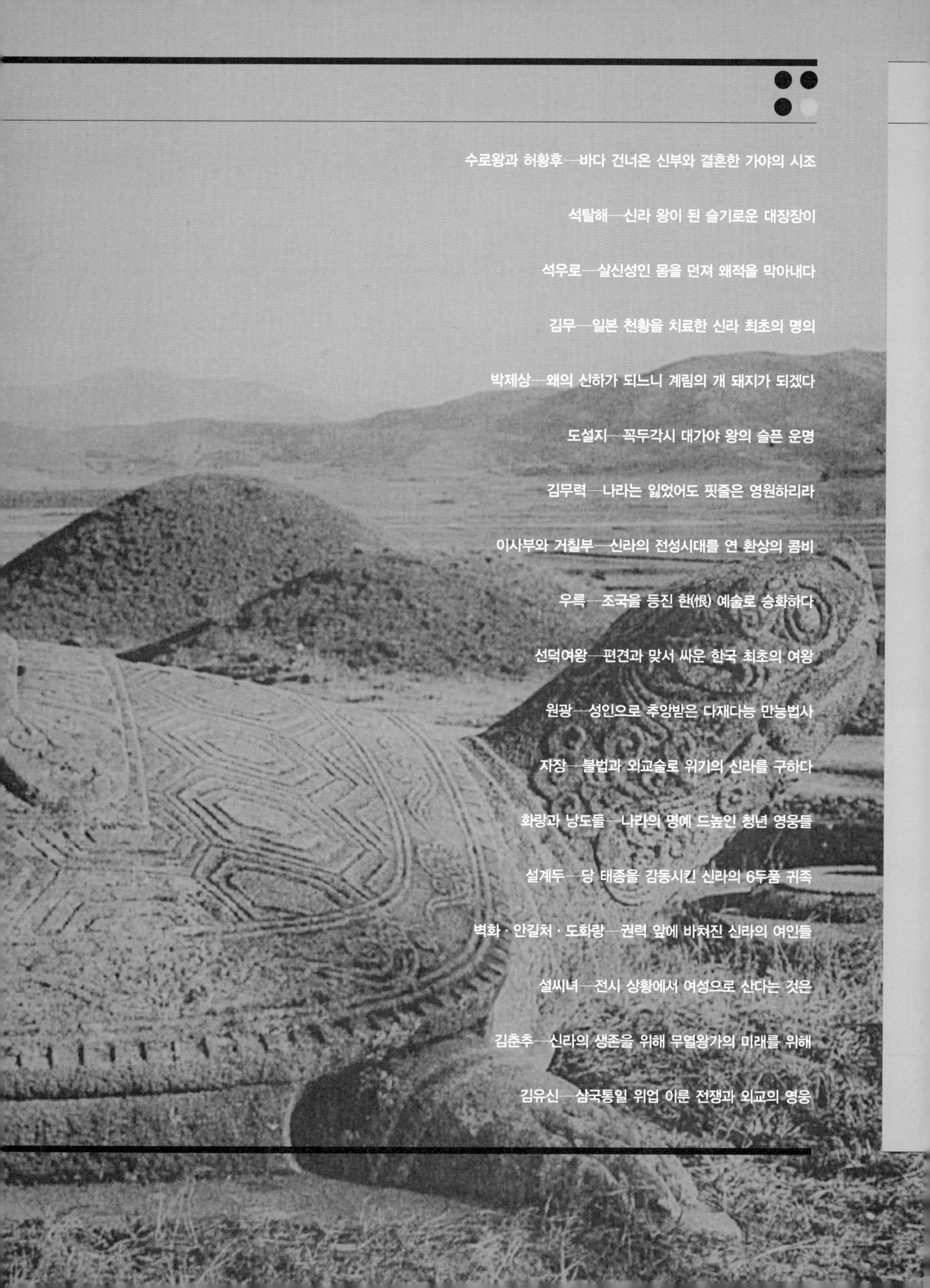

수로왕과 허황후─바다 건너온 신부와 결혼한 가야의 시조

석탈해─신라 왕이 된 슬기로운 대장장이

석우로─살신성인 몸을 던져 왜적을 막아내다

김무─일본 천황을 치료한 신라 최초의 명의

박제상─왜의 신하가 되느니 계림의 개 돼지가 되겠다

도설지─꼭두각시 대가야 왕의 슬픈 운명

김무력─나라는 잃었어도 핏줄은 영원하리라

이사부와 거칠부─신라의 전성시대를 연 환상의 콤비

우륵─조국을 등진 한(恨) 예술로 승화하다

선덕여왕─편견과 맞서 싸운 한국 최초의 여왕

원광─성인으로 추앙받은 다재다능 만능법사

자장─불법과 외교술로 위기의 신라를 구하다

화랑과 낭도들─나라의 명예 드높인 청년 영웅들

설계두─당 태종을 감동시킨 신라의 6두품 귀족

벽화·안길처·도화랑─권력 앞에 바쳐진 신라의 여인들

설씨녀─전시 상황에서 여성으로 산다는 것은

김춘추─신라의 생존을 위해 무열왕가의 미래를 위해

김유신─삼국통일 위업 이룬 전쟁과 외교의 영웅

바다 건너온 신부와 결혼한 가야의 시조

수로왕은 김해 가락국(금관국)의 시조로서 성은 김씨다. 『삼국유사』 「가락국기」에 그의 탄생과 관련한 설화가 전하는데, 「가락국기」는 원래 11세기 후반 고려시대에 살았던 어떤 문인이 쓴 책을 나중에 일연이 요약해서 『삼국유사』에 실은 것이다.

하늘에서 내려온 황금알

수로왕 신화를 통해 우리는 김해 지방에 하나의 통합된 정치 집단이 형성되는 과정을 알 수 있다. 신화에 따르면, 이 지역은 옛날부터 아도간 등 9간이 추장으로서 백성을 다스리고 있었는데, 42년 3월 구지봉에서 200~300명이 모여 '거북아, 거북아 머리를 내어 놓아라. 만약 내놓지 않으면 구워서 먹으리'라고 '구지가'를 부르며 춤을 추자 하늘에서 자줏빛 노끈이 내려왔다. 그 아래에 붉은 천으로 덮인 금상자가 있었는데 열어보니 둥근 황금알 여섯 개가 있었다. 얼마 후 이 알들은 아이로 변하고 어른이 되어 왕으로 즉위했다. 알 중에서 가장 먼저 태어난 왕을 처음 나타났다고 해서 수로(首露)라고 했다.

9간 등의 무리가 하늘에서 내려온 황금알이 변해 태어난 자를 추대해 수로왕으로 삼았다는 이 같은 줄거리는 일정한 역사성을 반영하고 있는 것이다. 이 줄거리에서 추론해 낼 수 있는 의미를 정리해 보면 다음과 같다.

첫째, 9간은 김해 지방에 흩어져 있던 작은 단위의 세력 집단인 9촌의 추장들로 수로가 오기 이전부터 이미 존재하던 토착 세력이었다. 그들이 구지봉에 모여 공동으로 의례를 행하는 풍습은 수로왕이 나타나기 이전부터 이 지역에 형성되어 있었을 것이다.

둘째, 수로왕은 하늘에서 내려왔고 형태는 알의 모습을 띠고 있다. 이는 가락국 지배 계층이 믿던 신앙이 북방 계통에 속했다는 것을 보여준다. 실제의 수로왕은 하늘에서 내려온 존재가 아니라 아마도 북방으로부터 옮겨온 이주민이거나 그런 이주민의 혈통에 속해 있

구지봉 입구 표석
구지봉은 김해시 구산동에 위치한 거북이 머리 모양을 닮은 작은 산봉우리로 김수로왕의 탄생 전설이 전해져 오는 곳이다. 산봉우리 동쪽에는 수로왕비 허황후의 무덤이 자리 잡고 있다.

김수로왕릉

김해시 서산동에 있는 수로왕의 무덤으로 사진은 일제시대 때 찍은 것이다. 봉분의 높이가 약 5m에 이르는 무덤인데, 현재의 모습을 갖추게 된 것은 조선 중기 때로 추정된다. 조선시대 문헌인 『지봉유설』에 따르면, 임진왜란 때 왜군에 도굴당하는 수난을 겪기도 했다. 당시 왜군들은 무덤 속에서 두개골이 구리로 만든 동이만큼 크고 손발과 사지의 뼈도 매우 장대한 시신을 목격했다고 한다.

던 사람이었을 것이다.

그러므로 수로왕 신화는 김해 지방에 이미 규모가 작은 토착 권력 집단들의 연합체인 '9촌 연합'이 존재하고 있는 상태에서, 각 지배자 9간이 합의해 이주민 계통의 수로왕을 추대함으로써 가락국이라는 소국이 출현하게 되었다는 사실을 반영하고 있다.

탈해의 도전을 물리치다

한편 『삼국유사』에서는 수로에게 '왕'이라는 칭호와 함께 '세조(世祖)' 또는 '원군(元君)'이라는 칭호도 사용하고 있다. 이 중 '세조'는 한 국가의 시조 즉, 태조(太祖)는 아니지만 나라의 중흥을 이룩한 군주로서 그에 버금가는 공이 있다고 인정되어 한 시대의 시조라는 뜻으로 붙이는 이름이다. 가야 시조인 수로왕을 세조라고 칭한 것은 신라의 시조에게 붙인 이름과 차이를 두기 위해서였던 것으로 보인다.

반면에 '원군'은 도교에서 여자 신선을 가리키는 칭호로서 남자 신선인 '진인(眞人)'의 상대어지만 드물게 '훌륭한 군주' 또는 '일반 가문의 시조'라는 뜻으로 쓰기도 한다. 이는

구지봉 신단수
수로왕의 탄강 전설을 간직하고 있는 곳으로 하늘과 땅을 잇는다는 신단수(神檀樹)와 커다란 바윗돌이 하나 서 있다. 원래 이 자리에는 여섯 개의 황금알이 하늘에서 내려왔다는 신화를 바탕으로 김해 김씨 종친회에서 세운 '육란석조상'이 있었으나 역사적 근거가 희박하다는 이유로 다른 곳으로 옮겨졌다.

고려시대에 『가락국기』를 쓴 사람의 신앙이 반영된 문장이라고 볼 수 있다.

그에 이어지는 기록들에 의하면, 수로왕은 나성과 궁궐을 지었고, 배를 타고 왕위를 빼앗으러 온 탈해의 도전을 물리쳤으며, 허황후를 만나 결혼을 했다.

또 9간의 명칭을 정하고 관료 제도를 고쳤다고도 하며, 신라 파사왕의 요청에 따라 음즙벌국과 실직곡국 사이에 벌어진 분쟁을 중재하기도 했다.

허황후는 누구인가

『삼국유사』「가락국기」에서 사실 수로왕의 탄생 설화보다 더욱 많은 비중을 차지하는 것은 허황후와의 결혼 설화다.

허황후를 어떤 사람으로 보는가에 대해서는 여러 가지 설이 있다. 해변에서 신령과 결혼하는 의례를 거행하던 무당이라고 보기도 하고, 일본에 있던 한 가락국의 분국에서 본국인과 결혼을 위해 돌아온 왕녀라고 보기도 한다.

또한 인도 아요디아 왕국이 타이 메남강 유역에 건설한 식민국인 아유티야에서 온 왕녀라고 보기도 했으며, 혹은 인도 아요디아 왕국에서 중국 사천성 안악현으로 집단 이주해 살던 허씨족 중에서 배를 타고 황해를 건너온 소녀라고 보기도 했다.

아유타국이 어디에 있었는지와 관련해서도 여러 가지 설이 있다. 인도, 태국, 중국, 일

수로왕과 허황후는 정말 150세 넘게 살았을까

『삼국유사』「가락국기」에는 수로왕이 42년부터 199년까지 158년 동안 왕위에 있었던 것으로 기록되어 있다. 48년 16세의 나이에 가락국으로 건너와 왕비가 된 허황후도 189년 157세의 나이에 죽은 것으로 되어 있다. 이를 사실 그대로 믿을 수 있을까?

수로왕이 죽은 연대가 199년으로 되어 있는 것부터 의문이다. 고고학적 발굴 결과를 살펴볼 때, 현재의 김해시 일대가 가야 문화의 중심지로 등장한 시기는 대성동 고분군이 본격적으로 만들어지던 시점인 3세기 후반부터기 때문이다.

다만 초기 문화의 중심이었던 김해시 서쪽의 주촌면 양동리 지역에서 설화의 줄거리가 성립된 후 세력 중심지가 김해 중심가 일대로 옮겨왔을 수 있으며, 그 과정에서 일부 지명이 그에 맞게 재조정되었을 수는 있다.

그렇다고 해도 「가락국기」의 연대는 고고학적 자료가 보여주는 증거와 걸맞지 않는다. 따라서 수로왕의 출생년도나 사망년도 등을 세세하게 인정하긴 어렵다. 가야의 건국 시기가 이렇게 기록된 것은 신라와의 연관 아래 상향 조정된 결과로 생각된다.

본의 어느 곳에 있었는지, 또는 실제로 허황후가 그 가운데 어느 곳에서 온 것인지 모두 분명치 않다.

인도 갠지스강의 상류인 사라유강의 왼쪽 언덕에 있던 고대 도시 국가인 아요디아 왕국이 바로 아유타국일 수도 있다. 아유타국의 상선이 우연히 표류를 당해 김해까지 흘러들어오는 신비한 일이 실제로 벌어졌을 가능성도 없지 않다.

그러나 그보다는 신라 중기 어느 시기에 오늘날의 김해인 금관소경°에 왕후사라는 절을 지을 때, 누군가가 절의 창건 설화를 만들면서 자신이 알고 있는 불교 지식을 덧붙였을 가능성이 더 높다.

인도의 아유타국은 기원전 3세기 아소카왕의 유적이 서린 성이었고, 무착이나 세친과 같은 4~5세기 대승불교 사상가가 활동하던 곳이다. 또한 대승 경전『승만경』의 주인공인 승만부인이 아유타국의 왕비였다고 하므로, 불교적으로 인연이 깊은 나라였다. 하여튼 인도의 그곳에서 허황후가 실제로 왔다고 해도, 그것이 가야의 역사 전개에 큰 영향을 주었다는 흔적은 없다.

더구나 공주의 결혼 후견인들의 이름이 신보, 조광 등으로 인도계가 아니라 중국계여서 더욱 허황후가 인도에서 왔다고 보기는 어렵다. 허황후는 배에 금은, 비단, 의복, 그릇 등의 물건을 많이 싣고 왔다고 하는데 이를 "한

°**금관소경**
신라가 삼국통일 이후 왕경(경주)이 신라 영토의 동쪽 끝에 치우쳐 있는 약점을 보완하기 위해 설치한 5소경(五小京) 중 하나다. 오늘날의 경남 김해 지역에 680년(문무왕 20) 설치되었다가 757년(경덕왕 16) 김해소경으로 이름이 바뀌었다. 원주·남원 등 5소경은 모두 원래 신라 영토가 아닌 곳에 두었는데, 금관가야(532년 멸망)가 있었던 김해 지역 역시 마찬가지였다. 신라는 금관소경을 통해 가야 유민들을 회유하고 통제하고자 했던 것으로 볼 수 있다.

허황후릉
구지봉 동쪽, 김해에서 마산으로 나가는 국도 건너편에 위치해 있다. 지름 18m, 높이 5m 규모로 능의 전면에 장대석으로 축대를 쌓고 주위에는 얕은 돌담을 둘렀다. 무덤 앞에는 1647년 조선 인조 때 세운 '가락국수로왕비 진주태후허씨지릉'이라고 새긴 능비가 있다.

쌍어문

두 마리 물고기가 마주보고 있는 모양의 '쌍어문'은 인도 아요디아시의 상징(왼쪽)인데, 수로왕릉 정문에도 이와 비슷한 그림(오른쪽)이 있어 허황후의 출신지를 둘러싼 신비로움이 증폭돼 왔다. 하지만 불교의 상징이기도 한 이러한 문양이 가야시대부터 이어져 왔을 가능성은 없다는 게 중론이다. 수로왕릉의 쌍어문은 조선 정조 또는 순조 때 처음 새겨진 것으로 추정된다.

나라 점포의 여러 가지 물건"이라고 표현하기도 했다.

또한 짐을 싣고 왔던 배는 선원 15인에게 각기 쌀과 포목 등을 주어 돌려보냈다고 하는데, 보통의 혼인 설화라면 서로 오간 물건에 관해 이토록 관심을 기울일 필요는 없었을 듯하다. 그렇다면 이는 낙랑 상선이 해상 교통로를 이용해 가야 지역에 와서 중국 계통 문물을 교역하던 중에 발생한 연애 이야기가 널리 퍼지면서 가공된 것이라고 보아야 한다.

놀이로 만들어진 결혼 설화

한편 「가락국기」에는 허황후와의 결혼 과정 중에 망산도, 승점, 주포, 능현 등의 지명이 등장하며 결혼식을 올린 곳은 왕후사라고 기록되어 있다. 그리고 고려시대에는 가락국의 옛 일을 그리워하며 놀이를 하는 풍습이 있었다고 한다.

그 놀이의 내용은 수로왕 강림에 관한 것은 없고 허황후가 배 타고 온 것과 관련해 육상과 해상에서 경주를 하는 것이었다. 여기서 경주가 시작되는 장소인 망산도는 지금의 김해시 칠산이고, 끝나는 장소인 승점은 오늘날의 봉황대에서 가까운 곳이었을 것이다.

이렇게 볼 때, 수로왕으로 상징되는 왕족은 낙랑 지역에서 이주해 온 세력 중 하나로서 기존의 토착 세력인 가락 9간에 의해 왕으로 추대된 것으로 보인다. 허황후로 대표되는 왕비족도 낙랑 지역에서 온 2차 이주민이거나, 또는 낙랑 지역에서 수시로 왕래하는 상인 집단의 일족이었을 것으로 추정된다.

김태식 홍익대 교수

대동여지도의 김해 부분

19세기 조선의 실학자 김정호가 만든 「대동여지도」의 김해 부분이다. 수로왕이 결혼 전 허황후의 배가 도착했는지 살펴보기 위해 신하를 보냈다는 '망산도(望山島)'의 위치가 확인된다. 이 지도를 통해 당시 망산은 현재와 달리 섬이었음을 알 수 있다. 20세기 초까지도 김해는 중심가 바로 남쪽에 바다를 끼고 있는 해안 도시였다.

지략과 용맹으로 수로왕을 섬긴 탐하리

탐하리는 수로왕의 심복이다. 그에 관해 『삼국사기』의 102년(신라 파사왕 23) 8월 기록에는 다음과 같은 이야기가 전한다.

음즙벌국(현 경주시 안강읍)과 실직곡국(현 강원도 삼척시)이 서로 영토를 두고 다투다가, 사로국 파사왕을 찾아와 해결해 주기를 청했다. 왕이 이를 어렵게 여겨 말하기를 "금관국(가락국) 수로왕이 나이가 많고 지식도 많다"며 그를 불러 물었더니 수로가 판결하여, 다투던 땅을 음즙벌국에 속하게 했다. 이에 왕이 6부에 명해 수로를 위한 연회를 베풀게 했다. 그런데 5부는 모두 이찬을 연회 주관자로 삼았으나 오직 한기부만은 지위가 낮은 사람으로 주관하게 했다. 분노한 수로는 심복 탐하리에게 명해 한기부의 연회 주관자인 보제를 죽이게 하고 돌아갔다. 살인을 저지른 탐하리는 도망해 음즙벌국의 우두머리 타추간의 집에 숨어 있었다. 왕이 사람을 시켜 그를 찾았으나 타추간이 보내주지 않아 사로국이 군사로 음즙벌국을 치니 그 우두머리가 무리와 함께 스스로 항복했다.

이 이야기로 보아 탐하리는 김해에서 경주까지 수로왕을 수행했던 사람으로서 무술과 지략이 뛰어났다. 한기부의 연회 주관자인 보제를 은밀하게 죽이고 금관국과 친한 음즙벌국에 몸을 맡김으로써, 사로국의 배후에 있던 음즙벌국이 신라의 명령에 저항할 수 있는 근거를 마련해 주었던 것이다. 이야기 끝 부분에서 음즙벌국은 사로국에 투항했어도 탐하리가 죽었다는 말은 나오지 않으므로, 그는 다시 몸을 피해 수로왕에게 돌아간 듯하다. 즉 그는 고대의 역사 기록에서는 보기 드물게 이름까지 공개된 가야의 유능한 자객인 동시에 모사꾼이었다.

유능한 자객이자 모사꾼

그런데 이 이야기가 전해주려는 메시지는 무엇일까. 우선 수로왕이 음즙벌국에 유리한 판정을 내린 것에 대해 사로국 6부 중 하나인 한기부가 반발하는 모습을 보인 데 주목해 보자. 그 이유는, 한기부가 음즙벌국보다는 실직곡국을 지원하던 사로국 내부의 세력이었기 때문일 수도 있고, 또는 사로국 동쪽 해안에 있던 한기부와 관련이 깊은 석탈해가 일찍이 수로왕과 세력 경쟁을 벌여 패했던 경험으로 인한 원한 때문일 수도 있다.

이 사건에 관여한 세력들은 모두 해안에 위치해 있다는 공통점을 갖고 있다. 그중에 금관국과 음즙벌국이 한 패였고, 실직곡국과 한기부가 한 패였던 듯하다. 그들이 이처럼 패가 나뉜 이유는 금관국으로부터 사로국을 거쳐 실직곡국까지 가는 연안 항로에 얽힌 이권 다툼에 있었을 것이다.

그런데 진한의 맹주로서 음즙벌국과 실직곡국 사이의 중재를 맡게 된 파사왕은, 그 분쟁이 사로국 내부의 세력과도 얽혀 있음을 알고 그 중재권을 짐짓 변한 맹주인 금관국에 맡겨서 직접적인 분쟁의 당사자로 연결되는 것을 피하려고 했던 것으로 보인다.

결국은 수로왕을 접대하는 문제로 불만이 터져 나오고 이로 인해 권위를 훼손당한 수로왕이 탐하리를 시켜 한기부에 극단적인 처사를 가했다. 그리고 이를 기회로 삼아 사로국의 파사왕은 화살을 외부로 돌림으로써, 다시 내부 단합을 굳건히 함과 동시에 주변 소국들로부터 항복을 받아내서 권위를 재확인할 수 있었던 것이다.

금관국과 사로국의 힘

이 사건을 놓고, 김해 세력의 힘이 경주까지 강하게 미치고 있었음을 반영하는 것이라고 이해하는 견해도 있고, 반대로 사로국이 진한과 변한 소국을 통틀어 가장 강력한 힘을 가진 존재로 떠오른 것을 나타내는 예라고 보는 입장도 있다. 그러나 이 기록만으로는 변한의 금관국과 진한의 사로국 중에 어느 쪽이 더 강했다는 결론을 이끌어낼 수는 없어 보인다.

다만 당시에 사로국과 금관국은 각기 주변 소국의 문제를 중재하는 연맹 우두머리의 위치에 있었다는 점, 사로국 6부는 중앙 정부의 명령에 대해 각기 독립적인 행위를 할 수 있었다는 점, 주변의 진한 소국들에 대한 최종 권위는 이 사건을 계기로 사로국 쪽으로 기울어졌다는 점 등을 확인할 수 있다.

수로왕릉 옆에 위치한 숭선전에는 수로왕과 허황후의 위패가 모셔져 있다. 이곳에서 음력 3월 15일과 9월 15일에 행하는 제례는 무형문화재로 지정되어 있다.

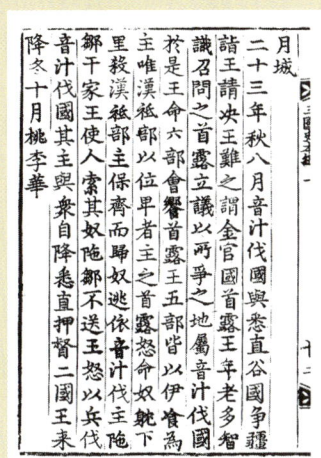

탐하리의 활약을 소개한 『삼국사기』

신라 왕이 된 슬기로운 대장장이

기록에 의하면 탈해(재위 57~80)는 신라의 네 번째 왕으로 석씨의 시조라고 한다. 탈해의 출생 설화는 시조 왕인 박혁거세나 김씨의 시조인 알지의 출생 이야기와 마찬가지로 보통 인간이 경험할 수 없는 신비로움으로 가득 차 있다. 이는 고대인들이 시조나 영웅에게 가졌던 경이로운 마음을 표현할 때 흔히 사용하는 방식이었다.

그런데 탈해 이야기에는 뭔가 좀 다른 것이 있다. 혁거세나 알지의 경우 그냥 하늘의 어떤 계시에 의해 갑자기 신라 땅에 나타났다고 한 것과 달리, 탈해는 태어난 나라가 저 먼 곳 어딘가이고 오랜 여행 끝에 신라 땅에 들어와 정착했다고 한다. 또한 탈해는 많은 이상한 행적을 기록에 남기고 있다. 탈해 전설의 이러한 특이한 점 때문에 탈해나 석씨 집단의 기원에 대해서 많은 논란이 있어왔다.

다파나국에서 건너온 왕자

탈해는 왜의 동북쪽 1,000리에 있는 다파나국(또는 용성국, 정명국, 완하국이라고도 한다) 출신이라고 한다. 그 나라 왕비가 임신해 7년 만에 큰 알을 낳았는데, 이상하다 여겨 알을 상자 속에 넣어 바다에 흘려보냈다.

상자는 먼저 가락국 해변에 닿았는데 거기 머물지 않고 신라의 동쪽 해변 아진포라는 곳에 이르렀다. 한 노파가 이를 거두어 열어보니 궤에서 남자 아이와 여러 보물과 노비들이 나왔고, 이후 아이는 커서 고기잡이로 생활을 했다고 한다.

혁거세나 알지와 달리 탈해의 출신지는 구체적인 지역과 나라 이름까지 언급이 되어 있다. 탈해와 그를 시조로 하는 석씨 집단이 어떤 지역으로부터 이주해 와 신라에 정착한 집단이어서 이러한 이야기가 구성됐을 가능성이 많다.

탈해의 원래 출신 지역이 정확히 어느 곳인지는 알 수 없다. 다파나국은 왜의 동북쪽 1,000리에 있었다고 하는데 그것이 동해 가운데 있던 나라인지, 서역의 어떤 나라였는

석탈해왕 탄강유허
탈해왕이 알에서 태어났다고 전해지는 경주시 양남면 동쪽 바닷가 부근에 세워져 있다. 『삼국유사』에 따르면 탈해왕의 탄생지는 '계림동 하서지촌 아진포'란 곳이었다. 조선 헌종 때 유허비와 비각이 건립됐다.

석탈해 주요 연보

- **8년** 남해왕의 사위가 됨
- **10년** 최고 관직인 대보에 오름
- **24년** 유리왕과 왕위를 다투었으나 양보
- **57년** 신라 제4대 왕으로 즉위
- **64년** 백제와 전투
- **65년** 김알지를 금궤에서 발견 국호를 '계림'으로 변경
- **67년** '주주' '군주'라는 관직을 새로 만듦
- **77년** 황산진에서 가야군 격파
- **80년** 서거

석탈해왕릉

탈해왕은 죽은 뒤 금성 동북쪽에 있는 '양정'이라는 언덕에서 장사 지냈다고 전하는데, 탈해왕릉은 현 경주 중심가에서 동북 방향인 동천동에 위치해 있다.

지, 아니면 중국 남부 해안 지역에 있었는지 의견이 분분하다.

다만, 탈해가 경주 동쪽 해변에 살았다는 것이나 죽은 뒤 그 지역의 산신으로 숭배되었다는 이야기에서 탈해 집단이 바다를 끼고 이동해 경주 동쪽에 자리를 잡고 성장한 집단이었음을 추정할 수 있다. 『삼국사기』에 나오는 다른 석씨 왕들의 활동이 소백산맥 일대에서 이루어졌다는 사실을 근거로 탈해와 이후 석씨 집단을 분리시켜 석씨 집단을 한반도 중부 지방으로부터 소백산맥을 넘어 경주로 이주해 온 집단으로 이해하는 시각도 있다.

남해왕의 사위가 되다

탈해의 출신에 대해서는 또 다른 재미있는 이야기가 전한다. 경주에 와서 살 만한 곳을 찾던 탈해는 초승달같이 생긴 곳이 있어 살펴보고는 오래 살 만한 곳이라 생각했다. 하지만 그곳은 호공이라는 사람의 집이었다.

탈해는 꾀를 내어 몰래 숫돌과 숯을 그 집 곁에 묻고는, 집 주인을 찾아가 이곳이 자기 조상의 집이라고 주장했다. 호공과 탈해는 서로 자기 집이라고 다투다 결국 관가에 갔다.

관리가 탈해에게 어떤 근거로 그 집이 너희 집이라고 주장하는가 묻자, 탈해는 나는 본래

탈해왕과 수로왕의 '둔갑술' 대결

『삼국유사』「가락국기」에는 탈해가 신라 왕이 되기 전 가락국의 시조 수로왕을 찾아가 왕위를 내놓으라며 도술 시합을 했으나, 수로왕에게 지고 도망친 것으로 기록되어 있다.

어느 날 탈해가 바닷길을 따라 가락국에 도착했다. 이때 그는 키가 다섯 자에 머리 둘레가 한 자인 기이한 모습이었다고 한다. 탈해는 대궐로 가 수로왕에게 말했다.

"나는 왕의 자리를 빼앗으러 왔소."

이에 수로왕은 "하늘이 나에게 명해 왕위에 오르게 했고, 나는 장차 나라 안을 안정시키고 백성을 편안하게 하려 한다. 나는 감히 천명을 어기고 왕위를 남에게 줄 수 없으며, 또 감히 우리나라와 백성을 너에게 맡길 수도 없다"고 맞섰다.

두 사람은 '둔갑술'로 서로의 실력을 겨뤄보기로 결정했다. 탈해가 갑자기 변해서 매가 되니, 수로왕은 독수리가 되었다. 또 탈해가 참새로 둔갑하니, 수로왕은 새매로 변했다. 순식간의 일이었다. 자신이 이길 수 없음을 깨달은 탈해는 항복하고 배를 타고 떠나야 했다.

그러나 수로왕은 탈해가 또 반란을 꾸밀까 염려해 급히 해군을 실은 배 500척을 보내 그를 뒤쫓았는데, 탈해는 무사히 신라의 영토 안으로 도망쳤다고 한다.

대장장이였는데 잠시 어디 다녀온 동안 다른 사람이 빼앗은 것이니 그 땅을 파보면 내 말이 사실임을 알 수 있을 것이라고 했다. 탈해의 말대로 과연 그 땅에서 숫돌과 숯이 나왔고, 마침내 탈해가 그 집을 차지하게 되었다. 당시 신라 제2대 남해왕(재위 4~24)은 탈해의 이러한 슬기로움을 잘 알고 사위로 삼았다고 한다.

탈해는 대장장이였으며 이 때문에 왕의 사위가 되어 마침내 왕이 된 것이다. 돌 속에서 금속을 뽑아내어 이를 도구로 사용하게 된 것은 굉장한 일이었다. 지금이야 별 일 아닌 것 같지만, 당시는 금속으로 된 도구를 만들 줄 아는 사람, 또 이를 소유하고 사용하는 사람은 보통 사람과 다르게 여겨졌다.

금속 도구를 만들고 사용하는 일에는 사람의 힘이 아니라 신의 힘이 작용한다고 생각했다. 그래서 청동기시대 청동기는 신과 접촉하는 무당이나 신의 명령을 받은 집단의 우두머리들만이 사용했다.

처음 철기를 만들어 사용하던 시기에도 상황은 비슷했다. 탈해와 그 집단은 바로 철기를 다룰 줄 아는 기술이 있어 당시 신라 사람들에게 슬기롭다고 여겨졌고, 그래서 왕이 될 수 있는 자격을 갖추게 된 것이다.

대장장이와 무당은 같은 급

당시 사람들은 금속을 다루는 기술이 신의 힘을 얻어서 가능한 것이라고 생각했다. 그래서 여러 고대 사회에서는 대장장이나 무당과 같은 신성한 일을 하는 사람은 그 조상이 같다고 여겼다.

그렇다면 당시 신라 사람들이 칭송했던 탈해의 슬기는 금속을 다루는 기술뿐 아니라 신과 접촉할 수 있는 능력까지 포함된 것은 아닐까. 탈해의 신비로운 능력은 다음과 같은 일화에서도 확인된다.

탈해가 토함산에 갔을 때 일이다. 산을 오

대장간과 철기 생산 도구
왼쪽은 조선시대의 대표 화가 김홍도가 대장간에서 일하는 사람들의 모습을 그린 풍속화로 달군 쇠를 집게로 잡고 모루 위에 대주는 사람, 이를 쇠망치로 내려치는 사람, 완성된 연장을 숫돌에 가는 사람 등이 생생하게 잘 묘사되어 있다. 신라인들이 철제품을 만들어내는 과정 역시 이와 비슷했을 것이다. 오른쪽 사진은 신라시대 철기 생산 도구로 집게와 망치는 경주 지역에서 출토됐다.

토함산
경주시 보덕동·불국동·양북면 경계에 있는 산으로 신라 때 나라를 지켜주는 신성한 산으로 여겼다. 높이 745m로 경주 시내에서 가장 높은 산이며, 불국사와 석굴암이 위치해 있다. 탈해는 죽어서 신라 동악(東岳)의 산신이 되어 나라 사람들로부터 추앙받았다고 전하는데, 동악은 토함산을 가리키는 것으로 추정된다.

르다 목이 말라 하인에게 물을 떠오라고 했다. 그런데 하인이 물을 떠오는 도중 자신도 목이 말랐는지 먼저 입술을 대자, 입술이 그릇에 붙어서 떨어지지 않았다. 이를 보고 탈해가 꾸짖자 하인이 다시는 그러지 않겠다고 맹세했더니 그제야 입술이 떨어졌다고 한다.

신라인들은 탈해가 신적인 능력을 가진 존재였다고 믿었다. 대장장이가 신의 능력을 가진 특별한 사람이고 그래서 결국은 왕이 되었다는 설화는 신라뿐 아니라 고대의 다른 사회에서도 많이 보이는 이야기인데, 초기 인류가 금속을 다루는 일을 얼마나 신성하게 여겼는지 잘 보여주는 사례라고 하겠다.

고대에 존경을 받던 무당은 조선시대에 가면 천시받는 처지가 되는데, 그럼에도 조선시대 대장장이들을 보면 무당 집안 출신인 경우가 많아서 대장장이와 무당의 밀접한 관계가 그 흔적을 남기고 있는 것을 볼 수 있다.

신라에서 왕이라는 중국식 지배자의 호칭을 쓰기 시작한 것은 6세기에 이르러서다. 그 전에는 거서간, 차차웅, 이사금, 마립간이라는 신라 고유의 호칭을 썼다.

그중 차차웅이라는 호칭은 원래 무당을 가리켰다. 신라 사람들은 자신들의 지배자가 마치 무당처럼 신과 접촉해 그 의지를 알아 인간 세상을 더 풍요롭고 안전하게 지켜주길 바랐던 마음에서 차차웅이라는 호칭을 썼던 것이다. 대장장이 출신으로 왕이 되었고 또 나중에 신이 되었다는 탈해에게서 고대인들이 대장장이와 무당을 왕에 견주었다는 사실을 잘 알 수 있다.

나희라 진주산업대 교수

살신성인 몸을 던져 왜적을 막아내다

석 우 로

3세기 초반의 어두컴컴한 어느 날, 우로는 신라 왕궁인 반월성에서 석씨 나해왕(재위 194~240)의 아들로 태어났다.

당시 신라는 아직은 어두움이 똬리를 틀고 있는 가난한 나라였다. 한반도의 동남쪽 끝, 바다와 산맥으로 둘러싸여 있는 이 작은 나라는 결코 풍요롭지 않았다. 끊임없이 계속된 전쟁이 모든 힘을 빼놓았기 때문이다.

도시라 해봤자 제대로 된 것이 없었으며, 신라의 본거지인 경주도 반월성 아래 허름한 집들이 옹기종기 모여 있는 초라한 마을에 지나지 않았다.

잠잠할 만하면 들이닥치는 왜인들의 약탈 때문에 사람들은 안정된 생활을 유지하기가 더욱 어려웠다. 이러한 시대 상황 속에서 태어난 우로는 나라를 위해 온몸을 던져 왜적을 막아낸 신라의 위대한 영웅이었다. 그러나 귀족들의 시기와 질투를 받아 비참한 최후를 맞이한 비운의 주인공이기도 했다.

왕이 되지 못한 왕자

우로의 아버지 나해왕은 나라의 주요 자리를 차지하고 있는 친족들에게 더없이 겸손했다. 신라에는 부족 국가 시대의 혈연주의 관습이 남아 있어 그들의 비위를 맞춰주지 않으면 나라를 유지할 수 없었기 때문이다.

230년, 아버지 나해왕이 사망한 후 왕위는 우로가 아닌 사촌형인 조분에게 돌아갔다. 당시 왕위 계승자는 전 왕이 아니라 귀족회의체 화백에서 결정하도록 되어 있었다. 조분왕(재위 230~247)은 신체적으로 키가 크고 덩치도 좋았을 뿐만 아니라 판단력과 위엄도 갖추고 있어 귀족들로부터 왕에 선택됐다.

그러던 중 232년, 동해안에 왜군이 상륙했다. 그들은 거침없이 진격해 신라의 왕경으로 들이닥쳤고, 사람들과 군인들은 왕성인 반월성에 모두 들어가 피신했다. 이전부터 왜는 신라에 쳐들어와 해안 지역의 사람들을 잡아가고, 성을 공격해 함락시키기도 했다. 하지만 내륙 깊숙이 들어와 왕성을 포위한 것은 이때가 처음이었다.

신라군은 성문을 굳게 닫고 상대하지를 않았다. 조분왕과 귀족들은 그들이 식량이 떨어져 지칠 때까지 기다리기로 했다. 그런 후에

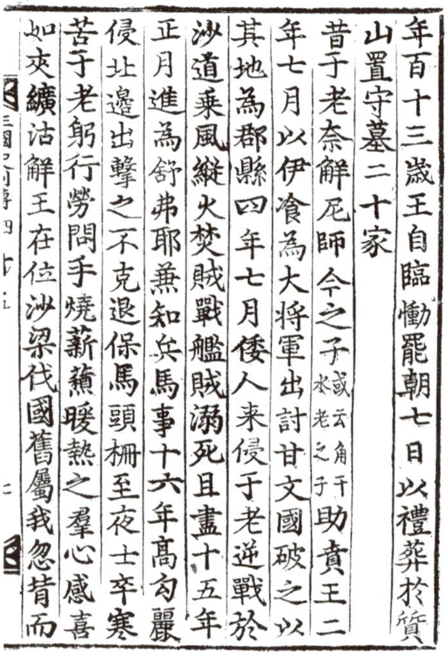

석우로 주요 연보

- **209년** 포상팔국 전쟁에서 가야 구원
- **231년** 감문국 정복
- **233년** 왜군 침입 격퇴
- **245년** 고구려와의 전쟁에 참전
- **247년** 사량벌국 정복
- **253년** 왜 왕을 희롱해 왜군 침입 초래 스스로 책임지고 죽임을 당함

석우로 열전이 소개된 「삼국사기」

야 왕이 직접 성문을 열고 나아가 그들과 싸웠다. 소극적이지만 현명한 선택이었다.

지친 왜군은 신라군의 기세에 밀렸다. 왜군은 천천히 앞을 보면서 뒤로 물러나기 시작하더니 몸을 돌려 허겁지겁 도주하기 시작했다. 신라의 경기병이 대열이 흩어져 도망하는 왜군을 추격했다. 1,000여 명의 왜군이 죽거나 포로가 되었다.

하지만 왜군이 완전히 물러간 것은 아니었다. 그들은 이듬해(233) 5월 다시 동해안 지역에 나타났다. 신라는 두 달 뒤인 7월에 가서야 우로가 병력을 이끌고 출동했다. 늑장을 부렸다기보다 병력 출동을 결정하는 데 시간이 걸렸다. 병력은 각각 귀족의 휘하에 있었고, 왕은 그들을 설득해 병력을 모아야 했기 때문이다.

싸움터는 사도(현 포항 영일만)라는 곳이었다. 우로는 그곳의 해안 지형을 잘 알고 있었다. 해안에는 모래사장이 있었는데 육지에서 바다 쪽으로 내리막 경사였다. 바다에서 밀고 들어온 왜군의 배가 모래사장에 머리를 박아 놓고 있었다. 배와 배 사이에는 천막을 걸쳐서 막사를 만들었다.

우로의 군대가 다가오자 왜군은 이를 막아내기 위해 야영지 앞에서 대열을 가다듬었다. 해안을 바라보고 다가서는 신라군은 지대가 높은 쪽에 있었고 육지 쪽을 바라보는 왜군은 그 반대였다. 신라군이 진격해 올 것을 예상한 왜군은 밀집 대열을 만들었다.

그런데 예상했던 신라군이 몰려오지 않고 사람 키보다 높은 공처럼 생긴 큰 불덩어리가 내리막으로 굴러왔다. 저녁이라 육지에서 바다 쪽으로 육풍이 불 때였다. 불덩어리는 왜

영일만
현재의 포항 영일만 일대를 그린 조선 후기의 산수화풍 지방 지도다. 영일만은 바다로 통하는 길목에 위치해 있어 예로부터 왜적들의 침입이 잦았던 곳이다. 「삼국사기」에는 우로가 왜적들을 '사도(沙道)'라는 곳에서 물리쳤다고 기록되어 있는데, 이 일대로 추정된다.

군을 갑자기 덮쳐 깔고 지나가면서 그들이 타고 온 뱃머리와 그 사이에 있는 막사를 불태웠다. 대열이 흩어졌고 몸에 불이 붙은 왜군들은 바다를 향해 뛰어들었다. 나머지 무사한 왜군은 육지 쪽으로 갈 수 없었다. 창을 빼곡이 앞으로 꼬나든 신라군들이 있었기 때문에 바다 쪽밖에 길이 없었다. 바다에 뛰어든 왜군은 모두 익사하고 말았다.

전투가 끝난 이듬해 조분왕이 동해안을 직접 방문해 백성들을 위로했다. 그곳에서 왜군을 격퇴한 우로에 대한 자자한 칭송을 들었다. 그 후 신라의 위력을 깨달은 경북 영천의

골벌국 왕 아음부가 사람들을 이끌고 와서 신라에 병합되기를 자청하기도 했으며, 멀리 서쪽 변경에 위치한 고타국(현 경남 거창)에서도 신라에 공물을 바쳤다.

244년, 우로는 가장 높은 관직인 서발한 자리에 올랐고 동시에 군사령관의 일도 맡았다. 왜군을 격퇴한 영웅으로 높은 대우를 받게 된 우로는 감히 넘볼 수 없는 카리스마를 지닌 지도자가 되었다.

귀족들로부터 왕따당하다

하지만 단 한 번의 실패로 그는 모든 것을 잃어버린다. 경주 북쪽에서 고구려와 벌인 어떤 전투에서 그는 참패하고 말았고, 그로 인해 권위가 땅에 떨어져 병사들의 눈치를 보아야 하는 처지로 전락했다.

나쁜 일은 겹치는 법이다. 결정적인 실언도 했다. 사촌인 조분왕이 죽고 조분왕의 친동생 첨해(재위 247~261)가 왕에 올랐을 때의 일이다. 왜국 사신의 접대를 맡은 우로는 그들에게 "조만간에 너희 왕을 소금을 만드는 노예로 만들고 왕비를 밥 짓는 여자로 삼겠다"라며 놀렸다. 화가 난 왜 사신은 신라 왕에게 거세게 항의했으며, 돌아가 왜 왕에게도 그대로 전했다. 왜 왕은 곧바로 군대를 일으켜 쳐들어왔다.

왜군의 침공 소식을 들은 첨해왕은 군대를 소집하기 위해 귀족회의를 열었다. 왕은 자신의 사촌 혈육인 우로를 살려보겠다는 의지를 겉으로나마 내비치지 않을 수 없었다. 하지만 회의장에는 침묵만 흘렀다. 말은 없었지만 표정은 "누구를 위한 전쟁인가"라고 묻고 있었다. 왕은 하는 수 없이 우로와 함께 자신이 속한 씨족의 병력만 이끌고 왜군이 있는 동해안으로 갔다. 병사들은 겨울에 병든 개처럼 사기라곤 찾아볼 수 없었다.

바다로 향하면서 우로는 생각에 잠겼다. '지금 왕과 씨족원들이 함께하고 있지만, 그것은 어디까지나 같은 핏줄이기 때문이다. 그들도 나를 위해 싸울 마음은 없다. 설사 싸운다고 해도 병력을 다 잃을 것이 뻔하고 이는 내가 속한 씨족의 몰락으로 이어질 것이다.' 동해안의 유촌이란 곳에 이르자 우로가 첨해왕에게 말을 했다. "지금 이 환난은 제가 불러들인 것이니 제가 책임지겠습니다." 그러고는 단신으로 왜군의 진영으로 갔다.

이는 죽기를 자청한 것과 다름없었다. 우로가 오자 왜인들은 그를 묶고 바닷가로 끌고 갔다. 그리고 죄를 묻기 시작했다. 우로가 대답했다. "나는 그저 술자리에서 농담을 했을 뿐이다." 곧 비명이 들렸다. 왜인들은 우로의

동검 · 청동꺾창 · 청동투겁창
경주 입실리 유적에서 출토된 유물로 초기 신라의 무기류를 대표한다. 청동꺾창은 찍거나 베는 데 사용됐으며, 투겁창은 길고 가는 자루에 끼워 쓰는 찌르기용 무기였다. 이러한 청동 무기는 뒤에 철기 문화가 발달하면서 제사용 등 비실용적 성격으로 바뀌게 된다.

다리를 묶고 무릎 뼈를 빼냈다. 돌 위에 피가 낭자했다. 잠시 후 우로는 참살되었고, 시신은 땔감 위에서 화형을 당했다. 그리고 모래사장에 암매장되었다.

한 맺힌 아내의 복수

『삼국사기』는 "왜인이 서발한 우로를 죽였다"고 간단히 기록하고 있다. 그러나 『일본서기』에는 우로의 죽음과 함께 그의 아내가 남편의 시신을 찾아 헤매는 이야기가 나온다.

우로의 아내는 남편의 시신을 찾으려고 처절한 노력을 기울였다. 그녀는 우로의 영혼이 겪게 될 기나긴 고통을 생각하면서 괴로워했다. 당시 사람들은 죽는 것보다 매장되지 않는 것을 더 두려워했다.

그녀는 남편이 어디에 암매장되었는지 알고 있는 한 왜인에게 접근했다. 그는 신라의 허락을 받고 남겨진 왜 왕의 연락책이었다. 어제까지만 해도 살인자를 향해 주먹을 불끈 쥐었던 그녀는 남편의 시신을 찾기 위해 하룻밤 사이에 증오를 감추는 법을 배웠다. 그녀는 "남편 시신이 묻혀 있는 곳을 그대가 말해준다면 반드시 후하게 사례하겠습니다. 그리고 나는 그대의 처가 되겠습니다"라며 왜인에게 몸을 허락했다.

왜인은 그녀로부터 남편 사망 소식을 듣고 통곡하며 살인자에 대한 증오와 복수를 다짐하던 여인의 모습을 볼 수 없었다. 가련하고 부서진 여인, 시녀와 같이 순종적이고 부드러운 눈길로 자기를 올려다보는 여인을 보았을 뿐이다. 고귀한 왕가의 젊은 여인이 앞으로 자신을 주인으로 모실 것이라고 생각한 왜인은 달콤한 유혹에 빠져 그녀를 의심하지 않았

다. 경계하던 왜인은 이제 그녀에게만큼은 관대하고 부드러워졌다. 그는 그녀에게 우로의 시신이 묻혀 있는 곳을 알려주었다.

그러나 그것은 커다란 착각이었음이 곧바로 드러났다. 돌변한 그녀는 사람을 시켜 바로 그 왜인을 죽였다. 그리고 남편의 시신을 찾아 매장을 했는데, 그 왜인을 우로의 관 바로 아래에 묻었다. 『일본서기』는 이때 그녀가 "존엄한 신라 왕의 관 위에, 비천한 왜인의 시체를 아래에 두는 것이야말로 위 아래 신분질서에 적합한 일이다"라고 말했다고 기록하고 있다.

우로의 비극과 아내의 복수는 바다를 사이에 두고 당시는 물론, 후대에도 사람들에게 널리 이야깃거리가 될 정도로 깊은 인상을 주었다.

서영교 중원대 연구원

경천대
247년 석우로가 정복한 사량벌국(사벌국)이 위치했던 경북 상주시 사벌면에 있는 유적지다. 원래 신라의 지배 하에 있었으나 이를 배반하고 백제와 결합하려 하자 우로가 군대를 이끌고 가 토벌했다. 인근에는 사량벌국 왕릉으로 전해지는 '전사벌 왕릉'이 자리하고 있기도 하다.

일본 천황을 치료한 신라 최초의 명의

김무는 신라 실성왕(재위 402~417) 대 주로 활약했던 귀족이자 의사였다. 5세기 초 신라에 살았던 그는 20세기 후반에 와서야 한국인에게 알려지기 시작했는데, 어찌 보면 비운의 존재였다고 할 수 있다. 무엇보다 김무는 한국의 역사 기록에 자료가 남아 있지 않아 여전히 외면당하는 신세나 마찬가지다. 그는 과연 어떤 사람이었을까. 그리고 왜 한국의 역사서들은 그를 외면할 수밖에 없었을까.

김무에 관한 기록은 일본의 오오노 야스마로가 712년 편찬한 『고사기』에 남아 있는 것이 유일하다. 『고사기』 하권은 "신라의 국왕이 배 81척을 만들어 보냈다. 이를 주도하던 대사 이름은 김파진한기무(金波鎭漢紀武)라고 했다. 이 사람은 약의 처방법을 잘 알았다. 그리하여 천황의 병을 치료해 낫게 했다"며 김무의 존재를 알려주고 있다.

신라시대에는 지배 계급 간의 서열을 확실히 하기 위해 출신지와 벼슬, 이름을 한꺼번에 사용했다. 즉, 신라 6부 가운데 한기부 사람이면서 파진찬 벼슬을 가진 김무를 일본 사람들이 '김파진한기무'라고 표현했던 것이다. 5세기 초 김씨 성을 사용하는 사람은 아주 극소수로서 왕족밖에 없었다. 게다가 파진찬은 신라 17관등 중 네 번째에 해당하는 고위직이다.

고위 왕족이었던 김무는 무엇 때문에 일본에 가서 천황의 병을 치료했으며, 어떻게 의술에 능통하게 되었을까? 720년경 편찬된

윤공천황릉
김무가 다릿병을 치료해 줬다는 윤공천황의 무덤으로 일본 오사카에 위치해 있다. 『일본서기』에는 453년 천황이 죽었을 때 신라에서 배 80척과 악사 68명을 파견해 그를 추모했다는 기록도 남아 있다. 이는 일본에 외국의 음악이 전래된 사실을 전한 기록 중 가장 오래된 것이다.

『일본서기』에 수록된 내용을 보면 첫 번째 의문이 풀린다. 기록에는 "414년 1월 1일 신라로 사자를 파견해 좋은 의사를 구했다. 8월, 신라에서 온 의사에게 천황의 병을 고치도록 했다. 얼마 안 되어 병이 다 나았다. 천황이 기뻐해 의사에게 후한 상을 내리고 귀국하게 했다"고 되어 있다.

『일본서기』에 따르면, 일본의 19대 천황인 윤공(재위 412~453)은 천황이 되기 전 장년의 나이에 걷지 못하는 병에 걸려 온갖 방법을 다 써보았다고 한다. 아버지 인덕천황으로부터 병을 고치기 위해 불효막심하게 몸을 망가뜨렸으므로 천황이 될 수 없다는 말까지 들

을 정도였다. 아버지에 이어 천황이 된 두 형 이중과 반정 역시 걷지 못하는 윤공을 매우 업신여겼다.

그런데 공교롭게도 두 형이 잇달아 사망하는 바람에 윤공은 졸지에 일본 최고 통치권자가 되었다. 그러나 한 나라의 최고 지도자가 다리를 못 쓰는 것은 큰 문제였고, 아마도 국내외를 막론하고 용하다는 의사는 다 구해보았을 것이다. 5세기 초 일본이라는 국호를 사용하기 전 왜는 백제와 더 친밀한 관계였는데 신라에까지 의사 파견을 요청했으니, 일본 왕실의 절박한 사정을 짐작할 만하다.

414년 1월에 일본 측 요청을 받고 8월에 이미 치료가 끝나 신라로 돌아갈 정도였다면, 의사 파견 건이 두 나라 사이에 상당히 신속하게 진행되었다는 사실을 알 수 있다. 김무는 윤공천황이 십수 년간 고생하던 다릿병을 단기간에 완치시켰다. 이로 인해 김무는 신라 의사로서 일본에 그 명성을 길이 남기게 되었던 것이다.

고구려 선진 의술을 전수받다

712년과 720년에 편찬된 두 사서에 김무에 관한 자료가 있다는 사실은 8세기 초에는 그에 관한 자료가 많이 남아 있었다는 것을 방증한다. 이는 김무를 일본에서 '구수리사(久須利師)'라고 불렀는데, 구수리사가 병을 치료하는 상징적인 인물이 되어 약을 일어로 '쿠스리'라고 읽게 되었다는 설화가 전해지는 것에서도 알 수 있다. 808년에 편찬되었다는 일본의 관찬 의학서 『대동유취방』에 윤공천황 후궁의 인후염을 치료한 신라 진명의 처방이 남아 있는 것만 보더라도, 김무 일행의 족적이 일본에 얼마나 길게 드리워졌는지 짐작해 볼 수 있다.

그런데 이처럼 일본에서 유명한 김무가 왜 한국 측 자료에는 남아 있지 않을까?

원래 은 숟가락을 물고 태어난 왕족은 의술을 굳이 습득할 필요가 없었으며, 전통적으로 중간 계급이 담당해 왔다. 그러나 김무는 일본에 도착한 뒤 얼마 안 돼 윤공천황의 고질병을 고쳤다고 하니, 왕족임에도 그의 의술은 뛰어났다고 할 수 있겠다. 당시 신라는 한반도 내 여러 나라 중 후진국에 속했는데, 유독 의술만 뛰어났던 것일까? 이는 실성왕 대의 정치 상황을 살펴보면 해답이 나온다.

실성왕은 앞서 신라를 통치했던 내물왕처럼 김알지의 후손으로서, 둘 다 미추왕의 딸들과 결혼한 동서 사이였다. 그러나 내물왕은 말구 각간과 휴례부인 김씨 소생이고, 실성왕은 대서지 이찬과 이리부인 석씨 소생이었다. 같은 김씨 왕족이라도 외가가 김씨와 석씨로 서로 달랐기 때문에, 정치적으로 사이가 좋지 않았던 모양이다.

내물왕은 재위한 지 37년째 되던 해인 392년 실성을 고구려에 인질로 보내버렸다. 그 후 실성은 401년 7월에 신라로 돌아왔는데, 근 9년간 볼모살이를 한 셈이다. 그러다 그가 돌아온 지 7개월 만에 내물왕이 죽었고, 자식들이 어리다는 이유로 왕이 되었다. 이렇게 실성왕이 즉위할 수 있었던 배경에는 고구려의 강력한 지원이 있었다.

내물왕은 말년에 이르러 백제·왜·가야 연합군의 침입을 받자 고구려에 구원을 요청했다. 당시 고구려는 광개토대왕이 통치하던 시기로, 백제를 공격해 한강 유역까지 영역을

◉ 대동유취방

9세기 초 일본 열도 내 귀족과 호족, 그리고 신사에 전하는 각종 처방을 모아놓은 책이다. 그러나 현재 전하는 책은 우리나라의 『화랑세기』처럼 진위 논란에서 자유롭지 못하다. 12세기경 위작이 만들어졌다는 주장이 있으며, 반대로 위작으로 간단히 넘겨버리기 힘들다는 시각도 있다. 이 책에는 윤공천황 후궁의 병을 치료한 신라 의사 진명의 처방이 등장하는데, 야좌내지, 파자가민, 지파지촌내미 등 생소한 약재 이름이 보인다. 이는 각각 버들, 생강, 무궁화를 뜻하는 것으로 당시 한반도에서 사용되던 고대의 약재 이름일 가능성이 크다.

넓히는 등 막강한 군사력을 자랑하고 있었다. 400년 신라가 원군을 요청하자 고구려군은 신라 영토로 들어와 왜를 물리쳐주었다.

그러나 동서고금을 막론하고 세상에 공짜는 없다. 고구려군은 왜 연합군을 물리친 뒤에도 순순히 본국으로 귀환하지 않고 신라 영토에 그대로 머물렀다. 신라 입장에서는 여우를 쫓으려다 호랑이를 불러들인 꼴이 되고 말았다.

이로써 5세기 초 신라는 고구려의 정치적 간섭 하에 놓이게 되었으며, 실성왕이 즉위할 수 있었던 것도 그 자신이 고구려의 볼모였기 때문이다. 다시 말해 고구려로 보낸 인질이 돌아오자마자 내물왕이 죽고, 그가 왕이 된 것은 우연이 아니었다.

고구려군의 주둔으로 신라는 고구려 문화의 융단 폭격을 받게 되었을 것이다. 게다가 고구려에서 9년간 생활하다 돌아오자마자 신라의 왕이 되었다면, 눌지왕은 늘 "고구려에서는…"을 입에 달고 살지 않았을까?

신라가 이 시기 고구려의 영향을 많이 받았다는 것은 1971년과 1985년에 경북 영주시 순흥면 지역에서 고구려식 돌방무덤이 발견된 사실에서도 알 수 있다. 무덤의 주인공은 신라에 왔던 고구려군의 후예였을 것으로 추정되는데, 신라에 고구려 문화가 유입된 정도를 보여주는 사례라고 하겠다.

당시 신라는 한반도에서 가장 후진국이었지만, 고구려는 중국과 직접 교류를 하면서 나름대로 고유 문화를 구축해 왔다. 의료 기술 면에서도 고구려는 독자적인 경험 의학을 토대로 한나라의 선진 의학을 수용해, 신라에 비해 수준 높은 의술을 보유하고 있었다. 다

환자를 치료하는 의사
12세기 중국의 그림으로 지방 의원이 환자의 등에 쑥뜸을 놓고 있는 장면을 묘사했다. 중국의 선진 의학은 인접한 고구려에도 전해졌을 것으로 보이는데, 이는 오랜 기간 고구려의 영향권 아래 놓여 있던 신라의 의술 발전에도 적잖은 기여를 했을 것이다.

시마를 약재로 사용하는 비법이 담긴 『고구려노사방』은 당나라 의학서 『외대비요』에 소개될 정도였다. 또한 고구려의 침술도 중국에서 인정받고 있었다.

이처럼 김무가 활약했던 실성왕 대는 고구려 문화가 물밀듯이 밀려오는 시기였으며, 여기에는 고구려 의학도 있었다. 김무는 고위 왕족으로서 선진 고구려 의학을 습득해 의술에 일가견을 갖게 된 경우라고 할 수 있다. 최신 학문이나 기술은 상류층이 먼저 접하게 마련이다.

실성왕 측근 김무알의 정체

그런데 『삼국유사』에 보면, 다음과 같은 기록이 있다.

눌지왕 3년 기미(419)에 고구려 장수왕의 사신이 와서 말하기를, "우리 임금이 대왕의 아우 보해가 지혜와 재주가 뛰어나다는 것을 듣고 서로 가깝게 지내기를 원해, 소신을 보내어 간청하기에 이르렀습니다"라고 했다. 왕은 이 말을 듣고 매우 다행스럽게 생각하고, 이를 계기로 화친하기로 해 아우 보해에게 명해 고구려로 보냈는데 이때 내신 김무알을 보

좌로 삼아 함께 보냈다. 그러나 장수왕은 이들을 억류하고 돌려보내지 않았다.

눌지왕의 아우 보해가 고구려에 인질로 가게 되는 과정을 서술했는데, 그 시기는 419년이 아니라 『삼국사기』에 나온 대로 실성왕 11년(412) 때일 것이다. 왕위 계승권을 가진 내물왕의 아들을 어떻게든 국외로 보내려고 즉위하자마자 동생 미해를 왜로 보냈던 실성왕이 아니었던가. 보해마저 보내면 내물왕 아들의 세력이 더욱 약화될 것이기에, 보해가 고구려에 인질로 간 시기는 실성왕 대라고 했던 『삼국사기』의 기록이 정확하다고 하겠다.

그런데 여기서 보해와 동행했던 김무알이란 인물을 주목해볼 필요가 있다. 5세기 초 김씨 성을 사용했던 인물은 손가락으로 꼽을 정도인데, 412년 고구려에 사신으로 간 김무알과 414년 왜에 파견된 김무는 같은 사람일 가능성이 높기 때문이다.

『삼국유사』냐 『삼국사기』냐에 따라 보해를 복호, 미해를 미사흔이라고 하기도 하는데, 5세기 초 인물은 이처럼 자료에 따라 비슷한 발음으로 표기되는 경우가 많다. 실성왕의 정적인 보해를 호위했던 사람은 감시를 겸해 실성왕이 파견한 측근이었을 것이다. 즉 김무알은 실성왕의 신임을 받는 인물로서 김무를 표현한 또 다른 이름이라고 하겠다. 김무는 이렇게 고구려에 머무르면서 선진 의학을 직접 체험했을 것이다.

이렇게 보면, 김무가 왜 한국 측 자료에 족적이 없는지 이해할 수 있다. 눌지왕은 417년 5월 실성왕을 살해하고 스스로 왕위에 오르면서 실성왕의 측근인 김무 역시 살려두지 않았을 것이다. 이 경우, 김무 집안 자체가 도륙당했을 수도 있다. 신라에 남아 있던 그에 관한 기록 역시 그의 정치적 실각과 더불어 흔적도 없이 사라져갔을 것이다.

따라서 김무는 8세기 일본의 기록에 한 줄로 남아 있는 믿거나 말거나 식의 전설적인 인물이 아니며, 『삼국유사』에 그 족적을 찾을 수 있는 역사적 인물임에 틀림없다. 김무는 신라 최초의 의사였다.

오래된 다릿병을 고쳐낸 그의 비방은 신라에서 계속 이어졌던 것으로 보인다. 8세기 말~9세기 초 한 신라 유학승이 당나라 상주에서 오랫동안 걷지 못해 길거리에 앉은뱅이로 있던 환자를 위령선이란 식물 하나로 고쳤다는 『본초강목』의 기록이 있다. 그 신라승은 중국식 약초 이름도 몰랐다고 하니, 신라에서 내려오는 전통 처방만을 알고 있던 것으로 보인다. 아마도 김무가 414년 윤공천황을 고쳤던 처방과 일맥상통했을 것이다.

이현숙 이화여대 연구원

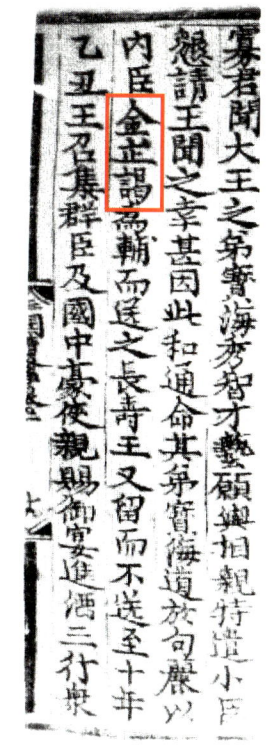

『삼국유사』 중 '김무알'이 언급된 대목

김무 활동 시기 신라 왕실의 갈등

● 392년
내물왕, 실성을 고구려에 볼모로 보냄

● 402년
실성왕, 눌지 등 내물왕 아들들 밀어내고 즉위
실성왕, 미해(눌지왕의 동생)를 왜에 볼모로 보냄

● 412년
실성왕, 보해(눌지왕의 동생)를 고구려에 볼모로 보냄

● 417년
눌지왕, 실성왕 죽이고 즉위

왜의 신하가 되느니
계림의 개 돼지가 되겠다

박제상은 신라 시조 박혁거세의 후손으로 제17대 내물왕(재위 356~402)에서 제19대 눌지왕(재위 417~458) 시기 사이에 활동한 충신이다.

그는 눌지왕 때 삽량주(현 경남 양산) 지역을 다스리는 관리로 파견되었다. 당시 양산은 금관가야와 인접한 곳이면서 낙동강 중·상류의 여러 소국을 뱃길로 연결시켜 주던 수로 교통의 요지였다. 신라는 양산과 그 부근 지역에 있던 소국들을 감독하고, 또 소국들 사이의 교역을 관찰하거나 가야의 침략에 대비하는 등의 목적을 위해 그를 양산 지역에 파견했다.

눌지왕의 특명을 받다

당시 왕인 눌지는 내물왕의 첫째 아들이었다. 402년에 내물이 사망하자, 김알지의 후손인 실성이 고구려와 석씨의 지원을 받아 눌지를 제치고 왕위에 올랐다. 실성은 즉위하자마자 그동안 싸워오던 왜국과 평화 조약을 맺었다. 이때 왜 왕이 눌지의 동생 미해를 볼모로 보내달라고 요청하자, 전에 내물이 자신을 고구려에 볼모로 보냈던 것에 앙심을 품고 이를 허락했다. 또 412년(실성왕 11)에 고구려가 눌지의 또 다른 동생 보해를 볼모로 보내주기를 원하자, 이에도 응해주었다.

실성왕은 미해와 보해를 왜와 고구려에 볼모로 보내 두 나라를 달래는 한편, 이를 통해 그의 정적인 눌지를 적절하게 견제하려 했다. 그러나 왕은 이에 만족하지 못하고 끝내 고구려의 힘을 빌려 눌지를 제거하려다가 도리어 눌지에게 역공을 당해 죽임을 당했다. 이어

치산서원
신라 충신 박제상과 그를 기다리다 망부석이 된 부인의 충절을 기리기 위해 세워진 서원이다. 울산시 울주군 두동면 망부석이 위치한 곳 부근에 자리 잡고 있으며, 처음엔 사당이었으나 조선시대에 들어와 치산서원으로 확대되었다고 한다.

눌지가 417년에 왕위에 올랐다.

왕에 오른 눌지는 곧바로 두 동생을 고구려와 왜에서 데려올 사람을 구하면서 신하들에게 말 수완이 좋은 사람을 추천하라고 했다. 여러 신하가 벌보말, 구리내, 파로 등 세 사람이 현명하고 지혜가 있다며 적임자로 추천했다. 그러나 그들은 자신들은 능력이 없다고 하면서 박제상을 적극 추천했다. 이에 눌지는 박제상을 불러 세 사람이 추천했다는 말을 하며 고구려와 왜에 가주기를 요청했다. 박제상은 조금의 망설임 없이 흔쾌하게 응했다.

박제상은 먼저 고구려로 가서 어렵지 않게 보해를 데려왔다. 『삼국사기』에 따르면 박제상이 고구려 장수왕에게 "우리 눌지왕께서 동생을 무척 보고 싶어 한다"고 말하자, 장수왕이 흔쾌히 보해를 보내주었다고 한다. 반면 『삼국유사』에는 박제상이 변장을 하고 고구려에 들어가서 보해를 몰래 데리고 왔다고 기록되어 있다.

박제상은 신라에 돌아오자마자 곧바로 왜로 건너갔다. 『삼국사기』와 『삼국유사』는 박제상이 왜가 미해를 쉽게 신라로 보내지 않을 것으로 생각해 거짓으로 신라를 배반하고 왜로 도망해 온 것처럼 꾸며 왜인을 안심시킨 다음에, 계략을 써서 미해를 신라로 돌려보내고 그는 붙잡혀서 처형당했다고 전한다.

나는 계림의 신하다

이 일화에 대해 『일본서기』에는 다음과 같은 이야기가 실려 있다.

박제상은 미해를 고국에 돌려보내기 위해 그를 꾀어, 왜 왕에게 "박제상이 나에게 말하기를 우리(신라) 왕이 제가 오래도록 돌아오지 않은 것을 빌미삼아 제 아내와 자식들을 모두 노비로 삼았다고 합니다. 바라건대 제가 잠시 본국으로 돌아가서 사정을 알아볼 수 있도록 해주십시오"라고 말하게 했고, 이에 왜 왕이 허락했다고 한다.

왜 왕은 관리를 딸려 보내 그를 대마도까지 호위하게 했는데, 박제상은 대마도에 몰래 배와 뱃사공을 숨겨두었다가 거기에 미해를 태워 신라로 도망하게 했다. 그리고 풀을 묶어 사람 모습을 만들어 미해의 자리에 두고 거짓으로 병든 척하며 왜의 관리에게 "미해가 갑자기 병이 들어서 죽으려고 한다"고 말했다. 이에 관리가 사람을 시켜 병자를 돌보게 했는데, 병자가 풀로 만든 사람임을 눈치 채고 박제상 등 신라 사신 세 사람을 붙잡아서 우리 속에 집어넣고 불태워 죽였다고 한다.

그러나 『삼국사기』 등 우리 문헌에 전하는 박제상에 관한 일화는 『일본서기』의 내용과 사뭇 다르다.

박제상이 미해를 몰래 귀환시키자, 왜 왕은 그를 감옥에 가두었다. 왜 왕이 박제상에게

박제상 순국비
박제상이 눌지왕의 동생 미해를 극적으로 탈출시켰던 일본 대마도(쓰시마)에 세워져 있는 비석이다. 1988년 뜻있는 한국인과 일본인들이 박제상의 업적을 널리 알리기 위해 건립했다고 한다.

"너는 어찌하여 몰래 너희 나라 왕자를 보냈느냐"고 묻자, "나는 계림(신라)의 신하지, 왜국의 신하가 아니다. 지금 우리 임금의 뜻을 이루려고 한 것뿐이니, 감히 무엇을 더 말하겠는가"라고 단호하게 대답했다.

화가 난 왜 왕이 "만약 네가 나의 신하라고 말하면 후한 상을 내리겠노라. 그러나 계림의 신하라고 계속 고집하면 극형에 처할 것이다"라고 말하자, 그는 "차라리 계림의 개, 돼지가 될지언정 왜국의 신하는 되지 않겠다. 차라리 계림의 형벌을 받을지언정 왜국의 벼슬과 상은 받지 않겠다"고 딱 잘라 말했다.

왜 왕은 제상의 발 가죽을 벗기고 날카롭게 베어놓은 갈대 위를 걸어가게 했다. 그리고 다시 "너는 어느 나라 신하인가"라고 물었다. 그러자 제상은 기다리지도 않고 "나는 계림의 신하다"라고 말했다. 또 뜨겁게 달군 쇠 위에 세워놓고 "너는 어느 나라의 신하냐"라고 물으니, 역시 "계림의 신하다"라고 대답했다. 결국 왜 왕은 박제상을 굴복시킬 수 없다고 생각해 불태워 죽였다.

후에 신라인들은 왜국에서 순국한 박제상을 영웅으로 크게 받들었는데, 그 과정에서 그에 관한 일화가 많이 과장됐을 수 있을 것이다. 특히 왜 왕과 박제상의 대화 부분은 그가 신라의 충신임을 강조하기 위해 꾸며낸 것일 가능성이 높다.

그렇다고 하더라도 그의 영웅적인 행동은 신라인들에게 깊은 인상을 남겼고, 이 때문에 그와 관련된 일화가 민간에 널리 퍼졌던

벌지지

박제상이 집에 알리지도 않고 왜국으로 떠났을 때, 뒤늦게 소식을 들은 부인이 쫓아갔으나 만나지 못하자 드러누워 오래도록 울부짖었다는 이야기가 전해 내려오는 곳이다. 장사(長沙), 즉 지금의 경주 남천에 있으며 벌지지(伐知旨)는 부인이 다리를 '뻗치고' 울었다는 데서 유래된 지명이다. 벌지지는 '뻗치다'의 음을 한자로 적은 것이다.

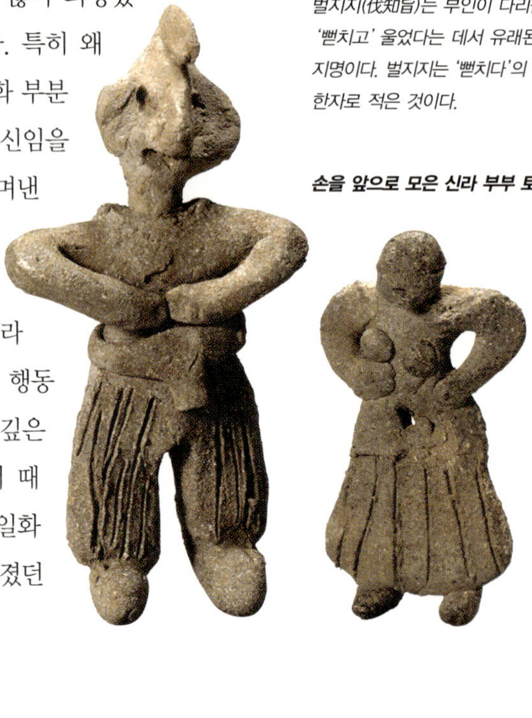

손을 앞으로 모은 신라 부부 토우

것으로 보인다.

한편 미해가 신라로 귀환하자, 눌지왕은 멀리까지 나아가 그를 환영했다. 후에 박제상이 왜에서 처형당했다는 소식을 들은 눌지왕은 그를 위해 애통해 하고, 그의 가족들에게 후한 상을 내려주었다고 한다. 그리고 미해로 하여금 제상의 둘째 딸을 아내로 삼아 보답하게 했다.

치술령의 망부석 된 아내

그런데 『삼국유사』에는 "제상의 부인이 한참이 지났는데도 남편이 돌아오지 않자, 사모의 정을 못 이겨 세 딸을 데리고 치술령에 올라가 왜국을 바라보며 대성통곡하다가 죽었다. 그리하여 부인은 치술 신모가 되었으니, 지금(고려시대)도 사당이 있다"는 기록이 남아 있다. 치술령은 현재의 울산시 울주군 두동면과 경주시 외동읍 석계리 경계에 있는 높이 765m의 고개다.

치술령에는 박제상의 부인과 관련된 민간 설화도 전해오고 있다. 그 내용은 박제상의 아내가 딸들을 데리고 남편이 돌아오기를 기다리다가 몸은 돌이 되고, 영혼은 새가 되었다는 것이다. 그 돌은 남편이 돌아오기를 기다렸다고 해서 '망부석'이라고 부르게 되었고, 영혼이 변한 새는 은을암이라는 절의 법당 뒤에 있는 큰 동굴로 들어갔다고 한다. 그 동굴로부터 매일 한 사람이 먹을 수 있는 쌀이 조금씩 흘러나왔다는 민간 전설도 있다.

이러한 내용의 민간 설화는 본래 『삼국유사』에 전하는 박제상과 그의 아내에 관한 일화가 민간에서 전해지는 과정에서 내용이 상당히 변형된 것으로 볼 수 있다.

치술령 망부석
박제상 부인의 한과 슬픔이 서려 있는 곳이다. 날씨가 좋으면 일본 대마도까지 보일 정도로 전망이 좋은 울산시 울주군 치술령에 자리 잡고 있으며, 전면에 '望夫石(망부석)'이라는 글자가 새겨져 있다.

원래 치술령 신모는 곡식을 상징하는 신이었고, 치술령은 그녀를 제사 지내는 신성한 장소였는데, 뒤에 박제상의 부인과 관련된 전설이 여기에 합쳐져서 그녀를 치술령 신모로 섬기게 된 것으로 보인다.

전덕재 경주대 교수

박제상 민간 설화에 담긴 애틋한 가족애

『삼국사기』와 『삼국유사』는 역사적 사실을 중심으로 박제상에 관한 이야기를 기록하고 있다. 두 기록에는 모두 박제상이 고구려에서 돌아와 눌지왕의 동생 미해를 구하기 위해 집에 들르지 않고 즉시 일본으로 떠났다고 되어 있는데, 이는 부부나 가정의 정보다 나랏일이 더 중요하다는 박제상의 충성심을 드러낸 부분이라고 할 수 있다.

그러나 민간 설화는 박제상의 부인이 남편이 집을 떠나자 몸부림치며 울었고, 박제상이 만류를 뿌리치자 다리를 뻗고 울었다고 전한다. 남편을 기다리던 아내가 죽어서 '치'라는 새가 되고, 함께 기다리던 세 딸은 '술'이라는 새가 되었다는 또 다른 민간 설화도 있다.

이들이 떨어져 죽은 치술령 고개 밑에 있는 은을암(隱乙庵)이라는 암자는 죽을 때 새(乙)가 되어 숨은(隱) 데서 유래된 이름이라고 한다. 부인과 딸이 새가 된 것은 하늘을 날아다니며 자유롭게 그리운 이를 만날 수 있기 때문일 것이다. 새가 되어서라도 바다 건너에 있는 남편과 아버지를 만나고 싶은 부인과 딸의 간절한 소망이 죽은 후에 이루어진 것은 아닐까.

죽음도 가족 간의 사랑을 막을 수 없고, 새가 되어 맺힌 한을 푼다는 줄거리는 한국인의 애틋한 애정관이 잘 드러난 이야기라고 볼 수 있다.

박제상 민간 설화에는 이처럼 실제 사건에 근거한 충성심과 가족 간의 애정·효심 등 다양한 윤리관이 반영되어 있다.

은을암

꼭두각시 대가야 왕의 슬픈 운명

도설지는 대가야의 마지막 왕으로서 재위 기간은 562년을 전후한 극히 짧은 기간이었다. 다른 이름으로는 '탈지 이질금' 또는 '월광태자'라고도 했다. 탈지 이질금의 '탈지'는 '도설지'와 음이 통하고 '월광태자'의 '월광(月光)'도 뜻풀이를 하면 첫 음 '월'의 뜻이 '달'인데 거기에 존칭 어미 '지'를 붙이면 '달지'가 된다. 그러므로 탈지, 도설지, 월광은 모두 같은 사람의 이름을 나타내는 것으로 볼 수 있다.

도설지의 아버지는 대가야 이뇌왕이고, 어머니는 신라 왕실의 친척으로 보이는 이찬 비조부 또는 비지배의 누이 동생이다. 도설지는 가야 이뇌왕과 신라 법흥왕 사이의 결혼 동맹의 산물로서 태어났다. 실제로는 양국 사이의 결혼이 성립된 522년(법흥왕 9) 이후 얼마 지나지 않아 대가야 왕궁에서 태어났다. 결혼 동맹으로 인한 두 나라 사이의 우호 관계는 한동안 지속되었는데, 도설지는 아마도 그때 신라로부터 '월광태자'라는 애칭을 받은 듯하다.

원래 월광태자는 석가모니 전생의 이름으로 자신의 핏줄을 끊고 뼈를 부러뜨려 남에게 피와 골수를 제공했다는 '절대 희생'의 표상으로 여겨진다. 6세기 전반 당시 신라는 불교를 공인한 이후 왕족이나 귀족들이 불교식 이름을 짓는 것이 유행이었으므로, 신라 왕실에서는 진골 귀족의 아들인 그에게 불교식 이름을 별칭으로 지어주었을 것이다. 그러나 속셈은 자신들의 혈통을 절반만 이어받은 그를 희생양으로 삼아 대가야를 정복하겠다는 데 있었을 것이다.

신라 귀족이 된 마지막 왕자

540년 무렵부터 가야국들은 자신의 장래에 대해 백제와 논의하기 시작했다. 그러다가 549년 또는 550년 초에 백제 성왕을 대맹주로 받드는 신하 나라가 되어 명맥을 유지하기로 결정했다. 신라 왕실의 피를 이어받은 도설지는 대가야가 이처럼 백제의 영향 아래 놓여 있는 한 왕위를 이을 수 없었다. 이 무렵 왕위 계승권을 상실한 도설지는 결국 신라로 망명하게 된다.

550년경 신라 군대가 죽령을 넘어 적성(현 충북 단양)을 공략하고 나서 그 포상 결과를 기록한 단양 적성비에 따르면, 도설지는 사탁부 출신의 신라인으로서 급간지(제9등)의 관등과 추문촌(현 경북 의성) 당주라는 관직을 갖고 있었다. 당주는 지방 촌락민으로 편성된 부대를 통솔하는 군단장 같은 성격을 지닌 지

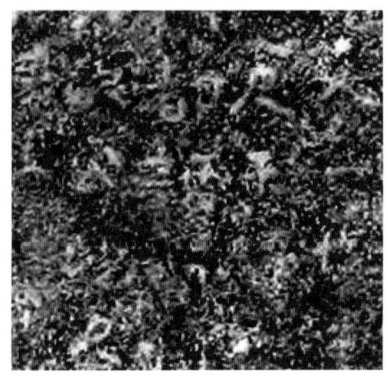

단양 적성비와 창녕비에 새겨진 '도설지'
대가야 마지막 왕이었던 도설지의 행적은 신라 진흥왕 대의 두 비석에 잘 나타나 있다. 비문에 따르면 도설지는 창녕비(561)가 세워질 무렵 제9관등 급간지에서 제8관등 사척간으로 한 단계 승진을 했다. 단양 적성비[䢘設智]와 창녕비[都設智]의 한자가 서로 다르지만 동일 인물로 추정되고 있다.

월광사와 3층석탑
경남 고령군 서쪽에 인접한 합천군 야로면에서 가야면 해인사로 가는 길목에 위치해 있다. 도설지가 창건한 사찰로 전해지고 있으며, 그가 왕위를 포기한 후 말년을 보낸 장소로 추정되기도 한다. 통일신라 후기에 건립된 것으로 보이는 3층석탑 2기가 남아 있다.

방 관리였다. 그러므로 도설지는 28세의 나이에 도읍지인 경주의 사탁부 출신으로서 추문촌에 당주로 파견되었다가, 그 지방민을 거느리고 적성 전투에 참여했던 것이다.

그로부터 11년 뒤인 561년 창녕에 건립된 비석에도 그의 이름이 보인다. 창녕비의 건립 배경은 신라 진흥왕이 대가야를 비롯한 가야 연맹 국가에 최종 항복을 종용하기 위해 사방 군주를 거느리고 가야의 접경 지대인 창녕에서 무력 시위를 벌인 데 있다.

이 비석에는 진흥왕의 가마를 호위하며 현장에 왔던 사람들의 명단이 적혀 있는데, 여기서 도설지는 사탁부 출신의 신라인으로서 사척간(제8등)의 관등과 대등이라는 관직을 갖고 있는 사람이었다. 즉, 그는 중앙 귀족인 대등의 일원으로서 진흥왕을 수행해 창녕에 온 것이었으며, 10년 전보다 관등이 하나 오른 상태였다. 이때 도설지는 39세로서 한창의 나이였다.

대가야는 그 다음해인 562년에 반란을 일으켰다는 명목으로 신라에 정복당했다. 그런데 『삼국사기』 「지리지」 고령군 항목에 따르면, 대가야 제16대 마지막 왕의 이름이 도설지왕으로 되어 있다. 561년까지 신라 귀족으로서 활약하던 도설지가 그해 또는 다음해에 대가야 왕으로 즉위했다면, 그 사이에 매우 특별한 계기가 있어야 한다.

그렇다면 그는 신라가 반항의 기미를 보이는 대가야를 기습적으로 정벌한 후에, 그 반감을 무마하기 위해 신라에 의해 추대된 왕이었다고 보는 것이 맞다. 도설지는 한동안 신라의 지시를 받는 꼭두각시 왕 노릇을 하다가, 후손에게 대가야군의 촌주 지위를 물려주고 은퇴했을 것이다.

조선시대에 편찬된 『신증동국여지승람』에 따르면, 해인사 서쪽 5리에 있던 거덕사는 옛날에 대가야 태자 월광이 불문에 귀의하는 인연을 맺은 곳이고, 야로현 북쪽 5리에 있는 월광사는 대가야 태자 월광이 창건한 것이라고 한다. 그와 인연을 맺었다는 경남 합천군 소재의 두 절은 그의 말년 생활과 관련이 있거나 그의 후손들이 그를 기려 세운 곳이라고 볼 수도 있을 것이다.

김태식 홍익대 교수

나라는 잃었어도 핏줄은 영원하리라

김무력

김무력은 김유신의 할아버지다. 그의 아버지 김구해(구형왕)는 금관가야의 마지막 왕으로 532년(법흥왕 19) 신라에 항복했다. 이때 왕비와 세 아들을 데리고 신라로 옮겨왔다. 왕비의 이름은 계화부인이고 첫째 아들은 노종, 둘째 아들은 무덕, 셋째 아들이 바로 무력이다. 김구해는 경주에 와 살면서 높은 관등을 받고 진골 신분의 대우를 받았다.

김무력은 6세기 중반 세워진 단양 적성비에 처음으로 등장한다. 비에는 고두림 성에 있는 군주는 사훼부 무력지 아간지 등이라고 쓰여 있는데, 사훼부는 무력의 소속부이고, 아간지는 관등을 가리킨다. 군주는 직책으로서 당시 고두림성에 주둔한 군사령관을 가리키는 것으로 보인다. 그는 이 직책을 가지고 충북 단양 적성을 탈환하는 전투에 참여했다.

551년(진흥왕 12) 신라의 진흥왕과 백제 성왕은 고구려 영토인 한강 유역을 공격해 신라는 한강 상류를, 백제는 한강 하류를 각각 차지한 바 있다. 고구려는 뒤이어 552년에 귀족들의 잇따른 분쟁이 발생하고 서북쪽에서 돌궐과 북제가 위협해 오면서 안팎으로 위기를 맞았다.

이때 고구려는 위기를 수습하기 위해 신라에

삼년산성
554년 김무력의 군대가 백제 성왕을 관산성에서 전사시킬 때 중요한 거점 역할을 한 산성이다. 충북 보은군에 위치한 이 산성은 고구려의 남진에 대비하고 백제를 공격하기 위한 신라의 최전방 기지였다. 470년(자비왕 13)부터 쌓기 시작했으며, 완공까지 3년이 걸려서 삼년산성으로 불리게 됐다고 한다. 성 둘레가 1.68km, 높이가 최대 20m에 이르는 매우 견고한 산성이다.

한강 유역과 함경도 동해안 지역을 넘겨줄 테니 평화 조약을 체결하자고 제안했다. 552년 말이나 553년 초에 진흥왕이 이에 응했고, 553년 7월에 백제가 차지한 한강 하류를 급습해 차지했다. 이때 한강 유역을 영역으로 하는 새로운 주를 설치했는데, 김무력이 새로운 주의 초대 군주로 임명됐다.

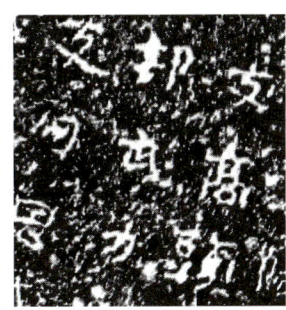

단양 적성비 전경과 비석에 새겨진 '무력'

삼국통일의 공신을 배출하다

한편 신라에 배신을 당한 백제 성왕은 신라를 응징하기 위해 백제·대가야·왜 연합군을 이끌고 관산성(현 충북 옥천)을 공격했다. 처음에는 신라군의 전세가 불리했다.

이에 군주 김무력이 신주의 군대를 이끌고 나가 교전했는데, 이때 삼년산성에 주둔하고 있던 도도가 백제 성왕을 사로잡아 죽였다. 신라군의 사기가 하늘을 찌를 듯 올랐고, 백제·대가야·왜 연합군을 공격해 크게 이겼다. 관산성 전투의 승리로 신라는 한강 유역을 확고하게 차지할 수 있었다. 물론 김무력은 이를 계기로 정치적으로 크게 성장할 수 있었을 것이다.

이후 『삼국사기』 등 문헌에는 김무력에 관한 기록이 더 이상 나오지 않는다. 그러나 그의 활약상은 비문을 통해 알 수 있다. 진흥왕대 세워진 창녕비와 북한산비에 김무력은 '잡간'이라는 직책으로 진흥왕을 수행한 것으로 나온다.

568년(진흥왕 29)에 건립된 마운령비와 황초령비에도 그의 이름이 확인된다. 당시 그의 직책은 국가의 중요한 정책을 의논하고 결정하는 '대등'이었다. 『삼국사기』에는 무력의 벼슬이 '각간'에 이르렀다고 전하므로 568년 이후 그는 잡간에서 이찬을 거쳐 최종적으로 각간(이벌찬)까지 승진했던 것으로 보인다.

그러나 김무력을 상대등이나 병부령 등 최고 직책에 임명했다는 기록은 찾을 수 없다. 아마도 가야 출신의 진골이었기 때문에 토착 진골 귀족의 견제를 받아 핵심 요직에는 등용되지 못했던 것 같다.

김무력의 아들은 김서현이다. 그는 진흥왕의 동생인 숙흘종의 딸 만명과 결혼해 김씨 왕가와의 연결을 도모했다. 그 결과 낳은 아들이 김춘추와 함께 삼국통일의 위업을 이룬 김유신이었고, 둘째 딸이 김춘추의 부인이자 나중에 문무왕의 어머니가 된 문희였다. 결국 금관가야의 혈통은 사라지지 않고 신라에 접목돼 신라 왕실의 한 줄기를 이루게 되었다.

전덕재 경주대 교수

신라의 전성시대를 연 환상의 콤비

이사부와 거칠부

6세기는 삼국 가운데 특히 신라가 비약적인 발전을 거듭해 가던 시기였다. 신라는 고구려·백제에 비해 다소 발전이 뒤늦었다. 따라서 앞선 나라들을 따라잡아야만 하는 절박한 상황에 놓여 있었다. 그리고 그 목적을 이루어낼 능력을 갖춘 인물이 요청되고 있었다.

이사부와 거칠부는 이 모든 것을 충족시켜 준 신라의 명재상들이었다. 때로는 그들의 활동 시기가 겹치기도 하지만 두 사람 사이에는 연령상 대략 한 세대 정도의 차이가 난다. 둘은 연이어 한 시대를 이끌면서 신라가 비약적으로 도약할 수 있는 토대를 마련한 주역들이었다.

동에 번쩍 서에 번쩍 이사부

이사부는 신라 17대 내물왕(재위 356~402)의 4대 후손이므로 왕족에 속한다고 보아도 좋겠다. 그의 출생년도나 가족 상황 등에 대해서는 잘 알 수가 없지만, 5세기 후반에 출생한 것 같다.

최고 신분 출신이었던 그는 이른 시기부터 관직에 나가 활발하게 활동했다. 지증왕(재위 500~514)이 즉위하던 시기에 낙동강 하류 방면으로 파견돼 가야 지역 공략에 나섰고 이는 성공을 거둔 듯하다.

그의 활약은 505년에 이르러 두드러지기 시작한다. 당시 지증왕은 내부적으로 체제를 정비하고 이를 발판으로 활발하게 영역 확장을 시도했는데, 처음 관심을 기울인 지역이 동해안 방면이었다. 해안선을 따라 동해를 북으로 거슬러 올라가면서 영토를 개척했고, 오늘날의 삼척인 실직에 주를 설치해 그 거점으로 삼았다. 이때 이사부를 실직주의 책임자인 군주에 임명했다.

동해안 방면의 총책임자로 이제 겨우 20세를 넘겼을 듯한 젊은 이사부가 취임했다는 것은 당시 중앙 정계에서 그의 위상이 어떠했는지를 쉽게 짐작케 한다. 이는 그의 출신 성분 때문이기도 했겠지만 아마 바로 앞서 가야 방면에서 수행한 군사적 공헌을 인정받은 결과로 보인다. 이후 이사부는 계속 동해안 방면

삼척시 항공 사진
강원도 삼척시는 신라가 처음으로 주를 설치하고 군주를 파견한 동북방 진출의 주요 거점이었다. 삼한시대에는 진한의 영역으로 실직국이라는 소국이 위치해 있었는데, 102년 파사왕 때 신라에 병합됐다. 그 후 신라는 468년 고구려 장수왕의 침공에 이곳을 잠시 빼앗기기도 했지만, 곧 되찾아 이사부에게 관리를 맡기게 된다.

에서 활동했다.

512년에는 직할 부대를 하슬라(강릉)로 옮기고 곧장 오늘날의 울릉도 일대에 있던 우산국 정벌에 나섰다. 당시 우산국은 독립된 정치 세력으로서 육지로부터 멀리 떨어진 탓에 쉽사리 항복하려 하지 않았다. 이에 이사부는 그리스 전설에서 목마를 이용해 성을 함락시킨 것으로 유명한 트로이 전쟁처럼 나무로 된 사자를 많이 만들어 섬 사람들을 모두 죽이겠다고 위협하는 계책을 써서 굴복시켰다고 한다. 이로써 울릉도와 그 부속 섬들은 신라 영역으로 편입되었다.

8세기 초 편찬된 『일본서기』에 의하면, 이사부는 다시 낙동강 하류의 김해 방면에서 활동한 것으로 보인다. 이 조치는 곧 김해에 위치한 금관가야 공략과 밀접한 관계가 있었다. 그는 낙동강 하류 방면에 오랜 기간 머무르면서 정치적 중심지인 금관을 비롯한 네 개의 거점을 함락시키고 귀국하는 길에 다시 가야의 5성을 굴복시켰다. 금관가야는 결국 532년에 신라에 완전히 편입된다. 또한 비슷한 시기에 이웃한 탁기탄과 탁순 등 가야 연맹체 소속의 일부 세력도 함께 정복당한다. 이것은 이 방면 공략을 책임진 이사부의 공적이었다.

이때는 신라의 지배 체제가 새로운 모습을 갖춰가던 법흥왕 시대였다. 이 과정에도 이사부가 핵심적 역할을 했음은 물론이다.

540년, 법흥왕이 사망하자 외손자인 진흥왕이 즉위했다. 아버지는 법흥왕의 동생인 입종 갈문왕으로 진흥왕 즉위 당시 이미 사망한 상태였다. 일곱 살에 불과한 진흥왕의 나이 때문에 법흥왕의 딸이자 그의 어머니였던 지소태후가 섭정을 했다. 신라 역사에서는 드문

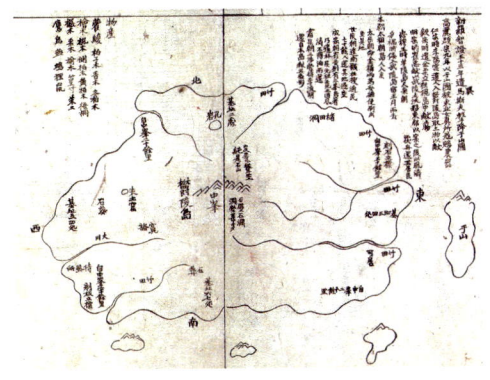

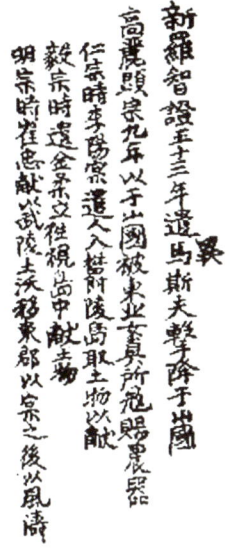

조선시대 울릉도 지도
조선 후기 제작된 전국 지도인 『청구요람』의 일부다. 지도 오른쪽에는 울릉도(우산국)에 관한 간략한 역사가 정리되어 있는데, 신라 지증왕 13년(512) 이사부가 이곳을 정벌한 사실을 비롯해 이 지역 거주 실태, 일본 어부들과의 관계 등이 담겨 있다.

사례였다. 이때 오랜 정치 경험을 한 이사부가 지소태후를 적극 도왔다. 그것은 그가 진흥왕 2년(541) 총사령관에 해당하는 병부령에 임명된 데서도 알 수 있다.

544년 신라의 핵심적인 중앙 군단인 대당이 세워지고 지방에 군사 기지 10정이 설치된 것은 실권자로서 전장에서 오랜 경험과 역정을 거친 이사부가 있었기에 가능한 일이었다. 545년 거칠부 주도 아래 최초의 신라 역사책인 『국사』가 편찬된 것도 이사부의 발상과 추천에 의해서였다. 어린 나이로 즉위한 진흥왕 초반의 불안전한 정국을 성공적으로 이끈 것은 바로 이사부의 힘이었다.

진흥왕은 지배 체제 정비가 어느 정도 마무리되자 즉각 한강 유역으로 눈을 돌리기 시작했다.

이러한 실상을 부분적이나마 보여주는 것이 단양 적성비다. 이 비의 건립 연대를 둘러싸고 약간의 논란이 있으나 대체로 550년 무렵으로 본다. 비문에 따르면 이 시기에 단양 등 남한강 방면은 이미 신라의 영역으로 편입되어 있었다. 또 이 비에는 남한강 상류로 진출하는 데 선봉장 역할을 한 인물로 이사부가 등장한다. 이사부는 신라의 한강 유역 진출에도 커다란 공을 세웠던 것이다.

남한강 상류를 전진 기지로 신라는 551년 더욱더 북방으로 진출하고 553년에는 하류 지역까지도 확보하게 되는데 그 중심에도 이사부가 있었다. 이후 562년 대가야를 비롯한 가야 세력들을 제압하는 작전의 총사령관으로 출정해 성공을 거두기도 했다.

이렇게 보면 이사부는 6세기 초부터 최소한 562년경까지 근 60년 동안 줄기차게 활동한 특이한 인물이다. 이 시기 이사부는 신라가 최대한으로 영역을 넓히는 데 결정적인 공로를 세웠다.

국사 편찬에서 외교까지

거칠부는 내물왕의 5대 후손이므로 이사부보다 활동 시기가 약간 늦다. 그는 이사부와 비슷하게 국왕 가문의 혈족으로서 처음부터 정치권의 핵심에 진입할 수 있는 출신 성분을 갖고 있었다.

그러나 거칠부는 어릴 때 머리를 깎고 승려가 되어 사방을 떠돌아다닌 특이한 경력의 소유자였다. 이때의 경험은 뒷날 그가 군사 활동을 하는 데 큰 밑거름이 되었을 것이다. 사방을 떠돌아다녔다는 것은 곧 지방 곳곳의 지세와 지형 지물을 익혔음을 뜻하며 이는 군사 활동의 근간이 되는 일이기 때문이다.

승려로서 유람을 다니던 거칠부는 마침내 고구려 영역까지 들어가 당시 한강 부근의 사찰에 거주하던 고구려 승려인 혜량법사를 만나 그의 경전 강론을 들었다. 이때의 경험은 후에 그가 한강 유역으로 출정해 군공을 세우는 데 크게 영향을 미쳤다.

거칠부는 고구려에서 돌아와 승려 옷을 벗고 곧장 관직에 나아갔다. 진흥왕 6년(545)

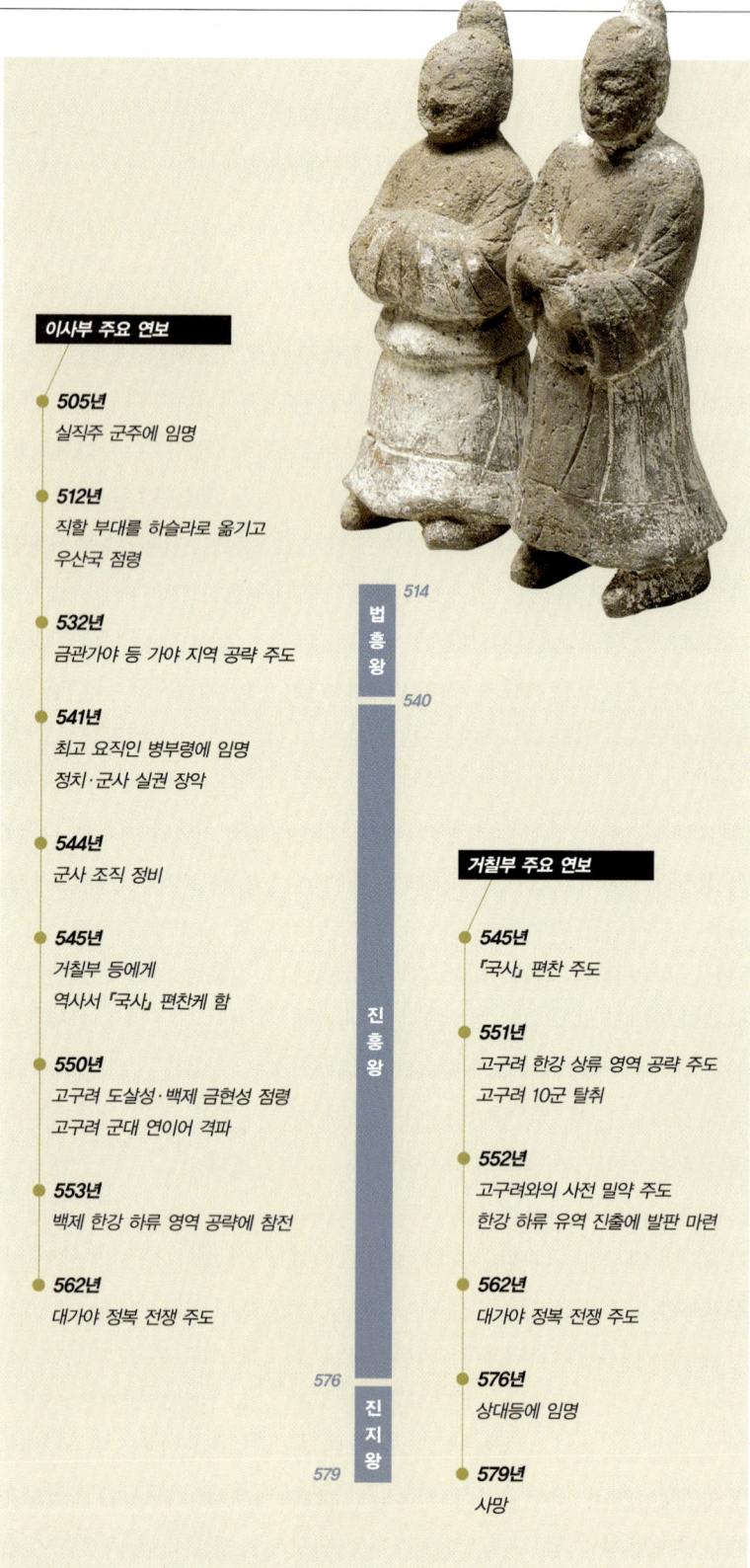

이사부 주요 연보

- **505년** 실직주 군주에 임명
- **512년** 직할 부대를 하슬라로 옮기고 우산국 점령
- **532년** 금관가야 등 가야 지역 공략 주도
- **541년** 최고 요직인 병부령에 임명 정치·군사 실권 장악
- **544년** 군사 조직 정비
- **545년** 거칠부 등에게 역사서 『국사』 편찬케 함
- **550년** 고구려 도살성·백제 금현성 점령 고구려 군대 연이어 격파
- **553년** 백제 한강 하류 영역 공략에 참전
- **562년** 대가야 정복 전쟁 주도

법흥왕 514–540
진흥왕 540–576
진지왕 576–579

거칠부 주요 연보

- **545년** 『국사』 편찬 주도
- **551년** 고구려 한강 상류 영역 공략 주도 고구려 10군 탈취
- **552년** 고구려와의 사전 밀약 주도 한강 하류 유역 진출에 발판 마련
- **562년** 대가야 정복 전쟁 주도
- **576년** 상대등에 임명
- **579년** 사망

에는 당시 국정의 중추적 역할을 하던 이사부의 건의에 따라 『국사』 편찬에 착수했다. 이는 거칠부가 이사부와 같은 정치적 입장을 갖고 함께 정국을 주도했음을 보여준다.

당시 신라는 국왕을 정점으로 하는 새로운 중앙 집권적 귀족 국가 건설을 추진해 가고 있었는데, 제도적인 정비뿐만 아니라 그에 어울리는 내용을 담은 신라사를 처음으로 정리하고자 했다. 이때 거칠부가 곧바로 편찬 책임자로 선정된 것은 아마도 젊은 시절 승려 경험이 크게 작용한 것이 아닌가 싶다. 당시 승려는 문자를 구사할 줄 하는 최고의 지식층이었다.

진흥왕 12년(551) 신라는 백제의 주도 아래 추진된 한강 유역 진출에 가야와 함께 참여했다. 이때 대각간 구진 등 8장군이 최고위급 지휘관으로 출정했는데, 거칠부는 사실상의 선봉 역할을 맡아 혁혁한 전공을 세웠다.

그런데 신라는 이에 만족하지 않고 바로 그 2년 뒤인 553년 기수를 한강 중·하류 지역으로 돌려 백제가 장악한 6군 지역을 급습해 탈취했다. 사실 백제는 신라가 고구려와 결탁한다는 정보를 사전에 입수하고 자진 퇴각한 상태였다. 이로써 신라는 별로 큰 힘을 들이지 않고 이 지역을 수중에 넣게 되었다.

이 과정에서 주도적 역할을 한 인물도 역시 거칠부였던 것으로 보인다. 당시 고구려 내정의 동향은 물론, 이를 적극 활용할 수 있는 방안을 신라로 망명한 고구려 승려인 혜량으로부터 충분히 들었을 것이기 때문이다. 말하자면 고구려와의 밀약에 의한 한강 중·하류 유역의 확보는 혜량의 도움을 받은 거칠부의 책략이 거둔 성과였을 가능성이 높다. 혜량이

할미산성
경기도 용인시 할미산 정상부와 그 남쪽 능선을 따라 건설된 신라시대 석축 산성이다. 진흥왕이 새로이 영토로 확보한 한강 유역에 대한 통치 기반을 확고히 하기 위해 6세기 중·후반경 쌓은 것으로 추정된다. 이 산성에서는 토기 등 같은 시기 신라 유적에서 전형적으로 나타나는 형태의 유물이 다수 출토되었다.

이후 신라 최고의 승직인 승통에 오르고, 국정 자문까지 하게 된 것은 바로 이러한 공헌의 결과였을 것이다.

이후 거칠부의 이름은 561년 진흥왕을 비롯한 전군의 핵심적인 군사 지휘관들이 창녕에 모인 사실을 기록한 창녕비에 다시 등장한다. 창녕에 당시 신라의 핵심 유력자 40여 명이 모이게 된 이유는 그 이듬해인 562년 대가야를 비롯한 가야 세력들이 멸망한 사건으로 미루어 가야와 전면전을 치르기 위한 데 주된 목적이 있었던 것 같다. 여기에 참석한 이들 가운데는 거칠부도 있었다. 그 역시 이사부를 도와 가야 공략에 나섰던 것으로 보인다.

576년 진흥왕이 사망하고 이어 진지왕이 즉위하자 거칠부는 상대등에 임명되어 군국의 사무를 맡았다. 그러나 진지왕이 재위 4년 만에 귀족들에 의해 폐위되자 거칠부도 스스로 상대등직에서 물러나게 된 것 같다. 거칠부는 관직에서 물러난 후 집에 틀어박혀 지내다가 78세에 사망했다.

주보돈 경북대 교수

창녕비에 새겨진 '거칠부'

조국을 등진 한(恨) 예술로 승화하다

신라 사람들에겐 즐겨 연주하던 세 가지 현악기가 있었다. 거문고와 가야금, 비파가 바로 그것이다. 가야금은 대가야의 가실왕이 중국 악기인 '쟁'을 개량해 만든 악기로서, 악사 우륵이 6세기 중반 진흥왕 대에 신라에 망명해 전해준 것이다. 가야금이 전래되기 이전에 신라에는 고유의 악기 '신라금'이 있었다. 그러나 이후 가야금은 신라금보다 더 인기를 끌어 '3현'의 하나로 자리 잡았다.

가실왕이 음악 짓게 한 의도

사료에 따르면, 가야금을 신라에 전해준 우륵은 대가야 성열현이란 지역의 사람이었다고 한다.

가실왕은 가야금을 만든 후 악사 우륵에게 12곡을 짓게 했는데, 첫째는 '하가라도', 둘째는 '상가라도', 셋째는 '보기', 넷째는 '달이', 다섯째는 '사물', 여섯째는 '물혜', 일곱째는 '하기물', 여덟째는 '사자기', 아홉째는 '거열', 열째는 '사팔혜', 열한째는 '이사', 열두째는 '상기물'이다. 이 가운데 '보기'와 '사자기'를 제외하면 모두 지명에 해당한다.

'보기'는 금색의 공을 가지고 재주를 부리는 신라의 '금환'과 동일한 기예의 일종이다. '사자기'는 사자춤을 가리키는 것으로, 신라에서는 '산예'라고 불렀다.

우륵 12곡 가운데 '하가라도'는 경남 김해시에 위치한 금관가야, '상가라도'는 경북 고령군에 위치한 대가야의 음악으로 추정되며, '사물'은 경남 사천시 사천읍, '거열'은 경남 거창군, '사팔혜'는 경남 합천군 초계면에 자리 잡은 가야 소국의 음악으로 보인다. 나머지는 위치를 정확하게 알 수 없는 소국의 음악에 해당한다.

그렇다면 가실왕은 왜 우륵에게 가야금 12곡을 짓도록 했을까?

가실왕은 우륵에게 "여러 나라의 방언이 각기 다르니, 음악이 어찌 같을 수 있겠는가?"라며 음악을 만들도록 지시했다고 한다. 유학의 예악 사상◦에 따르면, '예(禮)'는 백성들에게 예의범절을 지키게 하는 것이고, '악(樂)'은 백성들의 마음을 서로 화합하게 만드는 것이다. 이때 음악은 다양한 사람들을 하나로 뭉치게 하는 역할을 수행했다. 결국 가실왕은 가야 여러 나라의 말과 음악을 하나로 통합하고 연맹의 결속을 좀 더 강화하기 위해

◦**예악 사상**
공자는 윤리의 표현으로 특히 예와 악을 중시했다. 『논어』에서 공자는 이상적인 세계라고 여긴 순임금 시대의 음악인 '소'를 최고의 음악으로 떠받들기도 했다. 공자의 제자 등이 참여해 편찬한 고대 유교 경전인 『예기』 가운데 「악기」편은 공자의 예악관을 완성했다고 할 수 있다. 이 책에서 '예'는 사회질서를 유지하는 기능을 지닌 것인 데 비해, '악'은 사람의 마음이나 생각을 올바르게 하는 효용을 지녔다고 했다. 이 사상에 기초해 한나라 때의 유학자들은 왕실과 관료들을 위한 궁중 음악인 '아악'을 제정하기도 했다.

풍류 가야금
궁중 음악이나 선비들의 풍류 음악을 연주하기 위한 가야금으로 우륵이 연주한 가야금 역시 이와 유사한 형태였을 것으로 추정된다. 가야금 아래 끝에 열두 개의 구멍을 뚫어 줄을 잡아맨 양 귀 모양의 '양이두'가 있는 게 특징이며 부드럽고 깊은 울림을 낸다.

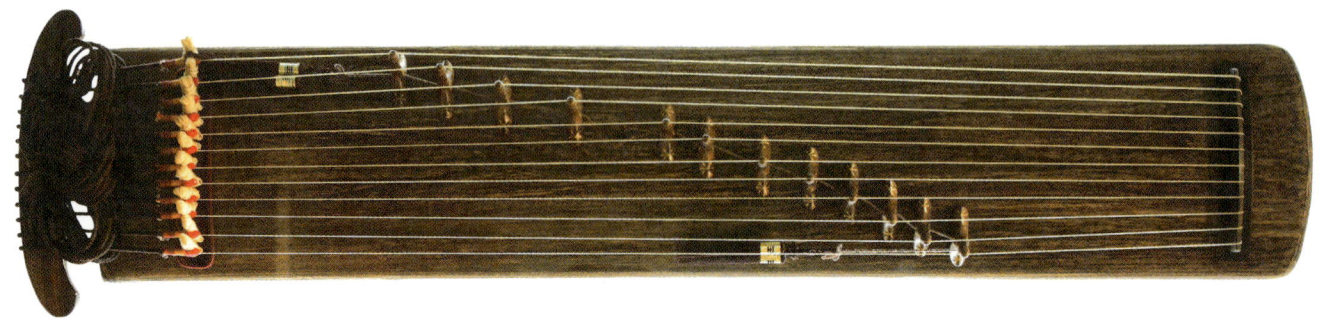

음악을 짓도록 했다고 추정할 수 있다.

그러나 가실왕의 이러한 노력은 별다른 성과를 거두지 못했다. 대가야가 멸망한 562년까지 가야는 연맹체 상태를 극복할 수 없었다. 장차 대가야에 혼란이 닥칠 것을 예상한 우륵이 가야금을 지니고 제자 이문과 함께 신라 진흥왕에게 투항했던 사실도 이와 무관하지 않다.

신라 진흥왕은 망명한 우륵을 국원경(현 충북 충주)에 살게 하고, 법지·계고·만덕을 보내 그의 음악을 전수받게 했다. 세 사람은 우륵으로부터 각기 노래와 가야금, 춤을 전수받았지만, "우륵의 12곡은 번잡하고 음란하다"며 이를 5곡으로 축약했다. 아무래도 가야 연맹의 결속을 다지기 위해 각 소국의 음악을 두루 망라해 만든 음악을 신라 사람이 제대로 이해하기는 힘들었을 것이다.

우륵은 처음에 12곡을 축약했다는 말을 듣고 분노했으나, 축약된 곡을 들은 후엔 눈물을 흘리며 탄식했다고 전한다. 우륵은 세 사람에게 "즐거우면서도 무절제하지 않고, 슬프면서도 비통하지 않으니, 바르다고 할 만하다"며 "너희는 그것을 왕 앞에서 연주하라"고 말했다고 한다.

가야금 지키러 신라로 향하다

대가야의 음악에 모든 신라인이 호의적인 것만은 아니었다. 법지 등이 진흥왕 앞에서 그들이 개작한 곡을 연주하자, 어떤 사람은 "가야에서 나라를 망친 음악이니, 취할 것이 못 됩니다"라고 말하기도 했다.

그러나 진흥왕은 "가야 왕이 스스로 멸망한 것이지, 음악이야 무슨 죄가 있겠는가. 나라의 평안과 어지러움은 음악 곡조로 만들어지는 것이 아니다"라며 우륵과 대가야의 음악을 적극 변호했다고 한다. 나아가 진흥왕은 우륵의 음악을 크게 유행시켜 궁중 음악인 '대악'으로 만들었다.

조국을 배신하고 신라로 망명한 우륵은 562년 대가야의 멸망을 분명 목격했을 것이다. 이와 관련해 백제의 장인 아비지가 조국을 배반한 죄책감을 황룡사 9층목탑이라는 불후의 걸작을 탄생시키는 것으로 승화했다는 일화가 전한다. 우륵 역시 자신이 만든 음악과 가야금을 지키고 전수하는 것이 조국보다 소중하다고 생각해 가야를 배반하고 신라로 망명했다고 볼 수 있다.

결국 조국을 등진 한을 예술로 승화시킨 우륵의 노력은 결코 헛되지 않았다. 우륵이 신라에 전한 가야금은 신라금을 누르고 신라 3대 현악기의 하나로 자리 잡았을 뿐 아니라, 우륵 자신 또한 오늘날 우리들에게까지 널리 기억되고 있다.

전덕재 경주대 교수

탄금대

충북 충주시에 위치한 탄금대는 우륵이 망명의 한을 달래기 위해 가야금을 타던 곳이다. 우륵의 오묘한 가야금 소리에 감동한 사람들이 하나 둘 모여 마을을 형성하기도 했다고 한다. '탄금(彈琴, 가야금을 타다)'이란 지명도 여기서 유래됐다. 대문산이라는 작은 산을 중심으로 남한강 상류와 달천이 합류하는 지점에 있으며, 수려한 경관으로 유명한 고적지다.

우륵 상상화

편견과 맞서 싸운 한국 최초의 여왕

고려 중기를 대표하는 유교 지식인이자 역사가였던 김부식은 『삼국사기』에서 신라 제27대 선덕여왕(재위 632~647)에 대해 이렇게 평가했다.

하늘의 섭리는 양이 강하고 음이 부드러우며, 사람의 도리는 남자가 높고 여자가 낮다고 말하거늘, 어찌 늙은 여자가 안방을 나와서 나랏일을 책임지도록 허용하였단 말입니까. 신라가 여자를 일으켜 왕위에 있도록 한 것은, 진실로 난세의 일입니다. 나라가 망하지 않은 것이 다행입니다.『서경』에 이르기를, "암탉이 새벽에 운다"라 했으니, 어찌 경계하지 않을 수 있겠습니까.

오랜 옛날부터 사람들은 첫새벽에 수탉이 '꼬끼오' 하고 힘차게 우는 소리를 신호로 잠자리에서 일어났다. 자연히 그들은 새로운 하루의 시작을 알리는 역할은 모두 수탉의 몫이라고 생각했다. 만약 암탉이 운다면, 그것은 자연의 섭리에 반하는 '예사롭지 못한 일'의 조짐으로 받아들였다.

그 '예사롭지 못한 일'에는 남성을 제치고 여성이 가정이나 나라를 다스리는 것도 포함되었다. 중국의 경전인 『서경』 역시 그러한 시각에 따라 왕의 여인들이 국정을 좌지우지하던 당시의 세태를 "암탉이 새벽에 운다"는 말로 신랄하게 풍자했던 것이다. 그리고 김부식도 유교 핵심 경전의 권위를 빌어 신라의 여왕 체제를 비판한 것이다.

신성한 핏줄과 최초의 여왕

선덕여왕은 한국 역사상 단 세 명밖에 없는

선덕여왕 주요 연보

● **632년**
신라 제27대 왕으로 즉위

● **634년**
분황사 준공

● **640년**
당에 처음으로 유학생 파견

● **642년**
백제, 신라 전면 공격(대야성 전투)
김춘추 파견해 고구려에 구원 요청했으나 실패

● **643년**
자장을 대국통에 임명

● **645년**
황룡사 9층목탑 완성

● **647년**
서거

선덕여왕릉
경주시 보문동 낭산 정상에 위치해 있으며 밑 둘레에 자연석을 이용해 2~3단의 둘레돌을 쌓은 원형 봉토 무덤이다. 높이는 6.8m, 지름은 23.6m에 이른다. 여왕은 죽기 전 부처의 나라인 '도리천'에 묻어달라고 한 적이 있는데, 신라인들이 낭산을 불교에서 우주의 중심에 있다고 하는 수미산으로 여겼음을 알 수 있다.

여왕 가운데 최초의 여왕이었다. 역사가 더 오래되었고 훨씬 더 많은 왕조가 나타난 중국조차 선덕여왕 이전에 단 한 명의 여왕도 없었다. 중국 역사상 유일한 여왕인 측천무후는 선덕여왕으로부터 반세기가 지나고 나서야 비로소 등장하게 된다.

선덕여왕이 신라 최초로 여왕이 되기까지에는 많은 정치적 어려움이 있었다. 무엇보다도 그녀는 일찍이 여자가 왕이 된 전례가 없는 남성 위주의 정치 문화를 극복해야 했다. 때문에 여왕의 탄생이 현실로 다가왔을 때, 이를 비정상적인 상황으로 비판하는 세력이 나타나기도 했다. 631년에 일어난 이찬 칠숙과 아찬 석품의 난이 바로 그러한 경우였다.

선덕여왕은 반발 세력을 진압하면서 다른 한편으로는 여왕의 즉위를 정당화하는 데 힘을 쏟았다. 이를 위한 가장 효과적인 방법은 무엇보다도 왕실의 신성한 핏줄을 강조하는 것이었다. 이와 관련해 선덕여왕 즉위 당시를 기록한 다음 내용은 주목할 만하다.

선덕여왕이 왕이 되었으니, 이름은 덕만으로 진평왕의 맏딸이며, 어머니는 김씨 마야부인이다. 덕만은 성품이 너그럽고 총명하고 민첩했다. 진평왕이 돌아가셨는데 아들이 없어서, 나라 사람들이 덕만을 세우고 '성조황고'라는 이름을 올렸다.

'성조황고'는 풀이하면 '성스런 조상을 둔 여왕'이라는 의미다. 이는 당시 신라 왕실이 갖고 있던 성골 의식을 보여주는 중요한 기록이다.

『삼국사기』와 『삼국유사』에서는 제23대 법흥왕에서 제28대 진덕여왕에 이르는 이른바

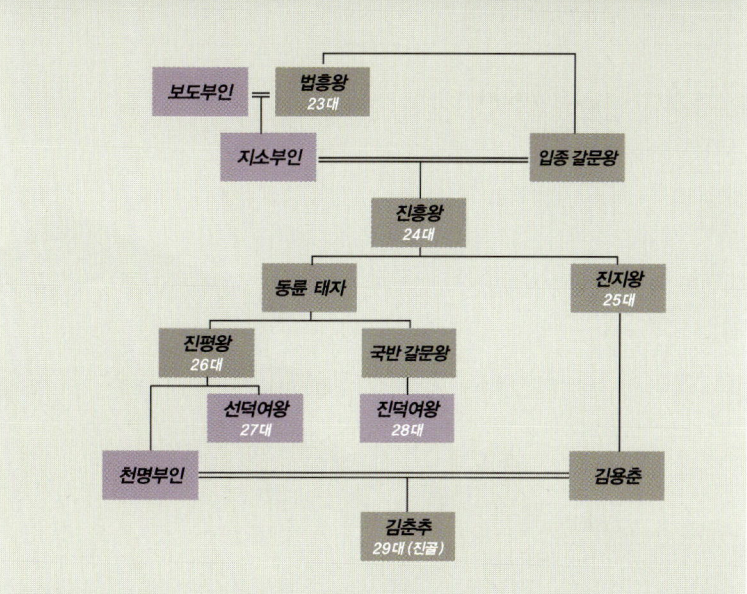

불교를 공인한 법흥왕 때부터 진덕여왕 때까지를 『삼국유사』에서는 중고기라 불렀다. 이 시기 동안 신라왕들은 불교식으로 이름을 지었기 때문에 불교식 왕명시대라고도 한다.

중고기 왕실을 성골이라 하였다. 그러나 성골은 장기간에 걸쳐서 기능한 신분이 아니었다. 중고기 왕실 가운데 진흥왕-동륜태자-진평왕으로 이어지는 가계가 스스로를 나머지 왕실 구성원과 구분하여 성골화시켰다는 견해가 유력하다.

성골 왕족들은 자신들의 혈통을 신성스러운 것으로 만들고자 불교를 적극 활용했다. 때문에 성골의 역대 왕들은 자신의 이름을 불교식으로 짓는 이른바 '불교식 왕 이름 시대'를 열었는데, 이를테면 진평왕·진흥왕처럼 왕 이름에 '진(眞)'자를 쓴 것은 혈통의 순수성을 불교식으로 표현한 것이었다.

불교식 왕 이름의 전형적인 경우는 선덕여왕의 아버지 진평왕의 가족에서 찾아볼 수 있다. 진평왕의 이름 백정은 석가모니 아버지의 이름이며, 왕비 이름은 석가모니의 어머니인 마야부인을 그대로 따왔다. 그리고 진평왕의 동생들 이름은 석가모니의 삼촌들인 백반과 국반이었다.

◉ 측천무후(?~705)
중국 역사상 유일한 여자 황제로 당나라 고종의 왕비로 들어와 황후의 자리에 올랐고, 40여 년 이상 중국의 실권자로 군림했다. 중병이 든 데다 천성이 나약했던 고종은 모든 걸 무후에게 의존했다고 한다. 690년 65세의 나이에 결국 왕위를 빼앗아 스스로 황제가 된 무후는 국호를 '주'로 바꾸고 각종 개혁을 단행하면서 새로운 통일 제국을 세웠다. 이후 15년 동안 통치를 지속했던 무후는 705년 대신들과 장수들의 압력에 못 이겨 아들 중종에게 왕위를 물려준 뒤 그해 12월에 죽었다.

분황사 모전석탑
경주시 구황동 분황사에 있는 석탑으로 돌을 벽돌 모양으로 다듬어 쌓아 '모전석탑(模塼石塔)'이라고 한다. 634년 분황사 창건 당시 건립된 것으로 추정되지만 확실하지는 않다. 현존하는 신라 석탑 가운데 가장 오래된 걸작품으로 인정받고 있으며, 지금은 3층만 남아 있으나 전체적인 비례를 볼 때 원래는 7층 혹은 9층이었을 것으로 보인다.

그러니 진평왕과 마야부인 사이에서 아들이 태어났다면, 그 이름은 분명히 석가모니가 출가하기 전 이름인 구담이라고 했을 것이다. 그런데 공교롭게도 진평왕은 아들 대신 딸만 셋을 두었고, 석가모니에게는 여자 형제가 없었다. 따라서 진평왕은 딸들의 이름을 석가모니 가족이 아닌 다른 데서 가져와야 했다.

선덕여왕 공주 시절의 이름 덕만은, 『열반경』에서 수많은 중생을 구원하고자 일부러 여자의 몸으로 태어났다는 덕만우바이에서 따왔으며, 선덕이란 왕호는 『대방등무상경』에서 인도의 위대한 정복 군주 아쇼카왕의 전생으로 나오는 선덕바라문에서 가져온 것으로 보인다. 이들 경전은 당시 중국은 물론, 신라에서도 널리 읽힌 것들이었다. 이처럼 진평왕 가문은 여왕의 존재를 부정하는 유교 대신 불교를 활용해 자기 가문의 핏줄을 신성화시킴으로써, 여왕 체제에 정통성을 부여했던 것이다.

'향기 없는 꽃'과 분황사

혈통의 신성화 작업과 함께 선덕여왕이 국왕에 걸맞는 비범한 재능, 특히 미래의 일을 미리 아는 능력을 가지고 있다는 선전 작업이 널리 진행됐다. 이와 관련해 『삼국유사』에는

◦열반경과 대방등무상경
『열반경』은 부처가 열반했을 때 사건을 중심으로 서술된 경전으로 소승과 대승 경전이 각각 있다. 소승 경전에는 열반에 들며 행한 최후 설법과 제자들의 비탄 등 주로 역사적 사실이 담겨 있는 데 비해 대승 경전은 보다 철학적·종교적 의미가 강조되어 있다.
『대방등무상경』은 고려시대 불교 경전 총서인 '팔만대장경'(고려대장경)에 실려 전하는 것으로 대운밀장이라는 보살이 제대로 된 수행을 하려면 어떻게 해야 되냐고 묻자 부처가 이에 설법하는 내용으로 되어 있다.

모란꽃에 얽힌 이야기가 실려 있다.

당나라 태종이 붉은빛, 자줏빛, 흰빛 세 가지 빛깔의 모란꽃 그림과 꽃씨 석 되를 보냈는데, 왕이 그림 속의 꽃을 보고 말하기를 "이 꽃은 정녕 향기가 없을 것이다"라고 했다. 이에 정원에 씨를 뿌리게 해 꽃이 피고 지기를 기다려보았더니, 과연 사실이었다. … (중략) … 왕이 말했다. "꽃을 그렸으되 나비가 없으니 바로 향기가 없음을 알 수 있다. 이는 당나라 임금이 내게 짝이 없음을 조롱하는 것이다."

정말로 당나라에서 선덕여왕의 처지를 놀리고자 그러한 상징물을 보냈는지는 알 수 없지만, 어쨌든 덕만공주는 남편이 없는 자신을 당나라 태종이 조롱하는 것으로 받아들였다.

한편 선덕여왕은 왕위 계승 두 돌이 되는 634년 정월에 연호를 '인평'으로 바꿈과 동시에 분황사를 새로 지었다. 독자적인 연호의 사용은 여왕 체제의 출범을 안팎에 널리 알리는 정치적 행위였으며, 분황사는 그것을 기념하는 상징물이었다.

분황사에서 우선 '분(芬)'은 '향기롭다'는 뜻이다. 그리고 '황(皇)'은 황룡사, 황복사, 황성사 등의 절에서 알 수 있듯이 신라 왕실 사찰을 의미하는 상징어일 뿐 아니라, 당시 '왕(王)'자와 같은 의미로 사용된 것을 봐서 글자 그대로 '임금'을 뜻한다.

그러므로 분황사는 '향기로운 임금의 절'이라는 뜻으로 풀이할 수 있다. 이는 당 태종이 선덕여왕에게 짝이 없어 여성으로서 베풀이 없음을 조롱한 데 대한 멋진 응수인 셈이다.

분황사 창건이 지니는 정치적 의미는 선덕여왕의 즉위와 관련지어 볼 때 좀 더 분명히 드러난다. 불교를 국가 종교로 공인한 이래 역대 국왕들은 크고 웅장한 사원을 부처에게 바침으로써, 국왕의 권위를 성스러운 것으로 만들어 백성들에게 과시하려 했다.

그래서 법흥왕은 신라 최초의 사찰인 흥륜사를 짓고 아울러 비구니 사찰로 영흥사를 세웠으며, 진흥왕은 신라 최대의 사찰인 황룡사를 창건하고 여기에 신라 삼대 보물의 하나로 일컬어지는 거대한 석가모니상을 세웠던 것이다. 또 진평왕은 황룡사를 대대적으로 넓히는 공사를 벌이기도 했다.

선덕여왕의 경우 진흥왕과 진평왕 대를 대표하는 거대한 황룡사 바로 근처에 그보다 약간 작은 규모의 분황사를 창건했다. 이는 진흥왕 → 동륜태자 → 진평왕으로 이어지는 신성한 혈통을 이어받았으면서도, 여왕이기에 위엄 있는 남자 조상들의 권위에 의존할 수밖에 없었던 자신의 처지를 보여준다.

신라 왕들과 불교
법흥왕(재위 514~540) 불교 공인, 흥륜사·영흥사 창건
↓
진흥왕(재위 540~575) 황룡사 창건, 석가모니상 조성
↓
진평왕(재위 579~632) 황룡사 대대적인 개축 공사
↓
선덕여왕(재위 632~647) 분황사 창건

분황사 사리장엄구
1915년 분황사 모전석탑을 수리하던 중 2층과 3층 사이에서 화강암으로 된 석함이 발견된 바 있는데, 이 속에는 사리 다섯 알이 담긴 은합을 비롯해 가위, 금·은 바늘, 침통, 바늘통, 숭녕통보, 상평오수전 등 다양한 공양품이 들어 있었다. 숭녕통보와 상평오수전은 모두 고려시대 동전으로 훗날 탑을 보수하면서 창건 당시 사리 장치에 추가한 것으로 생각된다.

황룡사 장륙존상 석조 대좌

신라 3대 보배 중 하나인 황룡사 장륙존상은 높이가 5m나 되는 거대한 불상이었지만 13세기 몽고의 고려 침입 때 소실되어 현재는 이를 받치던 석조 대좌만 금당지에 남아 있다. 자연 그대로의 바위 윗면을 평평하게 한 뒤 장륙존상의 발이 들어갈 수 있도록 홈을 판 대좌는 불상이 넘어지지 않도록 고정시키는 역할을 했다.

여왕에게 닥친 위기

신성한 혈통과 예언 능력을 바탕으로 출범할 수 있었던 여왕 체제는 11년째 되던 해에 커다란 위기를 맞이한다.

642년 7월, 백제 의자왕이 군사를 일으켜 신라의 서쪽 40여 성을 점령한 데 이어 8월에는 고구려와 백제가 함께 당항성을 공격해 신라에서 당나라로 가는 교통로를 가로막고자 했다. 또 같은 달에 백제의 대대적인 공격을 받아 합천(대야성) 지방을 빼앗기면서, 서쪽 국경선이 경주의 코앞인 경산 방면까지 밀리는 국가 최대의 위기에 빠지게 되었다.

이에 신라는 이듬해 당나라에 사신을 보내 고구려와 백제 두 나라의 협공 사실을 알리고 구원병을 요청했는데, 그 자리에서 당 태종은 해결책의 하나로 사실상의 여왕 퇴위를 거론했다. 물론 이 대책대로 된 것은 아니었지만, 이는 가뜩이나 흔들리고 있던 여왕 체제에 정치적 일격을 가하기에 충분했다.

이런 바람 앞의 촛불과 같은 위기에 맞닥뜨린 선덕여왕은 이제 말이 아니라 행동으로 위기를 돌파해내야만 했다. 643년 봄, 여왕은 당 태종의 신임을 받으며 장안에 유학 중이던 승려 자장을 급히 귀국시키고 그를 불교계의 최고 지위인 '대국통'에 임명했다. 이에 자장은 불교 문화를 중심으로 중국의 선진 문물을 끌어들여 와 어려움을 극복하고자 했다.

자장은 우선 신라 왕실은 석가모니 종족으로 다른 신라인들과는 다르다는 '진종설'을 주장했다. 아울러 황룡사의 장륙존상, 진평왕의 옥대(허리띠), 황룡사의 9층목탑을 신라의 세 가지 보배로 내세웠는데, 이는 진흥왕, 진평왕, 선덕여왕을 인도의 이상적인 정복 군주, 즉 '전륜성왕'으로 떠받들려는 의도에서 나온 것이다.

나아가 그는 석가모니와 같은 신성한 종족이자 전륜성왕과 같은 위대한 정복 군주가 다스리는 신라야말로, 현재 부처나 보살이 머무르고 있는 땅이라는 뜻에서 '신라 불국토설'을 주장했다. 이를테면 오대산에 문수보살이 머무르고 있다는 이야기는 다름 아닌 자장이 중국에서 귀국하여 신라사회에 처음 적용한 것이었다.

645년 건립된 높이 80여m의 황룡사 9층 목탑은 진종설, 전륜성왕설, 그리고 신라 불국토설을 종합적으로 반영해 세운 이 시대 최고의 기념물이었다.

의문의 죽음을 당한 선덕여왕

여왕 체제의 위기를 이겨내고자 했던 선덕여왕은 이처럼 불교의 힘에 크게 의존했다. 그렇지만 실제 신라를 위기에서 구한 것은 외교력과 군사력이었는데, 그 주역이 바로 김춘추와 김유신이었다.

김춘추는 잘생긴 외모에 말재주까지 뛰어난 타고난 외교관으로서, 비록 고구려나 왜와의 외교는 실패했지만 당 태종과의 외교에서 커다란 성공을 거둬 당의 지지와 지원을 얻어냈다. 화랑 출신인 김유신은 10대 시절부터 전장에서 두드러진 공을 세워왔으며, 백제·고구려와의 사활을 건 전투에서도 연이어 빛나는 승리를 거두었다.

당시의 정치 세력은, 이전에 해오던 대로 불교를 통해 나라를 다스려야 한다는 보수 진영과, 당 태종의 뛰어난 업적을 모델로 유교 정책을 펴야 한다는 신진 세력으로 나뉘어 있었다. 신진 세력의 경우 성골 중심의 왕위 계승에서 밀려나 있던 왕족 김춘추와 가야 왕족의 후예인 김유신이 함께 이끌었다.

이들이 외교와 군사 방면에서 큰 공을 세우며 정국의 주도권을 쥐게 되자 보수 진영은 이에 대응하는 방법을 놓고 갈등이 일어났다. 여왕과 자장을 중심으로 하는 온건파는 여왕 체제를 유지하고자 한 반면, 상대등 비담과 염종 등 강경파는 당 태종의 여왕 퇴위론을 내세워 여왕을 몰아내고자 했다.

이런 가운데 진보 세력이 주도권을 쥐게 된 결정적인 계기는 647년 정월 상대등 비담과 염종이 일으킨 반란이었다. 비담과 염종은 기득권을 지키려는 지극히 보수적인 동기에서 여왕을 강제로 몰아내고자 반란을 일으켰다.

그런데 반란이 일어난 지 며칠 만에 김유신 군대가 지키고 있던 왕궁에서 선덕여왕이 갑작스럽게 의문의 죽음을 맞음으로써, 결과적으로 여왕의 퇴위가 실현되었다. 그리고 김유신 군대의 힘으로 반란이 진압됨으로써 비담 등의 강경 세력도 한순간에 무너지고 말았다.

선덕여왕이 죽은 뒤 사촌 여동생인 승만이 다시 한 번 왕위에 올라 신라의 두 번째 여왕인 진덕여왕이 되었다. 그러나 진덕여왕 시대는 사실상 김춘추 세력이 정권을 장악해 가는 과도기였다.

654년, 마침내 김춘추가 태종무열왕으로 즉위한 것은 여왕 체제의 종말이자 새로운 세력의 완전한 승리를 의미했다. 김춘추의 직계 자손들이 왕위를 계승한 시대를 신라 '중대'라 부르는데, 이때부터 진골들이 정치의 전면에 등장해 왕권을 강화시켜 나갔다.

남동신 서울대 교수

성인으로 추앙받은 다재다능 만능법사

원광의 전기는 『속고승전』 『수이전』 『삼국유사』 등에 수록되어 전하고, 『삼국사기』에도 그의 국내 활동 기록이 남아 있다. 여기서 『수이전』은 『삼국유사』로부터 인용되어 전하는 것이다.

원광의 연대기는 기록에 따라 약간의 차이가 있기에 주의를 요한다. 그의 성도 『수이전』에는 설씨, 『속고승전』에는 박씨로 다르게 기록되어 있다. 그의 출가와 관련해서도 『해동고승전』에는 13세에 출가했다고 되어 있는데, 『속고승전』은 25세 이후에 중국에서 출가했다고 전한다. 그리고 『수이전』에 의하면, 30세 이전 출가해 30세에는 삼기산에서 홀로 수행했다고 한다. 원광의 태어나고 죽은 연도도 각기 달라서 『속고승전』에 의하면 543년~641년으로 99세까지 살았고, 『수이전』에 의하면 84세까지 살았던 것(554년~637년)이 된다.

유학길에 오르다

『수이전』에 의하면, 30세에 경주 안강의 삼기산에 금곡사를 창건하고 수도했다. 4년 후 한 승려가 금곡사 가까이 절을 짓고 2년을 살았다. 그는 성질이 사납고 주술을 좋아했다. 어느 날 원광은 밤에 홀로 앉아 불경을 외우고 있었다. 문득 신이 나타나 원광의 여실수행을 찬탄하면서 요란한 소리로 주술을 닦는 승려를 다른 곳으로 옮기도록 말해달라고 했

⊙속고승전과 수이전
『속고승전』은 중국 당나라 초기의 승려 도선(596~667)이 양나라 때 혜교가 쓴 『고승전』을 계승해 6세기 초부터 7세기 중엽 사이에 활동한 고승들의 이야기를 엮은 열전이다. 당시 중국 불교계를 이해할 수 있는 중요한 사료로 평가받고 있으며, 훗날 송나라 때 『송고승전』이 탄생하는 바탕이 되기도 했다.
『수이전』은 통일신라 후기 또는 고려 초기에 지어진 작자 미상의 한문 설화집으로 현재 전하지 않으나 『삼국유사』 등에 몇 개의 작품이 인용되어 있다.

배리 석불
경주시 배동에 위치한 신라시대 불상으로 '배리(拜里)'는 현 배동의 이전 지명이다. 섭론종 계통의 아미타삼존불의 모습을 담은 불상이라는 해석도 있어 600년 중국에서 돌아오면서 우리나라에 최초로 섭론종을 소개한 원광과의 연관성이 주목된다. 다정하고 친근한 표정에서 인간미가 느껴지기도 하지만 함부로 다가설 수 없는 종교적 성스러움도 함께 풍기고 있는 7세기 불상 조각의 대표작이다.

다. 이에 원광이 그 승려를 타일렀으나 듣지 않다가 화를 입어 죽었다는 설화가 전한다.

이 설화를 샤머니즘과 불교의 갈등으로 해석하는 경우도 있다. 그러나 수행 방법이 다른 데서 생긴 대립으로 이해하는 편이 옳을 듯하다. 주술로 수행하던 승려의 수행은 다분히 밀교◦적 요소가 많았던 것 같다. 이 설화는 결국 부처의 가르침대로 수행을 하는 원광이 옳다는 교훈을 전하고 있는 것이다.

그리고 원광은 중국 유학길에 올랐다. 진나라의 수도 금릉 장엄사에서 승민의 제자로부터 『성실론』『열반경』 등을 수학했고, 소주의 호구산으로 가서 『아함경』의 교의도 익혔다. 이어 그는 호구산에서 『성실론』과 『반야경』을 강의했는데, 사람들을 깨우침에 이름이 나 산길을 뚫고 양식을 지고 오는 사람들이 줄을 이었다고 한다.

『속고승전』에 의하면, 혜민 스님이 15세 때 회향사에서 원광의 『성실론』 강의를 들었다고 한다. 혜민은 2년 정도 이 절에 머물렀는데, 대략 588년경이다. 『수이전』에 의하면 590년경이 되어야 유학길에 오른 것이 되는데, 이미 588년 무렵에 원광은 중국에서 강의를 하고 있었음을 알 수 있다.

기적처럼 살아나 고국 신라로

수나라가 남북조를 통일하던 그 무렵 수나라의 병사가 진나라의 수도 양도까지 왔는데, 원광은 병사들에게 사로잡혀 살해될 처지에 놓였다. 그때 멀리서 수나라 군사의 대장이 절탑이 불타는 것을 보고 달려가니, 불은 없고 탑 앞에는 원광이 결박된 채로 죽음을 눈앞에 두고 있었다. 이를 이상하게 여긴 대장은 결박을 풀어주고 원광을 살려보냈다.

원광은 589년에 수나라의 수도 장안으로 갔다. 이 무렵 장안에는 섭론종이 일어나고 있었는데, 원광의 명석한 해석은 그의 명성을 장안에 퍼지게 했다.

멀리 신라에서는 이 소식을 듣고 원광을 돌려보내 줄 것을 여러 차례 황제에게 청했다. 원광이 중국 유학을 마치고 사신 제문과 횡천을 따라 귀국한 것은 진평왕 22년(600)이었다. 그가 돌아오자 모두가 기뻐하고 왕은 그를 성인처럼 공경했다고 한다. 나이가 든 원광을 위해 수레를 타고 대궐을 출입하도록 했고, 의복과 약 등을 왕이 손수 마련할 정도였다. 귀국 후 그에게 정치하는 방법을 맡겼고, 도법으로 교화하는 일을 물었다고 한 것을 보면 원광에게 많은 정치적 자문을 구했던 것으로 보인다.

원광이 외교 문서 작성에 참여하고 있었다는 사실은 "오가는 국서는 모두 그의 심중으로부터 나왔다"고 한 것으로 알 수 있다. 진평왕 30년(608), 왕이 수나라에 군사 원조를 청하는 글을 원광에게

금동관음보살입상
경북 선산에서 출토된 삼국시대 불상이다. 관음보살은 불교의 자비심을 상징하는 보살로 '관세음'은 중생의 고통 소리를 듣고 구원한다는 뜻을 지녔다. 위기에 빠진 신라를 불법을 통해 하나로 묶어내고자 노력했던 원광 역시 관음보살과 같은 성스러운 존재로 추앙받았을 것이다.

◦ **밀교**
대승불교의 한 교파로 7세기경 인도에서 성립되었다. 밀교는 '비밀스러운 가르침'이란 뜻으로 실제 '비밀 불교'라 불리기도 한다. 주문이나 기도와 같은 주술을 통해 재난을 극복하고 자신의 소원 성취를 추구하는 형태의 신앙이다. 우리나라 불교계에서 밀교적 흐름이 주목받기 시작한 것은 삼국통일을 전후한 시기부터이며 고려·조선 시대까지 민중 신앙의 중심 역할을 담당했다. 신라시대 대표적인 밀교 승려로는 밀본, 안홍, 명랑, 혜통 등이 있다.

부탁했던 것이 그 구체적 예다.

왕의 요청을 받고 원광은 "자신의 생존을 위해 남을 없애려는 것은 승려가 할 바가 못 된다"며 망설였다. 그러나 결국 "왕의 땅에 살면서 그 물과 풀을 먹고 있으니 어찌 감히 명을 받들지 않겠는가?"라며 '걸사표'를 지었다고 한다. 이 걸사표를 받은 수나라 양제는 30만 군사를 거느리고 친히 고구려를 정벌하러 왔다.

원광은 유교에도 밝았다. 본래 그는 유교의 교화가 신묘하다고 했는데, 불교를 듣게 된 후부터 불경에 경도되었다. 그는 문장을 사랑해 도교나 유교를 섭렵하고 제자백가나 사기까지도 토론했고, 이로 인해 한 세대가 추앙을 했다고 한다.

원광은 귀국 후 가실사에 머문 적이 있는데, 진평왕 23년(601)경 그에게 가르침을 구하는 귀산과 추항이라는 두 화랑에게 세속오계를 주었다. 충성, 효도, 신의, 어짐, 용기 등의 덕목을 담고 있는 세속오계는 세속인의 생활 규범이었고, 불교 입장에서 보면 방편적 윤리 규범이었다.

정복 전쟁이 거듭되고 있던 당시 신라 사회의 상황을 감안할 때 이들 덕목은 절실히 요구되던 국가적 지도 이념이었다. 이러한 때 원광이 제시한 세속오계는 화랑도에게 수련의 지침이 되는 등 당시 사회에 많은 영향을 끼친 것으로 보인다.

백성들이 안락하게 살 수 있게

진평왕 35년(613) 7월 황룡사에서 개최된 백고좌회에서 원광이 윗자리에 앉아서 경을 강의했다. 이때 수나라 사신 왕세위도 이 법회

금동일광삼존불상
어린아이와 같은 신체 비례를 하고 있으나 비교적 정교한 조각 기술을 보여주는 불상이다. 기본 형식은 고구려식이지만 섬세한 세부 표현과 본존의 정적인 분위기, 팽창된 얼굴과 부드러움 등은 백제적인 조형 감각을 떠올리게 한다.

를 참관했다.

원광이 강의한 경은 『인왕반야경』이었다. 『인왕반야경』은 어떻게 나라의 어려움과 재난을 물리치고 백성을 안락하게 살 수 있도록 하는가를 설명한 호국 경전이자 불교의 정치 이념이 제시된 경이다.

국왕이 100명의 고승을 초청해서 높은 자리에 모시고 법문을 듣는 백고좌회는 이 경에 토대한 것이기에 인왕회라고도 했다. 그리고 이 법회에서 원광이 윗자리에 앉았다고 한 것

원광과 세속오계

원광이 화랑들에게 가르친 다섯 가지 계율은 사군이충(事君以忠)·사친이효(事親以孝)·교우이신(交友以信)·임전무퇴(臨戰無退)·살생유택(殺生有擇)이다. 이 세속오계는 화랑들에게 큰 영향을 끼쳤고 화랑도의 발전에 기여하기도 했다. 그러나 이것이 화랑들만의 계율이었다고 볼 수는 없다. 당대의 최고 지식인인 원광이 당시 신라인들이 가지고 있던 시대정신을 구체적으로 정리·표현한 것이라고 봐야 한다. 각각의 내용은 다음과 같다.

사군이충 : 임금과 국가에 충성을 다할 것. 유교적 충·효를 강조하며, 강렬한 공동체 의식을 반영한다.

세속오계 내용을 소개한 「삼국유사」

사친이효 : 부모에 효를 다할 것. 유교적 충효를 강조한다.

교우이신 : 신의로써 친구를 사귈 것. 죽음 앞에서도 친구를 버리지 않는 의리를 강조한다.

임전무퇴 : 전쟁터에 나아가 물러섬이 없을 것. 강한 공동체 의식과 숭고한 희생 정신을 강조한다.

살생유택 : 함부로 살생하지 말 것. 냉혹한 현실 속에서도 인간성을 잃지 말 것을 강조한다.

으로 미루어 그는 이 무렵 신라의 대표적인 고승이었다.

운문산 가슬사엔 점찰보를 설치해 해마다 점찰법회를 개최했다. 이 법회는 과거의 업과 현재의 길흉을 점쳐서 악업이 많은 사람은 참회로 장애를 제거하도록 하는 자리였다. 점치는 행위는 무속적인 것이지만, 길흉의 원인을 운수에만 돌리지 않고 행위의 선과 악, 그리고 과거의 업과 연결해 참회를 유도했기에, 우매한 중생들을 깨우치는 의미가 있었다.

원광은 『열반경』 『십대승론』 『성실론』 등에 관심을 가졌고, 『여래장경사기』과 『여래장경소』를 저술하기도 했다. 따라서 그는 여래장사상에 주목했던 것으로 볼 수 있는데, 모든 사람에게 여래, 즉 부처가 될 가능성이 있다고 강조하는 이 사상을 토대로 원광은 신라인의 생활 방식을 대승적인 윤리관으로 교화했던 것이다.

원광은 천성이 마음속에 티끌 하나 없는 허정(虛靜)함을 좋아했고, 기량이 넓었다. 말할 때에는 언제나 웃음을 띠고, 얼굴에 성내는 빛이 없었다. 성품은 겸허하고 인정이 많았다고 한다. 보시 받은 재물은 사찰 운영비로 충당하고 남은 것은 오직 바리(공양 그릇)뿐이었다.

원광의 입적에 대해서는 앞서 언급했듯 99세설과 84세설이 있다. 『수이전』에 의하면, 거처하던 황룡사에서 단정히 앉아서 입적했는데, 절의 동북쪽 빈 곳에서 음악 소리가 공중에 가득하고 이상한 향기가 절 안에 가득 차서 승려들과 백성들은 슬퍼하면서도 경사로 여겼다고 한다. 당시 원광의 나이는 99세였고, 선덕여왕 9년(640) 때였다.

금곡사 원광법사 부도탑
기록에 따르면 죽은 원광을 명활산에서 장사 지냈고, 그의 사리는 원광이 평소 불법을 닦던 금곡사에 모셨다고 한다. 경주시 안강읍에 위치한 금곡사는 임진왜란 때 소실되어 현재 절터만 남아 있는데, 이곳에는 원광의 부도로 추정되는 탑이 있다. 보통의 부도와 달리, 3층 석탑의 형식을 하고 있는 독특한 모습의 부도다.

제자로는 원안이 있었다. 원안은 스승 원광이 신라 국왕의 병을 치료했던 특이한 일을 기록으로 남겼고, 중국으로 가 장안에서 명성을 날리기도 했다. 『삼국유사』에 의하면, 원광의 부도는 삼기산 금곡사에 있다고 했는데, 현재 금곡사지에 있는 폐탑이 곧 그 부도라는 설도 있다.

김상현 동국대 교수

불법과 외교술로 위기의 신라를 구하다

자장은 7세기 전반 선덕여왕과 진덕여왕 시기에 주로 활동했던 신라의 대표적인 고승이다. 그는 무림의 아들로 성은 김씨, 속명은 선종랑이었다.

무림은 진골 출신으로 높은 요직을 지냈으나 늦게까지 아들이 없어 불교에 귀의해 천부관음(千部觀音)을 조성하고 "아들을 낳으면 불교계의 중요한 인물로 삼겠다"고 했다. 어느 날 어머니가 별이 떨어져 품 안으로 들어오는 태몽을 꾸고 석가모니가 탄생한 4월 초파일에 자장을 낳았다.

왕명에 맞서다

그는 천성이 맑고 슬기로워 학문을 깊이 닦아 익혔고, 부모를 여읜 뒤부터는 세속을 싫어해 홀로 깊은 산으로 들어가 고골관이라는 수행법을 닦았다. 간혹 권태롭고 피곤할 때면, 조그만 집을 지어 가시덤불로 둘러막고 벗은 몸으로 그 속에 앉아 있었다. 움직이기만 하면 곧 가시에 찔리도록 했고, 머리를 끈으로 천장에 매달아 정신의 혼미함을 물리치곤 했다.

이렇게 수행하고 있을 때 조정에서는 그를 불러 재상에 취임하라고 했다. 문벌로 보아 자장이 그 후임자에 가장 적합했다.

하지만 그는 부름에 응하지 않았다. 왕은 "취임하지 않으면 바로 목을 베라"는 엄중한 명령을 내렸다. 그는 이 칙명을 듣고, "내 차라리 계(戒)를 지키고 하루를 살지언정, 파계하고 100년 살기를 원하지 않는다"라고 했

다. 이 말을 전해들은 왕은 출가를 허락했다.

그 뒤 그는 더욱 깊은 산속으로 들어가 수행을 했는데, 이상한 새가 과일을 물고 와서 공양했고, 하늘의 사람이 와서 5계를 주는 꿈을 꾸었다.

그가 산에서 나오자 각지의 사람들이 찾아와서 앞다투어 계를 받았다. 이때부터 그의 이름은 널리 알려지기 시작했는데, 그럴수록 그는 당나라로 가서 보다 더 깊이 공부하고 싶은 마음에 사로잡혔다.

선덕여왕 5년(636)에 자장은 승실 등 제자 10여 명과 함께 당나라로 간다. 그전에 먼저 오대산의 문수보살상에 은밀한 감응을 기도

자장율사 진영
조선시대 후기에 그려진 자장율사 초상화로 현재 통도사에 보관되어 있다. 비단 바탕에 채색을 했으며, 얼굴과 몸이 약간 오른쪽을 향한 채 의자 위에 양반다리를 하고 앉아 있는 전신 좌상이다. 배경은 어두운 녹색으로 처리했는데, 붉은색의 의자와 녹색·붉은색으로 된 옷이 뛰어난 색의 대비를 보이고 있다.

° **계(戒)**
불교에서 지켜야 할 바른 행위를 뜻하는 것으로 소극적으로는 그른 일을 막는 힘이 되고, 적극적으로는 모든 선을 일으키는 근본이 된다. '계율'이라고도 하며 석가모니가 최초의 설법에서 가르친 교리인 8정도에 따라 바른 말, 바른 행동, 바른 생활 3단계로 이루어진다. 잘못된 행위는 왜곡된 욕구에서 비롯된 것으로 여기며 지혜의 힘을 통해 그 원인을 제거할 수 있다고 한다. 불교에서 금하는 계율 중 대표적인 것으로는 살생, 간음, 도둑질, 거짓말, 술과 마약, 세속의 오락, 몸 치장, 재물을 취하는 것 등이 있다.

통도사
우리나라 3대 사찰 중 하나로 경남 양산시 하북면 영축산에 위치해 있다. 자장이 창건한 것으로 전해진다. 이곳 통도사의 대웅전에는 불상을 따로 모시지 않고 금강계단을 설치해 부처님의 진신사리를 모시고 있다. 통도사라는 이름은 금강계단을 통하여 도를 얻는다는 의미가 있다.

했는데, 7일 동안의 기도 후 꿈에 성인이 나타나 사구게(四句偈)를 주었다. 그 게송은 범어였으므로 뜻은 알 수 없었다. 다음날 아침 한 승려가 법의 한 벌과 부처의 바리 한 벌, 그리고 부처의 머리뼈 한 조각을 가지고 와서, 범어 게송을 번역해 주었다. 또 그는 자장에게 "신라의 동북방 명주 경계에 있는 오대산은 일만 문수보살이 항상 거주하는 곳이니 친견하도록 하라"고 했다.

대당 외교 성공을 위해

뒤에 자장은 장안으로 갔는데, 당 태종은 사신을 보내 그를 위로하고 승광별원에 머무르게 했으며 후한 대접을 했다. 어느 날 장님이 설법을 듣고 참회하자 곧 눈을 뜨게 된 일이 있었다. 이 소문이 퍼지자 그를 찾아와 계를 구하는 사람이 매일 1,000여 명에 이르렀다.

그는 태종에게 글을 올리고 장안의 남쪽에 있는 종남산 운제사의 동쪽 산에 들어갔다. 그곳에 바위를 의지해 집을 짓고 3년 동안 수도하다가 다시 장안으로 갔다. 황제로부터 비단 200필을 받는 등 여전히 극진한 예우를 받았다.

선덕여왕 12년(643) 신라에서는 당 태종에게 글을 보내 자장을 보내줄 것을 요청했다. 1년 전 백제에 40여 성을 빼앗기고 대야성을 함락당하는 등 매우 위급한 상황에 놓여 있었기 때문이다. 태종은 신라의 요청에 응하고 자장을 불러 비단 등의 많은 예물을 주었다. 자장은 고국 신라에 불상과 불경 등이 부족함을 느끼고 대장경 한 질을 비롯해 각종 불교 물품을 골고루 마련한 뒤 7년 만에 귀국했다. 나라의 모든 사람이 그의 귀국을 환영했고, 왕은 그를 최고 고문직인 대국통으로 임명하며 분황사에 머무르게 했다.

백제에 대야성을 빼앗긴 선덕여왕 11년(642) 이후의 신라는 사직의 보전까지 걱정해야 하는 처지였다. 이렇게 어려운 시기를 맞아 자장은 불교로 교화를 하는 한편, 정치외교적인 자문도 맡아서 신라가 위기를 극복하고 삼국을 통일하는 데 크게 기여했다.

신라가 위기에 놓이자 여왕에 대한 비판적인 여론이 다시 대두했을 뿐만 아니라, 당 태종에 의해 제기된 여왕 폐위론의 충격은 '비담의 난'으로까지 비화했다. 이에 자장은 여왕이 부처님과 특별한 인연으로 국왕이 되었다는 설을 유포해 왕실 혈통의 신성함을 강조하고 나섰다.

◦사구게
고대 인도시의 한 형식으로 4구절로 이루어졌다. 1구가 8음절로 되어 있어 음절 수는 모두 32개다. 보통 '게송(偈頌)'이라고 하며, 여기서 '게'는 불교의 가르침을 운문으로 표현한 짧은 시구를 뜻한다. 불교의 대표적인 경전인 『금강경』에는 '이 경 가운데 사구게만이라도 항상 잊지 않고 마음에 새겨, 다른 사람에게 설한다면 그 복이 한량 없다'는 법문이 있는데, 여기서 사구게는 어느 특정한 게송을 가리키는 것이 아니라 『금강경』의 여러 법문 가운데 사구, 즉 32절만이라도 제대로 이해하라는 뜻이다.

야욕을 드러내고 있었다.

이에 자장은 당의 복장과 연호를 받아들여서라도 대당 외교를 성공시켜야 한다는 건의를 하기에 이른다. 조정에서는 자장의 의견을 받아들여, 김춘추를 당에 파견해 군사 동맹을 맺도록 했다.

이처럼 대당 외교의 성공 배경에는 자장의 도움이 많았다. 나당동맹이 신라 삼국통일의 중요한 토대가 되었다는 점과, 황룡사 9층탑의 역사적 의미에 유의할 때 자장의 정치·외교적 역할이 갖는 의미는 매우 크다. 특히 위기 상황을 통일의 기회로 활용한 그의 정치적 수완은 깊이 되새겨볼 만하다.

전 국민을 불교 신도로

불법을 널리 퍼뜨려 대중을 교화하는 것과 불교 교단의 기강을 확립하는 것 역시 그의 과제였다.

어느 해 여름, 자장은 궁중에서 대승론을 강의했고, 황룡사에선 7일 동안 『보살계본』을 가르쳤다. 그러나 당시 신라 불교는 기강이 바로 서 있지 못했다. 그래서 조정에서는 자장에게 대국통이라는 높은 직위를 주어 그로 하여금 전국의 승려들을 관장하도록 했던 것이다.

그는 전국의 모든 승려에게 불경을 공부하게 해 매년 봄·가을 두 차례에 걸쳐 시험을 보도록 했다. 또한 한 달에 두 번씩 계를 강의하게 하고, 순검사를 전국에 파견해 지방의 사찰을 살펴 승려들의 과실을 징계하고 불경과 불상을 정중히 모시도록 하는 등 교단의 기강을 바로잡는 데 전력을 다했다.

이러한 노력의 결과 계를 받고 불교에 귀의

정암사 수마노탑
정암사는 강원도 정선 태백산에 자리 잡고 있는 절로 자장이 창건했다고 한다. 이 절에는 부처의 진신사리를 모신 전각(적멸보궁)이 있는데, 수마노탑은 그 뒤편 산비탈에 세워져 있다. 서해 용왕이 자장의 신심에 감동해 하사한 용궁의 보석인 '마노석'으로 쌓았다 해서 수마노탑이라고 했다는 전설이 있다.

다른 한편 황룡사에 9층탑을 세우도록 건의함으로써 왕권의 강화에 주력했다. 그는 9층탑의 건립을 통해 동요된 민심을 수습하고 호국의 의지를 굳건히 하려 했고, 나아가 위기 극복을 삼국통일의 의지로까지 전환시키고자 했다.

고구려와 백제 두 나라의 공격을 받아 고립무원의 상태에 빠진 신라는 외교로써 이를 극복하려고 했다. 그러나 김춘추의 고구려와 일본 방문 외교는 모두 실패했고, 친선 관계에 있던 당나라까지도 군대 파견에 쉽게 응하지 않음으로써 신라의 위기는 계속되었다.

오히려 당 태종은 여왕 폐위론은 물론, 신라의 독자적 연호 사용까지도 문제를 삼으며

● 연기 설화
사찰, 암자 등의 창건이나 절터를 잡게 된 유래, 절 이름의 유래 등에 관한 불교 설화다. 불교의 전파와 교화를 목적으로 하며 '사찰 연기 설화'라고도 부른다. 연기 설화는 절 주변의 신도들에 의해 구전되어 전승되기도 했으나, 주로 사찰 내의 기록을 비롯한 『삼국유사』 『삼국사기』 『해동고승전』 『동국여지승람』 등의 문헌에 실려 전한다. 백제 무왕이 연못 가운데서 미륵 삼존의 출현을 보고 절을 세웠다는 '미륵사 연기 설화', 신라 문무왕이 왜병을 물리치기 위해 절을 지었다는 '감은사 연기 설화' 등이 대표적이다.

하는 사람이 10명 중 8~9명은 되었다. 그래서 자장은 출가 승려가 되고자 모여드는 사람들을 입문시키기 위해 통도사를 창건하고 계단(戒壇, 계를 주는 의식이 이루어지는 단)을 쌓았는데, 현재의 금강계단이 그것이다. 또한 일찍이 자기 집을 절로 바꾸었던 원녕사를 다시 증축하기도 했다. 자장이 『화엄경』을 강의해 화엄교법을 천명할 때 52명의 여인이 나타나 법을 듣고 깨닫자 문인들이 그 수만큼의 나무를 심어 이를 기념하기도 했는데, 그 나무를 지식수(知識樹)라고 불렀다. 이 때문에 자장을 신라에 화엄사상을 최초로 소개한 인물로 보고 있다.

자장은 불교의 토착화를 위해서도 노력했는데, 신라 불국토설을 유포한 것도 그런 이유에서였다. 또한 황룡사에는 과거불인 가섭불의 연좌석이 있다는 설이나, 오대산은 문수보살이 항상 머무는 도량이라는 설, 그리고 황룡사는 호법룡이 수호한다는 등의 설도 유포했다.

이 설들은 황룡사 장륙존상의 조성 연기 설화와 함께 신라가 불교와 매우 깊은 인연이 있다는 것을 강조하기 위한 것이었고, 이는 곧 불교의 토착화·대중화로 이어졌다. 자장의 이 같은 노력으로 신라 국민 대부분이 불교에 귀의하는 성과를 이룩할 수 있었다.

그의 저서로는 『아미타경소』 『아미타경의기』 『사분율갈마사기』 『십송율목차기』 『관행법』 등이 있었지만, 전해오는 것이 없기에 그의 교학이나 사상을 자세히 알기는 어렵다. 다만 이들 저서명과 그의 수행·교화의 특징에서 자장이 계율을 중시하는 사상을 갖고 있었음을 추정할 수 있다.

김상현 동국대 교수

신라 구법승들의 활동

삼국은 중국의 선진 문화와 학문, 사상을 적극적으로 받아들여 나라를 발전시켜 왔다. 당시 이러한 활동에 큰 역할을 한 사람들은 주로 사신, 승려, 유학생들이었다.

삼국의 발전에 큰 공헌을 한 불교는 인도에서 중국을 거쳐 삼국에 전해졌다. 초기에 불교는 중앙 집권적 지배 체제를 공고히 한다거나 백성들을 통제하기 위한 수단으로 정치적·사회적 관점에서 주로 활용되었다. 또한 개인적으로는 현실의 행복을 위해 불교를 믿었다. 어떤 경우이든 모두 교리에 대한 깊이 있는 이해는 부족할 수밖에 없었다.

이런 가운데 불교가 지배층의 중심 사상으로 자리잡고, 또 백성들에게 널리 퍼져가면서 순수한 종교적 신앙심이 생기기 시작했다. 하지만 당시 삼국에 전해진 불교 교리는 대부분 중국화된 불교였다. 경전도 부족해 불법을 이해하고 퍼뜨리는 데 어려움이 많았다. 이에 삼국에서는 중국이나 인도로 직접 건너가 고난을 무릅쓰고 교리 공부를 하는 승려가 많이 등장하게 되었다. 이들을 가리켜 구법승이라고 한다.

황룡사터에서 출토된 것으로 전해지는 금동반가사유상 얼굴

그런데 신라의 구법승들은 고구려·백제의 승려들과 뭔가 다른 점이 있었다. 순수한 종교적 활동뿐만 아니라 다양한 정치·외교적 활동까지 펼친 것이다.

각종 문헌에서 확인된 바에 따르면, 삼국 간의 항쟁이 본격화된 6세기 이후 중국을 찾아간 구법승들은 신라가 32명으로 고구려 9명, 백제 4명에 비해 훨씬 많았다. 이들 신라 구법승들의 당시 활동을 보면 위기에 빠진 조국을 구하려는 애국심이 강렬했음을 알 수 있다. 다시 말해, 신라의 구법승들은 수·당과의 외교 관계 속에서 구법승 이상의 역할을 해낸 것이다.

우선 가장 대표적인 인물로 원광을 들 수 있다. 그는 고구려 공격을 요청하는 '걸사표'를 수나라에 보내는 등 여러 외교적 업무에 관여했다.

신라 구법승들은 중국 내에서 명망 높은 고승일 뿐만 아니라 심지어 황실과 교류가 있는 경우도 많았다. 주로 신라 왕족 출신인 이들 구법승은 조국으로 돌아와 당대 최고의 지식인으로서 국가와 왕실을 위해 정치적인 조언을 하곤 했다.

원광 이외에 이러한 활동을 펼친 인물로는 자장을 들 수 있다. 당 태종의 특별한 후원까지 받아가며 불교 경전을 연구한 자장은 선덕여왕의 귀국 요청을 받고 조국으로 돌아왔다. 그는 선덕여왕·진덕여왕 2대에 걸쳐 많은 정치적 활동을 펼쳤다.

또한 신라에 돌아왔는지 여부는 확실하지 않지만 중국 불교의 발전에 혁혁한 공을 세운 인물도 있다. 대표적인 인물로 원측을 들 수 있다. 신라 왕족 출신인 원측은 15세의 어린 나이에 당으로 건너갔는데, 당 측천무후는 그를 특별히 아껴 원법사에 머물게 했다. 그는 당의 고승 현장의 수석 제자 자은규기와 비교될 정도로 불교 경전을 통달했을 뿐만 아니라 중국어와 산스크리트어에 능했다. 이러한 그의 재능은 당 고종에게 알려지기에 이르렀고, 고종은 그를 서명사의 책임자로 승진시켰다. 이때부터 그는 『유식론』, 『해심밀소경』, 『인왕경』, 『반야심경』 등에 관한 저서 수십 권을 편찬해 중국 불교 학계에 명성을 떨쳤다.

원측과 거의 동시대에 당나라에 유학한 신방도 현장법사의 제자 3,000명 중 최고 제자인 사족(규기, 가상, 조광, 신방)의 한 명에 들 정도로 뛰어났다. 같은 구법승으로서 인도 밀교의 대가인 선무외로부터 가르침을 받은 혜통도 당 황실과 깊은 관계를 맺었다. 당 고종은 공주가 질병에 걸리자 선무외에게 치료를 부탁했고, 선무외는 혜통을 추천했다. 이에 혜통은 검은콩과 흰콩으로 주술을 외워 공주에게 질병을 가져다준, 머리에 흰 혹이 있는 용을 쫓아냈다는 전설이 전해진다.

김병곤 동국대 강사

나라의 명예 드높인 청년 영웅들

'신라'와 '삼국통일' 하면 먼저 떠오르는 게 화랑일 것이다. 화랑은 과거제도가 없던 신라 사회에서 인재를 발탁하는 기능을 했고, 끊임없이 이어지는 삼국 간의 전쟁에서 국가를 위해 기꺼이 목숨 바치는 전사들을 배출한 청년 조직이었다.

비오듯 쏟아지는 화살을 뚫고

실제 화랑 출신으로 장수가 돼 활약한 인물로는 사다함, 관창, 김유신, 김흠운 등이 있다. 화랑 사다함은 진골 귀족 출신으로 생김새가 깔끔하고 마음가짐도 올곧아서 따르는 무리가 1,000여 명에 이르렀다.

562년(진흥왕 23) 장군 이사부가 총사령관이 돼 대가야 공격에 나섰을 때였다. 나이가 열다섯 혹은 열여섯 살에 불과했던 사다함은 싸움터에 나가려고 했지만, 진흥왕은 나이가 어리다는 이유로 허락하지 않았다. 그러나 사다함의 뜻이 워낙 굳세, 결국 귀당비장이란 직책에 명해 출정시켰다.

사다함이 선봉에 서서 군사를 이끌고 대가야의 성문을 들이치자 대가야 사람들은 놀라 감히 막지 못했다. 승리를 거둔 사다함이 돌아오자, 진흥왕은 그의 공을 높이 사 포로 300명과 토지를 하사했다.

그러나 사다함은 포로를 모두 풀어줬고, 토지도 사양하다 마지못해 오늘날 경주시 북천에 해당하는 알천의 불모지만을 받아 사람들의 칭송을 받았다.

일찍이 같은 화랑인 무관랑과 전쟁터에서 함께 죽자고 약속한 사이였던 사다함은 무관랑이 병들어 먼저 죽자 슬픔을 이기지 못하고 7일 만에 죽었다. 그의 나이 겨우 열일곱 살 때였다.

화랑을 따르는 낭도들도 화랑 못지않은 용감성을 발휘했다. 백제와 전투 중에 장렬히 전사한 김흠운은 화랑 문노의 낭도였다. 그는 낭도 시절부터 전쟁에서 죽어 후대에까지 이름을 남긴 인물 이야기가 나오면 감정을 누르지 못하고 눈물을 흘리며 자신을 채찍질하곤 했다. 같은 무리에 속해 있던 승려 전밀이 "김흠운은 만약 적진에 나아가면 반드시 살아 돌아오지 않을 것이다"라고 말했을 정도였다.

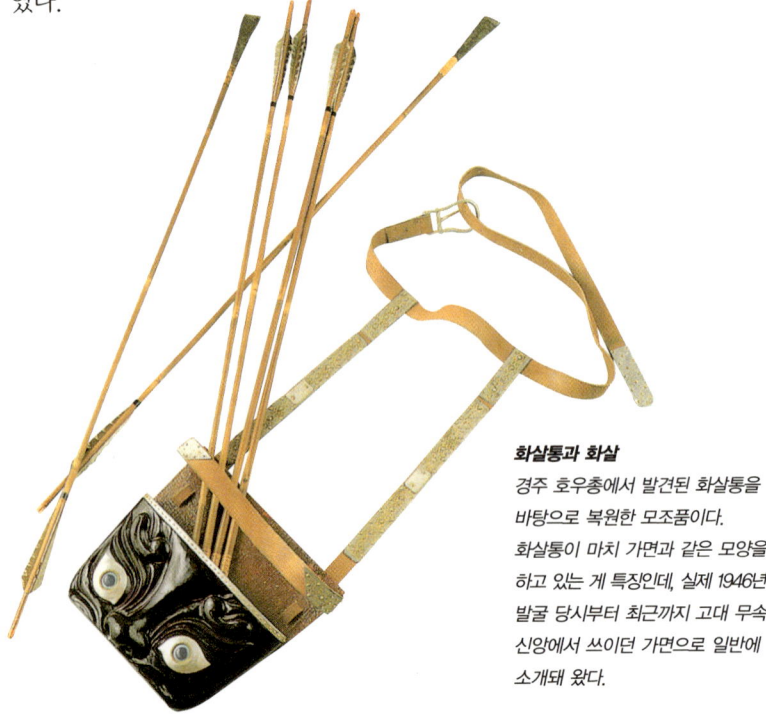

화살통과 화살
경주 호우총에서 발견된 화살통을 바탕으로 복원한 모조품이다. 화살통이 마치 가면과 같은 모양을 하고 있는 게 특징인데, 실제 1946년 발굴 당시부터 최근까지 고대 무속 신앙에서 쓰이던 가면으로 일반에 소개돼 왔다.

655년(무열왕 2), 김흠운이 낭당대감이란 직책으로 백제군을 치기 위해 나섰을 때였다. 그는 군사들과 노숙하며 고락을 같이 했다. 양산 아래 진을 치고 백제의 조천성을 공격할 준비를 하고 있을 때, 새벽에 백제군의 기습을 받아 신라군은 큰 혼란에 빠지고 말았다.

김흠운은 비가 오는 것처럼 쏟아지는 화살을 막아내며 창을 들고 적과 맞섰다. 부하 중 한 명이 "지금 죽으면 남들이 알아주지 않을 것이다. 당신은 신라의 진골이자 대왕의 사위니, 적의 손에 죽으면 백제의 자랑거리가 되고 우리의 수치가 될 것"이라며 김흠운에게 몸을 피할 것을 권했다. 그러나 그는 "이미 나라에 몸을 바쳤으니 굳이 명예를 바라겠는가?"라며 장렬히 싸우다 전사했다. 김흠운을 따르던 사람도 모두 죽었다.

공 세워 부와 명예를 취할 때

화랑 출신 장수와 화랑의 활약이 특히 두드러진 것은 통일 전쟁 때였다. 김유신의 동생 김흠춘도 젊은 시절 화랑이 돼 많은 사람의 신망을 얻었던 인물이다.

660년(무열왕 7) 백제를 공격할 때 참여한 그는 황산벌에서 계백이 이끄는 백제군과 맞붙었는데, 전세가 불리하자 아들 반굴을 불러 말했다. "위급한 때 목숨을 바쳐야 충과 효를 함께 완성하는 것이다." 반굴은 이에 "옳습니다"라고 대답하고 적진으로 뛰어들어 용감히 싸우다 전사했다. 이후 명예롭고 절개 있는 집안 출신임을 자처하며 장수가 된 반굴의 아들 령륜 또한 보덕국에서 일어난 반란을 진압하던 중 전사했다.

장군 김품일의 아들 관창 역시 목숨을 바친 화랑의 대표적 인물이다. 소년 시절 화랑이 돼 주위 사람들과 잘 사귀었던 관창은 열여섯 살이 되자 말타기와 활쏘기에도 출중한 능력을 발휘했다.

이후 누군가가 관창을 태종무열왕에게 추천했고, 아버지와 함께 황산벌 전투에 참여하게 됐다. 신라군이 어려움을 겪자 김품일이 관창을 불러 말했다. "네가 비록 어린 나이지만 뜻이 굳으니 오늘 공을 세워 부와 명예를 취할 때다." 관창은 즉시 말에 올라 창을 비껴들고 적진으로 뛰어들어 백제군 두어 명을 죽인 뒤에 사로잡혔다.

관창의 투구를 벗겨본 백제의 장수 계백은 "신라엔 걸출한 사람이 많다. 소년이 이러한데 하물며 장군들이야 어떻겠느냐?"며 차마 죽이지 못하고 돌려보냈다. 그러나 관창은 다시 적진으로 돌진했고, 결국 계백은 관창의 목을 벤 뒤 말 안장에 매어 돌려보냈다. 품일은 아들의 머리를 잡고 소매로 피를 씻으며

말탄 무사 토기

경주 덕천리 고분에서 발굴된 5~6세기경 토기로 실제는 말 가슴과 말 등에 물구멍이 달린 주전자다. 재갈을 두른 말이 앞 발을 벌리고 내달리려는 듯한 움직임이 생생하게 포착되어 있으며, 말 탄 무사가 갑옷 대신 천옷을 입고 하반신 길이와 거의 같은 화살통을 찬 것이 눈길을 끈다. 제사 풍습에 따라 인위적으로 목이 잘린 무사의 모습에서 장렬한 최후를 맞은 신라 화랑들의 가슴 짠한 인생사가 떠오르기도 한다.

"내 아들의 얼굴이 살아 있는 듯하다. 나랏일로 죽었으니 후회할 것이 없다"고 말했다. 이 장면을 보고 비분강개한 신라군은 용감히 싸워 결국 승리했다.

귀족들은 국가에 대한 책임감이 강했고, 전쟁터에 나가서도 자신의 의무를 다하려는 태도를 지녔다. 전쟁에서 공을 세운 귀족들에겐 후한 보상이 주어져 가문의 위상이 달라졌기 때문이다. "공을 세워 부와 명예를 취할 때"란 관창 아버지의 말은 그런 맥락에서 나온 것이다.

보살핌과 존경심으로 결속

보통 한 명의 화랑을 많은 낭도가 따르곤 했다. 낭도의 수는 많으면 수천 명에 이르는 경우도 있었다. 신분도 다양했다. 김흠운처럼 진골 귀족도 있었지만, 대부분은 서민이었을 것이다.

화랑과 낭도의 관계는 군사 조직과 같은 강제적인 주종 관계가 아니었다. 풍채가 뛰어나고 사람을 잘 사귀며, 인품이 출중한 화랑을 자발적으로 따라나선 무리가 낭도였다. 지도자인 화랑으로부터 따뜻한 배려와 보살핌을 받은 낭도들은 인격적 존경심을 바탕으로 의존하고 추종했다. 그들이 지키려 한 것은 절개와 의리였다.

7세기 후반 활약한 화랑 죽지랑과 낭도 득오의 이야기는 화랑과 낭도의 관계를 엿볼 수 있는 좋은 사례다. 모임에 한 번도 빠지지 않던 득오가 어느 날 보이지 않았다. 죽지랑이 득오의 집에 가서 어머니에게 물어보니 부산성의 창고지기로 징발돼 갔다고 했다.

죽지랑은 낭도들과 함께 떡과 술을 가지고 부산성으로 찾아가 득오를 위로했다. 이어 득오와 함께 돌아가려고 책임자인 모량부 익선에게 휴가를 청했지만, 익선은 들어주지 않았다.

그러던 중 현재의 밀양 지역인 추화군에서

부산성
죽지랑과 득오의 애틋한 우정이 서려 있는 곳으로 경주시 건천읍에 위치해 있다. 부산 정상을 중심으로 세 줄기의 골짜기를 따라 자연석을 이용해 쌓았으며, 663년(문무왕 3)에 완공되었다. 경주에서 대구로 통하는 교통의 요충지에 자리 잡고 있어 도성을 방어하는 중요한 군사 기지였을 것으로 추정된다.

곡식을 날라오던 간진이 이 모습을 보게 됐다. 죽지랑이 낭도를 소중히 여기는 것을 좋게 생각한 간진은 융통성 없는 익선을 못마땅하게 여기고 익선에게 곡식 30석을 주며 부탁했다. 그래도 익선이 듣지 않아 친구 진절의 말 안장까지 내주고서야 겨우 허락받았다.

이 이야기가 알려지자 화랑들을 담당하는 조정의 관리는 익선을 잡아다 더러움을 씻겨주려고 했다. 그러나 익선은 도망을 갔고 관리는 대신 그의 아들을 잡아다 추운 날 성 안의 한 연못에서 씻겼는데, 결국 얼어 죽고 말았다고 한다.

죽지랑의 낭도들을 대하는 자세는 이렇게 자상했다. 죽지랑은 진덕여왕에서 신문왕 대에 걸쳐 높은 관직을 지냈고, 통일 전쟁에서도 크게 활약한 인물이었다. 훗날 득오는 죽지랑의 인품을 잊지 못해 그를 사모하는 노래를 지었는데, '모죽지랑가'가 그것이다.

화랑과 낭도들은 뜻을 모아 의로운 일을 함께 추진하기도 했다. 신라 말 진성여왕 때의 일이었다. 화랑 효종랑과 낭도들이 남산 포석정에서 모일 일이 있었는데, 두 낭도가 늦게 도착했다. 이유를 물으니, 도중에 분황사 동쪽 동네에서 모녀가 부둥켜안고 울고 있어 사연을 알아보느라 늦었다는 것이었다.

사연은 이랬다. 눈먼 어머니를 모시는 딸이 걸식하며 생계를 잇다가 흉년이 들어 그조차 어렵게 되자, 부잣집에 몸을 팔아 곡식 30석을 얻었다. 새벽에 부잣집에 가서 일을 하고 저녁에 돌아오곤 했는데, 어머니가 "이전에 거친 음식은 맛이 있더니, 요즘의 좋은 음식은 가슴을 찌른다"며 이유를 묻자 딸이 사실대로 대답했다. 모녀가 부둥켜안고 통곡했던

사모의 정과 인생무상, 모죽지랑가

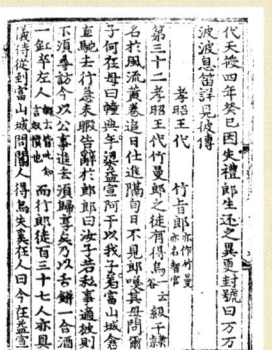

간 봄 그리워함에
모든 것이 서러워 시름하는데
아름다움을 나타내신 얼굴이 주름살을 지으려 하옵내다
눈 돌이킬 사이에나마
만나뵙도록 하리이다
낭이여 그리운 마음의 가는 길이
다북쑥 우거진 마을에 잘 밤이 있으리이까

모죽지랑가는 신라 효소왕(재위 692~702) 때 죽지랑의 낭도 득오가 지은 9구체 향가로 『삼국유사』에 관련 설화와 함께 가사가 전한다. 득오는 자신를 도와준 일이 있는 죽지랑의 높은 인격을 사모했는데, 죽지랑이 죽게 되자 이 노래를 불러 그를 기렸다고 한다. 죽지랑을 사모하는 정과 그를 그리워하며 인생의 무상을 느끼는 서정이 잘 나타나 있다. 이 작품에는 지난날 위대했던 화랑이 하급 관리에게 수모를 당할 정도로 삼국통일 이후 화랑도가 힘을 잃어가는 과정이 암시적으로 드러나 있기도 하다.

까닭이다. 이 말을 들은 효종랑은 곡식을 내주었고, 낭도들 또한 곡식 1,000석을 거둬 보냈다.

화랑을 자문한 승려 낭도들

화랑을 따르는 무리에는 반드시 승려도 포함돼 있었다. 화랑 제도가 정비된 후인 진지왕 시절, 흥륜사 승려 진자는 미륵상 앞에서 "미륵께서 직접 화랑이 돼 세상에 나타나 늘 가까이 모실 수 있게 해달라"고 빌었다.

지방으로 이 미륵선화(화랑으로 환신한 미륵)를 찾아다니던 진자는 우여곡절 끝에 왕경에서 어린 미시랑을 찾았다. 진자가 미시랑을 가마에 태우고 왕을 뵙자 왕은 미시랑을 화랑으로 임명했는데, 이후 미시랑 무리가 화목하게 예의를 지켜가는 분위기가 특별했다고 한다.

경덕왕 때 도솔가를 짓고 피리도 잘 불었다는 승려 월명사도 화랑의 무리에 속한 낭도였

고, 진평왕 때의 승려 혜숙도 호세랑의 낭도였다. 혜숙은 호세랑이 화랑 자리를 떠나자 적선촌으로 은거했다. 화랑에 대한 낭도의 인격적 의존 관계를 짐작할 수 있는 부분이다.

효소왕 때의 승려 안상은 부례랑의 낭도였다. 부례랑이 1,000여 명의 낭도와 함께 명주(현 강릉) 북쪽까지 갔다가 오랑캐에 잡혀갔을 때, 다른 사람들은 어쩔 줄 몰라 했으나 안상만이 홀로 부례랑을 뒤쫓아갔다. 경주에 있는 사찰인 백률사 관음보살상의 신령스러운 힘으로 부례랑과 안상이 모두 무사히 돌아왔다는 설화에 나오는 이야기다.

그 후 국가를 위해 목숨을 기꺼이 내놓던 시절과는 좀 달라진 때의 일이다. 신라 말 응렴(경문왕)이 화랑으로 활동할 때 그를 따르던 낭도 중에 범교사라는 승려가 있었다. 범교사는 "두 공주 중 한 명과 혼인하라"는 헌안왕의 제안을 받고 고민하던 응렴에게, "못생긴 둘째 공주를 선택하라"고 조언해 결국 응렴을 왕위에 오르게 했다. 화랑을 가까이서 보좌하던 승려 낭도가 화랑을 자문해 주며 중요한 역할을 했던 사례 중 하나다.

백률사
경주시 동천동 소금강산 중턱에 위치한 사찰로 과거 여기에 있던 관음보살상과 관련된 신비로운 이야기가 많이 전한다. 확실한 창건 연대는 알 수 없으나, 관음보살상의 힘으로 목숨을 구했다는 안상과 부례랑 이야기가 693년(효소왕 2)의 일로 기록되어 있는 것으로 보아 삼국통일을 전후해 건립됐을 가능성이 높다.

신라인들은 김유신을 따르는 무리를 '용화향도'라고 불렀다. 앞서 미시랑을 미륵의 화신으로 본 것과 유사하게, '용화'는 미륵불이 땅으로 내려와 용화수 아래서 설법하면서 부처님의 나라를 연다는 신앙이다. 이는 '이 땅 신라가 바로 부처님의 나라'란 생각으로 화랑을 미륵의 화신으로 섬기고 따를 수 있었던 정신적 토대였다.

일찍이 우정과 의리에 바탕을 두고 이어져 오던 원시적 청소년 집단의 전통이 신라가 지배 체제를 정비해 가던 6세기 중반 무렵에 화랑이란 조직으로 나타났다. 화랑은 주로 진골 귀족들이 맡았던 역할이었지만, 단순히 출신 가문만으로 화랑이 될 수 있었던 건 아니다. 화랑은 원만한 인품과 뛰어난 통솔력, 넓은 친화력과 함께 아래 사람에 대한 배려가 있어야만 많은 낭도를 이끌 수 있었다. 이런 특성을 지닌 화랑 조직이 '국왕이 곧 부처'라는 생각, '신라 땅은 예전부터 부처님의 땅'이란 관념과 어우러져 신라의 국가 운영에 신선한 역동성을 불어넣을 수 있었다.

하일식 연세대 교수

백률사 금동약사불입상
모든 중생의 질병을 고쳐준다는 '약사불'을 형상화한 높이 1.77m의 통일신라시대 최대의 금동불상이다. 안상과 부례랑을 구하기 위해 그 부모들이 몇 날 며칠을 기도드렸다는 영험한 관음보살상은 현재 전하지 않지만, 근엄한 인상과 묵중한 자세의 이 불상 역시도 보는 이들을 숙연하게 만드는 힘이 있다.

실혜와 검군 이야기

『삼국사기』「열전」에는 삼국의 다양한 인물에 관한 전기가 실려 있다. 그 중에서 600년을 전후한 무렵 신라 진평왕 시대에 살았던 실혜와 검군은 타인이 자기에게 큰 피해를 입혔는데도 상대방의 불의를 오히려 대범하게 받아들이고 당당하게 산 사람으로 나온다.

바른 길 아니면 가지 않는다

관직을 지낸 집안에서 태어난 실혜는 어려서부터 성품이 강직해 불의에는 굴복하지 않았다. 성인이 되어 진평왕을 호위하는 직책을 맡게 되었다. 그런데 그 밑에는 진제라는 교활한 인물이 있었다. 당연히 두 사람 사이는 좋지 않았는데, 진제는 진평왕에게 실혜가 뜻이 강하고 감정이 격해서 자신의 뜻과 다르면 그것이 왕의 뜻이라도 분을 참지 못하니 퇴출시키라고 보고했다. 왕은 이에 실혜를 영림이라는 곳으로 귀양을 보냈다.

이때 실혜의 집안 사람들과 그의 충성스러움을 아는 사람들은 실혜에게 진제의 거짓말에 항변할 것을 권했다. 그러나 실혜는 중국 초나라의 정치가인 굴원이 바른말을 하다가 멀리 쫓겨난 것과 진나라의 재상 이사가 황제의 부도덕을 비난하다가 처형당한 경우를 예로 들면서, 아첨하는 신하가 왕의 눈을 흐리게 해 충성스런 신하가 배척을 당하는 일은 옛날에도 있었던 일이라며 변명하지 않고 그대로 받아들였다. 다만 시(실혜가)를 한 수 지어 자신의 뜻을 나타냈다고 한다.

역시 관직을 지낸 집안에서 태어난 검군은 사량궁이라는 궁궐의 하급 관리인 사인으로 일하고 있었다. 진평왕 49년(627) 8월, 신라는 서리가 내리고 이어 다음해에도 크게 기근이 들어 사람들이 자식을 내다 파는 지경이 되었다. 이때 궁중의 여러 사인이 창고의 곡식을 훔쳐서 나눠 가졌는데 검군은 홀로 이를 거부했다. 사인들은 양이 적다면 더 주겠다고 그를 달랬다. 그러자 검군은 "내가 화랑의 도를 수행하는데 진실로 의가 아니면 비록 천금의 이익에도 마음이 움직이지 않는다"고 했다.

이에 다른 사인들은 일이 발각될까 두려워 그를 죽이기로 했다. 이 사실을 안 검군은 자신이 따르던 화랑인 근랑을 찾아가서 다시 만날 수 없을 것이라며 작별 인사를 했다. 근랑이 자세한 이유를 물었지만 그는 말하지 않았는데, 재차 묻자 이유를 대략 이야기했다.

근랑은 관청에 고발할 것을 권했다. 그러나 검군은 자신의 죽음이 두려워 여러 사람을 죄인이 되게 하는 것은 인정상 못할 일이라고 했다. 이에 근랑은 "그럼 도망가라"고 말했다. 그러나 검군은 저들이 그르고 자신이 옳은데 도망은 대장부가 할 바가 아니라고 하고 돌아갔다. 얼마 후 술자리를 마련한 사인들은 사과하는 척하면서 몰래 음식에 독약을 넣었는데, 검군은 그것을 알고도 먹고 죽었다.

동료를 고발하느니 죽음을 택한 검군

실혜와 검군은 오늘날에는 쉽게 볼 수 없을 것 같은, 어딘가 이해되지 않는 면이 있으면서도 한편으로는 올곧고 대범한 부류의 사람이었다. 두 사람의 삶의 태도는 기본적으로 서로 통한다. 다른 사람이 부당하게 자신에 해를 가해도 그에 대응해 누군가 처벌을 받지 않도록 하겠다는 것이며, 오직 나 하나만 바르면 된다는 태도다.

그런데, 근거 없는 타인의 모함에 변명하는 것이 오히려 쩨쩨하다고 여기고 먼 곳으로 귀양을 떠난 실혜는 그런대로 이해할 수도 있다. 하지만, 비록 나쁜 동료들이지만 다수가 죄인이 되게 하느니 차라리 자신이 죽겠다고 한 검군의 행동은 누구나 쉽게 동의하기 어려워 보인다.

오늘날의 장관급에 해당하는 진골 귀족을 아버지로 둔 화랑인 근랑의 태도 예사롭지만은 않다. 검군의 동료들이 대단한 권력을 가진 자들도 아닌데, 그들을 그냥 두고 잘못도 없는 검군에게 직장까지 팽개치고 도망가라고 한 것이다. 이는 인정을 강조한 검군의 말에 동의한 데서 나온 결과일 것이다.

이들의 이러한 이상한 대응은 어쩌면 7세기 신라인으로서는 마땅히 지켜야 할 삶의 원칙이었을 수도 있다. 검군과 근랑이 살았던 7세기 초 원광법사는 화랑도 청년 귀산과 추항에게 화랑으로서 반드시 지켜야 할 세속오계를 제시했다. 여기에는 "친구를 사귀되 믿음으로서 하라"는 것이 포함되어 있는데, 공동체 성원이 가져야 할 덕목으로 신의가 중요시되던 당시 현실이 반영되어 있다.

물론 화랑도는 나라에 충성할 것도 가르쳤다. 그래서 검군은 나라의 재산을 훔친 장물을 받지 않은 자신은 의롭다고 생각했고, 결국 도망가지 않았다. 그러나 검군은 물론이고, 근랑 역시 끝내 세속오계 속에 면면히 전해지던 보다 전통적 가치인 동료 간의 인정과 의리를 저버릴 수 없었다. 그리하여 검군은 자신의 의를 지키면서도 동료 간의 의리와 인정도 저버리지 않기 위해 죽음조차 받아들였던 것이다.

그런데 『삼국사기』에 따르면, 당시 유교를 공부한 군자들은 검군이 죽지 않을 일에 죽었으니, 태산보다 짐승의 가벼운 털 하나를 더 중히 여긴 사람이라고 비판했다고 한다. 사사로운 인정을 벗어버리지 못하고 결과적으로 도둑질을 용납한 것은 나라에 불충한 즉, 태산을 경시하는 태도라고 비난한 것이다. 그럼에도 실혜와 검군 이야기를 기록으로 남긴 것은 결국 의리와 인정을 중시하며 목숨을 던진 태도를 완전히 무시할 수는 없었기 때문일 것이다.

이렇게 볼 때 6~7세기 신라는 전통적인 공동체를 보다 우선하는 의식과 국가를 중시하며 충효를 강조하는 유학적 가치관이 공존하는 가운데 서로 은연 중에 충돌할 수도 있는 사상적 변동기·혼란기를 맞고 있었다고 여겨진다. 실혜와 검군은 전통적인 가치관을 조금 더 중시하는 인물로서 변화의 시대를 상징적으로 보여주는 신라인이라고 할 수 있다.

서영교 중원대 연구원

당 태종을 감동시킨 신라의 6두품 귀족

645년 6월 안시성 앞 주필산. 고구려군과 당군 사이에 전투가 벌어졌다. 양군을 합쳐 10만 명 이상의 병사가 뒤엉켰다. 그 넓은 지역이 좁아 보일 정도였다. 인간과 말들이 일으키는 먼지가 땅과 하늘에 자욱했다. 누가 적이고 아군인지 알아보기도 힘들었다. 죽은 자들의 시신이 땅에 밟혔고, 살아남은 병사와 말들은 모두 피를 뒤집어쓰고 있었다.

이 날 당군 진영에는 영웅이 되기로 결심한 한 사나이가 있었다. 신라인 설계두였다.

그는 고구려 진영 안쪽으로 깊숙이 파고들었다. 비록 황제의 눈에 띄지는 못했지만 함께 싸웠던 모든 병사가 그의 활약을 보았다. 전투가 끝난 후 병사들은 그를 이 날의 최고 공로자로 뽑았다.

설계두는 당 태종을 만났다. 그가 진실로 바라던 소원이 이루어지려는 순간이었다. 『삼국사기』를 보면 그는 "신라는 사람을 등용하는 데 골품을 따진다. 진골이 아니면 재능이 뛰어나도 한계가 있다. 나는 중국으로 가서 공을 세워 관직에 오르겠다. 의관을 차려 입고 칼을 차고 황제 가까이에서 살겠다"고 말했다고 한다.

하지만 그는 걸어서 간 것이 아니라 들것에 실려갔다. 셀 수 없이 많은 활에 맞고 창에 찔려 피범벅이 된 상태였다. 고구려군 진영에 너무 깊이 들어갔다가 빠져나오지 못하고 그곳에서 전사했던 것이다. 태종은 설계두가 신라인이라는 사실을 알고는 눈물을 흘렸다. 그의 소원이 장군이 되어 황제를 모시는 것이었다는 이야기를 듣고는 어의를 벗어 덮어주고 장군의 직함을 내렸다. 설계두는 죽어서 그렇게 꿈에 그리던 중국의 황제를 직접 만났다.

남을 위해 개죽음당하느니

어떻게 신라인인 설계두가 당군의 하급 장교로서 안시성 전투에 참여할 수 있었던 걸까.

설계두는 당시 이미 주변 사람들로부터 무예 실력과 용맹함을 인정받고 있었다. 하지만 그의 신분이 야망에 발목을 잡았다. 설계두 집안은 신라에서 6두품 신분의 귀족이었다. 왕족인 진골이 아니었다. 그는 전쟁에서 진골 귀족들을 위해 개죽음을 당하고 싶지는 않았다. 그는 자신의 이름을 널리 떨치기 위해 싸우고 싶었다.

당시 신라 사회에서는 왕과 진골 귀족을 조상 받들 듯 존경했고, 하늘이 내려준 그 지위를 감히 넘보려 하지 않았다. 하지만 설계두는 이런 분위기 속에서도 고위 관직에 오르고 싶은 욕망을 억누를 수 없었다. 평생 진골 귀족의 그늘 밑에서 있어야 한다는 사실이 참을 수 없었을 것이다. 『삼국사기』를 보면, 결국 설계두는 621년 아무도 몰래 당으로 향하는 배를 탔다고 한다.

흑유말
중국 낙양에서 출토된 당삼채 유물이다. 당삼채란 당나라 초기 양식으로 백색 바탕에 녹색·갈색·남색 등의 유약을 발라 여러 무늬를 묘사한 도기를 말하는데, 이 작품은 8세기경의 것으로 추정되고 있다. 얼굴, 갈기, 꼬리, 발굽 등은 백색으로, 몸 전체는 검은색으로 표현해 강한 흑백의 대조를 이룬 게 특징이다.

안시성
고구려가 요하 유역에 쌓은 여러 방어성 가운데 요동성 다음으로 전략적 비중이 큰 산성이었다. 고립무원의 처지에서 3개월 동안의 혈투 끝에 결국 당나라 수십만 대군을 패퇴시킨 안시성 전투의 신화로 유명하다. 정확한 위치에 대해서는 논란이 분분한데, 현재 중국 요령성에 위치한 영성자산성으로 보는 견해가 가장 유력하다. 설계두는 이 산성 부근에서 최후를 맞았다.

하지만 운명의 여신은 초라한 그에게 문을 열어주지 않았다. 당에 항복한 돌궐인들의 행렬이 줄을 이었다. 10만 명 정도의 유목민들이 당에 대거 들어온 것이다. 산이 많은 신라에서 자라난 설계두의 기병 전투 능력은 돌궐인들의 상대가 되지 못했다. 그는 산성을 중심으로 벌어지는 보병 전투에 뛰어난 사람이었다.

설계두는 그냥 세월만 흘려보내야 했다. 그렇다고 해서 신라로 돌아갈 수도 없었다. 고향 땅에 돌아간다 하더라도 군 복무를 거부한 설계두에게는 단두대가 기다리고 있을 뿐이었다.

죽음으로 자유를 찾다

644년 마침내 고구려 침공이 결정되었고, 병사들을 모집하는 공고가 전국에 나붙었다. 설계두가 절절하게 기다리던 순간이었다.

당나라 측은 이미 노년으로 접어든 설계두의 나이를 문제 삼았을 수도 있다. 하지만 설계두는 신라인인 자신이 '산성의 나라' 고구려와의 전투에서 역량을 발휘할 수 있다고 강변했고, 결국 '과의'라는 하급 장교직을 받았다. 전투 현장에서 한 번 실력 발휘를 해보라는 뜻이었다.

당의 장군 이적은 보병·기병 1만 5,000명을 이끌고 안시성 서쪽 산 고개로 가서 진을 쳤다. 설계두는 이 전투 초반에 목숨을 잃은 듯하다. 그가 속한 이적의 부대는 고구려군을 유인하기 위한 미끼로 던져졌다. 유인을 하려면 처음에 고구려군 진영에 깊이 들어가 싸우다가 밀려 후퇴하는 '연기'가 필요했다. 누군가는 해야 할 몫이었다. 고구려군을 당군의 포위망에 들어오게 하려면 희생이 필요했던 것이다. 이에 앞장서 나가 싸운 설계두는 자신의 이름을 떨치기 위해 혼신의 힘을 다해 싸우다가 죽었다.

자신의 옷을 벗어 설계두의 시신 위에 덮어준 당 태종은 그의 마음을 깊이 이해한 것이 분명하다. 태종은 마음속으로 이런 말을 하고 있었을지도 모른다.

'이제 자네는 자유야! 저 세상에는 골품제가 없거든.'

서영교 중원대 연구원

당나라 무인상
당나라 무인을 묘사한 당삼채로 유물의 원래 명칭은 '삼채무사용'이다. 그릇을 엎어놓은 것 같은 모양의 투구를 쓰고 용 머리가 달린 갑옷을 착용한 무인이 무서운 표정으로 어딘가를 노려보고 있는 모습이다. 낙양에서 출토되었으며 8세기경 만들어졌다.

권력 앞에 바쳐진 신라의 여인들

벽화·안길처·도화랑

신라 여성들은 비교적 자유롭게 연애를 하거나 혼인을 했던 것으로 알려져 있다.

김유신의 아버지 서현은 왕족인 숙흘종의 딸 만명을 길에서 보고 반해 중매도 없이 잠자리를 함께했으며, 이들 사이에서 태어난 딸 문희 역시 정식 혼인 전에 훗날 태종무열왕이 되는 김춘추와 관계하여 아이까지 가졌다. 8세기 후반 원성왕 때 김현이라는 사람은 흥륜사에서 탑돌이를 하다가 만난 한 처녀와 바로 관계를 가졌는데, 그 처녀는 사실 호랑이였다는 이야기가 전해온다.

그러나 신라 역시 다른 고대 사회처럼 남성 중심의 가부장제 사회이긴 마찬가지였다. 여성들은 가족들에게 절대적인 권력을 휘두르는 남성 중심의 가부장에 예속되어 있었다. 신라 여성들이 그나마 자유롭게 보이는 이유는 당시 혼전 순결에 대한 강박이 없었기 때문이다. 그러나 혼인 문제 등 실생활에서 결정권을 가진 사람은 남성 중심의 가부장이었다. 그들의 이해관계에 따라 여성들은 특정 목적을 위해 이용당했으며, 때로는 희생을 강요당하기도 했다.

딸을 바치는 아버지

신라 제22대 소지왕(재위 479~500)은 날이군(현 경북 영주)에 행차했을 때 이상한 선물

◉ 김현감호 설화

신라 원성왕(재위 785~798) 때 설화로 『삼국유사』에 실려 전하며 '호원(虎願) 설화'라고도 한다. 처녀로 변신한 호랑이가 김현이라는 청년과 부부 인연을 맺은 뒤 나중에 그의 성공을 위해 죽음을 택했다는 줄거리다. 크게 출세하게 된 김현은 '호원사'란 절을 세워 호랑이 처녀의 넋을 달랬다고 한다. 『삼국유사』의 일연은 이러한 호랑이의 희생을 통해 불교적 선행을 강조하려 했던 것으로 보인다. 다른 한편 당시 호랑이의 잦은 출현으로 고통받던 신라인들이 절을 세워 호환을 막아달라고 빌면서 이런 이야기를 지어냈다는 시각도 있다.

서출지
경주 남산 기슭에 위치한 연못으로 소지왕과 관련된 전설을 간직한 곳이다. 『삼국유사』에 따르면, 488년(소지왕 10) 소지왕은 이 연못에서 나온 한 노인의 편지 덕분에 죽을 위기를 넘길 수 있었다고 한다. 그 후 이 연못은 글이 나왔다고 해서 '서출지(書出池)'로 불리게 되었다.

을 받았다. 그 지역의 유력자인 파로라는 사람이 자신의 딸 벽화를 비단옷을 입힌 뒤 수레에 넣고 비단으로 덮어 왕에게 바친 것이다.

소지왕은 이 사실을 모른 채 음식을 보낸 것으로 생각하고 비단 덮개를 열어보았는데, 그 안에 든 것은 어린 여자 아이였다. 소지왕은 처음에는 괴이하게 여겨 받지 않았다.

그러나 왕궁에 돌아간 뒤 생각이 달라졌다. 소녀를 그리워하던 소지왕은 두세 차례 몰래 그 집에 가서 잠자리를 함께 했고, 결국 후궁으로 맞이해 별실에 두고 자식까지 낳았다. 이는 아버지가 자신의 이해관계를 위해 어린 딸을 임금에게 바친 경우였다.

파로가 왜 자신의 딸 벽화를 소지왕에게 바쳤는지는 알 수 없다. 다만 소지왕이 왕궁에서 날이군을 오가며 벽화를 만나는 도중에 고타소군(현 경북 안동)의 한 노파로부터 심한 꾸중을 들었다는 이야기가 전해지는데, 이는 이들 두 지역 간에 주도권을 잡기 위한 싸움이 있었음을 암시한다. 벽화를 바친 것도 이와 관련이 있지 않을까.

어쩌면 파로 개인이 딸을 후궁으로 만들어서라도 중앙 정계에 진출하고 싶었던 것인지도 모른다. 어떤 이유에서든 벽화는 아버지에 의해 얼굴도 모르는 임금 앞에 선물로 바쳐져 잠자리를 강요당해야 했다. 당시 벽화의 나이는 고작 16세였다.

아내를 바치는 남편

때로는 남편이 자신의 아내를 권력자에게 바치기도 했다. 문무왕의 배다른 동생인 거득공이 재상이 되기 전 지방을 순찰하고 있었다. 무진주에 이르렀을 때 그곳 관리인 안길은 거득공이 보통 사람이 아니라는 사실을 눈치 채고는 자기 집으로 데려가 정성껏 대접했다.

그러고는 밤이 되자 자신의 부인들을 불러놓고 "오늘 밤에 손님을 모시고 자는 사람은 죽을 때까지 함께 살도록 하겠다"고 했다. 물론 오늘날에도 주인이 자신의 부인을 손님에게 시중들도록 하는 것을 가장 큰 선물로 여기는 지역이 있다. 당시에도 이러한 풍습이 있었기 때문에 안길의 요구도 가능했을 것이다. 손님인 거득공 역시 주인의 아내가 잠자리에 함께 하기 위해 들어온 상황을 이상하게 여기거나 거절했던 것 같지 않다.

안길 역시 아무런 사심없이 단지 거득공을 잘 대접하기 위해 자신의 아내를 바친 것이 아니었다. 안길은 거득공이 보통 사람이 아님을 알았다고 했다. 결국 안길은 자신의 이익을 채우기 위해 아내를 잠자리 시중으로 제공한 것이었다. 남편의 요구에 세 명의 부인 가운데 둘은 거절했지만, 나머지 한 부인이 "죽을 때까지 함께 살겠다"는 약속을 믿고 요구를 받아들였다.

이 일은 거득공에게 깊은 인상을 남겼다. 거득공은 떠날 때 "나는 서라벌 사람으로 집은 황룡과 황성 두 절 사이에 있고, 이름은 단오니, 서라벌에 오면 나를 찾아오라"며 자신이 누구인지 암시하는 말을 흘렸다. 훗날 안길은 서라벌로 가 거득공을 찾게 되는데, 거득공은 빠른 걸음으로 달려나와 안길의 손을 잡고 궁중으로 데려가 잔치를 베풀 정도로 환대를 했다고 한다.

뿐만 아니라 임금에게 아뢰어 경주 성부산 아래 지역을 무진주 상수리◦의 소목전(궁중

경주 황성동에서 출토된 신라 여인상

◦**상수리**
삼국을 통일한 신라는 지방 세력을 견제하고 중앙 집권을 강화하기 위해 각 주 향리들의 자제 한 명을 뽑아 볼모로 중앙에 보내게 했다. '상수리'라고 불린 이들은 중앙 각 행정 부서 일을 맡는 동시에, 궁중에서 쓰이는 땔감 등 연료 조달을 책임졌다.

신라 여인들이 쓰던 나무빗과 청동비녀채

과 관청에서 땔감 등 연료를 얻기 위해 만든 전용 토지)으로 삼아 벌채를 금지하고 사람들이 함부로 가까이 하지 못하게 했다. 남편이 자신의 아내를 권력에 바친 대가였다.

안길은 부인들에게 거득공의 잠자리 시중을 들지 않을 경우 함께 살지 않을 수도 있다는 의미의 말을 했다. 또한 안길은 부인 세 명을 불러 제안했다고 했는데, 이는 안길이 여러 부인을 두었음을 말해준다. 다처제 상황에서는 아내의 지위가 불안정할 수밖에 없다. 결국 "죽을 때까지 함께 산다"는 조건으로 제안을 받아들인 아내는, 어쩌면 다처제 하에서 아내로서 자신의 위치를 튼튼하게 하고 싶었던 건지도 모른다.

임금님 말씀을 어찌 거부하나

위 사례들과 달리 권력을 가진 당사자가 직접 몸을 요구한 경우도 있었다. 진지왕(재위 576~579) 때 일이다. 경주 6부의 하나인 사량부에는 '도화랑'이라고 불리는 한 여성이 있었다. 도화랑은 워낙 자색이 뛰어나고 용모가 아름다워 '복사꽃' 같다고 해서 붙여진 별명이었다.

소문을 들은 진지왕은 도화랑을 궁중으로 불러들여 관계를 가지려고 했다. 그러나 남편이 있는 유부녀였던 도화랑은 "여자가 지킬 일은 두 남편을 섬기지 않는 것입니다. 남편이 있는데도 어찌 남에게 가겠습니까? 제왕의 위엄으로도 끝내 정조는 빼앗지 못할 것입니다"라며 진지왕의 요구를 거절했다.

"죽인다면 어쩔거냐"는 진지왕의 협박도 소용없었다. 도화랑은 흔들림 없이 "차라리 저잣거리에서 목을 베일지언정 다른 마음을 가질 수는 없다"고 강경한 태도를 보였다.

도화랑은 자칫 목숨을 잃을 수도 있었다. 실제 백제에서는 평민인 도미의 부인이 임금의 요구를 거절했다가, 남편은 눈알이 뽑히고 부부는 백제 땅을 도망쳐 나와 구걸하며 살아야 했다. 이렇게 권력을 가진 자가 횡포를 부린다면 속수무책으로 당할 수밖에 없었다.

그러나 진지왕은 도화랑의 태도에 감동을 했는지, 아니면 강제로 여자를 범할 생각까지는 없었는지 더 이상 강요하지 않고 집으로 돌려보냈다. 그러면서도 아예 포기할 생각은 없었는지 남편이 없으면 되겠냐고 도화랑을 희롱했는데, 그녀는 남편이 없다면 가능하다고 답했다.

성적 특징이 강조된 여자 토우
경주 황남동에서 출토되었다. 유방과 성기가 두드러지게 표현된 것이 눈길을 끈다.

이 일이 있던 해에 진지왕은 폐위되어 죽었다. 3년 뒤 도화랑의 남편 역시 죽었는데, 열흘이 지난 한밤중에 진지왕의 혼령이 생전과 같은 모습으로 도화랑을 찾아왔다. 그러고는 남편이 없으면 된다고 했던 도화랑의 말을 상기시켰다.

그런데 이 상황에서 도화랑의 태도가 참 흥미롭다. 도화랑은 진지왕의 혼령 앞에서 자신의 태도를 결정하지 못하고 부모에게 이를 고한다. 이에 부모는 "임금님의 말씀인데 어떻게 피할 수가 있겠느냐?"며 진지왕과의 잠자리를 허락했다고 한다.

이는 결정권이 당사자가 아니라 부모에게 있었음을 보여준다. 여기에서 도화랑의 생각은 중요하지 않았다. 이런 점에서 도화랑의 부모 역시 권력자의 요구 앞에 딸을 바쳤다고 볼 수 있다.

물론 남편이 없으면 가능하다는 도화랑의 약속이 있긴 했다. 그러나 부모가 더 중요시했던 것은 딸의 약속이 아니라 '임금님의 말씀', 즉 '윗사람'의 요구였다.

출세의 도구로 이용된 성

권력이란 것이 생긴 이래 권력 관계 속에서 가장 자주 일어난 일 중 하나가 다름 아닌 성에 대한 요구였다. 그 희생자는 대부분 여성이었다.

신라에서도 권력의 힘에 따라 다양한 방식으로 성이 강요되었다. 영주 토호의 딸인 벽화는 아버지에 의해 권력에 바쳐졌으며, 안길은 자신의 아내를 권력자에게 바쳤다. 도화랑의 경우 약간 차이가 있긴 하지만, 유부녀임에도 권력자가 직접 관계를 요구했다.

이들 사례는 언뜻 보기에 자유로운 삶을 산 것 같은 신라 여성들 역시 남성 중심의 가부장권 아래 예속되어, 때로는 아버지, 때로는 남편에 의해 출세를 위한 도구로 이용되었음을 확인시켜 준다.

김선주 중앙대 강사

백제 왕의 유혹을 뿌리친 도미부인

충남 보령군에 있는 도미부인 사당

『삼국사기』에는 왕의 유혹에 넘어가지 않고 끝까지 정절을 지킨 도미부인의 이야기가 담겨 있다.

백제 개루왕(재위 128~166)은 평민인 도미란 사람의 아내가 매우 아름답고 행실이 정숙하다는 이야기를 전해듣고 그녀를 빼앗으려는 마음을 먹었다.

개루왕은 도미를 불러 "무릇 부인의 덕은 정절이 가장 중요하지만, 만일 어둡고 사람이 없는 곳에서 좋은 말로 유혹하면 마음을 움직이지 않는 사람이 없을 것이다"라고 자신만만해 했다. 그러나 도미는 "사람의 마음은 알 수 없으나 신의 아내 같은 사람은 죽더라도 마음을 고치지 않을 것입니다"라고 말했다.

과연 도미부인은 왕을 수청드는 방에 자신의 옷을 입힌 계집종을 대신 들여보내 위기를 피했다. 분노한 개루왕은 남편 도미의 눈알을 뽑아 멀리 보내버리고 다시 도미부인을 겁탈하려 했다. 그러나 그녀는 또다시 꾀를 내 빠져나온 뒤 남편을 찾아 배를 타고 고구려로 달아났다.

이 이야기에서 도미가 부인에 대한 확고한 믿음을 표현하고, 부인도 그 믿음에 부응하는 행동을 한 것으로 보아 백제인들은 부부관계에서 신의를 중시했음을 알 수 있다.

한편 이 설화는 백제 제4대 개루왕 때 일로 되어 있지만, 당시는 고구려와 백제 사이에 중국 세력이 통치하는 대방군이 있어 고구려로 곧바로 갈 수 없었기 때문에 실제로는 왕 이름이 비슷한 21대 개로왕(재위 455~475) 때 일로 추정되고 있다.

○ 진지왕의 폐위
진흥왕의 둘째 아들인 진지왕은 576년 왕위에 올라 4년 만에 쫓겨난 비극적인 왕이다. 그는 즉위 직후 백제와의 전쟁에서 승리하고 중국 진나라와 외교 관계를 튼튼히 하는 등 적지 않은 업적을 남기기도 했으나, '정치를 어지럽히고 음란한 짓만 밝힌다'는 이유로 귀족들에 의해 왕위에서 쫓겨나고 말았다.

성적 특징이 강조된 남자 토우
경주 황남동에서 출토되었다. 양팔과 양다리를 크게 벌리고 있는 사내의 성기를 다리보다 더 굵고 길게 묘사한 것이 특징이다.

전시 상황에서 여성으로 산다는 것은

설씨녀

『삼국사기』 열전에는 여성으로는 드물게 설씨녀를 주인공으로 한 전기가 실려 있다.

신라 진평왕(재위 579~632) 시대에 율리에 살던 설씨녀는 용모가 단정하고 마음과 행실이 의젓해 좋아하는 감정을 품은 남자들이 많았으나 함부로 접근하지는 못했다. 그러던 중 아버지가 국경을 지키는 일에 징발되었다. 딸은 아버지가 늙고 병들었으므로 차마 멀리 떠나 보낼 수 없고, 또 여자의 몸이라 대신 갈 수도 없어 고민만 하고 있었다.

그때 평소부터 설씨녀를 흠모하고 있던 가실이라는 청년이 소문을 듣고 찾아와 아버지의 군역을 대신해 주겠다고 자청했다. 이를 고맙게 생각한 설씨녀의 아버지는 가실에게 딸을 아내로 삼게 하고 싶다고 제의했다. 이에 두 사람은 가실이 군역*을 마치고 돌아온 뒤에 혼인을 하기로 하고 거울을 절반으로 잘라 각자 신표로서 보관하기로 했다. 가실은 자신이 가지고 있던 말 한 필을 설씨녀에게 맡기고 설씨녀의 아버지를 대신해 국경으로 떠났다.

그런데 나라에 일이 생기면서 군사들을 교대시키지 않아 6년이 되도록 가실은 돌아오지 못했다. 기다리다 지친 설씨녀의 아버지는 처음에 기약한 3년이 지났다면서 설씨녀에게 다른 사람과 혼인하라고 했다. 설씨녀는 가실이 자신과의 약속을 믿고 아버지를 대신해 전쟁터에서 고생하고 있는데 어떻게 신의를 저버리겠냐며 아버지의 뜻을 완강히 거절했다.

그러나 딸이 나이가 들어가는 것을 보다 못한 설씨녀의 아버지는 몰래 다른 사람과 혼인을 약속하고는 신랑을 맞아들였다. 설씨녀는 도망을 하려 했으나 뜻을 이루지 못하고 마구간에 가서 가실이 두고 간 말을 보며 한숨 쉬고 눈물을 흘렸다.

그때 가실이 돌아왔다. 그런데 너무나 야위고 옷차림이 남루해 아무도 그가 누구인지 알아보지 못했다. 이에 가실이 신표인 쪼개진 거울을 내놓자 사람들이 가실이라는 것을 알아보게 되었다. 이리하여 두 사람은 혼인을 하고 일생을 행복하게 잘 살았다고 한다.

전쟁에 지친 백성들의 삶

이 설화는 혼인의 약속을 끝까지 지키려 했던 설씨녀의 신의를 기리기 위한 것이지만, 그 이면에는 삼국이 한반도의 패권을 놓고 치열하게 경쟁하던 7세기 시대 상황과, 그 속에 살아야 했던 일반인들의 삶이 투영되어 있다.

신라는 6세기 중엽 진흥왕 때에 눈에 띄게 영역 확장을 이루었다. 소백산맥 이남에만 한정되어 있던 신라의 영토는 한강 하류 지역까지 확대되었고, 동해안 방면으로는 함흥 이북 지역까지 뻗어갔다. 이러한 신라의 상승

◦ **신라의 군역 의무**
초기 신라는 왕경 6부의 백성들을 군인으로 징발해 왕경을 수비하도록 했을 것으로 추정된다. 그 후 신라의 군사 제도는 삼국 간 전쟁이 치열해진 진흥왕 때부터 본격 정비되기 시작해 7세기경 대규모 전쟁을 수행하기 위한 임시적 군단인 6정을 두게 되었다. 6정은 신라의 전 영토를 6개로 나누고 각 광역권별로 장정을 징발해 편성한 부대로 모든 백성을 군사 조직화한 총동원 체제라고 할 수 있다. 이 시기 신라인들의 군역으로 인한 고통은 '설씨녀 설화'에 잘 나타나 있다. 삼국통일 후 신라는 이를 확대·재편성해 9서당과 10정을 설치하게 된다.

천으로 덮힌 주검 앞에서 슬퍼하는 장면을 묘사한 신라 토우

세는 고구려와 백제에 커다란 위협이 되어 양국은 끊임없이 신라를 공격해 왔다.

이러한 상황을 시대적 배경으로 하고 있는 설씨녀 설화는 당시 군역의 의무가 얼마나 고달프고 힘들었는지를 잘 보여준다. 설씨녀의 아버지는 나이가 들었어도 국경 지역 수비병으로 차출되었다. 이는 아무리 늙고 병들었더라도 군역의 의무에서 해방되지 못했음을 보여준다. 뿐만 아니라 계속되는 전쟁 속에서 정해진 의무 기간이 지켜지지 않는 일도 비일비재했다. 그러므로 가실은 3년으로 정해진 복무 기간이 끝나도 제대로 교대를 받지 못해 기간이 연장되었던 것이다.

또한 가실이 기한이 지나도 돌아오지 않자 설씨녀의 아버지가 설씨녀를 다른 곳으로 시집보내려 했다는 것은 국경 수비병이 단순한 군대 복역이 아니라 실제 전쟁을 치르는 경우도 있었음을 보여준다. 그러므로 때에 따라서는 돌아오지 못하는 경우도 있었던 것이다. 특히 돌아온 가실이 주위 사람도 몰라볼 정도로 야위고 옷차림이 남루했다는 것을 보면 죽음을 넘나드는 전쟁터에서 고생이 얼마나 심했는지를 알 수 있다.

여성에게 지워진 무거운 짐

군역으로 전쟁터에 차출되지는 않았지만 여성의 짐 역시 결코 가벼운 것이 아니었다. 『삼국유사』에는 고구려 영류왕(재위 618~642) 때 16년이라는 세월에 걸쳐 요동에 천리장성을 쌓았는데, 이때 '남자는 부역에 나가고 여자는 농사를 지었다'고 기록되어 있다. 이는 남성이 군역과 부역에 동원되는 동안 여성이 가정에서 남성의 노동력을 감당해야 했음을 알 수 있다.

또한 여성들은 자기 가정에서의 수요를 위해서 뿐 아니라 국가에 납부해야 할 세금을 마련하기 위해 길쌈을 했다. 당시 여성이 길쌈 작업으로 생산한 베는 경제 활동에서 중요한 몫을 차지했다. 당시는 가족 수에 따라 일정한 베 필을 거두었을 뿐 아니라, 시장에서 상품을 교환하는 화폐로 쌀과 함께 베가 활용되기도 했다. 따라서 여성의 노동은 국가 경제의 근본을 지탱해 주는 중요한 요소였다.

여성은 남성이 없는 집을 지키면서 남자 몫까지 맡아 농사를 짓고 방직을 해 나라에 세금을 납부하며 가정 경제를 꾸려나갔던 것이다. 또한 집안일과 부모 공양·아이 기르기 역시 전적으로 여성의 몫이었다.

무엇보다 여성들에겐 살아 돌아온다는 확신이 없이 남편을 기다려야 하는 괴로운 숙명이 있었다. 약속한 기한이 지나서도 돌아오지 않는 가실을 기다리며 주위의 유혹을 견뎌야 했던 설씨녀의 모습은 당시 여성의 애환을 보여주고 있다.

김선주 중앙대 강사

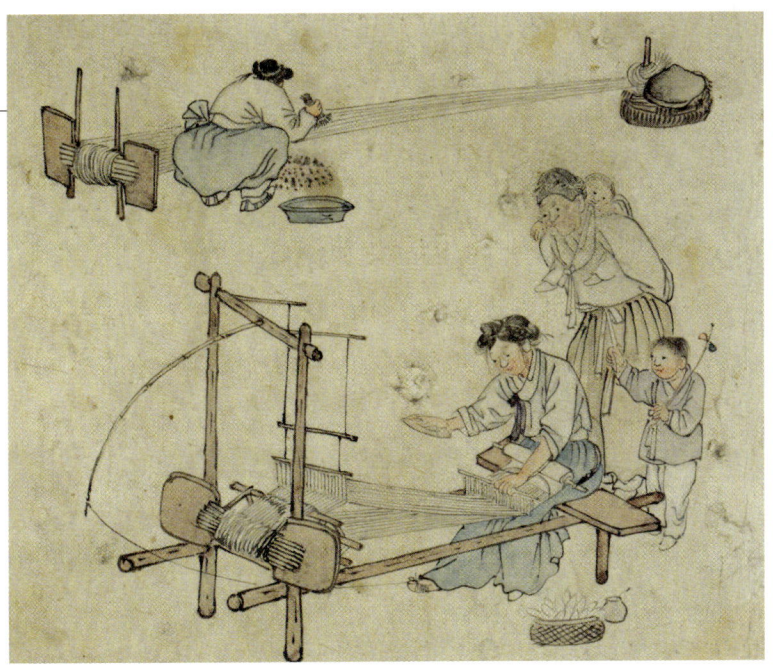

길쌈
조선시대 화가인 김홍도가 부녀자들의 길쌈 작업을 묘사한 풍속화다. 길쌈은 가정에서 베·모시·명주·무명 등 직물을 짜는 모든 과정을 일컫는 말로 삼한시대 이전부터 행해졌던 것으로 추정된다. 주로 여성들의 일이었던 길쌈으로 만든 직물은 농가의 주요 소득원이자 세금원이 되었고, 화폐 역할을 대신하기도 했다.

◉ 여성들의 부역
경우에 따라서는 여성 역시 부역에 직접 징발되기도 했다. 『삼국사기』에는 고구려에서 "왕이 국내의 15세 이상 남녀를 징발해 궁궐을 수리하게 했다"는 기록이 있다. 또한 신라 승려 양지가 영묘사의 장륙존상을 만들 때도 온 성안의 남자와 여자들을 동원해 진흙을 운반하게 했다고 한다.

신라의 생존을 위해 무열왕가의 미래를 위해

신라 제29대 왕인 태종무열왕 김춘추(재위 654~661)는 진지왕의 손자이자 이찬 김용춘의 아들로 어려서부터 영특하고 천하를 움켜쥘 뜻을 가지고 있었다고 한다.

김춘추는 자신의 이모인 선덕여왕을 누구보다도 안쓰럽게 여기고 있었다. 그녀가 왕에 오른 후 신라는 하루도 조용한 날이 없었기 때문이다.

641년 백제의 의자왕은 신라의 대야성 등 40여성을 함락시켰다. 낙동강 서쪽의 모든 땅이 백제에게 점령당했다. 크나큰 패전을 당했음에도 선덕여왕은 군대를 북쪽으로 보내 당과 싸우고 있던 고구려의 뒤를 쳤다. 신라의 병력이 북쪽에 집중된 틈을 이용해 백제가 신라의 땅을 또 다시 병탄했다. 거듭된 패전으로 선덕여왕은 카리스마를 상실했고, 진골귀족들은 그녀를 왕좌에 계속두면 자신들의 집안 내물왕가 전체의 카리스마 상실로 이어질 것을 두려워했다. 그러기 전에 내물왕가 내부의 다른 사람을 왕으로 세워야 했다. 그렇다면 다음으로 왕이 될 사람은 귀족회의 의장 상대등 비담이 유력했다.

이모의 폐위를 막아라

고구려-당 전쟁 이듬해인 646년 정월 화백이 열렸다. 이 자리에서 화백은 "여자 임금은 나라를 잘 다스릴 수 없다"며 선덕여왕의 폐위를 결정했다. 김춘추도 회의 자리에 있었지만 아무 말도 꺼낼 수 없었다. 하지만 속으론 이런 생각을 하고 있었을 것이다.

"왕통이 바뀔 것이 확실해. 나의 증조부이신 진흥왕, 조부이신 진지왕, 외조부이자 당숙이신 진평왕 그리고 현 국왕이신 이모 선덕여왕으로 이어지는 왕통이 바뀐다면 어떻게 될까. 그러면 내가 왕이 되는 건 완전히 물 건너가지. 그건 있을 수 없는 일이야. 무슨 수를 써서라도 이모의 폐위는 막아야 해!"

이런 가운데 마음에 깊은 상처를 입은 선덕여왕이 646년 1월 8일 갑작스레 눈을 감았다. 비담의 반란으로 위기에 몰린 김춘추는 자신의 처남 김유신을 불렀다. 당시 김유신은 백제군을 막기 위해 철통 같은 방어막을 준비해 놓고 있던 경산 주둔 군대를 맡고 있었다.

김유신 군대는 왕경으로 진군했고, 내란 상태는 10일 만에 진정되었다. 왕당파 김유신이 왕경에 도착하자 비담과 염종의 군대는 반월성 포위를 풀고 명활산성으로 물러갔다.

김유신의 군대는 진평왕 말년부터 고구

태종무열왕릉비 조각
경주시 서악동에 위치한 태종무열왕릉비의 귀부(거북 모양의 비석 받침돌)와 이수(용의 형체를 새겨 장식한 비석의 머릿돌) 위에는 원래 비석이 올려져 있었는데, 현재는 전하지 않고 몇몇 글자만 조각으로 남아 있다.

태종무열왕릉비
일제시대 때 찍은 사진으로 현재와 같은 비각 시설 없이 주변 풍경과 자연스레 어우러진 고즈넉한 모습이 인상적이다. 무열왕이 서거한 661년에 건립되었으며, 둘째 아들 김인문이 비문의 글씨를 썼다고 한다. 앞면 중앙에 '태종무열대왕지비(太宗武烈大王之碑)'라는 글귀를 새겨 비의 주인공이 누구인지 밝혀놓았다.

려·백제군과 계속 전쟁을 해온 백전 노장들이었다. 왕경에서 편안히 앉아 내부 일에만 몰두해 온 고위 진골 귀족들의 병력과는 질이 달랐다. 내분은 눈깜짝할 사이에 정리되었다. 646년 1월 17일 비담과 염종을 비롯한 핵심 관련자 30명을 즉결 처형한 것은 내란의 장기화를 막기 위한 것이었다.

내란이 끝나기 직전 돌아간 선덕여왕의 뒤를 이어 진덕여왕이 즉위했다. 김춘추와는 6촌 관계였고 혈통으로 봐서 김춘추보다 왕위 계승의 우선 순위에 있었다. 김춘추는 진덕여왕에게 국가의 의식 등 대외 행사를 모두 맡기고 자신은 실권을 장악했다. 둘은 합법적인 통치자와 실질적인 지배자로 공존했다.

죽음의 위기를 넘긴 김춘추

그 다음달인 2월 알천이 새로운 귀족회의 의장으로 임명되었다. 알천은 진덕여왕이 죽었을 때 여러 신하로부터 왕위 계승자로 천거됐지만 자신은 늙고 덕이 부족하다며 사양한 인물이다. 알천은 대신 세상을 다스릴 수 있는 뛰어난 인물이라며 김춘추를 천거하게 된다.

물론 김춘추와 김유신 세력의 '입김'이 강하게 작용했을 것이다. 선덕여왕 대에 전쟁에서 공을 세운 명장인 그는 비담 등이 군사를 움직였을 때 적어도 중립을 지켰던 것으로 보인다. 내란 기간 동안 그는 집 문을 걸어놓고 움직이지 않았을 것이다.

당도 재빨리 움직였다. 진덕여왕이 즉위하자 사신을 신라로 보내 바로 책봉을 했다. 고구려를 멸망시키고자 하는 당 입장에서 신라는 여전히 가치 있는 존재였다. 고구려를 남쪽에서 견제하기 위해선 신라에 친당적인 정권이 있어야 했다.

김춘추는 당 태종의 이러한 속마음을 정확히 알아차리고 있었다. 648년 겨울, 백제의 침공이 계속되는 가운데 김춘추는 자신의 아들 문왕과 함께 당으로 간다. 동맹의 징표로 아들을 남겨두기 위해서였다.

김춘추와 당 태종의 만남은 당의 수도 장안에 있는 고구려 첩자들의 귀에 즉시 들어갔다. 김춘추의 귀국 일정도 어느 정도 알아냈던 것 같다. 김춘추가 당에서 신라로 귀국할 때 바다에서 고구려의 순찰선이 그를 가로막았다. 한없이 넓은 바다에서 구체적인 정보 없이는 불가능한 일이었다.

고구려 해군은 김춘추의 배를 세우고 수색을 했다. 김춘추를 찾으면 즉시 죽이라는 명령을 받은 고구려 해군은 배 안에서 화려한 당의 관복을 입은 자를 찾아내 죽였다. 그는 김춘추를 수행하던 온군해라는 사람이었다. 고구려 배가 다가오자 김춘추와 옷을 바꿔 입고 대신 희생되었던 것이다.

내정 개혁에 힘쓴 까닭

당과 동맹을 이끌어낸 김춘추는 귀국 후 왕권 강화를 위한 내정 개혁을 추진했다. 내정 개혁의 핵심 방향은 쉽게 말해 중국식을 따르는 것이었다. 당나라를 든든한 후원 세력으로 삼고자 하는 의도였다. 또한 진덕여왕의 왕권을 강화하기 위한 것이라기보다는 오히려 김춘추 자신이 즉위할 때를 대비한 사전 정지 작업이라고 할 수 있었다.

654년 진덕여왕이 죽고 마침내 태종무열왕 김춘추가 왕위에 올랐다. 그의 나이 52세였다. 김춘추는 즉위 과정에서 그의 할아버지인 진지왕이 귀족들에 의해 폐위된 사실이 있는 만큼 화백회의로부터 추대받는 형식을 취했다. 이를 통해 구귀족으로부터 신귀족으로의 권력 이양과 왕위 계승의 합법성·정당성을 유지하려 했다.

657년 당 고종은 서돌궐을 향해 군대를 진격시켰다. 김춘추의 걱정은 여기서 극에 달했다. 이 전쟁의 결과에 따라 당의 한반도 통일 전쟁 개입이 결정되기 때문이었다. 한치 앞도 알 수 없는 전쟁이었다. 그만큼 신라의 미래도 어두웠다. 당이 패배한다면 신라는 강도 높은 협공에 시달릴 것이 분명했다. 전쟁이 길어져도 마찬가지였다. 서돌궐과 당의 전쟁 동안 김춘추는 기도하는 마음으로 살았다.

하늘은 김춘추를 도왔다. 당이 서돌궐을 무찌르고 완승을 거둔 것이다. 659년 4월 김춘추는 당에 사신을 보내 군대 파견을 요청했다. 그러나 그해 10월까지 답신이 없었다. 왕은 또 근심이 깊어졌다. 당 조정 내부에서 의견 대립이 있는 게 분명했다.

근 1년 만인 660년 3월 마침내 답신이 왔다. 백제를 공격하기 위해 육해군 13만 명의 군대를 보내겠다는 것이었다. 백제 멸망은 이제 시간 문제였고, 결국 660년 8월 백제는 700년 왕조를 마감하게 된다. 김춘추는 이해 5월 태자 법민을 비롯한 주요 신하들과 함께

태종무열왕릉
무덤 전방 좌측에 서 있는 비석(태종무열왕릉비)으로 인해 신라 왕릉 가운데 유일하게 주인공을 확실히 알 수 있는 무덤이 되었다. 높이가 13m에 이르는 원형 봉토분으로 경주시 서악동 구릉 동쪽 사면에 일렬로 늘어선 5기의 무덤 중 가장 아래쪽에 위치해 있다.

친히 군사 5만 명을 이끌고 가 당군의 백제 공격을 돕기도 했다.

통일을 보지 못하고 잠들다

그런데 당군은 백제 사비성을 점령하자 이제 주인 노릇을 하려고 했다. 그러나 당은 백제의 수도만 점령하고 있을 뿐이었다. 일본의 지원 아래 백제 부흥운동의 불길이 거세게 타올랐다. 하지만 역시 수없이 많은 국가를 멸망시키고 점령한 당은 노련했다. 660년 9월 3일 소정방은 당군 1만 명만을 남기고 백제 의자왕과 왕족, 귀족을 포함한 1만 2,000명의 백제인을 당으로 잡아갔다. 백제를 운영할 만한 사람들은 이제 더 이상 백제에 없었다.

김춘추는 이에 항복해 온 백제의 관리들에게 능력에 따라 신라의 관등을 주고 관직에도 기용하는 등 회유책을 쓰기도 했다. 또한 아찬 종정을 보내 옛 백제 지역을 적극적으로 관리하고자 했다.

하지만 김춘추에게 당은 자신이 그토록 기다리던 구원군이 아니라 점령군처럼 느껴졌을 것이다. 백제 유력 인사들의 압송은 승리의 결실을 당이 챙긴 것으로 보였다. 당은 부흥군의 거센 저항으로 들끓는 백제 땅만을 남겼을 뿐이다. "신라의 앞날은 어떻게 될 것인가." 661년 6월 김춘추는 한치 앞도 보이지 않는 캄캄한 어둠 속에서 자신의 아들 문무왕과 신라의 미래를 걱정하며 눈을 감았다. 재위한 지 8년 만에 죽으니 그의 나이 59세였다.

서영교 중원대 연구원

김춘추 주요 연보

603년
진지왕의 손자·김용춘의 아들로 출생

642년
백제에 대야성 함락
백제 협공 위해 고구려와 협상

647년
상대등 비담의 난 진압

648년
나당연합 위해 당 태종과 협상
군사 지원 약속받음

649년
왕권 강화 위한 내정 개혁 착수

654년
신라 제29대 왕(태종무열왕)으로 즉위

655년
아들 법민 태자에 책봉

660년
김유신 상대등에 임명. 백제 멸망시킴

661년
서거

삼국통일 위업 이룬 전쟁과 외교의 영웅

고구려, 백제, 신라의 역사를 기록한 역사책이 바로 『삼국사기』다. 여기에 가장 많이 등장하는 인물은 누구일까? 아마도 김유신일 것이다. 『삼국사기』를 지은 고려의 김부식은 "김유신과 같은 이는 우리 나라 사람들의 칭송이 끊이지 않는다. 사대부가 알아줌은 당연하지만, 꼴 베고 나무 하는 어린아이까지도 그를 안다"고 썼다.

당대 신라인들에게도 김유신은 삼국통일을 이룬 영웅 그 이상의 무한한 존경과 숭배 대상이었을 것이다.

그래서 김부식은 "신라에서 김유신을 대우함을 보건대 친근해서 틈이 없고, 일을 맡겨 의심치 않으며, 꾀를 내면 행하고 말을 하면 들어주어 그로 하여금 쓰이지 않는다고 원망하지 않게 했다. 유신이 그 뜻한 바를 행할 수 있게 되어 중국과 힘을 모아 삼국을 합치어 한 집을 만들고, 능히 공을 이루고 이름을 날려 일생을 마치었다"라고 최고의 표현을 써서 칭송하기도 했다.

출세의 끈을 잡다

김유신의 증조할아버지는 금관가야의 마지막 왕인 김구해다. 그는 532년(법흥왕 19) 신라의 압박을 견디지 못하고 신라에 항복했다. 이때 그의 아들 세 명이 같이 항복했는데, 셋째 아들 김무력이 바로 김유신의 할아버지다. 김무력은 554년(진흥왕 15) 관산성 전투에서 큰 공을 세워 이름을 날렸고, 그의 아들이자 김유신의 아버지인 김서현은 김무력의 후광을 입어 대야성 군주를 지냈다.

김유신의 어머니는 진흥왕의 조카 만명부

김유신 탄생지와 태실
김유신은 아버지 김서현이 만노군 태수로 있을 때 집무를 보던 곳에서 태어났다고 전해지는데, 현재의 충북 진천군 진천읍 상계리 일대로 추정된다. 사진에서 탄생지 바로 뒤편에 보이는 태령산 정상부에는 김유신의 탯줄이 보관되어 있다는 태실이 위치해 있다. 태실은 존귀한 신분의 아이가 태어난 뒤 나오는 탯줄을 봉안한 장소를 말한다.

인이다. 따라서 그는 신라 왕족의 일원인 셈이 된다. 만명부인의 아버지는 김서현이 가야 출신이라는 이유로 두 사람의 결혼을 강력하게 반대했다고 한다. 이에 만명부인은 집에서 가출해 김서현과 함께 만노군(현 충북 진천)으로 도망가서 살며 김유신을 낳았다. 그해가 바로 595년(진평왕 12)이다.

15세에 화랑이 된 김유신은 이때부터 병법과 검술을 익히는 등 출세를 위해 남다른 노력을 기울였다. 그의 나이 32세가 되던 해인 626년(진평왕 48)에 김춘추와 김유신의 누이 문희 사이에서 문무왕이 출생한 것으로 보건대, 620년대 초반부터 그는 김춘추와 친하게 지낸 것으로 짐작된다.

김춘추는 왕이 된 지 4년 만에 진골 귀족들에게 왕위에서 쫓겨나 죽임을 당한 진지왕의 손자다. 그 역시 전통적인 진골귀족들에게 심한 견제를 받았음이 분명하다. 가야 출신이기 때문에 따가운 시선과 견제를 받았을 김유신은 자신의 출세와 야망을 실현하기 위해서는 무엇보다도 먼저 김춘추와 관계를 맺는 것이 절실하다고 생각했다.

그래서 김춘추와 함께 축국을 하다가 일부러 그의 옷자락을 밟아 옷끈이 끊어지게 한 뒤 이를 핑계로 그를 자기 집으로 유인해 누이 동생인 문희와 인연을 맺게 했다.

그러나 김춘추는 이미 결혼한 사람이었다. 이에 김유신은 교묘한 계략을 써서 김춘추의 이모인 덕만공주(선덕여왕)를 끌어들여, 그녀의 후원 아래 김춘추를 이혼시키고 자신의 동생 문희와 재혼시켰다. 김춘추와 문희가 공식적으로 혼인함으로써 김유신과 김춘추의 관계는 인척 사이로 발전된 것이다.

왕을 보필하는 권력 2인자

덕만공주가 선덕여왕으로 즉위한 이후 두 사람은 그녀의 적극적인 후원을 받아 중앙 정계에서 정치적 입지를 넓혀나갔다.

김춘추가 백제와 고구려의 공세를 막아내기 위해 여러 나라를 동분서주해 당나라의 군사적 지원 약속을 받아낼 즈음에 국내에서는 김유신의 활약이 돋보였다. 김춘추가 고구려에 가서 위기에 놓였을 때 김유신은 군사 3,000명을 모아 고구려를 침략하겠다고 위협해 춘추의 무사귀환을 도왔고, 그 공으로 압량성(현 경북 경산) 군주로 임명되었다.

642년 대야성의 상실로 신라는 낙동강 서안의 옛 가야 지역을 백제에 모두 내주고 낙동강 동안의 압량 지역으로 중심을 옮길 수밖에 없었다. 신라는 여기에 대규모 군단을 주둔시켜 백제의 침략에 대비했는데, 당시 김유신은 이 지역 군단을 지휘하면서 동시에 행정까지 책임진 것으로 보인다.

644년(선덕여왕 13) 9월 선덕여왕은 그를 상장군에 임명했다. 이는 그를 신라군 총사령관으로 인정했다는 의미다. 이때부터 김유신은 신라군을 진두지휘하며 대 백제전을 수행하기 시작했다. 그는 먼저 644년 9월에 신라군을 이끌고 백제의 가혜성 등 7성을 공격해 크게 이겼다. 645년 정월에는 경주로 귀환해 왕을 뵙기도 전에 백제군이 쳐들어온다는 보고를 받자, 집에 들어가지도 않고 곧바로 말에 올라 전장에 나아가 백제군을 크게 무찔렀다.

김유신 주요 연보

- **595년**
  김서현의 아들로 출생
- **629년**
  낭비성 전투에서 고구려 대파
- **642년**
  압량주 군주에 임명
- **644년**
  상장군(총사령관)에 임명. 백제 7성 함락
- **647년**
  상대등 비담의 난 진압
- **648년**
  백제 공격. 대야성 탈환
- **645년**
  김춘추(태종무열왕)를 왕에 추대
- **660년**
  상대등에 임명. 백제 공격해 멸망시킴
- **663년**
  백강 전투. 백제 부흥군·왜 연합군 격파
- **668년**
  고구려 평양성 함락. 고구려 멸망시킴
- **673년**
  사망

경주 황성공원에 있는
김유신 동상

김유신 묘
경주 송화산 동쪽 구릉 위에 자리 잡고 있는 지름 30m의 왕릉급 대형 무덤이다. 밑 둘레에 무덤을 보호하는 십이지신상을 새긴 둘레돌이 둘러져 있는 게 특징이다. 문무왕은 김유신이 죽자 그의 공로를 기리기 위해 많은 재물과 함께 100여 명의 사람을 보내 성대히 장사를 치르게 했다고 한다.

진덕여왕 대에도 김유신은 백제와의 전투를 지휘하며 많은 공을 세웠다. 647년 10월에 무산성 등을 쳐들어온 백제군을 물리쳤을 뿐만 아니라, 648년 4월에는 대야성을 탈환하고 김춘추의 사위 김품석 부부의 유골을 돌려받기까지 했다.

이해에 김유신은 백제의 악성 등 12성을 공격해 함락시키고, 진례 등 9성을 공격해 빼앗기도 했다. 또한 석토성을 쳐들어온 백제 군사를 물리치는 전과도 올렸다.

654년에 진덕여왕이 사망하자, 김유신은 김춘추를 왕으로 추대했다. 김유신은 이제 태종무열왕 다음의 제2인자로서 권력의 중심에 서게 되었다.

백제 멸망의 견인차

이 무렵에 의자왕이 다스리던 백제가 혼란에 빠졌다. 김유신은 백제에 포로로 잡혀간 조미갑을 통해 백제 좌평 임자와 연결하는 한편, 조미갑으로부터 백제의 혼란상을 상세하게 들었다. 이에 김유신은 신속히 백제를 병합하기 위한 계략을 짰고, 급기야 660년 6월에 소정방이 이끄는 13만의 당군과 함께 5만의 신라군을 이끌고 백제를 공격했다. 김유신은 황산벌 전투에서 계백의 결사대를 무찌르고 당군과 함께 사비성을 압박해 마침내 의자왕의 항복을 받아냈다. 결과적으로 김유신이 조미갑을 매개로 임자로부터 얻은 백제에 대한 정보가 나당연합군이 백제 정복을 결행해 성공을 거둔 밑거름이 된 셈이다.

당나라는 백제를 멸망시킨 후 신라를 칠 계획을 세우고 있었다. 태종무열왕이 이를 미리 알고 대신들을 불러 대책을 논의했는데, 이때 한 신하가 "우리 백성으로 하여금 거짓으로 백제 사람인 것처럼 옷을 입혀서 만약 반역하게 하면 당나라 군대가 반드시 칠 것이니, 이로 인해 싸우면 뜻을 이룰 수 있을 것입니다"라고 말하니, 유신도 이에 찬동했다.

무열왕이 머뭇거리자, 유신이 "개는 주인을 두려워하지만, 주인이 그 다리를 밟으면 무는 법인데, 어찌 어려움을 당해 스스로를 구하지 않을 수 있습니까? 청하건대 대왕께서는 허락해 주십시오"라고 단호하게 말했다. 당군은 신라가 그들의 침략에 대비한

김유신 묘 십이지신상 중 돼지

다는 사실을 눈치 채고 백제 의자왕과 대신 93인 등을 포로로 잡아 당으로 돌아갔다.

당군 사령관 소정방이 포로를 황제에게 바치니, 황제가 위로하면서 "어찌하여 내친 김에 신라를 치지 않았는가?"라고 물었다. 정방이 "신라는 임금이 어질어 백성을 사랑하고 그 신하들은 충성으로 나라를 섬기어 아랫사람이 윗사람을 아비나 형처럼 섬기니, 비록 작은 나라지만 도모할 수 없었습니다"라고 대답했다. 김유신 등이 당나라가 신라를 치려고 한다는 정보를 미리 입수하고, 이에 단호하게 대처했기 때문에 당군이 신라 공격을 포기한 것으로 볼 수 있다.

김유신을 어떻게 볼 것인가

백제 정복 이후 김유신은 백제 부흥운동을 진압하는 데 주력하는 한편, 나이가 많이 들었음에도 솔선수범해 고구려 원정에 나선 당나라에 군량을 실어 나르는 임무를 수행하기도 했다. 김유신은 664년(문무왕 4) 백제 부흥을 부르짖는 세력들을 모두 진압한 이후부터 본격적으로 당군과 연합해 고구려 정복에 집중했다.

신라군이 고구려 원정을 떠날 때 유신의 동생 흠순과 조카 인문 등이 "만일 유신과 함께 가지 않으면 후회가 있을까 두렵습니다"라며 유신과 동행하기를 요청하자, 문무왕이 "공들 세 신하는 나라의 보배다. 만약 다 함께 적지로 나갔다가 뜻하지 않은 일이 생겨 돌아오지 못한다면 나라가 어찌될 것인가"라고 말했다는 일화가 있다. 문무왕은 나이가 많은 김유신의 고구려 원정을 만류하고 경주에 머물도록 배려한 것이었다. 김유신은 신라가 고구려를 정복해 삼국통일을 이룬 후 나당전쟁이 한창 펼쳐지고 있었던 673년(문무왕 13) 7월 1일에 79세의 나이로 사망했다.

그러나 김유신 사망 후 그의 후손들은 무열왕계 진골 귀족들에게 냉대를 받았다. 신라 말기에는 그들을 '신김씨'라 부르며 김씨 왕족의 후예들과 차별하기도 했다. 그럼에도 김유신에 대한 존경심만은 조금도 변하지 않았는데, 이는 삼국통일의 위업을 이룬 김유신을 높이 대우해 줘야 한다는 공감대가 전통적인 진골 귀족 사이에 형성되어 있었기 때문이다.

물론 김유신에 대해 비판적인 시각도 있다. 근대의 역사가 신채호가 "김유신은 지혜와 용기를 지닌 명장이 아니요, 음흉한 정치가며, 그 평생의 공은 전장에 있지 않고 음모로 이웃나라를 어지럽힌 것에 있을 뿐이다"라고 깎아내린 것이 대표적인 사례다. 역사적 인물에 대한 평가는 각 시대마다, 또 각 사람의 시각에 따라 다를 수 있다. 따라서 오늘날 김유신을 어떻게 봐야 하는지는 우리 자신들의 몫일 것이다.

전덕재 경주대 교수

◦ 소정방을 벌벌 떨게 만든 김유신
660년 백제 정벌 전쟁에서 소정방은 신라군의 도착이 약속 기일보다 늦었다며 장군 김문영을 처형하려고 한 적이 있었다. 이에 분노한 김유신은 "장군이 황산벌 싸움을 보지도 않고, 약속 날짜에 늦은 것만을 가지고 죄로 삼으려 하니, 나는 죄 없이 모욕을 받을 수 없다. 반드시 당나라 군사와 먼저 결전을 치르고 백제를 깨뜨리겠다"며 큰 도끼를 들고 나섰다. 겁을 먹은 소정방은 결국 김문영을 풀어주었다. 김유신이 비록 신라를 지원하러 온 당군이지만 결코 비굴하게 굴지 않았음을 보여주는 일화다.

길상사
김유신의 영정을 모시고 있는 사당으로 충북 진천 도당산에 위치해 있다. 원래는 김유신의 탯줄이 묻혀 있다는 태령산 아래 건립되었으나, 조선시대에 전란을 겪으면서 폐허가 되어 현재의 자리에 다시 세워졌다고 한다.

인물소사전

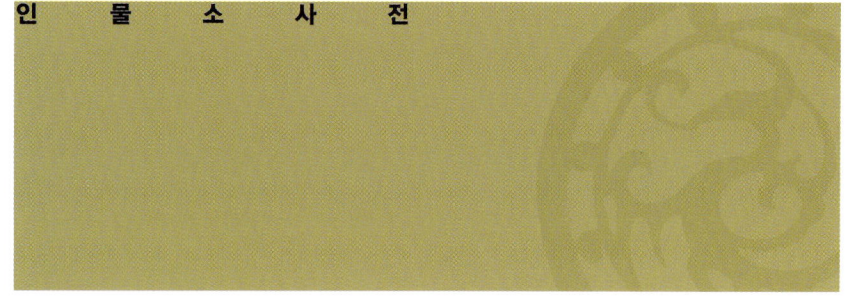

기원전 57년

박혁거세(재위 기원전 57~4) 신라의 건국 시조이자 박씨의 시조로 기원전 69년 알에서 태어났다고 한다. 당시 사로 6촌 촌장들의 추대로 왕이 되었다. 기원전 37년 경주에 성을 쌓아 '금성'이라고 했고 여기에 궁실을 지었다.

알영(기원전 53~?) 신라의 시조 박혁거세의 왕비로, '알영정'이라는 태어난 우물의 이름을 따서 알영이라고 했다. 어질고 정숙한 마음으로 왕을 내조했으며 농업과 누에치기를 권장했다고 한다.

유리왕(재위 24~57) 신라 제3대 왕으로, 그의 시대에 6부의 이름을 고치고 중앙 17관등을 설치했다는 『삼국사기』 기록이 있으나 후대의 사실을 소급한 것으로 추정된다. 6부의 여자들을 두 편으로 갈라 길쌈을 하게 해 음력 8월 15일까지 짜낸 양으로 승부를 결정짓는 가배 놀이를 시켰는데, 이때 부른 노래가 '회소곡'이다.

김수로왕(재위 42~199) 가락국(금관가야)의 시조이자 김해 김씨의 시조로 박혁거세처럼 역시 알에서 태어났다는 신화가 전한다. 9촌장들의 추대로 왕이 되었으며, 즉위 후 관직을 정비하고 도읍을 정해 국가의 기틀을 닦았다.

허황후(?~188) 김수로왕의 왕비로 '허황옥'이라고도 한다. 『삼국유사』에 따르면 본래 인도 아유타국의 공주였는데, 많은 하인과 재물을 싣고 바다를 건너와 왕비가 되었다고 한다. 현재의 김해시 구산동에는 허황후의 무덤과 그녀가 갖고 왔다는 '파사석탑'이 남아 있다.

이진아시왕(?~?) 대가야의 시조로, '뇌질주일'이라고도 한다. 대가야가 위치한 경북 고령 지방의 시조 신화에 따르면, 이진아시왕은 금관가야의 시조 김수로왕과 형제 관계라고 한다. 이 시조 신화는 5세기 후반 대가야가 가야 연맹의 주도권을 잡으면서 새로 구성된 것으로 추정되고 있다.

탈해왕(재위 57~80) 신라 제4대 왕으로 석 씨의 시조다. 왜국의 동북쪽 '다파나국'에서 태어난 왕자로 전하며, 신라 왕이 되기 전 금관가야 김수로왕과 왕위를 다투었다는 일화도 있다. 스스로 '대장장이'임을 주장한 적이 있어 철기 문화를 보유한 석씨 부족이 이 힘을 바탕으로 왕위에 올랐을 것이라는 시각이 있다.

김알지(65~?) 경주 김씨의 시조로 탈해왕 9년(65) 한 나뭇가지에 걸려 있던 금궤 속에서 발견되어 이후 왕이 친히 키웠다고 한다. 금궤에서 태어나 성을 김(金)이라고 했다. '알지'란 이름에 대해선 '아기' '금 부족의 족장' 등 다양한 해석이 있다. 그의 7대손인 미추왕 때부터 신라 왕족에 김씨가 등장하기 시작한다.

파사왕(재위 80~112) 신라 제5대 왕인 파사왕은 주변 소국들을 병합해 영토를 크게 넓혔다. 102년 음즙벌국(현 경북 안강), 실직곡국(현 강원 삼척), 압독국(현 경북 경산)을 차례로 항복시켰다. 101년 경주에 월성을 쌓아 궁궐을 옮긴 왕이기도 하다.

기원후 100년

탐하리(?~?) 금관가야의 시조 김수로왕의 심복이자 자객이다. 102년 신라 주변 음즙벌국과 실직곡국의 영토 분쟁에 수로왕이 개입한 일이 있었다. 이 과정에서 신라 6부 중 하나인 한기부가 수로왕을 분노케 하자 탐하리는 왕의 명으로 한기부의 핵심 인물을 죽였다.

일성왕(재위 134~154) 신라 제7대 왕으로 국가의 중대사를 논의하는 관청인 '정사당'을 설치해 중앙 정치 운영을 발전시킨 인물이다. 그전엔 모든 국정을 궁실에서 처리했으나 이때 별도의 기구가 처음 만들어졌다. 146년에는 반란을 일으킨 압독국 세력에 군사를 보내 평정하기도 했다.

연오랑·세오녀(?~?) 연오랑은 신라 아달라왕 때 동해 바닷가에서 어업에 종사하던 사람으로, 세오녀는 그의 부인이다. 『삼국유사』에는 연오랑 세오녀 부부가 어느 날 일본으로 건너가자 신라의 태양과 달이 빛을 잃었다가, 세오녀가 짠 비단으로 제사를 지내고 난 뒤 다시 빛을 회복했다는 내용의 설화가 전한다.

길선 신라 아달라왕 때(165년) 반란을 일으킨 '아찬' 신분의 귀족이다. 반란에 실패하자 이웃 백제로 달아났는데, 아달라왕은 백제 개루왕(재위 128~166)에게 서신을 보내 그를 돌려보내 줄 것을 청했다. 그러나 개루왕은 이를 받아들이지 않았고, 결국 양국은 무력 충돌 직전까지 가게 된다.

200년

물계자(?~?) 신라 내해왕 때 장수로 209년 포상팔국과의 전쟁 등 두 차례 국가적 전쟁에서 큰 공을 세웠으나 공을 인정받지 못했다. 최고 지휘관인 왕자 날음에게 미움을 샀고, 그로 인해 아무도 그의 공을 왕에게 말하지 않았기 때문이다. 그러나 오히려 그는 누구를 원망하기보다는 자신의 충정을 다하지 못했음을 부끄러워했다고 한다.

석우로(?~253) 신라 내해왕~첨해왕 때의 왕족이자 장군으로 포상팔국 전쟁의 영웅이었으며, 감문국(현 경북 김천) 정복(231)과 영토를 침입한 왜인 섬멸(233) 등에도 앞장섰다. 그러나 253년 왜의 사신을 접대하면서 왜 왕과 왕비를 희롱한 것이 화근이 되어 왜인들의 침입을 초래해 결국 스스로 죽음을 선택하게 된다.

미추왕(재위 262~284) 경주 김씨 시조 김알지의 7대손으로 전대 첨해왕이 아들을 낳지 못하고 죽자 대신들의 추대를 받아 김씨 왕의 시조가 되었다. 농업 장려 등 내치에 힘을 기울였으며, 267년과 286년 신라 영토를 침입한 백제군을 잇따라 격퇴하기도 했다. 『삼국유사』에는 그의 영혼이 신라를 구했다는 내용의 '미추왕 죽엽군 설화'가 전한다.

300년

내물왕(재위 356~402) 신라 제17대 왕으로 고대 국가 체제를 정비했으며, 박·석·김 3성이 왕위를 교대로 계승하던 것에서 김씨에 의한 독점적 세습 기반을 다졌다. 신라 귀족회의 중앙 관청인 '남당'에서 정사를 주재하는 명실상부한 최고 통치자로 군림했다. 중국 전진 등과 교류를 했으며, 400년에는 고구려 광개토대왕의 지원을 받아 영토를 침공한 백제·왜·가야 연합군을 격퇴하기도 했다.

말금한기(?~?) 가야 소국 중 하나인 탁순국(현 경남 창원) 왕으로 백제와 왜의 교역에 중간 다리 역할을 했다. 366년(백제 근초고왕 21) 백제는 탁순국에 사신을 보내 왜와의 교역을 모색한 일이 있었는데, 이때 탁순국은 백제의 요청을 왜에 전하고 왜의 사신 일행을 백제에 인도해 주었다고 한다.

400년

김무(?~?) 신라시대의 의사로 17관등 중 네 번째에 해당하는 파진찬 관등을 역임했다. 414년(실성왕 13)에 일본 측 초청을 받고 건너가 윤공 천황이 오랜 지병인 다릿병을 고쳤다고 한다. 일각에서는 412년 실성왕이 내물왕의 아들 복호를 고구려에 볼모로 보낼 때 따라간 실성왕의 측근 김무알과 동일 인물로 보기도 한다.

눌지왕(재위 417~458) 신라 제19대 왕으로 고구려의 지원을 받아 전대 실성왕을 살해하고 왕위에 올랐다. 그러나 즉위 후에는 볼모로 가 있던 동생 복호를 탈출시키는 등 고구려의 영향력으로부터 벗어나고자 노력했다. 433년에는 그간 적대 관계에 있던 백제와 '나제동맹'을 맺어 고구려의 남진에 대항하기도 했다.

박제상(?~?) 신라 내물왕~눌지왕 대에 걸쳐 활동한 충신으로 고구려·왜에 볼모로 가 있던 눌지왕의 동생 복호와 미사흔을 탈출시키는 데 큰 공을 세웠다. 미사흔을 탈출시키는 과정에서 붙잡힌 박제상은 왜 왕의 온갖 협박과 회유에도 불구하고 "왜의 신하가 되느니 차라리 계림의 개, 돼지가 되겠다"며 결국 죽음을 선택한다.

삼직(?~?) 신라의 장군으로 450년(눌지왕 34) 7월 하슬라(현 강릉) 성주로 있을 때 사냥 나온 고구려 장수를 살해함으로써 고구려가 신라에 적대 정책으로 돌아서는 데 결정적인 원인 제공을 한 인물이다. 격노한 고구려 장수왕은 사신을 보내 신라를 꾸짖고, 군사를 일으켜 신라 서쪽 국경을 공격했다.

질지왕(재위 451~492) 금관가야 제8대 왕으로 479년 중국 남제에 사신을 보내 '보국장군본국왕'을 제수받은 가라국 하지왕으로 추정되는 인물 중 한 명이다. 즉위한 이듬해에는 시조인 수로왕과 허황후의 명복을 빌기 위해 그들이 처음 만난 자리에 왕후사라는 절을 짓기도 했다.

자비왕(재위 458~479) 신라 제20대 왕으로 눌지왕의 아들이다. 침입한 왜군을 여러 차례 물리쳤으며, 475년 고구려의 공격을 받은 백제에 구원군을 보내는 등 동맹 관계를 더욱 튼튼히 하고자 했다. 469년에는 왕경 경주의 기존 6부를 개편해 족제적 성격을 탈피하고 행정 단위로서 성격을 강화하기도 했다.

백결선생(?~?) 5세기 중엽에 살았던 신라의 선비이자 음악가로 거문고의 명수였다고 한다. 경주 낭산 아래 살았는데 워낙 집이 가난해 늘 누더기옷을 입고 다녔다. 그래서 100번을 옷을 기웠다는 뜻에서 '백결선생'으로 불렸다. 더없이 청렴하고 결백했던 그는 왕실로부터 후원을 받을 수도 있었으나 모두 거절하고 죽을 때까지 가난하게 살았다고 한다.

500년

지증왕(재위 501~514) 신라 제22대 왕으로 농업 개혁·정치 개혁에 힘썼다. 502년 소를 이용한 농사를 시행토록 해 생산력 증대의 계기를 마련했고, 503년에는 사라·사로·신라 등으로 혼재돼 사용되던 나라 이름을 신라로 확정했다. 또한 505년에는 확장된 영토 관리와 효과적인 지방 통치를 위해 주·군·현 제도와 군주제를 실시하기도 했다.

법흥왕(재위 514~540) 지증왕의 개혁 정책을 이어받아 신라가 왕권 중심의 중앙 집권적 고대 국가 체제로 자리를 잡는 데 큰 역할을 한 왕이다. 517년 최초의 중앙 관부인 '병부'를 설치했으며, 520년에는 율령을 반포해 공직 질서를 확립했다. 527년에는 이차돈의 순교를 계기로 불교를 국가 종교로 공식 승인한다. 532년 금관가야를 병합하는 등 영토 확장에도 적극적이었다.

이뇌왕(?~?) 대가야 제9대 왕으로 6세기 초 백제와 신라의 공세를 극복하고 나라를 지키고자 힘썼다. 522년(신라 법흥왕 9)에는 신라와 친선 도모를 위해 신라 고위 귀족의 딸과 결혼을 하기도 했는데, 나중에 거취가 문제가 되어 오히려 양국 관계가 불편해졌다. 524년 신라 남부 국경을 순시하던 법흥왕과 직접 만나기도 했다.

이차돈(506~527) 한국 불교 사상 최초의 순교자다. 법흥왕을 가까이서 보좌하는 '사인'이라는 직책에 있었던 그는 귀족들의 반대로 불교가 공인받지 못하자 스스로 몸을 던져 불법의 힘을 확인시켰다. 그가 죽은 뒤 일어난 기적을 계기로 신라는 불교를 국가 종교로 인정하게 된다. 그 후 불교는 신라 통치 체제의 이념적 기반이 되어 왕실과 매우 밀접한 관계에 놓이게 되었다.

구해왕(?~?) 금관가야의 마지막 왕으로 '구형왕'이라고도 한다. 532년(신라 법흥왕 19년) 가족들과 함께 신라에 항복했고, 신라는 이들을 예우해 높은 벼슬을 주었다. 그 후 아들 무력과 증손자 김유신은 많은 전쟁에서 신라를 위해 큰 공을 세우게 된다. 금관가야는 멸망했지만 그 후손들은 신라 왕족에 준하는 영화를 누릴 수 있었다.

진흥왕(재위 540~576) 신라 제24대 왕으로 신라의 최전성기를 이룩한 정복 군주다. 550년대 초반 고구려와 백제를 물리치고 한강 유역을 장악했고, 560년대 초에는 대가야를 비롯한 가야 세력 대부분을 복속시키며 낙동강 유역 전체를 차지했다. 또한 화랑도를 창설해 국가에 충성하는 인재들을 적극 양성함으로써 훗날 신라가 삼국통일을 이루는 기반을 마련하기도 했다.

지소태후(?~?) 법흥왕의 딸이자 진흥왕의 어머니다. 540년 진흥왕이 불과 일곱 살의 나이에 왕위를 물려받자 약 10여 년 동안 섭정을 했다. 초기 화랑 제도 확립에 큰 영향을 끼쳤으며, 흥륜사의 완공(544년) 등 여러 사찰을 지어 불교를 장려했다. 또한 이사부 같은 명재상을 등용해 신라의 비약적 발전과 국력 향상에도 기여했다.

이사부(?~?) 신라 법흥왕~진흥왕 대에 걸쳐 활동한 장군·정치가다. 541년(진흥왕 2)부터 약 20여 년동안 정치·군사적 최고 실권자인 병부령으로 있으면서 고구려·백제의 영토였던 한강 유역을 비롯한 우산국·금관가야·대가야 정복 과정에서 혁혁한 공을 세웠다. 545년에는 왕에게 국사 편찬의 필요성을 역설해 거칠부로 하여금 신라 최초의 역사서인 『국사』를 편찬케 하기도 했다.

가실왕(?~?) 신라 진흥왕 대에 재위한 가야 말기의 왕으로 중국 남제에 조공하고 '보국장군본국왕'으로 제수받은 '가라국왕 하지'와 동일인으로 추정되는 인물 중 한 명이다. 대가야 왕 또는 안라국(아라가야) 왕으로 추정된다. 악사인 우륵에게 명해 가야금을 만들게 했고, 가야 연맹 각 나라의 언어로 된 12곡을 짓게 해 연맹의 결속을 다지고자 했다.

거칠부(?~579) 신라 진흥왕 때 활약한 재상으로 이사부와 함께 신라의 비약적 발전을 이룬 주역이다. 545년 『국사』 편찬을 주도했고, 550년대 초반 한강 유역을 둘러싼 삼국의 전쟁에서 큰 공을 세웠다. 560년대 영토 확장의 산 증거인 마운령비(568년)와 창녕비(561년)에도 그의 이름이 새겨져 있는 것으로 보아 진흥왕 대 그의 정치적·군사적 비중은 상당했음을 알 수 있다.

우륵(?~?) 가야국 가실왕과 신라 진흥왕 때 활약한 가야금의 명인이다. 원래 가야국 사람이지만, 훗날 가야의 국운이 기울자 제자 이문과 함께 신라 진흥왕에 투항한다. 그 후 신라의 악사들에게 가야금을 가르쳤는데, 우륵의 12곡을 듣고 "번잡하다"며 5곡으로 줄여버렸다는 일화가 있다. 우륵은 처음엔 분노했지만 막상 음악을 듣고는 감탄해 마지 않았다고 한다.

도설지왕(?~?) 대가야의 마지막 왕으로 월광태자로도 불린다. 대가야 멸망(562년) 전인 진흥왕 대 단양적성비(550년대 초반 추정)와 창녕비(561년)에도 그의 이름이 새겨져 있는데, 이로 보아 이미 540년~550년 무렵 신라로 망명해 귀족 사회에 편입되었던 것으로 보인다. 그러다 대가야 멸망 후 지역민들 무마용으로 신라가 내세운 꼭두각시 왕 노릇을 했던 것으로 추정된다.

김무력(?~?) 신라 진흥왕 대의 장군으로 금관가야 마지막 왕인 구해왕의 셋째 아들이다. 532년 구해왕과 함께 투항한 그는 그 후 신라 귀족이 되어 여러 전쟁에 참전해 공을 세웠다. 554년에는 신라의 한강 유역 탈취에 분노한 백제 성왕의 군대를 관산성(현 충북 옥천)에서 격파하고 성왕을 사로잡아 참수하기도 했다.

사다함(?~?) 신라 진흥왕 때 활약한 화랑으로 562년 기병 5,000명을 이끌고 대가야를 기습 공격, 멸망시키는 데 큰 공을 세웠다. 이때 그의 나이 불과 15세였다. 일찍이 무관랑이라는 동료 화랑과 생사를 같이 하는 친구가 되기로 약속한 적이 있었는데, 그가 병으로 죽자 매우 슬퍼하다 그 역시 17세의 어린 나이로 죽었다고 한다.

진지왕(재위 576~579) 진흥왕의 둘째 아들로 원래 왕위 계승자가 아니었지만 거칠부 세력의 지원으로 왕이 된 것으로 추정된다. 즉위하자마자 거칠부를 상대등으로 임명해 국정을 맡겼다. 577년 백제의 공격을 막아내는 등 의욕적인 정책을 펼치기도 했으나, 재위 4년 만인 579년 "음란한 짓만 밝힌다" 등의 이유로 귀족들에 의해 폐위되었다.

진평왕(재위 579~632) 신라 제26대 왕으로 작은 아버지 진지왕이 화백회의 결정으로 폐위되자 왕위에 올랐다. 관제를 정비하고 적극적인 외교 정책을 펼침으로써 진흥왕에 이어 왕권을 지속적으로 신장시켰다. 진흥왕 대에 이룩한 영토 확장으로 고구려·백제의 빈번한 침공을 받았는데, 진평왕은 이를 중국 수·당과의 외교 등을 통해 극복하고자 했다.

원광(555~638) 진평왕 대에 활약한 고승으로 불교의 대중화, 화랑의 세속오계 등 신라의 사상적 발전에 크게 기여했다. 또한 600년 중국에서 돌아온 뒤 진평왕의 자문역을 맡아 신라의 정치·외교 정책에 깊이 관여하기도 했다. 608년 수나라 양제에게 고구려 침공을 설득하는 글인 '걸사표'를 지어 보낸 것으로도 유명하다.

설씨녀(?~?) 신라 진평왕 때의 열녀로 당시의 군역 제도와 여성의 고된 삶을 엿볼 수 있는 '설씨녀와 가실 설화'가『삼국사기』에 실려 전한다. 아버지를 대신해 군에 징발된 남편 가실이 6년이 지나도록 돌아오지 않음에도 정절을 지키고 산 설씨녀가 결국 극적으로 가실을 만나 행복하게 살았다는 이야기다.

선화공주(?~?) 진평왕의 셋째 딸로 매우 아름다웠다고 한다.『삼국유사』에는 가난하고 미천한 백제인 서동(훗날 무왕)이 '서동요'라는 노래를 퍼뜨려 신라의 선화공주와 결혼하고 왕이 되었다는 '서동 설화'가 전한다. 그러나 6세기 말~7세기 초 신라와 백제의 적대 관계로 보아 설화가 허구거나 다른 백제 왕 때 이야기일 것이라는 지적도 있다.

600년

선덕여왕(재위 632~647) 한국사 최초의 여왕인 선덕여왕은 진평왕이 아들이 없이 죽고 남자 '성골' 중 왕위를 이을 사람이 없자 화백회의에서 왕에 추대되었다. 불교를 장려해 분황사(634년), 영묘사(635년)를 세웠고, 자장의 권유를 받아 황룡사 9층목탑을 건설했다. 선덕여왕 대는 귀족파와 왕당파 간 갈등이 격화되고 백제에 대야성을 함락당하는 등 신라가 큰 시련을 겪은 시대기도 했다.

자장(590~658) 신라에 화엄종을 최초로 소개한 승려로 알려져 있으며, 당나라 태종이 인정할 만큼 설법에 능했다고 한다. 642년 이후 신라가 큰 위기를 맞자 선덕여왕의 요청으로 중국에서 돌아와 불교로 백성들을 교화하는 한편, 정치·외교적 자문도 맡아 삼국통일의 기틀을 닦았다. 나당 군사동맹 성사 등 대당 외교의 성공 배경에는 그의 조언이 큰 역할을 했다.

김유신(595~673) 신라의 삼국통일을 이끈 장군이자 정치가다. 금관가야 왕족의 후예로 진골 귀족들의 견제를 받았지만 김춘추 세력과 손을 잡은 뒤 실권을 장악하게 된다. 642년 신라가 위기에 빠진 시기부터 군사적으로 두각을 나타내기 시작한 그는, 660년 귀족회의 의장인 상대등에 임명되어 이후 백제·고구려와의 통일 전쟁을 지휘하며 혁혁한 공을 세운다.

비담(?~647) 신라 선덕여왕 때 활약한 진골 귀족으로 상대등까지 역임했으며, 김춘추·김유신 세력과 대립한 이른바 '귀족파'의 대표적 인물이다. 647년 선덕여왕이 여왕으로서 정치를 잘 못한다는 이유로 스스로 왕위에 오르고자 염종 등과 반란을 일으켰으나 김유신의 토벌군에 진압돼 죽음을 맞았다.

설계두(?~645) 당나라에서 활동한 신라 출신의 무인으로 진골이 아니면 장군이 될 수 없는 자신의 처지를 분통해 하며 당으로 들어갔다. 645년 당의 고구려 정벌 전쟁에 참전해 초반 뛰어난 활약 끝에 전사했는데, 그의 사연을 듣게 된 당 태종은 자신의 옷을 벗어 시신을 덮어주고 대장군의 관직을 내려주었다고 한다.

태종무열왕(재위 654~661) 신라 제29대 왕인 김춘추는 왕족이었지만 왕위에서 폐위된 진지왕계라는 이유로 처음엔 소외를 받았다. 그러나 김유신 세력과 연합해 구귀족 세력들을 물리치고 결국 왕위에 오르게 된다. 왕이 되기 전엔 나당연합을 성사시켜 신라를 위기에서 구해낸 탁월한 외교가이기도 했다. 외교적인 면뿐만 아니라 내정에도 중국식 제도를 도입하는 등 친당 정책을 일관되게 펼쳤다.

관창(645~660) 신라 무열왕 때 활약한 화랑으로 장군 품일의 아들이다. 660년 백제 정벌 전쟁에 참전해 스스로 목숨을 던져 신라의 대승을 이끌었다. 신라군은 황산벌에서 백제의 계백 결사대에 밀리고 있었으나, 단신으로 적진에 뛰어든 관창의 용감한 죽음에 자극돼 전세를 뒤집을 수 있었다. 무열왕은 그의 전공을 높이 기려 '급찬'에 추증했다.

강수(?~?) 열왕이 즉위했을 때 당나라 사신이 와서 조서를 전했는데, 이해되지 않는 부분이 있어 그에게 묻자 막힘없이 풀어냈다고 한다. 외교 문서 작성에 능했으며,『삼국사기』에 실린 당의 장수 설인귀에게 보낸 답신 '답설인귀서' 역시 그가 쓴 것으로 알려져 있다.

김인문(629~694) 삼국통일기 신라의 장군이자 외교관으로 태종무열왕의 아들이다. 태종무열왕과 김유신을 도와 백제·고구려 정벌에 앞장섰고, 7차례나 당나라를 오가면서 양국 간 갈등의 해결과 중재에 많은 노력을 했다. 674년 당 고종은 당나라에 맞서 싸우던 문무왕의 관직을 박탈하고 당에 있던 김인문을 신라 왕에 봉한 적이 있었으나, 신라의 형식상 사죄로 유야무야된 일도 있었다.

문무왕(재위 661~681) 676년 삼국통일을 완성한 신라 제30대 왕으로 태종무열왕의 아들이자 김유신의 조카다. 668년 당나라와 함께 고구려를 공격해 보장왕의 항복을 받아냈고, 이후 주인 행세를 하려던 당나라 축출 투쟁에 나서 원산만과 대동강을 잇는 이남 지역을 신라의 영토로 확보한다. 북원소경(강원 원주), 금관소경(경남 김해) 등을 설치해 새 지방 통치 제도인 9주5소경제의 근간을 마련하기도 했다.

찾아보기

참고문헌

사진출처

찾아보기

ㄱ

가락국기 26, 114~115, 244, 246
가람 227~229, 230
가슴걸이 124, 131, 160
가실왕 50, 51, 274~275
가야금 50, 51, 117, 274~275
거득공 299~300
거칠부 270~273
건국 신화 22~25, 26~27, 269
계림 169, 250, 262~265
골품 77, 138, 139, 296, 297
관산성 63, 66~69, 71, 268~269, 308
관산성 66~68
관창 220, 290~292
광개토대왕릉비 52~53
굽다리접시 117, 191, 193~195, 198, 200
금관 25, 45, 46, 51, 122, 130~131, 154~155
금관가야 16~21, 38~45, 69
금관총 54, 129, 130~131, 154~155, 158~159, 161, 164
금귀걸이 158~159
금동신발 164~165
김무 258~261
김무력 67, 268~269, 308
김부식 106~111
김서현 79, 269, 308~309
김유신 76~81, 304~307, 308~311
김춘추 74~81, 304~307, 308~311
김품석 71, 73, 79, 310

ㄴ

나당연합 86~89, 94
나정 22~24
나제동맹 21, 55~57, 61, 64, 71
나해왕 116~117, 254
낙동강 16~21
낙랑군 16~20, 38~45, 52, 54, 102, 107, 116~117
남해왕 25, 250~252
내물왕 54, 106, 259~261, 262, 270
눌지왕 54~55, 139, 260~261, 262~265

ㄷ

다호리 고분 28~32
단양 적성비 57, 135, 266, 268, 269, 271
당 82~85
당 태종 75, 82~85, 86~87, 279~281, 287~288, 296~297, 305
대가야 46~51, 69, 193~195
대릉원 123, 126~129
대야성 70~75, 79~80, 287, 309~310
덧널무덤 36~37, 123, 125, 188, 191
도설지 51, 69, 266~267
도장무늬 195
도화랑 298~301
돌궐 82~85
돌무지덧널무덤 105, 123, 125, 128~129, 188~189, 191

ㅁ

마립간 25, 32, 124, 130, 142~143, 189
문신 172~174
물계자 117
미늘쇠 62

ㅂ

박제상 54, 143, 262~265
반가사유상 222~224
발치 172~174
백강 전투 91~92
백제 회복운동 90~93
법흥왕 65, 76, 136~140, 208~211, 266, 271
벽화 298~301
분황사 278~279
불교 전래 45, 136~141

ㅅ

사다함 68~69, 290
사라리 고분 28~32
사로국 18~19, 34~37
사르마트 25, 122
사비성 70, 73, 307, 310
삼국사기 106~111
삼국유사 112~115
삼국통일 64~68, 94~97, 150~153
삼년산성 49, 268~269
상형토기 196~199

서봉총 129, 130~131, 154~155, 163, 182
서역인 182~183
석우로 254~257
석탈해 19, 249, 250~253
선덕여왕 77~81, 276~281
설계두 296~297
설씨녀 302~303
설연타 83~84
세속오계 80, 140, 284, 295
소지왕 298~299
솟대 169
수로왕 26~27, 114~115, 244~249, 251
수미산 148~149, 276
순장 36, 175, 176~179, 203
순흥 읍내리 벽화 132~135
실성왕 53~54, 106, 258~261, 262

이사금 18, 142, 189, 218, 253
이사부 270~273
이차돈 139~140
일연 112~115
임나부흥회의 58~63
임나일본부설 118~121
임신서기석 219~220

ㅈ

자장 227, 280~281, 286~289
전탑 232~235
죽지랑 292~293
중원고구려비 55~56
지증왕 25, 65, 130, 137~139, 178, 210~211, 218, 270~271
지진구 231
진평왕 77, 79, 149, 277~280, 295, 304
진흥왕 64~68, 141, 209~212, 214~217, 219, 267, 268~269, 271~273, 274~275
진흥왕 순수비 65, 214~217

ㅊ

차차웅 25, 253
천마총 128, 130~131, 155, 156~157, 161, 162
천전리 각석 136, 208~213
첨성대 100, 146~149

ㅌ

탐하리 249
토용 179, 182~183, 203
토우 200~207, 264, 300, 301, 302
통도사 286~287, 289

ㅍ

파사석탑 115
파사왕 107, 246, 249
편두 172~174, 202
포상팔국 17, 116~117, 189~190, 254

ㅎ

한백겸 103
향가 87, 114, 220, 293
허황후 26~27, 114~115, 244~248
혁거세 22~25, 169
화랑 218~220, 284, 290~295
화랑세기 221
환두대도 38, 71, 184~187
황남대총 123~124, 129~131, 180
황룡사 226~231, 279~281, 288~289
흑치상지 90, 93
흥륜사 45, 141, 224, 279, 293

ㅇ

안길처 298~301
안라국 58~63?
안시성 75, 83~85, 296~297
알영 22~25, 169
어숙술간묘 벽화 134~135
여제동맹 71~72
연개소문 74, 83~84, 94, 151
연오랑과 세오녀 170, 171
우륵 51, 269, 274~275
원광 220, 282~285, 295
원화 218~219
유리구슬 38, 39, 181~182
유리병 182
의자왕 70~75, 79, 86~89, 90~91, 94, 153, 279, 307, 310~311

참고문헌

『삼국사기』

『삼국유사』

『해동고승전』

강인구, 김상현 외, 『역주삼국유사 1-5』, 이회문화사, 2003

권덕영, 「필사본 화랑세기 진위논쟁 10년」, 『한국학보 99』, 2000

권덕영, 「필사본 화랑세기의 사료적 검토」, 『역사학보 123』, 1989

권오영, 「고대 영남 지방의 순장」, 『한국고대사논총 4』, 가락국사적개발연구원, 1992

권오영, 「사로육촌의 위치문제와 수장의 성격」, 『신라문화 16』, 동국대학교, 1997

김기흥, 「첨성대의 비밀」, 『천년의 왕국 신라』, 창작과비평사, 2000

김기흥, 「화랑세기 두 사본의 성격」, 『역사학보 178』, 2003

김두진, 『한국 고대의 건국신화와 제의』, 일조각, 1999

김병모, 『김수로왕비 허황옥』, 조선일보사, 1994

김병모, 「가락국 수로왕비 탄생지」, 『한국상고사학보』, 1992

김석형, 『초기조일관계연구』, 사회과학원출판사, 1966(평양)

김성혜, 『신라음악사연구』, 민속원, 2006

김열규 편, 『삼국유사와 한국문학』, 학연사, 1983

김영욱, 「화랑세기의 진위에 관한 문법사적 접근」, 『서울시립대 박물관휘보 11』, 2000

김영일, 「가락국기 서사의 구성 원리에 관한 일고찰」, 『가라문화 5』, 1987

김용운, 김용국, 『한국수학사』, 과학과 인간사, 1977

김창석, 「삼국 및 통일신라의 현물화폐 유통과 재정」, 『역사와 현실 42』, 2001

김창석, 「한국 고대 유통체계의 성립과 변천」, 『진단학보 97』, 2004

김충렬, 「화랑오계의 사상배경고」, 『아세아연구 44』, 1972

김태식, 『가야연맹사』, 일조각, 1993

김태식, 『미완의 문명 7백 년 가야사 1~3』, 푸른역사, 2002

김태식, 「가락국기 소재 허왕후 설화의 성격」, 『한국사연구』, 1998

김태식, 「김해 수로왕릉과 허왕후릉의 보수과정 검토」, 『한국사론』, 서울대학교 국사학과, 1999

김태식, 「대가야의 세계와 도설지」, 『진단학보』 81호, 1996

김태식·이익주, 『가야사사료집성』, 가락국사적개발연구원, 1992

김태식·이익주·고경석·오정섭, 『역주 가야사사료집성』제2권(조선시대편), 가락국사적개발연구원, 2004

김태식·이익주·전덕재·강종훈, 『역주 가야사사료집성』제1권(고려이전편), 가락국사적개발연구원, 2004

金台植, 「박창화와 화랑세기」, 『역사비평 62』, 2003

金台植, 『화랑세기, 또 하나의 신라』, 김영사, 2002

김학성, 「화랑세기 소재 향가와 풍월도적 패러다임」, 『대동문화연구 36』, 2000

나희라, 『신라의 국가제사』, 지식산업사, 2003

남동신, 「원효와 분황사 관계의 사적 추이」, 『신라문화제 학술발표회논문집 20』, 동국대 신라문화연구소, 1998

남천우, 「첨성대에 관한 제설의 검토-김용운, 이용범 양씨설을 중심으로」, 『역사학보』64, 역사학회, 1974 ; 재수록, 『유물의 재발견』, 학고재, 1997

노중국 외, 「악성 우륵의 생애와 대가야의 문화」, 고령군 대가야 박물관·계명대학교 한국학연구원, 2006

노태돈, 「필사본 화랑세기는 진본인가」, 『한국사연구 99.100 합집』, 1997

노태돈, 「필사본 화랑세기의 사료적 가치」, 『역사학보 147』, 1995

동조, 「변진과 가야의 철」, 『가야제국의 철』, 신서원, 1995

미시나 쇼에이(三品彰英), 「수로전설: 제의와 신화」, 『일선신화전설의 연구』(일본), 1943

미시나 쇼에이, 『증보 일선신화전설의 연구』(삼품창영논문집 제4권), 평범사(일본), 1972

박성래, 「첨성대에 대하여」, 『한국과학사학회지 2-1』, 한국과학사학회, 1980

박홍국, 『한국의 전탑연구』, 학연사, 1998

백승옥, 『가야 각국사 연구』, 혜안, 2003

백승충, 「가라국과 우륵 12곡」, 『부대사학 19』, 1995

백승충, 「우륵12곡의 해석 문제」, 『한국고대사논총 3』, 1992

법 진, 「원광과 그의 사상 재고」, 『수다라4』, 해인사, 1989

서경수, 「불교문화가 한국인의 윤리관에 끼친 영향」, 『한국사상과 윤리』, 정신문화연구원, 1980

서영교, 『나당전쟁사연구-약자가 선택한 전쟁』, 아세아문화사, 2006

송계현, 「낙동강하류역의 고대 철생산」, 『가야제국의 철』, 신서원, 1995

스에마쓰 야쓰카즈(末松保和), 『임나흥망사』, 대팔주출판(일본), 1949; 재간행, 길천홍문관(일본), 1956

신동하, 「신라 골품제의 형성과정」, 『한국사론 5』, 서울대 국사학과, 1979

신종원, 『신라 최초의 고승들』, 민족사, 1998

신종원, 「원광과 진평왕대의 점찰법회」, 『신라문화제 학술발표회 논문집 12』, 1991

신현숙, 「정토교와 원광 세속오계의 고찰」, 『한국사연구 61』, 1988

안계현, 「신라의 세속오계 국가관」, 『한국사상 3』

양정석, 『황룡사의 조영과 왕권』, 서경, 2004

에가미 나미오(江上波夫), 『기마민족국가』, 중앙공론사(일본), 1967

원유한, 「한백겸의 "동국지리지" 성립배경과 성격」, 『국사관논총 93』, 국사편찬위원회, 2000

윤선태, 「필사본 화랑세기 진위논쟁에 뛰어들며」, 『역사비평 62』, 2003
윤용구, 「삼한의 조공무역에 대한 일고찰 - 한대 락랑군의 교역형태와 관련하여」, 『역사학보 162』, 1999
윤희면, 「한백겸의 학문과 "동국지리지" 저술동기」, 『진단학보 63』, 진단학회, 1987
이근우, 「화랑세기에 대한 통계적 접근」, 『지역과 역사 15』, 2004
이기동, 『신라골품제사회와 화랑도』, 일조각, 1984
이기백, 「원광과 그의 사상」, 『창작과 비평 10』, 1968
이도학, 『살아 있는 백제사』, 휴머니스트, 2003
이도학, 「백제 복국운동과 지수신, 그리고 흑치상지」, 『전통문화논총 4』, 한국전통문화학교, 2006
이도학 서평, 노중국 저, 『백제부흥운동사』, 『한국사연구 124』, 한국사연구회, 2004
이도흠, 『신라인의 마음으로 삼국유사를 읽는다』, 푸른역사, 2000
이마니시 류, 「신라원광법사전」, 『신라사 연구』, 1933
이문규, 「첨성대를 어떻게 볼 것인가-첨성대 해석의 역사와 신라시대의 천문관」, 『한국과학사학회지 26-1』, 한국과학사학회, 2004
이성주, 「1~3세기 가야 정치체의 성장」, 『한국고대사논총 5』, 1993
이영식, 「가락국기의 사서적 검토」, 『강좌한국고대사 5』, 가락국사적개발연구원, 2002
이영훈, 「화랑세기에서의 노와 비-삼국시대 신분제 재론」, 『역사학보 176』, 2002
이용범, 「첨성대존의」, 『진단학보 38』, 진단학회, 1974
이재호 역, 『삼국유사』, 솔, 1990
이종기, 『가락국탐사』, 일지사, 1977
이종욱 역주해, 『화랑세기-신라인의 신라 이야기』, 소나무, 1999
이종욱, 「화랑세기 서설-사서로서의 신빙성 확인을 중심으로」, 『역사학보 146』, 1995
이종욱, 「화랑세기의 신빙성과 그 저술에 대한 고찰」, 『한국사연구 97』, 1997
이종학, 「원광법사와 세속오계에 대한 신고찰」, 『신라문화 7』, 1990
이하석, 『삼국유사 현장 기행』, 문예산책, 1995
이현숙, 「5세기 초 신라의사 김무와 의학의 발전」, 『한국사상과 문화 14』, 한국사상문화학회, 2001
이현숙, 「7세기 신라 통일 전쟁과 전염병」, 『역사와 현실 47』, 한국역사연구회, 2003
이현숙, 「몸, 질병, 권력: 통일 전쟁기 신라의 군진의학」, 『역사와 문화 6』, 문화사학회, 2003
이현혜, 「가야의 교역과 경제 - 낙동강 하구지역을 중심으로」, 『한국 고대사 속의 가야』, 부산대학교 한국민족문화연구소, 2001

임효택, 「김해양동리 유적의 제문제」, 『동북아시아에 있어서 가야와 왜』, 경상남도, 1993
장성진, 「가락국기 명 고찰」, 『한국전통문화연구 창간호』, 효성여대 한국전통문화연구소, 1985
전상운, 「경주첨성대」, 『한국의 고대과학』, 탐구당, 1972
전상운, 「삼국 및 통일신라시대의 천문의기」, 『고문화 3』, 한국대학박물관협회, 1964
田中俊明, 「大加耶連盟の興亡と任那-加耶琴だけが殘つた-」, 吉川弘文館, 1992
정병삼, 『일연과 삼국유사』, 새누리, 1998
정병조, 「원광과 보살계 사상」, 『한국고대문화와 인접문화와의 관계』, 정신문화연구원, 1981
정영호, 「원광법사와 삼기산 금곡사」, 『사총 17·18 합집』, 1973
천관우, 『가야사연구』, 일조각, 1991
최연식, 「원광의 생애와 사상」, 『해동고전연구 12』, 1995
최종규, 「삼한사회의 고고학적 연구」, 동국대학교박사학위논문, 1993
황패강, 『한국 서사문학 연구』, 단국대출판부, 1972
Kim Yong-Woon, "Structure of Ch'ŏmsŏngdae in the Light of the Choupei Suanchin", Korea Journal, 1974

사 진 출 처

16 낙동강 전경 박여선
18 금관가야 쇠도끼 국립김해박물관
19 가야의 배 모형 국립김해박물관 | 박여선
20 신라식 금귀걸이 국립경주박물관 | 디지털자료
21 고구려식 신라 은관 국립경주박물관 | 디지털자료
22 나정 경주시청
23 용문 암막새 국립경주박물관
24 시조 유허비 박여선
25 신라 금관 국립중앙박물관 | 경박 대형필름
26 구지봉 전경 박여선
28 다호리 출토 성운경 국립중앙박물관 | 중박200703-111
28 다호리 1호묘 발굴 당시 모습 국립중앙박물관 | 중박200703-111
29 다호리 출토 칠기 붓 연합포토
29 다호리 출토 부장품 바구니 국립중앙박물관 | 중박200703-111
29 다호리 출토 청동제 창 국립중앙박물관 | 중박200703-111
30 다호리 출토 청동검과 칼자루 꾸미개 국립김해박물관 | 디지털자료
30 다호리 출토 청동검(오른쪽) 국립중앙박물관 | 중박200703-111
31 어은동 출토 사슴머리 장식과 청동말 국립중앙박물관 | 경박200703-40
31 구어리 출토 굽다리단지 영남문화재연구원 | 경박200703-40
31 구정동 출토 갑옷 국립경주박물관 | 경박200705-64
31 입실리 출토 닻 모양 청동방울 국립중앙박물관 | 경박200703-40
32 사라리 130호분 발굴 당시 모습 국립중앙박물관 | 중박200703-111
32 사라리 출토 목걸이 영남문화재연구원
33 사라리 출토 와질 토기 영남문화재연구원
33 S자형 말재갈 영남문화재연구원
33 사라리 출토 호랑이 모양 허리띠고리 국립경주박물관 | 경박200705-64
33 사라리 출토 철검 국립경주박물관 | 경박200703-40
34 고깔 모양 동기 국립경주박물관 | 경박200703-40

35 황성동 제철 유적 국립중앙박물관 | 중박200704-167
35 주조쇠도끼 거푸집 출토 상태 국립중앙박물관 | 중박200704-16
35 황성동 출토 거푸집과 송풍관 국립경주박물관 | 경박200703-40
36 복천동 10호분 발굴 당시 모습 국립김해박물관 | 디지털자료
37 구정동 고분군 국립중앙박물관 | 중박200704-16
37 고사리무늬 쇠창 국립경주박물관 | 경박200703-40
37 오리 모양 토기 국립경주박물관 | 경박200705-64
38 양동리 162호분 발굴 당시 모습 국립김해박물관 | 디지털자료
38 양동리 납작 쇠도끼 국립김해박물관
38 양동리 환두대도 국립김해박물관 | 디지털자료
39 낙동강 하류 일대 고지도 서울대 규장각 한국학연구원
39 양동리 청동투겁창 국립김해박물관 | 디지털자료
39 양동리 본뜬 거울 국립김해박물관 | 디지털자료
39 양동리 청동세발솥 국립진주박물관 | 중박200903-106
39 양동리 금박 유리구슬 목걸이 국립김해박물관 | 디지털자료
40 말 띠 드리개 국립중앙박물관 | 중박200703-111
40 용무늬 금띠고리 국립중앙박물관 | 중박200703-111
42 북한 낙랑 유적의 한나라 동전 조선문화보존사
42 진솔선예백장 도장 호암미술관
43 대성동 고분군 전경 박여선
43 대성동 덩이쇠 국립김해박물관
44 대성동 39호분 발굴 당시 모습 국립김해박물관 | 디지털자료
44 대성동 39호분 목 가리개 국립김해박물관 | 디지털자료
44 대성동 통형 동기와 방패 꾸미개 국립김해박물관 | 디지털자료
44 대성동 청동솥 경성대학교박물관
45 복천동 고분군 금관 국립김해박물관 | 디지털자료
46 대가야의 금관 호암미술관

48 고령 지산동 고분군 전경 박여선
49 옥전 M3호분 국립김해박물관 | 디지털자료
49 대가야 토기 국립김해박물관
51 고령 지산동 32호분 출토 금동관 계명대학교 | 경박200703-36
52 광개토대왕릉비 조선고적도보
54 호우총 청동합 국립중앙박물관 | 중박200705-203
54 청동네귀항아리 국립중앙박물관 | 경박200705-64
54 연유단지 국립경주박물관 | 경박200703-40
55 중원고구려비 한국금석문종합영상정보시스템
56 아차산성 성벽 박여선
56 호로고루터와 금동불상 연합포토
57 단양 적성비 하일식
59 함안 말이산 고분군 전경 박여선
60 함안 마갑총 말갑옷 출토 모습 국립김해박물관 | 디지털자료
62 성산산성 박여선
62 도항리 미늘쇠 국립김해박물관
63 당산 유적 발굴 당시 모습 동아세아문화재연구원
63 당산 유적 박여선
65 북한산 순수비 이전 모습 연합포토
66 관산성 원경 하일식
67 창왕명 석조사리감 국립부여박물관
68 옥천군 군서면 월전리 일대 하일식
70 합천 대야성 합천군청
71 환두대도 경북대박물관
72 당항성 화성시청
73 조선시대 합천 지방 지도 서울대 규장각 한국학연구원
73 신라충신죽죽비 한국금석문종합영상정보시스템
75 당 태종릉과 명문·조각상 연합포토
76 명활산성 경주시청
78 월성 전경 경주시청
79 구형왕 상상화 박여선
80 부산 태종대 연합포토
81 재매정 경주시청
84 돌궐과 당의 유물들 연합포토
86 낙화암 조선고적도보
88 정림사지 5층석탑 박여선
88 대당평백제국비명 탁본 조선고적도보

- 사진은 소장처(또는 저작권자), 허가번호(또는 허가처, 촬영자)의 순서로 기재되어 있습니다.
- 책에 실린 모든 자료의 저작권 문제 해결을 위해 최선의 노력을 다했으나, 누락된 것이 있을 경우 알려주시면 반드시 반영토록 하겠습니다.

89 삼충신 영정 박여선
90 주류성 원경 박여선
90 당유인원기공비 탁본 조선고적도보
91 금강 연합포토
91 백제 장수 모형 백제군사박물관 | 박여선
93 임존성 원경 하일식
93 흑치상지 묘지명 탁본 한국금석문종합영상정보시스템
94 평양성 내성 북문 조선문화보존사
95 투구 국립경주박물관 | 경박200703-38
95 창 국립경주박물관 | 경박200703-38
96 매소성 연합포토
103 한백겸 묘와 신도비 박여선
105 말 안장가리개 국립김해박물관
105 가야 기마 무사 모형 박여선
106 삼국사기 경주시청
108 옥산서원 하일식
111 김부식 영정 연합포토
112 삼국유사 연합포토
113 인각사와 심초석 하일식
114 보각국사 일연 영정 하일식
115 파사석탑 박여선
117 굽다리접시(위) 경상대학교박물관
117 굽다리접시(아래) 부산대학교박물관
118 광개토대왕릉비문 임나가라 부분 조선고적도보
119 전방후원분 연합포토
120 무녀 하니와 연합포토
120 손잡이 독 부산대학교박물관 | 복천박물관
121 돌팔찌 국립경주박물관 | 경박200705-54
121 일본계 토기 국립경주박물관 | 경박200705-54
122 사르마트 금관 해외유물 | 국립경주박물관
123 경주 대릉원 박여선
124 황남대총 남분 가슴걸이 국립경주박물관 | 경박200705-54
125 일제시대 황남대총 조선고적도보
125 돌무지덧널무덤 해설그림 국립경주박물관
125 얼음공주묘 해외유물 | 국립경주박물관
125 장군총 김성환
126 대릉원 항공사진 오세윤
128 천마도 국립경주박물관 | 경박200705-64
128 천마도 복원 과정 연합포토
128 천마총 전경 박여선

128 천마총 유물 출토상황 해설그림 국립경주박물관
128 경주 고분군 조선고적도보
129 황남대총 전경 박여선
129 말안장 연합포토
129 황남대총 북분 출토 모습 국립중앙박물관 | 중박200701-167
129 황남대총 북분 유물 출토상황 해설그림 국립경주박물관
129 무덤 분포도 국립경주박물관
130 금령총 발굴 현장 국립경주박물관
130 금관총 금관 국립중앙박물관 | 경박 중형필름
131 금관 출토 상태 국립경주박물관
133 읍내리 고분 전경 영주시청
133 무덤 입구 영주시청
133 기미중 명문 영주시청
133 동벽의 연꽃 영주시청
133 널길 서벽의 역사 모사도 하일식
134 어숙술간묘 연꽃과 여인 이화여대박물관
135 연꽃화생 조선문화보존사
135 수산리 고분 여자 주인공 조선문화보존사
136 천전리 각석의 성법흥대왕 부분 한국금석문종합영상정보시스템
137 신선암 마애보살반가상 경주시청
138 석조 미륵삼존불상 국립중앙박물관 | 경박200703-38
139 법흥왕릉 박여선
140 이차돈 순교비 국립경주박물관 | 경박200703-38
141 흥명문와 국립경주박물관 | 디지털자료
142 무술명 오작비 한국금석문종합영상정보시스템
143 집 모양 뼈그릇 국립중앙박물관 | 경박200703-40
143 삼국사기 박제상 부분 서울대 규장각 한국학연구원
144 명활산성 작성비 오세윤
145 남산 신성비 제9비 탁본 한국금석문종합영상정보시스템
145 성산산성 목간 한국금석문종합영상정보시스템
146 첨성대 전경 박여선
147 첨성대 모형 박여선
148 일제시대 첨성대 조선고적도보
150 문무대왕릉 박여선

151 신채호 연합포토
154 서봉총 금관 국립중앙박물관 | 경박 대형필름
155 천마총 금관 국립경주박물관 | 경박 디지털자료
156 천마총 금관식 위 국립경주박물관 | 허가번호 없음
156 천마총 금관식 아래 국립경주박물관 | 경박 대형필름
156 신라사신 국립경주박물관 | 허가번호 없음
157 천마총 금관모 국립경주박물관 | 경박 대형필름
158 부부총 금귀걸이 국립경주박물관 | 경박 대형필름
159 황오동 2호분 금귀걸이 동국대학교캠퍼스 | 경박 소형필름
159 창녕 계성 금귀걸이 국립김해박물관 | 경박 디지털자료
159 금관총 금귀걸이 국립중앙박물관 | 경박200703-40
159 금령총 금귀걸이 국립중앙박물관 | 경박 소형필름
160 천마총 가슴걸이 국립경주박물관 | 경박 소형필름
160 노서리 금목걸이 국립중앙박물관 | 경박 디지털자료
161 금관총 금반지 국립중앙박물관 | 경박200703-40
161 천마총 금반지 국립경주박물관 | 경박200703-40
161 노서리 금반지 국립중앙박물관 | 국립경주박물관
161 황남대총 남분 금반지 국립경주박물관
162 황남대총 북분 금허리띠 국립경주박물관 | 경박 디지털자료
162 노서리 금팔찌 국립중앙박물관 | 경박200903-022
162 천마총 금팔찌 국립경주박물관 | 경박200703-40
163 서봉총 금팔찌 국립중앙박물관 | 경박200703-40
164 황남대총 남분 금동신발 국립경주박물관 | 경박200705-64
164 금관총 금동신발 국립중앙박물관 | 경박200705-64

165 식리총 금동신발 국립중앙박물관 | 경박 대형필름
168 농경문 청동기 국립중앙박물관 | 디지털자료
169 솟대 박여선
170 새무늬 청동기 국립김해박물관 | 디지털자료
170 해뚫음무늬 금동장식 세부 고려대박물관
170 소골 조선문화보존사
171 오리 모양 토기 국립김해박물관 | 디지털자료
171 포항 일월사당 나희라
172 김해 예안리 99호분 발굴 모습 부산대박물관 | 디지털자료
173 정상 인골과 편두 인골 부산대박물관 | 디지털자료
174 파지리크 얼음 공주 문신 연합포토
174 하니와 문신 권오영
174 발치 인골 부산대박물관 | 디지털자료
177 대성동 1호분 복원 모형 대성동고분박물관 | 박여선
178 대가야 순장 무덤 모형 대가야왕릉전시관 | 박여선
178 삼국사기 순장 금지 부분 서울대 규장각 한국학연구원
179 용강동 고분군 신라 토용 국립경주박물관 | 경박200705-64
180 금팔찌 국립경주박물관 | 중박200903-106
181 상감 유리구슬 목걸이와 그 세부 국립경주박물관 | 경박200703-40
181 장식보검 국립경주박물관 | 경박 대형필름
182 서봉총 유리잔 국립중앙박물관 | 경박200703-40
182 천마총 유리잔 국립중앙박물관 | 경박200703-40
182 안계리 유리잔 국립경주박물관 | 경박200705-64
182 황남대총 유리그릇 국립중앙박물관 | 중박200704-167
182 새 머리 모양을 한 유리병 국립경주박물관 | 경박200903-022
182 신라 문관 토용 국립경주박물관 | 경박200703-40
184 무령왕릉 용봉문 환두대도 국립공주박물관 | 경박 디지털자료

185 창녕 용봉문 환두대도 국립중앙박물관 | 경박 디지털자료
186 봉황문 환두대도 국립김해박물관 | 디지털자료
186 용봉문 환두대도 국립김해박물관 | 디지털자료
187 삼루 환두대도 국립경주박물관 | 경박 소형필름
187 삼엽문 환두대도 국립대구박물관 | 경박 디지털자료
187 천마총 봉황문 환두대도 국립경주박물관 | 경박 디지털자료
189 창원 다호리 와질토기 국립김해박물관
189 부산 노포동 와질토기 부산대학교박물관 | 복천박물관
189 경주 조양동 와질토기 국립경주박물관 | 경박200703-40
189 경주 구어리 신선로모양토기 영남문화재연구원 | 경박200703-40
189 가야식 토기 국립중앙박물관 | 중박200903-106
189 신라식 토기 국립중앙박물관 | 디지털자료
190 용인 보정리 신라고분 토지박물관
191 덧널무덤 이렇게 만들어졌다 대성동고분박물관 | 박여선
192 대가야 토기 국립김해박물관
192 소가야 토기 국립김해박물관
193 금관가야 화로모양토기 국립김해박물관
193 금관가야 굽다리접시 부산대학교박물관
193 아라가야 굽다리접시(왼쪽) 경상대학교박물관
193 아라가야 굽다리접시(오른쪽) 국립김해박물관
194 말 무늬 토기 국립김해박물관 | 경박200705-62
195 도장무늬단지 국립경주박물관 | 경박200703-38
196 서수형 토기 국립경주박물관 | 경박200703-40
196 말모양 토기 국립중앙박물관 | 중박200703-111
196 오리모양 토기(상) 국립경주박물관 | 경박200705-64
196 오리모양 토기(하) 국립김해박물관
197 사슴장식 토기 국립중앙박물관 | 중박200703-111
197 뿔잔 국립중앙박물관 | 중박200704-151

197 기마인물 토기 국립중앙박물관 | 중박200703-111
197 하부사리리 토기 부산대학교박물관
197 대왕명 토기 충남대학교박물관
197 무늬장식뚜껑 토기 국립김해박물관
198 고사리무늬장식 수레바퀴모양 토기 국립김해박물관
198 수레바퀴모양 토기 국립중앙박물관 | 중박200703-111
198 짚신모양 토기 국립경주박물관 | 경박200703-40
198 신발모양 토기 호암미술관
198 화덕모양 토기 국립김해박물관
198 삼각구멍무늬 잔 국립중앙박물관 | 중박200703-119
199 다락창고모양 토기 연합포토
199 집모양 토기 국립경주박물관 | 경박 200703-40
199 나룻배모양 토기 호암미술관
199 창고모양 토기 국립중앙박물관 | 중박200703-111
199 배모양 토기 국립경주박물관 | 경박 200703-38
199 배모양토기 확대모형 국립김해박물관 | 박여선
199 모형배 봉황대유적지 박여선
199 부뚜막 모형 국립김해박물관 박여선
199 고상 가옥 봉황대유적지 박여선
200 황남동 출토 토우 국립중앙박물관 | 경박200705-64
200 토우 부착 토기 국립경주박물관 | 경박200705-64
201 계림로 30호분 토우 장식 항아리 국립중앙박물관 | 중박200703-111
201 계림로 30호분 토우 장식 항아리 세부 국립중앙박물관 | 중박200703-111
202 성교 남녀 토우 국립중앙박물관 | 중박200703-111
202 승선 인물 토우 국립중앙박물관 | 디지털자료
203 비파 연주 토우 국립중앙박물관 | 중박200703-111
203 절하는 인물 토우 국립중앙박물관 | 디지털자료
203 대장 원숭이 토우 국립중앙박물관 | 디지털자료

204 절하는 엄마와 아이들 국립중앙박물관 | 중박200703-111
204 환하게 웃는 노인 국립중앙박물관 | 디지털자료
204 무릎 꿇고 손을 모은 인물 국립중앙박물관 | 디지털자료
204 멧돼지 사냥 국립중앙박물관 | 중박200703-111
204 악기 역주하는 사람들 국립중앙박물관 | 중박200703-111
205 성기를 드러낸 남성들(왼쪽 3점) 국립경주박물관 | 경박200705-64
205 성기를 드러낸 남성들(오른쪽 3점) 국립중앙박물관 | 중박200903-106
205 출산 중인 여인들 국립중앙박물관 | 중박200703-111, 디지털자료
205 여자와 남자 국립경주박물관 | 경박200705-64
205 짐을 나르는 사람(제일 앞) 국립경주박물관 | 경박200705-64
205 짐을 나르는 사람들 국립중앙박물관 | 중박200703-119, 디지털자료
206 맹꽁이 국립중앙박물관 | 중박200903-106
206 개 국립중앙박물관 | 중박200903-106
206 토끼 국립중앙박물관 | 중박200903-106
206 두더지 국립중앙박물관 | 중박200903-106
206 말뚝 망둥어 국립중앙박물관 | 중박200903-106
206 소 국립경주박물관 | 경박200703-40
206 올빼미 국립중앙박물관 | 중박200903-106
206 개미핥기 국립중앙박물관 | 중박200703-119
206 개와 멧돼지 국립중앙박물관 | 중박200703-119
206 게 국립중앙박물관 | 중박200703-119
206 큰 가시 두더지 국립경주박물관 | 중박200903-106
207 잉어 국립중앙박물관 | 중박200703-119
207 타조 국립경주박물관 | 중박200903-106
207 거북이 국립중앙박물관 | 중박200703-119
207 용 국립중앙박물관 | 중박200903-106
207 불가사리 국립중앙박물관 | 중박200703-119
207 물소 국립중앙박물관 | 중박200703-119
207 물개 국립중앙박물관 | 중박200703-119

207 뱀과 개구리 국립경주박물관 | 경박200703-40
207 말 국립경주박물관 | 중박200903-106
208 천전리 각석 원명과 추명 하일식
209 천전리 각석 전경 하일식
210 서석곡 항공 사진 연합포토
211 귀걸이 국립경주박물관 | 경박200705-64
212 계해명 명문과 행렬 그림 하일식
213 천전리 각석 도면 연합포토
213 하반신만 남은 인물 하일식
213 허리띠를 맨 남자 하일식
214 황초령비와 마운령비 조선문화보존사
216 창녕비 전경 하일식
216 북한산 순수비 한국금석문종합영상정보시스템
217 봉평비와 성산산성 목간의 노인 부분 한국금석문종합영상정보시스템
218 말 탄 무사 토기 국립중앙박물관 | 중박 디지털자료
219 고구려 무용총 벽화 조선문화보존사
219 임신서기석 국립경주박물관 | 경박200703-38
221 박창화와 화랑세기 필사본 연합포토
222 서산 마애삼존불 중 반가사유상 박여선
222 금동미륵반가상 조선문화보존사
223 78호 금동미륵보살반가사유상(좌) 국립중앙박물관 | 중박200903-106
223 83호 금동미륵보살반가사유상(우) 국립중앙박물관 | 중박 디지털자료
224 금동반가사유상 국립중앙박물관 | 경박200703-38
224 송화산 석조 미륵반가사유상 국립중앙박물관 | 경박200703-38
226 황룡사터 항공 사진 경주시청
227 찰주본기 국립중앙박물관 | 디지털자료
228 9층목탑터와 심초석 박여선
229 중국 응현 9층목탑 연합포토
229 금동약사미륵불 국립경주박물관 | 경박200703-38
230 황룡사 복원 모형도 국립경주박물관 | 경박200703-38
231 금동판불 국립경주박물관 | 경박200703-38
231 청동거울 국립경주박물관 | 경박200703-38
231 사리기 국립경주박물관, 국립중앙박물관 | 경박7200703-38

231 망새와 그 세부 국립경주박물관 | 경박200703-38
231 연꽃무늬 수막새 국립경주박물관 | 경박200703-38
231 도깨비무늬 수막새 국립경주박물관 | 경박200703-38
231 연꽃무늬 사래기와 국립경주박물관 | 경박200703-38
232 안동 동부동 5층전탑 조선고적도보
233 중국 갈석산 전탑 연합포토
234 칠곡 송림사 5층전탑 하일식
235 여주 신륵사 전탑 조선고적도보
236 화살촉 국립중앙박물관 | 중박200903-106
237 삼국시대의 전투 백제군사박물관 | 박여선
238 1,500년 전 머리카락 연합포토
239 안악 3호분 대행렬도 조선문화보존사
239 약연 연합포토
241 경락도 국립중앙박물관 | 디지털자료
244 구지봉 입구 표석 김태식
245 김수로왕릉 조선고적도보
246 구지봉 신단수 박여선
247 허황후릉 조선고적도보
248 쌍어문 김태식
248 대동여지도 김해 부분 서울대 규장각 한국학연구원
249 숭선전 박여선
249 삼국사기 탐하리 부분 서울대 규장각 한국학연구원
250 석탈해왕 탄강유허 경주시청
251 석탈해왕릉 박여선
252 김홍도 대장간 민화 국립중앙박물관 | 중박200703-119
252 숯과 숯돌 김해박물관 | 박여선
252 집게와 망치 국립경주박물관 | 경박200703-40
253 토함산 경주시청
254 삼국사기 석우로 부분 서울대 규장각 한국학연구원
255 영일만 고지도 서울대 규장각 한국학연구원
256 동검 · 청동꺾창 · 청동투겁창 국립경주박물관 | 경박200703-40

257 경천대 연합포토
262 치산서원 울산시청
263 박제상 순국비 연합포토
264 벌지지 하일식
264 신라 부부 토우 국립중앙박물관 | 중박 200703-119
265 치술령 망부석 울산시청
265 은을암 울산시청
266 단양 적성비·창녕비 도설지 부분 한국금석문종합영상정보시스템
267 월광사와 3층석탑 김태식
268 삼년산성 연합포토
269 단양 적성비 전경 하일식
269 단양 적성비 김무력 부분 한국금석문종합영상정보시스템
270 삼척시 항공 사진 연합포토
271 조선시대 울릉도 지도 서울대 규장각 한국학연구원
272 신라 토용 국립경주박물관 | 경박 소형필름
273 할미산성 연합포토
273 창녕비 거칠부 부분 한국금석문종합영상정보시스템
274 풍류 가야금 우륵박물관 | 박여선
275 탄금대 연합포토
275 우륵 상상화 우륵박물관 | 박여선
276 선덕여왕릉 박여선
278 분황사 모전석탑 박여선
279 분황사 사리장엄구 국립경주박물관 | 경박 200703-38
280 황룡사 장륙존상 석조 대좌 박여선
282 배리 석불 하일식
283 금동관음보살입상 국립중앙박물관 | 경박 200703-38
284 금동일광삼존불상 국립중앙박물관 | 경박 200703-38
285 금곡사 원광법사 부도탑 경주시청
286 자장율사 진영 통도사 성보박물관
287 통도사 전경 통도사
288 정암사 수마노탑 연합포토
289 금동반가사유상 얼굴 국립중앙박물관 | 경박 200703-38
290 화살통과 화살 모조품 | 복천박물관

291 말탄 무사 토기 박여선
292 부산성 하일식
294 백률사 경주시청
294 백률사 금동약사불입상 국립경주박물관 | 경박 200703-38
295 인물 토용 국립경주박물관 | 경박 소형필름
297 안시성 연합포토
298 서출지 경주시청
299 신라 여인상 국립경주박물관 | 경박200703-40
300 나무빗·청동비녀채 국립경주박물관 | 경박 200703-38
300 성적 특징 여자 토우 국립중앙박물관 | 중박 200703-111
301 도미부인 사당 보령시청
301 성적 특징 남자 토우 국립중앙박물관 | 디지털자료
302 슬퍼하는 신라 토우 국립중앙박물관 | 중박 200703-119
303 김홍도 민화 길쌈 국립중앙박물관 | 디지털자료
304 태종무열왕릉비 조각(왼쪽) 국립경주박물관 | 중박200703-119
304 태종무열왕릉비 조각(오른쪽) 국립중앙박물관 | 중박200703-119
305 태종무열왕릉비 조선고적도보
306 태종무열왕릉 박여선
308 김유신 탄생지와 태실 박여선
309 김유신 동상 박여선
310 김유신 묘 박여선
310 김유신 묘 십이지신상 돼지 국립경주박물관 | 경박200703-40
311 길상사 박여선

히스토리카한국사 신라+가야 편찬위원회

책임 감수

윤선태 동국대학교 사범대 역사교육과 교수. 『목간이 들려주는 백제 이야기』 저자

필자

강종훈 대구가톨릭대학교 역사교육과 교수. 『아! 그렇구나 우리 역사-백제』저자
강희정 서울대학교 강사. 『관음과 미륵의 도상학』 저자
권덕영 부산외국어대학교 역사관광학과 교수. 『재당신라인사회연구』 저자
권오영 한신대학교 국사학과 교수. 『고대 동아시아 문명교류사의 빛 무령왕릉』 저자
김기흥 건국대학교 문과대학 사학전공 교수. 『삼국 및 통일신라 세제의 연구』 저자
김병곤 동국대학교 사학과 강사. 『신라 왕권 성장사 연구』 저자
김상현 동국대학교 교수. 『신라의 사상과 문화』 저자
김선주 중앙대학교 강사. 『우리 여성의 역사』 공저자
김수태 충남대학교 국사학과 교수. 『백제의 전쟁』 저자
김창석 강원대학교 사범대학 역사교육과 부교수. 『삼국과 통일신라의 유통체제 연구』 저자
김태식 홍익대학교 역사교육과 교수. 『미완의 문명 7백 년 가야사』 저자
나희라 진주산업대학교 교양학부 교수. 『고대 한국인의 생사관』 저자
남동신 서울대 국사학과 교수. 『원효』 저자
박홍국 위덕대학교 박물관장. 『신라의 마음 경주 남산』 저자
백승옥 부산박물관 학예연구실장. 『한국사와 한국인』 저자
서영교 중원대학교 종교문화연구소 전임연구원. 『전쟁기획자들』 저자
시노하라 히로카타(篠原啓方) 고려대학교 민족문화연구원 한국사연구소 객원연구원.
양정석 수원대학교 사학과 조교수. 『황룡사의 조영과 왕권』 저자
윤선태 동국대학교 사범대 역사교육과 교수. 『목간이 들려주는 백제 이야기』 저자
이도학 한국전통문화학교 문화유적학과 부교수. 『한국고대사 그 의문과 진실』 저자
이한상 대전대학교 역사문화학과 교수. 『황금의 나라 신라』 저자
이현숙 이화여자대학교 한국문화 연구원, 『고려시대의 일상문화』 공저자
전덕재 경주대학교 교양과정부 교수. 『한국고대사회경제사』 저자
주보돈 경북대학교 사학과 교수. 『금석문과 신라사』 저자
하일식 연세대학교 사학과 교수. 『신라 집권관료제 연구』 저자

히스토리카한국사 신라+가야

1판 1쇄 인쇄 2009. 6. 30
1판 1쇄 발행 2009. 7. 15

지은이_히스토리카한국사 편찬위원회
펴낸이_김영곤
펴낸곳_(주)이끌리오
책임편집_류혜정
기획편집_임병주 · 김성수 · 강선영 · 심지혜 · 박의성
영업마케팅_이양종 · 주명석 · 이경희 · 서재필 · 최창규
북디자인_씨디자인+이정은
지도_김경진
사진_박여선

등록번호_제16-1646
등록일자_2000. 4. 10.

주소_경기도 파주시 교하읍 문발리 파주출판문화정보산업단지 518-3(413-756)
전화_031-955-2100
팩스_031-955-2151
이메일_book21@book21.co.kr
홈페이지_http://www.book21.co.krr

ISBN 978-89-5877-034-3 04910
　　　　978-89-5877-042-8(세트)

값 38,000원

신라의 천 년 고도, 경주

경주는 '살아 있는 신라'라고 할 수 있다. 경주 곳곳에서 신라인들의 삶과 세계관을 살펴볼 수 있다.

경주 곳곳에 뛰어난 미적 감각과 과학의 시대를 앞선 기술은 그들의 황룡사를 만들어냈고, 예술과 과학의 총체 석굴암을 빚어냈다.

전형의 금관·천마도 등 화려한 유물이 출토된 대릉원을 비롯한 경주 전역에 수많은 고분은 삶과 죽음에 대한 신라인들의 고민과 열망을 드러낸다.

청성대에 올라 하늘에 대한 두려움 때문이었을지도 모른다. 덕렬한 미래에 대한 두려움 때문에 신라인들은 첨성대를 세웠는지도 모른다. 이제 신라인들의 석굴암과 불국사를 비롯해 남산, 황룡사터, 대릉원, 월성, 명활산성 등 유네스코는 석굴암과 불국사를 비롯해 남산, 황룡사터, 대릉원, 월성, 명활산성 등 전 면적 길이가 보존해야 할 세계문화유산으로 지정했다.